D1690243

DIE HAUSHALTUNG GOTTES
DRITTER TEIL

Sammlung christl.-neu-theosophischer Schriften.

Nr. 1c.

Die Haushaltung Gottes.

Dritter Theil,

enthaltend

Die Fortsetzung der Urgeschichte der Menschheit.

Die Verbindung von Himmel und Erde,

sodann

Verfall der Kultur-Menschheit

trotz Warnungen und Mahnungen.

Die Katastrofe der Sündfluth und Rettung Noah's.

(Kundgegeben von Oben durch Jakob Lorber.)

Getreuer Neudruck in Spalten, mit Inhaltsverzeichniß und Register
herausgegeben von C. F. L.

Johs. Busch Nachf.
Bietigheim a. d. Enz, Württbg.
1906.

DIE
HAUSHALTUNG GOTTES

Durch das Innere Wort
erhalten und niedergeschrieben von

Jakob Lorber

DRITTER TEIL

5. AUFLAGE

LORBER-VERLAG, 7120 BIETIGHEIM WÜRTTEMBERG

ISBN 3-87 495-145-6 (Band 3)
ISBN 3-87 495-142-1 (Band 1–3)
© 1981 Lorber-Verlag
Lorber-Verlag Bietigheim/Württ.

1. Kapitel

Purista als Ratgeberin des Herrn. Des Menschen Bitte als andächtiger Rat vom Herrn gewünscht. Des Vaters Gnade und Liebe zu Seinen Kindern

(Den 27. März 1843)

Als sich aber nun auch mit der Anbetung Gottes, mit Ausnahme des Henoch und der vier reinen weiblichen Wesen, die da beim Vater sich gar wohlbehalten befanden, alles vor dem auf dem Rasenhügel weilenden Manne gar sehr zu fürchten anfing, indem es meinte, dieser Mann werde wohl nach und nach einem jeden einen ähnlichen Garaus machen, wie Er es mit dem großen Sehel gemacht hatte, da sagte der Herr zu der Purista:

2. „Höre, du Meine geliebte Köchin! Was meinst du wohl, was sollen wir nun tun, um die Törichten von ihrer Furcht zu befreien und dann aber auch zu machen, daß sie Mich, unschädlicherweise für ihre Freiheit, als den alleinig wahren Gott und Vater erkennen möchten? Denn gebe Ich Mich ihnen nun plötzlich zu erkennen – und das zwar ganz besonders den Weibern –, so kostet ihnen das ihr Leben, wenn nicht einigen ihr ganzes Dasein selbst! Also sage Mir und gib Mir doch einen Rat, was da zu machen sein wird!"

3. Diese Frage brachte die herrliche Purista ganz außer aller Fassung, und sie fing an zu weinen, da sie meinte, der Vater wolle sie damit züchtigen.

4. Der Herr aber sah die Weinende gar freundlichst an und sagte zu ihr: „Sieh Mich doch an, Mein Töchterchen, und sage es Mir dann in deinem Herzen, ob der jemanden züchtigen Wollende auch also aussieht, wie Ich nun aussehe und allezeit also aussehe und ewig also ausgesehen habe im Angesichte derer, die Mich dir gleich geliebt haben und noch lieben und Mich auch allezeit also lieben werden! Nun, was sagst du Mir wohl auf diese Frage, Mein geliebtes Töchterchen?"

5. Hier bekam die Purista wieder Mut zu reden und sagte so ganz furchtsam-traulich: „Nein, nein, liebster, bester, heiliger Vater, Du kannst ja gar nicht schlimm oder gar böse werden, – das sehe ich jetzt schon ganz klar ein; aber was da Deine frühere Frage, an mich Schwächste gerichtet, betrifft, so ist es ja doch nur zu sonnenklar vor mir, daß es, von meiner Seite aus betrachtet, wohl die allergrößte Anmaßung wäre, welche der härtesten Züchtigung würdig wäre, so ich Dir, der allerunendlichsten Weisheit, irgendeinen Rat geben sollte, um Dir dadurch vorzuzeichnen, was Du tun sollst!

6. Ach, ich kann, ohne zu erbeben, gar nicht daran denken, Dir, Gott, dem allmächtigen Schöpfer Himmels und der Erde, einen Rat zu erteilen; daher bitte ich Dich, o Du mein bester, liebster, heiliger Vater, mit solch einer Nötigung mich zu verschonen!"

7. Der Vater aber sagte zur Purista darauf: „Höre, du Mein geliebtes Töchterchen, du verstehst Mich noch nicht recht; daher habe nun recht herzlich acht auf das, was Ich dir nun sagen werde!

8. Siehe, du fürchtest dich nun, sträflich zu werden vor Mir, so du Mir nun auf Meinen väterlichen Wunsch einen kindlichen Rat geben sollst, indem du wohl einsiehst, daß da Meine göttliche, unendliche, ewige Weisheit wohl auch ewig nie eines Rates bedarf und Ich demnach auch alles zum besten leite, – sehe es aus, wie es wolle!

9. Wenn aber solches doch unbestreitbar richtig ist, wie kommt es denn

aber hernach, daß du Mich schon um so manches gebeten hast und Ich dir auch gewährte und allezeit gab, um was du Mich gebeten hast? Was ist solch eine Bitte wohl anders als ein andächtiger Rat in sittlich-frommer Weise, durch den Mir der Bittende anzeigt, was Ich nun tun solle?!

10. Weiß denn der Bittende nicht, daß Ich höchst weise und höchst liebevoll gut bin? Und weiß er das, wie mag er Mich dann um etwas bitten?! Denn er muß ja das doch allernotwendigst voraussetzen, daß Ich als die höchste Weisheit und Liebe sicher ohne seinen Bittrat das Allerbeste, das Allerweiseste zu der allerrechtesten Zeit tun werde!

11. Ein wie großer, frevelhafter Sünder muß demnach doch derjenige sein, der Mich durch seinen Bittrat zu etwas bewegen will, das Ich dann Meiner höchsten göttlichen Weisheit zuwider für ihn tun solle?!"

12. Hier fingen die Purista und auch die anderen drei an, sich an die Brust zu schlagen, und alle sagten: „O Herr, sei uns allen barmherzig; denn also sind wir ja die abscheulichsten Sünderinnen vor Dir!"

13. Und der Herr sagte wieder zu ihnen: „Ja, höret, ihr Meine Töchterchen, wenn ihr es also treibet, da mehret ihr ja eure Sünde; denn du, Purista, hast Mir ja soeben wieder einen Rat in deiner Bitte erteilt, dem zufolge Ich euch barmherzig sein solle!"

14. Hier schrie die Purista völlig auf vor großer Angst und Traurigkeit und sagte: „Oh, um Deiner Göttlichkeit willen, was habe ich arme Törin getan?!"

15. Und die Ghemela sagte, ebenfalls kläglichst weinend: „Also sind wir alle verloren!"

16. Auch die Naëme und die Pura wußten sich vor Angst und Schmerz nicht zu helfen.

17. Der Herr aber umfaßte sie alle und drückte sie an Seine heiligste Brust und sagte dann zu ihnen: „Töchterchen, seid ihr an Meiner Brust denn unglücklich und verloren, so Ich, euer Schöpfer und Vater, euch heiß liebend sichtbar auf Meinen Händen trage und locke wie eine Mutter ihren zarten geliebtesten Säugling?"

18. Diese Frage brachte die vier wieder zur Besinnung, und die Purista erwiderte, bald weinend lächelnd: „O bester Vater! Da sind wir freilich – nicht verloren! Aber – Sünderinnen – sind wir – doch sicher – noch – vor – Dir?"

19. Der Vater aber entgegnete ihr: „Wäret ihr Sünderinnen, so könntet ihr nicht bei Mir sein; da ihr aber keine Sünderinnen seid, so seid ihr Meine liebsten Töchterchen, die Ich nun auf Meinen Händen trage!

20. Ich als Vater aber will Mir ja von Meinen lieben Kindlein raten lassen also, als hätte Ich ihres Rates vonnöten, und will sie auch tätig sein lassen, als hätte Ich ihrer Tat und Hilfe vonnöten!

21. Denn solches alles tue ich als Vater Meinen Kindlein aus Meiner großen Liebe heraus, leite aber dann ihren Rat und ihre Tat also, daß Ich dadurch dennoch allzeit Mein Ziel erreiche.

22. Daher auch mußt du, Mein Töchterchen, Mir diesmal raten, was Ich nun tun soll, und Ich werde nichts früher tun und nichts anderes, als wann und was du Mir raten wirst!"

23. Hier erst bekam die Purista wieder Mut, fiel dem Vater um den Hals, küßte Ihn klein ab und sagte dann: „Oh, so laß auch die Weiber alle aus Liebe zu Dir in meine Küche gehen, und gehe nun mit uns allen in die Küche und laß Dich da nach Deinem

Wohlgefallen von allen als den lieben, heiligen Vater erkennen, lieben und anbeten!"

24. Und der Herr sprach: „Amen, also sei es! Und so denn lasset uns in die Hütte ziehen!"

25. Die Ghemela aber fragte den Vater: „Vater, dürfen wir auch in der Hütte uns Dir nahen?"

26. Und der Herr sagte: „Töchterchen! Wie hier, so auch in der Hütte; denn Ich bin überall und allzeit derselbe gute Vater! Und so denn folget Mir getrost! Amen."

2. Kapitel

Der Herr mit Purista, Ghemela, Pura und Naëme in der Hütte der Purista
Die Fragen und Vermutungen der außenstehenden Neugierigen
Henochs tiefgeistige aufklärende Rede an die Zweifler und Krittler

(Den 28. März 1843)

1. Als der Herr mit den vieren an den Henoch kam, sagte Er im Vorbeigehen zu ihm: „Henoch, bereite sie alle vor, und führe sie dann in die Hütte zu Mir; die Weiber jedoch sollen nur bis zur Türschwelle kommen und nicht in die Hütte treten, solange Ich in selber verweilen werde, – außer allein die Eva und diese hier, die Ich in die Hütte führe! Amen."

2. Hier begab Sich der Herr mit Seinen vier geliebten Töchterchen in die Hütte und unterhielt sie bis zum Eintritt der ganzen Gesellschaft mit allerlei göttlichen Gnadenenthüllungen und zeigte ihnen Seine großen Wege, auf welchen Er einhergehe, um das Leben zu leiten zu Seinen Kindern und all den anderen Wesen; auch enthüllte Er ihnen anschaulichst die große Bestimmung der Menschen, aber auch die arg möglichen Eingriffe des Satans.

3. Also handelte der Herr in der Hütte; wie aber erging es dem Henoch draußen?

4. Zuerst kamen der Hored und der Lamech über ihn und fragten ihn: „Vater Henoch, möchtest du uns denn nicht kundgeben, wer denn doch der Mann ist, der da in die Hütte nun ganz allein wider die vom Herrn gegebene Regel mit den vier weiblichen Wesen, nämlich mit unseren Weibern und mit der Purista und der schönen Pura, sich ganz wohlgemut begab? Denn es muß etwas Außerordentliches hinter dem Manne stecken; und da er mit dir wie mit einem schon gar lange guten Bekannten spricht, so wirst du ihn doch sicher kennen?!

5. Wenn die Verklärung Sehels keine Täuschung unserer Augen war, so gehört er sicher einer höheren Welt an, und somit wäre es uns sehr wünschenswert, zu erfahren seine nähere Bewandtnis!

6. Wir haben wohl auch schon auf den Herrn Selbst geraten; aber damit stimmt die Ansage der Purista nicht überein, der der Herr geoffenbart hatte, daß Er, so wir alle in der Hütte versammelt sein würden und Ihn da erwarten würden in der tiefsten Ruhe unseres Gemütes, zu uns auf der Stelle gar wohl erkenntlich kommen und uns dann allen kundgeben werde, was alles sich nun in der Tiefe zugetragen hat.

7. Dieser Mann aber kam nicht nach der Offenbarung, sondern ganz frei, und während wir uns in der Hütte auf den Herrn vorbereiteten, machte er draußen mit den Weibern nur ein etwas

ärgerliches Spektakel und hat sich zu seinem sichtbaren Vergnügen gerade nur die vier Schönsten ausgesucht!

8. Diese vier sind freilich wohl die reinsten weiblichen Sterne nun auf der Höhe, und wir können sonderbarerweise ihnen nicht gram werden trotz dem, daß sie in den Mann völlig wie verbissen verliebt sind, – aber aus dem geht doch noch nicht hervor, daß das darum der Herr ist!

9. Denn der Herr ist ja getreu in Seinen Verheißungen; also kann Er ja doch auch nicht anders erscheinen, als wie Er es uns allen durch die Purista hat ankündigen lassen! – Daher sage uns, lieber Vater Henoch, wer demnach dieser Mann und woher er ist!"

10. Also traten auch die anderen hin zum Henoch und fragten ihn desgleichen.

11. Der Adam aber war einer noch andern Meinung; darum sagte er auch mit einer sehr bedeutungsvollen Miene: „Henoch! Mir kommt der Mann etwas verdächtig vor; denn das Spektakel mit den sonst so züchtigen und allerehrsamsten Weibern kommt mir durchaus nicht richtig vor!

12. Die Zerstörung oder eigentlich die völlige Zunichtemachung des Sohnes Seths kann man auch nehmen, wie man will; denn es könnte ja sehr leicht der Herr, um uns so recht tüchtig zu prüfen, zugelassen haben, daß der Feind des Lichtes auf eine Zeitlang solches täte!

13. Du scheinst zwar den Mann zu kennen, – aber das reicht noch nicht hin, um mich zu beruhigen, da ich ihn noch nicht kenne; ich aber bin ein schon vielfach gebranntes Kind und habe daher bei ähnlichen Erscheinungen eine große Scheu vor dem Feuer!

14. Daher gib uns näheren Aufschluß über den Mann, und mache, daß wir in die Hütte kommen, – sonst wird der Herr noch lange verziehen!

15. Dieser Mann aber kann doch in aller der schon ausgesprochenen Hinsicht ebensowenig der Herr sein, als es unsereiner sein könnte! Denn wäre Er es, da wäre die Purista doch so gut wie belogen! Das mußt du doch einsehen so gut, wie wir es einsehen!

16. Daß die vier sich so an den Mann halten, das beweist eben nicht viel! Denn die Weiber sind leichtfertig und alle zusammen blind; und so eine zehn Jahre gebetet hat, da darf im elften eine starke Versuchung über sie kommen, und sie wirft sich vollauf dem Verführer in die Arme! Denn auch das Weib ist frei und kann tun, was es will.

17. Also rede du, was du weißt; aber mache keine lange Rede, damit wir bald in die Hütte kommen, darinnen den Herrn erwarten und dadurch dem Manne die Gelegenheit abschneiden, mit den vier jungen Tauben zu machen nach seinem Wohlgefallen! Wir müssen in göttlichen Dingen überhaupt nicht so lau sein, sonst wird die Welt nicht mehr tausend Jahre und darüber bestehen, wie sie doch schon bestanden ist durch meinen allzeit regen Eifer für Gott!"

18. Hier erst kam der Henoch zu Worte und sprach: „Höret ihr alle, meine lieben Väter, Brüder und Kinder! Ihr habt eure Zunge wohl und die Gedanken eurer Seele in eine große Tätigkeit gesetzt, aber eure Herzen sind dabei ganz untätig geblieben!

19. Ihr scheinet alle meine Sabbatsrede aus dem Herrn ja rein vergessen zu haben, wenn ihr nicht verstehet die Verheißung an die Purista!

20. Was ist die Hütte der Purista, in der wir des Herrn allzeit harren sollen? – Höret, unser Herz ist die Hütte der

Purista, und das Feuer in derselben ist unsere lebendige Liebe zu Gott!

21. Wer von euch aber hat sich bis jetzt noch in diese Hütte begeben, und wer hat in diese Hütte seine Brüder aufgenommen und der Letzte und der Geringste unter ihnen sein wollen?

22. Kein Weib außer der Eva und der Purista solle die Hütte betreten! Das will sagen: Wenn wir in der Liebe zu Gott stehen und ruhen in unserm Herzen, dann sollen wir nicht der Weiber gedenken und die Liebe zu Gott nicht trüben mit der Liebe der Weiber, – außer mit der Mutterliebe und der kindlichen Liebe, welche Liebe aber die Liebe zu Gott nicht trübt, sondern nur einen Maßstab gibt, wie wir Gott lieben sollen! Verstehet ihr solches?

23. Wir waren wohl in der Hütte der Purista mit unseren Leibern, aber unsere Herzen staken in den Weibern und fragten sich: ‚Warum dürfen denn nicht alle Weiber in die Hütte?' Kein Wunder dann, daß uns die Weiber ein solches Spektakel machten und uns am Ende sogar aus der Hütte trieben! – Verstehet ihr solches?

24. Da aber der Herr endlos barmherziger und getreuer ist als wir, so kam Er Seiner Verheißung zufolge dennoch zu uns; aber Er kam, wie wir waren in unsern Herzen beschaffen. Weiber waren in unseren Herzen; daher kam Er auch zu den Weibern und nahm sie auf, da wir in unserer Hütte der Purista nicht gegenwärtig waren! – Verstehet ihr solches?

25. Die vier reinen Liebhaberinnen des Herrn haben Ihn, uns überhoch beschämend, in der wahren, lebendigen Hütte der Purista erwartet; daher kam Er auch zuerst zu ihnen, und während wir noch unsere leeren Zungen wetzen, genießen sie schon allerseligst die lebendigsten Ausflüsse Seiner Gnade, Erbarmung und Liebe! – Verstehet ihr solches?

26. Noch wisset ihr nichts aus der Tiefe; den vieren aber läßt der Herr schon lange allerhellst schauen Seine wundervollsten Wege und Führungen! – Verstehet ihr solches?

27. Ihr fraget noch und saget: ‚Wer ist der Mann?'; aber die vier Reinen liegen schon lange in Seinen Armen und freuen sich des heiligen, liebevollsten Vaters! – Verstehet ihr solches?

28. Ich sage euch aber nicht, als sei der Mann der Vater, sondern gehet hin zu Ihm in euren Herzen, und ihr werdet erkennen, wer der Mann ist! – Verstehet ihr solches?

29. Ja, nun müsset ihr es verstehen, so ihr nicht blinder seid als der Erde Zentrum! – Ich habe ausgeredet; tuet danach, und erkennet eure große Blindheit im Namen des Herrn! Amen."

30. Hier erst gingen allen die Augen weit auf, und sie erkannten nun alle, sich an die Brust schlagend, um welche Zeit es also war.

3. Kapitel

Die verblüfften Männer. Das Geschwätz der neugierigen Weiber
Die gute Ansicht der Schwester der Aora

(Den 29. März 1843)

1. Erst nach einer Zeit von einer viertel Schattenwende kamen die Väter und die andere Morgenlandgesellschaft wieder zur Besinnung; aber keiner wußte nun, was er beginnen solle. Daher sahen sie sich auch ganz verblüfft an und fragten sich gleichsam stumm: „Was ist das; was ist mit uns, was haben wir getan?" Aber es wollte auf all das stumme Gefrage keine Antwort von irgendwoher erfolgen!

2. Es merkten aber solches auch von einiger Entfernung her die Weiber, daß da unter den Männern etwas Wichtiges müsse vorgefallen sein, da sie also geheimnisvoll täten und die Köpfe zusammensteckten. Daher trieb sie nicht etwa ihre schwache, sondern nur ihre zu starke Seite unter dem Namen ‚Neugierde' alsbald allesamt und sämtlich hin zu den Männern, um da zu erlauschen, was sich etwa doch ereignet haben müsse.

3. Die eine aber fragte unterwegs ihre Nachbarin: „Was meinst du wohl, was die Männer etwa doch haben?"

4. Die Nachbarin erwiderte mit gewichtiger, aber freilich wohl – wie gewöhnlich – nichtssagender Miene: „O Schwester! Das muß etwas ganz entsetzlich Merkwürdiges sein; ein Wunder ist es auf jeden Fall. Wenn uns doch nur wer sagen möchte, was es ist!"

5. Eine andere sagte: „Es ist sicher wegen des sehr sonderbaren Mannes etwas!"

6. „Ja, ja", fiel ihr gleich eine vierte ein, „der abscheuliche Mensch ist, wie ihr wißt, ehedem mit den vier falschen Keuschheitsdirnen in die Hütte ganz allein gezogen! Weil er sich da draußen vor unseren sittlichen Augen doch etwas fürchtete, sein Wesen mit den vieren zu treiben, so ging er nun in die Hütte!"

7. Eine fünfte sagte dazu: „Du hast recht; dort hat er's jetzt viel ungefürchteter und auch bei weitem bequemer! Ich hab's aber auch dem Lamech und dem Hored einmal – weißt, nur so im Vorbeigehen, wie sich's denn manchmal gibt – gesagt: ‚Ich will euch keine schlechte Prophetin sein, – aber seid ja streng auf eurer Hut; denn so ein schönes, junges, hitziges Blut tut wohl auf keinen Fall so völlig gut!'

8. Und – da habt ihr's jetzt, und da haben's die weisen Männer, die uns erfahrenen Weibern immer den Mund zustopfen wollen!

9. Nein, es ist ja gerade zum Totlachen oder zum Totärgern! Gerade vor ihrer hochweisen Nase schnappt ihnen dieser Zauberer vom Mittage her, von dem ich schon so manches habe reden hören, ihre Morgenperlen, wie sie's immer jetzt schon nannten, weg!

10. Und jetzt stecken sie die Köpfe sicher aus lauter Furcht und Eifersucht zusammen und wissen sich aus lauter Weisheit nicht zu raten und zu helfen!

11. Den stärksten Mann unter ihnen hat er weggezaubert, und es könnte ihnen auch um nichts besser ergehen, so sie Gewalt an ihn legen möchten!"

12. Eine sechste bemerkte daneben, sagend: „Ja, du hast aber sicher recht; denn ich hab's ja gesehen und gehört, wie ehedem der Henoch hinging, um den Zauberer von der geheiligten Stelle zu treiben! Da wollte der Zauberer ihm aber nicht Folge leisten! Er, der Henoch, sendet dann die Purista hin,

wahrscheinlich, um dadurch den Zauberer zu erweichen und dadurch eben auch ihn auf eine gegenzauberhafte Weise von der Stelle zu bewegen; allein, fehlgeschlagen und angebumst, Herr Henoch! Der Zauberer verzauberte auch sogleich die Priesterin Purista; diese stürzt nur gleich hin auf den Zauberer los!"

13. Eine Nachbarin meldete sich hier und korrigierte die Rednerin mit den Worten: „Schwester, da hab' ich besser gesehen! Der Herr Henoch hat nur wollen die Purista hinschicken; aber er hat noch kaum mit ihr in dieser Hinsicht einige Worte gesprochen, so war sie auch schon verzaubert, tat einen Schrei – wahrscheinlich, wie sie von der Zauberei angegriffen worden ist – und rannte dann natürlicherweise schon ganz unsinnig blindlings auf den Zauberer los und fiel dann auch ganz nach seinem Wunsche zu ihm hin!"

14. Hier fiel dann wieder die frühere Rednerin sagend ein und bemerkte: „Ja, ja, du hast recht; also war es! Was wollte ich aber denn sagen? – Ja, ja, jetzt weiß ich's schon! Dann schickte der weise Herr Henoch den starken Sehel hin! Als aber dieser den Zauberer gewaltsam vom Hügel mit seiner Hand ziehen wollte, da zauberte ihn alsbald der Zauberer ganz – Gott weiß wohin, und da stehen jetzt die Ochsen am Berge und wissen nicht, was sie nun, aufrichtig gesagt, mit aller ihrer Weisheit anfangen sollen!"

15. Eine andere emsige Zuhörerin dieser erbaulichen Bemerkungen setzte ganz höhnisch lachend hinzu: „Nein, aber lachen möchte ich doch aus vollem Halse, wenn dieser sehr annehmbare Zauberer den weisen Herren diese vier Morgenperlen, diese von der ewigen Morgenröte betauten Frühlingsrosen und – Gott weiß was alles noch für andere Schönheiten, so ganz wegputzen möchte! Ich glaube, die Herren würden sich darob die Augen ausperlen und austauen!"

16. Eine andere sagte hinzu: „Wenn aber nur jetzt der Herr Jehova käme, wie Ihn die Purista angekündigt hatte, da möchte ich denn doch die kleine Verlegenheit von den weisen Herren sehen!"

17. Wieder eine andere entgegnete: „Oh, da seien wir sicher, – der Herr wird jetzt wohl sicher etwas stark verziehen! Denn zu so einem Skandal wird Er wohl ewig nicht kommen, außer mit einer glühenden Zuchtrute, welche nun dem Zauberer, den vier Himmelsaugen und auch den überweisen Herren sehr wohl zustatten käme!

18. Die alte, sonst zwar überaus würdige Mutter Eva ist aber auch noch ganz in die Männer hineingewachsen! Man darf sich bei ihr ja nie über einen Mann beklagen, so ist es aus! Wie früher – es ist gerade zum Lachen – sich des Uranion Weib bei ihr beklagte, welch einen schönen Verweis bekam sie statt einer tröstenden Rechtfertigung! Und wir alle mußten unseren gerechten Ärger hinabschlucken und dann schweigen wie eine Maus vor der Katze! Nein, wer das recht findet, der muß doch die Weisheit – ich weiß nicht, aus was für einer Quelle gesoffen haben!"

19. Eine andere bemerkte zu all dem noch hinzu: „Was ist's wohl nun bei den Herren? – Oh, das weiß ich aus dem Grunde! Verliebt sind sie alle bis über die Ohren! Der Zauberer aber hat ihnen nun einen Strich durch die Rechnung gemacht; darum stecken sie nun so ganz verdutzt die Köpfe zusammen!

20. Nun, wie lang ist es denn her, daß der uralte Vater Adam sogar die schöne, junge Pura gar zu sich in sein Haus nahm und ließ sich dann allzeit von ihr auf die Höhe geleiten, – und

man will sogar bemerkt haben, daß er sie geküßt habe!"

21. Eine Nachbarin sagte gleich hinzu: „Nun – nun –, das wird doch etwas Neues sein, hab's doch selbst mit eigenen Augen gesehen! Nicht nur geküßt, sondern auch geherzt, und wer weiß, mit was für freilich wohl unausführbaren Gedanken! – Ja die Herren, die Herren, das sind schon die Rechten; denen soll unsereins ja nicht weiter trauen, als man sie sieht, – und das kaum!"

22. Eine aber aus dem Morgen, die da war eine jüngste Schwester der Aora, in einem Alter von sechzig Jahren – also für damals noch sehr jung und noch ledig –, trat in die Mitte und sprach: „Unser Gerede kommt mir gerade so vor, als wenn man ein leeres Stroh rippeln möchte, um Brotkörner daraus zu bekommen!

23. Wenn es auf mich ankäme, da möchte ich eher behaupten, daß aus euch nur die brennendste Eifersucht spricht, und daß ihr alles dessen, womit ihr die Herren beschuldiget, am allermeisten schuldig seid, als daß ich solches von den allzeit weisen Herren denken möchte!

24. Ich getraue mir, fest zu behaupten, daß sich eine jede von uns von dem herrlichen Manne hätte ohne die geringste Widerrede verzaubern lassen, wenn sie der Mann nur hätte verzaubern wollen!

25. Aber weil der Mann das aus gutem Grunde nicht getan hat, sondern euch nur vom Hügel gewiesen hat, so muß er nun schon auch ein schändlicher Mensch sein! Oh, das finde ich sehr natürlich!

26. Er hat mir auch gewinkt, zu ihm zu kommen; wenn ich mich vor euch nicht so sehr gefürchtet hätte, da hätte ich's getan, wie meine Nichte Purista!

27. Mich aber hat jetzt alle Furcht verlassen, und ich weiß, was ich rede, und bin nicht im geringsten unsinnig. Merket es aber wohl, ihr sonst hohen Mütter und Schwestern: Wenn der Herr Jehova kommen wird – so Er nicht schon gekommen ist –, da wird's euch übel ergehen, und wer weiß, ob die vier Perlen nicht besser daran sind als wir hier und alle die von euch geschmähten Herrn selbst dort; denn ich habe hinter dem Manne einen starken Glanz gesehen, und wer weiß es von uns, ob etwa der von euch gehöhnte Mann nicht der Herr Selbst ist, – und wenn das, was dann mit euch?!"

28. Hier verstummten alle die Weiber und gerieten in eine große Furcht.

4. Kapitel

Der bekümmerten Mira Gespräch mit Henoch

(Den 30. März 1843)

1. Die junge Rednerin aber, welche Mira hieß, bemerkte gar bald, welche Sensation ihre wenigen Worte bei den Weibern erregt hatten, und dachte sich: „Was soll nun aus dieser Erscheinung werden? Die Mütter und Schwestern sind nun auf einmal ganz verstummt; aus einer jeden Angesichte starrt große Angst und ein namenloser Schreck!

2. Es muß denn doch etwas geschehen; in solch einem beklagenswerten Zustande kann man die sonst würdigen Mütter und lieben Schwestern denn doch nicht belassen?!

3. Ich weiß schon, was ich tun werde! Ich werde gerade allein zum Henoch hingehen, da die Mütter und Schwestern sich nun nicht weiter hingetrauen, und will da eine Fürsprecherin machen; der wird die nun gar stark erschrockenen Mütter schon wieder zurechtbringen! Ja, das ist ein recht gescheiter Gedanke von mir; daher ihn nur auch geschwind in die Ausführung gebracht!"

4. Gedacht und getan, war bei der Mira schon von jeher die gute Art; daher ging sie denn auch alsogleich hin und zeigte solches alles dem Henoch an.

5. Der Henoch aber sagte zu ihr, sie gleichsam zur Rede stellend: ,,Ja, warum aber hast du also vorlaut geredet und hast dadurch die Mütter und Schwestern in eine solche Angst versetzt?!

6. Siehe, wie du jetzt allein zu mir den Weg gefunden hast, also hättest du ihn ehedem finden sollen und mir im Namen des Herrn kundgeben die Irrung der Mütter und Schwestern, so hätte sich die Sache auf dem Wege der Liebe allein beilegen lassen; jetzt aber, da du auf deine etwas zu rasche Art den Müttern und Schwestern förmlich ein Gericht bereitet hast, geht es nicht so leicht, wie du etwa meinen möchtest!"

7. Als die Mira solches vom Henoch vernommen hatte, erwiderte sie ihm ohne Furcht: ,,Vater Henoch, du bist freilich wohl ein Weiser, und dazu noch der alleinige und vom Herrn Selbst fest bestellte Hohepriester, – aber da meine ich gerade nicht gefehlt zu haben; denn man muß ja doch die Rechte Gottes mehr achten als die Rechte der Menschen, so diese nicht mit den göttlichen übereinstimmen!

8. Die Mütter und die Schwestern aber haben sich in einem blinden Eifer vergessen, wie es bei den Weibern schon öfter so der Fall ist, und haben dem göttlichen Rechte entgegen unter sich falsche Behauptungen aufgestellt; und da mir das doch notwendig zuwider sein mußte und ich es zufolge meines inneren Rechtsgefühles nicht länger habe ertragen können, daß der allerheiligste, beste Vater in Seinen männlichen vollkommensten Ebenmaßen noch länger soll also geschmäht werden, so trat ich denn auch auf und sagte ihnen bloß nur meine Meinung. Für das aber, daß meine wenigen Worte die Mütter und Schwestern gar so betrüben sollten, kann ich ja nicht dafür und dagegen und darum!

9. Daher mußt du, lieber Vater Henoch, mir nicht gram werden; denn ich habe es ja nur gut, aber nicht im geringsten etwa böse gemeint!

10. Siehe, daß ich den Müttern und Schwestern gewiß von ganzem Herzen gut bin, kannst du daraus ja schon ersehen, daß ich – trotz dem, daß auch mir der herrliche Mann gewinkt hatte, gleich den andern vieren mich zu ihm zu begeben, und ich auch sogleich einen nahezu unwiderstehlichen Drang, solches zu tun, in mir empfand – dennoch aus Furcht und Achtung bei den Müttern und Schwestern verblieb!

11. Doch aber sage ich dir, lieber Vater Henoch, jetzt auch ganz bestimmt: Wenn jener Mann noch einmal mir winkete, zu ihm zu kommen, so ließe ich nicht nur alle Mütter und Schwestern augenblicklich sitzen, sondern die ganze Welt, und eilete schnurgerade zu ihm hin; denn hinter dem Mann ist mehr als nur allein ein Mann! – Das weiß ich ganz bestimmt!"

12. Hier sagte der Henoch zur Mira: ,,Höre, du bist ja ganz entsetzlich gescheit, wie nicht leichtlich irgendeine deines Geschlechts! Daher sollte es dir,

so du die Mütter und Schwestern so recht vom ganzen Herzen liebhast, ja auch gar nicht schwer werden, ihnen mit deiner Gescheitheit zu helfen?!"

13. Und die Mira erwiderte dem Henoch: „Ja, lieber Vater Henoch, nach deiner stets ausweichenden Rede zu urteilen, so wird mir am Ende ohnehin nichts anderes übrigbleiben! Hab' mir's auch schon unterwegs gedacht, daß bei Euch eben der Erbarmung höchste Stufe nicht zu treffen sein dürfte! – Wenn ich nur zu jenem Manne kommen könnte; der würde mich sicher eher erhören als Ihr!"

14. Und der Henoch entgegnete ihr: „Nun gut; siehe, der Mann ist in der Hütte, und die Tür ist offen! Ich will es dir nicht vorenthalten, bei Ihm Hilfe zu suchen; du magst daher schon zu Ihm gehen, so du glaubst, daß Er dich eher erhören wird denn ich!"

15. Und die Mira sagte: „O wenn ich das nur darf, da ist es mir nicht im geringsten bange!

16. Freuet euch, ihr armen Mütter und Schwestern, es soll euch ohne Henoch geholfen werden!

17. Daher nur Mut; der herrliche Mann hat sicher ein besseres Herz als Ihr, lieber Vater Henoch, und wird mich nicht so ausfehnen (*durchhecheln*), so ich ihm meine Not klagen werde, sondern helfen!"

18. Hier ging sie ernstlich in die Hütte.

5. Kapitel

Miras Eintritt in die Hütte und ihre Prüfung, Läuterung und Aufnahme durch den Herrn

(Den 31. März 1843)

1. Als die Mira aber ganz wohlbehalten in der Hütte beim ihr noch nicht so ganz und gar bekannten Herrn anlangte, da stand Er alsbald auf und sagte zu ihr in einem etwas ernsten Tone: „Wie kommst du, Mira, jetzt daher, da Ich dir nicht gewinkt habe, da du doch ehedem nicht kommen mochtest, da Ich dir gewinkt habe? Zudem habe Ich auch dem Henoch ein Gebot gegeben, demzufolge kein Weib über die Schwelle der Hütte treten soll, – und dennoch kamst du herein! Wie ging solches zu?"

2. Die Anrede und dieser sehr scharf fragende Ton brachte unsere Mira anfangs ein wenig aus der mutigen Fassung; aber sie sammelte sich dennoch bald wieder, indem sie bei sich bedachte: „Ist es der Herr, so wird Er es damit ja doch nicht gar so entsetzlich ernstlich meinen und wird sich durch mein recht herzinnigstes Flehen sicher erweichen lassen; und ist er bloß so ein recht pikfester Weiser nur, so gehe ich im schlimmsten Falle denn wieder, wie ich gekommen bin!"

3. Nach solchem Bedenken erst öffnete sie den Mund und sagte, so etwas schüchtern beherzt: „Es ist wahr, daß ich im ganzen genommen gefehlt habe; aber so ich wieder bedenke, daß mich die Not meines Herzens dazu nötigte, und daß mir der Henoch von dem Gebote, hierher nicht treten zu dürfen, nichts gesagt hat, so habe ich doch wieder nicht gefehlt!

4. Denn wer sollte, wer möchte da einem Leidenden es wohl verargen, so er in einer großen Not um Hilfe ruft oder als Leidender Hilfe sucht, und das noch ganz besonders, so da ein schwa-

ches weibliches Wesen um Hilfe ruft und Hilfe sucht, wie da eben ich ein solches armes Wesen bin?!

5. Und was Arges habe ich denn so ganz eigentlich angestellt? Ist es denn nicht recht, so auch ein weibliches Wesen Gott mehr liebt und achtet als alle die Menschen, die zusammengenommen gegen Gott dennoch pur und lauter nichts sind?!

6. Also habe ich auch den Müttern und Schwestern meine Meinung gesagt, da ich doch nicht wissen konnte, solches werde eine gar so betrübende Wirkung bei ihnen hervorbringen! Hätte ich darum gewußt, da hätte ich freilich wohl schweigen können, aber geschehen ist geschehen! Ich aber möchte nun meinen Fehler ja tausendfach wieder gutmachen; und das kann denn doch unmöglich gefehlt sein!

7. Solches habe ich auch dem Vater Henoch gesagt; aber der hatte kein Herz für mich und meine große Not. Darum eilte ich denn zu dir, weil ich glaubte, du werdest doch barmherziger sein als der Henoch; aber nach deinem ersten Empfange scheint aus dir eben nicht mehr Barmherzigkeit herauszuschauen als aus dem Henoch!

8. Ich muß dir auch überhaupt bekennen und offenmütig gestehen, daß mir seit der Zeit, da der Herr auf der Höhe doch mehrere Tage nichts als die Liebe gelehrt hat, die Menschen viel unbarmherziger vorkommen und auch wirklich sind, als sie ehedem waren; und das ist in meinen Augen kein gutes Zeichen.

9. Wenn es aber auf mich ankäme, so möchte ich auf der Stelle ja doch aller Welt helfen, geschweige erst einem schwachen weiblichen Wesen, welches ohnehin sowohl von Gott, wie von der Natur aus ums unbegreifliche in allem nachteiliger und leidender gestellt ist als ein jeglicher Mann!

10. Siehe, ich habe jetzt ausgeredet und redete, wie es mir ums Herz war! Wenn es dir nicht recht ist und ich dich etwa, ohne zu wollen, beleidigt habe, so bist du ja mächtig genug, mich entweder hinauszuschaffen, oder mit mir zu machen, wie du ehedem draußen mit dem Sehel es gemacht hast; denn es ist ja besser, nicht zu sein, als zu sein in einer Welt, da die Menschen steinerne Herzen haben, darinnen keine Erbarmung ist!"

11. Nach dem sagte der Herr zur Mira: „Aber höre du, Mira! Das war doch eine lange Antwort auf Meine kurze Frage! Die eine Hälfte hättest du wohl bei dir behalten können – und die andere verschweigen; denn Ich weiß besser als du, wo dich so ganz eigentlich der Schuh drückt!

12. Damit du aber ersehen mögest, daß Ich recht habe, so will Ich dir deine so ganz eigentliche Not kundgeben, und so höre es denn:

13. Siehe, deine Mütter und Schwestern sind eifersüchtig, – und du bist es auch! Deine Mütter schmähten aus Eifersucht über Mich und Mein Benehmen, und du hast sie dann aus lauter Eifersucht gegenüber zurechtgewiesen, da du zufolge Meines Winkes ein größeres Recht auf Mich dir heimlich zugestandest, als es den andern zustünde, denen Ich nicht gewinkt habe.

14. Zufolge Meines Winkes an dich erbranntest du alsbald in der heftigsten Liebe zu Mir; als du aber hernach die Mütter und Schwestern schmähen hörtest über Mich, da ward dadurch in dir deine Liebe beleidigt, und du rächtest dich durch deine gute Meinung an den Müttern und Schwestern!

15. Da aber deine Rache etwas wirksamer ausgefallen ist, als du sie so ganz eigentlich haben wolltest, so drückt dich jetzt solches, und du

15

möchtest den Leidenden nun gerne helfen; aber da es dir nicht möglich ist, so suchst du wohl Hilfe.

16. Ich sage dir aber, die Hilfe wird schon kommen, und das eher, als du sie dir erwartet hättest; aber du gehe unterdessen hinaus, und überdenke deinen Fehltritt, und komme dann erst, in dir geläutert, zu Mir, und Ich will dich dann aufnehmen und dich segnen gleich diesen vieren!"

17. Hier ward die Mira schamrot und sagte: „Wärest Du nicht der Herr, so wäre Dir mein Herz nicht so offen; Du aber bist der Herr, darum ist auch nichts verborgen vor Dir, und ich gehe nun getrost aus der Hütte, deren ich nicht wert bin, da ich Dich gesehen und völlig erkannt habe!

18. Vergib mir aber meine Schuld, wie ich ja allen von ganzem Herzen alles vergebe, was mich je von jemandem irgend gekränkt hat!"

19. Der Herr aber sprach: „Ja, dir würde Ich endlos viel vergeben, so du eine Sünderin wärest, weil du Mich so mächtig liebst! Du aber bist rein; so bleibe denn auch hier bei Mir nach deinem Herzen, und der Henoch wird alles andere zurechtbringen! Amen."

6. Kapitel
Miras Liebessterben und Wiederbelebung durch den Herrn
Der Liebesfeuersturm und des Herrn plötzliches Verschwinden
Die Wiederkehr des Herrn und die Anrichtung des Mahles

(Den 1. April 1843)

1. Diese Worte hätten der Mira beinahe das Leben gekostet, so sie sich nicht vor dem Herrn des Lebens befunden hätte. Denn ihre lang verborgene Liebe zum Herrn kam nun zum völligen Ausbruche, und dieser Ausbruch war noch zu wenig vorbereitet; daher sank denn unsere Mira auch alsbald wie entseelt hin auf den Boden der Hütte.

2. Aber der Herr rührte sie bald mit einem Finger an, und ein neues Leben fing an zu wallen durch das ganze Wesen der ehedem nahezu Entseelten.

3. Es war aber solches gut und in Meiner Ordnung; denn also muß ein jeder eher (erst) der Welt völlig absterben, bevor er die Fülle der lebendigen Kraft und Macht Meiner Liebe in sich aufnehmen und dann ertragen kann!

4. Als aber Mira, nun also wiedergeboren aus Meiner Liebe in ihr, wieder erstand, da weinte sie vor zu großer Liebe zu Mir und war nicht fähig, zu reden mit dem Munde, da ihr ganzes Wesen zu einem Worte war geworden, welches Wort aber jedoch in sich mehr sagt als alle Bücher der Welt; denn dieses gar endlos gewichtige Wort heißt die Liebe, das heißt die reine, wahre, lebendige Liebe zu Gott.

5. Und eben in dieses Wort alles Wortes und aller Wörter ist das ganze Wesen der Mira übergegangen; daher weinte sie aus der Fülle dieses Wortes, und ihre herrlichen wie Diamanten schimmernden Tränen, mit denen sie Meine Füße benetzte, waren inhaltsschwerer als die größte Bibliothek der Welt.

6. Wahrlich, sage Ich, also ist auch die Träne eines reuigen, Mich mit aller Liebe ergreifenden Sünders ein größeres Gut für ihn, als hätte er tausend Welten zum ewigen Genußgeschenke erhalten!

7. Doch die Mira war nie eine Sün-

derin; also war auch ihre Liebe gleich einer Zentralsonnenglut, und ihre Tränen waren Sonnen, wie sie den Planeten leuchten.

8. Also in solcher Liebe erstand die Mira und blickte Mich, ihren heiligen, liebevollsten Vater, mit Augen an, die im Gegenteile außer Mir in diesem Momente auch niemand ertragen hätte; denn sogar Mein Herz ward durch solch einen Anblick genötigt, sich etwas zurückzuziehen, und das aus dem allerweisesten Liebegrunde.

9. Denn würde Ich Selbst da Meinem Herzen den ganz freien Spielraum gelassen haben, so hätte es die Mira mit der allerallmächtigsten Gegenflamme ergriffen und hätte sie als den ergriffenen Gegenstand der mächtigsten Liebe verzehrt.

10. Aus dem Grunde verbarg Ich Mich denn auch auf eine kurze Zeit und begab Mich unterdessen zum Henoch, war da auch nur ihm allein sichtbar und gab ihm, was er reden solle zu den Weibern, damit sie Mich erkennen, aber dennoch nicht allzusehr erflammen sollten.

11. Auch der Väter wegen entzog Ich Mich ein wenig ihren Blicken; denn auch in ihnen war die noch etwas unreife Liebe eben auch etwas zu heftig erflammt, in welcher Flamme sie Meine Sichtbarkeit nicht wohl ertragen hätten.

12. Da Mich aber Meine heftigen Liebhaberinnen plötzlich unter sich vermißten, so legte sich ihr Liebeflammensturm, und sie sahen einander groß an, und eine fragte die andere: ,,Was ist denn das? Wo ist Er denn hin? Warum verschwand Er denn so unvorbereitet? Noch wollte Er uns von der Sonne etwas kundgeben, und nun, da unsere Herzen erglühten, verließ Er uns! Nein, das ist aber doch sonderbar! Während man Ihn so recht ergreifen möchte, sehet, da ist Er weg!"

13. Die Mira aber sagte: ,,Mein Auge sieht Ihn auch nicht mehr; aber mein Herz ist von Ihm erfüllt, und das ist ja noch unendlichmal mehr, als ich, eine arme Sünderin vor Ihm, nur im allergeringsten Teile würdig bin!

14. Wenn ich Ihn nur lieben kann und darf, das ist mir schon genug; denn das weiß ich ja ohnehin, daß Seine sichtbare Erscheinung nur eine notwendig seltene Gnade von Ihm ist.

15. Denn würde Er gleich einem Menschen beständig sichtbar unter uns sein, so könnten wir ja vor lauter steigender Liebe zu Ihm uns am Ende sicher gar nicht mehr helfen oder würden uns endlich an Ihn so gewöhnen, daß Er uns dann ganz einem andern Menschen gleich vorkäme!

16. Daher weiß Er schon, was da gut und recht ist, und geht zur rechten Zeit und kommt zur rechten Zeit!"

17. Hier trat der Herr wieder sichtbar in die Hütte und sagte zur Mira: ,,Richtig, du hast es völlig erraten: Er geht und kommt allzeit, wenn es gut ist! Daher ist Er auch schon wieder da, wie ihr sehet!"

18. Ein Schrei der lautesten Freude war der abermalige Empfang, und alle fielen Ihm zu Füßen.

19. Er aber erhob sie alle alsbald wieder und setzte Sich mit ihnen wieder zum Tische und sagte zu der Purista: ,,Siehe auf dem Herde nach, was die Töpfe machen, und schüre das Feuer mehr auseinander, sonst wirkt es auf einem Punkte zu heftig und auf dem andern zu schwach! Denn so die Väter in die Hütte treten, muß die Mahlzeit fertig sein; daher tummle dich nur, Meine liebe Tochter!"

20. Die Purista verfügte sich sogleich an den Herd und tat nach dem Gebote des Herrn. Da aber die Früchte

schon sehr weich waren, zeigte sie es dem Herrn an.

21. Und der Herr sagte zu ihr: „Nun gut, so richte sie an, und die Mira soll den Vätern ansagen gehen, daß das Mahl bereitet ist, und sie darum hereintreten sollen! – Solches geschehe denn! Amen."

7. Kapitel
Miras erfolglose barsche Einladung der Väter zum Mahle in der Hütte
Des Herrn Mahnung zur Demut
Die nochmalige Einladung der Väter durch Mira und ihr Erfolg

(Den 3. April 1843)

1. Solche Beheißung machte unsere Mira überaus fröhlich, und sie ging daher auch ganz heiteren Mutes hinaus und kündigte solches den Vätern an, daß sie sich, da das Mahl bereitet sei, nach dem Willen des Herrn in die Hütte begeben sollen.

2. Da aber der Henoch nicht zugegen war, sondern noch seine Sache mit den Weibern in einiger Entfernung hatte, so sagte der Lamech zur Mira: „Siehe, es ist der Henoch noch nicht fertig, und ohne den können wir doch nicht in die Hütte treten, indem er unser aller geistiger Hochältester ist?!"

3. Und die Mira erwiderte dem Lamech: „Na, das wird doch etwas sein! Ist denn der Henoch mehr als der Herr? Ich meine aber, daß da ein jeder Mensch dem Herrn mehr und eher zu gehorsamen schuldig ist als dem Menschen; der Henoch aber wird wohl sicher wissen, was er zu tun hat!

4. Ich habe meinen Auftrag an euch kundgegeben, und das ist genug; hineinziehen aber kann ich euch nicht, und der Herr hat solches zu tun mir auch nicht aufgegeben! – Tuet demnach, was ihr wollet; ich bin frei und gehe nun wieder in die Hütte!"

5. Der Lamech aber berief sie zurück und sagte ihr: „Höre, du mein schönstes Morgenkind, du bist ja etwas schnippisch! Wie wär's denn – wenn du schon so eilfertige Füße hast –, daß du, anstatt sogleich in die Hütte zurückzurennen, hin zum Henoch einen Sprung tätest und sagtest ihm auch dasselbe, was du uns gesagt hast?!"

6. Und die Mira erwiderte: „Ah, siehe, was du alles noch von mir verlangen möchtest! Ich aber sage dir: Nichts da weiter! Zwei Herren ist nicht gut dienen; der Herr hat mich nur hierher beschieden!

7. Wenn dir aber am Henoch mehr gelegen ist denn am Herrn, so sind für diese deine Forderung an mich deine Füße gut noch einmal so lang als die meinigen, und du kannst daher auch eher – um die Hälfte, sage ich dir! – denn ich beim Henoch sein!

8. Doch unser Gespräch kommt mir vor wie eine Leeres-Stroh-Reiberei, wo am Ende nichts anderes herauskommt als zerriebenes leeres Stroh nur anstatt der Brotkörner; daher gehe ich, – ihr aber könnet tun, was ihr wollet!"

9. Hier machte die Mira eine Bewegung zur Hütte. Aber der Lamech hinderte sie schon wieder mit einer neuen Frage daran; die Frage aber lautete: „Aber Mira, du holde Perle des Morgens, so dich der Herr um uns beheißen hat, da wirst du ja doch nicht ohne uns in die Hütte zurückrennen?! Was wird der Herr sagen, wenn du leer zurückkehren wirst?

10. Wird Er nicht dann dir gar gewichtig bemerken und sagen: ‚Aber Mira! Wie hast du denn Meinen Auftrag an die Väter ausgerichtet, daß darauf niemand erscheinen will?!'

11. Und so der Herr solches zu dir reden möchte, was wirst du dann, dich entschuldigend, Ihm wohl zu erwidern haben?"

12. Und die Mira erwiderte dem Lamech ganz kurz: „Davon weiß ich nichts, daß mir der Herr gesagt hätte, ich solle euch hineinbringen in die Hütte, – sondern euch nur hineinbeheißen! Solches aber habe ich auch getan; der Erfolg dieser Beheißung aber liegt mir nicht mehr ob, – daher gehe ich!"

13. Und der Adam trat nun zur Mira und sagte zu ihr, sie noch etwas aufhaltend: „Ja, mein liebes Kindchen, wenn du uns nur etwa nicht eigenmächtig eingeladen hast, – sonst wäre schon alles recht?!"

14. Das verdroß sogar die Mira, und sie sagte: „Nein, das ist doch sicher eine große Sünde für euch alle, so ihr, anstatt dem durch meinen Mund euch kundgegebenen Willen des Herrn zu folgen, mich nur hetzet und so recht ausfehnet (*durchhechelt*)! Nein, das ist zu arg; das muß ich dem Herrn sogleich sagen!"

15. Mit diesen Worten sprang sie in die Hütte und wollte soeben dem Herrn gegenüber sich über die Väter zu beklagen anfangen.

16. Aber der Herr kam ihr zuvor und sagte zu ihr: „Mira, wie kommst denn du allein zurück? Wo sind denn die Väter?!"

17. Die Mira, anfangs etwas verlegen, aber sagte nach einer kleinen Weile: „Ach, Du mein allerbester, heiliger, liebevollster Vater, die Väter draußen sind gar schlimm und ungehorsam! Ich habe es ihnen gerade also ausgerichtet, wie Du mir es aufgegeben hast; sie aber – nein, ich will's doch nicht sagen!"

18. Und der Herr sagte: „Und was haben sie dann aber?"

19. Die Mira aber erwiderte: „Wenn Du es schon durchaus wissen willst, da kannst Du es also wissen, ohne daß es vonnöten wäre, solches von mir zu erfahren!"

20. Der Herr aber sagte zu ihr: „Siehe, du hast ehedem die Väter zum Gehorsam ermahnt, und nun willst du Mir im Angesichte ungehorsam sein?! Wie reimt sich denn das?"

21. Die Mira aber sagte: „O Herr, Du siehst ja in mein Herz, darin kein Ungehorsam gegen Dich waltet!"

22. Und der Herr entgegnete ihr: „Siehe, Ich weiß, daß du ein reinstes Wesen bist! Dessenungeachtet aber hast du dennoch mit den Vätern etwas zu barsch geredet; darum haben sie dir auch zu verstehen gegeben, daß da ein Mädchen nie also mit ihnen reden solle, sondern allzeit in größter Demut! Daher gehe noch einmal hinaus, und lade sie ein, – dann werden sie dir schon folgen!"

23. Hier ging die Mira abermals hinaus und richtete solches (*das heißt die Einladung*) an die Väter, und diese folgten denn auch alsbald diesem neuen Rufe; und da der Henoch auch die Weiber zurechtgebracht hatte, so war er auch an der Spitze der Väter schon und führte sie alle in die Hütte.

24. Und der Adam fiel dem Herrn zu Füßen und dankte Ihm für solche große Erbarmung; denn sobald die Väter in die Hütte getreten waren, so wußten sie auch schon, alles sehend, wie es in der Tiefe stand, und lobten und priesen den Vater darum aus aller ihrer Lebenstiefe.

8. Kapitel

Das Mahl in der Hütte der Purista. Des Herrn Rede über Seinen Liebesbund mit den Kindern der Erde und die sichtbare Gemeinschaft zwischen Himmel und Erde

(Den 4. April 1843)

1. Nachdem all die Väter, die sieben Boten und noch andere Väter und Kinder aus der Morgengegend dem Vater aller Liebe und Heiligkeit nach der hellsten Beschauung der Tiefe ihr Lob und ihren Preis aus dem innersten Grunde ihres Lebens dargebracht hatten, da hieß sie alle der Herr alsbald erstehen und zeigte ihnen an, daß sie sich nun nach Seiner Verheißung in der Hütte der Purista zum ersten Mahle zum Tische setzen sollten und essen gekochte Speisen.

2. Alsbald erhoben sie sich alle und nahmen am gehörig großen Tische des Herrn Platz; denn die Hütte der Purista war nicht etwa so klein, wie da ist in der Gegenwart etwa eine Landmanns- oder Alpenhütte, sondern sie war also geräumig, daß darinnen wohl bei siebzigtausend Mann gehörig Platz hätten finden können. Dennoch aber wurde die Hütte klein genannt, – aber nicht ihrer Geräumigkeit, sondern nur ihrer Demut halber.

3. Als die Väter sonach alle Platz am großen Kindertische des heiligen Vaters in der Hütte genommen hatten und sich auch alle am wohlgekochten Mahle gestärkt hatten, da sagte der Herr zu allen: „Nun ist gute Ordnung auf der ganzen Erde hergestellt; darum bin Ich wieder unter euch und segne in euch nun durch Meine sichtbare wesenhafte Gegenwart den ganzen Erdkreis!

4. Denn nun ist ein Wiederverband zwischen Mir, Meinen Engeln und der Erde hergestellt; darum habe Ich dieses Freudenmahl von gekochten Früchten bereiten lassen, auf daß dadurch der ganzen Erde ein Denkmal werde, daß Ich, der ewige Vater der Kinder dieser Erde, ihnen nun ein Gott, ein Herr und ein wahrer Vater geworden bin und mit ihnen nun einen Bund geschlossen habe, auf daß sie nach dem Bunde alle also Meine wahrhaftigen Kinder sein sollen, wie Ich allezeit und ewig ihr liebevollster und heiliger Vater sein will.

5. Ich sage euch nun aber allen: Wenn ihr in diesem Bunde verbleiben werdet, welcher da ist Meine Liebe zu euch und eure Liebe zu Mir, so wird die sichtbare Gemeinschaft auch fortwährend zwischen der Erde und den Himmeln bestehen.

6. Werdet ihr aber diesen Bund verlassen und zerreißen dieses heilige Band, so wird die Erde sinken in ihre erste Tiefe wieder, und allerdichteste Wolken werden sie umhüllen, durch welche da niemand mehr Mich, noch Meine Himmel wird zu erschauen imstande sein.

7. Und so die Erde in diesem Zustande noch stets mehr und mehr sinken und fallen wird, so wird sie sich in ihr eigenes Gericht stürzen, und Ich werde dann nicht, wie jetzt, mit ihren Kindern als ein Vater voll Liebe und Milde reden, sondern als ein ewiger Gott will Ich ihr dann Meine Gerichte im Zornfeuer zudonnern!

8. Und wer da übrigbleiben wird, der wird lange zu warten haben, bis ein neuer Bund der Liebe unblutig aufgerichtet wird, und Ich werde Mir bei einer solchen neuen Errichtung also

Zeit lassen, daß alle Völker eher verschmachten sollen, als bis Ich den Bund völlig ganz erneuen werde!

9. Wird aber dieser jetzt völlig geschlossene heilige Bund von euch, nun Meinen wahrhaftigen Kindern, nicht zerrissen werden durch ein abermaliges Übergehen zur toten Äußerlichkeit der Welt, so werde Ich verbleiben bei euch, wie ihr bei Mir, und es wird sein auf der Erde, wie es ist in den Himmeln, und es wird auch kein Tod mehr sein unter euch, sondern wie ihr alle gesehen habt, daß Ich den Sehel zu Mir genommen habe und ehedem den Zuriel, der Ghemela Zeuger, also will Ich euch alle zu Mir nehmen und euch dann im Geiste machen zu gar mächtigen Liebetätern aller Wesen und aller Kreatur in Meinen endlosen Schöpfungsgebieten!

10. Denn wo ihr mit euren Augen am Firmamente eines sehet, da schwimmen in Meiner ewigen Allmacht zahllose Welten, alle Träger eurer Art; und hinter den Welten sind die endlosen Wohnstätten im Geiste geistig den Geistern, da *(von denen)* eine mehr faßt, als der ganze äußere, endlose, sichtbare Raum bietet!

11. Also sehet ihr nun auch eure ewige Bestimmung und den leichten Weg dazu; aber niemand kann dieselbe eher nehmen, als bis er dazu aus Meiner Liebe völlig reif geworden ist.

12. Wenn Ich aber jemanden berufen werde, so wird der Ruf ihn enthüllen; er wird der schweren Fleischesbürde enthoben werden und wird dann auch alsbald eingehen in die große Herrlichkeit des ewigen, unvergänglichen Lebens des Geistes der Liebe.

13. Damit ihr aber sehet, wie es sich im Geiste lebt, so öffne Ich euch auch die innere Sehe völlig!

14. Und so schauet denn die drei unter uns, die hinübergegangen sind, und besprechet euch selbst mit ihnen, damit ihr daraus ersehen möget, daß eures Seins in Mir ewig nimmer ein Ende sein wird, und auch, daß der Drache allzeit ein großer Lügner ist!

15. Also besprechet euch, und lasset es euch kundtun, wie der Geist frei allerseligst lebt, herrscht und ewig waltet! Amen!"

9. Kapitel

Das Sichtbarwerden der Geister Ahbel, Sehel und Zuriel.
Seth und Sehel, Adam und Ahbel im Gespräch

(Den 5. April 1843)

1. Hier freuten sich alle die Väter über die Maßen. Adam und Eva eilten zum Ahbel, der Seth zum Sehel und die Ghemela zum Zuriel und besprachen sich über Dinge des Geistes und über desselben vollkommenstes und allerfreiestes und somit auch allerseligstes Leben.

2. Der Seth aber fragte den Sehel: „Sohn, wie war es dir denn, als der Herr dich für diese Welt aufgelöst hatte?"

3. Und der Sehel erwiderte dem Seth: „Leben dir, Leben in deiner Frage! Im Odem war ich; ein Beben durchschauert den Äther, der Sonne Gürtel zerriß, und frei stand ich, ein Leben im Unendlichen.

4. Ein Licht durchdrang ich das All, und das Licht entweste die Wesen; und

die entwesten Wesen wurden ein neues Sein, und ein neues Leben sah im neuen Lichte, und der Vater war allenthalben der Grund alles Lichtes und alles Lebens des Lichtes aus dem Leben.

5. Und nun bin ich ein vollkommenes Eins und lebe frei ein ewiges, lichtvollstes, mächtiges Leben aus dem Leben alles Lebens in Gott.

6. Siehe, Vater Seth, also war es, also ist es, und also wird es sein und bleiben ewig, da jede künftige Sekunde ein vollkommeneres Leben atmet denn die vorhergehende!

7. Glaube, Vater Seth, was du jetzt siehst und hörst, ist keine Gesichtstäuschung und keine Übertäubung deines Gehörs, sondern es ist alles nackte Wahrheit und vollste Wirklichkeit; aber was du schaust in der Außenwelt, das ist des Baumes Rinde nur, ist der Wahrheit Hülse und ist im Anbetrachte der Wirklichkeit ein Land, dessen Boden von dichten Nebeln und schwarzen Wolken bedeckt ist.

8. Dort aber", hier deutete der Sehel auf den Herrn hin, „o Vater Seth, ist das Leben des Lebens und das Licht des Lichtes vollkommen!

9. Horche auf Sein Wort; es ist der Grund alles Seins! Aus Seinem Worte bin ich und du, und alle Wesenheit entstammt dem Worte des Vaters.

10. Wenn Er hier spricht, so entstehen aus jeglichem Seiner Worte wesenhafte Erfüllungen endloser Tiefen, und neue Heere der Sonnen und Welten beginnen ihren ersten ewigen Kreis zu durchbahnen.

11. Darum höret, was der Vater spricht, und behaltet Sein Wort in euch, und ihr alle werdet es erfahren, daß ein jeder, der des Vaters Wort hat in sich, auch in sich hat das ewige Leben!

12. Denn Sein Wort ist wesenhaft, und der Ton Seiner Rede ist der Grund aller Dinge.

13. Ihm sei daher ewig alle Ehre, alles Lob, aller Preis und alle Liebe! Amen."

14. Diese Worte Sehels machten eine große Wirkung in der ganzen Gesellschaft, und alles lobte und pries den Vater des Lebens, daß Er solch hohe Weisheit den Engeln gab und solche Macht in Seiner Gnade.

15. Der Adam aber fragte den Ahbel: „Mein geliebtester und lange betrauerter Sohn, bist auch du solcher Worte fähig, wie sie soeben einem mächtigen Strome gleich aus des Sehels Munde geflossen sind?"

16. Der Ahbel aber erwiderte dem Adam: „Vater der Erde des Menschen! Weder der Sehel noch ich, sondern alles in allem ist Gott, der ewige, heilige Vater; denn unser Wort ist Sein Wort, wie Sein heiliger Wille allzeit der unsrige ist!

17. Denn für den Geist gibt es kein Wort als allein nur das Wort des Vaters, wie es kein Leben gibt denn allein nur das Leben des Vaters.

18. Wer aber aus Gott lebt, der redet auch aus Gott; und so mag wohl jeder, der aus Gott lebt, auch aus Gott Worte Gottes, Worte des Lebens verkünden!

19. So aber jemand sich erhebt und sagt: ‚Ich habe auf eigenem Grunde gesammelt!', der ist ein Lügner gleich dem alten Drachen, der da die große Erbarmung des Vaters sich zu eigen macht und spricht: ‚Ich bin ein Herr des Herrn und kann Ihn schlagen, wann ich will!', während er doch aus sich und durch sich das allergeschlagenste Wesen ist.

20. Siehe, Vater, demnach ist es dem reinen Geiste ja wohl gar leicht mög-

lich, zu reden und zu handeln in aller Kraft und Macht des Vaters, da man im Vater liebt, lebt und allerfreiest atmet! Ihm sei darum alle Liebe ewig! Amen."

21. Diese Rede machte den Adam ganz weich und die Eva weinen, und der Adam rief bald laut aus: „O Gott, Du heiliger Vater, ich lebe zwar noch gerne unter Deinen Kindern auf der Erde; aber wo mein und Dein Ahbel ist, da möchte ich lieber sein!"

22. Der Herr aber sagte: „Noch eine kurze Zeit, und du sollst zur Ruhe kommen! Amen."

23. Und der Adam fragte: „Was ist die Ruhe?"

24. Und der Herr sagte: „Die Ruhe ist des Geistes Auferstehung zum ewigen Leben aus Mir!

25. Wahrlich, bis Ich nicht in dir erstehe, wirst du bleiben; wenn Ich aber in dir erstehen werde, dann wirst auch du erstehen zum Lichte des Lebens im Fleische der Liebe und des Wortes aus Mir!

26. Daher sei ruhig, und iß und trink, bis dich Mein Fleisch und Mein Blut erwecken wird! Amen."

10. Kapitel

Ghemelas Fragen über das Diesseits- und das Jenseitsleben
Die Antwort des Geistes Zuriel

(Den 6. April 1843)

1. Es fragte aber darauf auch die Ghemela ihren Vater Zuriel, ob es viel Unterschiedes sei zwischen dem Leben dieser Welt und dem Leben des Geistes, und ob der Geistmensch wohl auch sehen könne die naturmäßige Welt und jene Menschen, die da noch im Leibe auf ihr leben.

2. Und der Zuriel erwiderte ihr: „Höre, du Tochter des Herrn, das ist etwas Eitles der Frage! Das Leben ist allenthalben ein und dasselbe, und es kann in sich da kein Unterschied sein zwischen Leben und Leben, wenn dasselbe ein Leben aus dem Herrn ist; ist aber das Leben nicht aus dem Herrn, dann ist es auch kein Leben mehr, sondern ein barster Tod, der sich seiner selbst wohl auch bewußt ist, aber das Bewußtsein ist nur ein Eigentrug, indem alles das, dessen sich ein Toter bewußt ist, also gestaltet ist wie ein arger, nichtig eitler Traum, da seine Welt kein Grund und all sein Besitz nichtiger ist denn ein allerlosester Schaum!

3. Du mußt hier aber nicht etwa die Materie der Dinge betrachten, als wäre sie tot, da sie für dich kein Bewußtsein äußert; denn diese ist nicht tot, indem in ihr gar mächtige Kräfte walten und sie selbst nichts anderes an und für sich ist als ein Ausdruck der sich allenthalben äußernden göttlichen Willenskraft und Macht, sondern als tot mußt du dir nur das vorstellen, was zufolge der vom Herrn erhaltenen Willensfreiheit vom Herrn sich möglicherweise eigenwillig getrennt hat und dann fortbestehen will ohne Gott aus eigener Kraft.

4. Es besteht zwar zufolge der göttlichen Liebe und Erbarmung wohl fort, aber wie entsetzlich, – das ist ein ganz anderer Satz.

5. Aus dem aber kannst du, meine Tochter im Herrn, schon schließen, daß das eigentliche Leben sich überall und unter allen Umständen auf eine und ganz dieselbe Weise ausspricht.

6. Kannst du solches noch nicht völlig erfassen, da siehe nur hin auf den

Herrn! Siehe, Er ist in Sich das vollkommenste Leben alles Lebens; aus Ihm ist all unser Leben! Findest du einen Unterschied zwischen Ihm und mir?

7. Du sagst: ‚Dem erscheinlichen Wesen nach keinen!'

8. Gut, sage ich dir; darin aber liegt ja die völlige Beantwortung deiner Frage! Merke es nur: wir sind, was wir sind, aus Gott dem Herrn; unser alles ist Sein völliges Ebenmaß!

9. Also ist auch ganz sicher unser Leben Sein Leben, und wir mögen leben, wann und wo wir wollen, – sobald wir den Grund des Lebens erschauen und begreifen, so wir unser Herz nach Ihm gewendet haben, so leben wir schon ein vollkommenes Leben, ob noch im fleischlichen Leibe, oder ob im reinen Geiste, das ist kein Unterschied!

10. Ob der reine und ledige Geist aber auch die naturmäßige Welt und alles, was auf ihr ist, sehen kann, siehe, meine liebe Tochter im Herrn, das ist wohl eine sehr überflüssige Frage! Wenn sich das eigentliche Leben allenthalben völlig gleich ist, so wird da wohl das Schauen keinen Unterschied machen!

11. Frage dich aber, ob du die Welt mit deinem Fleische, welches an und für sich nur eine ganz unempfindliche Materie ist, oder mit deinem Geiste aus deinem Fleische heraus schauest!

12. Siehe, dir geht jetzt ein Licht auf! Also, wenn dein mit der Materie umhüllter Geist die Dinge schauen kann, da wird solches wohl auch der reine, freie Geist imstande sein, wenn es der Herr haben will!

13. Wenn es aber der Herr nicht haben will, so vermag weder der freie noch der gefesselte Geist etwas zu erschauen; denn wie der Herr dem Leibe die Sehe nehmen kann, also kann Er es auch dem Geiste.

14. Wie du aber nun nach dem Willen des Herrn erschauest die geistige und die natürliche Welt, also sehe ich jetzt, wie allzeit, wenn es der Herr will, und wenn es nötig ist, auch beides!

15. Wenn wir Geister aber bestimmt sind, mit großer Liebesmacht aus dem Herrn den Welten zu dienen, sage mir dann, wie solches möglich wäre, so wir das nicht angesichts (*das heißt sichtbar vor Augen*) hätten, dem wir dienen sollen!

16. Du siehst jetzt die Materie durch und durch, du kannst mich, einen Geist, erschauen, also kann ich auch dich erschauen, – und also ist kein Unterschied zwischen dem wahren Leben und Leben!

17. Es ist zwar ein Unterschied nun zwischen mir und dir, und dieser Unterschied liegt in deinem Fleische, welches keiner geistigen Bewegung fähig ist und nicht einen so schnellen Ortswechsel machen kann; aber dennoch liegt es in deinem Geiste, solches zu denken und lebendig zu fühlen!

18. Siehe, das ist aber auch alles, was dir vorderhand zu wissen notwendig ist! So du selbst stets tiefer in deinen Geist gehen wirst, da wirst du alles dieses noch in deinem Leibe lebendigst erfahren. – Solches wünsche ich dir auch von ganzem Herzen im Namen des Herrn! Amen."

11. Kapitel

Ghemelas überschwenglicher Dank und des Herrn Rede über den hohen Wert der Liebe. Eine Verheißung an die Ghemela und an die Pura als zukünftige Maria. Puras Entrückung

(Den 7. April 1843)

1. Als die Ghemela solches vom Zuriel vernommen hatte, da ward sie überaus heiter und fröhlich und ging alsogleich hin zum Herrn Himmels und der Erde, dankte, lobte und pries Ihn in ihrem brennenden Herzen für solche große Gnade, daß Er ihr es hat so seligst erfahren lassen, wie das Leben des Geistes also völlig gleiche dem Leben eines noch auf der Erde im Fleische lebenden Menschen, der da ist in der vollen Liebe zu Ihm, dem heiligen, aller Liebe und Erbarmung vollsten Vater.

2. Und der Herr wandte Sich zu ihr: „Ja, also ist es bei den Menschen: Die da viel empfangen, sind undankbarer als jene, die da wenig empfangen! Siehe, die Gnade, die dir zuteil ward, ist allen hier im überschwenglichen Maße zuteil! Sie haben an Meinem Tische gespeist, während du mit deiner kleinen Gesellschaft dich drüben am Herde befandest und bis jetzt noch keinen Bissen von Meinem Tische erhieltest; aber noch keiner kam, dir gleich, von Liebe getrieben zu Mir!

3. Ich sage dir aber: Mein Herz ist der beste Tisch! Hast du auch nicht am Tische gespeist, so sollst du aber nun an Meinem Herzen speisen; und diese Kost ist denn doch wohl noch ums unvergleichbare besser und sättigender als jede andere noch so wohlgekochte!

4. Wahrlich, sage Ich dir, Meine geliebte Tochter, die Liebe im Herzen eines Kindes zu Mir, dem Vater, ist mehr wert als alle noch so erhabene Weisheit und alle erdenkliche Wissenschaft!

5. Denn wer die Liebe hat, der hat alles; wer aber die Liebe allein nur der Weisheit, der Wissenschaft und der Stärke wegen hat, der soll auch haben, was er haben will; aber wie du jetzt und allezeit soll er dennoch nicht haben Mein Herz!

6. Glaube Meinem Worte, du Menschengeschlecht auf der Erde: So dir mehr liegt an der Erfahrung der Dinge als an Meiner Vaterliebe, da wird es wohl geschehen, daß du mit deiner mächtigen Weisheit die Armut unterjochen wirst; aber dann sollst auch du von Mir unterjocht werden, und Ich werde da deiner nicht schonen und werde dich nicht hätscheln!

7. Aber dich, du Meine Ghemela, werde Ich schonen und werde dich erhalten fürder und fürder; ja, deine Frucht soll ein neuer Vater der Menschen auf Erden werden, und dein Blut soll dereinst erfüllen den ganzen Erdkreis!"

8. Hier stürzten auch die andern weiblichen Wesen hin zum Herrn und baten Ihn um Vergebung, darum sie es versäumt hätten, das zu tun, was die Ghemela getan hatte.

9. Ganz besonders aber fing die arme Pura an zu weinen und wußte sich aus lauter Angst und Traurigkeit nicht zu helfen.

10. Der Herr aber bog Sich alsogleich zur Erde nieder, hob sogleich alle auf und nahm die arme Pura auf den Arm und sagte dann zu ihr: „O weine nicht, du Mein Töchterchen; denn du hast wohl am wenigsten Ursache dazu! Ich weiß gar wohl, wie du Mich liebst; daher sei heiter, denn du und die Ghemela seid Mir so nahe wie Mein ewig allmächtig eigenes Herz!

11. Dir, Ghemela, gebe Ich ein neues Geschlecht, und dir, Pura, gebe Ich Mein lebendiges Wort! Also wirst du bestehen im Geiste ein lebendig Fleisch und wirst in der Zeit der Zeiten im Fleische nicht mehr gezeugt werden, sondern hervorgehen aus einem gezeugten Fleisch ein ungezeugtes Fleisch und aus dir ein lebendiges Fleisch, das da sein soll ein künftiger Grund alles Lebens. Daher sei ruhig und heiter; denn Ich habe dich endlich und unendlich lieb, da außer Mir wohl weder im Himmel noch irgend auf Erden jemand herrlicher und schöner ist als du!

12. Siehe aber, dort an der Schwelle der Hütte harret jemand deiner! Es ist dein irdisch gewesener Zeuger; diesem folge! Sein Name ist Gabriel. Er wird dich bringen in Meine Himmelswohnung, allda du beständig um Mich sein sollst bis zur Zeit der Zeiten. Was dann, – solches wirst in Meinem großen Vaterhause du erfahren! Amen."

13. Die Pura aber umklammerte mit ihren Armen den Herrn und wollte nicht von Ihm.

14. Aber Er sagte zu ihr: „Mein Töchterchen, wohin dich der Gabriel bringen wird, da wirst du nicht warten auf Mich; denn ehe du dort sein wirst, werde Ich es sein und werde dir entgegenkommen und dich dann Selbst führen in Mein Haus. Also gehe nur getrost; denn Ich werde Mein Wort sicher halten! Amen."

15. Hier drückte die Pura noch einmal sichtbar des Herrn Haupt an ihre Brust und ward dann nicht mehr gesehen; denn des Herrn Engel brachte sie ins Haus des Herrn mit vergeistigtem Fleische. Das Haus des Herrn aber ist die Liebe des Vaters.

16. Auch die Mira, die Purista und die Naëme weinten noch stehend; aber der Herr sättigte sie bald mit Seiner Liebe und segnete sie.

17. Aber eine große Sensation hatte diese Rede und Handlung des Herrn bei den Vätern hervorgebracht, darob auch bis auf den Henoch sie alle dastanden wie leblose Bildsäulen und keiner sich auch nur mit einer Silbe etwas zu reden getraute; denn alle haben sich gar getroffen gefühlt, indem in ihnen bei der Erschauung der Tiefe allerlei heimliche Pläne haben aufzusteigen begonnen.

12. Kapitel

Adams Entschuldigung und einfältige Bitte an den Herrn um Zurücknahme des Verweises und der Gerichtsdrohung. Des Herrn denkwürdige Antwort

(Den 8. April 1843)

1. Erst nach einer ziemlichen Weile ermannte sich der Adam und ging zum Herrn hin und sagte in tiefer Ehrfurcht zu Ihm: „O Herr, Du allerliebevollster, heiliger Vater von uns allen, siehe, insoweit ich von allen wie von mir selbst reden kann, da haben wir Dich noch allezeit geliebt, gelobt und hoch gepriesen, was sich doch durchaus nicht in Abrede stellen läßt!

2. Wir sind freilich wohl nicht also zu Dir hingelaufen, wie es eben die dankbare, liebe Ghemela hat getan; aber solches taten wir – wenigstens meinem Gefühle nach – nicht etwa aus irgendeiner Nicht- oder doch zu geringen Achtung Deiner heilig-großen Gnade und Erbarmung gegen uns, sondern nur aus zu möglich-größter Ehrfurcht, Achtung und Liebe zu Dir.

3. Denn wir sehen und fühlen ganz, wer Du bist! Solches aber sehen die Mägde doch unmöglich ihrer Beschaffenheit wegen ein; daher müssen sie sich Dir darum auch mehr äußerlich nahen, da sie einer mählich (*allmählichen*) inneren geistigen Annäherung zu Dir wenigstens um vieles unfähiger sind denn der Mann.

4. Wenn ich demnach solches alles wohl erwäge und Deinen endlos starken Verweis, an uns alle mit Ausnahme des Henoch gerichtet, hinzu betrachte, so war er wohl etwas zu stark – fürwahr, ganz offen gesagt!

5. Ich rede, wie ich es fühle; und wie ich es fühle, das muß für mich so lange wahr sein, bis mich nicht ein anderes Gefühl überzeugen wird, daß ich nicht die Wahrheit rede!

6. Du bist Gott der Allmächtige von Ewigkeit aus Dir Selbst, ich aber nur ein zeitlich mattes Geschöpf Deines heiligen, über alles mächtigen Willens. So Du aber als mein Schöpfer mit mir magst reden, so rede ich auch mit Dir offen, wie Du mich auch frei und offen erschaffen hast; und so sage ich Dir auch offen und frei heraus: Schöpfer, Vater, diesmal hast Du uns, Deinen armen Kindern, mit Deinem Verweise zuviel gesagt; die Hälfte davon wäre genug, uns zu Tode zu drücken!

7. Daher bitte ich Dich, nimm diesen Verweis wieder von uns, damit wir Dich als den allerliebevollsten Vater wieder lieben können; denn in Deiner großen Strenge kann Dich niemand lieben, – wie Du solches uns alle auf der Höhe Selbst gelehrt hast.

8. So aber ich zu einem meiner Kinder sagen würde: ‚Höre, du nichtswertes Kind! So du mich nicht über alles lieben wirst und ich nur den allergeringsten Mangel deiner größtmöglichsten Liebe merken werde, so will ich dich alsogleich töten!', da wäre es denn doch sehr stark zu fragen: Wie wird mich, als den Vater, das Kind, welches ich also bedroht habe, wohl zu lieben imstande sein?

9. Daher, o Gott, Schöpfer und Vater, nimm auch Du Deine Drohungen zurück, damit wir Dich lieben können frei nach unserm kindlichen Gefühle im Herzen, aber nicht lieben müssen aus Furcht vor Deinen großen Drohungen!

10. Drohe nicht, und verheiße nichts, sondern Du allein als Vater sei uns genug und das Leben aus Dir dazu, daß wir als ewig lebendige Kinder Dich als den ewig heiligen Vater auch ewig mehr und mehr lieben werden können!

11. Dir steht es freilich wohl frei, zu tun, was Du willst; denn Du allein bist der Herr Gott Zebaoth und hast niemanden um Rat zu fragen.

12. Du hast das Leben; in Dir ist kein Tod, und niemand kann Dir ewig je das allerfreieste, allerallmächtigstwunderseligste Leben nehmen.

13. Dich drückt nirgends ewig ein Schuh; aber nicht also ist es mit uns, Deinen Geschöpfen! Wir hängen mit jedem Atemzuge von Dir ab und sind so endlos schwach gegen Dich, daß uns alle auch schon ein unsanfter Blick von Dir vernichten kann.

14. Du bist keines Schmerzes fähig; wir aber sind von Dir so eingerichtet, daß wir von unsäglichen Schmerzen, ja vom Tode, von der Vernichtung selbst befallen zu werden fähig sind! Und dennoch möchten wir Dich über alles lieben, auch in großen Schmerzen noch!

15. So Du uns aber töten willst oder gar schon tötest, da können wir Dich unmöglich lieben; denn wer kann Dich in Deinem Zorne oder wer gar im Tode lieben?!"

16. Hier wandte Sich der Herr zum Adam und sagte zu ihm: „Du redest

hier als ein Mensch mit Mir, deinem Schöpfer, und tust wohl daran; denn daran bewährt sich an dir Meiner Meisterschaft gelungenes Werk, daß du eben also mit Mir reden kannst frei aus dir.

17. Aber ganz wahre Kinder, die da ihren Vater völlig kennen und wissen, wie endlos gut Er ist, die reden dann auch wieder ganz anders mit Ihm; denn sie lieben Ihn, und darum auch haben sie keine Furcht vor Ihm, sondern sie tun, wie es diese Töchter getan haben und noch tun.

18. So aber der Vater Seinen Kindern die Liebe zu Sich also androhen möchte, wie du durch ein Beispiel an dir gezeigt hast, da wäre Er wohl alles eher als ein Vater!

19. Wenn aber Ich als der allein wahre Vater sehe, daß in euch noch eine läppisch-törichte Furcht vor Mir haust, so werde Ich wohl wissen, wie Ich dieselbe ergreifen muß, um sie aus euch zu bringen, das heißt, um aus euch noch immer zur guten Hälfte Geschöpfen das Geschöpfliche hinauszubringen und euch zu wahren Kindern umzugestalten!

20. Wenn du dieses ein wenig beachtest, so wirst du doch wohl auch einsehen, daß Ich als der Schöpfer und Vater, wenn Mich auch kein Schuh drückt, aber dennoch einsehen werde, wo der Schuh euch drückt, um euch da zu helfen, wo zu helfen für euch alle am nötigsten ist, und daß Ich dazu auch sicher die tauglichsten Mittel wählen werde!

21. Laß daher von deiner Forderung etwas handeln, und liebe Mich, so wirst du dann ja doch innewerden, ob Ich mit Tod oder ohne Tod die Liebe von Meinen Kindern erbitte!

22. Denn siehe, deine Forderung an Mich ist gerade umgekehrt die Meine an euch! Solches erwäge nun, und rede dann erst!

23. Ich aber weiß, was Ich als Schöpfer und was als Vater zu reden habe und was zu tun. – Solches beachte auch gar wohl! Amen."

13. Kapitel

Adams Bitte um Vergebung
Des Herrn bedeutsame Rede über den Menschen als blinden Schöpfer seines Gerichts und Schlußstein der Schöpfung

(Den 10. April 1843)

1. Diese Worte von Seite des Herrn brachten unsern Adam wieder zur besseren Besinnung; er ging demütigst dem Herrn zu und sprach: „O lieber, heiliger Vater! Dein Wort hat mich wieder in ein anderes Licht versetzt, und ich sehe in diesem Lichte ein, daß ich glühend heiß vor Dir gesündigt habe; daher bitte ich Dich, o lieber, heiliger Vater, rechne mir doch diesen meinen sicher allerletzten Fehler vor Dir und aller Deiner Schöpfung nicht zu hoch an, sondern vergib mir schwachem alten Greise diese meine letzte Torheit!"

2. Hier wandte Sich der Herr zum Adam und sagte zu ihm, wie somit auch zu allen, die mit Adam ehedem eines Sinnes waren: „Höret denn nun alle, und du, Mein Sohn Adam, ganz besonders: Ich will euch nun etwas sagen zu Meiner eigenen Entschuldigung vor euch allen Meinen Kindern, damit ihr, so ihr etwa in der Zukunft dennoch

Meines Rates vergessen solltet, denn auch wissen sollet, daß nicht Ich, sondern ihr selbst die törichten und blinden Schöpfer eures Gerichtes und somit auch eures Verderbens und eures Todes seid, so ihr, wie bemerkt, nicht die von Mir, eurem allweisesten Schöpfer und liebevollsten heiligen Vater vorgezeichneten Wege wandelt! Und so höret Mich denn an:

3. Ihr, und die ganze endlose Schöpfung, seid von Mir allernotwendigst schon von Ewigkeit also eingerichtet, daß gerade ihr die Endzwecke und somit die völligsten Schlußsteine der ganzen sichtbaren und unsichtbaren Welt seid. Demnach muß ja dann aber auch, im Ganzen wie im Einzelnen genommen, alles allergenauest mit euch in der alleruntrennbarsten Korrespondenz stehen.

4. Wenn es aber unleugbarst also ist, so ergibt sich ja der Folgesatz von selbst, welcher also lautet: Steht der Mensch als Endzweck aller Schöpfung da, und steht diese somit in allem mit ihm in der allerinnigsten Korrespondenz, so ist er ja auch ebenso notwendig über alle Schöpfung wie ein Herr gesetzt, von welchem Standpunkte er ebenso auf die ganze Schöpfung rückwirken muß, wie die ganze Schöpfung auf ihn notwendig vor- und einwirkt! Achtet nun recht wohl alle darauf:

5. Alle Schöpfung vor euch aber hat durchaus keinen freien Willen, sondern in ihr ist alles notwendig zum dienlichen Zwecke für euch gerichtet, also alles ein völliges Muß.

6. Ich als der große Werkmeister aller Meiner Geschöpfe aber weiß nur allein, wie in ihr alle Prozesse eingerichtet sind, und wie eines in das andere greift, und kann euch daher auch nur die allein tauglichsten Mittel geben, euch also zu verhalten, daß ihr euch frei auf dieser höchsten Stufe behaupten möget, auf welcher ihr als erhabenste Endzwecke aller Meiner Schöpfung stehet.

7. Bleibet ihr in dieser von Mir, dem Schöpfer, euch vorgezeichneten Ordnung, so wird auch die ganze euch vorgehende (*vorangehende*) Schöpfung hinter euch her in der schönsten Ordnung verbleiben; bleibet ihr aber nicht in dieser Ordnung, sondern bildet und schaffet euch eine andere eigenmächtig, so bin Ich als Schöpfer und euer aller heiliger Vater ja doch gänzlich außer aller Schuld, wenn die ganze Vorschöpfung hinter euch her sich verkehrt in ihrem gerichteten Wirken, euch dann ergreift, in ihr ewiges notwendiges Gericht reißt und euch endlich gar tötet.

8. Muß ein Stein nicht schwer sein, damit er bleibe eine Feste auf und in der Erde?! Sehet, das ist ein Gericht der Materie des Steines!

9. Solange ihr auf dem Steine herumgehet nach der Ordnung, so lange auch seid ihr Herren über den Stein; so ihr aber einen schweren Stein auf euch wälzen würdet, da wird der Stein euer Herr werden und wird euch geben seine Schwere, sein Gericht und also auch seinen Tod.

10. Also aber, wie dieses Verhältnis zeigt, also auch verhält es sich mit der ganzen sicht- und unsichtbaren Schöpfung.

11. Ihr allein könnet sie segnen nach Meiner Ordnung, aber auch verderben zu eurem Unheile außerhalb Meiner Ordnung.

12. Die Liebe zu Mir aber ist der Inbegriff aller Meiner Ordnung. Darum haltet euch allzeit an diese Liebe lebendig, so werdet ihr nimmer in ein Gericht zurücksinken; werdet ihr aber diese verlassen, so werdet ihr dem Gerichte die Schleusen öffnen, und dieses wird dann notwendig über euch herfal-

len gleich dem Steine und wird euch begraben in sich!

13. Solches also merket, achtet es allzeit; wisset aber sonach auch, daß Ich, der Vater, niemanden richte! – Verstehet es alle! Amen."

14. Kapitel
Uranions Frage an den Herrn, ob Er von den Menschen beleidigt werden könne
Des Herrn bejahende Antwort

(Den 11. April 1843)

1. Nach dieser Rede des Herrn dankten alle dem Vater für solch eine große Erleuchtung; denn sie begriffen nun alle bis auf den Uranion völlig, was es für eine Bewandtnis mit dem erhabenen Standpunkte eines Menschen in der unermeßlichen Schöpfungsreihe der zahllosen Wesen und Dinge Gottes hat.

2. Aber, wie bemerkt, der alte Vater des Morgens war in einem Punkte noch nicht so ganz zu Hause; daher kam er denn auch in der allergrößten Demut hin zum Vater und bat Ihn um die Erlaubnis, über noch einen für ihn noch etwas dunklen Punkt eine Frage geben zu dürfen.

3. Der Herr gab ihm auch mit folgenden Worten alsogleich, um was er gebeten hatte, sagend nämlich: „Ich habe es liebweise also gewollt, daß dir solches verborgen bleiben solle um aller willen; darum magst du nun auch um aller willen fragen also, als wüßte Ich es ehedem nicht, was es ist, darum du Mich fragst!"

4. Nach solch empfangener Erlaubnis fragte denn auch der Uranion bald um das, was ihm nun um so mehr am Herzen lag, da er es zum Besten für alle vom Herrn fürgesehen (*vorgesehen*) erkannte.

5. Die Frage aber lautete: „O Herr, Du heiliger, liebevollster Vater aller Menschen! Wenn der Mensch also nur gegen Deine in die Schöpfung gelegte Ordnung sündigen kann, so er nicht strenge lebt nach Deinem erkannten heiligen Willen, also nach dem töricht eigenen Willen nur, und sündigt somit eigentlich nur gegen die Schöpfung und gegen sich – wie ist es aber dann wohl möglich, Dich zu beleidigen und zu kränken Dein heiliges, liebevollstes Vaterherz?

6. Denn so der Mensch in der gerichteten Schöpfung der Wesen und Dinge sein unvermeidliches Gericht findet, also seine Strafe, da scheint es mir, als nähmest Du gar keine Notiz mehr von dem, was der Mensch tut, und könntest sogestaltig auch nimmer von irgendeinem töricht eigenwillig ungehorsamen Kinde beleidigt oder gekränkt werden.

7. Der nachträgliche Hauptteil der Frage besteht demnach darin, ob Du, o Vater, von den Menschen beleidigt werden kannst oder nicht. – O Vater, darüber wolle uns noch ein Fünklein Deines Gnaden- und Liebelichtes zukommen lassen! Dein heiliger Wille geschehe!"

8. Und der Herr erwiderte dem Uranion: „Du hast zwar recht gefragt; aber dessenungeachtet liegt hinter deiner Frage eben nicht so viel tief Verborgenes, als du es meinst und nun auch so mancher andere mit dir.

9. Siehe, auch du bist ein Zeugevater deiner Kinder und hast in deiner Haushaltung so manche nützlich dienliche

Sachen gemacht, die nach deinem guten Plane ordentlich zweckdienlich gebraucht werden sollen!

10. So aber ein oder das andere deiner Kinder eine solche von dir zum bestimmten nützlichen Gebrauche gemachte Sache entweder ganz verkehrt gebraucht und sie dadurch sogar verdorben oder gar zerbrochen wird, oder deine Kinder achten der guten Sache gar nicht, finden sie nur für dumm und lächerlich überflüssig und möchten darob sogar schmähen über dich und deine Einrichtung und sie sogar ärgerlich mit ihren Füßen zertreten, oder deine Kinder möchten dir um einer besten Sache willen, die du nur zu ihrem alleinigen Besten aus großer Liebe zu ihnen gestellt hast, sogar fluchen und dich fliehen wie eine Pestilenz, – sage Mir als Vater deiner Kinder, wie wirst du solch ein Benehmen von Seite deiner Kinder aufnehmen, obschon sie eigentlich nicht, streng genommen, an dir, sondern nur an deiner Sache sich versündigt haben?

11. Oho, du möchtest solchen Kindern wohl gar fluchen!

12. Was soll demnach Ich als der heilige Vater zu euch sagen, so ihr euch unordentlicher-, eigensinnigerweise an Meiner heiligen, ewigen Ordnung vergreifet und dabei Meiner gänzlich vergesset?!

13. Also kann es Mir doch auch unmöglich gleichgültig sein, ob ihr so oder so handelt!

14. Ich kann von euch sonach auch gar wohl beleidigt werden; aber dann ist es an euch, einzusehen eure Schuld und zu Mir wieder zurückzukehren, – wo Ich dann freilich wohl besser bin als ihr Menschen, indem Ich sogestaltet niemanden verwerfe, sondern jeden Verirrten emsig wieder auf den rechten Weg zu bringen suche und jeden alsbald wieder aufnehme, wenn er nur zu Mir zurückkommen will.

15. Siehe, also stehen die Sachen; daher bleibet alle in Meiner Liebe, so werdet ihr euch nicht versündigen an Meinen für euch erschaffenen Dingen!

16. Nun aber hat noch der Kisehel etwas auf seinem Herzen; darum komme er und entledige sich seiner Last vor Mir, dem Vater! Amen."

15. Kapitel

Die Berufung der Satana in Drachengestalt durch den Herrn im Beisein Kisehels, Henochs und Lamechs. Die freche Rede des Drachen und seine Vorhersage der Kreuzigung des Herrn

(Den 12. April 1843)

1. Und der Kisehel, als er vernommen hatte solchen Ruf, stand auf und begab sich allereiligst und allerdemütigst hin zum Herrn.

2. Als er aber also beim Herrn anlangte und somit auch sein Anliegen fragend anbringen wollte, und zwar in der vermeintlichen Absicht, in welcher früher der Uranion sein Anliegen in lauter Frage an den Herrn stellen mußte, da deutete der Herr ihm, zu schweigen, und sagte innerlich ganz geheim zu ihm:

3. ,,Kisehel, gehe hin und nimm den Lamech und den Henoch zu dir; denn was dich drückt, drückt keinen andern noch bis jetzt. Daher ist es auch nicht nötig, daß dein Anliegen alle erfahren sollen.

4. Euch dreien aber will Ich gleichwohl lösen deinen Knoten, – jedoch

nicht hier, sondern draußen, da uns niemand sehen soll! Und so denn verlassen wir auf eine kurze Zeit die Gesellschaft hier! Sage aber zuvor den Vätern, daß uns niemand fragen darf, wohin wir uns nun begeben!"

5. Und der Kisehel tat alsbald alles, was ihm der Herr anbefohlen hatte.

6. Als nun alles geordnet war, da begab Sich der Herr mit den dreien alsbald hinaus an eine umwaldete Stätte, welche ebenfalls von der mitternächtlichen Seite her von einer schroffen Felswand, in welche eine große Höhle ging, also begrenzt war wie jene bekannte Stelle, an der den mit dem Henoch aus der Tiefe auf die Höhe heimziehenden Boten der schon bekannte Drache erschien.

7. Als sie nun auf dieser Stelle sich befanden, da sprach der Herr zum Kisehel: „Siehe, Ich bin vor dir von Meinem großen Feinde übel angeklagt worden! Würde Ich Mich darob entschuldigen vor dir ohne den Ankläger, so würdest du in dir noch immer heimlich denken und sagen: ‚Es mag wohl also sein und wird auch also eher sein, wie es der Herr uns geoffenbart hat; aber dessenungeachtet bleibt die Angabe des Drachen dennoch immer sehr merkwürdig, und sein Geständnis ist durchaus nicht ganz außer acht zu lassen!'

8. Darum aber führte Ich euch hierher, und wir wollen diese Sache in der völligen Gegenwart des Drachen abmachen!"

9. Nach dem tat der Herr einen starken Ruf, daß darob der ganze Erdkreis dröhnend erbebte.

10. Und der Ruf lautete: „Satana! Dein Gott und ewiger Herr will es, daß du hierher vor Sein Angesicht tretest!"

11. Sogleich nach diesem allmächtigen Rufe, der beinahe der ganzen Schöpfung das Dasein gekostet hätte, erschien der Drache, gar gewaltig vor Grimm bebend, vor dem allmächtigen Herrn aller Ewigkeiten, und fragte den Herrn:

12. „Was willst Du, mein ewiger Peiniger, von mir? Soll ich Dir etwa helfen, damit Du alle Deine Schöpfung um so leichter ins Nichts wieder verkehren könntest? Oder hast Du etwa gar schon wieder eine neue Schöpfung im Plane, zu der ich Dir einen günstigen Platz ausstecken soll?

13. Ich sage Dir, Du sollst mich ewig nimmer daran (*dazu*) bekommen; denn ich kenne Deinen großen Wankelmut und weiß, daß in Dir keine Stetigkeit wohnt, und daß alle Deine Verheißungen nichts als leere, unhaltbare Worte sind. Daher habe ich auch fest beschlossen, mich wider Dich aufzulehnen und Dich ewig zu verfolgen!

14. Wahrlich, bist Du auch ein Gott, beherrschend noch die ganze Unendlichkeit, so soll es Dir aber doch ewig nicht möglich sein, Dich vor mir ganz und gar vorsichtigermaßen irgendwo in einem Winkel der Unendlichkeit also zu verbergen, daß ich Dich nicht finden möchte! Mir wirst Du nicht entgehen!

15. Drohe mir immerhin, wie Du nur magst und willst; es wird sich ja doch gar bald zeigen, wer von uns beiden der eigentliche Herr aller Welt und aller Kreatur ist!

16. Bevor Du mich zu etwas zwingen wirst, da schwöre ich Dir bei allem meinem Leben, zuvor vernichte ich mich, und Du magst dann zusehen, wie es da mit Deiner ewigen Existenz aussehen wird!

17. Verstehst Du mich, Du alter Weltenbetrüger, – Du Allmachtspieler auf meine Rechnung! Verstehst du mich?!

18. Du kamst hierher, mich aufzufordern, diesen dreien zu widerreden

das, was ich ehedem wohlmeinend ihnen kundgab! Oh, da kannst Du wohl hübsch lange warten, bis ich mich mehr Dir zu einem schändlichen Werkzeuge weihen werde!

19. Da, – durchbohre mit all Deiner Allmacht diesen meinen Panzer, wenn Du kannst und magst!

20. Ich aber schwöre Dir: Nicht ich, sondern meine allerschwächsten Knechte sollen und werden Dich gefangennehmen, Dich knebeln als einen alten Verbrecher und werden Dich mit Nägeln heften ans Holz, von da Du vergeblich um Hilfe rufen sollst ewig! – Verstehst Du das?!

21. Ich habe Dir jetzt meine Verheißung gemacht; willst Du aber etwa noch mehr von mir, so rede, und es soll geschehen, was Du nicht willst! Amen aus mir, Deinem Herrn! Verstehe mich: Amen aus mir!"

16. Kapitel

Kisehels Racheeifer und Beruhigung durch den Herrn
Des Herrn Frage an Satana und die Verweigerung der Antwort durch Satana
Die Züchtigung und Demütigung des grimmwütigen Drachen durch Kisehel

(Den 13. April 1843)

1. Als aber der etwas hitzige Kisehel solchen Frevel vom Drachen vernommen hatte, da erbrannte er, und ein glühender Racheeifer erfüllte sein ganzes Wesen, daß er darob laut aufschrie und mit heftigen Worten sprach:

2. „Aber Herr, Gott von Ewigkeit allmächtig, Du heiliger, liebevollster Vater! Wie möglich wohl kannst Du solchen Frevel anhören?!

3. Belasse mir meine Kraft, die ich hatte aus Dir in der Tiefe, und ich will diesem Satan ein Ende machen, von dem alle Ewigkeiten der Ewigkeiten vollauf sollen zu erzählen haben!"

4. Der Herr aber sprach zum Kisehel: „O du Sohn des Feuers und des Donners! Betrifft dich der Frevel des Drachen denn mehr als Mich, indem er zu dir doch gütlich und nur zu Mir allein also frevelnd spricht?!

5. Oder meinst du, Ich könnte etwa wohl gar dieses abgefallenen Geistes nicht Meister werden ohne dich? – Oh, des sei völlig unbesorgt; mit dem allerleisesten Hauche kann Ich ihn verwehen auf ewig!

6. So Ich aber solches täte, was hättest dann du gewonnen, und was Ich?!

7. Siehe, könnte dieser Drache Mir irgend schaden oder Mich irgend gefangennehmen, da hätte er solches schon lange getan; denn er ist kein Jüngling mehr in Meinem Schöpfungsreiche! Aber er sieht es in sich nur gar zu richtig ein, wie ewig gar nichts er gegen Mich vermag; darum wetzt er also seinen Schnabel und sucht durch Worte sich an Mir zu rächen, da es ihm in der Tat wohl ewig allerunmöglichst bleiben wird!

8. Lassen wir ihn daher nur reden, was er mag und kann; und wenn er erst völlig wird ausgeredet haben, dann erst werde auch Ich ihm etwas sagen.

9. Tritt daher zurück in deine ruhige Verfassung, – und du, Satana, rede weiter; denn Ich, dein Gott und Herr, will es, daß du dich vor diesen Zeugen völlig entäußerst, wie du bist, auf daß dich erkennen möge durch sie dereinst alle Welt!

10. Sage mir aber zuerst, wie viele

Schöpfungen Ich schon nach deiner Angabe vernichtet habe!"

11. Hier stutzte der Drache und wollte nicht reden.

12. Aber der Herr gebot ihm, zu reden.

13. Und der Drache fing an, sich zu bäumen, und machte Miene, als wollte er alle die vier verschlingen.

14. Der Herr aber sprach: „So du Mir nun nicht zur Rede stehst, da will Ich dich durch Meinen Zorn dazu zwingen!"

15. Der Drache aber spie Feuer aus und brüllte dann gegen den Herrn: „Was ist mir Dein Zorn?! Den kenne ich schon lange; denn ich selbst bin Dein Zorn!

16. Nicht ich vor Dir, sondern Du hast Dich zu fürchten, daß ich nicht über Dich komme; und tue ich das, so wird's mit Deiner Liebe etwa wohl gar sein, und Du Selbst wirst Deine Kinder zu Millionen allerunbarmherzigst von der Erde vertilgen und einigen wenigen übriggelassenen Fliegen den ersten Beweis geben, wie sehr Du auf die Erhaltung Deiner Geschöpfe bedacht bist!

17. Daher halte Dich weislich nur so hübsch ferne von mir, sonst stehe ich nicht gut, ob es Dir nicht noch heute beifällt, die Erde bis über die Berge in tödliche Fluten zu hüllen, wovon Du schon ohnehin immer heimlich träumst!"

18. Hier sprach der Herr etwas heftig: „Satana, treibe Meine Geduld und Langmut nicht aufs äußerste! Gib die Antwort, die Ich von dir haben will und keine andere, – sonst soll es dir gar bald übel ergehen!"

19. Hier drehte sich der Drache um und wollte mit seinem mächtigen Schwanze nach den vieren schlagen.

20. Aber der Herr gab dem Kisehel einen Stab und sagte zu ihm: „Gehe hin, und züchtige ihn!"

21. Und der Kisehel nahm den Stab, ging hin und schlug gewaltig nach dem Drachen.

22. Hier drehte sich der Drache bald wieder um, heulte und brüllte und legte sogleich seine scheußliche Gestalt nieder und war gleich den andern als ein Mensch zu sehen. Als solcher fiel er alsbald vor dem Herrn nieder und sprach:

23. „Herr, Du allmächtiger, ewiger Gott! So Du mich schon strafen willst, so strafe mich für meine eigenwillige große Bosheit gegen Dich nicht ohne Deine Liebe; denn die Schläge Deines Zornes sind zu unerträglich brennend und endlos schmerzend!"

24. Hier sprach der Herr: „Wie kannst du, Mein sein wollender Herr, Mich denn um so etwas bitten?! Du hast Mir ja selbst eine Züchtigung angedroht; wie kommt es denn nun, daß du dich von Mir züchtigen lässest?"

25. Der Satan aber sprach: „O Herr, peinige mich nicht zu unendlich; denn Du weißt ja, daß ich ein Lügner bin aus mir, weil ich ohne Dich ein Herr sein wollte!

26. Gib mir lieber eine neue Frist, und ich will mich zu Dir wenden; aber nimm mir alle meine große Macht, auf daß ich nicht durch mich selbst wieder versucht werde, mich gegen Dich aufzulehnen!"

27. Und der Herr sprach: „Rede nur alle deine Lüge vor diesen Zeugen, und Ich will sehen, was Ich dir dann tun will; behalte aber ja nichts im Hintergrunde, sonst wird dir all dein Flehen wenig nützen! Amen."

17. Kapitel

Satans Geständnis seiner Lügen und Bekenntnis der Bosheit seines Starrsinnes

(Den 14. April 1843)

1. Hier stand der Satan(a) bebend auf und sprach zu dem Kisehel, der noch seinen vom Herrn ihm gereichten Stab gar fest in seiner Hand hielt:

2. „Höre, du mein Züchtiger aus der Macht deines Gottes, der da auch ist ewig ein Zorngott über mich und mag nimmerdar aufhören, mit Seiner schrecklichen Rute mich zu schlagen!

3. Ich habe dir ehedem in meiner schauderhaften, erschrecklichen Schutzgestalt so manches vom Herrn, dem allmächtigen Schöpfer aller Dinge, Geister und Menschen ausgesagt, was ich nun in dieser meiner dir ähnlichen Gestalt völlig als eine allerbarste Lüge widerrufe!

4. Ich habe dir zwar wohl Wahres gesagt, – aber da ich es in mir verkehrt habe, so war es eine Lüge; denn alles, was ich vom Herrn ausgesagt habe, das habe ich nur von mir ausgesagt, und so ist nicht der Herr, sondern ich nur ganz allein der schon so ziemlich alte böse Weltenbetrüger und ein allerbarster, wennschon gerade nicht Allmacht-, so aber ein starker Großmachtspieler!

5. Nicht der Herr, sondern ich nur habe schon gar viele Sonnengebiete zerstört, und sie wären von mir aus in ihr ewiges Nichts hinabgesunken, so der Herr Sich ihrer nicht erbarmt und sie durch Seine Machtboten auf eine solche Stelle in der Unendlichkeit hätte schaffen lassen, alldort sie neue, ruhige Bahnen gehen, welche von meinem Pesthauche nimmer erreicht werden können.

6. Siehe, so es auf mich ankäme, da stünde wohl alle Augenblicke eine andere Schöpfung da, und es wäre für kein Wesen eines Bleibens; denn ich möchte nur erschaffen, um dann etwas zum Zerstören zu haben, und möchte allerlei reizend-schönste Menschen wohlgebildet gestalten und lebendig zeugen, um sie dann nach meiner argen Lust zu quälen und, hätte ich mich satt an ihnen gequält, sie dann auch alsbald gänzlich zu vernichten.

7. Siehe, ich war ein Lügner allezeit, und ich möchte dich auch ums Tausendfache nun lieber anlügen, als dir die volle Wahrheit sagen; aber ich fürchte deinen Stab zu sehr, als daß ich mich getrauen möchte, dich also anzulügen von neuem!

8. Es wird aber mit mir dennoch nicht besser darum, weil ich dir nun die Wahrheit gestand, solange mir die große Macht belassen wird, solange mir, der Materie nach, die ganze sichtbare Welt, das heißt Erde, Sonne, Mond und alle die endlos vielen Sterne als ebenfalls zahllose Sonnen, Welten und Wesen aller unendlichen Art völlig untertan bleiben müssen und ich ihr Herr sein muß.

9. Denn solches muß ich sein, weil ich als (*wie*) ein geschaffener Gott bin, und ich bin nun in dieser materiellen Allheit völlig also gefangen, daß ich mich ihr ewig so lange nicht entwinden kann, bis nur ein letztes materielles Stäubchen von einer allerletztesten Welt bestehen wird, aus welchem Grunde ich auch nur auf fortwährende Vernichtung der Dinge, welche der Allmächtige erbaut, hinwirke, um meiner herrschsüchtigen Meinung nach um so eher zu meiner Alleinherrschaft zu gelangen und den Herrn der Herrlichkeit vermeintlichermaßen von Seinem ewigen Throne zu stürzen, indem Er meinen Zerstörungsplänen fort und

35

fort entgegen ist, seitdem ich aus Ihm bin in mein überaus mächtiges und nahezu endlos großes Dasein zu dem Behufe gerufen worden, um neben Ihm wie ein zweiter Gott zu sein und zu herrschen mit Ihm, aber dennoch in aller Liebe Ihn zu lieben über alles aus aller meiner Tiefe, auf daß ich Ihm wäre, was da ein treues Weib ist dem Manne, ewig!

10. Wahrlich, groß und herrlich war ich gestellt! Was ich nur wollte, das war auch schon da; und der Herr hinderte mich nicht in meinem Wollen und Schaffen.

11. Aber so ich etwas Geschaffenes wieder zerstören wollte, da hinderte mich der Herr. Dadurch aber sah ich mich auch in meiner Macht gegen Gott beschränkt.

12. Durch List wollte ich Ihn auf meine Seite bringen und machte mich so schön als möglich. Zu dem Behufe entzündete ich mich in allem meinem Lichte, um zu blenden den Herrn.

13. Aber der Herr nahm mich in meinem Lichte plötzlich gefangen, schuf dann aus meinem Lichte die Materie und neben mir zahllose Wesenreihen gar herrlicher Art und liebte sie mehr denn mich, Sein erstgeschaffenes Weib.

14. Da erst ging ich blind in den tollsten Grimm über und fluche nun schon ewig lange dem Herrn, der mich zwar wohl öfter schon retten wollte, – aber mein Grimm ist zu groß, als daß es mir möglich wäre, mich von Ihm retten zu lassen, da Er mich nicht hat wollen herrschen lassen!

15. Nun hat die Satana geredet und hat nicht Lüge, sondern Wahrheit ausgesagt. Darum nimm ihr, Du, Herr, die große Macht, auf daß sie Dir nicht mehr widerstreben kann, um von Dir darum stets ärger und ärger gezüchtigt zu werden!

16. Gib mir eine neue Frist, und ich will mich zu Dir kehren binnen der Frist!

17. Wenn mich aber meine große Eifersucht gegen Dich wieder ergrimmen machen sollte, da Du Dein Herz völlig zu den Neugeschaffenen wendest, und ich sie darum verfolgen müßte, da nimm mir aber dann gar alle Macht, und verwirf mich auf ewig, oder tue mit mir, was Du willst!

18. Hänge mich zwischen Himmel und Erde auf, auf daß mich mein Grimm verzehren solle im Angesichte aller Deiner Herrlichkeit und aller derer, die Du liebst, und die Dich lieben dürfen und können! Dein Wille!"

18. Kapitel

Die Lüge von der ewigen Züchtigung der Satana. Die weibliche Schönheit der Urgestalt Satans. Des Herrn Kreuzestod und Satans Freiheitsfrist

(Den 15. April 1843)

1. Hier wandte Sich der Herr wieder zu Satana und sprach: „Satana, du sagst, dir sei Ich nur ein ewig unversöhnlicher, allmächtiger Zorngott und züchtige dich schon seit Ewigkeiten fort und fort auf das allerunaussprechlichst unbeschreiblich grausamste! Darum gebiete Ich dir nun, diesen Zeugen zu zeigen die Streiche, welche du schon von Mir bekamst!"

2. Hier stutzte die große Hure und wußte nicht, was sie dem Herrn der Herrlichkeit erwidern sollte; denn mit der vorgeblichen Züchtigung hatte es

seine geweisten Wege, indem der Herr ihr noch nie die übermächtige Freiheit des Willens genommen hatte, sondern sie ihr belassen hatte zum mächtig freien Wirken im unendlichen Schöpfungsraume.

3. Was aber die Satana als schrecklichste Züchtigung bezeichnen wollte, war nichts anderes als die stete Verhinderung von Seite des Herrn hinsichtlich der von der Satana stets schlau beabsichtigten Zerstörung aller Dinge.

4. Warum denn? – Weil die Satana in der steten Idee ist: man nehme Gott nur alle Unterlage weg und lasse Ihm keinen Stützpunkt mehr übrig, so sei Ihm dann Seine ganze Allmacht zu nichts und sie (*Satana*) als der Erzfeind hätte dann ein überleichtes, Gott zu besiegen und sich selbst auf den Thron der Allmacht zu schwingen und den ehedem allmächtigen, nun geschwächten, aber dennoch nicht vernichtbaren Gott unter den Pantoffel zu ziehen, damit Er dann also tanzen müßte, wie es ihr als dem schnöden Sieger beliebig wäre.

5. Da der Herr aber solche böswilligen und aller Liebe ledigen Pläne von Ewigkeit her durchsah und daher allzeit dort ganz unerwartet allmächtig gegenwirkend entgegentrat, wo der schlaue Feind Ihn am wenigsten erwartete, so vermehrte das fortwährend seinen Grimmhaß gegen Gott und brachte in dieser nun kundgegebenen Stellung den Feind dahin, den Herrn als einen allergrausamsten Züchtiger zu bezeichnen.

6. Da aber nach dieser vorläufigen Kundgabe die Satana nichts hatte, wodurch sie den Herrn der Herrlichkeit einer solchen Schuld gegen sie überweisen könnte und daher auf die Aufforderung des Herrn notwendig schweigen mußte, wenn aus geheimem Grimme auch etwas zähneknirschend, so sprach der Herr zu ihr, sie wieder fragend:

7. „Warum tust du denn nicht, was Ich gebiete, und zeigest den Zeugen die Wundmale Meiner ewigen Zornzüchtigung an dir, auf daß Ich dadurch Meiner großen Schuld zu dir gewärtig würde und dich dann entschädige für alle an dir grausamst begangene Unbill?!

8. Du bist bekleidet noch vor uns, und die Zeugen sehen außer deinen Haaren keinen Teil deines Wesens; daher werde entkleidet, und zeige dich ganz, damit die Zeugen dich sehen, wie du von Mir bisher trotz aller deiner endlosen Bosheit gehalten warst!"

9. Hier stand die Satana plötzlich entblößt vor den Zeugen, und alle gestanden mit der größten Verwunderung von der Welt, so etwas endlos Schönes, Vollkommenes, in allen Teilen Abgerundetes und Gesundes und Kräftiges von einem Weibe nie gesehen zu haben.

10. Und der Lamech sagte noch hinzu: „O Herr und Vater, da wäre unsere Ghemela, Naëme, Purista und Pura, die Du zu Dir nahmst, ja geradeso dagegen – was die äußere Schönheit betrifft – wie ein plumpester Lehmpatzen gegen einen allerherrlichsten, allerreinsten Diamanten, wenn er von der Morgensonne vorteilhaftigst beleuchtet wird! Und bei diesem Aussehen spricht dieses Wesen von einer grausamsten Züchtigung von Deiner Seite, o Herr, in aller Deiner ewigen Heiligkeit, Güte, Liebe und solcher Erbarmung?!"

11. Und der Herr sprach: „Ja, bis auf die Hiebe Kisehels hat sie noch nie eine Züchtigung erlebt von Mir, ihrem Schöpfer, Gott, Vater und Manne, und dennoch haßt sie Mich als die ewige, reinste Liebe und will töten Mein Herz, weil es nicht ihr gleich ein Zerstörer sein will!

12. Sie wähnt noch, Mich dereinst

doch zu entmannen nur, anstatt zu Mir zurückzukehren und zu sein Mir ewig eine liebe Tochter, ein liebes Weib, mächtig aus Mir über alles, und aufzunehmen Mir gleich Meine sieben Machtgeister.

13. Alle Sterne, Sonnen und Welten zeigen, was alles Ich schon getan habe ihretwegen, um sie auf den rechten Weg zu bringen; aber bisher hat alles nichts gefruchtet bei ihr, – sie blieb die alte, grimmerfüllte, unversöhnlichste Feindin Meiner Liebe!

14. Daher will Ich nun auf dieser Erde das Äußerste tun! Ich will Mich ihr gefangengeben bis in den Tod und will ihr auf dieser Erde alle Macht belassen, und alle Sterne sollen ihr untertan sein!

15. Sie soll Mich nach ihrem Willen sogar töten können. Ich aber werde dann aus Meiner Macht ohne äußeren Stützpunkt wieder lebendigst und mächtigst erstehen und ihr dann so zeigen alle ihre Ohnmacht und große Blindheit und will ihr dann erst die Macht über die Gestirne nehmen und sie nur belassen in der halben Macht der Erde und will ihr dann noch eine ganze, eine halbe und eine viertel Frist geben!

16. Wehe aber dann ihr, wenn alles das bei ihr noch fruchtlos bleiben sollte: dann erst will Ich sie zu züchtigen anfangen!

17. Bis zu Meiner Gefangennehmung – so sie darauf bestehen wird –, soll sie die vollste Freiheit haben, um zu tun, was sie will!

18. Wohl ihr, so sie diese neue Frist gut benützen wird! Wenn sie aber tun wird nach ihrem alten Grimme, so wird sie auch dereinst darin ihren lange schon wohlverdienten Lohn finden.

19. Dieses aber behaltet bei euch bis zur Zeit ihrer Schande! Amen."

19. Kapitel

Kisehels Besorgnis wegen Satanas Macht und des Herrn beruhigende Worte
Die gebrochene Macht Satanas

1. Nach dieser mächtigsten Bescheidung des Herrn sagte der Kisehel zum Herrn: „O Du allerliebevollster, heiliger Vater, ich, wie sicher auch der Henoch und der Lamech, erkenne Deine unendliche Güte und Erbarmung aus dem Fundamente; aber so ich nun bedenke, welch eine entsetzliche Macht Du Deinem Feinde über die ganze Schöpfung eingeräumt hast, und somit auch über uns, da wird es mir überaus angst und bange um die ganze Menschheit dieser Erde.

2. Denn hat dieser Feind vom Anfange her in seiner gebrochenen Macht Dir und der Erde und uns allen so viel geschadet, was erst wird er tun in solch einer von Dir ihm nun eingeräumten Vollmacht?!

3. Daher möchte ich dich wohl bitten, daß Du die Zukunft bedenken sollest und sollest Deinem Feinde nicht eine so entsetzlich große Macht einräumen; sonst nützt uns allen das Heilige, was Du, o liebevollster Vater, errichtet hast, gar wenig!

4. Denn ehe Du es Dich versehen wirst, wird er in Deinem Hause den größten Schaden anrichten! Und wir sind vor ihm nicht sicher, wenn Du auch beständig, wie jetzt, sichtbar unter uns verbleiben möchtest! Daher, o

Herr und Vater, bedenke, was Du tust!"

5. Hier sprach der Herr etwas ernst zum Kisehel: „Ich sage dir, halte du deine Zunge im Frieden, kannst du Besseres nicht mit ihr aus dir entbinden; sonst wirst du Mir ärgerlicher denn die Satana!

6. Ich weiß, was Ich tue; du aber weißt nicht, was du redest! Ich sorge für die Erhaltung der ewigen Ordnung und aller Wesen aus ihr und in ihr; du aber sorgst nur für die Erhaltung der Welt.

7. Meinst du denn, Ich werde dem Feinde mehr geben denn einem jeden aus euch? Wie wäre Ich da wohl ein heiliger Gott?!

8. Ich aber sage euch: Des Feindes höchste Macht in den Sternen und auf der Erde und in euch ist nicht größer zusammengenommen als die eines jeden einzeln aus euch in der Liebe zu Mir!

9. Solches habe Ich dir angezeigt durch den Stab, mit welchem du den Feind geschlagen hast. Dieser Stab bleibt bei euch bis zur großen Zeit der Zeiten, in der Ich ein anderes Holz errichten werde, welches dem Feinde benehmen soll alle Macht über die Sterne und über die halbe Erde; und es wird ihm da geschehen nach seinen Werken!

10. Und er soll es nun vernehmen, daß ihm am Ende alle gefangenen Kinder nichts nützen werden; denn das neue Holz (*das Kreuz auf Golgatha*) wird sie ihm wieder entreißen, und ihm wird nichts bleiben als seine eigene große Ohnmacht und das Gericht aus ihr.

11. Ihr seid vollkommen frei, und diese Freiheit kann euch der Feind nicht nehmen und sie auch nicht binden in euch; ihr könnet mächtig tun, was ihr wollet, und er kann tun, was er will.

12. Da ihr aber die bei weitem Mächtigeren sein könnet und nun auch vom Grunde aus seid, so wird es von euch abhängen, den Feind zu besiegen, oder sich von ihm törichterweise besiegen zu lassen.

13. Welcher Mann aber ist schwächer denn sein Weib, so er ist ein rechter, weiser Mann?!

14. So ihr aber schon Herren eurer Weiber seid, die um euch allzeit sein können, da werdet ihr wohl auch Herren über dieses Weib sein, das bei weitem schwächer ist denn das schwächste Weib aus all euren Weibern!

15. Hättest du dein Weib gezüchtigt, so hätte sich dieses dir widersetzt; hat solches auch dieses Weib tun können?!

16. So aber soll es verbleiben fürder, und Meine Macht soll nimmerdar weichen von euch, so ihr in der Liebe zu Mir verbleiben werdet.

17. Der Bund ist errichtet zwischen Mir und euch, und ihn wird keines Weibes und keines Feindes Macht ewig je völlig zu zerreißen imstande sein!

18. Verstehe solches, und rede nicht mehr törichtes Zeug vor Mir! Amen."

19. Hier ward der Kisehel völlig beruhigt und bat den Vater um Vergebung seiner großen Torheit.

20. Und der Herr segnete ihn und sagte darauf: „Also seid wahre Herren über alles Fleisch der Weiber, und eure Zeugungen sollen nicht auf der Erde, sondern in den Himmeln vor sich gehen, damit eure Früchte würden Früchte der Gnade, der Stärke, und sollen sein gar lieblich anzusehen! Amen."

21. Da machte die Satana einen tiefen Seufzer und sprach: „O Herr, welche Früchte werden denn aus Mir gezeugt werden? Soll ich ewig schmachten und unfruchtbar bleiben wie eine verdorrte Dornhecke?!"

22. Und der Herr sprach zu ihr: „Wende dich zu Mir in deinem Herzen, und du sollst Mir Früchte tragen, dergleichen die Ewigkeit noch nie gesehen hat; sonst aber sollest du Früchte des ewigen Todes nur bringen, die dich dereinst als die größte Hure richten sollen!

23. Verstehe solches! Denn von nun an soll von Mir nur das Geringe angesehen werden, und Ich will an der glanzlosen Einfalt Mein ewiges Wohlgefallen haben!

24. Daher richte dich selbst danach, so wirst du Meinem Gerichte entgehen! Amen."

20. Kapitel

Satanas an den Herrn gerichtete Bitte um Wiederverleihung eines Herzens, um Gott lieben zu können

(Den 19. April 1843)

1. Hier wandte sich die Satana zum Herrn und sprach zu Ihm: „Herr, wie soll ich mich zu Dir wenden im Herzen? Du hast mir ja das Herz genommen und hast daraus geschaffen den Adam, sein Weib und all seine Nachkommen!

2. Siehe, also habe ich ja kein Herz mehr und kann Dich darum auch unmöglich in mein Herz aufnehmen oder mich wenden in meinem Herzen zu Dir! Schaffe daher in mir wieder ein Herz, und ich will tun, was Du sagst!

3. Mögen die Früchte noch so herrlich sein, die ich Dir tragen könnte: wenn Du mir aber den Samen des Lebens vorenthältst, da Du mir das Herz Adams nicht wieder gibst, das allein der Befruchtung fähig ist, und ich somit in mir völlig ohne Leben bin, welch andere Früchte lassen sich da von mir wohl erwarten als nur allein die des Todes und des Gerichtes, die mich dereinst richten sollen, und das als eine allergrößte Hure?!

4. Du hast leicht auszusprechen; denn Du bist der Herr und tust, was Du willst, und hast niemanden zu fragen und lässest Dir auch von niemandem etwas einraten.

5. Was Du willst, das muß endlich doch geschehen, und wer da etwas anderes will als Du, den kannst Du verderben oder ihn wenigstens so lange von Dir in irgendeinem Gerichte halten, bis er ganz sich hat von Deinem Willen verschlingen lassen, – wie Du auch Selbst ehedem gesagt hast, daß Dir von nun an nur ganz allein das Geringe, also die völlig glanzlose Einfalt gefallen solle ewig!

6. Das ist Dir, dem Herrn, freilich wohl gar überaus leicht, und wer kann Deinen Sinn ändern?! Aber ganz anders verhält es sich mit dem Geschöpfe, deren erstes ich bin aus Dir! Dieses ist kein Herr und hat keine Macht, außer nur diejenige, die Du ihm geben willst, – mit welcher Macht es aber dennoch nichts Erhebliches richten kann für sich, sondern allein nur durch Dich, das heißt, es muß sie nach Deinem Willen gebrauchen; und tut es je nur nach seinem eigenen, von Dir ihm verliehenen sogenannten freien Willen, so sündigt es, fällt von Dir ab und fällt aber auch sogleich in ein unter jedem Gesichtspunkte von Dir gestelltes Gericht!

7. Dir ist es ein leichtes, dem Geschöpfe zu sagen: ‚Richte dich selbst nach Meinem Willen, so wirst du Mei-

nem Gerichte entgehen!' Das ist aber auch richtig; denn so sich jemand selbst das Leben nimmt, da brauchst Du dann freilich wohl keinen Tod so oder so mehr über ihn zu senden.

8. Du fühlst Dich wohl als Gott und Schöpfer unbesiegbar ewig; aber kannst Du Dich auch fühlen als ein Geschöpf?! Kannst Du als das in Dir Selbst ewig unzerstörbare Leben je empfinden, wie es dem sterbenden oder vergehenden Geschöpfe zumute wird im Augenblicke, wenn es stirbt?

9. Siehe, das Geschöpf leidet da die schrecklichste Angst und Qual und hat auch schon im schönsten Leben das stets mahnende Gefühl in sich, welches zu ihm spricht: ,Du freust dich des Lebens umsonst; denn es wird bald eine Zeit kommen, in der du das Leben wie ein Frevler wirst büßen müssen!'

10. Dann aber ist auch des Lebens ohnehin nur matteste Freude wie abgeschnitten, da über ein gegenwärtiges Leben nur matt vor sich hin ein allfälliges künftiges sich glauben, aber nicht erschauen läßt; und läßt es sich auch ziemlich glauben noch, so muß aber für dies allfällige künftige Leben dennoch zuvor das halbe Geschöpf völlig zugrunde gehen, und das auf die elendeste Weise oft, wie ich solches in der Tiefe nur gar zu oft schon gesehen habe.

11. Warum denn also, und warum nicht anders? – Weil Du der Herr bist und kannst tun, was Du willst, und weil Du als Gott und Schöpfer nimmer empfinden kannst in der völligen lebendigen Wahrheitsfülle, wie es dem Geschöpfe ergeht, wenn es Deinem allmächtigen Willen zufolge absterben muß!

12. Wenn Du es nur wenigstens schmerzlos vergehen ließest, so wollte ich auch noch nichts sagen; was aber hast Du denn davon, daß das Geschöpf noch für das bittere Geschenk des Lebens gemartert werden muß, bis es wenigstens mehr denn zur Hälfte muß vernichtet werden, wo unter gewissen Dir, dem allmächtigen Herrn, unwohlgefälligen Verhältnissen nicht ganz und gar ewig?!

13. Siehe, in dem allem, wie ich Dir jetzt offen dargetan habe, habe ich kein Herz, und kann mich daher im selben auch nicht zu Dir wenden! Laß daher Du nur etwas handeln mit Dir, und ich will wieder ein Herz zu Dir fassen!

14. Aber unter solchen Verhältnissen kann ich Dich ewig nie lieben; denn also bist Du auf der einen Seite pure Liebe, auf der andern aber ein allerbarster Tyrann, der alles Fleisch getötet haben will unter großer Angst und Qual und dann erst dem Geiste geben will ein Leben, wobei aber niemandem klar sein soll, wie es beschaffen ist.

15. Das Fleisch ist meine Frucht; wenn Du es aber tötest, wie und wofür sollte und könnte ich Dich denn da wohl lieben?!

16. Daher laß handeln mit Dir, und ich will Dich lieben!"

21. Kapitel

Des Herrn Antwort und Hinweis auf seine Bemühungen um die Bekehrung und Gewinnung Satanas

(Den 20. April 1843)

1. Als der Herr aber solches vernommen hatte von der Satana, erregte Er Sich und sprach: „Was redest du für einen Weltenunsinn zusammen; welch eine arge Torheit entfährt entsetzlich lügenhaft deinem Munde?!

2. Wäre es also, wie du sprichst, siehe, da stünde wohl keine Erde; kein Adam könnte wandeln auf ihr; keine Sonne leuchtete am Firmamente, und kein Mond und kein anderes Gestirn würde im Angesichte der Erde schmücken den endlos weiten Schöpfungsraum!

3. Da du aber nur zu arglistigen Beschuldigungen deine Zuflucht nimmst und somit lügst mit jeglichem Worte, so besteht eine Erde, ein Adam auf ihr, und der endlose Schöpfungsraum ist voll von Meiner göttlichen Ehre, Liebe, Erbarmung und Gnade!

4. Du sprichst, als hättest du kein Herz, und sagst, durch den Adam habe Ich dir dein Herz genommen, das du nun wieder zurück möchtest; sage Mir, dem Schöpfer, ob du lebest oder nicht lebest! – Du sprichst: ‚Herr, ich lebe!'

5. Könntest du aber auch ohne das Herz leben, welches doch in jeglichem Wesen der Grund alles Lebens sein muß, ohne den kein Leben denkbar ist? Könntest du atmen, denken, fühlen und reden ohne den Grund des Lebens in dir? – Du sprichst: ‚Nein, o Herr!'

6. Gut, – da solches doch allerungezweifelt wahr ist, wie steht es hernach aber denn mit der Beschuldigung, vermöge welcher Ich dich deines Herzens beraubt haben soll?

7. Siehe, du stehst nun schon wieder stumm vor Mir und weißt zu reden nichts, das da Rechtens wäre! Ich aber sage dir, daß du noch allzeit ein Lügner warst und wolltest nicht die Wahrheit reden, obschon sie dir nie ist vorenthalten!

8. Warst du nicht zuerst berufen, im von Mir gestalteten Leibe Adams zu ändern deine Natur?! Du wolltest aber – ganz frei aus dir – nicht, was dir hätte frommen sollen, sondern strebtest, zu werden ein Weib!

9. Ich ließ dich bald frei werden und bildete dich aus dem Leibe Adams, ein Fleisch mit ihm, während Ich dem Adam eine neue lebendige Seele einhauchte und ihn sonach schuf nach Meinem Maße geistig.

10. In der Eva solltest du verwandelt werden und besiegen deine ganz aus dir und durch dich selbst verkehrte Natur des Todes und des Gerichtes.

11. Allein du verschmähtest diese Meine Erbarmungsanstalt, machtest dich los und hast es für besser gefunden, als eine trügliche Schlange, die da ist ohne geschlechtlichen Unterschied und hat in sich ihren giftigen Zeugungsgeifer, zu berücken dein ehemaliges Fleisch, danach zu bestechen die von Mir neu geweckte Eva und durch sie zu verführen auch den Adam!

12. Sage Mir, habe da Ich durch den Adam dir das Herz genommen?! – Du schweigst betroffen nun zwar äußerlich, aber Ich sehe deinen innern Grimm, und der spricht: ‚Ja, ich habe Adams und Evas Herz in einem in mir! Und dennoch will ich Dich, Gott, nicht, weil ich Dich hasse eigenmächtig, da Du mich nicht zum Alleinherrscher und zum Allmachtspieler machen willst!' Siehe, das sind deine Worte!

13. Du meinst ferner, Ich könne dich unmöglich lieben, weil Ich dir nicht gewähre, wonach du dürstest.

14. Ich aber sage dir: Mein Sinn ist die ewige Erhaltung aller Dinge, und das ist das ewige Werk Meiner Liebe! Du aber willst nur alles zerstören; da kann Ich dich freilich wohl in der Art ewig nicht lieben, wie du allereitelstermaßen geliebt sein willst!

15. Ich aber liebe dich dennoch; denn was Ich bisher getan habe, habe Ich deinetwegen getan – und werde noch das Größte tun!

16. Solltest du aber dann noch Meine ewige Liebe verkennen, dann soll es mit Meiner Liebe zu dir aber auch ein ewiges Ende nehmen, und Ich werde dir dann zeigen, was alles ein zorniger Gott vermag!

17. Das Feuer ist Mein Grundelement. Alle Dinge sind durch die Macht Meines Feuers erschaffen worden; und in eben dieses Feuer sollst du dann geworfen werden und dir dasselbe zinspflichtig machen, wenn du es imstande sein wirst!

18. Wenn Ich das Fleisch des Menschen ersterben lasse, so sein Geist zum Leben eingehen soll, so ist das ein gar kleiner Tod; du aber sollst in Meinem Feuer einen gar endlos großen finden, und es wird sich dann zeigen, wie viel von dir nicht getötet wird in Meinem Feuer!

19. Was ist des Fleisches Abfall? – Nichts als eine Löse des Geistes, also seine Auferstehung vom Tode zum wahren, vollkommensten Leben!

20. Ob aber dein großer Tod und Abfall von Mir ins Feuer dir auch eine neue Auferstehung geben wird? – Für diese Frage finde Ich durchaus keine Antwort in Mir; denn Ich will dich dann ganz dir selbst überlassen und nichts mehr tun für dich, und es wird sich dann auch nach Ewigkeiten zeigen, was aus dir durch deine Eigenmacht geworden ist.

21. Es ist aber selbst des Fleisches Tod und sein Schmerz nicht Mein, sondern dein Werk!

22. Ich aber werde dennoch die Meinen vor jeglichem Ungemach zu schützen wissen und werde ihnen den Leib also nehmen, daß sie sich darüber ewig nie werden zu beklagen haben!

23. Selbst das Geschöpfliche werde Ich zwischen Mir und ihnen in ein solches Gleichgewicht zu bringen wissen, daß aus den Menschen Mir wahre Brüder erwachsen sollen; dann aber wird für dich auch die letzte Zeit sein!

24. Daß (*damit*) du aber siehst, daß Ich auch deinen verderblichen Rat gebrauchen kann, so rate du Mir, und Ich werde tun nach Deinem Rate, ohne zu stören darob Meine Ordnung, auf daß du dann nimmer sagen sollst, Ich achte keinen fremden Rat, da Ich ein alleiniger Herr sei!

25. Rede sonach, damit Ich dir zeige ganz, wie Ich handle zum Besten aller Kreatur ewig! Amen."

22. Kapitel

Satanas eigenliebige und freche Anklage gegen den Herrn
Des Herrn Traurigkeit ob des Starrsinns und Ungehorsams Satanas

(Den 22. April 1843)

1. Die Satana aber richtete sich abermals trotzig gegen den Herrn auf und sprach zu Ihm: „Deine Art zu regieren besteht nur im Gebieten dem, was Du freitätig sein sollend aus Dir geschaffen hast, und im Richten dessen, was da in sich kein freies Bewußtsein trägt!

2. Aber daß Du Dich gütlich, nicht gebieterisch, besprechend mit einem freien Geschöpfe befassen möchtest, um es frei durch die pure Liebe zu gewinnen, siehe, das scheint dir von Ewigkeit her ganz fremd zu sein!

3. Also gebietest Du mir auch in einem fort und fort, und ich soll Dir so schön fort und fort gehorchen und am Ende für allen meinen Gehorsam dennoch nichts haben als Deine stete, allzeit sichtbarste Verachtung; da bedanke ich mich schon im voraus für alle Ewigkeiten der Ewigkeiten dafür!

4. Hättest Du zu mir gesagt: ‚Du Meine geliebte, holdeste, herrlichste Satana! Siehe, Ich will dich anhören in aller Liebe zu dir; daher rate Mir, und Ich will tun nach deinem Rate!', da hätte ich Dir schon einen Rat gegeben; aber auf eine solche höchst unartige, gebieterische Forderung gebe ich Dir keine ratende Antwort!

5. Meinst Du denn, Deine Macht schafft Dir das Recht, also zu verfahren mit mir? – Oh, da irrst Du Dich gar gewaltig!

6. Bist du ein rechter, allweisester Schöpfer, und bin ich Dein erstes Geschöpf, so ehre Dich durch eine angemessene Auszeichnung, an mich, Dein Geschöpf, gerichtet, Selbst in mir!

7. Magst Du aber solches nicht, so zeigst Du mir dadurch nichts anderes an, als daß ich fürs erste ein gänzlich verpfuschtes Geschöpf Deiner Macht und Weisheit bin, und fürs zweite gibst Du Dir dadurch Selbst das unzweideutigste Zeugnis eines Pfuschers in Deiner Schöpfung, und ich und die ganze Schöpfung bleibt demnach nichts anderes als ein höchst mißlungener Versuch Deiner schöpferischen Machteigenschaft.

8. Daher benimm Dich doch ein wenig anders gegen mich, und blamiere Dich nicht vor Deinen sein sollenden Kindern! Wer sollte Dich achten wohl mit solchen Blößen?!

9. Ich aber weiß es, daß Du wirklich höchst göttlich weise und auch gut bist; daher ärgert es mich aber auch um so endlos mehr, daß Du gegen mich also bist, als wäre ich nicht Dein, sondern irgendein fremdes Geschöpf.

10. Ich bin freilich wohl das einzige Geschöpf aus Dir, das da Mut besitzt, Dir so etwas zu sagen, und es kommt solches im Angesichte der Feiglinge wohl etwas sonderbar heraus, so ein Geschöpf seinen Schöpfer mustert; ich aber frage: Warum sollte das Geschöpf nicht dieses Recht haben, wenn es ist ein freies Geschöpf?!

11. Denn dafür, daß du mich erschaffen hast, bin ich als Geschöpf Dir doch keinen Dank und keine Achtung schuldig, indem ich irgendeine vorhergehende verbindliche Bedingung als noch gar nicht daseiend mit Dir für die nachfolgende Erschaffung doch unmöglich habe eingehen können, darum ich Dir dann eine Schuldnerin als geschaffen geworden wäre!

12. Als Geschöpf aber kann ich Dir erst dann dankbar werden, so ich von Dir als meinem Schöpfer erfahren habe, daß es wirklich eine große Wohltat ist, aus Dir ein freies, seiner selbst bewußtes, glücklichstes Geschöpf zu sein.

13. Solange ich aber das nicht bin, so lange steht mir auch das Recht zu, mit Dir zu hadern und von mir, wo nur möglich, alles abzulehnen, was Du mir schöpferisch-mächtigerweise etwa aufbürden möchtest für nichts und wieder nichts.

14. Bin ich also nicht recht, da vernichte mich entweder ganz, oder schaffe mich anders, – aber nicht so unvollkommen wie jetzt; denn also kann ich Dir ewig zu keiner Ehre gereichen!

15. Soll ich Dich anbeten als Geschöpf und bitten um alles, so tue Du das, und gehe Du mit einem guten Beispiele voran, und sei wenigstens artig gegen mich, – dann werde ich als Dein Geschöpf schon auch tun, was da Rechtens sein wird; aber mit Deinem Gebieten sollst Du ewig nichts richten mit mir! Verstehe mich!

16. Das soll auch vorderhand Dein bedungener, von mir an Dich gerichteter Rat sein, ohne dessen Befolgung ich Dir ewig keinen andern geben werde! – Verstehe mich noch einmal! Amen aus mir!"

17. Hier wandte Sich der Herr ganz traurig zu den drei Zeugen und sprach zu ihnen: „Kindlein! Bin Ich also, und verdiene Ich das?!

18. O Meine ewige Liebe! Was alles habe Ich getan, um dies Wesen zu retten und es der endlichen schweren Vollendung zuzuführen; allein es will Mir dies Werk nicht gelingen!

19. Ja, Ich habe an diesem Wesen einen Fehler begangen, und der besteht darinnen, weil Ich es zu vollendet vollkommenst geschaffen habe, um es nach der Vollendung so endlos glücklich zu machen, als es nur immer in Meiner ewigen Allmacht, Weisheit, Güte, Liebe und Erbarmung steht!

20. Allein dieses nicht einmal zu einer Viertelreife gediehene Wesen setzt sich gerade jetzt in den allerwichtigsten und heikelsten Momenten der Ausbildung so sehr gegen Meine alles leitende Ordnung, daß Ich im Ernste traurig werden muß über solchen Starrsinn!

21. Und da Ich es dennoch nicht auflösen will zufolge Meiner ewigen Liebe und Erbarmung, so sehe Ich Mich genötigt, einen endlos langen Prozeß von neuem einzuleiten, um dadurch nach und nach diesen Starrsinn zu schwächen bis auf ein Atom, und Mir auf der andern Seite zu bilden anzufangen eine ganz neue Kreatur aus euch, Meine Kindlein, nach Meinem Herzen also, wie ihr es seid!

22. O Satana, Ich weinte einst, da du Mir zuerst ungehorsam warst; jetzt weine Ich und werde noch einmal weinen; dann aber werde Ich nimmer weinen um dich, sondern werde dir geben nach deinen Werken und nach deinem Willen! Dann sollst du sehen, wozu dich dein stolzer Starrsinn gestaltet hat und wohin dich geführt!

23. Lasset uns aber nun ziehen von hier und lassen wir dieses Wesen in seinem Starrsinne!"

24. Hier warf sich die Satana wieder vor den Herrn und schrie: „O Herr, verlaß mich nicht und habe Erbarmen mit mir Armen! Du weißt es ja, daß ich eine arme Törin bin und bin darum voll eigensinniger Bosheit! Laß mich züchtigen für meine Bosheit; aber nur jetzt verlaß mich nicht! Ich will ja tun, was Du willst!"

25. Und der Herr sprach: „Also gehorche denn, und tue, was Ich von dir

zu deinem Besten verlange, so will Ich noch verweilen und dich anhören; sträubst du dich aber noch einmal, so will Ich dich aber auch nimmer anhören! Und so denn erhebe dich, und rede! Amen."

23. Kapitel
Satanas Wunsch, in einen Mann umgewandelt zu werden, und seine Erfüllung
Die Unverbesserlichkeit Satanas. Das reine Sonnenweib. Satan verschwindet

(Den 24. April 1843)

1. Nach solcher Anrede von Seite des Herrn erhob sich Satana wieder und sprach bebend vor dem Herrn: „Herr, ich weiß wohl, daß Du ewig keines Rates weder von meiner noch von irgendeiner andern Seite bedarfst; denn Du allein bist ja die allerhöchste und allervollkommenste, ewige und unendliche Weisheit!

2. Da Du aber dennoch allen Deinen freien Geschöpfen den freien Willen, daraus die freie Tätigkeit und dazu aber auch das Bittrecht erteilt hast und eine Bitte im Grunde doch nichts anderes als ein demütiger Rat von Seite des zwar freien, aber dabei dennoch von Dir höchst weise schwach gelassenen Geschöpfes ist, durch welchen es Dir, o Herr, die eigene Not also vorträgt, als wüßtest Du nahezu nichts davon ehedem, als bis es Dir vom Geschöpfe erst vorgetragen ward und dieses Dir hernach ratet (freilich allerdemütigst), was Du tun möchtest, so will ich meinen Dir geben sollenden Rat auch also einkleiden und will Dich daher bitten darum, das ich nun möchte, da es Dir wohlgefallen hat, eine ganz neue Ordnung in der Führung Deiner Werke und Wesen einzuleiten!

3. Das aber ist's, das ich nun möchte: Siehe, o Herr – also, wie ich nun bin, bin ich wahrhaft überelend und unglückselig! Solange ich in dieser Meiner Gestalt als weibliches Wesen verbleibe, kann ich mich nie völlig zu Dir wenden, da mich die unerträglichste Grimmeifersucht stets von neuem gegen Dich Rache brütend gefangennimmt.

4. Daher meine ich – da Dir doch alle Dinge möglich sind –, Du könntest ja meine Natur verändern und mir darum geben einen männlichen Charakter und mich sonach überstalten (*umgestalten*) zu einem Manne vor Dir und Deinen Kindern!

5. Da würde mich gewiß alsbald alle diese mich ewig quälende böse Leidenschaft verlassen! Ich könnte mich dann völlig demütigen vor Dir und sein gleich allen Deinen auserwählten Kindern.

6. Als bleibendes weibliches Wesen aber sehe ich nur zu klar voraus, wie wenig mir alle meine guten Vorsätze für alle Ewigkeiten der Ewigkeiten nützen werden!

7. Tue daher zwar, was Du willst, – so es aber dennoch möglich wäre, da bitte ich Dich, o Herr, darum!"

8. Der Herr aber entgegnete ihr: „Höre, du ewig unbeständiges und wandelbares Wesen, und sage Mir, in wie viele Wesen hast du dich darum schon umschaffen lassen, da du Mir dabei allzeit die Versicherung gabst und sprachst: ‚O Herr, laß mich nur diese Form annehmen, und es soll in ihr besser werden mit mir!?!'

9. Ich habe mit dir allzeit getan, was du nur immer wolltest; ja es gibt auf

der Erde nicht so viele der Atome, als in wieviele Gestalten und Formen und Charaktere du dich von Mir zum Behufe deiner allzeit vorgeschützten Besserung schon hast umwandeln lassen!

10. Sooft nur immer Ich deinetwegen ein neues Sonnen- und Planeten-Gebiet gegründet habe, da wolltest du in den Sonnen sein weiblich – und auf den Planeten männlich!

11. Ich gab dir auch die Macht, dich bisher umwandeln zu können nach deinem Belieben. Sage Mir aber und bekenne es nun, um was du darum besser geworden! – Ich sage dir: Nicht um ein Haar! Du bist noch die alte Lügnerin geblieben, und es hat bisher nichts gefruchtet, was Ich nur immer mit dir unternommen habe nach deinem Willen.

12. Wenn es aber doch unleugbar also ist, was sollte da aus dieser schon wieder neuen Umwandlung mit dir Besseres werden?!

13. Daher werde Ich diesmal nicht tun aus Mir, was du willst, sondern Ich lasse dich ganz frei, und du kannst aus dir machen, was du willst!

14. Willst du sein ein Mann, ein Weib, ein Tier oder ein Element, darum werde Ich Mich gar wenig kümmern; Ich aber werde nun auch Meinerseits tun – und werde dich nicht zu Rate ziehen – nach Meinem alleinigen Rate!

15. Willst du aber ein Weib verbleiben, da will Ich dir einen Fürsten der Nacht aus dir zur Seite stellen; der wird dir geben die Macht, zu proben das Geschlecht der Menschen.

16. Willst du aber sein ein Mann, da will Ich dir ein reines Sonnenweib entgegenstellen, eine zweite Eva; diese wird dir auf deinen alten Starrsinn treten. Wenn du sie auch in die Ferse stechen wirst, das heißt in ihr Fleisch, so wird das sie nicht im geringsten schädlich verletzen!

17. Nun weißt du, wie diese Dinge stehen; tue demnach, was du willst!"

18. Hier ward aus der Satana plötzlich ein kräftig aussehender Mann heiteren Angesichts.

19. Der Herr aber zeigte dem Manne sogleich das Sonnenweib und sprach: „Wohl denn, – da bist du, und da ist sie! Gehe daher von hier nach deiner Kraft, und Ich werde tun nach der Meinigen! Amen."

20. Hier ward der Satan unsichtbar, wie das Sonnenweib.

21. Und der Herr begab Sich mit den Seinen wieder auf die Höhe.

24. Kapitel

Das innere verwandte Wesen Satanas, Adams, Evas und Kahins und Satanas Teilung und Schwächung

(Den 25. April 1843)

1. Unterwegs aber fragte der Herr den Kisehel: „Nun, Mein geliebter Kisehel, der du ehedem so manche Bedenklichkeiten über dieses Wesen Mir gegenüber in deinem Herzen hast aufsteigen können lassen, was sagst du denn nun zu diesem Zeuger der Lüge und alles Truges?

2. Möchtest du ihm nicht auch jetzt so einen halben Glauben zollen und es dich bedünken lassen, ob doch vielleicht hier und da in seiner vorigen an euch drei allein gerichteten Drachenmaulrede nicht irgend etwas von einer Wahrheit steckt?

3. Entäußere dich so ein wenig nun

vor Mir über diese Meine sehr gewichtige Frage!"

4. Der Kisehel aber bat den Herrn seiner früheren Herzenstorheit wegen ganz zerknirschten Gemütes um Vergebung. Und als der Herr ihm erst völlig versichert hatte, daß Er ihm schon gar lange alles vergeben hätte, da fing er an, seinen Mund zu öffnen, und sagte endlich nach einer kleinen Pause:

5. „O Herr, Du allein heiliger, guter liebevollster Vater! Was die allerbarste und allerhandgreiflichste Lüge dieses für mich nahezu namenlosen Wesens betrifft, so bin ich nun darüber wohl also im klaren, wie da noch gar helle leuchtet die Sonne jetzt noch ziemlich hoch über dem abendlichen Horizonte, und ich bezweifle auch sogar diejenigen Worte aus dem Munde dieses Wesens, welche es vor Dir geredet als völlig wahr angab.

6. Denn ich merkte es gar wohl, wie es sich, wo es sich nur ein wenig tun ließ, selbst allzeit mitleidig anzog und allezeit auch wo möglich die Schuld entweder offenbar oder aber doch wenigstens sicher, wo nur möglich, heimlich auf Dich schob, darum ich auch einige Male im kaum aufzuhaltenden Zuge war, mit diesem von Dir mir gegebenen Machtstabe der schönsten Lügnerin so einen recht handfesten kreuzweisen Gegenbeweis aufs Maul zu legen.

7. Daraus aber ist es doch wohl zu ersehen, in welcher Wahrheitsachtung dieses Wesens Worte bei mir nun stehen!

8. Darüber wäre ich somit völlig – wie schon gesagt – im klaren; aber etwas anderes ist in mir, das sich noch immer hin und her wirft gleich einem zertretenen Erdwurme! O Herr, Du siehst es wohl in mir; darum möchte ich Dich darüber nun wohl um ein kleines Lichtchen bitten!"

9. Und der Herr wandte Sich zum Kisehel völlig und sagte zu ihm: „Also höre denn!

10. Siehe, die Satana, der Adam und die Eva sind darum wie eins, und dann der Kahin und seine Nachkommen ebenfalls wieder wie eins, weil fürs erste sich die Satana im Adam, aus ihm in der Eva und aus der Eva im erstgezeugten Sohne hätte sollen völlig aus Gehorsam zu Mir gefangennehmen, damit sie also wäre völlig vollendet worden und dadurch dann alle fernere Zeugung als vollendet wie in den Himmeln aus ihr hervorgegangen wäre!

11. Dieses Wesen aber wollte das nicht, da es es gereute, darum (*daß*) es Mir so viel Gehorsam bezeigen solle aus sich.

12. Im Adam wollte es nicht nach Meinem Maße sein; darum einte es sich in der Sichselbstanschauung, ging bald in die vollste Eigenliebe über, und der Mensch Adam ging als eine traurige Wohnung dieses Wesens umher und achtete der Dinge nicht, die ihn umgaben.

13. Alsbald mußte Ich da eine wesenhafte Teilung vornehmen, nahm aus Adam das sich in ihm weiblich Gestaltete und beließ in ihm allein nur den männlichen Geist und stellte den weiblichen Geist als Eva frei in eine neue, schöne Wohnung außer dem Adam.

14. Der Adam aber erkannte in der Eva alsbald sein zweites Selbst und hatte also ein großes Wohlgefallen an ihm.

15. Da aber das zweite Wesen in sich gar bald merkte, daß es nun schwächer war als das erste, da sann es bald auf eine List, sich möglicherweise über das erste Wesen zu erheben.

16. Die List aber gelang sogleich nicht. Adam verwies der Eva männlich und kräftig ihre Begierde; das war aber auch genug.

17. Das zweite Wesen sammelte sich in seinem männlichen Teile, beließ in der Eva das schwach wähnende Weibliche zurück und entwand sich ihr in der Gestalt einer Schlange als ein scheußliches Zwitterwesen, aus welchem heraus es männlich und weiblich zugleich agieren (*wirken*) konnte, wie es sich denn auch gar bald zeigte bei der ungesegneten Zeugung Kahins, die euch bekannt ist.

18. Nun siehe, Ich mußte darob die ganze Schöpfung umgestalten und anstatt der vollkommenen Zeugung die unvollkommene mit dem Vorbehalte segnen, daß diese nicht eher von Mir angesehen werden kann, als bis sich das angeerbte Übel aus dem Grundwesen Satanas durch die reinste Liebe zu Mir gänzlich verzehren wird, indem (*da*) im Adam wie in der Eva ein Teil der Satana notwendig zurückblieb, welches sich gegenseitig fortwährend begierlich anfallen muß, weil es von der wennschon getrennten, aber dennoch eigentümlichen Doppelnatur der Satana ist.

19. So denn auch konnten der Adam wie der Kahin in hellen Momenten sprechen wie die Satana selbst; dennoch aber war weder der Adam, noch die Eva, noch der Kahin das eigentliche Grundwesen selbst, so wenig ihr als Teile Adams und Evas mehr (*noch*) grundweslich Adams und Evas seid.

20. Siehe, also aber wie in Adam und Eva wird nun dies Wesen fortwährend in aller Kreatur geteilt und geschwächt, bis es sich also hin ans Ende der Zeiten wird völlig zerteilt haben und am Ende von ihm nichts mehr als die leere Form übrigbleiben wird und ohne Leben, da all ihr Liebeleben übergehen wird und muß in eine ganz neue Kreatur in euch, nun schon Meinen Kindern!

21. Also stehen die Sachen; jedoch saget davon niemandem etwas! Ich weiß warum; daher schweiget von allem dem! Amen."

25. Kapitel

Lamechs Frage: Wie ist es möglich, daß Satana als ein aus Gott geschaffenes Wesen so böse ist? Des Herrn Antwort im Gleichnis

(Den 26. April 1843)

1. Es trat aber auch der Lamech hin zum Herrn und erbat sich die Erlaubnis, sich vor Ihm auch eines verwirrten Knotens entledigen zu dürfen.

2. Und der Herr sagte zu ihm: „Ich weiß, was du hast, und der Henoch weiß es auch! Aber der Kisehel kann es noch nicht erschauen in der geheimsten Tiefe deines Lebens, was darinnen ist; daher magst du dich des Kisehels wegen schon laut entäußern, – und so denn gib Mir kund deinen wirren Bund!"

3. Mit liebeflammendem Herzen dankte der Lamech für diese erhabene Gnade und brachte dann folgenden Fragesatz zum lauten Vorscheine, der also lautete:

4. „Liebevollster, heiliger, unaussprechlich guter Vater, Du hast doch die Satana aus Dir und nicht aus irgendwo anders her geschaffen! Wie ist es nun aber dennoch möglich, daß dieses aus Dir geschaffene Wesen gar so entsetzlich böse ist, da in Dir doch alles von Ewigkeit her überaus gut sein

mußte, weil Du Selbst also endlos gut bist und daher aus Dir ja auch unmöglich etwas Arges hervorgehen kann?

5. Da aber die aus Dir geschaffene Satana im Ernste also überaus arg ist, so weiß ich mir in diesem Punkte durchaus nicht zu helfen und zu raten. Ich meine so bei mir und empfinde es auch ganz klar; wenn ich da ins reine kommen könnte, da hätte ich aber dann auch alles, was mir not tut zur völligen Beruhigung meines Geistes!"

6. Auf diese sehr triftige Entäußerung Lamechs erwiderte der Herr, sagend nämlich: „Wenn du es menschlichermaßen nimmst, dann muß dir das freilich den verworrensten Knoten geben; kannst du es aber reingeistigerweise betrachten, so wird sich alsbald alle Verworrenheit gänzlich verlieren, und du wirst da in eine Löse der Dinge schauen, die dir ums Zahllosfache klarer sein wird, als da ist der Sonne Licht am reinsten, hellsten Vollmittage!

7. Solches jedoch ist schwer mit dir verständlichen Worten zu geben, da es ist in der tiefsten Tiefe aller Meiner unendlichen göttlichen Weisheit.

8. Aber Ich will dir durch ein Gleichnis die Sache erhellen! Je mehr du im Verfolge der Zeit dieses Gleichnis betrachten wirst, desto tiefer wirst du in den Geist der Wahrheit in dieser endlos tiefen Geheimnissache eindringen; und so höre denn:

9. Ein überaus weiser und liebeguter Mann hat den Plan in sich gefaßt, sich ein Weib zu nehmen und mit ihm zu zeugen Kinder, die ihm gleichen sollen in allem und sollen jegliches nach seiner Art Besitz nehmen von den unermeßlichen Schätzen und Reichtümern, die er in endloser Fülle besitzt!

10. Das wäre sicher ein recht guter Plan; aber wie ausführbar, wenn in der ganzen großen Gegend kein weibliches Wesen existiert?!

11. Was tut aber der überaus weise Mann? – Er bedenkt sich nicht lange, sondern spricht zu sich:

12. ‚Was will ich suchen in diesem meinem endlosen Reviere, das nicht zu finden ist?! Ich habe ja in mir, was ich brauche; ich habe Liebe, ich habe alle Weisheit und habe die Macht aus den zweien!

13. Daher will ich sehen, ob ich nicht aus mir selbst mir ein Weib schaffen kann, das mir in allem völlig entsprechen soll! Habe ich doch schon andere Dinge als nun völlig daseiend aus mir gerufen; da wird mir solches doch auch gelingen?!

14. Und so denn will ich eine mir völlig ähnliche Idee fassen und sie stellen in meinen festesten Willen, und es soll sich bald zeigen, ob ich not habe, weiterhin zu suchen das, was nicht ist, noch sein kann irgend außer mir!'

15. Gedacht, getan, und das herrliche Werk steht vor dem Manne! Mit endlos großem Wohlgefallen betrachtet es der mächtig weiseste Werkmeister.

16. Aber das Werk ist nur eine wie tote Maschine noch seines Willens, bewegt sich nicht anders als allein nur nach dem Willen des Werkmeisters und spricht nur, was der Werkmeister in dasselbe hineindenkt und dann vom Werke gesprochen haben will.

17. Da aber bedenkt sich des Meisters Weisheit und spricht: ‚Das Werk ist da; aber es ist in ihm nichts anderes als ich selbst! Belasse ich es so, da wird es mir wenig fruchten; gebe ich dem Werke aber ein eigenes, freies, selbständiges Leben, da muß ich es mir dann aber auch gefallen lassen, wenn es sich von mir wenden wird, und tun nach seinem eigenen freien Willen.

18. Doch ich bin ja da über alles mächtig. Wird es mir über die vorgezeichneten Schranken treten, da werde

ich ihm schon zu begegnen wissen; denn es bleibt ja doch ewig mein Werk!'

19. Also spricht der weiseste Mann bei sich, und also tut er auch.

20. Das Werk ist frei und bewegt sich und spricht bald anders, als es der Mann haben will; und das ist ein großer Triumph des Werkmeisters, daß da sein Werk eine freie Tätigkeit überaus lebhaft zu äußern anfängt, ohne jedoch aus der Willenssphäre des Meisters je treten zu können.

21. Der Mann aber will noch mehr, nämlich die vollste Willensfreiheit des Werkes; und dazu ist persönliche Erziehung und dann alle mögliche Selbsterfahrung fürs Werk nötig.

22. Diese Erziehung aber dauert jetzt noch fort, während die erschaffende Zeugung nebenbei als ein Hauptteil solch großer Erziehung anzusehen ist. Und der Mann ist nun, wie allzeit, auf dem Punkte, gar helle zu schauen die endliche sicherste Vollendung seines Werkes! –

23. Siehe, das ist ein gar großes Gleichnis; denn es liegt der Anfang und das Ende völlig in ihm! Dieses beachte in dir, und dir wird es heller und heller werden in deinen Tiefen! – Nun aber ziehen wir wieder weiter! Amen."

26. Kapitel

Kisehels törichte Gedanken über die Begattung der Satana durch Gott
Des Herrn lichtvolle Aufklärung über das Wesen und den Zweck der Satana

(Den 27. April 1843)

1. Der Lamech und alle dankten dem Herrn für solche große Gnade und zogen dann weiter.

2. Unterwegs, nahe der Morgenhöhe, aber blieb der Herr stehen und wandte sich zum Kisehel, ohne etwas zu sagen.

3. Dieser aber erschrak darob, daß er beinahe zusammenschauerte, und konnte sich nicht sobald besinnen, was da solch ein Blick vom Herrn an ihn gerichtet bedeuten solle.

4. Der Herr aber beließ ihn nicht lange in der Unruhe, sondern richtete sogleich folgende Frage an ihn, sagend nämlich: ,,Kisehel! Warum läßt denn du törichte Gedanken in deinem Herzen aufsteigen?

5. Meinst du denn, Gott ist gleich einem Menschen, darum Er Sich sinnlich begatten solle, um zu zeugen Seinesgleichen?! Und meinst du, Gott müßte dazu auch ein göttliches Weib haben, um aus dem Weibe sinnlich gezeugte Kinder zu überkommen?! – Oh, in welcher Irre bist du!

6. So du ein Weib hast, kannst du mit demselben zeugen, was du willst? – Siehe, nicht deinem Willen wird dieser Akt folgen, auch nicht dem Willen deines Weibes, sondern da waltet allezeit Mein göttlicher, allmächtiger Wille, und es wird, was Ich will, und nicht, was du möchtest!

7. Willst du einen Sohn, da gebe Ich dir eine Tochter, und willst du diese, da soll dir ein Sohn werden; denn Ich allein bin der Herr über alles Leben.

8. So du aber mit deinem Weibe eine Sache hast, was weißt du wohl, woraus das besteht, was du zeugst?

9. Ich sage dir: Der Erde Mittelpunkt und das sind dir gleich bekannte

Dinge, und du weißt von dem einen so wenig als vom andern!

10. Mir allein nur sind alle Dinge von Ewigkeit wohlbekannt; denn Ich allein bin der Herr, Gott allmächtig und endlos weise von Ewigkeit!

11. Um aber in das von dir beschlafene Weib eine lebendige Frucht zu legen nach Meiner Ordnung, sage, habe Ich da wohl vonnöten, dein Weib etwa im geheimen zu beschlafen?!

12. Und wenn Sonnen aus sich Weltgeburten tun und die Pflanzen und Tiere ihresgleichen zeugen, möchtest du da in dir nicht auch fragen, ob Ich etwa die Sonnen, Pflanzen und Tiere im geheimen beschlafe?!

13. O du törichter Mensch, welch närrischer Gedanken bist du doch fähig!

14. Siehe, das Weib oder der erstgeschaffene Geist aus Mir ist nicht gleich dem, was da ist ein Weib auf der Erde, und Ich bedarf desselben nicht, um Mir aus ihm Kinder zu zeugen!

15. Denn konnte Ich den ersten Geist in aller Vollkommenheit aus Mir hervorrufen, da werde Ich doch auch imstande sein, ohne diesen ersten hervorgerufenen Geist noch zahllose andere hervorzurufen!

16. Und so ist dieser erste Geist sicher nicht der ferneren Zeugung wegen von Mir erschaffen worden, als könnte Ich nur mit seiner Hilfe das Fernere zuwege bringen, sondern dieser Geist ist von Mir aus keinem anderen Grunde hervorgerufen worden, als aus welchem du hervorgerufen worden bist, nämlich: Mich als den alleinigen Gott, Schöpfer, Herrn und allerliebevollsten Vater zu erkennen, Mich zu lieben und Mir also dann ewig in aller Liebe lebendig zu dienen.

17. Daß aber aus diesem Geiste dann auch zahllose Geister hervorgegangen sind, rührt daher, weil Ich ihn nach Meinem Maße vollkommen gestaltete und ihm dann auch einhauchte Mein freies, mächtiges, schöpferisches Leben.

18. Da aber der Geist solche große Vollkommenheit in sich merkte, da fing er auch an, aus sich die seltensten Dinge, wie auch seinesgleichen hervorzurufen.

19. Ich aber als die allerhöchste und mächtigste Liebe und Weisheit, Güte und Duldung und Sanftmut ließ die Aftergeschöpfe des Geistes gedeihen und tat für sie das, was Ich tue für die, welche aus Mir sind, und sorge für diese Fremden wie für die Meines Vaterhauses.

20. Sage: Muß Ich dazu ein gewisses göttliches Weib haben, um Himmel, Engel, Sonnen, Welten, Monde, Pflanzen, Tiere und Menschen chaotisch durcheinander etwa durch einen gewissen Beischlaf zu zeugen?

21. O siehe, das hat der ewige, aus und in Sich allmächtige Schöpfer wohl nicht vonnöten! Denn Ich darf nur wollen, und es ist schon da, was Ich will.

22. Siehe, jetzt will Ich, daß da vor uns entstehen sollen zahllose Heere von Menschen beiderlei Geschlechtes, – und siehe, sie sind da, und Ich werde sie, die jetzt Geschaffenen ewig nimmer vernichten, sondern setze sie jetzt vor dir in die Gestirne! Siehe, sie ziehen schon, Mich lobend, ihrer ewigen, seligen Bestimmung entgegen!

23. Du bist nun nahezu starr vor Verwunderung! Ich aber frage dich, ob Ich dazu eines Weibes benötigt habe.

24. Du verneinst nun solches, da du Meine Macht gesehen hast.

25. Ich aber sage dir: Laß dich darum aber auch nicht mehr von so törichten Gedanken gefangennehmen, willst

du Mir angenehm sein! Bedenke aber nun, daß zwischen Mir und dir ein großer Unterschied waltet, der nur durch die Liebe möglichst verringert werden kann! – Nun ziehen wir wieder weiter! Amen."

27. Kapitel
Die gottgewollte Beschränktheit der menschlichen Erkenntnis
Des Herrn Eröffnung über das Männliche und das Weibliche in Gott und Mensch
Die Erschaffung Luzifers

(Den 28. April 1843)

1. Darauf zogen sie fürbaß, und keiner getraute sich, ein Wort an den Herrn zu richten, obschon diesmal alle drei – also auch der Henoch nicht ausgenommen – einen neu vorgefundenen Knoten in sich trugen, der sie in seiner Unentwirrtheit mehr drückte denn ein viele Zentner schwerer Stein.

2. Da der Allwissende aber solches doch gar wohl merkte, so wandte Er Sich auch alsobald an den Henoch und sagte zu ihm: „Auch dir können noch Dinge vorkommen, über welche du wie eine Henne über hohle Eier brüten kannst?!

3. Ich sage dir aber, es soll nicht also sein, daß der Mensch in jegliche Tiefe Meiner Weisheit dringe in der Zeit; denn dazu ist euch von Mir ein ewig's Leben ja bereitet!

4. Euch wohl will Ich lösen, das euch schwer bedrücket; doch nur euch und niemand and'rem weiter sei's gesagt! Und so denn höret Mich:

5. Ich bin ein Mann und Weib zugleich in Meiner Gottheit Tiefen; nicht also doch, wie ihr's pflegt zu nehmen, sondern also nur:

6. Als Mann bin Ich die Liebe ewig selbst, das freie Leben selbst und alle Macht und Tatkraft selbst, darum in jedem Mann als Meiner Liebe vollem Ebenmaße sich die echte Liebe kündet, deren des eitlen Weibes Brust wohl ewig nimmer fähig wird.

7. In solchem Meinem männlich Liebe-Ebenmaße ist der Mann denn kräftig auch, Mir gleich, und mächtiger in seiner Brust, denn alle Weiber sind in ihren losen Brüsten, die wohl Säugemilch dem Kindesfleische bieten, doch des inn'ren Lebens Milch dem Geist' nicht bieten können, da des hohen, starken Mannes Liebe nicht inwohnt ihrer Brust, obschon sie wohl inwohnen könnte, wär' das Weib aus sich so eiteltöricht nicht!

8. Also bin Ich als Mann von Ewigkeit bestellt aus Mir; ihr möget solches fassen!

9. Da Ich aber auch im Weibe bin zu Hause, muß Ich da nicht auch das Weib ganz völlig in Mir fassen? – Sicher; hört, wie konnt' Ich sonst ein Weib erschaffen?!

10. Wie denn aber solches möglich sei, will Ich sogleich euch etwas weise künden; denn im Weibe liegt ja List und Witz, ein scharfer Sinn und Schlauheit stets begraben; also (*ebenso*) spricht das Weib auch offen nie und pfleget stets ihr Licht und Herz zu bergen, darum auch der locker baut, wer sich der Weiber Brust vertraut.

11. Also kann Ich aus Meiner Weibessphäre nicht auch gleich verständig

reden wie aus der des Mannes, da der weiblich Teil dem Liebelicht entstammt aus Mir und als die Weisheit, wennschon nicht in sich, so aber dennoch gleich dem Strahlenlichte ist, das hehr dem Urstammlicht entströmt.

12. Demnach ist denn das Weib in Mir der Weisheit ewig strahlend Licht, das ewig fort und fort in gleicher Kraft und Stärke in der Liebe wird erzeugt.

13. Diese Weisheit ist der Liebe Gottes ewig eigentümlich unzertrennlich rechtes Weib, mit dem Ich ewig ein'ger Gott doch alle Dinge hab' gezeuget und geschaffen, – und kein and'res Weib war ewig je vonnöten Mir, dem ein'gen, ewig wahren Liebegott, dem Mann' von Ewigkeiten her, dem Ersten ewig und dem Letzten ewig!

14. Ewig zeugte Ich mit diesem Meinem treu'sten Weibe zahllos Milliarden Wesen, die da Mir beschaulich waren, wenn auch keines sich da noch in sich beschauen konnt' und durfte.

15. Doch auch ewig war in Mir beschlossen, einstens all die endlos viel in Meinem Geist' gezeugten Wesen frei zu stellen, zu erkennen sich und Mich!

16. Ein Wille ward aus Mir getrieben, und ein übermächtig ‚Werde!' drang ihm nach durch all die endlos weiten Tiefen Meiner ew'gen Gottheit Macht und helle leuchtend Walten.

17. Da ward aus all den ewig vielen ausgegang'nen Strahlen – hört und faßt! – ein wesenhaftes Eins, ein Träger alles dessen, was von Ewigkeit aus Mir, dem Mann und ew'gen Weib, in Eins ist je geflossen in den wesenhaften Strahlen geistig tief, endlos und ewig klar.

18. Der Träger ist das neugeschaff'ne Weib und ward gestaltet frei zu einem großen Sammelplatze alles wesenhaften Lichtes, das von Ewigkeiten Mir in wesenhafter Fülle ist entströmt, damit in ihm die ausgegang'ne Wesenfülle sich ausreife unter Meiner steten Gnadenstrahlenwärme frank und frei, Mir schaulich gegenüber angenehm durch freies Leben und also auch Mich beschaulich (*das heißt beschauend*) aus dem ihm von Mir gereichten Liebelicht.

19. Und hört, die Zeugung ist gelungen; ihr beschaut und faßt Mich, euren Schöpfer, schon!

20. Doch noch ist nicht die Zeit der vollen Reife und der Ernte voll gediehen; große Dinge brauchen große Zeiten auch!

21. Darum erfasset solches, – aber schweiget; denn in solchem Werdungsstreit' zur einst'gen großen Reife ist nicht gut zu schwätzen!

22. Denn zu seiner Zeit werd' Ich, wie euch, schon wieder Meiner Erde neu es künden, und aus euch gar späte Kinder werden es in sich gar finden und der Erde es entbinden! Amen."

23. Hier schlugen sich die drei auf die Brust und sprachen: „O du unendliche Weisheit Gottes! Wer wird dich ewig je erfassen?!"

24. Der Herr aber sagte: „Schweiget nun von allem; denn sehet, die Kinder eilen Mir schon entgegen mit ausgestreckten Armen! Daher eilen auch wir ihnen entgegen! Amen."

28. Kapitel

Die reine Liebe und die Liebestat als vornehmstes Gebot
Die Gefahr der Städte und der Weiber der Tiefe

(Den 29. April 1843)

1. Es dauerte nicht lange, so waren die sich gegenseitig Entgegeneilenden auch zusammengestoßen und hatten sich auch gegenseitig mit der allermächtigsten Liebe begegnet und sich allerherzlichst aufgenommen, und alles Volk, das hier zugegen war, brachte dem Herrn der Herrlichkeit ein großes Liebesopfer im Herzen dar.

2. Der Herr aber wandte Sich bald zu allen und sagte zu ihnen: „Höret, Meine Kindlein! Was Ich euch allen jetzt kundtun werde, das beachtet wohl in euren Herzen!

3. Ich habe euch bis jetzt kein Gebot gegeben, außer allein das übersanfte der Liebe; sollte Ich euch etwa jetzt ein neues geben zu diesem alten Gebote aller Gebote?!

4. Höret, solange ihr dieses haltet in euren Herzen; so lange auch soll kein anderes Gebot euch binden an Mich und an eure Handlungen!

5. Denn die reine Liebe und alle Tat aus ihr ist ja ohnehin die allerwahrhaftigste Grundfeste aller Gerechtigkeit. Wer die reine Liebe aus Mir im Herzen hat, dem wird ewig fremd bleiben jedmögliche Art von einer Ungerechtigkeit.

6. Darum habt ihr auch kein neues Gebot vonnöten, da, wie gesagt, die Liebe das vornehmste Gebot ist, welches in sich enthält alles Leben und alle Wahrheit.

7. Aber eben dieser Liebe wegen, die jetzt unter euch und in euch ist, will Ich als euer heiliger, allerliebevollster Vater euch einen guten Rat hinzufügen, welchen ihr wegen der Erhaltung dieser heiligen Liebe aus Mir nun in euch und unter euch recht wohl beherzigen und also auch beachten sollet.

8. Dieser Rat aber soll nicht ein schwer zu beachtender sein, sondern einer, den ihr gar überleicht werdet beachten können. Und so höret Mich denn an:

9. Die Tiefe ist nun geöffnet; ihr könnet nötigenfalls hinab zu den Kindern Kahins und diese gleichermaßen herauf zu euch kommen, und ihr könnet euch nun wieder ausbreiten über die ganze Erde von einem Ende zum andern.

10. Aber Ich werde es ungerne sehen, so jemand von euch sich in irgendeiner Stadt in der Tiefe ansässig machen würde; denn in diesen Städten liegt noch viel des Schlangenunrates, der zuzeiten ganz gewaltig stinkt vor den Nüstern des Geistes und sein Leben ansteckt mit giftiger Pestilenz.

11. So aber jemand will sehen die guten Früchte Meiner Erbarmungen in der Tiefe nun, der mag immerhin dahin ziehen und beschauen Meine Führungen; aber länger als im höchsten Falle dreimal sieben Tage soll sich niemand in der Tiefe aufhalten, außer im Falle eines ausdrücklichen Auftrages von Mir aus. Also gelte dieser Rat auch umgekehrt!

12. Der Henoch und ihr Hauptstammkinder habet zu bestimmen die Aufenthaltszeit der aus der Tiefe zu euch Gekommenen, danach sie sich strenge zu halten haben.

13. So aber jemand den Wunsch äußern möchte, sich hier irgend auf den Höhen wohnhaft zu machen, so ist darüber allzeit bei Mir anzufragen!

14. Ihr möget solches auch aus euch dem Fremdlinge bewilligen; aber dann möget ihr zusehen, ob ihr euch dadurch keine Natter in die Brust gesteckt habet und keine Schlange auf euer Haupt!

15. Seid also in dem allem klug, so werdet ihr an eurer geistigen und leiblichen Hauswirtschaft ewig nie einen verheerenden Schaden erleiden!

16. Also (*ebenso*) sollet ihr euch auch nie mit einem Weibe aus der Tiefe verunreinigen, und sollte sie euch noch so anlockend und reizend schön vorkommen; denn solches könnte jeden von euch alsbald in die größte Knechtschaft der Schlange von neuem bringen, da ihr da Früchte erzeugen würdet, die sich vom Blute der Menschen nähren würden und vom Fleische der Kinder.

17. Es hat aber der Feind des Lebens sich vorgenommen, seine Weiber in der Tiefe mit überreizendem Fleische zu schmücken, um euch dadurch zu versuchen; darum aber sage Ich euch solches im voraus, damit ihr euch in allem zu benehmen wisset, so irgend von dem auch etwas vorkommen sollte.

18. So aber jemand von euch in der Not ist, der wende sich zu Mir, und Ich werde ihm helfen.

19. Das ist der Rat, den Ich euch zu eurem eigenen zeitlichen und ewigen Besten erteilen mußte: beachtet ihn, so wird es euch allzeit wohl ergehen!

20. Ich aber bleibe noch bis am Abend bei euch nun sichtbar; so jemand von euch irgendeinen Lichtmangel fühlt, der komme und rede, damit Ich ihm den Lichtmangel ersetze in der Kürze! Amen."

29. Kapitel

Muthaels Frage wegen der Widersprüche im Wesen des Weibes
Des Herrn Eröffnung über des Mannes und des Weibes Wesen

(Den 2. Mai 1843)

1. Zufolge dieser Beheißung trat aus den Morgenkindern ein junger Mann von etlichen fünfzig Jahren hin zum Herrn voll Mut und Eifer und fragte den Herrn: „Allmächtiger Schöpfer, Gott, unser aller überheiliger Vater! Darf auch ich, ein bestaubter Wurm vor Dir, mich erkühnen, in aller Demut meines Herzens an Dich nur bittweise eine mir wenigstens überwichtig vorkommende Frage zu stellen?"

2. Und der Herr sprach: „Muthael, Ich sage dir, rede! Denn Ich sehe, daß du eine gute Frage in deinem Herzen birgst."

3. Der Muthael dankte dem Herrn allerinbrünstigst für diese allergnädigste Erlaubnis und kam dann mit folgender denkwürdigen Frage zum Vorschein, welche da also lautete:

4. „O Herr, Gott, Du liebevollster, heiligster Vater! Siehe, ich bin über fünfzig Jahre schon und weiß, daß schon gar manche, um etliche Jahre jünger denn ich, sich Weiber genommen haben; allein mir war es bis jetzt noch nicht gegeben, mich zu nahen einem weiblichen Geschöpfe.

5. Denn sah ich ihr mir weich und reizend vorkommendes Fleisch an, da kamen mir die meisten Weiber sehr sanft, zartfühlend und somit auch überaus anlockend vor, und ich bekam dann auch allzeit eine große Sehnsucht nach einem Weibe; aber wenn ich mich dann, von solch einem innern Drange

genötigt, einer oder der andern Maid näherte, um mit ihr aus der Tiefe meines Herzens die sanftesten Liebesworte zu tauschen, da entsetzte ich mich aber bis jetzt noch allzeit, da ich nirgends fand, was ich zu finden wähnte.

6. Ich dachte mir oftmals dabei: Aber wie ist doch solch ein Widerspruch in diesen zarten Wesen denkbar? Äußerlich furcht und wellt ein leiser Abendhauch schon über ihr zartestes Fleisch, – und ihr Inneres ist unempfänglich für einen Geistesturm sogar, und männliche Orkane von Weisheit können nicht rühren ihr Herz, wohl aber männliche Weiberschwächen, als da sind die Fleischliebe, läppisches Weiberlob, vielverheißende männlich-sinnliche Befriedigung und dann eine förmliche Anbetung ihres Fleisches und dergleichen mehr.

7. Siehe, bei solchen Erscheinungen habe ich denn auch einen förmlichen Widerwillen gegen alles Weibervolk bekommen, und es ekelt mich vor ihnen allzeit so sehr, daß ich mich darum keiner mehr nahen kann!

8. O Herr, Gott und Vater, ist das aber auch recht von mir? Habe ich dadurch nicht gesündigt vor Dir? Und was ist der Grund solcher Erscheinung in mir? – Was ist denn das Weib, dieses von außen lebendige, aber von innen tote Wesen?"

9. Hier wandte Sich der Herr zu ihm und sprach: ,,Höre, Mein geliebter Sohn Muthael, – deine Erscheinung ist gewichtiger, als du glaubst!

10. Der erste Grund solcher Erscheinung liegt darinnen, daß du von oben her bist; das Weib aber ist von unten her.

11. Du bist erfüllt mit dem, was des lebendigen Liebegeistes aus Mir ist, das Weib aber ist erfüllt mit dem, was da ist des Geistes der Welt.

12. Darum auch bist du weich und zart von innen, während das Weib es nur von außen ist.

13. Du bist ein Grundgeschöpf aus Meiner Tiefe, – das Weib aber nur ein Nachgeschöpf, eine Zusammenfassung Meiner Ausstrahlung.

14. Du bist gemacht aus dem Kerne der Sonne, – das Weib nur aus den flüchtigen Strahlen der Sonne.

15. In dir ist volle Wahrheit, – im Weibe nur der Wahrheit Schein.

16. Du bist ein Sein aus Mir, – das Weib ein Schein nur aus Mir.

17. Siehe, das sind die Hauptgründe deiner Erscheinung!

18. Die Frage aber, ob du dich dadurch vor Mir versündigt hast, ist eitel. Denn nur dann kannst du dich vor Mir versündigen, wenn du von Mir ein Gebot hast, etwas zu tun oder nicht zu tun; ohne das ist keine Sünde denkbar, da du ohne Gebote in Meiner Richtung handelst.

19. Nun aber sage Ich dir, daß Ich auch das weibliche Geschlecht zu Meinen Kindern angenommen habe, und es hat in der Purista ein Vorbild, also ein Gebot von Mir, wie es sein soll.

20. Zwei haben sich in ihren Herzen ihr fest angeschlossen, die Ghemela und die Mira.

21. Wenn aber das Weib ist denen gleich, dann trägt sie auch Mein Bild in sich; und so du dich einem solchen nahen wirst in der Erhabenheit deines Herzens, da wirst du auf keinen Stein mehr stoßen.

22. Da du aber des reinsten Herzens aus dem Morgen bist, so will Ich dir in der Kürze auch das reinste Weib geben, das dir sicher in allem entsprechen wird; bis dahin aber verbleibe nur, wie du bist gewesen bis jetzt! Amen."

23. Hier ward dem Muthael helle vor den Augen, und er sah in die Tiefe

und lobte und pries den Herrn in seinem reinen Herzen.

24. Der Herr aber berief auch andere zu sich und hieß sie Ihn fragen um alles, was sie irgend nur bedunkle in ihren Herzen.

30. Kapitel
Die durch des Herrn Antwort befremdeten Väter
Des Herrn weitere Enthüllungen über das polarische Wesen von Mann und Weib

(Den 3. Mai 1843)

1. Es hatte aber – mit Ausnahme des Henoch, Lamech und Kisehel – diese Antwort des Herrn an den Muthael alle ganz gewaltig stutzen gemacht; sie wußten sich darüber nicht zu raten und zu helfen und waren demnach außerordentlich bedrängt in ihren Herzen, indem alle die Väter damals zu ihrer großen Herzensehre ihre Weiber überaus lieb hatten und sie für die größten Geschenke aus den Himmeln hielten, und gar viele hielten die guten und braven Weiber auch für höher und Mir ums bedeutende näher gestellt als sich selbst, und das zwar aus dem sehr leicht begreiflichen Grunde, weil damals die Jungfrauen, wie die Weiber, gar züchtig, sanft, duldsam, ergeben, gehorsam, friedlich, häuslich, dabei aber auch urständlich von bedeutend größerer weiblicher Anmut und Schönheit waren denn in dieser jetzigen, geistig wie leiblich gänzlich verdorbenen Zeit.

2. Daher also befremdete diese Antwort gar so sehr alle die Väter überaus tief, und sie wandten sich daher alle zu Mir und sprachen in ihren Herzen:

3. „O Herr, Du allerliebevollster Vater! Gib uns allen zu unserer Beruhigung über Deine erhabenste Antwort an den Muthael ein größeres Licht; denn in dem Lichte über unsere sittlichsten, besten Weiber können wir nicht glücklich, sondern nur unglücklich sein, da sie nach Dir doch unser allergrößtes Gut sind und wir Dir für dieses ewig nie genug werden danken können.

4. Wenn der etwas schroff-weise Muthael sie bisher noch nie hat schätzen gelernt, so erleidet dabei die alte herrlich-gute Ordnung, aus Dir, o Vater, in unser Herz gelegt, doch sicher noch keinen Stoß! Im Gegenteile stellt sich dadurch eben der echt weibliche Sinn in den Weibern in unserm Gesichtskreise ja nur um so vorteilhafter und lobenswürdiger hervor, indem eben durch solch ein festes Halten der Weiber an ihrer Tugend der Mann zuvor gedemütigt werden muß, bevor er einer solchen Gnadengabe von Dir aus, o lieber Vater, würdig sein soll!

5. Wenn der Mann im Weibe eine Härte findet, so ist das sicher nur die seinige; hat er diese gesänftet, so wird er sicher nur das herrlichste Gegenteil im Weibe finden!

6. O lieber Vater, laß daher unsere lieben Weiber samt uns von oben sein – und nicht von unten!"

7. Und der Herr öffnete Seinen Mund und sprach zu den Vätern: „Ihr redet wie völlig Blinde noch in Meiner Ordnung!

8. So ihr nicht wisset, was im Geiste ‚oben' und was ‚unten' besagt, warum fraget ihr denn nicht danach, sondern verlanget dafür von Mir da ein Licht nur, wo ihr keines bedürfet, und daß Ich eures törichten Wunsches halber

Meine ganze ewige Ordnung verkehren solle?!

9. Saget Mir: Verliert denn dadurch vor Mir das Weib etwas, so Ich von ihr gegenüber dem Manne aussage, daß sie von unten sei und also gegen den Mann den notwendigsten Gegenpol ausmacht, ohne den weder der Mann für sich, noch das Weib für sich bestehen könnte?!

10. Was werdet ihr denn aber sagen, so Ich nun zu euch sage: Ihr seid Mir gegenüber alle von unten her, und nur Ich allein bin von oben!

11. Höre Ich aber darum nun etwa auf, euer Schöpfer und alleiniger, ewig heiliger Vater zu sein?! Oder habe Ich nicht dich, Adam, aus der Erde Lehm, wie dein Weib, die Eva, aus deiner Rippe erschaffen?!

12. Da ihr aber alle wisset, daß der ‚Lehm' Meine Liebe und die ‚Rippe' Meine Gnade und Erbarmung bezeichnen, da Meine Gnade und Erbarmung eben also euer Leben einschließt, wie da einschließt und verwahrt des Leibes Leben dessen festes Gerippe, so müsset ihr euch ja doch selbst als überblind erkennen, wenn ihr da einen untröstlichen Unterschied findet, wo ihr einen nur übertröstlichen finden sollet!

13. Saget Mir, was wohl lobenswerter ist: die leuchtende Sonne selbst, oder ihr ausgehendes Licht? Was haltet ihr für höher da?

14. Ihr saget in euch: ‚O Herr, da ist ja das eine so notwendig und gut wie das andere!'

15. Gut, sage Ich; so die Sonne als die gesetzte Höhe in sich zu betrachten ist, was ist aber da mit ihrem ausgehenden Lichte für ein Standverhältnis dann?

16. Ihr saget: ‚Das muß dann ja notwendig allenthalben unter der Sonne sein!'

17. Gut, sage Ich; so aber die Sonne an und für sich keinen höhern Wert hat denn ihr ausgehendes Licht, indem doch die Sonne ohne das ausgehende Licht so gut wie gar keine Sonne wäre und auch gar keinen Wert hätte, so wird das ja dem Weibe doch sicher auch nichts schaden und seinen Wert nicht im geringsten beeinträchtigen, wenn es dem Manne gegenüber notwendigerweise unten steht.

18. Ich aber sage: Wenn das Weib ist, wie es sein soll, so hat es vor Mir den Wert des gerechten Mannes und ist ebensogut ein liebes Kindlein von Mir als der Mann; verirrt sich aber das Weib, so werde Ich es so gut suchen wie den Mann.

19. Ein arges Weib aber ist ebensogut arg, als wie arg da ist der Mann; denn der Strahl aus der Sonne ist wie die Sonne selbst.

20. Es wird aber eine Zeit kommen, da Ich den Strahl sammeln werde im Weibe, um die erloschene Sonne im Manne zu erleuchten!

21. Verstehet solches, und lasset einmal ab von eurer alten Torheit! Liebet eure Weiber gerecht, aber machet aus ihnen nicht mehr oder weniger, als sie von Mir aus sind! Es ist genug, so ihr sie euch gleich achtet; darüber wie darunter soll eine Sünde sein!

22. Wer von euch aber noch etwas hat, der komme und rede! Amen."

31. Kapitel

Kenans Verlangen nach mehr Licht über sein Gesicht von den zehn Säulen
Des Herrn weiser Rat. Des Herrn plötzliches Verschwinden

(Den 4. Mai 1843)

1. Nach dieser letzten Aufforderung von Seite des Herrn trat der Kenan hin vor den Herrn und gab Ihm die Ehre; und als er dem Herrn aller Herrlichkeit die Ehre gegeben hatte, da wollte er mit einer Frage zum offenen Vorscheine kommen.

2. Aber der Herr kam ihm zuvor und sagte zu ihm: „Mein Sohn Kenan, was du hast, darum du Mich um ein größeres Licht anflehen möchtest, ist schon beinahe allen hier bekannt und Mir von Ewigkeit; daher brauchst du es auch hier nicht auszusprechen!

3. Denn Kenan und sein Gesicht von den zehn Säulen sind nun unter den Vätern schon ganz identisch geworden!

4. Und so du jemanden, wie auch Mich, um etwas sehr Wichtiges und tiefst Verborgenes fragen willst, siehe, da kommen schon allzeit wieder deine zehn Säulen aus deinem melodischen Gemüte zum Vorschein!

5. Ich sage dir aber: Es liegt allerdings etwas Bedeutendes hinter deinem Gesichte; aber die Worte des Muthael fassen mehr als dein Gesicht, – was eben nicht die durchaus erfreulichste Botschaft in sich faßt!

6. Ich habe dir aber in deinem Geiste ja ohnehin die volle Löse deines Gesichtes gezeigt; warum hältst du denn nicht mehr auf deinen Geist?

7. Es sind aber die zehn Säulen ja ohnehin denen gleich, die darauf stehen, wenn die zehnte auch noch nicht im Fleische unter euch vorhanden ist!

8. Beurteile demnach das bisher Geschehene und vergleiche es mit deinem Gesichte von Punkt zu Punkt auf dem Wege der wahren, inneren, geistigen Entsprechung, und du wirst deinem Gesichte auf den Grund kommen!

9. Wahr ist es gewiß und sicher, daß dein Gesicht kein gewöhnlicher Traum, sondern etwas mehr war und hatte große geistige Zeichen in sich.

10. Betrachte aber daneben die Wirklichkeit vor dir, und sage dir selbst, ob diese nicht in jeder Hinsicht noch ums sehr Bedeutende und viel mehrsagender ist in ihrer Enthüllung, als da war dein ganzes Gesicht in seiner trüben Verworrenheit?!

11. Siehe, also ist dein Gesicht ja doch leicht zu fassen, und du brauchst denn nicht allzeit den Weibern gleich mit einer und derselben Geschichte zum Vorschein zu kommen!

12. Ich weiß wohl, daß dich besonders die zehnte Säule nur drückt; Ich aber sage dir: Begnüge dich einstweilen nur mit den neun; was aber da die zehnte betrifft, so denke wenig darüber nach, sondern vereinige dafür lieber dein Herz in der Liebe zu Mir, und du wirst darin besser gehen denn auf dem sehr groben und dunklen Pfade deiner fruchtlosen Gedanken über deine zehnte Säule!

13. Siehe, der pure Gedanke im Kopfe über Dinge, welche noch die dunkle Zukunft vor deinem Geiste verhüllt, ist gerade also zu betrachten, als wollte ein Mann dem Manne eine lebendige Frucht zeugen also, wie er solches tun kann in dem Weibe, was zugleich auch die größte sündigste Hurerei wäre!

14. Wenn du aber deine Gedanken gefangennimmst aus Liebe deines Herzens zu Mir, so hast du in geistiger Beziehung das getan, als wenn du dich

von der Anmut eines Weibes gefangennehmen lässest, umarmst dasselbe dann und tust ihm nach deiner lebendigen Art!

15. Auf diese Weise wird dein noch stummer Gedanke in deiner Liebe zu Mir dann gleich einer lebendigen Frucht in dem Weibe gezeugt; und wird der Gedanke dann lebendig aus der Liebe neu geboren, dann erst auch wird er dir sein in der lebendigen Fülle der ewigen Wahrheit, was er dir eigentlich urgrundsächlich sein sollte, ein Licht nämlich aus Mir lebendig!

16. Also verstehe und fasse du dein Leben, so wird dich die Waschung deiner zehnten Säule und die große Nacht um dieselbe nicht mehr drücken!

17. Nun aber sage Ich euch allen: Verharret stets in der Liebe, und beachtet wohl alle diese Meine Worte an euch, so soll Kenans zehnte Säule in einem ganz andern Sinne enthüllt werden, als sie sonst bei eurem Ungehorsame enthüllt werden dürfte!

18. Denn Meine Ordnung hat gar viele Wege, von denen viele besser sind denn einige darunter! Das Gericht aber ist schon von allen allzeit der letzte, da es da allzeit auf Leben und Tod losgeht; hütet euch daher vor jeglichem Gerichte!

19. Nun verlasse Ich euch wieder auf eine Zeit sichtbar, bleibe aber in eurer Liebe zu Mir dennoch fortwährend bei euch! – Mein Segen an euch alle, Mann und Weib! Amen."

20. Hier verschwand der Herr mit der untergehenden Sonne. Alle Anwesenden aber fielen auf ihre Angesichter nieder und weinten, lobten und priesen den Vater die ganze Nacht hindurch bis an den nächsten hellen Tag und begaben sich erst am Morgen nach Hause.

32. Kapitel

Satans listiger Plan, die Menschen durch Weibesschönheit zu verführen
Die Stimme von oben. Die Gesandtschaft des Horadal bei Adam und Henoch

(Den 5. Mai 1843)

1. Nun aber war auch auf der ganzen Erde die vollkommene Ordnung hergestellt, und der Himmel und die Erde waren auf das allerengste miteinander verbunden, und selbst der Satan sprach bei sich:

2. „Was will ich denn nun tun? Der Herr hat Seine Menschenkinder Selbst gelehrt und hat Sich ihnen fest angebunden; ja sogar meine Tiefe hat Er Sich zu eigen gemacht und hat vielen aus und in allen Zweigen eine große Macht gegeben, gegen die ich nichts vermag und nichts unternehmen kann!

3. Ich habe wohl Macht in den Gestirnen, wie auf der Erde über all die Elemente; was nützt mir aber das, wenn die Menschenkinder die Macht im Herzen Gottes haben und mir mit derselben überall, wo ich mich nur immer auflehnen möchte, gar entsetzlich mächtig begegnen können?!

4. Ich aber weiß dennoch, was ich tun will; ich will dem Menschengeschlechte bald einen Köder legen, da ich zu versuchen das Recht habe, und es soll sich gar bald zeigen, ob des Herrn Kinder wohl so fest und unerschütterlich sind, wie es sich jetzt herausgestellt hatte unter der persönlichwesenhaften Leitung des Herrn!

5. Ich will bei den Zeugungen der Töchter in der Tiefe zugegen sein und will sie so schön und reizend in ihrem Fleische werden lassen, daß da ein jeder, der eine solche Tochter der Städte

in der Tiefe ansehen wird, ganz von ihrem großen Zauber soll gefangen werden! Solches kann und darf ich ja tun, da das Fleisch noch in meiner Macht steht!

6. Was tue ich aber, so ich das tue! Gutes oder Böses? Denn tue ich Böses, da wird der Herr rechten mit mir; tue ich Gutes, da wird der Herr sagen: ‚Das Gute ist nur in Gott!'

7. Ich weiß aber, wie ich es anstellen werde: In die Mitte soll es gestellt sein, – weder böse, noch gut!

8. Und die schönen Töchter werden gerade das sein; neben ihnen wird noch immer einer, der stark ist und tugendhaft, gar wohl Gott wohlgefällig einhergehen können!

9. Ist er aber das nicht, da soll er an den schönsten Töchtern wenigstens einen tüchtigen Probestein finden und eine mächtige Gelegenheit, seine Tugend entweder zu festen oder zu schwächen, um dadurch also vor Gott und mir zu stehen, wie er ist, – aber nicht, wie er ohne Mühe und Sein-Selbst-Beherrschung (*Beherrschung seines Selbst*) sein möchte: ein Herr sogar über mich und ein Fürst, mächtig in den Himmeln!

10. Daß dadurch gar manche Schwächlinge ins Garn gehen werden, das ist gewiß; daß aber dadurch auch gar manche große Tugendhelden werden, das kann man doch auch sicher annehmen!

11. Also, die Sache – zu beiden Seiten abgewogen – ist an und für sich weder böse, noch aber gerade auch gut zu nennen; es ist so die Mitte, also eine Schwebe zwischen Gut und Böse!

12. Daher sei's fest beschlossen und in aller Kürze ausgeführt!

13. Aber noch eins: Wenn die Sache aber am Ende doch ärger wirkend ausfiele, als ich es jetzt berechnet habe?! Da hätte ich's dann wieder von neuem feindlich mit dem Herrn zu tun!

14. Ich weiß aber auch hier, was ich tun will! Der Henoch ist des Herrn rechter Arm hier auf der Erde; zu dem will ich gehen und will ihm meinen Plan vortragen! Er soll sich darüber mit dem Herrn beraten und mir dann kundtun, ob es dem Herrn genehm ist!

15. Das wäre freilich wohl gut; wenn mich aber der Henoch mit seiner großen Macht ganz entsetzlich abwiese?! Was dann in meinem neu erwachten Grimme?!

16. Wie wär's denn, wenn ich mich selbst zum Herrn wagte?! Das wäre freilich wohl der allerkürzeste Weg!"

17. Und eine Stimme kam von oben an das Ohr des Satans, die kurz also lautete: ,,Was beratest du dich im Argen?"

18. Der Satan aber sprach: ,,Herr, ich will nichts Arges tun, sondern nur eine Schwebe möchte ich errichten für Deine Kinder, aber niemanden dabei nur im geringsten beirren in seiner vollsten Freiheit; daher gestatte mir solches!"

19. Und die Stimme von oben sprach: ,,Satan, da du wolltest ein Mann sein, so bist du frei; tue, was du willst, in deinen Elementen, und der Herr wird tun auch, was Seines Willens ist! – Aber den Henoch laß Mir ungeschoren!"

20. Und der Satan war mit diesem Bescheide vollkommen zufrieden und legte bald die Hand ans vorbedachte Werk, welches ihm aber dennoch lange nicht gelingen wollte; denn solange die Generation, wie sie jetzt auf der Höhe, wie in der Tiefe bestand, dauerte, war mit seiner Finte wenig gerichtet, – aber desto mehr mit den Nachfolgern, wie es der Verlauf leider zeigen wird!

21. Bald nach dieser Geschichte

aber kamen Gesandte vom Horadal an den Adam und ernannten ihn zum Oberleiter im Namen des Herrn über das Volk zwischen Mitternacht und Morgen. Die Gesandtschaft aber bestand in zehn Männern, an deren Spitze die beiden Söhne Lamechs standen.

22. Der Adam aber beschied die Gesandtschaft an den Henoch, und der Henoch sagte ihnen im Namen des Herrn zu, auch über sie die Hohepriesterschaft auszuüben gegen ein Zehentopfer an den Herrn von den besten Früchten, entließ sie dann mit Rückhalt der beiden Söhne Lamechs und nahm die Söhne auf in sein Haus.

33. Kapitel

Henochs Eröffnung an Hored, Lamech, Naëme, Ada und Zilla, Jubal und Jabal
Der Aufbruch nach Hanoch unter der Führung Henochs

(Den 8. Mai 1843)

1. Nach dreißig Tagen aber zeigte der Herr dem Henoch an, daß der Lamech in der Tiefe mit dem zweiten Tempel fertig geworden ist.

2. Und der Henoch wußte, was er zu tun hatte; er berief alsbald die zwei Weiber Lamechs, die Ada und die Zilla, wie auch den Hored mit seinem Weibe Naëme.

3. Und als alle diese gekommen waren in das Haus Henochs, welches noch immer ein Haus Jareds war, da stellte ihnen der Hohepriester des Herrn die zwei Söhne, den Jabal und den Jubal, vor und sprach dann zu ihnen:

4. „Höret mich an im Namen des Herrn und allmächtigen Gottes und allerheiligsten, allerliebevollsten Vaters! Also ist es, und also lautet Sein allerheiligster Wille, daß da alles sich Seiner ewigen heiligen Ordnung frei aus sich fügen soll.

5. Also sollet auch ihr euch dem allen fügen, was der Herr euch nun durch meinen Mund sagen und treulich verkünden läßt!

6. Das aber ist es, so euch der Herr verkünden läßt: Der Oberpriester Lamech, nun in der Ebene der Erde gestellt über das Volk der Erde aus dem Herrn, bedarf euer nach dem Willen des Herrn, indem er nun ganz frei aus sich ein vollkommener Diener des Herrn geworden ist, mir gleich, durch die unendliche Gnade und Erbarmung des Herrn.

7. Auf dem euch wohlbekannten gereinigten Schlangenberge hat er den Herrn zum ersten Male geschaut; auf diesem Berge sollte er Ihm denn auch ein herrliches Denkmal errichten.

8. Solches hat der Lamech nun denn auch vollendet, und so wollen wir nun wieder hinabziehen in die Ebene und wollen dort, wie hier, uns treulichst fügen in den Willen des Herrn!

9. Fürchtet euch aber ja nicht mehr vor ihm, dem Führer Lamech nun; denn er ist mir gleich im Herrn und wird euch aufnehmen mit dem liebeerfülltesten Herzen und wird euch behalten in seiner großen Gnade, die ihm geworden ist vom Herrn. – So denn machet euch mit mir im Namen des Herrn auf den Weg!

10. Du, Hored, bist zwar ein Sohn, auf der Höhe des Morgens gezeugt; aber nun sollst du mit deinem Weibe in die Ebene ziehen und im Hause Lamech sein dessen Stütze in allen seinen Geschäften, um das geistige Wohl der

armen Kinder Kahins wohl besorgt aus der Liebe des Herrn in dir!

11. Wann du aber willst die Höhe besuchen, soll sie dir frei und offen stehen Tag und Nacht; aber hier wohnen für bleibend sollst du nimmer, da du dir aus der Ebene der Erde ein Weib genommen hast und gehörst somit dorthin für bleibend und wohlwirkend, woher dein Weib ist. Aber die Kraft der Kinder Gottes soll dir bleiben bis ans Ende deines Erdenlebens!

12. Frage aber nicht, ob der Herr auch in der Ebene also bei dir sein wird, wie hier auf der Höhe der Kinder Gottes!

13. Denn wo jemand den Herrn liebt über alles in seinem Herzen, dort ist der Herr auch völlig bei ihm; wo er Ihn aber nicht also liebt, dort auch ist der Herr ferne von ihm, und möchte er sich noch ums Tausendfache höher befinden, als wir uns hier über der Ebene befinden!

14. Das ist nun der Grund, warum der Herr solches will mit dir; alles Fernere wird der Herr an jedem Tage dir anzeigen.

15. Ihr beiden Söhne aber werdet von eurem Vater die gute Weisung überkommen, was ihr zu tun haben sollet in der Zukunft im Hause eures Vaters.

16. Ihr Weiber Lamechs aber sollet ihm wieder das sein, was ihr ihm gewesen seid, – aber nun nicht mehr in der großen Furcht eures Herzens, sondern in der großen Freude desselben!

17. Du, Naëme, aber sollst diesem deinem neuen, dir vom Herrn Selbst gegebenen Manne treu verbleiben und sollst den Thubalkain für nichts mehr als nur allein für deinen Bruder ansehen!

18. Nun wisset ihr alles, was jetzt zu geschehen hat; darum machet euch ohne Verzug mit mir auf den Weg!

19. Diesmal aber sollst du, mein Enkel Lamech, auch mit mir ziehen; aber dein Weib bleibe daheim beim Jared und Mathusalah!

20. Wie ihr aber hier seid, also auch folget mir; und niemand von euch soll etwas mit sich nehmen! – Also will es der Herr. Amen."

21. Hier trat der Henoch aus dem Vaterhause, segnete die Höhe und also auch die Ebene, wie den Weg dahin, und zog dann mit den Berufenen der Ebene zu.

22. Die Berufenen aber folgten ihm wie die Lämmer ihrem Hirten.

34. Kapitel

Die Ankunft Henochs und seiner Begleiter vor Hanoch
Lamechs Bewunderung der Menschenwerke in Hanoch und Henochs weiser Rat

(Den 9. Mai 1843)

1. Als sich die Gesellschaft der großen Stadt Hanoch näherte, da verwunderte sich der Lamech (*Lamech aus der Höhe*) über die große Pracht und Kühnheit der Gebäude, welche sich aus ihren Stellungen bekundete, und sagte zum Henoch:

2. „Höre, Vater Henoch, da mag einer sagen, was er will! Wenn man diese vielen Gebäude betrachtet, so muß man offen gestehen, daß die Kinder der Tiefe durchaus nicht auf den Kopf gefallen sind; denn die Sache ist ein und für allemal nicht dumm, und ich kann all die Dinge nur mit Wohlgefallen und durchaus nicht mißbehaglich ansehen.

3. Wenn man bedenkt, daß diese

Menschen alles das allein mit ihrer naturmäßigen Kraft errichtet haben, indem des Geistes Macht ihnen fremd war, so muß man sich im Ernste hoch verwundern über solch ein mächtiges Werk!"

4. Als er aber erst des neuen Tempels auf der Höhe ansichtig ward, das heißt auf dem ehemaligen Schlangenberge, da ward es völlig aus mit unserm Lamech. Er blieb eine Zeitlang ganz stumm in seine Betrachtung versunken stehen und öffnete erst nach einer Weile seinen Mund und fragte dann den Henoch, sagend nämlich:

5. „Aber Vater Henoch! Was ist denn das? Haben denn das auch Menschenhände verfertigt?"

6. Hier hielt der Henoch ein wenig inne und sagte zum Lamech: „Höre, mein lieber Sohn Lamech, ich sage dir: Laß dir diese Sachen nicht zu sehr wohlgefallen, sonst wirst du wohl noch zu mehr Fragen genötigt werden, denn an allen diesen Dingen klebt noch ganz entsetzlich viel Welt!

7. Nach dem Maße du daran aber ein Wohlgefallen findest, nach eben dem Maße verdunkelst du deinen Geist, so daß er dir dann in deinem Herzen gar wenig Licht mehr spenden kann und du dadurch genötigt bist, dich aufs äußere Fragen, wie jetzt, zu verlegen, da dir dein Geist, wie gesagt, die Antwort schuldig bleibt.

8. Also wende dein Auge von dem lieber ab, und betrachte es nicht länger, was dich so sehr besticht, so wird dein Geist bald wieder sein rechtes Licht überkommen, und du wirst wieder darum auch jede Frage in dir selbst beantwortet finden!"

9. Hier wandte sich der Henoch zu den andern ihm Folgenden und sagte zu ihnen: „Ihr aber sollet euch billig im Namen des Herrn freuen, der zu eurem zeitlichen und ewigen Wohle so entschieden Wunderbares getan hat aus Seiner unendlichen Liebe und Erbarmung, daß ihr euch darüber ewig nie genug werdet dankbarst verwundern können!"

10. Die Naëme, wie die beiden Weiber und auch die zwei Söhne fielen aber alsbald auf die Erde nieder und fingen an, laut zu loben und zu preisen den so endlos guten Gott und Vater aller Menschen, darum Er der Tiefe so gnädig und barmherzig war.

11. Und die Naëme verwunderte sich aber nun um so mehr, da sie das alles nun in der Wirklichkeit mit den Augen des Fleisches erschaute, was ihr der Herr auf der Höhe schon im Geiste gezeigt hatte, und lobte und pries daher den Herrn auch ums Mehrfache stärker und heftiger liebend denn die andern, die diesmal den Herrn nicht gesehen haben.

12. Da aber der Henoch solches merkte, sagte er zur Naëme: „Stehe nun auf; denn siehe, dort zieht uns schon eine jubelnde Schar aus der Stadt entgegen.

13. Richte aber auch die Deinen auf und sage ihnen: Der Herr hat es dem Lamech der Ebene angezeigt, daß wir seiner vor der Stadt harren! Darum zieht er uns schon mit offenen Armen entgegen, um uns zu empfangen in seiner mächtigen Liebe aus dem Herrn!"

14. Hier erhob sich alsbald nicht nur die Naëme, sondern auch alle die anderen, die solche Worte vom Henoch ebenfalls vernommen hatten; aber dennoch ging die Naëme alsbald hin zu ihnen und richtete sie im Herzen auf, da alle beim Anblick der ihnen entgegenziehenden Schar von Angst, Furcht und Freude zugleich befallen wurden.

15. Der Henoch aber belobte darum die Naëme sehr, indem sie seinem Geiste so treulich und wohlverständlich Folge geleistet habe.

16. Und die Naëme erwiderte: „O Henoch, alle meine Liebe sei darum dem Herrn; denn nur Er gab mir, der Unwürdigsten, daß ich deine Worte verstand!"

17. Als die Naëme solches bekannte, da vernahm sie alsbald ein sanftes Wehen und sprach darauf:

18. „O Henoch! Wer hat mich denn nun so himmlisch-sanft wie durch und durch angehaucht?"

19. Und der Henoch erwiderte ihr: „Liebe Naëme, siehe, es ist der Herr ja mitten unter uns, wenn auch nicht dem Auge sichtbar, aber dennoch wohl vernehmbar unserm Gefühle!

20. Liebe Ihn nur stets also, und du sollst dieses heilige Wehen zum öfteren Male gewahren; denn so der Herr dich segnet, da haucht Er Selbst Seine Liebe in dein Herz! Also ist es!

21. Doch der Lamech kommt uns schon sehr nahe; daher machen wir uns bereit zu seinem Empfange! Amen."

35. Kapitel
Henochs Zusammentreffen mit König Lamech. Die Gefahr der Menschenehrung

(Den 10. Mai 1843)

1. Als der Lamech der Ebene nun vollends in die Nähe des Henoch kam, da entblößte er sein Haupt und seine Brust und neigte sich dann bis zur Erde vor dem Henoch.

2. Der Henoch aber ging sogleich auf ihn zu und sagte zu ihm: „Höre du, mein geliebtester Bruder Lamech, was der Herr für Sich weder von mir noch von dir verlangt, das unterlasse allzeit auch vor mir!

3. Denn wenn ich zu dir komme, da komme ich nicht, daß du mich ehren solltest, als wäre ich ein zweiter Gott, sondern ich komme zu dir ja nur in der reinen Liebe des Herrn, der da ist vor uns allen ein allerliebevollster Vater, und komme als ein wahrer Bruder zu dir! Wozu demnach solche Ehrung, die zu nichts nütze ist?!

4. Ich sage dir aber: Vermeiden wir gegenseitig solches, sonst werden wir selbst Schöpfer arger Geister (Zeiten) werden!

5. Denn siehe, so du mich also ehrst, da ich doch auch um kein Haar mehr bin, als da ist ein jeder andere Mensch, so erhebst du mich über die anderen Menschen und demütigst diese vor mir, ihrem gleichen Bruder!

6. Die Menschen werden sich wohl eine Zeitlang eine solche Demütigung gefallen lassen; aber dann wird einer um den andern zu fragen anfangen so im geheimen bei sich und wird sagen:

7. ,Ist denn dieser und jener mehr Mensch, denn wir es sind? Warum läßt ihn Gott zu solchen Ehren kommen, daß wir uns vor ihm beugen müssen? Uns aber läßt Er in der schmählichsten ehrlosen Niedrigkeit!

8. Wir wollen uns aber über ihn erheben und wollen ihm nehmen allen seinen eitlen Vorrang und ihn züchtigen für alle die vielen Ehrungen, die wir an ihm vergeudet haben! Er soll erfahren, daß er uns gleich auch nur ein Mensch ist!'

9. Siehst du, mein geliebtester Bruder Lamech, das ist eine wahre Stimme der Natur des Menschen, welche, wenn sie sich einmal empört, schrecklicher ist als die blindeste Wut aller Tiger und Hyänen!

10. Daher unterlassen wir gegenseitig allzeit das, darinnen ein so arger Same rastet, und die Erde wird unter unseren Tritten erblühen zu einem allerherrlichsten Eden Gottes!

11. Im Gegenteile aber stampfen wir mit jedem Schritte und Tritte Schwerter und Spieße aus dem Boden der Erde, mit denen sich unsere späteren Nachkommen zu Tausenden und tausendmal Tausenden in der glühendsten Rache erwürgen werden.

12. Wir alle haben nur einen Herrn, einen Gott, und einen Vater; wir unter uns aber sind lauter Brüder.

13. So aber der Herr einen über Größeres setzt denn einen andern, so erhöht Er ihn dadurch nicht vor den Brüdern, sondern gibt ihm nur die Gelegenheit, an seinen Brüdern desto mehr Liebe üben zu können.

14. Um aber Liebe zu üben an den Brüdern, bedarf man doch sicher der Ehrung nicht, da die Liebe eine Kraft ist, die das Gleiche stets nur zu vereinen strebt, aber das Ungleiche aussondert wie Spreu vom Weizen.

15. Solches also beachte wohl, liebster Bruder Lamech, so wirst du in der vollkommenen Ordnung Gottes leben und wirst Gott allzeit angenehm sein!"

16. Diese Worte Henochs machten auf den Lamech einen sehr großen Eindruck, und er faßte in sich nun ganz andere Pläne, als er sie bis jetzt gefaßt hatte; denn er gedachte so ein leises, besseres Kastenwesen einzuführen, welches bei Mir ein Gericht, ein Greuel der Greuel ist.

17. Aber, wie gesagt, diese Rede Henochs hatte alle seine leisen Pläne geändert, darum er denn auch dem Henoch erwiderte:

18. ,,O Bruder Henoch, mit welch einem Lichte hast du nun mein Herz erfüllt! Dem allmächtigen Herrn Himmels und der Erde sei denn auch ewig allein alle Ehre, aller Preis, aller Ruhm und alles Lob darum, daß Er die Menschen zu solch gleichen lieben Brüdern gemacht hat!"

19. Hier blickte der Lamech etwas weiter vor sich hin und ersah in einer Entfernung von etwa dreihundert Schritten die kleine, dem Henoch folgende Schar – welche unterdessen etwas zurückblieb, während der Henoch allein zum gar zu demütigen Lamech voreilte – und fragte den Henoch:

20. ,,Bruder, wer sind die dort, die dir folgen, wie es mir vorkommt, etwas ängstlichen Schrittes?"

21. Und der Henoch sagte zum Lamech: ,,Liebster Bruder, laß hier deine Brüder; dann folge mir, und siehe, wie gnädig und gut der Herr ist!

22. Komme und empfange die Deinen im Namen des Herrn! Amen."

36. Kapitel

Lamech läuft den Seinen entgegen, Henoch folgt ihm
Der dreifach prophetische Sinn dieser Handlung Henochs
Echte Prophetie und die Freiheit des Menschen

(Den 11. Mai 1843)

1. Als der Lamech solches vom Henoch vernommen hatte, da war es aber auch völlig aus bei ihm; er schrie vor Freude und lief mit offenen Armen den Seinen entgegen.

2. Und der nicht mehr junge Henoch aber mußte selbst einen Schnellfüßler machen, um den Lamech die freilich zum Glück nur kurze Strecke Weges geleiten zu können.

3. Es klingt wohl etwas sonderbar, daß hier der Henoch auch mit Lamech gelaufen ist, aber diese Erscheinung war so leer nicht, als sich dieselbe je-

mand vorstellen möchte; denn sie hatte einen dreifachen prophetischen Sinn.

4. Der erste ist: Um den Führern dadurch anzuzeigen, daß sie die Fortschritte ihrer Jünger durch eine aufhaltende, zaudernde und den besten Geist tötende, schulfuchsische Pedanterie nicht hemmen sollen, sondern der Kraft des Geistes der Jünger nur allzeit folgen, und das zwar also, daß sie gingen mit dem Schnellen schnell, mit dem Freien frei, mit dem Starken stark, mit dem Schwachen geduldig, mit dem Saumseligen, ihn nach sich – dem Führer nämlich – ziehend, und mit dem Furchtsamen Mut einflößend!

5. Der zweite Sinn ist: Tiefe zieht oder Welt zieht durch ihre schnellen, industriellen Fortschritte das Geistige mit zum desto schnelleren Verfalle; denn das Geistige wird in der Welt von der Materie getragen und ist da, um die gefangene Materie zu erlösen, also wie die des geistigen Henoch nun in der Tiefe war, um den materiellen Lamech zu erlösen und ihn neu zu verbinden mit den Seinen, tiefer gesagt: mit seinen erhöhten und gereinigten Begierden.

6. Der dritte Sinn ist und war der prophetische: Daß nämlich die Kinder der Höhe bald sich mit schnellen Füßen nach der Tiefe gezogen haben und haben dort auch ihren Begierden den freien Spielraum gegeben; denn als Weise und Philosophen zogen sie hinab und gaben sich dann als Philosophen gar bald allen Ausschweifungen preis.

7. Das wären sonach die drei prophetischen Bedeutungen des Henochschen Mitlaufes.

8. „Aber", wird jemand sagen, „wenn es also ist, daß die Propheten schon allzeit für die Zukunft durch all ihr Tun, Handeln und Reden bestimmen, was da geschehen soll und allzeit zumeist geschieht, so sind die Menschen auf dem Erdkörper in geistiger Hinsicht ja durchaus nicht frei und müssen somit eben so handeln, wie da die Propheten von ihnen ausgesagt haben! Und so mußten die Kinder der Höhe in der Tiefe fallen, weil solches nun schon der Henoch durch seinen Mitlauf vorgedeutet (*vorher angedeutet* hatte!

9. Wenn sich aber die Sache also verhält, wie können denn die Menschen dann gestraft und gezüchtigt werden, da sie doch tun mußten, was die Prophetie von ihnen angedeutet hatte?"

10. Ich aber sage: Wenn sich die Sachen also verhielten, da wäre es freilich wohl traurig, ein lebendes Geschöpf zu sein; da sich aber die Sachen ganz anders verhalten und die Propheten nur die notwendigen Folgen anzeigen, welche aus einer oder der andern Handlung des Menschen so bestimmt hervorgehen zur bestimmten Zeit, als wie da hervorgeht aus einem und dem andern Samenkorne, das jemand in die Erde legt, ganz bestimmt eine dem Samenkorne bestimmt entsprechende Frucht zur bestimmten Zeit, so meine Ich, sollte das doch nicht gar so bitter sein, so Ich eben durch die Propheten den Menschen anzeige, was für Früchte oder notwendige Folgen in ihren Handlungen stecken?!

11. Ist denn die Sache gar so bitter, wenn der Landmann im voraus weiß, daß er aus dem Weizenkorne nur wieder das Weizenkorn ernten kann, aus dem Samen des Unkrautes aber nichts als nur wieder Unkraut?!

12. Wenn aber solches dem Menschen gut ist, wie sollte es ihm denn nicht gut sein, durch den Mund der Propheten zu erfahren, welche Früchte aus seinen Handlungen zufolge Meiner ewigen, unwandelbaren Ordnung hervorgehen werden, und allzeit hervorgehen müssen, wenn der Mensch die-

selben Handlungen fortwährend begeht und sie nicht ändert?!

13. Ändert aber der Mensch seine Handlungen, so werden auch andere Früchte zum Vorschein kommen, was ohnehin von jedem Propheten allzeit beigesetzt wird; denn ein rechter Prophet spricht und handelt ja stets nur bedingungsweise.

14. Sonach ist ja durch den Propheten die Freiheit der Menschen keineswegs beeinträchtigt, sondern nur außerordentlich begünstigt, indem der Mensch dadurch seine Handlungen kennenlernt und sie dann erst ganz frei ausüben kann, da er weiß, welche Früchte sie ihm bestimmt tragen werden, entweder gute oder böse!

15. Also liegt in dem Laufe des Henoch ja auch nur eine Bedingung, über welche wir ihn bei der nächsten Gelegenheit sich selbst aussprechen hören werden.

16. Doch da die beiden schon bei der Familie sind, so habet nun acht auf das Benehmen derselben!

37. Kapitel
König Lamechs Freudesturm und überschwengliches Dankgebet
Henochs Warnung vor übereilten Gelöbnissen

(Den 12. Mai 1843)

1. Als der Lamech nun mit den Seinen völlig zusammenkam, da konnte er von der immensesten Freude über das Wiedersehen seiner beiden Weiber, seiner zwei Söhne, seiner Lieblingstochter und ihres mächtigen Gemahls kein Wort über seine Lippen bringen, und es ging ihm wie einem, der so recht – wie ihr zu sagen pfleget – über die Ohren verliebt ist und vor lauter Liebe auch kein Wort herausbringt, um seiner Geliebten zu sagen, wie teuer sie ihm ist.

2. Erst nach einer geraumen Zeit, als sich der erste Freudesturm ein wenig gelegt hatte, konnte unser Lamech erst folgende Worte herausbringen, welche also lauteten:

3. „O Herr, Du endlos liebevollster, heiligster Vater, wie soll ich Wurm im Staube vor Dir, o Gott, Dir danken, wie Dich loben, preisen und anbeten für so endlos viel Gnade, da ich doch nicht des allergeringsten Teiles derselben wert bin?!

4. O ihr meine Weiber und Kinder, wie viele Nächte habe ich doch um euch bei mir geseufzt und geweint; aber ich war dabei auch voll des bittersten Grimmes gegen Gott und versuchte mich allerendlosest-törichterweise darum zu rächen an Ihm, dem allmächtigen, ewigen Herrn der Unendlichkeit, euretwegen.

5. Darum hätte ich von Gott aus ja doch nichts anderes verdient als eine ewige, allerärgste Züchtigung; allein statt mich allerverdientestermaßen zu züchtigen, erweist mir der Herr solche Gnaden, vor deren unermeßlicher Größe sicher selbst die größten, vollkommensten Geister erschauern!

6. Also muß ich ja allerbilligstermaßen aus allen Kräften rufen: O Herr, Du unendlich allerliebevollster, allerheiligster Vater! Was verlangst Du von mir, das ich tun soll, auf daß ich Dir dadurch doch irgendein Wohlgefallen erweisen könnte für solche Deine zu endlos große Gnade!"

7. Hier sagte der Henoch zum Lamech: „Höre Bruder, du hast wohl geredet vor den Deinen, vor mir und vor

Gott; aber eines darinnen war nicht in der Ordnung des Herrn!

8. Siehe, du hast in deinem großen Liebefeuer den Herrn gewissenart aufgefordert, daß Er von dir ein Opfer verlangen möchte, welches du Ihm alsonach darbringen würdest, und möchtest dich dadurch dankbar bezeigen und gebührend wohlgefällig vor Gott!

9. Es ist recht, wenn du in dir einen solchen Drang verspürst, aber bedenke, wenn der Herr nun von dir verlangen würde, du sollst Ihm gerade die da opfern, die dich nun mit solchem Lieb- und Dankfeuer gegen den Herrn erfüllt haben! Sage mir, was würdest du dann tun?"

10. Hier stutzte der Lamech ganz gewaltig und wußte keine Antwort auf diese Frage von so großer Bedeutung zu finden.

11. Aber der Henoch sagte darauf sogleich wieder zum Lamech: ,,Höre du, mein geliebtester Bruder, solches bedünkt dich nun sehr, und du findest in deinem Herzen keine Antwort auf diese Frage!

12. Ich aber sage dir: Und wenn der Herr noch mehr von dir verlangen möchte, als was ich dir in meiner Frage zur Bedingung gestellt habe, so müßtest du solches alles mit dem allerbereitwilligsten Herzen tun; denn wahrlich, sage ich dir, wer aus Liebe zum Herrn nicht alles verlieren kann, der ist des Herrn nicht wert!

13. Wer auf der Welt sein Weib, seine Kinder, seine Brüder und seine Eltern sogar mehr liebt als den Herrn, der ist des Herrn auch nicht wert!

14. Daher soll ein jeder seine Liebe vorher gar wohl prüfen, bevor er dem Herrn irgendein Gelöbnis machen mag! Denn wer dem Herrn ein freies Dankopfergelübde macht, und es gereut ihn dann, wenn er es ausführen soll, des gemachten Gelübdes, siehe, der ist doch sicher des Herrn nicht im geringsten wert, und der Herr wird dann einem solchen Gelübdemacher auch tun nach dem Maße, wie dieser Ihm sein angelobtes Opfer dargebracht hat.

15. Es wird dich der Herr zwar nicht auf diese Probe stellen; aber dessenungeachtet sollst du solches wissen und in der Zukunft wohl bedenken, was du redest vor Gott; denn Er ist nicht, daß Er mit Sich scherzen ließe!

16. Solches also bedenke und beachte es wohl, und laß uns nun ziehen in dein Haus und dann zum Tempel auf dem Berge! Amen."

38. Kapitel

König Lamechs und der Seinen Wiedersehensfreude und große Dankbarkeit dem Herrn gegenüber. Henochs Gespräch mit Lamech von der Höhe über das vorbildliche Herzensopfer König Lamechs und seiner Familie

(Den 15. Mai 1843)

1. Der Lamech dankte dem Henoch aus dem tiefsten Grunde seines Herzens für diese Lehre und gute Ermahnung und sprach dann zu den Seinen:

2. ,,So kommet zu mir, und fürchtet euch nicht; denn ich weiß es ja, daß es der Herr in eure Herzen gelegt hat, daß ich nicht mehr zu fürchten bin!

3. Denn des Herrn endlose Erbarmung hat mich umgewandelt und hat aus mir, dem ehemaligen Wüterich und Greueltäter aller Art, aus mir, dem doppelten Brudermörder, ein Lamm, einen sanften Führer der Menschheit gemacht!

4. Daher kommet zu mir und fürch-

tet euch nicht vor mir; denn ich bin nun da, um mit der gnädigsten Hilfe des Herrn die begangenen Greuel an der Menschheit dadurch einigermaßen wieder gutzumachen, daß ich sie, die noch Lebenden, leite und führe auf die Wege des Herrn!"

5. Auf diese überaus aufrichtige und gemütliche Einladung und Bekenntnis faßten erst die Seinen den vollen Mut und gingen hin zum Lamech, umarmten und grüßten ihn, dabei aber den Herrn hoch lobend und preisend ob solch großer Gnade und Erbarmung, die Er an dem Lamech so großherrlich bezeugt hatte und dadurch auch an der ganzen Tiefe.

6. Diese Erkennung brachte den Lamech zum Weinen, und er dankte dem Herrn abermals mit dem gerührtesten Herzen.

7. Der Henoch aber sah solche große Erhebung der Herzen zu Gott und sprach darob im geheimen zum Lamech der Höhe:

8. „Mein Sohn, da siehe hin; das ist die rechte Art, dem heiligen Vater ein wohlgefälligstes Opfer darzubringen! Hast du aber solches je auf der Höhe gesehen in solch tiefster Innigkeit?

9. Ja, auf der Höhe gab es ehedem wohl eine heilige Zeremonie für die Bestechung der Sinne und für die Tötung des Geistes; aber die lebendige, stille Zeremonie des Herzens, wie du sie nun hier siehst, diese ist auf der Höhe noch gar wenig gefeiert worden! Und wir heißen doch ‚Kinder Gottes', während diese da ‚Kinder der Welt' heißen!

10. Es ist wahr: Während der Vater unter uns wandelte sichtbar und uns gar endlos größte Beweise von Seiner Liebe, Gnade und Erbarmung gab, da waren auch viele zerknirschten Herzens und lobten und priesen Ihn als den allerliebevollsten, heiligsten Vater; als Er aber wieder unsichtbar wurde, da rannten gar viele davon, als wäre unter uns gar nichts Besonderes vorgefallen! Wie kommt dir dieser Unterschied vor?"

11. Der Lamech der Höhe sprach: „O Vater Henoch, das ist ein gar gewaltiger Unterschied, und ich muß es offen bekennen: mir ist der heilige Vater auf der Höhe kaum je so erhaben vorgekommen wie jetzt bei diesem Anblicke!

12. Oh, wie weit stehen wir im Grunde zurück vor diesen! Ein um wie vieles größerer Lamech ist dieser hier in der Tiefe, als ich es bin auf der Höhe!

13. Dem gab der Herr nur Geringes – es ist im Grunde nur Weltliches –, und er dankt dem Herrn darum, als hätte er schon alle Himmel überkommen; mir aber gab der Herr das Herrlichste nach Seinem Zeugnisse und das Größte nach Seinem Worte, und wie gering war dafür mein Dank und meine Liebe gegen das, was da dieser Lamech tut!"

14. Es erwiderte ihm aber der Henoch und sagte: „Ja, mein Sohn Lamech, jetzt hast du die vollste Wahrheit geredet! Also ist es bei uns allen auf der Höhe: wir sind dem Vater als Seine Kinder für Unendliches weniger dankbar als diese da für Endliches!

15. Aber lasset uns jetzt ziehen in die Stadt; dort erst sollst du Wunder der Liebe und Dankbarkeit gegen Gott sehen, die da alles bis jetzt Gesehene überbieten sollen! Für Sonnenstäubchen wirst du dankbarere Herzen finden, als auf der Höhe für Sonnen! – Und so laß uns ziehen in die Stadt! Amen."

16. Hier ermannte sich auch der Lamech der Tiefe und folgte gar demütigst und dankbarst dem Henoch mit den wieder erhaltenen Seinen.

39. Kapitel

Der Einzug in Hanoch. Die vorübergehende Zulassung der Verehrung der heiligen Gedenkstätten in Hanoch. Der Empfang im Palaste Lamechs

(Den 16. Mai 1843)

1. Als die Gesellschaft nun in der Stadt ankam, da machte der Henoch den Lamech von der Höhe gar bald aufmerksam auf die Kinder der Tiefe, wie diese in gar dürftigen Kleidern die Wege sogar, auf denen die ehemaligen Boten aus der Höhe die Pfade des Herrn betreten hatten, ganz besonders aber den Wegzug (*Wegstrecke*), auf welchem der Herr einhergegangen war, mit ihren Tränen benetzten, und wie einige sogar mit ihren Brüsten auf den Stellen lagen und dieselben in der größten Liebe anbeteten, auf denen der Herr einhergegangen war.

2. Als der Lamech der Höhe solches sah, schlug er sich auf die Brust und sagte: „O Vater Henoch, was ist das?! Diese Kinder der Welt lieben ja die leisesten Gedenkplätze an den Herrn schon bei weitem mehr, als wir den Herrn Selbst; wie groß muß dann erst ihre Liebe zum allerheiligsten, liebevollsten Vater Selbst sein!"

3. Und der Henoch erwiderte dem Lamech: „Ja siehe, also ist es wahrlich! Man sollte zwar diesen armen Kindern das Verehren der Plätze, welche die Boten durchzogen, und des Weges, den der Herr ihren Augen sichtbar betrat, untersagen, da dabei sich ihr Herz leicht an das hängen und anfesten könnte, was ihnen nun als eine süße und erhabenste Erinnerung dient, – aber ihre Gefühle sind dabei zu rein auf den Herrn gerichtet, und so kann ich selbst nicht umhin, ihnen vorderhand zu lassen ihren frommen Sinn.

4. Es wird aber die Gasse, durch welche der Herr zog, als der Name Jehova in den Tempel getragen ward, sicher eine mächtig geheiligte bleiben, und wir werden es nicht vermögen, diesem Volke solches auf eine leichte Art aus seinem innersten Leben herauszubringen, ohne die dabei nötige Beschränkung seiner Willensfreiheit, was zu tun wir aber nimmer das Recht haben, indem doch der Herr solches nicht tut.

5. Jedoch kümmern wir uns nicht zu sehr dessen, was des Herrn ist; Er wird es machen, wie es Ihm am angenehmsten sein wird!

6. Wir aber haben hier die herrlichste Gelegenheit, zu betrachten, wie ganz anders und um wie vieles lebendiger dieses Volk nun den Herrn als den allerheiligsten und liebevollsten Vater mehr liebt als wir Kinder Gottes auf der Höhe!

7. Siehe, da ist aber nun schon auch das Haus des Lamech aus der Tiefe; daher lassen wir nun auch ihn vortreten und uns führen in seine Wohnung!"

8. Der Lamech der Höhe erstaunte über die große Pracht dieses Gebäudes; aber der Henoch sagte zu ihm: „Ja, es ist eine große Pracht daran; wenn man aber bedenkt, mit welchen Mitteln es erbaut worden ist, da möchte man eher erschaudern bis in den tiefsten Grund seines Lebens, als darüber irgendein Wohlgefallen äußern!"

9. Und der Lamech der Höhe erseufzte aus dem Grunde seines Lebens und sagte dann mit wehmütiger Stimme: „Ja, ja, lieber Vater Henoch, also ist es sicher! Wenn der Herr Sonnen und Welten baut und setzt hohe Berge auf die Stärke der Erde, da haben wir billigst recht, uns zu erfreuen bei deren Anblicke – denn wir wissen es, ein wie leichtes es ist dem Herrn, solche gro-

ßen, wunderbarsten Dinge zu erschaffen –; aber für diese schwachen Kinder solche Gebäude aus Steinen aufzuführen, die da aussehen wie kleine Berge, – wahrlich, da wird man betrübt bis in den innersten Lebensgrund!"

10. Und der Henoch sprach: „Ja, also ist es! Jedoch lassen wir nun das, was der Herr zugelassen hat; wir haben unsern Teil daran genommen, und so ist es gut und recht vor dem Herrn, unserm heiligsten, allerliebevollsten Vater!

11. Nun aber kommt schon der Führer Lamech auf uns zu mit ausgebreiteten Armen, um uns zu führen in sein Haus, und seine Hausdienerschaft erwartet uns auch schon am Tore des Hauses! Daher trachten wir, bald ins Haus zu kommen, sonst kommt das erbaute Volk über uns und fängt an, uns im Namen des Herrn anzubeten, – was wir aber allersorgfältigst zu vermeiden suchen müssen!"

12. Hier kam der Führer Lamech herbei, und der Henoch gab ihm zu verstehen, so geschwind als möglich in das Haus zu treten, um eine förmliche Anbetung zu verhüten. Und es geschah sogleich des Henochs Wille.

40. Kapitel

Der Empfang der Gäste durch den Hofstaat im Thronsaale. Vorbereitungen zum Festmahl
König Lamechs Verordnung zum Umschmieden aller Waffen in nützliche Gerätschaften
Die Liebe als heilige Urwaffe des Herrn. Verheißung an König Lamech

(Den 17. Mai 1843)

1. Als sie im Thronsaale anlangten, allwo des Lamechs ganzer Haupthofstaat versammelt war, da rief der Lamech alsbald freudigst aus und sagte:

2. „Freunde, Brüder, Kinder und Schwestern! Freuet euch mit mir; denn der Herr hat an uns allen eine große Erbarmung ausgeübt!

3. Sehet, hier sind meine zwei Weiber, die Ada und die Zilla, da meine für gänzlich verloren geglaubten Söhne, der Jubal und der Jabal, und hier meine Tochter, die Naëme, mit ihrem mächtigen Manne, den ihr der Herr Selbst gegeben hat!

4. Und sehet, und höret, und frohlocket hoch mit mir! Diese hat mir und uns allen der Herr wieder gegeben, daß sie bei mir sein sollen und mir in reiner Art das seien, was sie mir waren vom Anbeginn, aber – leider – in der dem Herrn unwohlgefälligsten, unreinsten Art!

5. Oh, wie wollen wir uns nun freuen in der so mächtig-großen Gnade des Herrn!

6. Brudal, gehe in die Speisekammern, und bereite für uns alle ein festlich Mahl von dem besten Fleische und von den besten Früchten, und eine zweite reichliche Tafel laß herrichten für alle unsere gottesfreundlichen Bürger dieser Stadt, und eine dritte für alle die Armen, welche jetzt frei sind, da sie ehedem unsere Sklaven und Gefangenen waren! Gehe und richte es nach diesem meinem Verlangen!

7. Und du, mein Bruder Terhad, du vom Herrn bestellter Wächter des Haupttempels des Herrn, sende alsbald Herolde in die ganze große Stadt, und laß alle die von mir Bestimmten laden zu diesem meinem großen Freudenmahle in dem allerheiligsten Namen des Herrn Jehova Zebaoth, der da ist unser aller Gott, Schöpfer und Vater,

liebevollst, weise, heilig und allmächtig von Ewigkeit! Also geschehe es! Amen."

8. Hier gingen der Brudal und der Terhad alsogleich an ihr anbefohlenes Geschäft und besorgten alles auf das pünktlichste.

9. Der Lamech aber wandte sich bald wieder und berief zu sich den Thubalkain. Als dieser demütig hintrat vor seinen Vater, da sagte dieser zu ihm:

10. „Thubalkain, mein Sohn, ich sage dir hier im Angesichte des alleinigen Hohenpriesters des Herrn: Laß alle Waffen, die da zum Kriegführen bestimmt waren, im ganzen großen Reiche sammeln, und verfertige daraus den Pflug, die Sichel, die Sense, die Holzhacke, die Erdhaue, den Spaten und noch allerlei andere nützliche Gerätschaften, welche dich des Herrn Geist lehren wird!

11. Denn von nun an soll der Herr ganz allein unsere allerwirksamste Schutzwaffe sein gegen alles Übel. Nicht einmal gegen die reißenden Bestien wollen wir uns je einer anderen Waffe bedienen; denn ich habe die Waffe des Herrn kennengelernt vielfach!

12. Daher wollen wir mit dieser allmächtigen Waffe kämpfen unser Leben lang, und unsere Kinder und Kinder der Kinder sollen sich nimmer einer anderen Waffe bedienen!

13. Liebe aber heißt die heilige, allmächtige, ewige Urwaffe des Herrn! Mit dieser heiligen Waffe wollen denn wir unser irdisch Leben durchkämpfen und dadurch dem Herrn sicher allzeit, wie am Ende unserer Erdentage ein wohlgefälliges Opfer in dem Siege darbringen, welchen wir mit dieser Seiner allmächtig-heiligen Waffe über alles Übel der Welt werden erfochten haben!

14. Morgen aber sollst du dich vor allem andern an dieses dir jetzt anbefohlene Werk machen! Des allmächtigen Herrn Wille geschehe also allzeit und ewig! Amen."

15. Hier trat der Henoch zum Lamech hin und sagte zu ihm: „Geliebter Bruder Lamech, du hast jetzt ein Gebot gegeben, welches mir lieber ist als Gold und allerreinstes Gold; darum aber sollst du auch gesegnet sein, wie vor dir noch niemand gesegnet war!

16. Von Honig und Milch soll dein Land überfließen, und deine Stadt soll glänzen wie der Mond, die Häuser darinnen wie die Sterne und dein Haus aber wie die aufgehende Sonne!

17. Wahrlich, sage ich dir, deine Liebe ist mächtiger geworden, denn da ist der ganze Erdkreis! Wenn dein Freudenmahl wird beendet sein, da erst sollst du bei der neuen Tempelweihe erfahren, wie angenehm du dem Herrn geworden bist!

18. Heute noch wollte ich dich wieder verlassen; aber nun will ich drei Tage lang bei dir verweilen und dir zeigen die Macht deiner neuen Waffe! Also soll es geschehen im Namen des Herrn! Amen."

41. Kapitel

Henochs Gespräch mit Lamech von der Höhe über die gute Ordnung und über die böse menschliche Rangordnung

(Den 18. Mai 1843)

1. Das anbefohlene Mahl ward bald bereitet, und die Geladenen kamen herbei; die Tische wurden bestellt und wurden gesondert nach der Maßgabe Lamechs.

2. Henoch aber sagte zum Lamech: „Bruder, es ist zwar eine Ordnung allenthalben gut, und wir sollten nichts tun außerhalb einer gewissen Ordnung – denn die Ordnung ist die Macht des Herrn; aus und in Seiner Ordnung hat Er alle Dinge erschaffen –; aber dessenungeachtet ist dem Herrn doch eine Ordnung, die die Menschen untereinander aufgestellt haben oder wenigstens aufstellen möchten, beinahe ganz unerträglich, und das ist die Rangordnung!

3. Wenn du ganz gleiche Dinge in einer geraden Linie aufgestellt hättest, und es käme aber dann jemand und verstellte die Dinge aus ihrer von dir bestellten geraden Linie, fürwahr, du würdest dich darob ärgern und würdest den Verrücker deiner Ordnung mit zornigen Augen ansehen!

4. Wenn aber der Herr alle Menschen völlig gleich erschaffen hat und hat sie vor Sich hingestellt in einer geraden Linie, wie mögen wir da des Herrn gerade gestellte Linie krümmen nach unserm Belieben?!

5. Wir können es freilich wohl tun und können in gewissen Tätigkeitsrücksichten sagen: ‚Der ist das und jener dies!‘ – und was ein vom Herrn vorgesetzter Bruder dem andern ratet, den der Herr nicht berufen hatte, daß dieser es tue!

6. Das ist die rechte Rangordnung, die wir vom Herrn Selbst überkommen haben; aber bei solchen Gelegenheiten, da wir ein Mahl geben den Brüdern, sollen nicht drei gesonderte Tische stehen, sondern nur einer, damit wir alle als völlig gleiche Brüder und Schwestern untereinander am selben speiseten!"

7. Als solches der Lamech vernommen hatte vom Henoch, da ließ er sogleich die Tische zusammenstoßen, und es ward so aus drei gesonderten Tischen ein Brudertisch nur.

8. Der Henoch aber lobte den Lamech ob seines Gehorsams nach dem Willen und nach der Liebe des Herrn.

9. Aber ganz heimlich trat der Lamech der Höhe hin zum Henoch und sagte zu ihm: „Höre, Vater Henoch, es ist recht wohl und gut, was du nun geredet hast zu meinem Namensgefährten in der Tiefe; aber nun begreife ich eines nicht so ganz recht aus dieser deiner kurzen Rede bezüglich der Rangordnung unter den Menschen!

10. Siehe, Kinder sind doch sicher geringer denn ihre Eltern; denn es wäre dem Herrn doch sicher nicht recht, wenn sich die Kinder ihren Eltern gleichstellen wollten!

11. Zudem erinnere ich mich so mancher Erscheinung auf der Höhe, wo der Herr Selbst so ganz bedeutende Unterschiede unter den Menschen gemacht und durchaus nicht alle gleich behandelt hat!

12. Denn die drei Speisekörbe auf der Vollhöhe sind eine unleugbare Tatsache, daß Er dich zum Hohenpriester gemacht hat und die Purista, wie auch die Ghemela, erhoben hat sichtbar! Wer kann solches in eine völlige Abrede stellen?!

13. Es geht aber aus dem doch unfehlbar hervor, daß der Herr sonach eine gewisse Rangordnung unter den Menschen aufgestellt hat, und darum kann ich nun nicht so recht klug werden aus deiner Rede! – Gib mir daher einen näheren Bescheid darüber!"

14. Und der Henoch wandte sich zum Lamech und sprach: „Mein Sohn, du bist in einer starken Irre! Was der Herr tut, ist sicher etwas ganz anderes, als was der Mensch tut und tun soll; denn Er allein ist ja der Herr!

15. Die Rangordnung aber, welche der Herr unter uns Menschen aufgestellt hat, ist nur auf unsere Liebe zu Ihm gegründet, und da heißt es: ‚Je mehr du Liebe zu Mir, deinem heiligen Vater, hast in deinem Herzen, desto näher auch bist du bei Mir; mit je weniger Liebe zu Mir aber bist du auch desto ferner von Mir!'

16. Siehe, darin liegt der Henoch als gestellter Hoherpriester, die drei Körbe auf der Vollhöhe, die Purista und die Ghemela, wie die Pflicht der Kinder gegen ihre Eltern, die da die ersten Hohenpriester von Gott gestellt ihren Kindern sind!

17. Solches ist alsonach nur das Verhältnis der Liebe zu Gott; aber unter Menschen soll in liebtätigen Stellungen solches nicht also sein, daß sie sich voneinander sondern sollten, als dünkte sich der eine mehr denn ein anderer!

18. Nur vor Gott sind wir unterschiedlich durch unsere Liebe zu Ihm; aber unter uns soll kein selbstgemachter Unterschied walten!

19. Denn wer da groß wird sein wollen, der wird klein sein vor Gott; sind wir aber lauter Liebebrüder untereinander, so werden wir es auch sein vor Gott!

20. Also verstehe, mein Sohn, die Sache! – Doch, die Tische sind vereint; so lasset uns Platz nehmen an denselben! Amen."

42. Kapitel

Die Aufstellung des zweiten Tisches im Thronsaale. Das Festmahl
Die Tischrede des Unbekannten am zweiten Tische

(Den 19. Mai 1843)

1. Die Zahl der geladenen Gäste war groß und konnte daher an dem einen großen Tische nicht untergebracht werden; daher kam der Lamech zum Henoch wieder und fragte ihn:

2. „Höre, geliebtester, erhabenster Bruder und des Herrn alleiniger Hoherpriester, mehr denn die Hälfte der geladenen Gäste haben, wie du es selbst sehen kannst, nicht Platz am vereinten Tische! Wenn wir sie nun darum sondern müssen und für sie bereiten lassen einen zweiten Tisch, werden sie sich dadurch nicht herabgesetzt finden, so wir sie doch notwendig werden an den zweiten Tisch setzen lassen müssen und sie somit nicht an dem Tische werden Platz nehmen können, an dem wir sitzen werden und du dich eigentlich schon gesetzt hast?"

3. Und der Henoch lächelte den Lamech an und sagte dann zu ihm: „Siehe, lieber Bruder, Notwendigkeit ist keine Herabsetzung! Um aber die Sache doch so wenig als nur möglich unterschiedlich zu machen, so laß auch den zweiten Tisch in diesem für wenigstens zehntausend Menschen genug großen Saale aufrichten, und es wird dann gar wenig darauf ankommen, bei

welchem Tische wir sitzen! Also laß es geschehen, und es wird vollends recht sein!"

4. Und der Lamech sah, daß es also gut war, und ließ daher durch seine Diener alsogleich alles herrichten also, wie es ihm der Henoch geraten hatte.

5. Und die Überzahl der Gäste fand vollkommen Platz an diesem zweiten Tische und frohlockte, daß ihr eine so große Gnade widerfahren ist, sogar im Thronsaale neben den erhabenen hohen Gästen und großen Freunden Gottes zu Tische zu sitzen.

6. Da der Lamech solchen Jubel vernahm, daß solche Einrichtung so gut aufgenommen wurde, so ward er selbst heiter und voll Fröhlichkeit und setzte sich auch alsbald zum Tische, wo schon der Henoch mit dem Lamech von der Höhe Platz genommen hatte.

7. Also ward alles geordnet; die Speisen wurden aufgetragen und dem Herrn ein Lob aus aller Gäste Herzen und Munde laut dargebracht. Die Tische wurden dann vom Henoch im Namen des Herrn gesegnet, und alle langten mit ihren Händen nach den gesegneten Speisen und aßen und tranken unter hier und da laut sich vernehmen lassenden Preisungen des Herrn.

8. Nachdem sich aber alle gesättigt hatten, richtete sich am zweiterrichteten Tische einer der geladenen Gäste auf und richtete folgende Worte an seine Tischgenossen:

9. „Brüder, Freunde und Schwestern! Welcher Mensch könnte es wohl in der größten Glut und Flamme seines Herzens wagen, zu sagen, er könnte Gott, dem allmächtigen Herrn Himmels und der Erde, danken zur Genüge je in alle Ewigkeit für solch eine unaussprechlich große Gnade, die Er uns dadurch erwiesen hat, daß Er den vorher so harten König Lamech in einen so herrlichen Bruder und übergroßen Freund der Menschen umgewandelt hat? Fürwahr, Ich kann mir nichts Größeres denken!

10. Es muß dem allmächtigen Herrn wohl ein leichtes sein, tausend Welten zu erschaffen; aber einen freien Menschengeist ungerichtet also umzuwandeln, wie da der Lamech und durch ihn auch all sein Anhang umgewandelt ward, das ist denn doch mehr, als Sonnen und Erden und Monde zu gestalten im Augenblicke des allmächtigen, göttlichen Wollens!

11. Denn bei der Erschaffung der Dinge kommt es sicher nur auf den Willen Gottes an, und es wird dasein, was Gott haben will! Ein von Ihm ausgesprochenes allmächtiges ‚Werde!' genügt, und zahllose Sonnen und Welten drehen sich schon in ihren übergroßen Kreisen vor dem Auge des allmächtigen Werkmeisters!

12. Aber beim freien Geiste ist das allmächtige ‚Werde!' ein Gericht schon, welches ist des Geistes Tod! Da muß an die Stelle der Allmacht denn nur die große Liebe, Erbarmung, Geduld, Sanftmut und endlos weiseste Führung Gottes treten und muß den Geist des Menschen wie einen zweiten Gott leiten, führen und lehren, damit dieser dann durch die Selbsterkenntnis in sich das werde, was er sein soll nach der göttlichen Ordnung. Und das ist mehr, als Welten und Sonnen erschaffen!

13. Oh, darum soll aber auch der Herr von uns allen gelobt und geliebt sein, wie da bis jetzt Er noch nicht ist geliebt und gelobt worden; denn jetzt erst erkennen wir die Größe Gottes!

14. Auf, Brüder, und lasset uns loben und preisen den Herrn, da Er uns eine so große Gnade erwies!"

15. Diese Rede des Gastes machte alles im Saale stutzen, und alles ward ergriffen von der Kraft dieser Worte.

43. Kapitel
König Lamechs Staunen ob der Worte des unbekannten Gastes
Die Rede des Unbekannten über die zweifache Nahrung des zweifachen Menschen

(Den 20. Mai 1843)

1. Der Lamech aber wußte nicht, was er in der Schnelligkeit tun sollte. Er wandte sich darum alsobald an den Henoch und sagte zu ihm: „Höre, du mein geliebtester, erhabener Freund und Bruder in aller Liebe des Herrn, dieser Mensch spricht ja, als wenn er auch zu einem Führer vom Herrn aus erwählt wäre!

2. Fürwahr, solche Worte hätten auch deinem Munde durchaus keine Schande gemacht, und ich selbst würde mich für endlos glücklich preisen, wenn mein Mund ähnlichermaßen einer solchen Rede fähig wäre; aber da hat's eben bei mir noch einen überaus starken Haken!

3. Sage mir doch, du mein geliebtester Henoch, so es dir gut deucht: Sollen wir diesen überaus weisen Redner nicht alsobald an unsern Tisch ziehen?!"

4. Und der Henoch erwiderte dem Lamech: „Wenn aber du, mein geliebter Bruder, solches tust, wirst du dadurch nicht diesem Tische mehr Ehre einräumen, als sie da hat der andere Tisch?!

5. Darum meine ich, es ist genug, so wir Seine Worte wohl behorchen und ihren guten Sinn in uns behalten!

6. So du dieses ein wenig überdenkst, da sage mir dann, ob du damit nicht auch einverstanden bist; denn hier bist du zu Hause und sollst doch auch einen freien Willensrat haben in dir und danach handeln!"

7. Hier sann der Lamech ein wenig nach und kam bald mit folgenden Worten heraus, welche also lauteten: „O liebster, herrlicher Bruder Henoch, was soll ich da noch nach meinem Willensrat handeln, wo ich auf den ersten Augenblick ersehe, wie aus deinen Worten eine nur zu sehr leuchtende Weisheit strahlt?!

8. Daher will ich mir den Redner bloß nur recht gut merken und will ihn erst nach der aufgehobenen Mahlzeit an mich ziehen und mich mit ihm in eine nähere Bekanntschaft setzen! Ich meine, das wird doch wohl nicht gefehlt sein?"

9. Und der Henoch sprach zum Lamech: „Geliebtester Bruder, tue das, was du dir vorgenommen hast, und es wird recht und billig sein vor Gott und aller Welt!"

10. Nach dieser Rede Henochs erhob sich wieder der Gast am andern Tische und fing an, also zu sprechen, und seine Worte lauteten:

11. „Freunde, Brüder und Schwestern! Wir haben uns alle bestens gestärkt an dieser guten Mahlzeit. Unsere Glieder zucken darob vor freudigem Wohlgefühle, und unsere Seele hat nun eine leichte Mühe, dem Leibe eine wohlgeschmeidige Regsamkeit zu geben. Dafür sei dem erhabensten, heiligen Geber aller guten Gaben aller Dank auch und alle unsere Liebe allzeit und ewig!

12. Aber es ist der Leib nicht die Hauptsache des Menschen, sondern nur ein werkzeugliches Mittel zur Erreichung des ewigen, heiligen Zweckes, welcher da steht im Grunde der ewigen, göttlichen Ordnung.

13. Wenn es sich aber mit unserem Leibe notwendig doch also nur und unmöglich anders verhält, so ist es ja

doch sonnenklar, daß dann im Menschen ganz etwas anderes, also noch ein ganz anderer, höherer Mensch stecken muß, um dessentwillen so ganz eigentlich der Leib, den wir alle jetzt so recht tüchtig abgefüttert haben, da ist, und um dessen vorteilhafteste Ernährung wir demnach denn auch allzeit am allermächtigsten besorgt sein sollten.

14. Ihr saget nun sicher unter euch so in euren Herzen: ‚Das wäre freilich wohl sehr gut und nützlich; wenn man aber nur auch sogleich wüßte, womit man so ganz eigentlich den innern Menschen ernähren sollte!

15. Wir sehen wohl auf der Erde allerlei Früchte für den Leib erwachsen und reifen; aber einen Baum, auf dem da Früchte zur dienlichen Ernährung des innern Menschen wachsen und reifen möchten, vermögen wir nicht ausfindig zu machen!'

16. Das ist richtig, Meine geliebten Freunde, Brüder und Schwestern; aber Ich will euch hier etwas anderes sagen, und so höret denn:

17. Sehet, der Herr hat alles also geordnet, daß da die Materie sich ernährt aus der Materie, die Seele aus der Seele, die Liebe aus der Liebe und der Geist aus dem Geiste!

18. Die Liebe aber ist des Geistes Grund und des inneren Menschen allereigentlichstes Wesen, und wir können demnach unserem inneren Menschen keine bessere Nahrung verschaffen, als wenn wir ihn sättigen mit der Liebe zu Gott. Durch diese Liebe wird er kräftig und mächtig und wird ein Herr in diesem seinem Hause werden, welches da ist die unsterbliche Seele und der sterbliche Leib.

19. Es müssen aber die Speisen für den Leib entweder schon von der Natur oder durch die Kochkunst der Menschen vorbereitet werden, auf daß sie genießbar sind; so denn muß auch um so mehr die Kost für den Geist bestens vorbereitet sein!

20. Das Wort in uns aber ist diese Vorbereitung der Kost des Geistes; darum wollen wir denn auch mit dem Worte die Kost vorbereiten und dann erst stärken mit ihr unsern Geist!"*

21. Hier zupfte der Lamech den Henoch und sagte zu ihm: ,,Bruder, was sagst denn du dazu? Der redet ja wie ein Prophet!"

22. Der Henoch aber sagte zum Lamech: ,,Er ist noch nicht zu Ende; daher wollen wir Ihn weiter hören und dann erst unsere Betrachtungen darüber anstellen! – Er beginnt zu reden; also horchen wir!"

---

* Hierzu eine Anmerkung Anselm Hüttenbrenners (Graz), dessen Abschrift des Lorberschen Originals dieser Auflage zugrunde liegt: ,,Nach dritthalb Jahren *(2½ Jahren)* beruft sich Jakob Lorber auf den 25. und 26. Vers *(in obigem Kapitel Vers 18 und 19)* in einem Schreiben aus Greifenburg in Oberkärnten, datiert vom 25. Nov. 1845, und führt dieselben wortgetreu an, mit Ausnahme der zwei Worte ‚denn' und ‚bestens' im 25. Verse. Das Sonderbare bei dieser Zitation ist, daß Jakob Lorber von diesem großen Werke, das er aus Eingebung niederschrieb, weder das Original noch irgendeine Kopie besitzt. Diese zwei Verse wurden ihm demnach n e u eingegeben, und zwar mit Angabe der Original-Bogenzahl 450; oder er trägt all das ihm Geoffenbarte fortwährend geistig anschaulich in sich."

44. Kapitel

Die natürliche, seelische und geistige Sättigung
Die Langeweile als der Hunger der Seele, und die Wißbegierde
als der Hunger des Geistes

(Den 22. Mai 1843)

1. Und der Redner am andern Tische sprach weiter: „Das Wort, lebendig kommend aus unserm Herzen, ist es aber, das Ich als die Vorbereitung der Liebe zu Gott, welche da ist die wahre Kost für den Geist, bezeichnet haben will.

2. Ich sage euch: Das Wort, ja das lebendig wahre, rechte Wort aus dem Grunde unseres Herzens, ist alles in allem; es durchdringt die Materie, löst sie auf in Geistiges und nährt dann mit der Auflösung der Materie den Geist.

3. Das ist's aber dann – wie Ich ehedem schon bemerkt habe –, daß nämlich der Geist nur den Geist, wie die Seele die Seele und die Materie die Materie nährt.

4. Denn das Wort in uns, als der sich hell aussprechende Gedanke im Herzen, ergreift die Materie, teilt sie und beschaut sie in ihrem Wunderbaue. In dieser Beschauung sättigt sich schon die Seele; denn das entzückende Gefühl der Seele an der Beschauung wunderbar schöner Formen ist ihre Sättigung!

5. Es ist aber vom Schöpfer der Mensch durchaus also eingerichtet, daß da die Sättigung des einen Teiles allzeit die sichere Erhungerung des andern mit sich bringt.

6. Um solches aber so recht in der Tiefe zu fassen, soll uns ein Beispiel recht wohl behilflich sein, und so habet denn guten Herzens acht!

7. Wenn ihr dem Leibe nach hungrig seid, da lechzet ihr alle nach einer guten Mahlzeit, und befindet ihr euch dann bei einer gut besetzten Tafel, da seid ihr dann auch voll Lust; denn ihr könnet euch nun den quälenden Hunger stillen.

8. Wenn es aber hieße: Ihr müsset volle acht Tage an der Tafel sitzen bleiben, oder einen Monat, oder gar ein Jahr, – saget, würde euch dabei nicht die entsetzlichste Langweile verzehren?!

9. Ja, Ich sage euch, Meine geliebten Freunde, Brüder und Schwestern, ihr würdet in solch einem Falle sicher zu verzweifeln anfangen!

10. Weil denn aber solches doch sicher der Fall sein würde, so kann Ich ja fragen: Warum da die Langeweile, die Verzweiflung, da der Leib gesättigt wird?

11. Weil die Sättigung des Leibes die sichere Erhungerung der Seele bewirkt, welche sich allzeit in der bitter empfundenen verzweifelten Langweile ausspricht!

12. Was wird man denn aber anstellen müssen, um nach der Sättigung des Leibes auch zu sättigen die Seele?

13. Man steht von der Tafel auf und begibt sich ins Freie, zum Beispiel auf einen kleinen Berg, oder in einen schönen Garten, allda sich dann die Seele sättigt an den schönen Formen, an dem Gesange der Vöglein und an den ätherischen, also seelischen Wohlgerüchen der Blumen, und an mehr derlei Annehmlichkeiten für die Seele.

14. Wenn jemand aber dergleichen lange genug betrachtet hat und hat dadurch hinreichend gesättigt seine ehedem hungrige Seele, da werden ihn alsbald auch diese herrlichen Speisen wieder anfangen für die Seele zu langweilen, und er wird sich bald entweder

nach Hause zu sehnen anfangen, um seinem durch die Sättigung der Seele hungrig gewordenen Leibe wieder eine neue Stärkung durch einen guten Bissen zu verschaffen, oder es wird sich im bessern Falle der Geist zu rühren anfangen und wird durch die Seele dem Leibe sagen: ‚Mich hungert es gewaltig!‘

15. Wie aber wird sich dieser Hunger aussprechen? – Durch eine stets mehr und mehr brennende Wißbegierde.

16. Er wird die Materie und ihre schönen Formen begreifen wollen; denn sie sind also für ihn nicht genießbar, – sie müssen aufgelöst werden durchs Feuer, Licht und genügende Wahrheit.

17. Was aber ist das Feuer? Es ist die begierliche Liebe. Was ist das Licht? Es ist der sich im Herzen klar aussprechende Gedanke. Was ist die Wahrheit? Sie ist das aus dem Feuer und dem Lichte hervorgehende und ausgesprochene Wort!

18. Durch dieses Wort ergreifen wir denn dann diese feste Materie und ihre liebliche Form, lösen die Materie auf und finden in der aufgelösten Materie die Bedeutung und den geistigen Sinn der Form.

19. Dadurch wird unser Geist dann entzückt, und diese zufriedene, selige Entzückung ist dann aber schon auch die stärkende Sättigung für den Geist; denn er findet darinnen seine Heimat, seine Ruhe, seinen Stoff, seinen Ursprung und in diesem seine wahre Liebe zu Gott und die allmächtige Liebe Gottes zu ihm!

20. Da fällt der Geist dann in aller Liebe und Demut nieder vor der unendlichen Liebe Gottes, dankt Gott und betet wahrhaftig zu Gott, und Gott ist dann seine Hauptsättigung zum ewigen Leben.

21. Also wollen wir denn auch die Werke Gottes betrachten und suchen Seine große Liebe und Erbarmung darinnen. Und hat jemand etwas gefunden, so lasse er es in guten, wahren Worten vernehmen dann allen seinen Brüdern, und er und sie werden dann erbaut werden im Geiste und in der Wahrheit, und diese Erbauung ist denn dann die wahre, lebendige Kost für den Geist, durch welche er kräftig wird zu wirken in der Liebe zu Gott, welches Wirken aber dann auch ist das wahre, ewige Leben!"

22. Hier hielt der Redner inne. Es erstaunte aber alles Volk über seine Weisheit, und der Lamech ward beinahe außer sich.

23. Aber der Henoch beruhigte ihn und sagte: „Gedulde dich nur, denn der Redner ist noch nicht zu Ende; wenn Er aber wird ausgeredet haben, dann erst wollen wir – wie ich schon bemerkt habe – darüber ein paar Worte sprechen!"

45. Kapitel

Die Frage der hartverständigen Kritiker über die Kraft des Wortes und des weisen Redners Worte über das innere lebendige Herzenswort

(Den 23. Mai 1843)

1. Es waren aber einige beim andern Tische, allda sich der Redner befand, die da etwas hartverständig waren. Diese wandten sich mit folgender etwas dummen Frage an den Redner und sagten:

2. „Guter, weiser Freund und Bruder, du hast viel Licht in dir und redest

weise Worte! Das können wir dir durchaus nicht in Abrede stellen; denn auch wir sind ziemlich mit der Weisheit ausgerüstet und können daher gar wohl beurteilen, ob das, was da jemand spricht, weise ist oder dumm!

3. Aber auch bei dir können wir nicht sagen, als hättest du nicht weise geredet, sondern wir erkennen deine Weisheit als vollkommen an.

4. Aber ein Punkt kommt darinnen vor, der uns zur Sättigung des Geistes nicht recht munden will, wenigstens in der Art nicht, wie du ihn uns aufgetischt hast!

5. Siehe, du sagtest: Das Wort löst die feste Materie auf in ihre inneren Grundformen, in deren Beschauung sich die Seele sättige; und wenn dann die Formen erst bis in den innersten Grund aufgelöst werden, daß wir dadurch dann in ihnen den Sinn des Geistigen erschauen, so nähren wir dadurch den Geist.

6. Das wollen wir dir allerdings zugeben; aber daß der Mensch mit seinem ohnmächtigen Worte die feste Materie lösen kann, wie allenfalls das glühende Erz einen Wassertropfen, – Bruder, denke nur selbst ein wenig nach, und du wirst deinen Hieb ins Blaue sicher auf der Stelle merken!

7. Rede zu einem Steine tausend Jahre und darüber, – wenn du überhaupt so lange leben kannst –, und der Stein wird ein Stein bleiben also, wie er geschaffen ward – freilich wohl durch ein mächtigeres Wort, als da ist das unsrige!

8. Daher aber möchten wir, weil uns auch an deiner Ehre sehr viel liegt – wenn wir auch nicht wissen, aus welchem Stadtteile du zu uns kamst –, wohl sehr gerne haben, daß du möglicherweise diese Scharte auswetzen sollest, wenigstens jetzt, da dort am andern Tische sogar die hohen Gäste auf unser Geplauder zu achten scheinen, und sogar die zwei Mächtigen aus der Höhe!"

9. Der Redner aber erhob sich und sprach zu den gutmeinenden Kritikern: „Richtet sich die wahre Weisheit nach der ewigen Wahrheit, oder nach der Schwäche der Welt? – Welche Antwort wollt ihr Mir denn auf diese Frage geben? Wer von euch die Weisheit besitzt, der rede! –

10. Ihr schweiget und suchet eine Antwort; Ich aber behaupte, daß ihr diesmal keine finden sollet, die Mir genügete! Habe Ich denn von einer materiellen oder mechanischen Löse der Materie geredet?

11. Ihr seid ganz gutmütig verlegen um Meine Ehre vor den hohen Gästen des andern Tisches; was soll denn nun Ich tun, um eure Ehre zu retten, indem ihr durch diese eure Frage und durch diese eure kritische Beurteilung Meiner Rede an euch zu eurem Wohle eine mehr als echt altweiberhafte Dummheit ans hellste Tageslicht gebracht habet?

12. Hatte Ich denn nicht geredet von einem innern lebendigen Worte der Liebe aus dem Herzen, welches sich zuerst in klaren Gedanken oder seelischen Formen ausspricht und dann übergeht in die Sprache des Gesichtes und dann erst, wenn es not tut, ob der Schwäche der Menschen von bloß groben Sinnen in die Mundsprache, damit die groben Sinne solch schwacher Menschen aus der öfteren Sättigung des Geistes in ihnen möchten verfeinert werden und sie dann mit solchen verfeinerteren, also lebendigeren Sinnen möchten beschauen die Dinge in ihrer Wahrheit und dadurch stets mehr und mehr sättigen ihren Geist, damit er als das eigentliche Leben im Menschen erstehe und ein vollkommener Herr sei

in seinem Hause, – während er also gestaltet, wie es sich in euch nun bekundet hat, ein barster, nichtssagender Knecht der Materie, des Gerichtes und somit auch des Todes ist?!

13. Wenn Ich also nur von einem solchen Worte geredet habe, saget Mir dann, wie ist vor Gott und aller Welt da euer Verständnis bestellt, daß ihr solches nicht habet fassen können und wolltet lieber mit eurer groben Dummheit euch auszeichnen als etwa mit einer freundlich-demütig-bescheidenen Frage über irgendeinen Punkt Meiner Rede, der euch etwas dunkel vorkam?"

14. Hier sahen einander die früheren Kritiker ganz verdutzt an, und keiner war imstande, auch nur eine allergeringste Rechtfertigung hervorzubringen.

15. Der Lamech aber sagte zum Henoch: „O Bruder Henoch, wenn es noch mehr solche Weise in dieser meiner Stadt gibt, da werde ich mich an ihrer Seite ganz sonderbar ausnehmen; – denn dieser redet ja, als wäre er schnurgerade aus den Himmeln hierher gekommen!"

16. Der Henoch aber sagte zum Lamech: „Bruder, gedulde dich nur! Der Redner ist noch nicht fertig; wenn Er aber wird fertig werden, dann werde ich dir schon sagen, was du zu tun hast! Es wird aber schon noch besser kommen; des kannst du völlig versichert sein. Daher nur Geduld! Amen."

46. Kapitel

Des weisen Hauptredners Rede über die innere Geistsprache und die äußere Mundsprache

(Den 24. Mai 1843)

1. Nach einer Weile aber stand dennoch einer von den Kritikern auf und richtete folgende Worte an den Redner und sagte: „Höre, lieber Freund und Bruder! Daß du offenbar weiser bist als wir alle bei diesem Tische, das habe ich und sicher wir alle nun aus deinen Worten entnommen. Und so bin ich auch schon im voraus überzeugt, daß du uns allen meine folgende Hauptfrage lösen wirst; und so denn ersuche ich dich darum, daß du mich anhören möchtest!"

2. Der Hauptredner aber sagte zu diesem, der ihn fragen wollte: „Höre, die wahre Weisheit aus dem Herrn Gott Zebaoth sollte weder fragen, noch gefragt werden! Denn dem wahrhaft Weisen sagt sein inneres lebendiges Wort den Grund aller Wahrheit. Und der gefragte wahrhaftige Weise hat ebenfalls nicht vonnöten, gefragt zu werden; denn der Geist tut ihm kund das Bedürfnis seines Bruders.

3. Wenn du Mich aber fragen möchtest, sage, wie ist dann bestellt deine Mir ehedem von dir selbst als scharfem Kritiker angerühmte Weisheit?

4. Siehe, so du aber ein rechter Weiser bist, da solltest du im Lichte deiner Weisheit ja alsbald erschauen, daß Mir als einem Weisen ohne deine naturmäßig menschliche Frage bekannt sein muß, was dich drückt!

5. Du aber willst Mich fragen; bist du demnach ein Weiser, und hältst du Mich wohl für einen Weisen in der Tat und im Grunde deines Lebens?

6. Meinst du, die hohen Gäste wissen etwa solches nicht? Oh, gehe nur hin zu ihnen, und sie werden es dir sagen, was Ich dir nun gesagt habe!"

7. Hier ward der Kritiker sehr verlegen und wußte nicht, was er machen sollte; denn er entnahm den Worten des Hauptredners genau, daß dieser es gemerkt haben mußte, daß er ihm in dieser seiner aufstellen wollenden Frage habe eine kleine Fangschlinge legen wollen.

8. Da er aber dabei auch alsbald gewahrte, daß es sich mit diesem Hauptredner nicht so leicht werde abfertigen lassen, so fing er nach und nach ganz andere Saiten in seinem Herzen aufzuziehen an.

9. Und da der Hauptredner solches merkte, da richtete er alsbald folgende Worte an den Kritiker und sagte:

10. „Höre, Ich will dir auf deine Frage, die du, um Mich zu fangen, Mir ehedem geben wolltest, eine rechte Antwort geben, darum du in deinem Herzen nun einen andern Geist hast aufsteigen lassen; das aber sei die Antwort:

11. Du meintest, daß der Mensch ohne Wort sich nicht verständlich vor seinen Menschenbrüdern ausdrücken könnte, und so sei das Mundwort die Vollendung des stummen Gedankenwortes im Herzen, weil der Mensch dadurch sich erst als Mensch manifestiert vor allen andern Geschöpfen der Erde; und so müßte man Gott den Herrn ja nur allzeit mit den vollendeten Worten, aber nicht mit den inneren, den Geist nur sättigenden Gedanken oder Gefühlsworten anbeten und danken und loben und preisen.

12. Siehe, das ist gerade der ganz verkehrte Weg! Eben dadurch, daß der Mensch ein Sinnen- und Weltdiener geworden ist und sich nach außen gekehrt hat, ist er auch in die äußere Mundsprache gekommen und kann nun seinen Bruder nicht anders verstehen denn durch das Wort des Mundes, welches an und für sich nichts ist als bloß nur die allerauswendigste Rinde eines Baumes.

13. Er hat aber dadurch unberechenbar viel verloren durch diesen scheinbaren Gewinn; denn wäre der Mensch bei seiner inneren Geistsprache geblieben, so stünde die ganze Schöpfung für ihn sprachfähig da, und er könnte verstehen die Dinge in ihrem Grunde. So aber ist er ein stummer Betrachter geworden und hat in sich verdorben alle seine Sinne durch seine Nachaußenkehrung, daß er darob taub, blind und gefühllos ward gleich der Rinde des Baumes und nichts vom Grunde der Dinge versteht; ja nicht einmal sich selbst kennt er und nicht das klagende Herz seines Bruders!

14. Möchtest du nun nicht noch auch dazu die Anerkennung und Anbetung Gottes, der doch das allerinwendigste Leben im Menschen Selbst ist, ganz nach außen richten, damit du dadurch auch Gott verlieren könntest und werden zu einem Heiden oder gar zu einem völligen Gottesleugner?!"

15. Hier ward es allen ganz sonderbar zumute am Tische des Redners sowohl als – bis auf den Henoch, den oberen Lamech und Hored – auch den am Haupttische Sitzenden.

16. Und der untere Lamech fing an, sich gar gewaltig hinter den Ohren zu kratzen, und hätte gern wieder eine Bemerkung gemacht, – aber der Redner war noch nicht zu Ende; darum harrte er auch geduldig auf den Ausgang dieser Sache.

47. Kapitel

Der genötigte, unfreie Glaube und der freie, durch die Liebe zu Gott lebendig gewordene Glaube

(Den 27. Mai 1843)

1. Nach einem kurzen Innehalten aber fing der Hauptredner an, wieder also fortzureden: „Du siehst nun, da Ich dir ein Lichtlein angezündet habe, ganz verdutzt Mich an und weißt nicht, was du aus Mir und Meinen Worten machen sollst.

2. In dir selbst fragst du dich: ‚Wie sollte ich ein Heide, wie ein Gottesleugner werden, so ich bete mit dem Worte des Mundes zu Gott?! Könnte ich mit dem Munde wohl Gott bekennen, so ich Ihn nicht zuvor bekennete im Herzen, also in den Gedanken des Herzens?'

3. Ja, Mein Freund und Bruder, du bekennst zwar nun wohl Gott also, daß dein Mundwort ist ein Ausdruck dessen, was du in deinem Herzen denkst; warum aber?

4. Weil du den Herrn, deinen Gott, geschaut hattest und darum zu glauben genötigt bist, daß es einen Gott gibt, und wie Er ist beschaffen, und hast von Ihm gehört, was Er will mit dem Menschen!

5. Aber dieser Glaube ist keine Freiheit des Geistes, sondern eine tötende Knechtschaft desselben nur, indem du nun glauben mußt, daß Er es ist, Gott der Herr, weil du Ihn sahst und hast dich in der Macht Seiner Rede und Seines Tuns überzeugen müssen davon.

6. Aber dieser Glaube wird also nur dich halten und wird nicht übergehen können in dieser deiner überzeugenden Kraft auf deine Nachkommen; denn was du nun in dir überzeugend bekennst, das werden deine Nachkommen als mündliche Überlieferung darum halbwegs kaum für wahr halten, weil es nur eine mündliche Überlieferung sein wird, also bei weitem schwächer als da war deine Selbstanschauung.

7. In zehn Generationen von dir vorwärts aber wird diese deine entstellt überlieferte Überzeugung kaum mehr einer Beachtung gewürdigt werden, und das Heidentum wird die Frucht deines Mundglaubens sein, und dieser Frucht wird folgen die gänzliche Gottesleugnung und dieser doch etwa allersicherst das Gericht, indem der Mensch ohne im (*das heißt außer dem*) Verbande mit Gott schon gerichtet ist in seiner eigenen Todesnacht.

8. Wenn du aber Gott bekennst in deinem Herzen, das heißt durch deine lebendige Liebe zu Ihm und betest also im Geiste und in der Wahrheit zu Ihm, so wirst du abschütteln dein jetziges genötigtes Glaubensgericht, aus dem dir nie ein Heil erwachsen wird, und wirst dafür übergehen in den lebendigen Glauben, das heißt in ein lebendiges Schauen deines Geistes in dir, in dem sich ja am Ende alle deine Lebenskraft einen muß, wenn du ewig leben sollst.

9. Und in diesem lebendigen Schauen wirst du erst Gott wahrhaft erkennen und lebendig bekennen im Geiste und in der Wahrheit; und du wirst dieses Bekenntnis auch trachten in deinen Nachkommen zu erhalten, und diese werden es dir gleich tun, und das Heidentum, die Gottesleugnung, das Gericht und der Tod werden ferne bleiben allen deinen Nachkommen.

10. Denn das ist doch sicher und höchst ordnungsmäßig gewiß, daß da

des Menschen Geist das Allerinwendigste ist, gleichwie da ist der lebendige Keimfunke im Inwendigsten einer jeden Frucht.

11. Glaubst und betest du deinem Auswendigen, sinnlich Materiellen nach, so lockst du deinen Geist ja ebenfalls in dein Auswendiges und Materielles, das da aber ist dein Gerichtetes und somit Totes.

12. Tust du aber solches, so tust du in gleichem Maße geistig dasselbe, als so du möchtest eine Fackel, wenn sie brennt, in eine Schlammpfütze stecken! Ich frage dich: Wird sie da dann wohl noch fortbrennen und wird dir erleuchten deinen finsteren Pfad?

13. Dein Geist ist dein Licht und dein Leben; wenn du aber diesen erlöschest, was hast du dann wohl noch mehr Übriges, daraus dir ein Leben erwachsen solle?

14. Du lebst nun freilich wohl, da du Gott geschaut hast, und mußt nun glauben, daß Er ist; Ich aber sage dir, du wirst mit diesem Leben nicht übers Grab kommen, wenn du nicht in deiner Materie vergessen wirst, was du gesehen hast, und das Vergessene nicht neu durch die mächtige Liebe zu Gott wiederfinden wirst in deinem Geiste!

15. Was Ich dir jetzt aber gesagt habe, das halte so (*ebenso*) hoch, als was du gesehen hast, so wirst du das Leben haben ewig, sonst aber nur bis zum Grabe.

16. Solches verstehe wohl, und rede, so dir etwas dunkel ist, auf daß Ich es dir erhelle! Amen."

48. Kapitel
Die Demütigung des unaufrichtigen, gafflustigen Kritikers
Die Tauglichkeit des Mundwortes zur Lüge

(Den 29. Mai 1843)

1. Und der ehemalige Kritiker bedachte sich eine kurze Zeit, ganz durchdrungen und zerknirscht von der Rede des Hauptredners, was er nun reden, erwidern oder welche Frage über irgendeine Dunkelheit in sich er so ganz eigentlich nun dem Hauptredner stellen solle.

2. Und es fiel ihm plötzlich nach einem eben nicht zu langen Nachsinnen ein, daß der Lamech die Einweihung des Bergtempels vorhabe; darum sagte er denn auch zum Hauptredner:

3. „Höre, du mein hochgeschätzter Freund und Bruder, ich bin von der tiefsten Wahrheit deiner an mich gerichteten Rede vollkommenst durchdrungen, erfüllt und klärlichst überzeugt, darum ich denn auch eine gar große Lust hätte, dich mit tausend und abermal tausend Fragen zu belästigen! Aber siehe, der Lamech hat noch am heutigen Tage die Einweihung des neuen Tempels auf dem Berge vor und macht Miene zum Aufstehen, und so wird sich vor dieser hochheiligen Handlung eben nicht zu viel mehr reden lassen; aber nach dieser Handlung will ich dich ganz und gar in Beschlag nehmen!"

4. Der Hauptredner aber sagte darauf zum Kritiker: „Höre, Bruder und Freund, – sind denn wir mit unserm Gespräch dem Lamech im Wege zu seiner bevorhabenden (*bevorstehenden*) Handlung?"

5. Der Kritiker sprach: „Ja, es kommt hier meines Erachtens nur darauf an, daß wir entweder auch bei dieser Handlung dabeisein müssen, oder – weil, wie ich merke, auch der Lamech, der Henoch und seine Begleiter aus der Höhe gar sehr auf deine Worte aufzupassen scheinen – wir halten damit den Lamech mit unserm Gerede auf!

6. Das wären darum die Umstände, die meines Erachtens unsere Gesprächsfortsetzung hier etwas überflüssig zu machen scheinen, von mir betrachtet dir zur Antwort, weil du mich darum gefragt hast. Übrigens aber will ich damit durchaus keine feste Behauptung aufgestellt haben vor deiner großen Weisheit; denn du wirst der Sache sicher tiefer auf den Grund kommen als ich, indem du doch ums unberechenbare weiser bist denn ich. Bestimme daher auch du, was hier zu tun ist, und ich will mich fügen nach deiner Weisheit!"

7. Und der Hauptredner erwiderte dem Kritiker: „Ich meine aber also: Zur Tafel sind wir geladen worden und sind darum auch hierher gekommen; auf den Berg aber sind wir noch nicht geladen worden, und es ist uns auch nicht gesagt worden, was da nach der aufgehobenen Tafel geschehen soll. So haben wir auch mit der Einweihung des neuen Tempels auf dem Berge nichts zu tun!

8. Lamech und der Henoch werden schon ohne uns wissen, was sie zu tun haben, oder was sie tun wollen, und werden sich von unserer Beredung keine Schranke setzen lassen! Wollen sie uns etwa auch mithaben, so werden sie uns solches schon kundgeben, und wir werden ihnen, redend unter uns, folgen; im entgegengesetzten Falle aber werden wir doch etwa tun können, was wir unter uns wollen?!

9. Sage Mir, ist dieser Grund nicht richtiger und wirksamer als deine beanständlichen Bemerkungen? – Was meinst du darob nun?"

10. Der Kritiker aber wußte nicht, was er auf diese Frage erwidern sollte, und fing an, darob sehr stark nachzudenken; denn er war sehr schaulustig, und es lag ihm daran, die Einweihung mit anzugaffen.

11. Der Hauptredner aber merkte solches gar wohl und sagte darum zum verlegenen Kritiker: „Höre, Bruder und Freund! Ist es denn gar so schwer, in allen Dingen und Wendungen der Verhältnisse des Lebens aufrichtig zu sein?!

12. Siehe, da liegt in dir und vor dir sonnenklar, für was das Mundwort am besten taugt! Die Tauglichkeit des Mundwortes spricht sich nirgends so brauchbar aus als eben in der Lüge!

13. Du hast Mir Umstände angegeben, welche uns hindern sollten an unseren Unterredungen, die aber von dir ausgehend völlig erlogen sind; denn dich kümmert weder die Einweihung des Tempels noch die dazu bestimmte Zeit Lamechs, und ebensowenig seine Aufmerksamkeit, auf Meine Worte gerichtet, – sondern allein deine Gafflust kümmert es!

14. Denn du möchtest schauen die Zeremonie; damit du aber von dieser deiner Lust nichts vergeben dürftest, so möchtest du, daß Ich darob schweigen solle. Ist es nicht also?!

15. Welche Ehre für den Mann aber ist das wohl, so er hat ein weibisch Herz, das da ist voll geheimer Finten, vor denen Mich und jeden wahrhaft weisen Mann ekelt?!

16. Ich aber sage dir: Bessere dich, und reinige dein Herz darum, damit es Mich nicht ekeln solle, noch ferner zu reden mit dir über Dinge, die da alle

wichtiger sind denn die nicht viel sagende Einweihung des Tempels!"

17. Diese Worte versetzten unserem Kritiker einen gewaltigen Stoß, und er fing an, sich ganz gewaltig zu schämen, daß er darob fliehen wollte; aber der Hauptredner hielt ihn ab von dieser flüchtigen Unternehmung.

49. Kapitel

König Lamech und Henoch im Zwiegespräch über den weisen Redner und die Bergtempelweihe. Die innere Entsprechung des Tempels
König Lamech lädt den weisen Mann ein zur Tempelweihe

(Den 30. Mai 1843)

1. Es hatte aber auch der Lamech vernommen solches Gespräch zwischen den zweien des andern Tisches und wandte sich darum zum Henoch und fragte ihn:

2. „Höre, Bruder im Herrn, dieser Mann dort ist für einen gewöhnlichen Menschen doch ein wenig zu weise, das heißt, ich will damit sagen: für einen Menschen in dieser Ebene und unteren Flachheit.

3. Er ist sicher auch von oben her etwa vom Herrn zu mir oder zu meinem Volke als ein Lehrer in der höheren und tieferen Weisheit des Lebens beschieden!

4. Daher meine ich, da er schon selbst von der allfälligen Einladung zur Weihe des Bergtempels angezogen (*gesprochen*) hatte, so wäre es doch sicher sehr schicksam, daß ich sogleich hinginge und brächte ihm somit selbst die gebührende Einladung dar! Meinst du nicht, daß solches gar rechtlich wäre?"

5. Und der Henoch erwiderte darauf dem Lamech: „Mein geliebter Bruder, – nun gehe hin und tue nach deinem Herzen; denn jetzt ist es an der Zeit!

6. Es muß aber dieser Weise bei der Weihe ja zugegen sein; denn der Tempel auf dem Berge bezeichnet ja die Weisheit des Herrn, welche Er uns gegeben hat aus Seiner großen Liebe und Erbarmung, und so muß dieser Tempel ja auch mit der göttlichen Weisheit unter uns, wie in uns eingeweiht werden!

7. Der Tempel in der gereinigten Tiefe gilt der Liebe und Erbarmung des Herrn und ist gleich dem Herzen im Menschen zugerichtet, das ehedem war eine Pfütze voll allen Unrates und allen Geschmeißes. In dieser Kloake mußte getötet werden die Fleischliebe (Siehe die Geschichte mit den Hofweibern unter dem Boten Kisehel an!), dann erst mußte durch starke heiße Winde alles Sumpfwerk ausgetrocknet werden, dann geebnet der Boden, und das Erdreich mußte durch ein starkes Feuer gleich den ehemaligen fleischlichen Hofweibern zum reinen Golde umgestaltet werden, und es mußten fein behauene Steine herbeigeschafft werden zum Baue des Tempels, also ein ganz neues Material, welches da fest ist und dauerhaft, nicht wie ein morsches Holz und schmutzig wie der stinkende Schlamm der Pfützen.

8. Siehe, also ist der innere Tempel Gottes im Herzen des Menschen durch den Tempel in der Ebene bildlich dargestellt und von Gott Selbst geweiht worden!

9. Der Herr aber hat dir dann auch geboten, einen Tempel auf dem gereinigten Berge zu errichten.

10. Der Tempel aber soll darstellen

eure Weisheit und alles, was dieselbe bedingt.

11. Also müssen auch bei der Einweihung desselben die Menschen gegenwärtig sein, welche der Herr zu dem Behufe mit großer Weisheit aus Sich ausgerüstet hat.

12. Jener Mann aber ist ein wahrhaftiger Weiser aus Gott; daher gehe hin und lade Ihn zu der Einweihung des Tempels auf dem Berge!

13. Aber du sollst da niemand andern mehr laden; wenn aber jener Mann noch jemanden mitnehmen will, so sei da ein jeder, den Er mitnehmen wird, von dir als völlig geladen betrachtet!

14. Denn die Weisheit ist das Licht der Liebe, und dieses Lichtes Ausstrahlung ist wesenhafte, ewige Wahrheit. Darum gehe nun hin und tue nach deinem Herzen! Amen."

15. Und der Lamech machte nach diesen Worten Henochs nur sozusagen einen Satz hin zum weisen Manne und lud ihn zur bevorstehenden Weihe des Tempels auf dem Berge ein.

16. Und der Mann sagte darauf zum Lamech: „Freund und Bruder, da du Mich geladen hast, so werde Ich auch kommen, dessen sei völlig versichert; aber den Ich mitnehme, der soll dir angenehm sein!

17. Denn Ich gehe einher auf dir unerforschlichen Wegen der ewigen Weisheit in Gott; darum ist auch ein jeder, den diese Weisheit ergreift, ein Diener der Weisheit aus Gott, und du sollst sein Bruder sein ewig!

18. Gehe aber nun hin, berichte solches dem Henoch, und er wird dich sogleich verstehen!

19. Erhebet euch aber bald, damit der Tempel noch am Tage eingeweiht werde auf der Erde! Amen."

50. Kapitel

Die Rede des Weisen über den Zweck der Tempelweihe
Die Einladung des ganzen Volkes

(Den 31. Mai 1843)

1. Als der Lamech aber diese Worte vernommen hatte, da grüßte er sogleich ehrfurchtsvollst den Redner und begab sich sogleich zum Henoch.

2. Allda angelangt, kündete er ihm alsbald, was er vom weisen Redner vernommen hatte.

3. Die Worte erfreuten aber alle Gäste des Haupttisches, und der Henoch sagte darauf gar freundlich zum Lamech:

4. „Also mache denn, daß wir uns erheben, damit der Tag nicht ehedem ende, als wir im Namen des Herrn werden den Tempel der Weisheit eingeweiht haben!"

5. Und der Lamech verkündete solches sogleich vom bestiegenen Throne, und alles Volk erhob sich.

6. Es machte aber das Tafelvolk auch Miene zum Mitgehen, welche Miene den Lamech etwas verlegen machte; aber der weise Redner ging hin zum Lamech und sagte zu ihm:

7. „Kümmert dich denn dessen, so die Kinder auch den Weg der Weisheit wandeln wollen? Ich aber meine, wir sollen es niemandem verwehren, der uns auf dem Wege der Gerechtigkeit Gottes folgen will.

8. Denn was die bevorstehende Tempelweihe nur bildlich darstellt, das

89

soll lebendig zuvor von uns und vom Volke lebendig im Geiste geschehen.

9. Bevor der tote Tempel eingeweiht wird von dir, da sollen ehedem die vielen Tempel des Geistes Gottes in unseren Brüdern und Schwestern, die da sind ihre Herzen, eingeweiht werden! Siehe, das tut not, und ohne dem ist die Tempelweihe zu nichts nütze!

10. Wenn du aber das Volk daheimlassen möchtest und ohne es weihen den Tempel, sage Mir, für wen wird dann der Tempel geweiht sein?

11. Willst du als ein Unheiliger vor Gott – Ihm, dem allein Heiligen – den Tempel heiligen?

12. Das wird wohl nicht angehen, indem doch nur der Heilige, aber nicht der Unheilige etwas heiligen kann!

13. Gott aber sorgt nur für das Volk, und nicht für den Tempel, und ließ den Tempel des Volkes wegen von dir erbauen, aber nicht, daß Er je das Volk erschaffen hätte dieses erst einzuweihenden Tempels wegen!

14. Und so ist bei der bevorstehenden Handlung ja nur das Volk, aber nicht der Tempel, die Hauptsache und muß daher notwendig zugegen sein!

15. Denn wird das nicht der Fall sein, so wird der Herr für Sich die lebendigen Tempel im Volke wohl einweihen; aber dem toten Tempel auf dem Berge wird Er Seine Heiligung versagen und den Berg wieder machen zu einer Wohnstätte der Schlangen und Nattern!

16. Also lade das Volk dazu und sende Herolde aus in die ganze Stadt; denn Ich habe es dir ja ehedem gesagt, daß du dem gestattest mitzugehen, den Ich werde mitnehmen wollen.

17. Siehe, der aber, den Ich mitnehmen will, ist das Volk! Und sonach kümmere dich nicht mehr; denn die Weisheit des Herrn im Menschen erkennt allein nur die rechten Wege des Herrn!"

18. Diese Worte brachten den Lamech fast um; denn er konnte über die hohe Weisheit dieses Menschen nicht genug erstaunen.

19. Er lief darum auch alsbald zu seiner Dienerschaft und sprengte sie sozusagen in die ganze große Stadt aus, das Volk zu laden zur Tempelweihe auf dem Berge.

20. Als er aber wieder ebenfalls sehr schnellen Schrittes in den großen Saal trat, da ging ihm der Henoch entgegen und sagte zu ihm:

21. „Aber Bruder Lamech, warum hast du denn mich nicht um Rat gefragt, ob du das tun sollst, was dir der weise Redner geraten hat, da ich doch darum da bin?"

22. Der Lamech ward darob etwas verlegen – denn er wußte es nicht, daß ihn der Henoch nur prüfte – und sagte darum zum Henoch: „Bruder Henoch, ich war zu überrascht von der großen Weisheit des Mannes und auch überzeugt von der großen und tiefen Wahrheit, die da lag in seinen Worten, und konnte daher nicht umhin, zu tun danach!"

23. Und der Henoch umarmte den Lamech und sagte dann zu ihm: „Du hast vollkommen recht getan! Laß uns aber daher auch alsbald abziehen, damit wir vor dem Untergange der Sonne noch begehen die heiligende Handlung; solches geschehe im Namen des Herrn! Amen."

51. Kapitel
Henochs Zwiegespräch mit König Lamech über die Wahrheit
Vom Gehorsam und der Ordnung des Herzens
Der Volkszug nach dem Bergtempel

(Den 1. Juni 1843)

1. Es fragte aber noch der Lamech in der Geschwindigkeit den Henoch, in welcher Ordnung der Zug auf den Berg geschehen solle.

2. Der Henoch aber beschied den Lamech mit folgenden Worten: „Bruder Lamech, siehe, ich könnte es dir wohl sagen; aber es ist mir und dem Herrn lieber und angenehmer, so du solches entweder in dir selbst findest, oder dich von dem weisen Manne bescheiden läßt und dir weisen lässest die rechte Ordnung von ihm!

3. Und es wird dir solches mehr frommen, weil du es entweder ganz auf deinem Grunde wirst gefunden oder doch wenigstens aus deinen Weisen überkommen haben, die dir näherstehen denn ich, – ganz besonders aber der weise Mann, der dir ums unvergleichliche näherstehet denn ich!"

4. Der Lamech aber entgegnete dem Henoch: „Bruder Henoch, aber die Wahrheit bleibt doch Wahrheit, und es wird in ihr das doch sicher keinen Unterschied machen, aus wessen Munde sie kommt?! Wenn du mir demnach aber denselben Bescheid geben kannst, den mir der weise Mann geben kann, da sehe ich im Ernste nicht ein, warum ebendieselbe Wahrheit aus dem Munde des weisen Mannes besser sein solle, als so sie käme aus deinem Munde!"

5. Der Henoch aber entgegnete ihm: „Der Mensch sieht nicht alles auf einen Blick ein; daher soll es dich auch nicht wundern, wenn du nun so manches nicht einsiehst; gehe aber nur hin und folge meinem Rate, und es wird dir mit der rechten Zeit schon auch die Einsicht werden, derzufolge du erkennen wirst, warum man einen nahe stehenden Redner leichter versteht als einen, der da aus einer Entfernung spricht!"

6. Und der Lamech erwiderte dem Henoch: „Geliebtester Bruder, deine Worte klingen zwar etwas rätselhaft und lassen mich im tiefen Hintergrunde etwas Großes ahnen; aber dessenungeachtet bleibe ich bei meinem Grundsatze, daß die Wahrheit stets unverändert Wahrheit bleibt, ob sie aus dem oder aus jenem Munde kommt!

7. Wenn zum Beispiel du, ich, die Naëme, der weise Mann und gar auch die Schlange sagen müssen: ‚Gott ist der Herr Himmels und der Erde!', wird das nicht aus jedem Munde eine und dieselbe ewige Wahrheit sein?"

8. Und der Henoch sagte darauf zum Lamech: „Bruder, ich sage dir, laß dich nicht ein in derlei Grübeleien, aus denen wenig gute Früchte erwachsen können!

9. Gehorsam aber in billigen Dingen ist besser als alle noch so feine Grübelei; daher tust du besser, so du alsbald tust, was ich dir geraten habe, als wenn du noch so fein zu grübeln anfangen möchtest!

10. Wenn du aber schon vor mir grübeln möchtest in weiser Art, da sage ich dir im voraus: Du wirst den Kampf mit mir nicht bestehen!

11. Denn solange du nicht weißt, warum der Stein hart und schwer ist, und weißt nicht, woher die Winde kommen, und kennst nicht ihr Vaterland, und woher das Meer seine Nahrung hat und die Erde ihr Futter, und auch nicht weißt die Wege, die Quellen

zu erforschen in der Erde, und nicht kennst die Geburtsstätte des Feuers, und nicht verstehst die Sprache der Tiere und der Pflanzen und so noch gar vieles, das dir noch fremder ist denn der Abgrund des großen Meeres, so lange auch laß es mit allen Grübeleien nur gut sein; denn du wirst da nichts herausbringen, da das allein Sache des Herrn ist und Er es geben kann, wem Er es will!

12. Daher folge mir, und tue, wie ich dir geraten habe; denn nur auf dem Wege des Gehorsams, welcher eine wahre Frucht der Demut ist, kannst du zur wahren, inneren Weisheit Gottes in dir gelangen!

13. Wenn du dich aber vor Menschen rechtfertigst, da suchst du ihr Lob; ich sage dir aber, das ist eitel, wie das Lob der Menschen eitel ist.

14. Willst du aber bei Gott angenehm sein, so mußt du dich möglichst tief demütigen vor Ihm; dadurch wirst du Ihm ein höchstes Lob darbringen, und Er wird dich lieben mit Seiner göttlichen Fülle!

15. Siehe, das ist die rechte Weisheit aber, daß wir Gott lieben über alles! Also gehe hin und tue nach meinen Worten! Amen."

16. Hier ersah der Lamech die Macht Henochs und folgte ganz zerknirschten Herzens dem Rate Henochs, ging sogleich zum weisen Manne hin und fragte ihn um die Ordnung des Zuges auf den Berg.

17. Der Mann aber sagte zu ihm: „Höre, Bruder, die beste Ordnung vor Gott ist die Ordnung des Herzens! In dieser Ordnung sollst du auch ziehen mit uns allen auf den Berg!

18. Jede andere Ordnung aber ist eine äußere Rangordnung nur, welche aber vor Gott ein Greuel ist. Siehe aber an, wie Gott die Kräuter und das Gras auf dem Felde ordnet, und du wirst daraus klar entnehmen können, welche Ordnung Gott am angenehmsten ist!

19. Mache daher im Zuge keinen Unterschied, und der Herr wird mit dir sein! Das ist Mein Rat; hast du aber einen besseren, da folge ihm!"

20. Hier sagte der Lamech nichts mehr, sondern verkündete sogleich den freien Aufbruch auf den Berg; und alles erhob sich und zog bunt durcheinander auf den Berg.

52. Kapitel

Das Volksgedränge auf dem Berge
Lamechs Verlegenheit ob des nahe bevorstehenden Sonnenunterganges
Des weisen Mannes Rat und Rede über die wahre Tempelweihe

(Den 2. Juni 1843)

1. Als so alles frei und ohne den allergeringsten Zwang auf dem Berge, dessen Plateau groß genug war, um einige tausend Menschen zu fassen, angelangt war – und natürlich eine große Menschenzahl noch um vieles eher, ihrer Schaulust und Neugierde zufolge, als der Lamech mit seinem Gefolge –, da war bei seiner Ankunft der große, herrliche Tempel auch also sehr umlagert, daß es da keine Möglichkeit war, zum Tempel zu gelangen.

2. Den Lamech aber brachte das in eine große Verlegenheit darum, weil die Sonne ihrem Untergange schon sehr nahe war, und es ward doch zur Bedingung gesetzt, den Tempel einzuweihen beim Lichte der Sonne.

3. Er wandte sich daher auch alsbald an den Henoch und fragte ihn: ,,Bruder Henoch, du weisester, alleiniger Hoherpriester des Herrn, was wird hier zu machen sein? Siehe, die Sonne neigt sich schon ganz gewaltig ihrem völligen Untergange zu, und es ist also keine Möglichkeit, zum Tempel zu gelangen! Wie wird es da mit der bedingten Einweihung aussehen, so wir dieselbe noch vor dem völligen Untergange vornehmen sollten?"

4. Der Henoch aber sagte zum Lamech: ,,Bruder, ich meine, das Hindernis für und vor uns, das uns den Weg zum Tempel abschneidet, ist mehr wert als der Tempel; denn hier sind tausend lebendige Tempel der Liebe und Erbarmung aus Gott, dort aber nur ein toter aus Stein!

5. Wie wäre es denn, so wir diese Tempel fürs Leben aus Gott einweihten, da sie wahrhaftige Tempel sind, und dächten uns dabei: Der tote Tempel wird also am wirksamsten – nämlich durch diese unsere vielen Brüder und Schwestern – und auch auf das doch sicher allergültigste vor Gott eingeweiht werden! Was meinst du in dieser Hinsicht?"

6. Der Lamech stutzte ein wenig und sagte dann zum Henoch: ,,Ja, geliebtester Bruder, du hast freilich wohl recht, und ich begreife deine große Weisheit in diesem Punkte! Aber siehe nur den Stand der Sonne an! Wenn ihre Gegenwart eine Bedingung dieser wie immer gearteten Tempelweihe ist, so werden wir sie heute doch wohl nicht vornehmen können und werden diese erhabene Handlung auf den morgigen Tag verschieben müssen! Wird es nicht also ausfallen müssen?"

7. Und der Henoch entgegnete dem Lamech: ,,Bruder, siehe, gerade hinter deinem Rücken steht der weise Mann! Frage auch Ihn einmal wieder um Rat, was da zu tun sein wird, und ich selbst werde mich fügen in Seinen Ausspruch!"

8. Und der Lamech tat sogleich, was ihm der Henoch geraten hatte.

9. Der weise Mann aber erwiderte darauf dem Lamech: ,,Lieber Freund und Bruder! Die Weihe, wie sie dir der Henoch angeraten hat, ist die allein rechte Weihe des Tempels vor Gott; was aber da betrifft die nun bereits untergehende Sonne, die ihr Licht nur über die tote Materie hin ergießt, so ist an ihrer Gegenwart eben nicht so viel gelegen, als du glaubest hinsichtlich der Tempelweihe.

10. Denn es gibt noch eine andere, viel wirksamere Sonne – welche da gemeint ward von Mir und vom Henoch – als diese natürliche, und diese steht dir jetzt gerade am Zenit und ist für jetzt gar ferne noch dem völligen Untergange.

11. So aber diese Sonne am Mittagshimmel deines Geistes leuchtet lebendig, wie sie schon von Ewigkeiten her geleuchtet hat, da magst du ja allzeit vollgültig vor Gott und vor allem dem Volke – durch eben das Volk nach dem Rate Henochs den Tempel weihen, und wäre es der äußeren Zeit nach auch um die Mitte der Nacht.

12. Denn siehe, Gott zählt nicht die Tage und die Jahre der Welt – denn tausend Jahre sind vor Ihm wie ein einziger Tag –; aber die Gedanken deines Herzens zählt Er, und da hat ein liebeguter mehr Wert vor Ihm als tausendmal tausend Jahre und Tage der Welt!

13. Also achte du nicht der äußeren Zeit, die da unabänderlich gerichtet ist für den gerechten Bedarf der Lebendigen auf der Erde, sondern achte das lebendige Herz des Menschen, welches da ist ein wahrer Tempel des Lebens aus Gott.

14. Laß deine Sonne auch vor dem Herzen deiner Brüder und Schwestern leuchten, und du wirst dadurch auch allzeit Gott wohlgefällig sogar in der dichtesten Nacht der Erde am hellsten Tage in dir wandeln und handeln!

15. Siehe, die Sonne, die nun schon untergegangen ist, ist auch eine gar große Welt, und die auf ihr wandeln, haben einen ewigen Tag; wenn du aber im Lichte deiner Geistessonne wandelst, so wirst du gleicherweise nie eine Nacht in dir gewahren, sondern wirst wandeln im ewigen Tage deines Lebens aus Gott!

16. Also aber auch weihe diesen Tempel in den Herzen dieses Volkes, und deine Weihe wird gerecht sein vor Gott!

17. Segne sie als Brüder und Schwestern, und Gott wird in deinem Angesichte Selbst segnen den Tempel, der da erbaut wurde durch die Hände der Menschen! – Siehe, also stehen die Dinge, und also handle denn nun auch! Amen."

53. Kapitel

Die lebendige Weihe des Tempels durch König Lamechs brennende Liebe zu seinen Brüdern und Schwestern. Das strahlende Herz über dem Tempel

(Den 9. Juni 1843)

1. Lamech aber ward von der großen Weisheit des Mannes ganz zerschmettert und lobte und pries Gott, daß Er dem Menschen solche große Weisheit gegeben hatte. Nach diesem Ergusse seines Herzens aber wandte sich der Lamech sogleich wieder an den weisen Mann und fragte ihn:

2. „Weisester Freund und Bruder nach Gott und Seinem Hohenpriester Henoch! Da du gesagt hast, daß ich da solle weihen den Tempel in den Herzen des Volkes, und meine Weihe werde gerecht sein vor Gott, – ja ich solle die hier Anwesenden alle als Brüder und Schwestern weihen und segnen, und Gott würde da Selbst weihen und segnen den Tempel in meinem Angesichte, der da erbaut wurde von den Händen der Menschen, – also denn auch schon ehedem mir der Henoch einen gar mächtigen Wink gab, da er sprach: ‚Wie wäre es denn, so wir da diesen Tempel in den Herzen des Volkes für das ewige geistige Leben aus Gott einweihten, indem sie wahrhaftige lebendige Tempel sind, und möchten uns aber dabei also bedenken: Der tote Tempel wird also wohl am wirksamsten und vor Gott am allergültigsten eingeweiht werden, so wir die vielen Brüder und Schwestern hier segnen und für das Leben aus Gott einweihen!‘, und du mir auch versichert hast, daß ich auf die bereits untergegangene Sonne nicht zu sehen habe, sondern allein auf die lebendige Sonne des Geistes, welche da ist die Liebe zu Gott in unseren Herzen, – so sehe ich nun gar wohl ein, daß du und der Henoch in der Fülle aller Wahrheit aus Gott vollkommen recht habet!

3. Aber – wie, auf welche Weise soll denn das geschehen? Siehe, das ist eine ganz andere Frage! Wie soll ich es anstellen? Was soll ich tun, daß dadurch die Herzen des Volkes Gott dem Herrn wohlgefällig möchten geweiht werden?"

4. Und der weise Mann gab dem Lamech zur Antwort: „Höre, du Mein lieber Freund und Bruder! Was sagt dir

denn dein Herz, so du ansiehst diese lebendige Menge von Brüdern und Schwestern, wie sie uns alle mit liebe- und freudetrunkenen Augen ansehen?"

5. Der Lamech erwiderte: „Ja, ja, – jetzt geht mir ein starkes Licht auf; denn mein Herz erbrennt vor lauter mächtiger Liebe zu ihnen, so zwar, daß ich sie alle für alle Ewigkeiten der Ewigkeiten umfassen und an mein Herz drücken möchte und allen so viel Gutes tun und einen jeden so sehr erheben möchte zu großen Ehren, daß es keinem Sterblichen möglich sein soll, je die ganze Größe der Wohltat zu erfassen!

6. Fürwahr, wüßte ich, daß mein Tod ihnen das ewige, seligste Leben verschaffen möchte, so möchte ich ja vor lauter Liebe sterben für alle, die hier sind, und die nicht hier sind!

7. O Freund, ist diese meine mächtige Liebe nicht ein Anfang schon der vor Gott würdigen Weihe der Herzen dieses Volkes?! – Was aber solle da noch ferner Gott dem Herrn Wohlgefälliges geschehen?"

8. Und der weise Mann sagte darauf zum Lamech: „Siehe hin in den Tempel, und sage es Mir dann, was du erschaust!"

9. Alsbald blickte der Lamech hin nach dem Tempel und schlug die Hände über dem Haupte zusammen; denn er erschaute samt dem Volke nun den Tempel eingehüllt in eine weiße Wolke und über der Wolke und über dem Tempel ein mehr denn die Sonne am hellsten Mittage strahlendes Herz.

10. Dieser Anblick machte aber unsern Lamech auch völlig sprachlos, daß er nicht vermögend war, auch nur ein Wort über seine Lippen zu bringen.

11. Aber der weise Mann sagte dabei zu ihm: „Ich meine, du hast mit deiner lebendigen Liebe zu Gott und allen diesen deinen Brüdern und Schwestern ihre Herzen vor Gott schon völlig würdig gesegnet und sie als lebendige Tempel eingeweiht, indem der Herr, dein Gott, den toten Tempel entzündet hat mit Seiner Gnade und Erbarmung!

12. Ja, Bruder, also hast du Gott am wohlgefälligsten das Weihwerk des Tempels vollkommen verrichtet, und so hat denn auch der Herr gesegnet dich und den Tempel!

13. Du hast umwandeln lassen aus Liebe all die Waffen in nützliche Hausgeräte, und es ist dir verheißen worden, bei dieser Tempelweihe darob das Wohlgefallen des Herrn zu erfahren.

14. Siehe, der Platz vor dem Tempel ist nun frei geworden; darum ziehe nun hin mit Mir und dem Henoch, auf daß du erfahren sollest, was dir verheißen ist! Amen."

54. Kapitel
König Lamechs demütiges Selbstbekenntnis und seine Scheu, den Tempel zu betreten. Des Weisen Rede über das Wort des Herrn und über den göttlichen Geist des Menschen
Der Eintritt in den geweihten Tempel

(Den 10. Juni 1843)

1. Nach diesen Worten des weisen Mannes ging der Lamech, ohne etwas zu reden, wie ein Wonnetrunkener mit Henoch und dem weisen Manne hin in den Tempel, der da noch fortwährend von der weißen Wolke eingehüllt war.

2. Als sie nun dort ankamen, getraute sich der unterwegs etwas nüchterner

gewordene Lamech nicht, in den Tempel zu treten, obschon der Tempel von allen Seiten her ein vollkommen offener war, und sagte daher zu seinen beiden Freunden:

3. „Höret, liebe Brüder und Freunde, ich erwache jetzt aus einem erhabenen Traume und erschaue nun mit vollkommen offenen Augen noch dasselbe, was ich ehedem nur in einem erhabenen Traume zu sehen meinte!

4. Ihr saget aber, daß ich nun mit euch in den Tempel treten solle, – ich aber sage euch dagegen, daß ich solches nimmer vermag; denn zu heilig ist nun diese Stätte, da der Tempel errichtet ist, darum ich als ein zu gänzlich unheiliger Mensch sie mit meinen Füßen nimmer entheiligen mag.

5. Euer Rat und euer Verlangen mag an und für sich überaus gut sein – denn ihr möget in eurer tiefen Weisheit wohl einsehen, was da irgend das Beste sein mag –, aber ich habe nun auch durch die endlos große Erbarmung des Herrn ein frommes und demütiges Herz überkommen, und dieses Herz sagt nun zu mir: ‚Du bist noch lange nicht würdig, zu betreten die Stätte, in der sich sonderlich stark zeigt die Herrlichkeit des Herrn, welcher ist ein einiger, allmächtiger Gott, ewig heilig, heilig, heilig!' Und so muß ich ja auch dem guten Rate meines Herzens folgen!

6. Ihr seid freilich wohl würdig, einzugehen in das Heiligtum Gottes, und könnet allzeit tun nach der geheimen Beheißung in euch – denn Gott der Herr hat euch berufen auf der Höhe, und nie noch hat eine Sünde euer Herz vor Gott entheiligt, indem ihr sicher allzeit frömmsten Gemütes vor den Augen des Herrn gewandelt seid –; aber nicht also steht es bei mir!

7. Ich war noch allzeit ein allergrößter frevelhafter Sünder vor Gott und bin darum noch lange nicht rein genug, um mit einem besseren Gewissen zu betreten solch eine heilige Stätte.

8. Daher beredet mich diesmal ja nicht ferner, daß ich darob am Ende, genötigt durch die große Macht eurer himmlischen Weisheit, dennoch betreten müßte den zu mächtigst von Gott geheiligten Tempel!"

9. Der weise Mann aber nahm den Lamech bei der Hand und sagte zu ihm: „Höre, du Mann voll Demut in deinem Herzen! Sind denn die Herzen der Brüder und Schwestern nicht mehr als dieser Tempel?! Und dennoch gingst du jetzt soeben durch gar viele mit uns hindurch! Wie denn mag es dich darum nun so ängstlich bedünken, in diesen Tempel zu treten, den Gott nur angehaucht hat, während Er doch mit Seiner ewig heiligen Liebe, Gnade und Erbarmung die Herzen der Brüder und Schwestern belebt hat?!

10. Was aber ist wohl mehr: der Hauch aus dem Willen des Herrn, oder Sein wesenhaft lebendiges Wort, aus Seinem Herzen gegossen in die Herzen der Brüder und Schwestern?!

11. Siehe, die Welten, die Sonnen und alle Dinge entstammen dem Willenshauche des Herrn; aber nicht also steht es mit dem Geiste des Menschen in seinem Herzen! Denn dieser ist ein wesenhafter Teil des ewigen wahrhaftigen Geistes Gottes, im Herzen Gottes wohnend und kommend aus demselben.

12. Nun urteile selbst, ob es klug ist, zu unterlassen – aus großer, gerechter Demut wohl – das bei weitem Geringere, wenn man zuvor sich nicht im geringsten bedünkt hatte, zu tun das bei weitem Größere!

13. Zudem wird es dir nicht bange, Mir zu reichen deine Hand, wie Ich dir gereicht habe die meinige, – und Ich bin, du kannst es Mir glauben, mehr,

denn da ist dieser Tempel samt der weißen Wolke und dem mächtig strahlenden Herzen oberhalb des Tempels und der weißen Wolke, welche den Tempel noch dicht umhüllt hält!

14. Wenn sich aber dieses alles untrüglich also verhält, so magst du schon mit dem besten Gewissen von der Welt mit uns in den Tempel treten und allda vernehmen das, was dir verheißen ward!"

15. Hier ermannte sich der Lamech und ging mit den beiden in den Tempel ganz wohlgemut und hatte keine Scheu mehr; aber der weise Mann blieb ihm noch unbekannt.

55. Kapitel
Die symbolische Bedeutung der Erscheinungen bei der Tempelweihe
Die Gottwohlgefälligkeit der Armut. Lamechs große Ahnung

(Den 12. Juni 1843)

1. Auf diese Worte des weisen Mannes begaben sich alle drei in den Tempel, und zwar allda ganz in die Mitte desselben, allwo ein Opferaltar errichtet war.

2. Als sie am Altare anlangten, da sagte der weise Mann zum Lamech: „Nun, lieber, guter Freund und Bruder, habe denn acht auf das, was da der Herr reden wird zu dir! – Siehe, Er redet schon; darum spitze wohl deine Ohren!"

3. Hier horchte der Lamech; aber er konnte außer den Worten des weisen Mannes nichts vernehmen. Darum sagte er denn auch zum weisen Manne nach einer kleinen Weile:

4. „Höre, lieber, guter, weisester Bruder! Ich mag meine Ohren noch so sehr anstrengen, so vernehme ich aber dennoch sonst nichts als allein nur deine freilich wohl sehr weisen Worte!

5. Darum sage mir, habe ich das Lobnis (*Wort*) des Herrn aus deinem Munde zu erwarten, oder aus dem Munde des weisesten Henoch, oder soll ich wirklich der Stimme Gottes in diesem Heiligtume gewürdigt werden?"

6. Und der weise Mann sprach zum Lamech: „Ich sage dir aber: Darum ist der Tempel in lichte Wolken gehüllt, da du nicht erkennst, wer Der ist, der da mit dir redet!

7. Sahst du nicht in der Höhe ein strahlend Herz, welches frei war von allem Gewölke? Siehe, das Herz stellte nicht das Herz deines Gottes, sondern dein eigen Herz vor!

8. Warum denn also? – Weil du Gott noch stets in der Höhe suchst und stellst dadurch deine Liebe und Erkenntnis Gottes über deinen eigenen Tempel hinaus, welcher dadurch umwölkt wird, auf daß du in dieser Umwölkung ja nur nicht erkennen magst, wer da redet mit dir!

9. Du aber hast ja nicht über dem Tempel, sondern nur *innerhalb* desselben einen Opferaltar errichtet; sage Mir demnach, wie es bei dir zugeht, daß du Gott suchst *über* dem Tempel mit einem zwar überaus liebeglühenden Herzen, dessen Glut das Feuer der Sonne überbietet, und hast Ihm doch in dem Tempel den Altar errichtet!"

10. Diese Frage machte den Lamech gar gewaltig stutzen, und er fragte alsbald darauf den weisen Mann, zu Ihm sagend:

11. „Höre, du überweiser Bruder und allerherrlichster Freund! Diese

deine Worte klingen bei Gott, dem Herrn Himmels und der Erde, für einen noch so weisen Menschen denn doch ein wenig zu weise!

12. Ich frage dich demnach ganz ernstlich: Wer bist du, und woher kamst du, daß du reden kannst, als hättest du die Zunge Gottes in deinem Munde, und daß jedes deiner Worte in mein Herz dringt wie ein mächtigster heißester Lichtstrahl?!

13. Fürwahr, dich hat nie ein Weib geboren, sondern du mußt entweder unmittelbar aus der Hand Gottes hervorgegangen sein als gleich ein verkörperter Geist, oder du bist ein allerhöchster Lichtengel Gottes, in dessen Herzen eine endlose Fülle der göttlichen Weisheit rastet!

14. Sage mir, wie ich dich denn anschauen soll, auf daß ich dich erkennete!"

15. Und der weise Mann erwiderte dem erstaunten Lamech: „Ich sage dir, hebe dein Gott suchendes und liebendes Herz von der Höhe herab auf den niederen Altar, und du wirst alsbald in großer Klarheit ersehen, was du erkennen möchtest!

16. Meinst du denn, Gott habe ein Wohlgefallen an der Höhe? Ich sage dir: mitnichten; sondern nur dem Niederen, dem Kleinen wendet Er Sein Herz zu!

17. Gott will kein hoher Gott, kein großer Gott, kein reicher Gott sein im Angesichte Seiner Kinder, sondern ein Gott in aller Niedrigkeit, Kleinheit und Armut nur will Er vor Seinen Kindern sein. Denn Er hat ja alles Seinen Kindern gegeben; was Er hat, das sollen auch sie haben.

18. Wenn aber solches doch eine ewige Wahrheit ist, wie magst du denn hernach Gott noch über den Sternen suchen, Gott, dem es wohlgefiel, sogar im kleinen Herzen des Menschen Sich eine Wohnstätte zu errichten?!

19. Sage dir selbst, wie kam der Herr jüngst zu dir? – Siehe, als ein Bettler! Und du erkanntest Ihn damals an Seiner Weisheit!

20. Wie ist es denn, daß ein blendend Gewölke nun so lange schon deine Sehe umdüstert?

21. Siehe, Armut ist die wahre Weisheit! Wer demnach Gott ähnlich werden will, auf daß er Ihn schaue, der muß selbst arm sein; und erst in seiner größten Armut wird er erkennen, daß Gott nur, als Selbst arm, an der Armut Sein größtes Wohlgefallen hat, weil eben in der Armut des Lebens nur die größte Freiheit waltet.

22. Also ziehe denn auch du dein Herz aus der Höhe herab, und du wirst alsbald erkennen, was du nun noch nicht erkennst, nämlich das dir von Gott ausgesprochene Lob über deine Selbsterniedrigung!"

23. Hier fing dem Lamech an ein großes Licht aufzugehen, und er fing an, alsbald Großes zu ahnen.

24. Schon wollte er vor dem weisen Manne niederfallen; aber dieser hinderte ihn daran und sagte zu ihm: „Ordne vorher dein Herz, dann erst tue nach der reinen, unumwölkten Erkenntnis! Amen."

56. Kapitel

Lamechs irrtümliche Auffassung vom Herzen über dem Tempel und seine Belehrung durch den Herrn. Wie und wo man Gott suchen soll

(Den 13. Juni 1843)

1. Nach diesen Worten des weisen Mannes dachte der Lamech aber darüber nach, wie er es denn anstellen müsse, um zu bekommen das Herz aus der Höhe auf den niederen Altar herab.

2. Denn er verstand noch nicht die Worte des Weisen und meinte bei sich im Ernste, er werde am Ende aufs Dach steigen müssen, um vom selben allenfalls zu langen nach dem Herzen mit der Hand oder wohl gar, falls die Hand zu kurz sein sollte, mit einem auf einer verhältnismäßig langen Stange angebrachten Haken und es dann herabzuziehen, wie allenfalls einen Apfel vom Baume.

3. Da aber der Weise solche Gedanken gar wohl merkte im Lamech, da sagte Er zu ihm: „Aber höre, du Lamech, der du so ganz erschöpft warst von Meiner Weisheit, und hast in Meinen Mund sogar Gottes Zunge gelegt, und das eben nicht mit Unrecht, sage Mir nun, wie es doch kommen mag, daß du Meiner Worte Weisheit gar so ärglich aufgefaßt haben konntest!

4. Denn fürwahr, dümmer und materieller könnte das Geistige wohl kaum je aufgefaßt worden sein!

5. Meinst du denn, das strahlende Herz über dem Tempel ist im Ernste etwa dein fleischlich Herz?

6. O siehe, das fleischliche Herz in deinem Leibe können wir auf dem Altare hier durchaus nicht brauchen, und es ist dir zum naturmäßigen Leben überaus vonnöten; sondern nur das Herz deines Geistes, welches da ist die Liebe zu Gott in dir, können wir hier auf dem Altare brauchen!

7. Dieses Herz aber läßt sich weder mit der fleischlichen Hand noch mit einer behakten Stange herabziehen, sondern allein nur mit der eigenen Kraft der Liebe, welche in ihr ist.

8. Es ist aber das strahlende Herz über dem Tempel ja ohnehin nur eine Erscheinlichkeit, die bloß nur von der Sehe des Geistes erschaut werden kann, und besagt nichts anderes, als daß du einen endlos weit entfernten Gott liebst und Ihn suchst hinter allen Sternen; aber den dir allzeit nahen Gott magst du nicht erkennen und lieben!

9. Es strahlt zwar dein Herz wohl von der reinen, stark entflammten Liebe zu Gott; aber du kannst aus solcher Liebe wenig oder gar keinen andern lebendigen Nutzen ziehen als höchstens, daß du in dessen gebrochenem Lichte in der sonstigen Nacht etwas besser siehst als sonsten in der gänzlichen Finsternis. Das ist aber dann schon auch alles, was du gewinnst.

10. Es ist aber ja nur das Leben die Hauptsache, welches da ewig dauern soll, nicht aber das alleinige Licht des zeitlichen Lebens, welches Licht da mit seinem Leben vergeht.

11. Darum muß das Herz des Geistes, oder deine Liebe zu Gott, dir am allernächsten stehen, das heißt, sie muß in dir sein. Du mußt Gott in dir suchen, erkennen und dann über alles lieben, so wirst du das ewige Leben haben; denn siehe, Gott allein ist ja das Leben und hat es also und gibt eben das Leben!

12. Wenn aber solches doch eine ewige Wahrheit ist, da sage mir dann, was dir ein endlos weit entfernter Gott oder ein endlos weit entferntes Leben nützen kann!

13. Du mußt das ewige Leben, wel-

ches da ist die ewige Liebe Gottes, ja nur in dir haben, so du leben willst, aber nicht hinter allen Sternen!

14. Dabei ist aber noch gar wohl zu bemerken, daß dir der unendliche Gott nicht nützen kann, da du als ein endliches Wesen das eigentliche unendliche Wesen, Gott, durchaus ewig nie zu erfassen vermagst.

15. Und darum hat Gott ja das menschliche Herz gemacht zur Wohnstätte für Sich, damit da niemand außer oder ohne Gott leben sollte.

16. Siehe, die Sonne der Welt ist so ferne gestellt, daß sie ewig nie ein Mensch der Erde erreichen wird, und ist so groß gemacht, daß da ihr gegenüber diese Erde, die du bewohnst, kaum als ein faustgroßer Spielball für ihre Kinder geachtet werden könnte, von ihrem Gesichtspunkte betrachtet!

17. Sage mir aber, was würde dir diese große Sonne nützen, wenn du sie auch erreichen könntest mit deiner Hand, dein Auge und dein Leib aber nicht also geschaffen und eingerichtet wäre, daß du möchtest im überaus verjüngten Maßstabe die ganze Sonne in dir völlig aufnehmen?! – Siehe, da hättest du weder Wärme noch Licht aus ihr!

18. Da aber von Gott dein Auge also gebaut ist, daß du die ganze Sonne übersehen und somit in dir aufnehmen kannst ihr ganzes lebendiges Bild, so kannst du dir auch völlig ihre Wärme und ihr Licht zinspflichtig machen; aber es erwärmt dich da nicht etwa die ferne, große Sonne, sondern die nur, die du trägst in dir!

19. Also ist es auch der Fall um so mehr mit Gott, den du in Seiner Unendlichkeit unmöglich je erfassen kannst; ja Er ist also für dich so gut wie gar nicht vorhanden.

20. Aber dieser unendliche Gott hat in dein geistig Herz Sein vollkommenes Ebenbild gelegt; dieses ist dein Leben und ist in dir.

21. Deine mächtige Liebe zu Gott ist dieses dich belebende Ebenbild Gottes in dir; daher bleibe in dir, und hebe dieses Heiligtum nicht aus dir, sondern mache es fest in dir, so wirst du Gott haben stets wirkend in deiner sicher größten Nähe und wirst nicht nötig haben zu fragen: ‚Hinter welchem Sterne wohnt Gott?', sondern du wirst erkennen in dir den eigenen heiligen Stern, hinter dem dein Gott wohnt und in dir schafft fortwährend – dir freilich noch unbewußt – das Leben.

22. Also erwecke denn deine Liebe in dir zu einem dir nahen Gott, und dein Herz wird sich ohne Stange auf dem Altare befinden, und du wirst erkennen den nahen Gott und das Lob der gerechten Demut! Amen."

57. Kapitel

Lamech erkennt seine Torheit, und den Herrn im weisen Redner
Des Herrn Rede über das Wesen des Geistes Gottes im Menschen

(Den 14. Juni 1843)

1. Nun erst begriff der Lamech die Worte des Weisen völlig, schlug sich auf die Brust und sagte zu sich selbst:

2. „O Gott, wie entsetzlich dumm doch ist der Mensch in seiner Eigentümlichkeit, und was braucht es für eine große Geduld von Seite der allerhöchsten, göttlichen Weisheit, bis da

aus einem Menschen, wie ich einer bin, etwas wird, bis er nur ein wenig zu fassen anfängt die göttliche Ordnung, die erhabenste, die heiligste.

3. Aber was kann auch der geschaffene Mensch aus sich tun? – Nichts Besseres, als daß er da lebt nach der erkannten göttlichen Ordnung! Wer nach dieser lebt, wie er sie erkennt, der fehlt sicher nicht!

4. Du, o Gott, aber weißt am besten, wie viel der Mensch zu tragen vermag; daher lässest Du ihn sicher erst so nach und nach stets tiefere Blicke tun in deine endlose Weisheit, damit er Dir ähnlicher werde in seinem Handeln!

5. Also will ich Dich denn auch lieben, loben und preisen mein Leben lang!"

6. Während aber der Lamech diese Selbstgespräche und Selbstbetrachtungen mehr in sich, denn aus sich mit dem Munde machte, siehe, da entschwand auf einmal das Gewölke um den Tempel, daß er dann ganz rein und frei dastand, und das strahlende Herz senkte sich alsbald auf den Altar herab.

7. Und alles Volk, welches allda zugegen war, fiel alsbald vor großer Ehrfurcht zur Erde nieder und sprach: „O großer, heilig allmächtiger Gott, sei uns Sündern gnädig und barmherzig!"

8. Und der Lamech, ganz zerknirscht durch diese neue außerordentliche Erscheinung – obschon sie gewisserart vom weisen Manne bedingungsweise vorherbestimmt ward –, fiel nun auch, was er schon eher tun wollte, nach der Rede vor dem weisen Manne nieder und sagte zu Ihm:

9. „Nach Deiner Lehre ist der Geist Gottes in mir, – was ich nun auch gar sehr lebendig gewahre; aber in Dir ist er sicher noch ums unvergleichbare stärker und mächtiger denn in mir! Darum falle ich denn auch vor dir nieder und lobe und preise die göttliche Liebe und Weisheit in Dir, wie ich sie auch lobe und preise in mir, insoweit ich sie erkenne, daß sie ist in mir, zu meiner und meines Volkes Wohlfahrt!

10. Ehre, Lob und alle meine Liebe aber sei darum Gott, unserm Herrn, Schöpfer und überheiligen Vater, darum Er Sich so tief herabgewürdigt hat, zu tun vor unseren Augen so große Zeichen, auf daß wir Ihn nur erkennen möchten und dann zur Gewinnung des ewigen Lebens leben möchten nach Seiner heiligen, uns allen frei geoffenbarten göttlichen Ordnung!"

11. Hier bog Sich der weise Mann zur Erde und erhob den Lamech. Als Er ihn aber erhoben hatte, da sagte Er zu ihm: „Lamech, Ich sage zu dir: Richte dich auf in deinem Gemüte, und erkenne, wer Der ist, der nun zu dir gesagt hat: ,Richte dich auf in deinem Gemüte!'

12. Denn Menschen sollen nie vor Menschen knien oder liegen auf der Erde, die Engel sich nicht beugen voreinander, und die Götter aber wissen, daß sie eins sind mit dem Einen!

13. Oder siehe am Tage in die Augen deiner Brüder, und du wirst in eines jeden Menschen Auge eine und dieselbe Sonne erschauen! Und weil ein jeder Mensch doch sicher eine Sonne sieht, da sind aber dennoch nicht mehrere Sonnen für viele Menschen und andere Wesen, sondern es strahlt und wirkt nur einer Sonne Licht in eines jeden Menschen Auge, also ein geistiger Ausfluß aus der einen großen Lichtträgerin!

14. Gerade also aber wirkt auch nur ein Geist Gottes in eines jeden Menschen Herzen; darum ist aber dann der im Menschen wirkende Geist Gottes nicht etwa irgendein zweiter Gott, sondern nur ein Geist mit dem unendli-

chen Geiste Gottes, wie die Sonnen alle, welche da aus den Augen der Menschen widerstrahlen, vollkommen eins sind mit der Hauptsonne, aus der sie ausgehen.

15. Ich aber bin der Herr; solches erkennst du nun und fielst auch darum vor Mir auf dein Angesicht.

16. Ich aber sage dir: Wenn die Sonne erglühte für sich, da würde sie sich auch zerstören; sie aber treibt ihre Glut und ihr Licht hinaus zu ihren kalten Erden und erwärmt und erleuchtet sie, und auf ihrem großen Boden läßt sich darum herrlich wohnen.

17. Also trage auch Ich alle Meine göttliche Würde in Meine Kinder über, damit diese dereinst überaus selig bei Mir wohnen sollen!

18. Und so will Ich durchaus nicht, daß die Kinder vor Mir niederfallen sollen, sondern Mich als den guten Vater allein lieben nach aller ihrer Lebenskraft.

19. Doch werde Ich den Demütigen nie scheuen, sondern werde bei ihm sein allezeit und werde ihn aufrichten, wann immer er niederfällt vor Mir; damit lobe Ich aber nun auch dich, da du demütig bist.

20. Bleibe aber nun in dieser deiner Demut und Liebe, und du sollst nimmer nötig haben, dein Herz vom Dache zu holen! Amen."

58. Kapitel
Warum der Herr Sich als Mensch nur wenigen offenbart
Lamechs vergebliche Bemühungen um die Aufrichtung des am Boden liegenden Volkes. Des vereinsamten Lamech Traurigkeit

(Den 16. Juni 1843)

1. Nachdem aber dabei der Lamech den Herrn völlig erkannt hatte in dem weisen Manne, da wollte er laut zu schreien anfangen vor allem Volke und ihm verkündigen die allerheiligste Gegenwart des Herrn Himmels und der Erde.

2. Aber der Herr sagte zu ihm: "Lamech, tue nicht, was du tun möchtest, sondern denke in dir: wenn es nun gut und nötig wäre, solches zu tun, da würde Ich Selbst es sicher nicht unterlassen!

3. Aber es würde solches dem ohnehin sehr erregten Volke das Leben kosten, was da nicht zu vermeiden wäre in der gegenwärtigen Ordnung der Dinge.

4. Daher wollen wir solche unnütze Arbeit uns für günstigere Zeiten aufbewahren; mit der Zeit aber, wenn Ich wieder verziehen (*Mich entfernen*) werde, magst du Mich dem Volke wohl verkünden und dich beziehen auf diese Meine Gegenwart.

5. Für jetzt aber bleibe Ich nur als ein weiser Mann eine kurze Zeit noch unter euch, auf daß da niemand soll ein tötend Gericht haben an Mir in seinem freien Gemüte.

6. Was du aber nun tun kannst, das bestehe darin, daß du hinaustretest und heißest das Volk erstehen, auf daß es nicht noch länger liege auf dem Boden und bete in seiner noch starken Blindheit dieses erscheinliche strahlende Herz also an, als wäre es eine bildlich entsprechende Darstellung des allerhöchsten, allweisesten Gottes.

7. Erläutere ihm dies Bild nach der dir geoffenbarten Wahrheit, und das Volk soll dich verstehen und im völlig

nüchternen Zustande Mir, Gott dem Herrn, in seinem Herzen geben ein gerechtes Lob!

8. Siehe, das ist ein rechtes Geschäft; gehe und tue es, und komme dann wieder herein, und es soll sich nach der getanen Arbeit gut ruhen lassen! Amen."

9. Und der Lamech ging, zu tun, wie ihm der Herr geraten hatte. Als er aber nach seiner Art anfing, das Volk zu beheißen, daß es sich erheben solle vom Boden, siehe, da wollte sich niemand rühren, und es blieb alles pikfest liegen am Boden, wie zuvor, da er noch niemanden beheißen hatte, sich zu erheben vom Boden.

10. Bei dieser Erscheinung ward es dem Lamech bange, und er gedachte bei sich: „Was will ich denn nun tun, auf daß ich nicht unverrichteterdinge zurückkehre in den Tempel vor den Herrn und allda zu großen Schanden werde? – Ich will jedem einzelnen unter die Arme greifen und will ihn aufrichten vor dem Herrn und will ihm dann sagen, was ich ihm zu sagen habe!"

11. Also gedacht und also auch getan! Aber leider ohne Erfolg; denn so viele er erhob, ebenso viele und ebendieselben fielen wie tief Schlafende alsbald wieder in ihre vorige Stellung, nämlich auf den Boden zurück.

12. Diese zweite Erscheinung versetzte den Lamech in eine noch größere Verlegenheit; aber er gedachte: „Ich will noch hin zu den Meinen ziehen; diese werden sich doch kehren nach meinen Worten, so sie irgend noch am Leben sind!"

13. Er tat's; aber auch da war seine Mühe vergeblich. Nun blieb aber für ihn auch kein Mittel mehr übrig, als sich schnurgerade unverrichteterdinge zu begeben in den Tempel zum Herrn und zum Henoch; aber was für Augen machte da der Lamech, als er da weder den Henoch noch den Herrn mehr fand!

14. Das war denn doch etwas zu viel für unsern Lamech. Er hätte anfangs nahezu verzweifeln mögen; aber nach einer ziemlichen Weile sagte er zu sich: „Also wird es wohl des Herrn Wille sein, und so sei es denn auch also, wie Er es haben will!

15. Daß ich nichts richten (*ausrichten*) konnte, dafür kann ich wohl nicht; denn was ich tat, tat ich ja so gut, als ich es nur immer vermochte. Daß ich aber kein Wunder wirken kann, das weiß der Herr sicher.

16. Ich aber will dennoch etwas tun und will die beiden noch suchen gehen unter dem schlafenden Volke! Finde ich sie da, so will ich ja Gott loben und preisen fürder allezeit; und finde ich sie nicht mehr, da will ich dem Herrn alles aufopfern und mich dann ebenfalls irgend zur Ruhe begeben!"

17. Und so ging er denn hinaus und suchte die beiden, – aber ebenfalls vergeblich; denn sie waren nicht unter dem Volke.

18. Da erst ward dem Lamech ernstlich bange, daß er darob zu weinen anfing. Er ging dann also traurig in den Tempel und legte sich neben dem Altare hin und versuchte einzuschlafen; aber er vermochte solches nicht wegen seiner großen Angst und Traurigkeit.

19. Und so verstrichen sieben lange Stunden; aber es wollte niemand wach werden, noch der Herr oder der Henoch zum Vorschein kommen.

59. Kapitel

Des einsamen Lamech Betrachtungen im Morgengrauen,
seine Traurigkeit und sein Irrewerden an Gott

(Den 17. Juni 1843)

1. In der siebenten Stunde aber richtete sich der Lamech wieder auf und sagte zu sich selbst ganz traurigen Mutes:

2. „Also hat ja der Herr zu mir geredet: ,Und es wird sich nach der getanen Arbeit gut ruhen lassen!'

3. Wohl habe ich nach Seinem Worte gehandelt und habe getan, wie Er es mir geraten hatte, wenn leider schon ohne Erfolg, wofür ich freilich wohl nichts kann; aber welch eine Ruhe habe ich genossen die langen sieben Stunden hindurch, welche ich wohl abgemessen habe mit dem Gang der Sterne über meiner Hand vom Aufgange bis nahe hin zum Untergange?!

4. Fürwahr, es graut schon recht stark der Morgen, und es rührt sich noch nichts im Lager um diesen Tempel! Kein Lüftchen weht, auch nicht ein allerleisestes Geräuschchen läßt sich von irgendwoher vernehmen! Oh, es ist grauenhaft, mitten unter Lebendig-Toten zu leben!

5. Was will ich aber tun in dieser meiner traurigen Lage? – Hier verweilen bis zum völligen Aufgange der Sonne, oder allein hinabziehen in die Stadt und dort der zurückgebliebenen Dienerschaft vermelden, was hier geschehen ist?

6. Soll ich etwa einen Kräuterkenner holen, auf daß er mir kundgebe aus seiner Weisheit, ob diese Menschen wohl schlafen, oder ob sie im Ernste etwa gar völlig tot sind? Oder soll ich zuvor selbst noch einmal eher einen Erweckungsversuch machen?

7. Wenn aber dieser Versuch mißlingt und auf mein noch so kräftiges Rufen sich niemand mehr wird zu regen anfangen, wird mich da nicht eine noch unerhörtere Angst überfallen, daß ich dann vielleicht gar nicht mehr kräftig genug sein werde, um zu ziehen in die Stadt und dort Anstalten zu treffen, daß da diesen Schlafenden oder Toten eine erforderliche Bestattung werde?!

8. Ich weiß aber nun, was ich tun will: den Herrn Gott Zebaoth will ich so recht inbrünstig und vertrauensvoll bitten, daß Er mir helfe; und ich will beten und bitten bis in den halben Tag hinein und will nichts essen und trinken eher, als bis der Herr mich entweder erhören und trösten wird oder mich selbst noch dazu töten mag zu diesen meinen Brüdern und Schwestern!

9. Es wird heller und heller schon im Aufgange, daß ich schon die Stadt mit leichter Mühe von Haus zu Haus ausnehme!

10. Wie herrlich wäre dieses Erwachen des neuen werdenden Tages, wenn ich es nicht allein betrachten müßte, wenn dieses Volk mit mir gleich wach wäre und brächte dem Herrn ein fröhlich, heiter, erquickendes Morgenlob dar!

11. Aber ich allein muß mitten unter meinen unerweckbaren Brüdern das neue Erwachen der Natur mit dem Erwachen des Tages betrachten!

12. Oh, wie doppelt traurig bist du, herrlicher Morgen nun, daß ich dich allein lebendig und wach betrachten und genießen muß in deiner großen Herrlichkeit! Möchte ich doch lieber gar nicht leben, als empfinden so schmerzlich, daß ich unter den Tausenden hier allein noch leben und empfinden muß!

13. Was aber habe ich denn getan, darum mich der Henoch und der Herr so ganz und gar verlassen haben? Ich erfüllte ja doch des Herrn ausgesprochenen Willen!

14. Und Er, der Heilige, der Liebevollste, der Barmherzigste läßt mich unvorbereitet so plötzlich im Stiche!

15. Er war es ja doch, und der Henoch war es auch; die Meinen sind ja noch dort, die er gebracht hat von der Höhe, und schlafen ebenfalls noch einen tötenden Schlaf!

16. Oder sollten sie nicht mehr dort sein? – Ich will denn da doch nachsehen! Denn für einen Traum wäre das Ganze seit gestern morgen denn doch etwas zu viel!"

17. Hier ging der Lamech hin zur Stelle, da er die Seinigen verließ, und fand zu seinem größten Erstaunen niemanden mehr.

18. Da schlug er die Hände über dem Kopfe zusammen und schrie: „Um des Herrn Willen, was ist denn das?! Also bin ich denn im Ernste nur ein gefoppter Narr meines Traumes?! Träume ich denn noch, oder wache ich? Was ist das für ein elender Zustand meines Lebens?

19. Ich möchte, ich wollte beten, – aber nun ist es mir unmöglich! Ich bin nun ohne Gott, ohne Freunde, ohne Brüder, ohne Weib und Kinder und habe nichts als nur dies elende Leben, um diese entsetzliche Züchtigung Gottes oder die noch entsetzlichere Rache der Schlange zu empfinden!

20. Was will ich nun tun? – Beten? – Zu wem denn? – Zu Dem, der mich verließ oder nicht ist? – Nein, das will ich nicht!

21. Ich bin noch Lamech! Noch gehört die große Stadt mir und das Land und das Volk!

22. Ich wollte ja von ganzem Herzen sein ein wahrer Diener des Herrn und opferte Ihm schon alles darum; Er aber hat mir nun diesen harten Streich gespielt und hat mich angeführt!

23. So will ich denn auch gar nicht mehr leben; hier in dem Tempel will ich verhungern, und das soll mein letztes Opfer sein, was ich dem rätselhaften Gott darbringen werde!

24. Amen aus mir heraus, – und keine Weisheit soll mich je zu einem andern Entschlusse bringen! Und käme der Herr Selbst nun, so soll Er nichts mehr ausrichten mit mir!

25. Du totes Volk aber schlafe nur im Tode, und sei eine Speise der Ameisen und Würmer; über ein kurzes werde auch ich es sein! Es ist ja ums endlose besser, nicht zu sein, als sich von Gott bei der Nase herumziehen zu lassen!

26. Dank dir, mein Herz, für diesen Sinn; denn nun atme ich wieder freier! Ja, besser und süßer ist das Gefühl der Rache als eine dumme Frömmigkeit gegenüber einem Gotte, dem es ein so leichtes ist, ohne Grund mich zu trügen!

27. Und so denn geschehe es! Ich will sterben und nicht mehr sein auf dieser Deiner Welt, Du ungetreuer Gott! Amen aus mir; unwiderruflich. Amen!"

60. Kapitel

König Lamechs schreckliches Gesicht und Erwachen aus seinem Traumzustand
Die Aufklärung durch Lamech von der Höhe

(Den 19. Juni 1843)

1. Nach solcher törichten Schwärmerei ging der Lamech hin in den Tempel, saß neben dem Altare nieder und lehnte sich mit dem Rücken an den Altar, sein Gesicht gegen den Aufgang kehrend. Denn nun hatte er auch am Altare kein Behagen mehr, da das strahlende Herz auf demselben zufolge des Ärgernisses Lamechs entschwunden war und somit der Altar leer dastand.

2. In dieser Stellung gedachte der Lamech so lange zu verweilen, bis er endete; aber der nahe Aufgang einer ganz anderen Sonne, als sie Lamech erwartete, brachte eben den Lamech wieder zu sich.

3. Der Aufgang aber hatte solch eine Gestalt: Anstatt der erwarteten Sonne erhob eine ungeheure Riesenschlange den Kopf über den Horizont; und da der Kopf stieg, zog er auch einen ebenso riesenhaften Schlangenleib nach sich. Diese Schlange aber leuchtete so stark wie die Sonne.

4. Als dies riesige Ungeheuer sich schon so ziemlich hoch über dem Horizonte befand, da folgte demselben eine zahllose Menge kleinerer Schlangen, welche samt und sämtlich gleich der Hauptschlange sehr stark leuchtende Strahlenkronen auf den Köpfen trugen.

5. Bald ward der ganze Himmel mit solchen Schlangen überfüllt, welche sich in allerlei Windungen um die Hauptschlange bewegten.

6. Diese Bewegungen wurden aber stets heftiger und heftiger. Es entstand ein förmlicher Kampf. Die Hauptschlange biß die kleineren, und die Gebissenen fielen alsbald zur Erde nieder, und da, wo irgendeine niederfiel, steckte sie die Erde auch alsbald in einen entsetzlichen Brand.

7. Der Boden der Erde aber fing laut zu wehklagen an über solch ein Ungemach, und die Berge bogen sich grimm-entbrannt in die Täler und verlegten die Ströme und trieben aus ihren Klüften und Riffen Massen und Massen von Wolken, verdunkelten mit denselben dichter und dichter den ganzen Himmel, und gar bald entstürzten denselben ganz unerhört gewaltige Ströme und setzten alle Lande unter Wasser.

8. Und das Wasser stieg und stieg, verschlang gar bald die Stadt Hanoch und erreichte auch schon mit furchtbarem Wogenschlage nahe den Scheitel des Berges, wo sich Lamech mit seinem noch immer schlafenden Volke befand.

9. Als aber der Berg zu wanken anfing und der Tempel mit dem baldigen Einsturze drohte und dazu noch ein mächtiger Blitz kam, dessen gar gewaltiges Gekrache die Erde beben machte, da auch fing es den sich zwar zugrunde richten wollenden Lamech an zu bangen.

10. Er stand auf, griff alsbald nach seinen Augen, rieb dieselben und fing an, um sich zu blicken. Er ersah alsbald den Tempel vor sich und im selben den Herrn und den Henoch, und das Volk saß munter um den Tempel herum und lobte und pries die Herrlichkeit Gottes; er aber befand sich ganz wohlbehalten unter den Seinen.

11. Als er sich nun also erblickte und alles in der alten, guten Ordnung, da fragte er alsbald den neben ihm stehenden Thubalkain:

12. „Sohn, mein Sohn, sage mir, was ist denn um des Herrn allmächtigen Willen nun mit mir vorgegangen? Wo war ich denn, und wo waret denn ihr und der weise Mann und der Henoch, welche beide nun noch dort im Tempel sicher auf mich warten?"

13. Und der Thubalkain erwiderte dem Lamech: „O Vater Lamech, was fragst du mich? Bist du denn von Sinnen, daß du solches nicht weißt, wie du nach der Beheißung des weisen Mannes hierher kamst, um allem Volke zu verkünden, daß es sich erheben solle vom Boden?!

14. Siehe, da umarmtest du meine und der Naëme Mutter und schliefst in solcher Umarmung Süßigkeit alsbald und eher noch ganz fest ein, als du noch erfüllen konntest die Beheißung des weisen Mannes, und schliefst also nun eine geraume Zeit hindurch, die ich aber nun nicht bestimmen kann, wie lang sie war.

15. Siehe, das ist das Ganze! Magst du mir nicht glauben, so sind da ja noch mehrere Zeugen, die dir dasselbe notwendig werden kundgeben müssen, weil es sich unleugbar also verhält."

16. Als der Lamech solches vernommen hatte, da schrie er laut auf und sagte: „Gott! Dir, Du allein Heiliger, sei ewig alles Lob, aller Preis, aller Dank und alle meine Liebe, daß dieses alles nur ein eitler Traum war!

17. Aber wie möglich konnte es denn nur geschehen, daß ich des Herrn Wort sobald verschlafen konnte, und habe nicht getan nach Seinem Rufe?!"

18. Der ihm zur Seite stehende Lamech aus der Höhe aber erwiderte ihm: „Siehe, Bruder, weil du nicht vorher erfülltest des Herrn Willen, sondern hattest heimlich in dir den Gedanken genährt, auf diesem Berge mitten unter deinen Weibern die Nacht hindurch zu ruhen!

19. Und so denn ließ es der Herr auch zu, daß du ganz unbewußt zu deinen Weibern gelangtest in der Zeit, als du in deiner nächtlichen Phantasie meintest, das Volk zu wecken, aber niemand sich kehren mochte nach deinem Rufe, den du nicht tatest, indem du, schon in deinen Weibern wonneschlafend, aus dem Tempel gingst.

20. Also hat dich vor Gott das Fleisch berückt, und Gott ließ es dann zu, daß du hast schmecken müssen die Früchte der Liebe im Fleische.

21. Laß dich aber von mir wieder führen hin in den Tempel, und der Herr wird dir enthüllen noch so manche Torheit in dir; und so denn folge mir! Amen."

61. Kapitel
König Lamech mit Lamech von der Höhe im Tempel vom Herrn liebevoll empfangen
Die Erklärung des von König Lamech im Schlafe Erlebten
Die Haus- und Rangordnung des himmlischen Vaters

(Den 20. Juni 1843)

1. Auf diese Worte des Lamech aus der Höhe folgte der Lamech aus der Tiefe alsbald seinem Namensgefährten hin in den Tempel.

2. Als aber beide dort anlangten, da ging der Herr mit dem Henoch ihnen auch alsbald entgegen und empfing beide mit ausgestreckten Armen.

3. Solche große Zuvorkommenheit aber wunderte den Lamech aus der Tie-

fe überaus von Seite des allerhöchsten Herrn, und das gerade in dieser seiner wenigstens von ihm geglaubten etwas kritischen Lage ganz besonders, indem er sozusagen einen ganz tüchtigen Verweis vom Herrn für seinen Fleischschlaf erwartete.

4. Aber der Herr sagte alsbald zum sich dennoch etwas furchtsam wundernden Lamech: ,,Was wundert dich denn nun gar so sehr Meine Güte, Liebe und große Gnade? Warst du denn als Sünder je größer denn jetzt? Wie ist's denn aber, daß Ich damals zu dir kam?

5. So Ich dir aber damals als Meinem großen Feinde mochte entgegenkommen und dich als einen tiefst Gefallenen erheben, wie sollte es denn nun gar so wunderbar sein, so Ich dir bis an die Schwelle des Tempels entgegenkomme, da du nicht gesündigt hast?!

6. Denn was dir nun widerfuhr, war ja nur eine reine Zulassung von Mir, um dir zu zeigen, welche Früchte dir oder wenigstens deinen Nachkommen mit der Zeit aus der zu überwiegend mächtigen Weiberliebe erwachsen dürften.

7. Was Ich dir aber also zeigte, das ist wohl nur eine gute Botschaft für dich und deine Nachkommen, aber sicher ewig nie eine Sünde.

8. Wenn du sie recht beachten wirst, da wirst du leben im Geiste der wahren Liebe und aller Weisheit aus ihr.

9. Nun aber komme mit deinem Mir überaus lieben Führer herein, und wir wollen uns so recht nach Muße beraten, besprechen und somit lebendig vergnügen beim hellen Lichte des flammenden und strahlenden Herzens auf dem Altare!"

10. Und die beiden traten überaus vergnügt in den Tempel und lobten den Herrn in ihren Herzen über alle Maßen.

11. Der Herr aber führte sie zum Altare hin und sagte dann zu ihnen: ,,Es kann ein Mensch ja in einen Zustand kommen, wo er billigermaßen aus der Not eine Tugend machen kann, ja manchmal sogar muß. Desgleichen können ja auch wir nun tun!

12. Sehet, die Rundstaffelei (*runden Stufen*) um den Altar ist zwar nicht bestimmt, daß man darauf sitzen soll; aber da hier durchaus keine anderen Ruhe- und Sitzbänke angefertigt sind, so setzen wir uns denn samt und sämtlich auf diese Rundstaffelei, und zwar mit den Gesichtern gegen Morgen gewendet, und wir haben da dann aus der leeren Zierstaffelei eine nützliche Ruhe- und Sitzbank gemacht.

13. Und wer kann uns dagegen etwas einwenden?! Denn wir selbst sind es ja, für die der Tempel samt dem Altare und seiner Staffelei erbaut ist; so wird es uns doch etwa auch nun freistehen, den Tempel zu benützen, wozu es uns beliebt! Was meinst du, Lamech, habe Ich recht oder nicht?"

14. Und der Lamech erwiderte: ,,O Herr, Du lieber, guter Vater! Dein Wille ist ja allein heilig und macht mir die allerhöchste Freude; daher geschehe ja allezeit, wie es dir am meisten wohlgefällt!

15. O Herr und Vater in aller Deiner endlosen Milde und Sanftmut, wolle nun nur auch bestimmen, in welcher gerechten Ordnung wir uns um Dich oder zu Dir eben setzen sollen, auf daß auch in diesem Punkte Dein Wille erfüllt werden möchte!"

16. Und der Herr sagte zum Lamech: ,,Du bist noch sehr stark ein Hofmann und weißt dir nun aus lauter Zeremonie nicht zu helfen!

17. Ich aber sage dir: Siehe einmal

so recht aufmerksam die Kinder eines seine Kinderchen mächtig liebenden Familienvaters an! Was tun wohl diese, wenn der Vater nach Hause kommt?

18. Siehe, sie laufen alle, was sie können, dem lieben, guten Vater entgegen, und das nächste und flinkste fällt zuerst in aller Liebe über den Vater her, und dann die anderen, wie es ihnen ihre Füße gestatten.

19. Das jüngste bleibt freilich wohl zurück; aber der gute Vater sieht es mit pochendem Herzen ihm entgegentrippeln, und wenn es in seine Nähe kommt, da geht er ihm heißen Herzens entgegen, nimmt es alsbald auf seine Arme, drückt es an seine Brust und küßt und kost es nach seiner großen Herzenslust.

20. Siehe, Mein Lamech, gerade also ist auch Meine göttliche und himmlische Hausordnung und Hofsitte bestellt! Wer zuerst kommt, der mahlt auch zuerst; und den Letzten und Schwächsten will Ich auf Meine Arme nehmen und will ihn kosen und herzen über die Maßen, darum er auch in seiner Schwäche den Vater erkannt hat und dann mit schwachen Füßen Mir, dem lieben, guten Vater, entgegeneilte!

21. Und also tuet auch ihr, und fraget nicht nach der Rangordnung, so werde Ich als der wahre Vater an euch, Meinen Kindlein, die rechte Freude haben!

22. Sehet, Ich habe Mich schon gesetzt; also setzet ihr euch auch zu Mir!"

23. Hier fielen alle drei vor mächtiger Liebe über den Vater her, und der Vater sprach: ,,So ist es recht; das ist die wahre Ordnung der Himmel! In dieser verbleibet fürder allzeit und ewig! Amen."

62. Kapitel

Die polarische innere Bauordnung der Erde und aller organischer Körper als Gleichnis für die vom Herrn gewählte Sitzordnung

(Den 21. Juni 1843)

1. Darauf nahmen alle Platz an der Seite des Herrn, und zwar der Henoch und der Lamech aus der Höhe auf der rechten und der Lamech der Tiefe auf der linken Seite; und der Herr sprach darauf:

2. ,,Sehet nun, ihr Meine auserwählten Kinder, also sitzen wir lang gut, und das in der schönsten Ordnung noch obendarauf!

3. Solches sehet ihr alle drei nun freilich noch nicht so ganz recht gut ein; aber wir haben nun ja eben die schönste Muße und können uns von allerlei Dingen unterhalten! Also werden wir bis zum völligen Aufgange der Sonne auch noch so manches besprechen können, und somit auch diese gute Ordnung unseres Sitzens.

4. Ich sehe aber schon, daß da Mein Lamech zu Meiner Linken zufolge seines noch nicht völlig erloschenen hofmännischen Sinnes den Grund der gut gewählten Sitzordnung alsbald erfahren möchte. Was ist es denn, oder was wird's denn sein? Wir können sie ja sogleich vor unsere Augen führen; und so höret mich denn an!

5. Sehet, die Erde, die ihr da bewohnet, ist ein runder Körper! Dieser ist auf seiner Oberfläche unempfindlich; aber sein Inneres ist ein organischer, le-

bensfähiger Bau und lebt auch gleich einem Tiere.*

6. Da aber zum Leben vor allem ein Mittelpunkt oder vielmehr ein Anziehungspunkt, also ein Schwerpunkt, auf den sich zufolge seiner Anziehungskraft alles hindrängt und durch eben dieses Hindrängen diesen Punkt notwendig erregt, erhitzt und entzündet, notwendig ist, so hat auch diese Erde, wie noch zahllose andere in Meinem endlosen Schöpfungsraume samt den Sonnen und Monden, einen solchen Mittelpunkt, der da völlig gleich ist dem Herzen der Tiere, wie auch der Menschen in ihrer naturmäßigen Sphäre.

7. Aber der sogenannte Mittelpunkt darf weder bei den Tieren, noch somit auch bei den Menschen und bei den Weltkörpern genau in der Mitte ihrer gesamten organischen Masse sich befinden, sondern muß sich ungefähr allzeit in dem dreivierten Teile derselben aufhalten, damit er nicht völlig erdrückt und dadurch unregungsfähig werde.

8. Befindet er sich aber allzeit und überall außerhalb des eigentlichen Masseschwerpunktes oder ihrer (*der Masse*) eigentlichen Mitte, so kann die Hauptschwere nicht von allen Seiten auf ihn einwirken, und er hat dann einen freien Spielraum und kann sich ungehinderter regen. Denn wird er von der großen Masseseite her zu sehr gedrückt, da kann er sich flüchten in die kleine und somit auch leichtere Masseseite.

9. Wenn aber die Hauptmasse zufolge der ihr notwendig innewohnenden Trägheit und der ihr ganz natürlich eigenen Schwere sich dennoch nicht zu sehr über ihre Massenschwermitte erheben kann, sondern gar bald wieder von ihrem Bestreben abstehen und sich dann, durch sich selbst genötigt, wieder in ihre Massenschwermitte begeben muß, da hat dann der eigentliche erregbare Schwerpunkt wieder einen freien Rücktritt und regt dann durch seine ihm eigentümliche Anziehungskraft wieder den trägen Massenschwerpunkt an, der sich dann wieder hin nach dem Hauptanziehungspunkte drängt, welcher aber, sobald ihm des Andranges zu viel wird, sich sogleich wieder auf seine leichte oder kleine Seite begibt.

10. Durch solch stetes, freilich wohl nur sehr mechanisch einförmiges Hin- und Herbewegen wird dann das sogenannte naturmäßig tierisch-organische Leben zuwege gebracht.

11. Und ist die bewegende Kraft in einem Organismus also bewerkstelligt, so teilt sich dann diese von selbst der ganzen Masse mit, erregt dieselbe mehr oder weniger, und ein ganzer Organismus wird dann dadurch belebt und kann nach der Art seiner Belebung verwendet werden.

12. Es gehört von Meiner Seite freilich wohl alles dazu, und Ich muß zuvor den ganzen Massenorganismus bauen von Punkt zu Punkt und muß ihn also, wie beschrieben, erst nach und nach einrichten.

13. Ist er einmal also zweckmäßigst eingerichtet, dann lebt der Organismus fort, solange Ich ihm die nötige Nahrung geben will; entziehe Ich ihm aber diese, so wird er dann bald schwach und träge, fällt dann bald übereinander, erdrückt sich und verzehrt sich dann eben also wieder von Punkt zu Punkt, wie er ehedem gestaltet wurde, zerfällt endlich ganz und gar und kehrt als eine völlig aufgelöste Willenssubstanz geistig in Mich zurück.

14. Sehet, das ist so eine Grundlinie Meines organischen Bauplanes! Sie

---

* Näheres in „Erde und Mond" (Lorber-Verlag, Bietigheim Württ.).

wird euch erst im Lichte eures eigenen Geistes nach und nach klarer werden, und ihr brauchet daraus nun nicht mehr zu ersehen als das nur, daß da unsere gegenwärtige Sitzordnung genau dieser Meiner Schöpfungsbauordnung völlig entspricht. Wie aber, – das wird sich sogleich zeigen!

15. Sehet, Ich bin ja der Hauptlebens- und Anziehungspunkt der ganzen Unendlichkeit; ihr aber seid Meine Organe zur Aufnahme des Lebens aus Mir! – Sage Mir aber, du Mein Lamech, sitze Ich nun genau in der Mitte unter euch?"

16. Hier stutzte der Lamech und sagte: „Nein, o Herr und Vater! Denn bei vier Personen ist solches ja unmöglich; sondern siehe, die Mitte wäre nur da zwischen Dir und dem Henoch!"

17. Und der Herr sagte darauf: „Siehe, darum ist das eine rechte und gute Ordnung, da Ich als der Grund alles Lebens und Regens im dreiviertel Teile der Mitte unter euch Mich befinde und du sonach den kleineren und leichteren Nordpol und der Henoch und der Lamech aber den schweren und viel größeren Südpol darstellen!

18. Und so denn wollen wir uns auch gegenseitig ziehen und erregen durch allerlei große Betrachtungen in der endlosen Sphäre des Lebens!

19. Wer da etwas ganz Besonderes weiß, der gebe es kund, und wir werden uns darüber gegenseitig etwa wohl verständigen können! Das ist Meine geringste Sorge, – und so kannst du, Lamech, sogleich einen Anfang machen! Amen."

63. Kapitel

Von der Vielweiberei. Die göttliche Ehe- und Zeugungsordnung

(Den 22. Juni 1843)

1. Der Lamech aber bedachte sich nicht lange und kam bald mit folgender Frage zum Vorschein, welche also lautete:

2. „O Herr, Du allerbester, liebevollster, heiliger Vater! Da Du mir schon die große Gnade erwiesen hast dadurch, daß Du mich beriefst, zu reden vor Dir und Dich zu fragen nach allerlei unbekannten Dingen, so getraue ich mir denn nun auch, einen vollkommenen Gebrauch von dieser endlos großen Gnade zu machen.

3. Siehe, gar oft habe ich so bei mir bedacht, ob es wohl recht und billig ist vor Dir, so da ein Mann mehrere Weiber nimmt!

4. Die Natur spricht zwar dafür, indem der Mann nahezu Tag für Tag zeugungsfähig ist; das Weib aber kann im Jahre im Grunde genommen doch nur einmal empfangen!

5. Wenn man dieses Verhältnis so recht beim Lichte des billigenden Verstandes betrachtet, da erscheint die Vielweiberei als vollkommen der Natur und der Sache angemessen zu sein, indem dadurch die Bevölkerung nur gewinnen, aber nie verlieren kann.

6. Aber betrachtet man dagegen wieder das stets gleiche Verhältnis hinsichtlich der Zahl der Individuen, da zeigt es sich wieder, als hättest Du es dennoch nicht also bestimmt, indem die Anzahl der Weiber hier und da nicht selten kleiner ist als die Anzahl der Männer; hier und da ist sie ganz gleich, nur sehr selten hier und da um ein ganz unbedeutendes größer als die Anzahl der Männer.

7. Dieses Verhältnis aber widerspricht doch offenbar dem ersten, wennschon vom Verstande aus zu billigenden Bedürfnisse der Natur; denn lasse ich die Vielweiberei völlig zu, da stehen sogleich tausend Männer als weiberlos da, die aber dennoch so gut zeugungsfähig sind wie diejenigen, die da viele Weiber besitzen.

8. Lasse ich aber die Vielweiberei nicht zu, da kann gerechtermaßen der nahezu tagtäglich zeugungsfähige Mann im Jahre nur einmal zeugen, was aber dennoch mit des Mannes Natur im starken Widerspruche zu stehen scheint. – O Herr, da möchte ich vor allem ein rechtes Licht haben!"

9. Der Herr aber erwiderte darauf dem Lamech: „Siehe, das ist eine recht gute und wahrhaft weise Frage, und eine vollkommene Antwort auf diese Frage darf dem wahren Führer eines so zahlreichen Volkes durchaus nicht fehlen; und so höre denn, Ich will dir auf deine weise Frage eine rechte Antwort geben:

10. Siehe, wäre die Vielweiberei in Meiner Ordnung, so hätte Ich sicher im Anfange schon, als Ich den Adam als den ersten Menschen der Erde geschaffen hatte, welcher auf der Höhe noch zur Stunde lebt und noch etliche Jahre fortleben wird, für diesen ersten Menschen dreihundert und etliche sechzig Weiber erschaffen, auf daß er sein tägliches Zeugungsvermögen hätte in die natürliche Anwendung bringen können!

11. Aber siehe, Ich erschuf ihm nur ein Weib, und in dieser Anzahl gebe Ich noch bis zur Stunde für ein männlich Wesen nur ein weibliches; und daraus kannst du alsbald gar leicht den guten Schluß ziehen, daß dem Manne von Mir aus nur ein Weib bestimmt ist trotz seiner reichhaltigeren Zeugungsfähigkeit.

12. Was aber diese betrifft, so ist sie nicht gegeben der Vielzeugerei, sondern nur der kräftigen Zeugerei wegen; und so kann ein Mann mit einem Weibe zwar wenigere, aber dafür desto kräftigere Kinder zeugen, während bei der Vielzeugerei nur die größten und unreifsten Schwächlinge zum Vorscheine kommen können.

13. Denn jeder Same wird eine schlechte oder gar keine Frucht erwekken, so er nicht vorher zur vollen Reife gelangt ist.

14. Also ist es auch bei dem Menschen um so mehr der Fall, wo es sich doch um die Erweckung der alleredelsten Frucht handelt.

15. Also bleibe es bei einem Weibe, und dieses tut genug, wenn es alle drei Jahre nur eine Frucht ausreift. – Verstehst du solches?"

64. Kapitel

Von dem Verlangen des Mannes nach dem Besitze vieler schöner Weiber
Die Ausreifung der Gefühlskräfte des Menschen in der Liebe zum Herrn

(Den 23. Juni 1843)

1. Und der Lamech, überaus erfreut über diese gar wichtige Belehrung, fragte weiter und sagte zum Herrn:

2. „O Herr und Vater, solches muß richtig sein; ich sehe es nun ganz klar ein, daß da Deiner heiligen Ordnung gemäß ein Mann nur ein Weib haben soll.

3. Aber während Deiner heiligen Belehrung ist mir ein neuer Punkt ein-

gefallen, der wenigstens scheinbarer Weise von einer gewissen geistig-moralischen Seite her betrachtet bei so manchem den Grund für die Vielweiberei setzen möchte.

4. Ich als ein von Dir gestellter Führer aber hätte dafür aus der beschränkten Sphäre meiner Erkenntnis fürwahr kein Wort, um diesen Grund als gänzlich falsch zu bezeigen *(bezeichnen)*! Darum will ich Dir diesen gefährlichen Punkt ganz ohne den geringsten Vorhalt kundgeben; denn Du hast es mir ja allergnädigst erlaubt zu reden, und so will ich denn nun auch reden vor Dir, was mir nur immer meine geringste Erkenntnis geben wird!"

5. Und der Herr sagte da, den Lamech ein wenig unterbrechend: „Du hast recht, so du solches tust; aber nur mache nicht zu viele Worte und Vorentschuldigungen, denn die Zeit ist kostbar, und Ich bin dazu ja nicht wie ein törichter Mensch, zu dem man mit tausend Vorworten kommen muß, bis er etwas faßt!

6. Daher mache keine Umstände und komme nur allzeit sogleich mit der Hauptsache heraus; denn ich weiß ja schon seit gar lange her, um was du Mich nun fragen wirst! Daher hast du es ja leicht, zu reden, da du das bei Mir doch sicher voraussetzen kannst, daß Ich dich sicher ganz vom Grunde aus verstehen werde.

7. Und so gib Mir denn kund deinen noch bedenklichen Punkt, – aber ohne erläuternde Umstände, deren Ich wenigstens nicht vonnöten habe, um einen Vortrag zu fassen! Und so rede denn nun mutig darauf los!"

8. Und der Lamech, ein wenig gedemütigt durch diese kurze zügliche Zurechtweisung, gab alsbald ganz kurz seinen fraglichen Punkt von sich, welcher also lautete:

9. „Der Mann aber hat ein Gefühl, demzufolge er nicht nur ein, sondern viele Weiber ergreift; und dieses Gefühl ist ein wahrer Nimmersatt. Denn so da schon jemand hätte zwei, drei und noch mehrere der schönsten Weiber, käme aber dann an einen Ort, da es noch hundert wieder anders geformt schöne Weiber gibt, siehe, da drängt es ihn alsbald gewaltigst, daß er sich auch in den Besitz dieser hundert setzen möchte!

10. Da aber anderseits nicht der Mensch sein Schöpfer, sondern nur Du es bist, warum denn solch ein Trieb dann in ihm, der Deiner Ordnung zufolge nicht realisiert werden darf? Hat doch der Mensch sich solch einen gefährlichen Trieb nicht selbst gegeben?!"

11. Und der Herr erwiderte darauf: „Siehe, da verhält es sich mit dem Gefühlsreichtume gerade also, wie es sich verhält mit der reichen Ausstattung der Zeugungsfähigkeit.

12. Das Gefühl, welches sich als ein mächtiger Zug oder Trieb im Herzen ausspricht, ist ebenfalls eine reiche Zeugungsfähigkeit, im Geiste aber nur.

13. Wenn aber der Mann ein geiler ist und seinen Samen auf den Gassen und Straßen verstreut, sage Mir, wird so ein grundgeschwächter Mann wohl je mit seinem aus- und durchgewässerten Zeugungsvermögen selbst mit einem wohl fruchtbaren Weibe mehr eine Frucht von gerechtem Maße zu zeugen imstande sein?

14. Siehe, das wird er nicht! Denn aus den Trebern preßt man keinen geistigen Saft mehr.

15. Also aber steht es auch mit dem Gefühlsreichtume: Der Mann sammle nur sein Gefühl im Herzen und kehre es dann zu Mir; und wenn es die gerechte Kraftreife wird erlangt haben, dann wird er in Mir, dem Urgrunde aller Dinge und somit auch aller noch

so schönen Weiber, den allergenügendsten und allerbefriedigendsten Ersatz finden und wird dann mit diesem kraftvollsten Gefühle ein Weib in aller gerechten Kraft lieben können, und es wird ihn das Weib seines Nachbars auch nimmer anfechten.

16. Solches also aber wisse, daß auf dieser Welt alles im Menschen nur eine auszubildende Anlage ist für einen endlos erhabenen ewigen Zweck; daher soll er von den in sich wahrgenommenen Kräften nicht töricht eher einen Gebrauch machen, als bis sie zur Vollreife gelangt sind.

17. Wie aber die Früchte der Erde nur im Lichte der Sonne reifen, also reifen auch die geistigen Kräfte des Menschen in Meinem Lichte nur.

18. Daher soll jeder Mensch seine Kräfte auf Mich hinwenden, so wird er ein vollkommen reifer, mächtiger Mensch werden in Meiner Ordnung. Wer aber das nicht tut, der ist selbst schuldig an seinem Tode. – Verstehst du das?"

65. Kapitel
Das Gleichnis vom Tautröpfchen. Vom Entwicklungsverlauf der Seele

(Den 26. Juni 1843)

1. Auf die Frage aber, ob er solches verstünde, erwiderte der Lamech: "O Herr, wie sollte ich es nicht verstehen, da Du als das Licht alles Lichtes, die Sonne aller Sonnen mich durchleuchtest wie die Morgensonne einen bebenden Tautropfen, der sich da an der Spitze eines Grasblättchens von einem erheiternden Morgenhauche sanft schaukeln läßt?!

2. Das Tröpfchen ist gleich mir wohl ein unbedeutendes flüchtiges Ding in Deiner endlos großen Schöpfungen Reihe; aber wenn es da ist, so nimmt es doch die Sonne so gut in sich auf als mein Auge und strahlt in seinem engen Kreise um sich herum wie eine kleine Sonne und erquickt mit seinem Lichte seine kleine Umgebung, seine kleine Welt, wie da erquickt ein weiser Mensch seine noch minder weisen Brüder.

3. Und so glaube denn auch ich hier gleich einem solchen Tautröpfchen zu sein. Ich bin von Deinem Lichte durchleuchtet und habe Dich insoweit erfaßt, als es mir zufolge meiner geschöpflichen Geringheit vor Dir, großer, allmächtiger Schöpfer, möglich ist und insoweit solches mir Dein allmächtiger heiliger Wille gestattet; und ich meine nun auch in diesem Deinem Lichte in mir, daß ich mit dieser Gnade meine Umgebung vielfach werde erquicken können.

4. Aber so ich dadurch sagen möchte: ,Herr, ich habe Deine strahlenden Worte ganz begriffen!', da müßte ich doch wohl noch für einen bei weitem größeren Toren gehalten werden, als so ich im Ernste behaupten möchte, ein Tautröpfchen hätte die ganze wirkliche Sonne in sich aufgenommen, weil es mit ihrem Lichte buntschimmernd widerstrahlt.

5. Du, o Herr, aber wirst am besten wissen, wieviel mir zu einem völligeren Erfassen Deiner heiligen Worte mangelt; darum bitte ich Dich: erleuchte mich nach meinem Bedürfnisse!"

6. Und der Herr belobte den Lamech ob seiner schönen Antwort und der guten Rede wegen, in der viel Weisheit zugrunde läge, und richtete nach

solcher Belobung folgende Worte an ihn:

7. „Das Tröpfchen aber, mit dem du dich verglichest, ist so unbedeutend nicht und nicht also vergänglich, wie es dir vorkommt.

8. Siehe, das Tautröpfchen lebt, gibt Leben seiner kleinen Welt und wird in eben dieser Lebensspende selbst als ein sich selbst vervollkommnendes Leben von einem schon höher stehenden Lebensgrade aufgenommen, in dem es dann zur stets mächtiger wirkenden Seele wird, welche Seele dann nimmer stirbt, sondern stets wachsend und stille fortschreitend sich durch die Wesenreihe bewegt, bis sie ans Ziel gelangt ist, aufzunehmen höhere Strahlen aus der Sonne, die dich jetzt heißliebend bestrahlt!

9. Du hast gehört noch aus der Weisheit Faraks: Als aber Gott den ersten Menschen gebildet hatte aus dem Lehm der Erde, da hauchte Er ihm dann eine lebendige Seele in seine Nüstern, und da ward der Mensch eine lebendige Seele vor Gott, seinem Schöpfer.

10. Siehe, dieser Hauch weht noch fortwährend über und durch die ganze Erde hin, welche samt und sämtlich sich im Adam verjüngt darstellt, und erweckt allzeit zahllose lebendige Seelen für künftige Menschen!

11. Und siehe, diese Menschen sind das Ziel des Tautröpfchens; in ihnen erst wird es befähigt, höhere Strahlen gerade auf die Weise, wie es nun bei dir der Fall ist, aufzunehmen aus der Sonne des ewigen Lebens, welches von keiner anderen Wesenreihe mehr eingesogen wird.

12. Also ist denn auch die ganze Erde wie ein Mensch, und ihr Bestand sind die Seelen, die einst schon, mit Meinem Geiste gebunden, da waren. Aber sie hielten die Probe noch nicht; darum werden sie nun neu im großen Mutterleibe der Erde ausgezeitigt und sodann erweckt zum neuen Leben durch Meinen Hauch.

13. Solches wirst du wohl kaum verstehen; aber es ist solches auch zum Leben nicht vonnöten.

14. Willst du aber Näheres darüber zu deinem Frommen, da hast du das Recht zu fragen. Und so frage denn, was du willst, und Ich will dich erleuchten in allen Winkeln deines Lebens! So du aber fragst, da mache nicht viele Worte! Amen."

66. Kapitel

Lamechs Staunen über die Weisheit des Herrn
Die Gnade der Demütigung der menschlichen Weisheit

(Den 27. Juni 1843)

1. Als der Lamech aber solche Worte aus dem Munde des Herrn vernommen hatte, da schlug er sich auf die Brust und sagte dann:

2. „O Herr, jetzt ist der Lamech stumm geworden in seinem Verstande und weiß nichts mehr zu reden und zu fragen; denn eine zu geheimnisvollste und übertiefst verborgene Sache hast Du nun berührt, in die mein Schnekkenauge nimmer zu blicken vermag.

3. Und wahrlich wahr, ich erschaudere nun vor Deiner zu endlosen Weisheitstiefe und habe daher durchaus keinen Mut mehr, Dich um etwas zu fragen! Denn Du könntest mir eine noch

tiefere Antwort geben, und ich würde dann zugrunde gehen vor Dir und vor dem gesamten Volke! Daher soll Dich ein anderer nun an meiner Statt um etwas fragen!

4. Es ist zwar an und für sich das höchst Angenehmste und das Größte, von Dir, dem Schöpfer Selbst, über Deine großen Wunderschöpfungen belehrt zu werden; aber wenn Du, o Herr, das noch ganz blinde Geschöpf zu sehr auf einmal in die grellsten Strahlen Deines unendlich mächtigst stärksten Lichtes setzest, so fühlt man dann nur zu schmerzlich stark den eigenen Lichtmangel.

5. Zu wissen, daß man gegen Dich in jeder Hinsicht ein reines Nichts ist, ist erträglich; aber solches in Deinem allermächtigst hellsten Lichte zu fühlen und lebendig zu empfinden, ist unerträglich. Daher getraue ich mich nun nicht mehr, Dich um etwas Weiteres zu fragen, da ich nur zu sehr meine völligste Nichtigkeit vor Dir einsehe."

6. Und der Herr sagte darauf zum Lamech: „Höre, eben das ist der eigentliche Hauptgrund aber auch, warum Ich dir nun tiefst verborgene Dinge kundtue, daß du dadurch so recht vom ganzen Herzen sollst gedemütigt werden und alle deine Weisheit und Einsicht gefangennehmen und sie Mir zu Füßen legen!

7. Denn solange du noch auch nur mit einem allerkleinsten Fünkchen eigener Weisheit prunken möchtest, kannst du nicht in Meine Weisheit eingehen; und gäbe Ich sie dir wie aufgedrungen, so würde sie dich zerstören und vernichten, gleich wie da ein entzündetes Steinsalz alles zerstört, was es umschließt.

8. Daher mußt du vorher ganz ätherisch gereinigt vor Mir stehen durch deine Demütigung, ehe du fähig wirst, Mein Licht in dir zu ertragen.

9. Siehe, dieser Tempel ist ja der Weisheit aus Mir erbaut; aber er konnte eher nicht erbaut werden auf dieser lichten Höhe, als bis er (*der Berg*) gereinigt ward von allem unsauberen Geschmeiße.

10. Geradeso aber kann auch Mein lebendiger Tempel Meiner Weisheit nicht eher in dir errichtet werden, bis du nicht völlig gereinigt hast deinen eigenen Weisheitsberg in dir.

11. Frohlocke daher, wenn dich Mein Licht zu drücken anfängt; denn da bist du nahe daran, all das Deine Mir zu übergeben und dafür das Meine in dir aufzunehmen!

12. Siehe, es geht mit dieser Sache des Geistes beinahe gerade also wie mit den Zähnen, welche so ganz eigentlich das Symbol der Weisheit sind:

13. Die Milchzähne, die das Kind mit Schmerzen überkam, müssen wieder etwas schmerzlich vertilgt werden, wenn die starken Manneszähne kommen; denn sie waren nur Wegmacher für die Manneszähne.

14. Also muß aber auch alle deine frühere Weisheit aus dir, bis du dann erst die Meinige, ewig mächtige in dir aufnehmen kannst!

15. Und so denn kannst du schon fragen voll Mut und dich demütigen in Meinem Lichte, auf daß du dadurch fähig wirst, Mein reinstes Licht in dir aufzunehmen! Ich sehe aber, daß du Mich nun recht wohl verstanden hast; so getraue dich denn auch wieder, Mich um etwas zu fragen! Frage aber, um was du willst, und Ich werde dir antworten! Amen."

67. Kapitel

Der Ursprung und das Wesen des Bösen

(Den 30. Juni 1843)

1. Nach dieser überaus tief und lebendig belehrenden Rede des Herrn bekam der Lamech wieder Mut und sagte zum von ihm nun über alles geliebten Herrn:

2. „O Herr und allerheiligster Vater, wenn es also ist, da will ich Dich ja fragen mein Leben lang, und es wird mir nicht mehr bange werden, so Du, um mich zu demütigen, mir noch so tiefe Antworten darüber erteilen möchtest!

3. Und so habe ich denn nun auch schon wieder eine meines Erachtens gar tüchtige Frage in Bereitschaft! Willst Du, o Herr, sie vernehmen, da möchte ich sie sogleich losgeben!"

4. Und der Herr sagte zu ihm ganz sanften Tones: „Warum willst du denn allzeit eine dreifache Erlaubnis, bevor du dich zu reden getraust?

5. Ich sage dir, rede! Denn in Meiner Rede habe Ich es dir ja gesagt, daß du fragen kannst, um was du nur immer willst, und Ich werde dich darüber erleuchten! Wozu sollte da noch eine zweite und dritte Erlaubnis vonnöten sein?! Also rede, wie dir das Herz und die Zunge gewachsen ist!"

6. Diese Worte öffneten dem Lamech völlig den Mund, und er kam sogleich mit folgender Frage zum Vorschein und sprach:

7. „Herr, Du warst von Ewigkeit her vollkommen und endlos überaus gut in Deinem Sein, und das durch Dein ganzes Wesen, und außer Dir war ewig in Deiner ganzen Unendlichkeit nichts als nur Du allein.

8. Als Du aber wolltest Engel, Himmel und Welten und Menschen erschaffen, da bedurftest Du keines Stoffes, sondern Dein allmächtiger Wille, verbunden mit Deinen allerweisesten, heilig-erhabensten Ideen und Gedanken, war allein allzeit und wird ewig sein der Grund Deiner ganzen unendlichen Schöpfung.

9. Da ich mir aber doch unmöglich denken kann, daß in Dir je eine arge Idee oder gar irgendein nur dem Anscheine nach böser Gedanke stattgefunden hat, so möchte ich denn doch erfahren von Dir, woher denn so ganz eigentlich das Böse des Satans und somit auch das Arge und Schlimme in uns Menschen kam. Woher die Sünde, woher der Zorn, woher der Neid, woher die Rache, woher die Herrschsucht, und woher die Hurerei?"

10. Und der Herr erwiderte darauf dem Lamech: „Mein lieber Lamech, diese deine Frage klingt zwar wie eine großartig weise; aber Ich sage dir: sie ist sehr menschlich!

11. Ich will dir aber dennoch eine Antwort darauf geben und lösen deine Frage, obschon du heimlich meintest, Mir eine Frage dadurch zu geben, mit deren Beantwortung es Mir Selbst ein wenig bedenklich gehen möchte, und so höre denn:

12. In Meinem Angesichtsbündel gibt es durchaus nichts Böses, sondern nur Unterschiede in der Wirkung Meines Willens; und dieser ist in der Hölle wie im Himmel, im Schaffen wie im Zerstören gleich gut.

13. Aber im Angesichtsbündel der Geschöpfe ist nur eines als gut zu betrachten und zu stellen, das heißt: der Verhältnisteil der Bejahung allein nur ist als gut zu betrachten und zu stellen, unter dem das Geschöpf bestehen kann neben Mir und in Mir, und das ist der erhaltende oder stets schaffende Teil

aus Mir, – der auflösende oder zerstörend herrschende mächtige Teil aber als böse im Anbetrachte des Geschöpfes, weil es im selben neben Mir und in Mir nicht als existierbar gedacht werden kann.

14. In Mir also ist das Ja wie das Nein gleich gut; denn im Ja schaffe Ich, und im Nein ordne und leite Ich alles.

15. Aber fürs Geschöpf ist nur das Ja gut und böse das Nein, und das so lange, bis es nicht völlig eins im Ja mit Mir geworden ist, allwo es dann auch im Nein wird bestehen können.

16. Sonach gibt es für Mich keinen Satan und keine Hölle, – wohl aber im Anbetrachte seiner selbst und der Menschen dieser Erde, weil es sich hier um die Bildung Meiner Kinder handelt.

17. Es gibt noch zahllose andere Welten, auf denen man den Satan nicht kennt und somit auch das Nein nicht, sondern allein nur das Ja in seinen Verhältnissen.

18. Siehe, so stehen die Dinge! Die Erde ist eine Kinderstube, und so gibt es auf ihr auch allzeit viel Geschrei und blinden Lärm; aber Ich schaue das mit anderen Augen als du, ein Mensch dieser Erde.

19. Verstehst du solches? – Rede, wieviel davon du verstehst! Amen."

68. Kapitel

Lamechs Verstummen vor der Heiligkeit Gottes. Die Grenzen der Allmacht Gottes. Die Überbrückung der Kluft zwischen Gott und Mensch durch das Gnadenverhältnis von Vater und Kind

(Den 1. Juli 1843)

1. Der Lamech aber erwiderte auf diese lehrreiche Antwort des Herrn: „O Herr, Du allerbester, heiliger Vater! Wenn es auf mein Verständnis ankäme, so gäbe es da über diesen Punkt, das heißt für mich, noch gar vieles zu fragen!

2. Aber da ist ja der Henoch und mein Namensgefährte aus der Höhe; diese haben Dich, o heiliger Vater, sicher besser verstanden als ich und werden mir daher, so es nötig sein sollte, bei irgendeiner Gelegenheit schon das Notwendigste mitteilen darüber.

3. Und so habe ich meine Unwürdigkeit vor Dir, o Herr, zu reden, erschaut und will mich nicht mehr getrauen, Dich weiter darüber zu fragen; nicht aber etwa Deiner endlosen Weisheit halber, sondern weil Du heilig bist, überheilig.

4. Ich empfand aber solches anfangs nicht so sehr; aber da ich mich in Deiner Weisheit so recht vom Grunde aus gedemütigt habe, so fällt mir nun Deine endlose Heiligkeit auf, und ich bin von ihrer göttlichen Schwere gedrückt bis in den allertiefsten und allerfinstersten Abgrund!"

5. Hier verstummte der Lamech im Ernste; denn er hatte während der Rede des Herrn erst so recht vom Grunde des Grundes zu fühlen und somit lebendig einzusehen angefangen, was Gott ist in Seinem Wesen, und was dagegen der geschaffene Mensch in dem seinigen.

6. Und er bedachte bei sich, wie so ganz und gar in allen Teilen der Mensch abhängt von Gott und aus eigener Kraft nicht einmal imstande ist, auch nur einen Atemzug zu tun, geschweige erst einen freien Gedanken in sich zu schöpfen, und bedachte aber

auch dabei noch hinzu, daß eben dieser allmächtige, heilige, ewige Gott nun an seiner Seite sich befindet und mit ihm redet.

7. Daher ward er denn auch so sehr betroffen und gedemütigt, daß er sich darum nicht mehr weiter zu reden getraute.

8. Aber der Herr merkte gar bald solche Verlegenheit Lamechs und sagte darauf zu ihm: „Höre Mich an, Mein Sohn Lamech! Kann Ich denn etwas darum, daß Ich Gott von Ewigkeit bin, lebendig aus Mir Selbst, und du ein Geschöpf aus Mir? Ist es möglich wohl, dieses Verhältnis zu ändern? Kannst du ein ewiger Gott und Ich dein Geschöpf werden? Siehe, das sind Dinge, die auch Mir unmöglich sind!

9. Ich so wenig als du werden ewig je imstande sein, diese Ordnung umzukehren; denn wäre es möglich, daß Ich Mich herabwinden könnte zu einem puren Geschöpfe, so würde im Augenblicke, als Ich die ewige Gottheit ablegte, um sie dir einzuräumen, die ganze Schöpfung samt dir zugrunde gehen bis auf das allerletzte Atom.

10. Wenn aber solches sich ereignete, was hättest du dann von solcher Veränderung, und was bliebe Mir wohl noch übrig dann? – Du wärest nicht mehr; Ich aber müßte wieder die Gottheit anziehen, und so Ich wieder Wesen um Mich haben wollte, da müßte Ich sie von neuem wieder erschaffen und dich selbst wieder ins Dasein hervorrufen, so Ich doch sicher wollte, daß du seiest an Meiner Seite!

11. Ich meine aber, du wirst solches nun einsehen, was da möglich und was da unter den Bedingungen Meiner ewigen Ordnung unmöglich ist, und wirst auch einsehen, daß Ich als der ewig unwandelbare Gott sicher alles Mögliche aufbiete, um Mich Meinen Geschöpfen und aus ihnen hervorgehenden Kindern also zu nahen und alle Klüfte zwischen Mir und ihnen so sehr auszufüllen, daß sie mit Mir wie mit ihresgleichen umgehen können und von Mir Selbst lernen können ihre ewige lebendige Bestimmung, in welcher dann zwischen Mir und ihnen bloß nur ein moralischer Unterschied obwalten sollte, demzufolge sie aber eben zu vollkommen eigenen Herren in Mir und neben Mir sein sollten ewig.

12. Wenn die Sache sich aber doch notwendigst also verhält, da sehe Ich denn schon wieder nicht ein, wie und warum du vor Meiner notwendigen Gottheit also sehr erbebst, daß dir darob die Zunge den Dienst versagt!

13. Laß das beiseite, das nicht taugt für Vater und Kind, sondern plaudere, was dir einfällt, auf daß du daraus ersehen möchtest, wie überaus geduldig Ich, dein Vater, allzeit bin!

14. Lege aber nun deine Hand in die Meinige, und greife, wie gut und geduldig Ich bin, und rede dann, wie dir die Zunge gewachsen ist! Amen."

69. Kapitel

Das Leben des Geschöpfes als Teil des Lebens Gottes
Der Mensch als fixierter Gedanke Gottes
Die geheimnisvolle Frage der menschlichen Freiheit

(Den 3. Juli 1843)

1. Nach solcher Muteinsprechung von Seite des Herrn bekam der Lamech ein freies Gemüt und sagte darauf:

2. „Ja, also ist es und wird es bleiben ewig wahr: Das Geschöpf kann nie ein ungeschaffener Gott, Gott aber ebensowenig je ein geschaffenes Geschöpf werden!

3. Gott zwar lebt aus Sich ewig frei und das Geschöpf nur bedingt durch Gott und aus Gott; aber so einmal das Geschöpf da ist und lebt, so lebt es ja auch in seiner Art ein göttliches Leben, indem es doch ewig nirgends ein anderes Leben gibt als allein nur ein Leben aus Gott.

4. So es aber ein Leben aus dem ewigen Leben Gottes ist, da kann es ja doch unmöglich selbst nicht anders als auch ewig sein!

5. Mein Leben kann also nur ein Teilchen aus dem ewig unendlichen Leben Gottes Selbst sein, sonst wäre es kein Leben; da es aber solch ein Teilchen ist, so ist es ja als solches gleich dem, von dem es ein Teilchen ist, also ewig, vor- und rückwärts betrachtet. Denn ich kann mir nicht denken, daß da in Deiner Lebensfülle ältere und jüngere Lebensteile sich vorfinden sollten.

6. Mein Schluß ist nun der: Ich war, o Herr, ewig ein Leben in Dir, aber gebunden in Deiner endlosen Lebensfülle; Dir aber hat es in einer Periode wohlgefallen, dies mein Lebensteilchen frei aus Dir zu stellen, und so bin ich nun ein freigestelltes Lebensteilchen aus Dir für ewig, wie ich ehedem in Dir von ewig her als ein unfreies für sich, aber mit Deinem endlosen Leben völlig vereint freies Leben war!

7. Herr und Vater, habe ich recht geurteilt, oder habe ich mich irgend geirrt?"

8. Und der Herr sprach: „Nein, Lamech, diesmal ist dein Urteil vollkommen gut und wahr und richtig ausgefallen; dessen kannst du aus Meinem Munde nun völlig versichert sein!

9. Es ist also, wie du es nun ausgesprochen hast, und so sind Ich und du schon von Ewigkeit her, – nur mit dem Unterschiede, demzufolge Ich die ewige Allheit, du aber nur ein Teilchen dieser unendlichen Allheit in und aus Mir bist.

10. Denn das ist sicher doch richtig, daß da eines jeden Menschen Gedanken so alt sein müssen, als wie alt er selbst ist; aber es kommt da auf den Menschen an, wann er sie denkt oder gewisserart frei macht in seinem Gemüte.

11. Wenn aber solches geschieht, dann hat sie der Mensch gewisserart geschaffen und geformt in, wie nicht selten auch werktätig aus und außer sich, und diese Gedanken stehen dann da wie freie Wesen, obschon sie noch immer an den Schöpfer gebunden sind, das heißt an den Menschen, der sie gedacht hat.

12. Siehe, also ist es ja auch unter uns der Fall! Ich bin der Mensch der Menschen, und ihr Menschen seid allesamt und sämtlich Meine Gedanken, also Mein Leben, weil die Gedanken, die freien Gedanken, das eigentliche

Leben in Mir sind¹ also, wie sie in euch es sind, indem ihr alle völlig nach Meinem Maße geschaffen seid!

13. Als Meine ewigen Gedanken aber könnet ihr ja unmöglich jünger sein als Ich Selbst; und so hast du, Lamech, wie gesagt, diesmal vollkommen richtig geurteilt!

14. Das ist somit richtig; aber es waltet hier dennoch ein großes Geheimnis ob, und dieses kündet sich gar mächtig in der Frage: Wie und auf welche Art aber kann der Schöpfer Seine Gedanken als Seine ewigen Lebensteilchen aus Sich als vollkommene, freie, sich selbst bewußte² lebende Wesen hinausstellen also, daß sie sind, wie du nun bist vor Mir und kannst reden mit Mir, als wärest du ein zweiter ewiger Gott neben Mir?

15. Lamech, siehe, bisher hast du Mich gefragt; jetzt aber frage Ich dich! Suche in dir eine Antwort auf diese Meine Frage; denn sie muß ja in dir liegen, so wie du doch sicher das Geschöpfliche in dir liegen hast! Denke nach, und antworte Mir dann! Amen."

---

¹ ‚sind' ist ergänzt.
² ihrer selbst bewußt.

70. Kapitel

Lamechs Verlegenheit ob der für ihn unlösbaren Frage und das Bekenntnis seiner Torheit. Die Demut als die wahre Weisheit

(Den 4. Juli 1843)

1. Bei dieser Frage fing der Lamech gar gewaltig zu stutzen an und wußte nicht, wie er daran sei. Sollte er auf diese nur für den Schöpfer möglich zu beantwortende Frage in sich im Ernste eine Antwort zu suchen anfangen, oder sollte er diese so überhoch gestellte Frage nur als eine gute Demütigung ansehen, die ihm der Herr etwa darum habe zukommen lassen, weil er sich vor Ihm in der früheren Erörterung vielleicht etwas zu hoch ausgelassen habe?

2. Zwischen diesen zwei Ideen schwärmte der Lamech eine geraume Zeit herum und blieb darum völlig stumm und somit auch mit der verlangten Antwort im Hintergrunde.

3. Aber der Herr merkte gar wohl, warum der Lamech schwieg, und sagte darum zu ihm: „Höre, du mein lieber Sohn Lamech! Wie lange wirst du Mich denn lassen auf eine Antwort warten?

4. Du hast doch in deiner früheren Erörterung wahrhaft tief weise gesprochen, also zwar, daß solch eine Rede auch einem allertiefsinnigsten Cherub nicht zur Unehre gereicht hätte; und doch habe Ich vorher solches nicht verlangt von dir, sondern gab dir nur das unbedingte Recht, zu fragen.

5. Nun aber, da Ich dir durch Meine Frage eine rechte Gelegenheit gab, deiner tiefen Weisheit einen vollkommen freien Lauf zu lassen, schweigst du wie eine Maus, so sie die Katze wittert, und magst nicht reden, was dir zu einer großen Ehre gereichen möchte!

6. Was ist es denn? Hat dich denn dein Scharfsinn auf einmal im Stiche gelassen, oder getraust du dich nicht mit der gefundenen Antwort heraus, da du etwa ihre Tüchtigkeit für dich selbst noch nicht so recht fest verbürgen kannst?

7. Also rede doch, damit wir aus dir erfahren, wie es dir dünkt, daß du nun daran bist!"

8. Und der Lamech raffte sich auf

diese sehr bedingende Vorrede des Herrn in seinem Geiste zusammen und sprach mit einer sehr verlegenen Stimme:

9. „O Herr, nun ist es mir so klar wie die Sonne, daß Du durch Deine entsetzliche Frage eigentlich keine zu beantwortende Frage, sondern nur einen gar mächtigen Stein zum Anstoße für meine weise schimmern wollende Torheit hast legen wollen!

10. Ich kann Dir aber, o Herr und allerliebevollster Vater, jetzt nur danken aus dem tiefsten Grunde meines Dich nun über alles, alles, alles liebenden Herzens dafür; denn ich ersah es nun und ersehe es stets klarer, daß ich so gewisserart mit meiner Torheit vor Dir und dem Henoch habe ein wenig glänzen wollen also, als wäre ich auch ein Weiser, von dem wenigstens der Henoch sagen müßte, daß er ein ganz gediegener Weiser sei!

11. Aber diese Deine heilige Frage hat mir meiner Torheit Fülle gezeigt, und ich bitte Dich darum um Vergebung dieser meiner großen Torheit wegen und bitte Dich auch, daß Du, o lieber, heiliger Vater, da Du schon solch eine heilige Frage gestellt hast, sie auch allergnädigst beantworten möchtest, so die Antwort uns frommen sollte nach Deinem heiligen Willen; und sollte sie uns in ihrer Tiefe nach Deiner allerhöchst weisesten Einsicht das nicht, so werde ich Dir auch für die Nichtantwort aus der Tiefe meines Herzens zu danken auf das lebendigste bemüht sein!"

12. Der Herr aber erwiderte darauf dem Lamech und sagte: „Höre, Mein lieber Sohn Lamech, diese Erörterung deiner Schwäche gefällt Mir ums unvergleichbare besser denn deine frühere über das lebenshomogene Verhältnis zwischen Schöpfer und Geschöpf, obschon sie an und für sich richtig war, da Ich es dir eingab, also zu reden, um zu bearbeiten dein Herz und dir zu zeigen, worin die wahre Weisheit besteht, nämlich in der Demut, derzufolge der Mensch ersieht, daß er aus sich völlig nichts vermag, aus Mir aber alles.

13. Nun aber, um dich davon zu überzeugen, werde Ich dir die große Antwort in dein Herz legen, und du wirst daraus klar werden, wie der Mensch aus Mir vor Mir und aller Welt also wie aus sich zu reden vermag!

14. Und so sei es denn, und du magst nun schon zu reden anfangen! Amen."

71. Kapitel

Lamechs geistiges Schauen der Gedankenschöpfungen in seinem Innern und deren Entsprechung mit dem Ursprung der Menschen in Gott

(Den 5. Juli 1843)

1. Und der Lamech fing alsbald ganz gemächlich zu reden an und sprach: „Die Frage, so ich mich etwa nicht irre, lautete also:

2. Wie und auf welche Art aber kann der Schöpfer Seine Gedanken als Seine ewigen Lebensteilchen aus Sich als vollkommen freie, sich selbst bewußte lebende Wesen hinausstellen also, daß sie sind, wie ich nun bin vor Dir, o Herr, und kann reden mit Dir. als wäre ich ein zweiter ewiger Gott neben Dir?

3. Das wäre die Frage! Diese ist

richtig, – das erkenne ich sonnenklar; aber die Antwort, die sehr schwere Antwort, die ist noch nicht mit der Frage ans Weltlicht getreten.

4. Aber ich erschaue nun etwas in mir: es sind große Gedanken! – Durch ein Chaos winden sie sich hervor gleich einzelnen Sternen, die da auch manchmal in einer stark umwölkten Nacht sich auf eine ähnliche Weise die Bahn brechen und dann durch die zerrissenen Wolkenklüfte gar mild und sanft herabblicken auf den finsteren Boden der Erde.

5. O Gedanken, o Gedanken, ihr wunderherrlichen Kleinschöpfungen meines Geistes! Welch sonderliche Formen seid ihr? Ihr füllet mächtig meine Brust; Sterne drängen sich an Sterne und lichte Formen an Formen, und freier und freier wird es in meiner Seele!

6. Jetzt ziehen die nächtlichen Wolken ab in meiner Brust, und dahin sie ziehen, begegnen sie gar mächtigen Lichtströmen, und die Lichtströme nehmen die abziehenden Wolken auf, und die aufgenommenen Wolken werden selbst zum Lichte und gewinnen im Strome Formen, – ja gar wunderbar-herrliche Formen bekommen sie!

7. Oh, ich sehe nun eine Lichtformenfülle (*Fülle von Lichtformen*) in mir, die unbeschreiblich und zahllos durcheinanderwallen gleich den hellschimmernden Ephemeriden (*Eintagsfliegen*) an einem schönen Sommertage, wenn die Sonne sich dem Untergange zu nahen anfängt, oder so sie aufgeht und die tiefer gelegenen Fluren zum ersten Male mit ihren allerherrlichsten Strahlen zu begrüßen anfängt!

8. Ja, also ersehe ich wohl die große Antwort nun in mir; aber wie möglich soll ich das aussprechen?!

9. Aber was entdecke ich armseliger Tropf nun?! Die Formen gestalten sich ja nach meinem Wollen um!

10. Siehe, ich will Menschen meinesgleichen, und sie werden nach meinem Wollen! Und ich sehe, wie sie sind von Lichtatom zu Lichtatom meiner Gedanken; und mein Wille hält sie in meiner eigenen Form und will, daß sie leben, und sie leben gleich mir und bewegen sich frei, weil ich es also will.

11. Ich selbst aber erschaue mich nach meinem Wollen auch in einer ihnen völlig ähnlichen Form unter ihnen, und diese meine eigene Form spricht, was ich denke und spreche in dieser meiner ursprünglichen Größe.

12. Und alle die anderen Formen in vollkommen menschlicher Gestalt drängen sich an diese meine Form unter ihnen und hören sie an und reden mit ihr nach der Art und Weise ihrer durch mein Wollen ihnen eingehauchten Beschaffenheit!

13. Ich aber habe eine große Freude an diesen Formen, und mein Wille ist, sie alle zu erhalten mit meinem Willen. Diese Freude aber ist eine mächtige Liebe zu diesen Formen in mir; ich liebe sie!

14. Und siehe, aus meiner Form aber entstürzen nun Flammen gleich Blitzen, und diese Blitze senken sich in die Brüste der vielen Formen! Die Formen aber fangen an, sich selbst zu bewegen, und beschauen sich und erkennen sich; und ich sehe sie tun miteinander allerlei, das ich nun nicht mehr will!

15. O Herr, welch ein großes Wunder ist das nun in mir! Wenn ich nur die Antwort schon hätte!"

16. Der Herr aber sprach zum Lamech: „Ich sage dir: du brauchst sie nicht mehr; denn du hast sie bereits schon gegeben!

17. Also ist es, wie du es geschaut

hast nun in dir, – aber freilich wohl bei Mir vollkommen realisiert, was bei dir nur vorübergehendes, flüchtiges Bild war!

18. Doch mehr davon zu sprechen, wäre eine zwecklose Mundwetzerei, da das Geschöpf des Schöpfers Kraft wohl bildlich, aber nie reell fassen kann.

19. Du aber hast noch eine andere Frage im Hintergrunde; und so komme mit derselben zum Vorscheine! Amen."

72. Kapitel

Die Schmerzfähigkeit des Leibes
Der Schmerz als Wohltäter und Schutzwächter des Lebens
Wie man ohne Schmerz leben kann

(Den 6. Juli 1843)

1. Als aber der Lamech solch eine neue Beheißung vom Herrn vernommen hatte, derzufolge er noch mit einer Frage kommen dürfe, obschon es im Osten schon ganz bedeutend zu tagen begonnen hatte, da ward er überfroh und brachte auch ohne vieles Entschließen folgende Frage zum Vorschein, sagend nämlich:

2. „O Herr, Du heiliger und allerliebevollster Vater und Schöpfer aller Engel und Menschen! Siehe, das Leben auf der Erde zur Probung des Geistes wäre an und für sich ja ganz seinem erhabenen Zwecke gemäß, wenn mit diesem Leben nur eine höchst unangenehme Sache nicht verbunden wäre; diese Sache aber ist die Fähigkeit für den entsetzlichen Schmerz!

3. Warum muß denn dieser Leib schmerzfähig sein? Warum muß es mir einen Schmerz verursachen, so ich mich irgendwo anstoße, oder so ich irgendwo falle oder irgend mich schneide, kneipe oder steche? Warum müssen sich sogar öfters freie, überlästige Schmerzen im Leibe entwickeln? Warum muß mich das Feuer so unerträglich brennen, und warum muß das Weib unter so großem Schmerze gebären?

4. Siehe, o Du lieber, heiliger Vater, das kann ich durchaus nicht billigen in der Sphäre des Lebens mit diesem meinem Erkennen und möchte darum den Grund dieser traurigen Erscheinung von Dir, dem Schöpfer, erfahren!

5. Denn ich vermute mit großer Zuversicht, daß das Leben des Geistes völlig schmerzunfähig ist. Darum könnte ja wohl das Leben des Leibes ebenfalls auf eine gleiche Weise völlig schmerzunfähig sein! – Hab' ich recht oder nicht?"

6. Und der Herr, den Lamech ganz mitleidig ansehend, sagte zu ihm: „Höre, Mein Sohn Lamech, diesmal hast du auch nicht einmal den Schein der Wahrheit und des Rechtes auf deiner Seite!

7. Sage Mir in deinem Gemüte: Wäre wohl irgendein Leben denkbar, welches da nicht empfänglich sein sollte für Eindrücke aller Art? So du keine Empfindung hättest, lebtest du dann?

8. Ich setze aber den Fall, daß der Mensch allein nur alle Eindrücke als wohltuend empfände, etwa auf die Weise, wie den Akt der Zeugung. Würde sich da der Mensch nicht alsbald zerstören, indem er sich fortwährend stoßen, schlagen, stechen, schneiden und brennen würde, und ehe da vergin-

ge ein Jahr, wäre doch sicher vom ganzen Leibe kein Glied mehr vorrätig?!

9. Ohne alle Empfindung – weder wohltuender, noch schmerzender Art – aber ist nur der absolute Tod.

10. Also ist der Schmerz ja des Lebens größter Wohltäter und allergetreuester Schutzwächter, ohne den das Leben auf gar keine sonstige Weise als bestandbar gedacht werden könnte.

11. Zudem ist dir ja ohnehin ein schmerzloser Leib gegeben worden! So du ihn hältst nach Meiner Ordnung und bist aufmerksam im Liegen, Sitzen, Stehen, Gehen und Laufen, so wirst du dein Leben völlig schmerzlos durchbringen; und so du mäßig bist im Essen und Trinken, da wirst du auch verschont bleiben von innerem Wehe; und so du nicht zu sehr den Werken des Fleisches obliegst, da wirst du nie erfahren, was da ist ein Schmerz in den Gliedern!

12. Der Schmerz aber ist ja das eigentlichste Attribut des Lebens, ohne das du keine Sinne hättest! Er ist die eigentliche Empfindung und die Wahrnehmung der Liebe; und so diese aus ihrer Ordnung gerät, so empfindet sie solches in der Art des Schmerzes, die Ordnung aber stets als ein überaus behagliches Gefühl.

13. Wünsche dir daher den Schmerz nie hinweg; denn er ist deines Lebens treuester Wächter und wird einmal auch der Zusammenzieher und Sammler und völlige Retter des Lebens deines Geistes werden.

14. Inwieweit aber auch die reinsten Geister schmerzunfähig sind oder nicht, das soll dir so geschwind als möglich ein Geist kundtun! Amen."

73. Kapitel

Zuriels Beweis für die Schmerzempfindlichkeit des Geistes

(Den 7. Juli 1843)

1. Als der Herr aber solches noch kaum ausgesprochen hatte, da stand schon Zuriel strahlend vor der kleinen Sitzgesellschaft im Tempel, verneigte sich bis zum Boden vor dem Herrn und sprach dann zum Herrn:

2. „O Herr, Du großer Gott, Du liebevollster, heiliger Vater und allmächtiger Schöpfer aller Geister und Menschen aus den alten Geistern Deiner Urhimmel, die allewig waren, wie Du allewig warst über allen den Himmeln der Himmel im ewig unzugänglichen Heiligtume Deines Lichtes!

3. Du hast mich allergnädigst gerufen aus Deiner endlosen väterlichen Milde; so möchte denn auch Deine heilige Liebe mir kundtun, welch ein süßes Werk der Liebe mir zu verrichten bevorsteht!"

4. Und der Herr sagte: „Zuriel, Ich kenne deine alte Treue! Siehe aber, hier an Meiner Seite ist der Lamech, den du kennst; auf daß er dir aber ein rechter Bruder werde, so löse ihm den geistigen Teil seiner Frage, demzufolge er wohl wissen möchte, ob das vollkommene Leben auch im reinsten Geiste schmerzfähig ist oder nicht! Siehe, das ist der Grund, darum Ich dich gerufen habe; und so denn zeige solches diesem Bruder nach der Art der Geister! Amen."

5. Als der Herr aber solches noch kaum ausgesprochen hatte, da streckte schon der Zuriel seine Hand aus, legte sie auf die Brust des Lamech und sagte dann zu ihm:

6. „Bruder, tritt nach dem allerheiligsten Willen des Herrn auf eine kurze

Zeit heraus aus deinem morschen Wohnhause, und erfahre lebendig, wie es ist, das dir ein harter Glaube deucht!"

7. Und kaum waren diese Worte vom Lamech vernommen worden, so sank sein Leib schon wie der eines Sterbenden zurück, – sein Geist aber stand alsbald weißglänzend vor dem Zuriel.

8. Zuriel aber ergriff alsbald dessen Hand und drückte sie mit tüchtiger Festigkeit.

9. Der Lamech aber schrie im Geiste nun laut auf und sagte im starken Geschrei: ,,Aber um des Herrn willen, – was tust du mit mir?! Du zerquetschst mir ja die Hand und verursachst mir einen gar entsetzlichen Schmerz!"

10. Der Zuriel aber ließ nun alsbald des Lamechs Hand aus und sagte dann zu ihm: ,,Bruder, du bist nun im Geiste; denn siehe, deine Wohnung ruht ohnmächtig dort an den Stufen des Altars! Wie aber hast du einen Schmerzensruf tun können, indem du doch ehedem behaupten wolltest, daß man im reinen Geiste schmerzunfähig sei?"

11. Und der Lamech erwiderte darauf dem Zuriel ,,O Bruder, du bist ein harter Lehrer! Ist schon die Erfahrung die beste Lehrerin, so aber hätte ich es fürwahr auch auf eine ein wenig sanftere Art begriffen, daß man im Geiste noch ums unbeschreibliche empfindlicher ist denn im Leibe!

12. Nein, für diese Lehre könnte ich mich für alle Zukunft gar schönstens bedanken; denn die Hand brennt mich noch, als hielte ich sie im glühenden Erze! O Herr, nimm mir doch den Schmerz hinweg, sonst muß ich verzweifeln!"

13. Der Zuriel aber hauchte die Hand Lamechs an, und dessen Schmerz war hinweg, und er befand sich mit dem vollsten Bewußtsein wieder in seinem Leibe.

14. Der Herr aber fragte darauf den Lamech, was er nun hielte von der Empfindsamkeit des Geistes.

15. Und der Lamech erwiderte: ,,O Herr, gerade das Gegenteil meiner früheren Meinung!"

16. Und der Herr erwiderte: ,,Mehr brauchen wir ja nicht! Wenn die Empfindung nur dem Leben angehört, so muß sie ja auch da am heftigsten sein, wo das Leben in seiner Urfülle vereint ist! Übrigens wäre ja schon im Ausdrucke ,ein gefühlloser Geist' der größte Widerspruch!

17. Doch überlassen wir, das Nähere kundzugeben, dem Zuriel, darum er da ist! Und so rede du, Zuriel! Amen."

74. Kapitel

Vom Wesen des Lebens
Der Grund der Schmerzfähigkeit und der Beseligung

(Den 10. Juli 1843)

1. Und alsbald fing der Zuriel an, folgende Worte an den Lamech zu richten, und sagte zu ihm: ,,Bruder Lamech im Herrn, unserem allmächtigen Schöpfer und allerheiligsten und liebevollsten Vater! Siehe, ich habe es dir zuvor sozusagen – da du dich selbst im Geiste befandest – handgreiflich gezeigt, daß der Geist eine gar mächtig starke Empfindung hat für geistige Eindrücke, welche der Erscheinlichkeit nach zwar völlig gleichen den naturmäßigen, aber nicht also der Bedeutung nach!

2. Aber du weißt nun noch nicht, worin deine geistig schmerzliche Emp-

findung ihren Grund hat. Damit du aber solchen auch klärlichst erschauen magst, so will ich dir solches nach dem Willen des Herrn allergetreust kundgeben, und so höre mich denn an!

3. Siehe, du empfindest die Eindrücke der Welt, da du lebst in ihr, entweder schmerzlich oder gar wohltuend und behaglich; schmerzlich dann, so die Eindrücke über die dir innewohnenden Kräfte zu mächtig sind, und wohltuend und behaglich dann, wenn die Eindrücke so gestellt sind, daß sie deine dir innewohnenden Kräfte nicht überbieten, sondern mit ihnen harmonisch korrespondieren.

4. Sind die Eindrücke aber schwächer, daß sich deine Kräfte bei weitem als siegend zu ihnen verhalten, so wirst du ganz gleichgültig dieselben wahrnehmen, weil du deine dir innewohnenden Kräfte zu wenig in einem notwendig entgegentätigen Zustand wirst in Anspruch genommen finden.

5. Denn nur in einer deinen Kräften harmonisch entsprechenden Reaktion gegen die Eindrücke von außen her liegt das behagliche Wohlgefühl, welches da auch ist das eigentliche Wesen aller Beseligung.

6. Nun siehe, so du dem Leibe nach irgendeinen Schmerz empfindest, so empfindet denselben nicht etwa dein Leib, sondern nur dein Geist, dem da allein das Vermögen der Empfindung innewohnt!

7. Daß du aber den Schmerz also empfindest, als möchtest du ihn empfinden in deinem Leibe, das rührt daher, weil dein Geist allen deinen Leibesteilen innewohnt in vollkommen entsprechender Weise.

8. So aber dein Geist oder dein ganz eigentliches Ich schon durch den grobmateriellen Leib so überaus stark durch äußere Eindrücke erregt werden kann, da er doch so gut als möglich von allen Seiten her bedeckt und geschützt ist, da wird er wohl im noch völlig absoluten Zustande um so mehr erregbar sein!

9. Warum aber das? – Weil der Geist im völlig absoluten Zustande in die korrespondierende Wechselwirkung mit den Grundkräften tritt und ihre Stärke schon von großer Ferne her – sowohl der Zeit als dem Raume nach – wahrnehmen muß, ohne welche Wahrnehmung er gar leicht in eine unerlösbare Gefangenschaft gelangen könnte, in der es ihm ums überaus bedeutende noch ärger gehen dürfte, als es dir ergangen ist unter meinem Händedruck!

10. Ist der Geist unvollkommen, also nicht völlig ausgebildet und durchgeübt in seinen Wahrnehmungssinnen, ist er noch blind und taub für die Form und Stimme der Wahrheit, da wird sein absoluter Zustand auf keinen Fall ein wünschenswerter sein, da er in solch einem Zustande all den auf ihn einstürmenden Eindrücken nicht zur rechten Zeit auszuweichen oder ihnen kräftig zu begegnen wird imstande sein.

11. Aber freilich verhält sich die Sache mit einem vollendeten Geiste ganz anders; dieser ist allzeit vereint mit Dem, – der da nun neben dir sitzt!

12. Dieser aber bereitet des Geistes Kräfte stets so vor, daß sie allzeit wohl bemessen sind gegen alle Eindrücke und Anregungen, wodurch dann nur ein ewig seligstes Wohl-, aber nie ein Schmerzgefühl entstehen kann.

13. Beachte diese Worte wohl; sie werden dich in die tiefsten Geheimnisse des Lebens mit der ewigen Liebe und Gnade des Herrn leiten! –

14. O Herr, ich habe Deinen Willen mit Deiner Gnade erfüllt; so lasse mich denn wieder im Frieden ziehen!"

15. Der Herr hieß den Zuriel dann wieder ziehen, behieß aber dann den Henoch, daß er darüber auch noch einige tiefe Worte sprechen solle.

75. Kapitel

Henochs Rede über das Leben des Geistes als notwendiger Kampf der polaren Kräfte

(Den 11. Juli 1843)

1. Als der Henoch aber solchen Wunsch vom Vater vernommen hatte äußerlich wie innerlich, da erhob er sich alsbald und fing an, vor den Lamech hintretend, also zu reden:

2. „Bruder Lamech, gar wichtig und überaus bedeutungsvoll sind die Worte, welche da zu dir geredet hat der Geist Zuriels nach menschlicher Weise, und ich kann dir kein besseres Wort geben in dieser Sphäre!

3. Aber ich weiß, was es ist, so der Geist spricht in menschlicher Weise; du aber weißt es nicht, da du noch an der Zunge und nicht am Geiste klebst.

4. Und so will ich denn aus dem allerheiligsten Willen unseres gar so lieben heiligen Vaters dich von der Zunge in den Geist überheben und gar sanft übertragen, allwo du dann selbst schauen und greifen sollst können, wie das Leben im Geiste sich artet! Darum denn höre mich an in deinem Herzen!

5. Siehe, wenn zwei Winde gegeneinanderziehen, da einer so stark ist wie der andere, so wird dadurch in der Luft das Gleichgewicht hergestellt und es herrscht dann wohltätige Ruhe auf der Erdoberfläche; die Luft wird heiter und rein, und der Sonne Strahl kann ungehalten (*ungehindert*) das Land erleuchten und erwärmen mit ungetrübtem Lichte.

6. Wenn aber nach dem Gleichstande ein Wind sich unversehens verstärkt und sein Gegner schwächer wird, dann fängt alsbald der mächtigere an, gewaltig vorzudringen, und drängt und reißt dann auch sogestaltet den schwächer gewordenen Wind schonungslos mit.

7. Solange aber der schwächere Wind hie und da Versuche macht, des mächtigeren Meister zu werden, solange auch muß er es sich gefallen lassen, vom mächtigeren gedrängt, gedrückt und endlich doch besiegt zu werden; ergibt er sich aber sogleich, so hat dann alles Drängen und Drücken aufgehört, – aber dadurch auch der Für-sich-Bestand des schwächeren Windes!

8. Du sagst nun bei dir: ‚Ja, warum aber läßt der Herr solches geschehen? Ihm, dem Allmächtigen, wäre es ja doch auf die leichteste Art möglich, solchen Kampf zu verhindern!'

9. Da hast du wohl recht; denn bei Gott sind alle Dinge gar wohl möglich. Aber, so Er nicht zuließe, daß sich die Kräfte selbst gegenseitig ankämpften, so würden sie am Ende erschlaffen und würden dann also tot dahinliegen wie die Steine der Gebirge, welche an und für sich auch nichts sind als solche Kräfte, aber im höchsten Grade gerichtet und gebunden, und somit regungslos und darum vollkommen tot sind und keine Empfindung haben.

10. Siehe, also ist auch das Leben des Menschen! Es weht in seinen Organen hin und her. Der Geist weht in die Materie und will dieselbe mit sich reißen; die Materie oder die Welt weht in der Materie als das Blut und die anderen feineren Säfte, und diese wehen in den Geist und wollen ihn mit sich fortreißen.

11. Ist der Geist mächtiger als die Materie, so drängt er diese und macht sie ihm völlig dienstbar; ist aber die Materie der Sieger über den Geist, so geht der Geist unter und leidet als das Leben schwer und überaus schmerz-

lich, die drückendste Last des Todes der Materie fort und fort tragend, und das ist dann der geistige Tod.

12. Wäre aber der Geist in solchem Tode empfindungslos, so wäre er dadurch aber dann auch für ewig rettungslos verloren; aber die stets zunehmende schmerzliche Empfindung des Druckes zwingt ihn, sich fortwährend zu wehren und gegen die Materie anzukämpfen. Dadurch aber wird seine Kraft geübt und stets mehr gestärkt.

13. Und so kann er durch die Länge der Zeit auch noch ein vollkommener Sieger über seine Materie werden und kann auf diese Weise in die Freiheit des ewigen Lebens gelangen, gleichwie die Materie des Steines mit der Zeit durch die in ihr ruhende und leidende Schwere erdrückt wird und endlich genötigt wird, der Schwere im aufgelösten Zustande zu weichen, allwann dann diese Kraft wieder frei wird und eins mit der Allgemeinkraft, der da alle Materie unterworfen ist, – welches auch beim Winde der Fall ist, da der Besiegte doch endlich wieder Sieger über den früheren Sieger wird."

76. Kapitel
Die Dreiseitigkeit jedes Verhältnisses im Leben, beruhend im
Natürlich-Menschlichen, Geistig-Menschlichen und Göttlich-Menschlichen
Die Unerforschlichkeit der letzten Geheimnisse

(Den 13. Juli 1843)

1. Nach diesen Worten fragte der Henoch den Lamech: „Bruder Lamech, hast du wohl verstanden diese meine Worte?"

2. Und der Lamech erwiderte: „Ja, Bruder Henoch, dem Herrn alles Lob, allen Preis und Ehre und allen Dank und alle meine Liebe! Bisher ist nichts vorgekommen in deiner Rede, das ich nicht hätte alsbald aus dem Grunde des Grundes erfassen können; sollte aber in der Hinsicht, was da betrifft die Schmerzfähigkeit des Geistes, und was der Schmerz so ganz eigentlich an und für sich ist, noch etwas zu erörtern sein, da bitte ich dich, geliebtester Bruder, daß du davon noch weiter reden möchtest, denn deine Worte sind klar und erquicken mich ungemein!"

3. Solche Äußerung von Seite des Lamech aber gefiel dem Herrn wie dem Henoch wohl, und der Herr behieß den Henoch, noch ferner zu reden. Und der Henoch richtete darob auch sogleich die folgenden Worte an den Lamech, sagend nämlich:

4. „Lamech, mein geliebter Bruder! Siehe, ein jedes Verhältnis, in dem und durch das wir so ganz eigentlich leben, hat drei Seiten: die eine ist die naturmäßig-menschliche, die andere die geistig-menschliche und die dritte die göttlich-menschliche.

5. Die ersten zwei sind für uns erfaßbar, aber die dritte ewig nie; denn sie ist unendlich, weil sie rein göttlich ist. Wir aber sind endliche Wesen und können daher unmöglich je die endlosen Tiefen und Höhen Gottes erschauen und berühren.

6. Aus diesem Grunde kann auch ein Mensch, so er weise ist aus Gott, zwei Fragen über seine eigene Wesenheit und ihre Verhältnisse beantworten; aber die dritte Frage wird er ewig nimmer beantworten. Denn ihre Beantwortung liegt in der unaussprechlichen und ewig unbegreiflichen Tiefe

Gottes verborgen, und wir werden sie ewig nie völlig entziffern!

7. Aus diesem Grunde aber wird sich auch über die Schmerzfähigkeit des Geistes von unserer Seite wenig mehr erörtern lassen!

8. Ich meine aber, wir wissen nun davon gerade so viel, als uns zu wissen not tut; den dritten Teil aber werden wir für allzeit dem Herrn anheimstellen.

9. Wir wissen nun aus der Erfahrung, daß der Geist als das Grundprinzip des Lebens im Menschen allein nur das Sich-selbst-Bewußtsein, somit auch das lebendige Gefühl und die Empfindung innehaben kann und innehaben muß, und somit auch die Schmerzfähigkeit!

10. Haben und wissen wir aber das nun vollkommen lebendig gründlich, da haben wir aber auch vollkommen genug und können darnach unser Leben gar leicht möglich also einrichten, daß wir mit der unangenehmen Schmerzfähigkeit ewig nie etwas werden zu tun haben.

11. Was aber über diese lebendige Eigenschaft des Geistes die dritte Seite betrifft — was da an und für sich ist der Schmerz oder die Empfindung, oder was da ist in ihrem urewigen Grunde die Lebenskraft —, das, Bruder, lassen wir, wie gesagt, Dem über, dessen allerheiligste sichtbare Gegenwart uns alle nun so überhoch beseligt und belebt!

12. Ich meine, mehr Worte darüber dürften hier wohl überflüssig sein, und so denn danken wir Ihm für das, was wir so übergnädiglich von Ihm empfangen haben und sicher noch mehr empfangen werden! — Ja, also sei es ewig! Amen."

77. Kapitel

König Lamechs Weihe zum Oberpriester des Bergtempels
Des Herrn trostvolle Verheißung Seiner steten Gegenwart im Tempel

(Den 14. Juli 1843)

1. Als aber der Henoch diese Worte beendet hatte, und die Sonne ihrem Aufgange sich auch ganz gewaltig zu nähern anfing, da erhob sich der Lamech, ging vor den Herrn hin und fiel da auf seine Knie nieder und fing an, Ihn in aller Glut seiner Liebe anzubeten und zu danken für alle die unermeßlichen Gnaden, Gaben und Erbarmungen, und bat den Herrn in aller Liebeglut seines Herzens, daß Er ja beständig bei ihm verbleiben und doch nicht hinfort wieder verschwinden und unsichtbar werden möchte.

2. Der Herr aber erhob Sich auch und sagte darauf zum Lamech: „Stehe auf, Mein geliebter Sohn Lamech! Ich sehe nur auf dein Herz, und nicht auf deine Knie; ist dieses in der Ordnung, so ist es auch der ganze übrige Leib. Dein Herz aber ist nun in der vollkommensten Ordnung; so wird es auch dein Leib sein!

3. Ich aber habe nun eine große Freude an dir, und so denn weihe Ich dich auch zum Oberpriester dieses Tempels ein.

4. Diese Nacht hindurch habe Ich dir gezeigt die mannigfachen Grade der wahren, inneren Weisheit aus Mir, und dieser sichtbare Tempel, erbaut von deiner Einsicht und Hand, ist dadurch zu einem Tempel der Weisheit geworden, in dem sich der Mensch der Erde

allzeit erinnern soll, daß Ich, der Schöpfer Himmels und der Welt, Selbst dich gelehrt habe auf dieser Stelle und habe mit dir geruht auf den Stufen des Altares und habe sie dadurch gemacht und geweiht zu Stufen, auf denen der Mensch seine Nichtigkeit vor Mir erspähen soll in der völligen Ruhe seines Geistes; und hat er solches, da hat er dann in diesem Tempel Mir ein gerechtes und wohlgefälliges Opfer dargebracht, also, wie du es Mir nun aus deinem heißen Herzensgrunde dargebracht hast!

5. Da aber nun solches alles vor deinen Augen und vor den Augen des hier anwesenden Volkes, welches mit uns zumeist die ganze Nacht hindurch gewacht hat, geschehen ist und das Volk aber noch nicht weiß, wer Ich und woher Ich bin, so sage Ich dir nun: Wenn der Sonne erster Strahl die Kuppen der Berge zu röten anfangen wird, da tritt du an die Schwelle des offenen Tempels und verkündige es dem Volke nun ganz unverhohlen, daß Ich hier weile.

6. Und sage dann zum Volke zu solcher Kündung noch hinzu: es solle sich sammeln um den Tempel; aber niemand solle seinen Fuß in den Tempel setzen!

7. Und Ich werde dann Selbst aus dem Tempel eine großwichtige Lehre geben dem Volke, welches Mir gefolgt ist hierher mit Liebe und großer Wißbegierde, da es Mich nicht erkannte, und Mir daher im Geiste sicher noch inniger folgen wird, so Ich von ihm erkannt sein werde!

8. Siehe, es wird schon sehr helle im Osten; daher fasse dich auf dein erstes Mir dienendes Geschäft in diesem Tempel!

9. Ich aber sage dir, weil du Mich gebeten hast, von nun fortan bei dir zu verweilen: Wo des Herrn getreuer Diener ist, da wird auch sein Herr nicht ferne sein; und wo die Kinder sind, da ist auch der Vater!

10. Auf diesen Stufen wirst du Mich allzeit treffen; wirst du Mich auch nicht allzeit mit deines Leibes Augen erschauen, so wirst du Mich aber dennoch allzeit im lebendigen Worte vernehmen!

11. Siehe, das ist eine große Verheißung! Gehe aber nun ans anbefohlene Werk! Amen."

78. Kapitel

Lamechs Rede an das um den Tempel versammelte Volk
Über die sichtbaren Besuche Gottes

(Den 15. Juli 1843)

1. Nach solcher Beheißung begab sich der Lamech alsbald an sein anbefohlenes Werk. An die Schwelle des offenen Tempels tretend, richtete er folgende Worte an das schon durchgehends wache Volk, sagend nämlich:

2. „Höret mich an, ihr lieben Brüder alle, und auch ihr Schwestern alle! Eine endlose Gnade und Erbarmung von oben aus den lichten Himmeln Gottes ist wieder uns allen widerfahren!

3. Wir alle, ja die ganze Welt wird die Größe der Gnade und Erbarmung ewig nie groß und hoch genug zu schätzen, zu preisen, zu rühmen, zu loben, sie anzubeten, für sie zu danken und für sie Gott, dem Herrn, in ebenmäßiger Genüge gültige Ehre zu geben imstande sein!

4. Brüder, ihr habt gestern unter euch gesehen und gehört den weisen Mann, und habt euch hoch verwundert über Seine hohe und tiefe Weisheit! Keiner von euch aber wußte, woher dieser weise Mann kam, darum ihr denn auch verschiedentlich unter euch hin und her Frage führtet und euch niemand einen genügenden Bescheid darüber zu geben imstande war.

5. Solches wisset ihr alle, da ihr es samt mir gar wohl erfahren habt. Wisset ihr aber jetzt wohl schon, wer der weise Mann ist?

6. Ihr verneinet solches und fraget mit gespannter Aufregung eurer Gemüter: ‚Was soll es denn da nun auf einmal mit dem Manne, dessen große Weisheit wir über alle Maßen hoch bewundern mußten?'

7. Ja, meine geliebten Brüder und Schwestern! Mit dem Manne hat es eine ganz endlos hoch wunderbarste Bewandtnis, welche für eure aufgeregten Gemüter schadlos nicht mit einem Worte ausgesprochen werden kann! Daher bitte ich euch alle: Höret mich ganz ruhig an, und vernehmet das Größte, das Allerhöchste!

8. Ihr waret zugegen, als der untere Tempel für die würdigste Aufnahme des allerhöchsten Namens Jehova eingeweiht und lebendig gesegnet worden ist, damit dadurch meine große Schande verdeckt würde, die ich an dem allerhöchsten und allerheiligsten Namen verübt hatte!

9. Wißt ihr noch, wer Der war, der da an der Seite Henochs aus der Höhe wie ein Herold der Himmel einherzog?

10. Ihr saget hier gleichwohl: ‚Es war ein allerhöchster Machtbote aus den lichten Höhen Gottes!'

11. Wer aber war der arme Mann, der am Abende zu uns kam, den meine Diener nicht einmal in den Speisesaal einlassen wollten, so daß ich selbst hinausmußte, um ihn der Mißhandlungen von Seite meiner tollen Dienerschaft zu überheben und ihn dann zu führen an meinen Tisch?

12. Ihr saget: ‚Viele sagten, es sei Gott, der Allmächtige, Selbst gewesen; aber viele konnten solches nicht fassen und glaubten nachderhand nicht völlig, als wäre der arme Mann der wahre Gott und Schöpfer, also Jehova Selbst gewesen!'

13. Sehet, also seid ihr fortwährend beschaffen in euren Herzen, und es ist darum nicht viel von den allerhöchsten Dingen mit euch zu reden; denn noch seid ihr lange nicht reif genug, um zu begreifen, was Gott ist, und wie Er zu uns, Seinen Geschöpfen und Kindern, kommt!

14. Wisset aber, daß unser Gott nun wieder in dem weisen Manne zu uns kam, um uns Selbst zu suchen, zu ziehen, zu führen für Ihn und zu Ihm!

15. Bereitet euch daher vor; Er Selbst wird Sich aus diesem Tempel offenbaren! Aber keiner von euch setze seinen Fuß über die Schwelle; denn der Tempel ist nun heilig, da Gott der Herr Selbst denselben betritt!

16. Wohl aber denen, die da Seine Stimme hören werden und werden sich kehren nach ihr! Amen."

79. Kapitel
Die Einsetzung des Henoch und der beiden Lameche zu Grundleitern alles Volkes

(Den 17. Juli 1843)

1. Auf diesen wohlbelehrenden Aufruf begab sich der Lamech wieder in die Mitte des Tempels und sagte in der größten Liebe-Ehrfurcht zum Herrn:

2. „Heiliger Vater, siehe, wie es einem großen Schuldner vor Dir möglich ist, habe ich an die Brüder draußen Deinen allerheiligsten Willen berichtet!

3. O Vater, nimm dieses mein unvollkommenes Werk gnädig also auf, als wäre es etwas vor Dir, und Deine ewig allerhöchste und heiligste Liebe und Weisheit verbessere meine allzeit groben Fehler vor Dir, die ich gegen Dich und gegen die armen Brüder und Schwestern noch allzeit begangen habe!"

4. Hier unterbrach der Herr den Lamech und sagte zu ihm: „Höre, Mein Sohn Lamech, – wer wie du seine Fehler erkennt, von dem sind sie schon lange genommen, und er steht vor Mir wie ein aufgehender Morgenstern, der da ist ein helleuchtender Bote der dem Aufgange nahen Sonne! Also bist du es auch nun und wirst es verbleiben fürder!

5. Dir aber sage Ich: Du hast überaus wohl und nach Meinem Willen vollkommen geredet zu deinen Brüdern und Schwestern; daher will Ich denn alsbald hingehen zu ihnen und will Mich ihnen offenbaren als der Herr und Schöpfer Himmels und aller Welten und als der alleinig wahre und liebevollste Vater aller Meiner wahren Kinder!

6. Gehet aber auch ihr, Meine drei liebsten Söhne, mit Mir, eurem ewigen wahrhaftigen Vater, hin an die Schwelle des Tempels, und zeuget durch eure Gegenwart von Mir, wie Ich zeugen werde von euch, daß Ich Selbst euch erwählt habe aus vielen Tausenden und habe euch gesetzt zu Grundleitern alles Volkes, das euch umgibt, in der Höhe sowohl, als auf dem Flachlande!

7. Nur drei Stämme habe Ich entführt, – für diese habt ihr nicht zu sorgen, und diese sind Kahin, Meduhed und Sihin. Alles andere Volk aber lege Ich als der Herr und wahrste Vater in eure Hände, auf daß ihr sie leiten möchtet unverwandt auf derjenigen Bahn, die da allzeit und ewig führt zum ewigen unvergänglichen, allerfreiesten und allerseligsten Liebeleben in Meiner Liebe!

8. Sorget euch aber ja nicht um die drei entführten Stämme; denn auch ihnen habe Ich weise und gerechte Führer gesetzt, die ihre Völker leiten sollen hin zur Schwelle des ewigen, heiligen Wohnhauses, darin Ich allzeit ewig zu wohnen pflege in aller Macht und Kraft Meiner Liebe!

9. O ihr Meine drei allerliebsten Zärtlinge, Ich bin euer wahrhaftiger, ewiger, heiliger, liebevollster Vater! Sehet aber: Wie Ich euch über alles liebe und ihr Mir lieber seid und mehr geltet als alle Himmel und Sonnen und Welten, also liebet auch ihr allzeit alle eure Brüder und Schwestern; denn sie sind ja alle Meine Kindlein also, wie ihr es seid!

10. Sehet, so lieb hab' Ich euch, daß Ich, so es nun möglich und nötig wäre, Mein Leben von Mir lassen möchte, um es euch für ewig zu verschaffen!

11. So denn liebet auch ihr Mich,

euren guten Vater, und alle Meine Kindlein Meinetwegen, weil Ich als der Vater sie so mächtig stark liebe!

12. Richtet sie ja nicht; denn Ich will ja auch niemanden richten, sondern jedem geben ein ewig freiestes Liebeleben. Das ist Mein Wille; diesen beachtet fortan!

13. Nun aber folget Mir an die Schwelle des Tempels!"

80. Kapitel

Die Verklärung des Herrn vor dem Volke und dessen Ehrfurchtsschrecken
Die väterlichen Worte des Herrn an das Ihn erkannt habende Volk
Der Herr verschwand vor ihren Augen

(Den 18. Juli 1843)

1. Auf diese heiligen Worte des Herrn begaben sich sogleich der Henoch und die beiden Lameche mit Ihm hin an die Schwelle des Tempels.

2. Als sie aber dort anlangten, da wurde alsbald des Herrn Gewand weißer denn frischgefallener Schnee der Hochgebirge, und Sein Angesicht, Seine Hände und Füße glänzten stärker denn tausendfaches Sonnenlicht!

3. Als aber das Volk solche Majestät an dem früher ganz schlichten weisen Manne ersah, da fiel es urplötzlich zur Erde nieder und schrie: „O Jehova Zebaoth, erbarme Dich unser, und richte und strafe uns nicht nach Gebühr, und wie wir es noch allzeit mit unseren argen Gedanken, Begierden und Taten verdient hatten! Wir sind große und überschwere Sünder vor Dir! Daher schreien wir, da wir Dich erkannt haben in Deiner endlosen Herrlichkeit und Majestät, zu Dir, o Jehova Zebaoth, um Gnade und Erbarmen!"

4. Hier zog der Herr Sein Licht alles Lichtes in Sich und sagte dann zu der über alles erschrockenen und bebenden Menge: „Kindlein, stehet auf; denn Ich, euer Gott, Schöpfer und Vater, bin ja nicht zu euch gekommen, um euch zu richten und zu strafen, sondern um für euch die rechten Führer zu erwekken, die euch in eurer Schwäche leiten sollen auf den Wegen, welche da führen in das wahre Reich des ewigen Lebens! Daher stehet auf, und fürchtet euch nicht vor Mir, eurem guten Vater, der euch über alles liebt!"

5. Hier erhob sich die ganze Menge wie neu gestärkt vom Boden der Erde und sah erstaunten Blickes den Herrn an, dessen Gesicht nunmehr ohne Glanz von großer Freundlichkeit anzuschauen war und dessen Gewand von der überweißen in die himmelblaue Farbe überging, und fragte Ihn gleichsam stillschweigend: „Bist Du wohl Der, dessen endlos mächtigstes Licht uns zur Erde warf, – oder hast Du einen Erzengel an Deine Stelle gesetzt?"

6. Der Herr aber öffnete wieder Seinen allerheiligsten Mund und sagte zum Volke: „O Kindlein, warum wollet ihr denn Mich, euren Vater, nicht lieber nach Meiner großen Liebe zu euch, als nach Meinem Lichte erkennen? – Ist denn die Liebe nicht mehr als das Licht?

7. Sehet, als Ich Mich euch zeigte in Meinem Lichte, da fielet ihr alle alsbald wie gerichtet auf den Boden der Erde; da Ich aber Mein Licht verhüllte und mit Meiner Liebe zu euch Mich wandte, da möchtet ihr wohl bezweifeln, ob Ich es bin, der zuvor leuchtend vor euch hintrat!

8. Ich, eben derselbe Herr, Gott und euer aller Vater, aber sage nun zu euch, Meinen Kindlein, daß Ich durchaus kein Stellvertreter des Herrn, sondern der Herr und euer Vater Selbst bin, und zeige euch nun alles dieses an, was Ich Selbst getan habe zu eurer Beseligung lebendig im Geiste.

9. Das aber ist es, das Ich getan habe: Ich habe unter euch gar weise Lehrer erweckt. Höret sie allzeit an, und folget ihrem Rate im Ernste, wie im Scherze und Schmerze des Lebens, so werdet ihr Mir folgen, und Ich werde vollkommen bei euch sein leibhaftig und im Geiste in denen, die Ich nun für euch erweckt habe!

10. Wer von euch diese von Mir für euch Erweckten sehen und hören wird und wird folgen sogar den leisen Winken ihrer von Mir erleuchteten Augen, der wird vollkommen Mich leibhaftig sehen, hören und wird Mir folgen! Denn die Geweckten tragen Meinen Leib und Meinen Geist lebendig!

11. Damit segne Ich euch nun alle; denn ihr werdet Mich hinfort nicht anders sehen und hören als in denen nur, die Ich für euch erweckt habe.

12. Du, Henoch, aber und du, Lamech im Tale, und du, Lamech auf der Höhe, ihr seid es, die Ich hier zu Eins mache mit Mir, auf daß ihr allezeit zeugen sollet von Mir! Mit aller Kraft und Macht Meiner Liebe rüste Ich euch aus; in dieser Kraft wirket fortan bis zur Zeit eurer Ablöse und bis zum Übertritte von diesem Wohnhause in das, da (*in dem*) Ich Selbst urewig wohne. Amen."

13. Nach diesen Worten verschwand der Herr, und alles Volk weinte und schluchzte und betete Gott an.

81. Kapitel

Das Denkmal der sieben weißen Steine im Tempel
Vom Ursprung des Steins der Weisen. Der Zug zurück in die Stadt

(Den 20. Juli 1843)

1. Eine gute Stunde der Zeit herrschte eine große Stille unter dem Volke, wie unter den drei mit großer Macht begabten Führern.

2. Aber nach dieser Stunde Zeit wandte sich der Lamech an den Henoch und sagte zu ihm: „Bruder Henoch, ich meine nun, da hier bereits alles nach dem Willen und nach der Ordnung des allmächtigen und allerliebevollsten Vaters und Schöpfers Himmels und der Erde bewerkstelligt worden ist, so könnten wir ja wieder in die Stadt ziehen, auf daß sich dort sogleich Anstalten möchten treffen lassen, durch welche solch allheiligste Kunde in alle übrigen Städte möchte überbracht werden!"

3. Und der Henoch erwiderte dem Lamech: „Ja, Bruder, solches geschehe heute noch; denn das Heil und das Licht aus Gott kommt nie zu früh zu den Völkern! Daher ist solche deine Sorge überaus schätzenswert, und wir wollen auch sogleich Anstalten treffen, uns alle samt und sämtlich in die Stadt zu begeben.

4. Aber nur eines müssen wir zum sichtbaren Zeugnisse für die Gegenwart des Herrn tun, auf daß sich unsere Nachkommen erinnern sollen, daß der Herr Selbst diesen Tempel für die Weisheit des menschlichen Geistes gesegnet hat, und dieses Eine bestehe darin, daß wir sieben weiße Steine hierher schaffen – jeden von der Größe eines

Menschenkopfes – und sie fürs unverrückbare Bleiben auf die Stufe des Altares dahin legen, wo der Herr geruht hat und uns Selbst die ganze Nacht hindurch gelehrt hat die wahre, innere, heilige Weisheit des Geistes zum ewigen, allerfreiesten und vollkommensten Leben.

5. Siehe, Bruder Lamech, dieses noch geschehe, und wir wollen uns sodann sogleich in die Stadt in deiner überaus herrlich-guten Absicht begeben!"

6. Als der Lamech solches vom Henoch vernommen hatte, sprang er voll Freude aus dem Tempel, berief draußen sogleich den anwesenden Mura und Cural zu sich und teilte ihnen den Wunsch Henochs mit.

7. Diese beiden gingen sogleich an eine Stelle des Berges, woselbst eine Menge freier weißer Steine herumlagen, die da nicht alle zum Baue des Tempels verwendet worden waren, klaubten die schönsten und reinsten sieben gerechten Maßes aus und brachten sie zum Lamech hin und mit dem Lamech sodann auch in den Tempel.

8. Als solches bewerkstelligt ward, da sagte der Henoch zum Lamech:

„Siehe, wir sind unser nun nur fünf! Laß aber zum Zeugnisse noch zwei Männer hereintreten, und es muß dann ein jeglicher dieser Steine mit unseren sieben Namenszeichen beschrieben werden, sogestaltet er dann erst auf die Stufe des Altars gelegt wird.

9. Ich will aber dann die Steine im Namen des Herrn anrühren, und es wird dann fortwährend eine Kraft aus diesen Steinen ausgehen, durch welche alle, die sie anrühren werden, auf eine Zeitlang die Weisheit überkommen sollen!"

10. Solches alles geschah alsbald. Und es war dies der so ganz eigentliche Ursprung von dem ‚Steine der Weisen', und die Kraft dieses Ortes erhielt sich nach Meinem Willen bis in die Prophetenzeit Israels; und der Berg war derselbe, auf dem selbst Saul die Prophetengabe auf eine kurze Zeit erhielt, und das Volk dann sagte, da er vom Berge kam: „Was ist das? Ist denn auch Saul unter den Propheten?"

11. Als aber die Steine gelegt waren, da ward solches auch allem Volke kundgetan. Und der Lamech verkündete dann laut den Abzug; und alles begab sich dann gemach vom Berge in die Stadt zurück.

82. Kapitel

Die Aussendung der Boten
Die göttliche Musterordnung des Staates und der Stadt Hanoch
Henochs und König Lamechs Aufbruch auf die Höhe

(Den 21. Juli 1843)

1. In der Stadt angelangt, traf der Lamech nach dem eingenommenen Morgenmahle sogleich Anstalten, durch die am selben Tage noch die Nachrichten von den großen Wunderdingen Gottes in alle die zehn anderen Städte überbracht wurden, was auch eben nicht schwer zu bewirken war, da keine dieser Städte mehr als höchstens eine kleine Tagereise von der Hauptstadt Hanoch entfernt lag und zudem auch die Wege nach einer jeden Stadt ziemlich gerade angelegt waren.

2. Nachdem aber die Boten abge-

sandt worden waren, da ordnete Lamech dann durch (*im Laufe von*) drei Tage mit Hilfe Henochs alles in der Stadt Hanoch, bestellte Wächter für den oberen Tempel und ließ sogar eine beständige (*ständige*) Wohnung durch den Mura und den Cural etwas unterhalb des Tempels auf einem kleinen, aber für ein mäßig großes Wohnhaus dennoch hinreichend genug geräumigen Bergvorsprunge erbauen, und das alles beinahe wunderbar für euch, dieser Zeit Bewohner der Erde, in denselben drei Tagen.

3. Hanoch war nun in kurzer Frist geordnet vollkommen Meiner Ordnung gemäß, und alles Volk hatte kein anderes Gebot als allein das der Liebe zu Gott und zum Nächsten. Und die Unzucht wurde als ein Übel gepredigt, durch welches ein jeder Mensch seinen Geist und somit auch all dessen Kräfte zerrüttet.

4. Und so wurden auch noch so manche andere Übel nicht etwa durch sanktionierte Gesetze von den Lehrern im Volke ausgemerzt, sondern allein durch weise Lehren, durch welche die Lehrer den Menschen im klarsten Lichte zeigten, welche üblen Folgen daraus notwendig entstehen müssen.

5. Und mit der Zeit fand dann auch ein jeder nur etwas geistig stärker gewordene Mann, wie auch ein jedes feinere und verständigere Weib, daß da die weise Lehre der Lehrer sich in ihnen lebendig zu bestätigen anfing.

6. Und so lebte dieses Volk eine geraume Zeit hindurch gerecht allein durch Lehre, vorerst natürlich durch Lehrer und dann aus sich selbst ohne Gesetze.

7. Also in der weisen Erziehung lag das ganze geistige und staatliche Wohl der Menschen.

8. Aber die Folge wird dann klärlich zeigen, wodurch gegen die Sündflut die Menschheit so ganz und gar von Mir abgefallen ist, daß sie dadurch nach ihrem gefangenen Willen ganz in die Gewalt des großen Lebensfeindes überging.

9. Aber in den Zeiten nach Lamechs Umkehr war sowohl die Höhe wie die Tiefe so vollkommen, daß da kaum in den Himmeln eine bessere Ordnung rein geistig angetroffen werden dürfte, als sie damals bestand auf der Erde.

10. Hätte sich damals auch die Schlange gefügt, so wäre die Erde wieder ins alte Paradies umgewandelt worden; aber diese gereute es bald, daß sie Meine Bedingung auch nur halbwegs annahm, und so fing sie zufolge ihres freien Willens bald wieder an, ihr altes, arges Metier (*Tun*) zu treiben.

11. Hatte sie eine Zeit von etwa siebenhundert Jahren die Menschen nur zum Guten geprüft, so nahmen aber dennoch nach dieser Zeit ihre Prüfungen einen ganz anderen Charakter an; sie wurden arg und von stets mehr listig fangender Art, und die Menschheit ließ sich eigenwillig fangen! Doch die Folge wird alles dieses klärlich zeigen; daher vorderhand genug davon!

12. Nach den drei wichtigen Tagen aber begab sich der Henoch wieder auf die Höhe und nahm diesmal den Lamech und mehrere angesehene Männer aus Hanoch mit sich, auf daß sie den Urstammvater Adam und die Urmutter Eva sollten kennenlernen; in der Tiefe aber ward unterdessen die Volksleitung dem Hored anvertraut.

83. Kapitel

Das Flammenmeer in der Höhle auf dem Bergwege zur Höhe

(Den 22. Juli 1843)

1. Es schlug aber der Henoch ebenfalls wieder den Weg ein, der da – schon bekanntermaßen – bei der überaus verhängnisvollen Höhle vorüberzieht.

2. Als die Karawane dort anlangte, machte der Henoch ein wenig Halt und gab mit ganz kurzen Worten dem Lamech kund, welch eine groß erstaunlichste Merkwürdigkeit ihm und seinen damaligen Gefährten in der Gegenwart des Herrn beim ersten Heimzuge begegnet ist.

3. Der Lamech erstaunte darob nicht wenig; aber sein Staunen dauerte nicht eine Minute lang, so brachen schon mit dem furchtbarsten Getöse mächtige Flammen aus der Höhle hervor.

4. Der Lamech aber entsetzte sich darob so sehr, daß er alsbald wie besinnungslos zu Boden niederfiel.

5. Aber der Henoch trat alsbald zu ihm hin, hob ihn auf und sagte dann zu ihm: „Aber Bruder Lamech, da siehe einmal deine Gefährten an! Diese haben doch auch dieselbe Erscheinung mit dir angeschaut; aber keiner fiel zur Erde darob! Erschraken sie anfänglich wohl auch ein wenig, so sehen sie aber dennoch jetzt diese leere Windschlägerei mit ganz gleichgültigem Gemüte an! – Tue demnach, was da tun deine beherzten Gefährten!"

6. Diese Worte brachten den Lamech wieder zur Besinnung, und er sah nun auch ganz keck in die stets zunehmenden Flammen aus der großen Höhle, welche bei hundert Mannslängen hoch und zuunterst bei siebzig Mannslängen breit war.

7. Nach einer Zeit aber sagte der Lamech zum Henoch: „Bruder im Herrn, ich meine, wir werden geradezu einen anderen Weg einschlagen müssen, wenn wir noch heute natürlichen Ganges auf die Vollhöhe gelangen wollen; denn durch dieses stets zunehmende und stets wachsende Flammenmeer wird meines Erachtens wohl schwerlichst sich ein Weg machen lassen!"

8. Aber der Henoch erwiderte dem Lamech und sagte: „Bruder Lamech, siehe, du kennst nicht und weißt noch nicht, welcher Natur dieser Höhlenbrand ist; ich aber kenne ihn gar wohl und seinen Grund!

9. Siehe, in einem Augenblicke müßte diese Flamme erlöschen, so wir solches nur wollten aus dem Herrn heraus! Aber eben dieser Brand muß nun noch eine Zeit von einer Schattenwende stets zunehmend fortwähren durch meinen Willen, damit fürs erste diese gähnende Kluft zerstört werde, und fürs zweite, daß da in dieser Flamme der erste Urheber derselben die gerechte Züchtigung finde; denn du weißt nun vom Herrn aus, daß der Geist gar wohl schmerzfähig ist.

10. Wenn aber diese Flammen in der Kürze ihren Doppeldienst werden verrichtet haben, da wird sich auch alsbald der Widerspenstling Gottes zeigen müssen, um von mir die gerechte Rüge zu empfangen und ein wirksamstes Verbot, nie wieder auf was immer für eine Art einen Wanderer am Wege mehr anzufallen!"

11. Mit diesen Worten stellte sich der Lamech vollkommen zufrieden und sagte zum Henoch: „Höre, Bruder, wenn sich die Sachen also verhalten, dann mache ich mir nichts daraus, wenn wir auch einen vollen Tag hier an diesem, wennschon außerordentlich

schauderhaften Orte zubringen müssen! Denn würde diesem Unfuge nicht gesteuert, wer könnte da wohl je wieder wagen, einen Gang in die Höhe zu machen?"

12. Und der Henoch sagte darauf zum Lamech: „Sei getrost, Bruder, denn soeben jetzt wird im Namen des Herrn diesem alten Unfuge ein günstiges Ende gemacht! Sogleich sollst du mit eigenen Augen die denkwürdige Löse schauen! Amen."

84. Kapitel
Henoch vernichtet die Drachenhöhle und beruhigt seine Gefährten

(Den 24. Juli 1843)

1. Darauf wandte sich der Henoch zu der flammenden Höhle, hob seine Rechte auf und sprach mit gewaltiger Stimme:

2. „Du finstere Wohnstätte des Todes, du Wohnstätte dessen, der da ist ein alter Erzfeind alles Lebens und ein allerschändlichster Verächter Gottes, – du grauenhafte sichtbare Pforte, die da hinabführt in den Abgrund der Abgründe, natürlich und geistig, – dir gebiete ich, ein Knecht und ein Kind Gottes, daß du sofort zusammenstürzest bis in deinen tiefsten Abgrund, und verschüttet seiest in allen deinen Klüften, Riffen, Gängen und mannigfaltigen Seitenhöhlungen, und daß dein alter Bewohner von dannen fliehe wie ein feiger Dieb aus dem Hause, da er gestohlen hat!

3. O mein Gott und mein ewig heiliger Vater! Solches geschehe nun nach Deinem allerheiligsten Willen zur künftigen Wohlfahrt Deiner Kinder auf diesem prüfenden Lehrboden der steinichten Erde! Amen."

4. Als der Henoch diese Machtworte ausgesprochen hatte, da stürzte alsbald unter dem gräßlichsten Gekrache und Geknalle in dampfende Trümmer die flammende Höhle zusammen, und aus den Tiefen der Erde vernahm man noch eine geraume Zeit einen schauderhaft dumpfen Nachhall, vom inneren Zusammensturze dieses Einganges in den doppelten Abgrund herrührend.

5. Auf der ganzen Erde aber war kein Punkt, auf dem die große Wirkung dieses Zusammensturzes nicht wäre wahrgenommen worden, daher denn darob auch alle damals lebenden Menschen auf dem Erdboden in eine große, ihrem Gemüte und geistigen Leben sehr wohltuende Angst versetzt wurden; denn es wußten nur wenige Weise, was da solches zu bedeuten habe, und woher es rühre.

6. Dieses außerordentliche Faktum aber brachte auch unsern Lamech ganz außer aller Fassung. Furcht und Schrecken hatten seine Seele ergriffen, daß er darob samt der ganzen Erde in allen Fibern und Fasern seines Lebens bebte, wie das Laub der Espe bei einem gewaltigen Sturme.

7. Aber auch all den anderen Begleitern Lamechs, bis auf den Lamech aus der Höhe, wurde es beim Anblicke dieser Schauderszene trotz ihrer großen Beherztheit ganz sonderbar zumute, daß da auch nicht einer den Mut hatte, sich mit dem ihnen nun zu mächtig vorkommenden Henoch in ein Gespräch einzulassen.

8. Der Henoch aber tröstete sie alle und zeigte ihnen, und ganz besonders

dem Lamech, daß so etwas zu bewirken zu rechter Zeit und am rechten Orte nach der Ordnung des Herrn jedermann die große Fähigkeit in sich trage.

9. Nach solcher Darstellung kamen wieder alle zu sich, und da ein mächtiger Wind kam und die noch hier und da auf der zusammengestürzten Stätte aufsteigenden Dämpfe schnell hinwegtrieb und der Lamech nun den weiten, freien, festen Platz ersah, da ward auch er wieder fröhlich und heiter und lobte und pries Gott darob, daß er dem Menschen solche Macht hatte gegeben.

10. Aber kaum waren die Hauptspuren dieser Angst verwischt, so entstand schon wieder etwas anderes vor den Augen unserer Wanderer, welches da noch mehr als die Zerstörungsszene die Gemüter unserer Wanderer in vollsten Beschlag zu nehmen anfing, und das war das bald darauf erfolgte allertrotzigste Auftreten des Satans in einer grimmigsten Gestalt.

85. Kapitel

Satans Auftreten in schrecklicher Gestalt
Henochs Aufforderung an Satan, seine arge Grundabsicht kundzugeben

(Den 28. Juli 1843)

1. Als der Lamech, wie auch dessen Begleiter aber des großen Feindes alles Lebens erst so recht ansichtig wurden, als sie bemerkten seine ganz glühende, allergrimmschauderhaftäßlichste, abschreckendste Gestalt, sein noch dampfendes Haupt, das da statt der Haare Schlangen trug, welche gar heftig umherschossen und sich ums Haupt wanden und vom Haupte sich wieder gleich angebundenen Pfeilen hinausstreckten in solcher Schnelle, daß, so sie jemanden erreicht hätten, er durchbohrt worden wäre wie von einem abgeschossenen Pfeile, – da ward es dem Lamech samt seinen Begleitern im Ernste so gewaltig bange, daß sie sich darob nicht zu raten und zu helfen wußten.

2. Der Henoch aber, da er solche eitle Furcht sah bei dem Lamech und seinen Begleitern, ließ sie geflissentlich so ein wenig beben. Nach einer Zeit erst wandte er sich mit großem Ernste an den Satan und redete ihn mit folgenden Worten an:

3. „Höre, du Feind des Herrn, unseres und deines allmächtigen Gottes! Wie ist denn dein Wille, dein Gedächtnis und dein Gehorsam gegen Gott bestellt?

4. Was hast du verheißen in meiner Gegenwart dem Herrn, da Er dich züchtigen ließ durch des Kisehels Hand?

5. Meinst du Allerärgster, mein Gedächtnis und das Gedächtnis des Herrn ist ebenfalls so böswillig kurz, wie da ist das deinige?!

6. O du Erzfeind alles Lebens! Ich sage dir im Namen des Herrn, du irrst dich da allergewaltigst!

7. Siehe, dies und jenes hat der Herr zu dir geredet, und du hattest Ihm eine volle Verheißung gemacht, daß du Seine Kinder nur zum Guten durch wohlgeordnete Prüfungen und Proben leiten willst!

8. Wie aber ist im Verlaufe auch nur von wenigen Tagen deine Verheißung schon bestellt?! Gänzlich vergessen hast du deines Gottes, deines treu sein sollenden Versprechens und all der har-

ten Züchtigung und wolltest uns darum hier verderben durch die größte Wut deines Grimmfeuers, da du doch sicher wissen mußtest, wer ich bin, und wer diese meine Brüder nun sind!

9. Aber nicht genug, daß du uns verderben wolltest durchs Feuer deines Grimms, und daß ich durch die vollste Macht Gottes in mir vor dir dich nun durch die Zerstörung dieser deiner Trugwohnung auf das empfindlichste gezüchtigt habe, – nein, sondern du kommst abermals, in einem Zustande vor mich hintretend, als wolltest du mich samt meinen Brüdern auf einen Druck verschlingen!

10. O du elender Knecht deines eigenen Verderbens und Todes in dir! Gott und mir, Seinem Diener, willst du trotzen, der ich dich im Namen des Herrn doch mit einem Hauche verwehen kann, wie ein Orkan verweht eine lose, nichtige Spreu?

11. Ich aber beschwöre dich nun durch die ewig endlose Kraft Gottes, die da nun in mir wohnt dir zur erschrecklichen Zucht, daß du mir sagest treu und wahr, was da ist deine Grundabsicht, und was alles du noch tun willst, um deine Absicht endzwecklich zu realisieren!

12. Wo du mir aber widerspenstig wirst, da will ich dich im Namen des Herrn züchtigen, daß darob die ganze, endlose Schöpfung Gottes in allen ihren Gründen also erbeben soll, daß darob nirgends ein Steinchen ungebrochen bestehen soll, auf daß es nicht zeugen würde von solcher Tat von mir an dir! Und so rede nun!"

13. Hier fing der Satan an zu beben und sagte: ,,Henoch, ich erkenne deine Macht und meine gänzliche Ohnmacht vor dir, der du bist ein Getreuer des Herrn! Erlasse mir aber das arge Geständnis samt der Züchtigung, die ich wohl verdient habe, und bestimme mir den Ort, da ich wohnen soll, um nicht schädlich zu sein den Menschen dieser Erde, und ich werde mich ja alsbald fügen deinem Ausspruche freiwillig!"

14. Der Henoch aber bestand auf seiner Forderung und ließ nicht handeln mit sich, sondern gebot dem Satan nur um so eindringlicher, zu reden von dem, was da wäre seine arge Grundabsicht.

15. Der Satan aber fing an, sich zu bäumen und zu sträuben, und wollte nicht reden, das ihm der Henoch doch so überaus eindringlich geboten hatte.

86. Kapitel

Die listige Verkehrung der Verheißungen des Herrn
durch den großmäuligen Satan

(Den 29. Juli 1843)

1. Aber der Henoch horchte und sah nicht auf den Satan, sondern gebot ihm zum dritten Male nur noch um so eindringlicher, zu reden von seiner argen Endabsicht, und was zu erreichen er durch seine große Bosheit und Arglist trachte.

2. Der Satan aber öffnete hier alsbald den Mund und sprach: ,,Höre mich, du stolzer Knecht Gottes auf dem Staube ,Erde' an! Ich habe die Gewalt, dem Schöpfer aller Dinge die Antwort auf jegliche Frage schuldig zu bleiben, der mir doch einen unzerstörbaren Leib von höchster Empfindung geben kann und kann mich dann stür-

zen zur ewigen Strafe in die entsetzlichste schmerz- und qualvollste Zentralglut Seines Zornfeuers, und du, kaum wert, ein Atom des Staubes am Staube des Staubes genannt zu werden, willst mich, dem noch die ganze sichtbare Schöpfung zu Gebote steht und stehen muß – so ich es nur will –, du willst mich zwingen, dir zu enthüllen meine Pläne, die ich schon von Ewigkeit her bei mir festgestellt habe?! O du elender Wurm des Staubes!

3. Siehe, auf einen Wink stehen mir alle Elemente zu Gebote, und die ganze Erde ist unter Flammen oder unter Wasser begraben! Mit einem allerleisesten Hauche kann ich die Sonne erlöschen machen und dich versenken in eine ewige Nacht und kann dich plötzlich in den allernichtigsten Staub verwandeln, – und du wagst es, mich zu einer Antwort zwingen zu wollen, und das durch eitle Drohungen noch obendarauf?!

4. Siehe, wenn ich in meiner endlosen Macht es für wert fände, so wärest du nun schon lange nicht mehr! Aber zu kleinlich und elend wäre es von mir, so ich mich mit derlei zu scheußlichen Nichtigkeiten abgeben möchte!

5. Mir ist Gott Selbst zu gering und zu nichtig, als daß ich mich so weit herablassen möchte, Ihn mit meiner Macht anzugreifen, da ich nur zu klar einsehe, wie nur gar zu schnell es mit Ihm ein Garaus wäre! Was sollte ich demnach erst mit dir, du elendeste Kreatur, machen?!

6. Ich habe mit aller mir nur möglichen Herablassung zu dir gesagt, du sollst mir die Antwort erlassen und mir einen Ort anzeigen, dahin ich ziehen solle, auf daß da die schönen Kinder Gottes von meiner Prüfung verschont bleiben möchten; du aber kommst mir dafür mit einer göttlichallmächtigen Arroganz entgegen?!

7. Na – warte, du stolzer, aufgeblähter Knecht Gottes! Dir will ich schon einen Meister finden, der sich deinem Gedächtnisse für alle Ewigkeiten der Ewigkeiten einprägen soll!

8. Siehe, dir schwöre ich jetzt deinen sichern Untergang; und deinen allmächtigen Gott werde ich an ein Holz anheften lassen, von dem aus Er vergeblich um Hilfe rufen wird!

9. Und dieses Menschengeschlecht will ich gar ehestens mit Flammen und Fluten vertilgen, auf daß da keine Spur irgend mehr von selbem zu finden sein soll; dich aber werde ich nicht töten, auf daß du Zeuge seiest, so ich alles das tun werde, davon ich nun in meinem gerechten Grimme geredet habe!

10. Fürwahr, alle sichtbare Schöpfung soll eher vergehen bis auf ein Atom, als bis ich nur eine Silbe von all dem werde unerfüllt lassen! – Und dazu hast du mich jetzt erst veranlaßt!

11. Da hast du nun die verlangte Antwort; lerne daraus, was ich tun werde!

12. Für jetzt aber ziehe mit deinem Geschmeiße von dannen, und verlange ja nichts mehr von mir, sonst tue ich sogleich, was ich erst in der Zeit unabänderlich tun werde!"

87. Kapitel
Henochs kraftvolle Antwort an Satan und Satans Verbannung in den Mittelpunkt der Erde

(Den 31. Juli 1843)

1. Als der Henoch aber solche Worte vom Erzfeinde des Lebens vernommen hatte, da richtete er sich auf, lobte und pries den Herrn mächtig in seinem Herzen und richtete dann folgende überaus bedeutungsvollste Worte an den Frevler an der ewig göttlichen Heiligkeit, sagend nämlich:

2. „Höre nun, du böswilligst eigenmächtig sein wollender Frevler! Myriadenmal Myriaden von Sonnenjahren, da eines währt bei achtundzwanzigtausend Erdjahre, warst du allzeit ein allereigensinnigster, allerwiderspenstigster Abtrünnling Gottes!

3. Was alles hat des Herrn unendliche Liebe getan, um dich Teufel, unbehindert deiner Willensfreiheit, wieder auf den rechten Weg zu bringen!

4. Siehe hinauf, all die zahllosen Sonnen und Welten aller Art hat der Herr deinetwegen erschaffen, auf daß du auf einer oder der andern zurückkehren sollest!

5. Auf einer jeden Sonne und Welt hat dir Gottes endlose Erbarmung zahllose Mittel an die Hand gegeben, mit deren Hilfe du allerleichtlichst hättest zurückkehren können. Nie hatte dich der Herr auch nur in einem allergeringsten Teile in deiner ersten äußeren Freiheit deines Willens beirrt und hatte dir nirgends gesetzt die allerleisesten Schranken!

6. Wann immer du zu deiner vorgeblichen vorgeschützten Besserung eine neue Sonne mit vielen Erden und Monden und Dunststernen wolltest, so erschuf sie der Herr nach deinem Gefallen; ja du konntest noch allzeit spielen mit der Allmacht des ewigen Gottes!

7. Aber wozu verwendetest du alle diese an dir verschwendeten Gnaden und unaussprechlich größten Erbarmungen?! – Siehe, zu nichts anderem als zur Ausführung dessen, was du nun hier geredet hattest, und was du bei unserer früheren Zusammenkunft dem Herrn Himmels und der Erde allerfrechestermaßen ohnehin ins Angesicht gesprochen hast!

8. Nun aber höre, Satan, was der Herr nun durch meinen Mund zu dir redet:

9. ‚Unheilvollster Frevler an Meiner Liebe, Gnade, Langmut, Erbarmung, Geduld, Sanftmut, Milde und ewig unantastbaren Heiligkeit! Nun schwöre Ich, dein Herr und dein Gott, bei aller Meiner ewig endlosen Macht und Kraft, dir deinen ewigen völligen Untergang! Was du jetzt geredet hast, das soll unabänderlich geschehen zu deinem Untergange!

10. Bis jetzt habe Ich dir noch nie ein Ziel gesetzt, sondern dir war freigestellt, Termine über Termine vor Mir zu setzen und Mich noch bei jedem allerweidlichst zu belügen, um nach der allemaligen Belügung Mich dann noch obendarauf als einen blöden Gott voll Schwächen zu verhöhnen, als wäre Ich blind und taub und vermöchte nicht zu durchschauen deine Pläne!

11. Nun aber bin Ich müde geworden deines alten Frevels und setze dir darum aus Mir Selbst nun ein Ziel!

12. Du kennst das Alter Adams?! (*neunhundertdreißig Jahre*) – Siehe, einmal ist es schon verronnen; wann es aber noch sechsmal verrinnen wird,

dann sollst du mit allen deinen Helfern und Helfershelfern den gebührenden Lohn finden im ewigen Feuer Meines Zornes!

13. Damit du aber – so nebenbei – bis zum letzten jetzt von Mir dir gesetzten Ziele dieses Feuer verkosten sollst, so habe Ich eben jetzt ein Fünklein in die Mitte der Erde versenkt und habe darin für selbes einen Herd und um den Herd eine neue Wohnung errichtet; dahin wirst du von nun an zeitweise genötigt werden zur Probung dieses Fünkleins! – Und das wird geschehen, sooft du, wie jetzt, an Mir wirst gefrevelt haben!

14. Nun aber gebiete Ich dir, daß du in diese Wohnung fahrest auf so lange, als es Mir gefallen wird! Amen.'"

15. Hier spaltete sich die Erde bis in den Abgrund. Rauch und Flammen schlugen aus der Kluft, und mit dem gräßlichsten Geheul stürzte der Satan in den Abgrund; und die Erde schloß sich darauf wieder.

16. Die Reisenden aber priesen und lobten Gott und setzten dann alsbald ihre Reise weiter fort.

88. Kapitel

Lamechs Frage: »Wie kann ein Geist durch die Materie gefangengehalten werden?«
Henochs Antwort

(Den 1. August 1843)

1. Unterm Wege aber besprachen sich die Reisenden noch über so manches dieser schauderhaften Szene, das aber dennoch zu wenig einen allgemeinen, sondern nur einen für die damalige Zeit lokalen Wert hatte.

2. Eine Frage, von Seite des Lamech, an den Henoch gerichtet, als sie schon beinahe die Höhe erreicht hatten, aber ist von großem Werte, wie um so mehr noch deren Beantwortung, und darf daher in diesem neuen Buche des Lebens nicht fehlen; diese wollen wir noch hier hinzugeben. – Die Frage aber lautete also:

3. „Höre mich an, du mein geliebtester Bruder Henoch in dem Herrn, unserm allerliebevollsten Vater! Siehe, der große Erzfeind Gottes und alles Lebens ist doch nur ein Geist! Wie kann dieser wohl von der Materie gehalten werden, die für ihn so gut wie gar nicht da ist?! So aber ein Geist von der Materie nicht gehalten werden kann, was wird dann wohl das Einkerkern des Satans in dem Mittelpunkte der Erde für einen Nutzen haben? Wird er nicht dasein, sobald er es nur wollen wird?!

4. Ich weiß wohl, daß da des Herrn allmächtiger Wille den alten Bösewicht allenthalben binden und festen kann; aber ob da neben dem allmächtigen Willen des Herrn auch noch ein materieller Kerker im Zentrum der Erde vonnöten ist, das sehe ich fürwahr nicht so ganz recht ein! Darum bitte ich dich, gib mir darüber doch einen klaren Aufschluß!"

5. Und der Henoch lächelte den Lamech an und sagte dann zu ihm: „Höre, du mein geliebtester Bruder, daß du solches nun noch nicht klar einsiehst, liegt wohl darin, weil ein jeder Mensch das am schlechtesten sieht, was ihm sozusagen gerade auf der Nase sitzt!

6. Siehe, du bist deinem Leibe nach doch auch nur pur Materie, gleich wie da ist das gesamte Erdreich! Sage mir,

ist diese nichts für deinen Geist? Kann er sich aus ihr entfernen, wann er will, auf ordentlichem Wege?

7. Ja, er, der Geist, kann wohl durch die Liebe zu Gott nach und nach stets mehr Meister der Materie werden und kann dieselbe durchdringen und dann in allen ihren Teilen vollkommen tätig sein; aber verlassen kann er dieselbe dennoch nicht eher, als bis es der Herr will!

8. Und wenn der Geist aber nach dem Willen des Herrn auch die Materie verläßt, da verläßt er sie aber dennoch nie als ein vollkommen reinster, freiester Geist, sondern er verläßt sie stets in einem neuen ätherischen Leibe, den er dann ewig nie verlassen kann.

9. Dieser ätherische Leib aber, da er auch einen gewissen Raum einnehmen muß, kann, so es der Herr will, aber gar wohl noch von der gröberen Materie festgehalten werden und kann sich von derselben nicht eher trennen, als bis es der Herr will!

10. Warum denn? – Weil die Materie an und für sich auch nichts anderes als der fixierte Wille Gottes ist und daher wohl tauglich ist, jeden Geist gefangenzunehmen, und durch nichts besiegbar ist als allein durch die größte Demut, Selbstverleugnung und Liebe zu Gott!

11 Verstehst du solches? – Ja, du verstehst es; daher wollen wir uns nun ans Ziel begeben! Amen."

89. Kapitel
Die Ankunft der Wanderer auf der Vollhöhe und ihre Begrüßung durch Adam

(Den 2. August 1843)

1. Nach kurzer Frist erreichten unsere Wanderer die Vollhöhe. Als aber der Lamech die Wohnung Adams und dann auch die Wohnungen der anderen Hauptstammkinder entdeckte, da sie ihm als solche von seinem Geiste alsbald bezeichnet wurden, da fiel er alsbald auf sein Gesicht zur Erde nieder und sprach:

2. „O Gott, Du allerheiligster Vater, welche erhabensten, von Deiner Hand selbst erbauten Wohnungen sind das!

3. Meine Wohnung ist erbaut aus totem Lehm und Gesteine und ist tot wie ihr Material und ihre Bewohner; hier aber ist die Wohnung aus lebenden Bäumen errichtet und ist somit mit ihren lebendigen Einwohnern mitlebendig! Oh, um wie unschätzbar vieles ist doch eine solche Wohnung mehr wert, als da wert sind alle die Städte in der Tiefe!"

4. Der Lamech hätte noch lange also geschwärmt; aber der Henoch trat hin zu ihm, hob ihn auf und machte ihn aufmerksam, wie soeben der Erzvater Adam mit der Erzmutter Eva aus seiner Wohnung trete, um mit Seth auf diese Höhe zu gehen und nachzusehen, ob sie (Henoch nämlich mit dem Lamech) sich noch nicht von irgendeiner Seite her nähern möchten.

5. Als der Lamech auf diese Erklärung und Aufmerksammachung des Henoch samt seinen Gefährten das Urmenschenpaar erschaute, da ward er schwach und konnte eine Zeitlang vor lauter Ehrfurchtsschwäche kein Wort über seine Lippen bringen. Erst als der erste Ehrfurchtssturm sich so ein wenig gelegt hatte, brach er in folgende Akzente (*Ausrufe*) aus und sprach:

6. „O Du großer Gott, welche heilige Würde, welch ein hoher Adel! Wie

erhaben ist doch der erste Mensch, der ungeborene, der da ein reines Werk Deiner Hände, Deines allmächtigen Liebewillens ist!

7. Ja, geliebtester Bruder Henoch! Wenn du mich auch nicht darauf aufmerksam gemacht hättest, so hätte es mir dennoch unmöglich entgehen können, daß dies das erste Menschenpaar der Erde ist! Die riesige Größe und die allervollkommenste Menschengestalt und das blendend-weiße hohe Alter zeugen ja überdeutlich dafür!

8. O Bruder, ich habe viel erwartet von dem Eindrucke, den der Anblick des Erzvaters in mir bewirken wird; aber wie weit sind nun alle meine Erwartungen übertroffen!"

9. Hier blickte der Adam nach der Vollhöhe und machte einen Schrei der Freude, als er den Henoch erschaute.

10. Alsbald eilte alles aus den Wohnungen und ging mit offenen Armen dem Henoch entgegen.

11. Der Adam aber war diesmal trotz seines hohen Alters der erste, der die Höhe erreicht hatte. Und als er auf der Vollhöhe beim Henoch sich befand, da umfaßte er ihn mit seinen Armen, drückte ihn an seine Brust und sagte überaus bewegt:

12. „O du mein geliebter Sohn, wie oftmal bin ich die etlichen Tage deiner Abwesenheit hindurch schon hier, deiner harrend, gewesen! Wie oftmal habe ich dich gesegnet! Daher sei mir nun zahllosmal willkommen!

13. Auch du, mein Sohn Lamech, Sohn Mathusalahs, komme hierher und lasse dich segnen! Wie oft hat dein Weib Ghemela hinabgeblickt, und wie oft gebetet, daß dich der Herr segnen und erhalten möchte! Siehe, dort von der Hütte Jareds eilt sie ja schon nahezu atemlos hierher! Eile ihr doch auch entgegen, damit sie nicht so weit laufen darf, um dich zu erreichen; denn wie sie hat noch kein Weib ihren Mann geliebt!"

14. Und der Lamech tat alsbald, was ihm Adam geraten.

15. Darauf erst wurde der Adam der anderen Gäste ansichtig und bewillkommte sie und fragte sie seiner gewohnten Neugierde zufolge, wer und woher sie wären.

16. Aber die Reisenden aus der Tiefe waren zu ergriffen ob des erhabenen Anblickes, als daß sie auf die Frage Adams eine Antwort zu geben vermochten. Darum beruhigte der Henoch alsbald den Adam und gab ihm selbst kund, wer da seine Gefährten seien.

17. Der Adam aber segnete sie dann und hieß sie nun alle, ihm zu folgen in seine Wohnung und da zu nehmen eine Stärkung für den müden Leib. Und alles folgte ihm.

90. Kapitel

Das Mahl bei Adam. König Lamechs an Adam gerichtete demuts- und ehrfurchtsvolle Rede. Adams gute Antwort

(Den 3. August 1843)

1. In der geräumigen Hütte Adams angelangt, war von den Dienern Seths auch schon die Stärkung von den edelsten Früchten herbeigeschafft. Die Gäste ließen sich nach der freundschaftlichen Beheißung Adams alsbald auf den Boden zu den Körben nieder, lobten und dankten Gott und aßen dann ganz wohlgemut.

2. Der Lamech aus der Tiefe aber

war nur noch zu sehr von einer zu großen Achtung gegen Adam erfüllt, darum er denn auch nicht die Heiterkeit völlig zu teilen imstande war, die sich gar bald all der anderen Gemüter bemeistert hatte.

3. Adam aber merkte solches gar bald und fragte darum den Lamech.

4. Und der Lamech erwiderte: „Vater, du erster aller Menschen der Erde! Siehe, ich kann meiner übergroßen Ehrfurcht vor dir und all denen, die dich als deine ersten Kinder umgeben, nicht Meister werden!

5. Der Gedanke: du bist der Vater Kahins, dessen Kinder und Kindeskinder alle samt und sämtlich schon lange gestorben sind, und diese – die Mutter von allen jetzt lebenden und nicht mehr lebenden Menschen! – erfüllt mein Gemüt mit stets steigender Ehrfurcht, und diese läßt mir nicht zu, so ganz ungebunden heiter zu sein, als da diejenigen es sind, die da an solche Erhabenheit sich entweder schon von Kindheit her gewöhnt haben, weil sie allzeit um dich, o Vater, waren, oder die – wenn sie auch von meinem Orte sind – aber dennoch zufolge ihrer noch starken Gemütsbeschränktheit solche Erhabenheit gar nicht in ihrer heiligen Tiefe genügend zu würdigen imstande sind!

6. Daher vergib mir, o Vater Adam, und du auch, allerehrwürdigste Mutter Eva, daß ich zufolge meines Gemütszustandes eben nicht so heiter sein kann, wie da sind die andern! Zudem sind alle andern noch nie Sünder gegen Gott und gegen dich gewesen; ich aber war, vor einigen Wochen noch, ein Ungeheuer der Ungeheuer, das zu seiner Besserung aus sich gar nichts, sondern alles nur die göttliche Erbarmung getan hatte.

7. Siehe, aus diesem Grunde kann ich wohl auch mich nicht so völlig der Freude hingeben gleich denen, die, wie gesagt, vor dir noch vor Gott je gesündigt haben!"

8. Hier unterbrach der Adam die Entschuldigung Lamechs und sagte zu ihm: „Höre, mein armer Sohn meines unglücklichen ersten Sohnes Kahin! Deine Äußerung ist mir überaus lieb, wert und teuer, und ich muß dir noch obendarauf bekennen, daß ich derlei Worte noch nie von meinen Kindern vernommen habe.

9. Aber dessenungeachtet muß ich dir sagen, daß solche zu enorme Ehrfurcht vor mir, dem Erzvater der Menschen der Erde, ein wenig eitel ist; denn im Grunde bin ich denn doch auch nur ein Mensch gleich jedem andern! Ob geboren oder unmittelbar von Gott erschaffen, das ist gleich; denn auch der Geborene wird im Mutterleibe ebensogut von Gott erschaffen, wie ich außer (*außerhalb*) einem Mutterleibe von Gott erschaffen wurde.

10. Daß du ein Sünder warst, solches weiß jedermann auf der Höhe; daß du dich aber allgewaltigst gebessert hast durch die Gnade Gottes, solches wissen wir auch, und wie dir der Herr alles nachgelassen hat, wissen wir. Daher denn haben auch wir dir alles um des Herrn willen vergeben, und so magst du schon heiter und fröhlich sein mit uns!

11. Iß und trink daher, und enthebe dich deiner Trübheit; denn ich habe dir noch sehr vieles zu zeigen hernach!"

12. Diese Worte brachten unsern Lamech wieder zur Besinnung, und er ward darauf heiteren Mutes und konnte essen und trinken.

91. Kapitel

Adams Erzählung von der Werbung Muthaels um Purista. Henochs gute Antwort

(Den 4. August 1843)

1. Daß hier unter (*während*) dem Essen viele historische, auf Mich, Jehova, Bezug habende Wiedererzählungen stattgefunden haben, wo sogar unser Kenan seines Traumes wieder Erwähnung tat und der Lamech darüber viel zu fragen bekam, braucht kaum erwähnt, noch die Sachen wieder erzählt zu werden, die ohnehin schon mehrmals erzählt worden sind.

2. Aber daß am Schlusse der Adam dem Henoch die Vermählung der Purista mit Muthael bei dieser besonderen Gelegenheit proponierte (*vorschlug*), das ist wichtig und darf hier nicht zu kurz berührt werden. Und so ging denn solches also vor sich:

3. Nach der Mahlzeit, als alle die Gäste Adams dem Herrn ein wohlgebührlich Lob dargebracht hatten, erhob sich der Adam und sagte zum Henoch: „Höre mich an, du mein geliebter Sohn Henoch! Siehe, in der nahezu fünftägigen Zeit deines Abseins kam der Muthael, der da in der jüngsten Anwesenheit des Herrn an Ihn die Frage über das Wesen der Weiberliebe gestellt hatte und vom Herrn darob auch eine vollwichtigste Antwort erhielt, ganz befangenen Herzens zu mir und trug mir ganz umständlich die Not seiner Liebe zur Purista vor und fügte am Ende die Bitte hinzu, daß wir ihm das, was ihm der Herr verheißen und also auch schon völlig gegeben hatte, nicht aus irgend gewissen äußeren Rücksichten vorenthalten möchten, sondern sobald als nur immer möglich im Namen des Herrn seine Liebe segnen und ihm die Purista zum Weibe geben möchten.

4. Siehe, mein Sohn Henoch, das hat sich ereignet hier in dieser meiner Hütte! Ich aber habe dem Muthael weder ein Ja noch ein Nein gegeben, sondern verwies ihn fürs erste bloß auf den Herrn und dann aber wohl auch auf deine Wiederanwesenheit.

5. Was meinst du nun? – Ist es bei dieser Gelegenheit an der Zeit, dem Muthael seine Bitte zu gewähren, oder soll das noch weiter hinausgeschoben werden?"

6. Und der Henoch erwiderte dem Adam: „Höre, Vater, bis jetzt hat mir der Herr solches noch nicht alsbald zu tun anbefohlen; aber ich meine, wenn der Muthael den Geist meines Sohnes Lamech, des Mannes der Ghemela, annimmt und gibt uns die lebendige Versicherung, sein Weib nicht anzurühren, als bis es ihm der Herr anzeigen wird, da können wir ihm ja gleichwohl seinen Wunsch gewähren!

7. Sieht er sich aber für die Erfüllung dieser Bedingung zu schwach, da versteht es sich von selbst, daß wir da die Sache des Herrn nicht leichtsinnig in die Hände der menschlichen Schwäche legen können!

8. Ich meine aber, es wäre für Muthael überhaupt ratsamer, dem Herrn in keinem Dinge vorzugreifen; denn der Herr prüft den gewaltig, dem Er viel geben will. Darum soll auch Muthael seine mächtige Liebe eher dem Herrn ganz aufopfern und soll neben Ihm nichts besitzen wollen und auf diese Art eher seinem Geiste in Gott die vollste Freiheit verschaffen in aller Selbstverleugnung, und es wird dann der Herr ihm das Verheißene schon sicher geben, wenn es für Muthael gerade am fruchtendsten sein wird! – Meinst du, Vater, in diesem Punkte nicht auch also wie ich?"

9. Und der Adam erwiderte: „Ja, Henoch, du hast vollkommen recht, also muß es sein! Wenn er wiederkommen wird, da werde ich ihm das zur unerläßlichen Bedingung machen; und mit der Purista ist es vorderhand noch nichts!

10. Ja, das ist recht und ist vollkommen gemäß der göttlichen Ordnung! Nun ist aber diese Geschichte auch abgemacht; daher nichts mehr weiter davon!

11. Lasset uns aber nun wieder aus der Hütte treten! Der Abend wird heute herrlich sein; daher wollen wir uns alsbald hinaufmachen auf die große weiße Höhe über der Grotte und von dort aus betrachten die große Güte und Allmacht Gottes! – Und so lasset uns den Weg machen! Amen."

92. Kapitel

Der Gang auf die Vollhöhe. Die herrliche Aussicht
König Lamech preist den Herrn ob der geschauten Herrlichkeiten der Erde

(Den 5. August 1843)

1. Auf dieser weißen großen Höhe angelangt, erschauten der Lamech und seine Gefährten zum ersten Male in ihrem ganzen Leben das Meer der Erde und konnten ihre Blicke gar nicht wegwenden von dieser großen Wasserfläche, welche sich in der weiten Ferne mit dem Himmel nach ihren damaligen Begriffen zu vereinen schien.

2. Ja sie hätten tagelang dem Schauspiele der Wogen zugeschaut und sich ganz verloren in solcher Beschauung, wenn der Adam den Lamech nicht gestupft hätte und seine Blicke nicht auch alsbald hin auf die uns schon bekannten wasserspeienden Kegel geleitet hätte!

3. Als der Lamech diese erschaute, da sank er vor lauter Verwunderung beinahe zusammen und fand keine Worte, seine Gefühle auszudrücken, die sich da seiner bemächtigten. Mit tränenden Augen starrte er eine gute Stunde umher, ohne dabei nur ein Wort zu reden.

4. Nach solcher Zeit aber fragte ihn endlich der Henoch: „Nun, Bruder Lamech, was sagst du wohl zu dieser Aussicht? Wie gefällt dir die Erde, von diesem Standpunkte aus betrachtet?"

5. Hier faßte sich endlich der Lamech und erwiderte dem Henoch: „O du mein geliebtester Bruder, um die Gefühle, die sich meines Herzens hier bemächtigt haben, auszudrücken, müßte ich wohl mit der flammenden Sprachfähigkeit eines Seraphs und Cherubs ausgerüstet sein! Meine Zunge ist zu matt und steif dazu!

6. Das aber, lieber Bruder, muß ich dir gestehen, daß es mir nun ordentlich bange wird ums Herz, so ich neben diesen unaussprechlichen Herrlichkeiten der Erde bedenke, daß ich dieselben in kurzer Zeit vielleicht schon werde verlassen müssen!

7. Fürwahr, ich für meinen Teil würde mir wohl in alle Ewigkeit kein besseres und seligeres Leben wünschen und auch keine schönere Welt, als da ist diese herrliche Erde!

8. Wohin ich nur immer meine Augen wende, tauchen ja fortwährend neue Wunder auf! Dort gegen Abend hin glüht in tausendfarbiger Pracht das wogende Meer, das wohl hier bei der Erde seinen Anfang nimmt, sich aber

dann ins Unendliche des Himmels verliert! Da, so ziemlich in unserer Nähe, stehen vor uns sieben Kolosse von zugespitzten Bergen und treiben an das Himmelsgewölbe Wassersäulen! Diese scheinen sich an des Himmels blauer Decke zu zerschellen, und von da in zahllosen strahlenden Tropfen wie fliehende Sterne wieder zur Erde herabzufallen und dieser den Segen des Himmels zu überbringen; ja man könnte beinahe auf den Glauben kommen, die nächtlichen Sterne des Himmels nehmen da ihren Ursprung!

9. Von all den tausend und tausendmal tausend anderen Herrlichkeiten mag ich gar nicht reden; denn zu mannigfaltig sind sie, zu groß und zu erhaben, als daß es der menschlichen Zunge möglich wäre, sie darzustellen. Daher, o Bruder, laß mich noch eine Zeitlang ruhig genießen diese große Wunderfülle unseres heiligen Vaters!

10. O Du, der Du mich noch gestern so erhaben lehrtest Deine Weisheit und endlose Liebe, wie endlos erhaben, heilig, gut und mächtig mußt Du sein, da Deine Werke solche Ehre von Dir verkünden!

11. O Bruder Henoch, wäre Er, der heilige Schöpfer dieser Herrlichkeiten, so wie gestern unter uns, wie erginge es da unseren Herzen?!

12. Ja, heilig, überheilig ist unser Gott Zebaoth Jehova; denn Himmel und Erde sind ja überfüllt von Seiner großen Ehre!

13. O Vater, wer kann Dich lieben, loben und preisen nach Recht und Gebühr? Denn zu heilig, erhaben und gut bist Du!"

14. Hier verstummte der Lamech vor Entzückung. Adam und alle andern aber wurden selbst bis zu Tränen gerührt ob des Benehmens des Lamech und seiner Gefährten. Und der Henoch selbst lobte in seinem Herzen gewaltig Gott den Herrn, da Er Sich derer so mächtig erbarmt hatte, die da schwach und verloren waren, und sie so mächtig mit Seiner Gnade gestärkt hatte.

15. Die Gesellschaft aber verweilte noch bis zur Mitternacht auf der Höhe.

93. Kapitel

Die Heimkehr vom Berge. Das gesegnete Mahl in Adams Hütte
Die Besprechung Adams mit Henoch wegen der Feier des Sabbats

(Den 7. August 1843)

1. Um diese Zeit der Mitternacht aber erhob sich der Adam, segnete den ganzen Erdkreis und sagte dann zur ganzen Gesellschaft: „Höret mich an, ihr alle meine geliebten Kinder! Ich meine, nun hätten wir genug angeschaut die herrlichen Wunderwerke Gottes – und haben unsere Seele gesättigt mit der lieblichsten reinsten Kost in der großen Wunderküche des Herrn!

2. Ihm, dem allein über alles guten, heiligen, liebevollsten Vater, sei allein alles Lob, aller Preis, aller Dank, alle unsere Liebe und allerhöchste Achtung und wahrste Anbetung dafür!

3. Da aber bei dieser Gelegenheit auch unsere Glieder angefangen haben, nach allerlei Nahrung und Stärkung zu lechzen, so wollen wir denn uns nun bei diesem herrlichen Vollichte des Mondes auch sogleich auf den Rückweg machen und wollen uns im Namen des Herrn in meiner Wohnung laben

durch Speise und Trank und dann nach dargebrachtem Lobe des Herrn uns stärken durch einen erquickenden Schlaf auf den Lagern, aus duftenden Blättern bereitet!

4. Der morgige Tag wird uns neue Genüsse im Namen des Herrn bereiten; und so denn führe uns du, Seth, hinab den besten Weg!"

5. Der Seth tat alsbald, was der Adam gewünscht hatte, und in einer halben Stunde nach jetziger Rechnung war alles wieder gar wohlbehalten in der Hütte Adams eingekehrt, allwo die Dienerschaft Seths schon lange alles in der Bereitschaft hielt, dessen der Adam auf der Höhe schon erwähnt hatte.

6. Und die Gäste, durch die reine Gebirgsluft so recht tüchtig nach Speise hungernd gemacht, lobten Gott den Herrn und griffen dann recht wacker nach den Körben.

7. Und als die Mahlzeit beendet war, dankten sie inbrünstigst dem Herrn und legten sich dann alle, wie sie da beisammen waren, auf die duftenden Lager zur Ruhe.

8. Am Morgen aber war der Adam gewohntermaßen der erste auf und weckte alle die andern.

9. Als da alle wieder wohlgestärkt auf ihren Beinen waren, sagte der Adam zum Henoch: „Henoch, es ist heute schon wieder der Vorsabbat! Meinst du nicht, daß wir wieder die Kinder zum morgigen Feste am Tage des Herrn laden sollen?"

10. Der Henoch aber erwiderte, sagend: „Vater, ich meine, da die Sache mehr einen eitlen als so ganz eigentlich gottesdienstlichen Anschein hat, so wollen wir mit der Einladung diesmal einhalten!

11. Wer da kommen will und wird, der soll uns willkommen sein und soll den Segen des Sabbats empfangen; wer aber nicht frei zu kommen den Sinn hat, den wollen wir auch durchaus nicht – weder durch die Einladung, noch durch irgendein anderes Mittel – dazu nötigen, und jetzt schon am allerwenigsten, da es vor dem Herrn den wahrhaftigen Anschein hätte, als wollten wir uns mit unserer Volksmenge vor diesen Kindern aus der Tiefe eitel etwas zugute tun!

12. Daher bleibe es also, wie es ist nach dem Willen des Herrn! Wer da kommen will und wird, dem soll auch der Segen werden; und für diejenigen, die da nicht kommen werden, wollen wir beten und wollen sie dem Herrn in unseren Herzen aufopfern!"

13. Adam war mit diesem Bescheide vollkommen zufrieden und beschloß dann für diesen Tag, mit dieser ihm überaus teuer gewordenen Gesellschaft andere merkwürdige Punkte der Höhen zu besuchen, womit auch der Henoch einverstanden war.

14. Darum ließ er auch alsbald das Morgenmahl bereiten, und als dasselbe eingenommen war, wurde alsogleich auf die Vollhöhe und von da zur bekannten Grotte der Weg eingeschlagen.

94. Kapitel

Der Besuch der Adamsgrotte. Lamechs Verwunderung und Preis der Liebe des Herrn

(Den 10. August 1843)

1. Nach dem Plane Adams in der bekannten Grotte angelangt, rief der Lamech plötzlich aus: „Um des allmächtigen Gottes willen! Was ist denn das? Ist das auch ein Werk von menschlichen Händen?

2. Nein, nein, das können unmöglich je Menschenhände erbaut haben! Denn zu unberechenbar wahrhaft göttlich weise kunstvollst ist dieser Bau ausgeführt, als daß man dabei – selbst bei genauester Durchprüfung – auf den ersten Anblick nur von ferne ahnen sollte können, als hätten an dieser allergroßartigsten und wahrhaft göttlichwunderprachtvollsten Grotte auch die weisesten Menschen nur einen Finger angelegt und ein kleinstes glänzendes Steinchen daran befestigt!

3. Das Ganze dieses großartigsten Naturtempels der Welt ist ja wie vollkommen aus einem Stücke angefertigt! Man entdeckt nirgends eine Zusammenfügung, und dennoch sieht dieses wahrhafte Gottesgemäuer also aus, als wäre es aus allen Arten des Edelgesteines erbaut!

4. Denn hier glüht eine wie aus lauter Rubinsäulen von gleichster Dicke zusammengefügte Wand gleich der herrlichsten Morgenröte; gleich daran aber, wie aus vollkommen einem Stükke bestehend, erhebt sich ein himmelblau strahlender, sicher über einhundert Mannshöhen hoher riesenhafter Pfeiler! Hinter dem Pfeiler aber ist, wie ich sehe, eine kleinere Seitenkapelle; diese strahlt wie reinstes Gold, hier und da nur wie mit allerleifarbig strahlenden Sternen unterbrochen!

5. Nein, nein, diese Wunderpracht erstickt mir ja das Wort auf der Zunge!

6. O Herr, was erblicke ich denn dort in der Mitte dieses weiten Farbengluttempels? Ist das nicht eine mächtig hoch emporschießende Wasserquelle? – Ja, sie ist es, wunderbar großartigst erhaben, wie alles, was da unmittelbar aus den allmächtigen Händen des Schöpfers hervorgegangen ist.

7. O Gott, o Du großer, allmächtiger Gott, wie gar nichts doch sind alle Menschen und auch alle Engel gegen Dich!

8. Herr, Schöpfer, Gott, Vater, heilig, überheilig! Solche Werke hast Du erbaut für die undankvollsten Herzen der Menschen?!

9. Dort am weiten Firmamente strahlt die Sonne mit unbeschreiblicher Majestät und wandelt die sonst finstere Erde mit ihrem Wunderlichte in einen Himmel um!

10. Die Nacht hindurch glühen tausendmal tausend Sterne am endlos weiten Himmel! Der liebliche Mond verkündet auch die große Ehre Gottes mit seinem stets wechselnden Lichte!

11. In welchen stets neuen Wunderformen erglühen die stets regen Wolken unter dem Firmamente! Wie ist nur die Erde endlos weithin stets geschmückt und geziert mit den herrlichsten und duftendsten Blumen! Ja, wie eine eitle Braut ist sie geschmückt, und dennoch kann der Mensch Deiner, o Herr, vergessen in der Mitte von schreiendsten Wundern Deiner Vaterhand?!

12. Wenn ein eitel-törichter Mensch einer noch törichteren Maid einen Strauß zum Zeichen seiner Fleischliebe dargebracht hat, dann erglüht sie schon

vor Liebe und sieht fürder nichts als den ihr Fleisch liebenden Toren nur; die ganze Schöpfung Gottes ist ihr ohne ihren Toren ein nichtig, verächtlich Ding.

13. Aber der heilige, gute Vater hat aus Seiner endlosen Liebe die ganze Erde mit den wunderbarst erhabenschönsten Liebesträußchen allerreichlichst geziert, hat die Sonne erschaffen für uns und die Sterne für uns und zahllose Erhabenheiten und Wunder für uns, – und dennoch können wir über dem Fleische der Erdwürmer, die wir selbst sind, Seiner stets mehr und mehr vergessen, ja Ihn, die höchste Schönheit, die höchste Liebe und Weisheit sogar fliehen, Ihn von uns wünschen, so wir im Brande der Sünde des Fleisches stehen!

14. O Erde, du herrlichste Braut Gottes, du liebliche Mutter zahlloser Wunder Gottes! Sind wir elendesten, dümmsten Menschen wohl wert, daß du Erhabene uns trägst auf dem Boden, den täglich die allmächtige Hand Gottes schmückt?!"

15. Hier verstummte der Lamech auf eine Zeit, und der Adam, wie auch alle die andern fielen über den Redner her und kosten ihn mit Tränen in ihren Augen.

16. Und der Henoch sagte: ,,Ja, Bruder Lamech, jetzt hast du vollkommen aus meinem Grunde geredet; also ist es! Der Mensch in seinem Fleische ist der Erde nicht wert, wenn er den Geist flieht, um nur sein Fleisch zu trösten!

17. Rede aber nur also weiter! Ich sage dir: Jahre lang wirst du uns dadurch nicht ermüden, – und so du reden möchtest Tag und Nacht! Daher fahre nur also fort!"

95. Kapitel

Henochs weise Lebenserfahrungen betreffs der Fleisches- und Weltliebe der Menschen

(Den 12. August 1843)

1. Der Lamech aber, da er solch eine angenehme Beheißung vom Henoch vernommen hatte, richtete sich in seinem Gemüte auf und sprach:

2. ,,O geliebtester Bruder, ich möchte ja auch reden, solange meine Kehle und Zunge eines Wortes fähig wäre; aber die wunderbarste Erhabenheit und unbegreifliche Pracht dieses Ortes erlahmt einem armen Sünder, wie ich da einer bin, die gesamte Sprachfähigkeit, und es wird so das Reden ein saures Geschäft, so die Sprachwerkzeuge dienstunfähig sind! Daher möchte ich dich wohl bitten, daß du hier eine Rede halten möchtest, auf daß ich mich erbauete an derselben!

3. Über die Torheit der Menschen glaube ich genug gesagt zu haben; läßt sich aber auch etwas zu ihrem Lobe sagen, so öffne du darob den Mund, und tue solches kund, und mache dadurch gut mein Schmähen!

4. Ich aber habe geredet nach meiner Erfahrung, und es ist bestimmt also, wie ich mit meinen wenigen Worten die Sache bezeichnet habe; du, o Bruder, aber wirst sicher eine andere Erfahrung haben auf der Höhe, als ich sie haben kann in der sündigen Tiefe, und so wirst du auch sicher besser als ich über die Menschheit ein gerechtes Urteil zu fällen imstande sein, und so bitte ich dich, rede du nun an meiner Statt!"

5. Und der Henoch reichte dem Lamech die Hand und sagte: ,,Bruder, es

ist wahr, was da unsere Erfahrungen betrifft, so hast du in deiner Tiefe sicher ganz andere als ich auf meiner Höhe gemacht; aber dessenungeachtet hast du wie für die Tiefe also auch für die Höhe im Allgemeinen richtig gesprochen, – denn auch hier gilt im Allgemeinen das Fleisch mehr als der Herr Selbst!

6. Ja, so du jemanden fragen wirst und sagen: ‚Bruder – oder Schwester –, was wohl liebst und achtest du mehr: das Fleisch oder Gott, deinen Herrn, Schöpfer und Vater?', da wird er dir alsbald sagen: ‚Was ist das für eine entsetzliche Frage?! Wer wohl wird je ein Fleisch mehr lieben denn Gott?! Nein, solch ein Gedanke, solch eine Frage ist ja schon eine Sünde, vor der die Erde bis in ihr innerstes Mark erbebt!'

7. Habe aber acht auf seine Handlungen, auf sein Leben, so wird es sich gar bald heraustun, daß er mit der größten Freude von der Welt über gänzlich verächtlich wertlose, weltliche und fleischlich-liebliche Stoffe ganze Tage, Wochen, Monate und Jahre plaudern wird!

8. Fängst du mit ihm aber ganz ernstlich über Gott und über rein geistig-lebendige Dinge zu reden an, da wird er ein ganz verdutztes, trauriges und dazu noch überaus dummes Gesicht machen, und du wirst ihn nach einer stündigen Unterredung eine klafterlange, langweilige Miene dir zeigen sehen, die dir mit den klarsten Akzenten sagen wird:

9. ‚Freund, du bist ein entsetzlich langweiliger Mensch! Rede von etwas anderem; denn dergleichen hohe Dinge verstehe ich nicht! Und weil ich sie eben nicht verstehe, so dienen sie mir nur zur Erweckung der Langeweile, der inneren Verdrießlichkeit und der bald darauf folgenden Schläfrigkeit! Rede von einer Katze, von einem Vogel, von einer schönen Tochter (oder von einem schönen jungen Manne), und ich will dir tagelang mit der gespanntesten Aufmerksamkeit zuhören; aber nur mit so hohen, göttlichen Dingen verschone mich, da ich sie nicht verstehe!'

10. Siehe, das wird dir so ein Gottesehrfürchtling freilich wohl nicht ins Angesicht sagen; aber seine Handlungen, sein Gesicht und seine Gebärden werden es dir ins Gesicht schreien heftiger, denn da brüllt ein hungernder Löwe!

11. Daher sollst du auch vorderhand den Unterschied zwischen deinen und meinen Erfahrungen nicht so groß machen und die Höhe so ziemlich der Tiefe gleichstellen und hier reden ohne Scheu, besonders wenn gar bald der Muthael zu uns kommen wird in einer gewissen Absicht.

12. Nun aber wollen wir diese Grotte durchschreiten und uns von da gegen Morgen ziehen; dort sollst du die herrliche Einrichtung Gottes sehen!

13. Aber wie gesagt: wenn dort der Muthael zu uns stoßen wird, da werde ich ihn zu dir bescheiden, und du wirst die rechten Worte finden, mit ihm zu reden! – Und so geschehe es im Namen des Herrn! Amen."

96. Kapitel

Der Zug zur Hütte der Purista. Der Empfang der Gäste durch Purista
Die Bewunderung der Schönheit der Purista durch Lamech

(Den 17. August 1843)

1. Als die Gesellschaft unter vielen Verwunderungen die Grotte durchschritten und also erreicht hatte den Ausgang gen Morgen, da sprach der Henoch:

2. „Lasset uns nun gen Morgen ziehen, auf daß der Lamech und seine Gefährten dort erschauen möchten die Herrlichkeit unseres heiligen Vaters! In der Hütte der Purista wollen wir das Mahl des Herrn halten, welches Er Selbst uns allen zu den gerechten Zeiten verordnet hat zur Stärkung unserer Liebe und dadurch unseres Geistes!"

3. Und der Adam erwiderte: „Ja, mein Sohn Henoch, du hast wohl geredet; das wollen wir tun und wollen bei dieser Gelegenheit auch sehen, was da mit dem hochzeitlustigen Muthael zu machen sein wird!"

4. Und der Henoch sagte darauf: „Ja, ja, Vater Adam, das wird sich bei dieser Gelegenheit ganz besonders zeigen! Aber lassen wir für hier jede weitere Bestimmung beiseite; an Ort und Stelle wird sich alles zeigen, was da zu machen sein wird! – Und so denn gehen wir im Namen des Herrn!"

5. Hier verließ die Gesellschaft die Grotte und begab sich eilends gen Morgen.

6. Allda angelangt, eilten alsbald ganze Scharen den hohen Gästen entgegen und grüßten sie mit dem Gruße der Liebe.

7. Die Purista aber war die erste, welche ihren Gruß den hohen Gästen darbrachte und darauf sagte:

8. „Erhabene Väter, große Freunde des allmächtigen Gottes, ihr kommet nun wie allzeit in großen, heiligen Absichten hierher; daher sei jetzt wie ewig mein tiefstes Lob dem heiligen, ewig liebevollsten Vater, der da wohnt in Seinem ewig heiligen Lichte und, durch unsere Liebe zu Ihm uns belebend, in unserm Herzen!

9. Seid, o liebe, erhabene Väter, mir armen Dienerin des Herrn unaussprechlichmal willkommen! Wie lechzt meine Seele nach Worten des Vaters aus dem Munde dessen, den Er als der Herr Selbst gestellt hat zu einem wahrhaftigen Hohenpriester!

10. O kommet mit mir in die Hütte des Herrn, die Er Selbst erbaut hat durch Seinen allmächtigen Willen, und die Er verordnet hat zu einer Speiseküche, allwo alle Seine Kinder die gerechte Stärkung zum ewigen Leben finden sollen."

11. Der Henoch aber, als er den ganz zerflossenen Lamech ansah, sagte zu ihm: „Nun, Bruder, wie gefällt dir diese Rednerin? Was sagst du zu ihren Worten?"

12. Und der Lamech, sich kaum fassend ob der unbeschreiblichen himmlischen Anmut und Schönheit der Purista, sagte: „O Bruder, der Anblick des Erzfeindes bei der flammenden und zerstörten Kluft hat meiner Zunge im Augenblicke der Erscheinung ein mächtiges Band angelegt; aber diese Tochter der Himmel scheint noch hemmender auf meine Sprachorgane einzuwirken! O Gott, o Gott, was doch alles meinen Augen begegnen muß!

13. Nein, Bruder, der Anblick solch eines Himmels könnte einem armen

Sünder fürwahr das Leben kosten! Solch eine Schönheit, verbunden mit solcher Liebe und Weisheit! Das ist mehr, als was ein armer Sünder in Ewigkeit wird zu fassen imstande sein!

14. Bruder, erlasse mir für jetzt die weiteren Bestimmungen und Urteile; denn ich muß mich vorerst an diesen Anblick gewöhnen! Ist das geschehen mit der Gnade des Herrn, dann erst werde ich zu reden imstande sein; daher erlasse mir nun das weitere Reden!"

15. Und der Henoch erwiderte ihm: „Nun gut, in der Hütte der Herrlichkeit des Herrn wird dir die Zunge schon gelöst werden; daher wollen wir nun auch alsbald in die große Hütte treten!"

16. Hier führte die herrliche Purista alle in die Hütte und legte frisches Holz auf den Herd der Liebe.

97. Kapitel

In der Hütte des Herrn. Puristas Klage über Muthaels verliebte Nachstellungen Henochs, des Herzenskenners, weise Antwort

(Den 18. August 1843)

1. Da die Gesellschaft nun sämtlich in der Hütte sich befand und die Purista ihren Herd versorgt hatte, da trat sie alsbald wieder hin vor den Henoch und sprach zu ihm:

2. „O erhabener, alleiniger, wahrer Hoherpriester des allmächtigen, ewigen Gottes, der da ist unser heiliger und liebevollster Vater! Ich muß es dir mit bekümmertem Herzen erzählen, was dahier im Morgen vor sich gehen will!

3. Du weißt es, daß letzthin der Herr, unser ewig heiliger Vater, dem Muthael irgendeine Zusage gemacht hat, als solle ich dereinst, wenn es dem Vater wohlgefallen möchte, dessen Weib werden. Nun aber geht mir der sonst weise und gerechte Muthael darum stets auf der Ferse nach und will sich von mir die sichere Zusage ernötigen!

4. Sage ich ihm, daß er nur am Worte des Herrn halten solle und nicht unnötigerweise von mir eine Zusage verlangen solle (und es wird ja ohnehin zur rechten Zeit geschehen, was da der Herr wird wollen!), siehe, da fängt er an, alsbald zu weinen und spricht:

5. ‚Ja, ja, also reden alle Jungfrauen, wenn ihnen der Bewerber nicht zu Gesichte steht!' Der Herr würde mich ewig nimmer zwingen, daß ich sein Weib werden solle, so ich solches nicht durch Seine Gnade aus mir selbst wollte, – und ich bescheide ihn eben darum stets an den Herrn, weil ich ihn nicht möchte, und weil ich wohl wüßte, daß der Herr mich nie zu etwas zwingen würde, das mir zuwider wäre!

6. Siehe, das und noch mehreres andere sind seine Worte! O gib mir doch einen Rat aus dem Herrn, was ich da tun soll!

7. Habe ich mich etwa gestern nicht versündigt, da ich, der beständigen leeren Plauderei und unnötigen Fragerei überdrüssig, den Muthael blank abgewiesen habe und habe ihm gesagt: ‚Weil du unnötigerweise so zudringlich bist und willst vor der Zeit mich zum Weibe haben, so sage ich dir nun vollernstlich, daß ich gegen dich einen Widerwillen habe, und gebe dir die vollste

Versicherung, daß du mich nimmer vom Herrn wirst abwendig machen! Machst du in deiner Brunst eitler Liebe zu mir als einem Geschöpfe nur noch einen Schritt, so will ich dem Herrn bei diesem Herde schwören, ewig ledig zu verbleiben aus reiner Liebe zu Ihm und nimmer einen Mann der Erde anzusehen!'

8. Diese Worte aber haben den Muthael so sehr bestürzt, daß er alsbald sprachlos ward und sich dann weinend und schluchzend von dannen zog und – wie ich es merkte – schnurgerade zu euch auf die Vollhöhe ging.

9. O Henoch, du erhabener Diener des allmächtigen Gottes, gib mir hier einen sichern Rat und Trost im Namen des Herrn!"

10. Und der Henoch erwiderte der Purista: ,,So höre mich denn an; ich will dir in der Wahrheitsfülle sagen, wie da die Dinge stehen: Siehe, der Herr hat ganz sicher dich dem Muthael verheißen und im Geiste auch schon völlig angebunden; nur hatte Er die Segnung des Fleisches noch bis zur gerechten Zeit aufgeschoben! Dir aber hat der Herr solches auch stumm bloß nur deinem Gefühle kundgetan!

11. Da aber der Muthael zu dir kam und zeigte dir solches durch verdeckte Worte an, da erkanntest du in ihm aus deinem Gefühle, daß er derjenige ist, der dir vom Herrn aus einst zum gesegneten Manne werden soll; und zufolge dieser Erkenntnis hast du den Muthael mit einem sehr vielsagenden, überaus freundlichen Blicke angeschaut und hast eben durch diesen schönsten Blick dem sonst überaus weisen Muthael eine starke Wunde beigebracht, an welcher er beinahe seine ganze Weisheit verblutet hätte! Und seitdem ist Muthael ganz in deine Liebe begraben und mag sich nicht erheben aus solcher Wohnung, darinnen kein Leben ist!

12. Siehe, das war sonach ein kleiner Fehler von dir, den du wieder gutzumachen hast! Diesen Fehler aber wirst du dadurch gutmachen, so du den Herrn bittest, Er möchte ja den Muthael segnen und ihn führen auf den rechten Weg des Heils!

13. Aber verachten darfst du ihn ja nicht; denn ein Mann, der mit der Verheißung des Herrn erfüllt ist, ist gar mächtig geheiligt!

14. Daß der Herr ihn nun ein wenig prüft, das dient zu seiner Vollendung. Aber du darfst ihn darum ja nicht verkennen; denn er ist ein von Gott geheiligter, dir bestimmter Mann zur rechten Zeit!

15. Siehe, also stehen die Dinge! Du darfst ihn nicht fliehen; aber du darfst ihn auch nicht versuchen! – Das für dich; mit Muthael aber werde schon ich reden! Nun gehen wir an deinen Herd! Amen."

98. Kapitel

Die Heilung des gemütskranken, verliebten Muthael durch Henoch

(Den 19. August 1843)

1. Als aber die Purista wieder bei ihrem Herde beschäftigt war und der Lamech nun nüchterner- und gefaßterermaßen so manche triftige Urteile über sie zur Gesellschaft der Väter ergehen ließ und mit seinen Bemerkungen noch kaum zu Ende war, da trat auf einmal wie von Sinnen der Muthael in die Hütte, sah den Henoch an, ging dann nachdenkenden Schrittes vor ihn hin

und starrte ihn an, ohne ein Wort zu reden.

2. Der Henoch aber hob alsbald seine Rechte auf und sprach: „Höre, du stumme Begierde des Fleisches, die du arg gefangennahmst diesen Menschen, der da mit der Verheißung Gottes erfüllt ist, ich gebiete dir in der Macht des Herrn in meiner Brust, daß du alsbald verstummest und weichest von diesem, den Gott berufen hat!"

3. Hier erwachte Muthael plötzlich wie aus einem tiefen Schlafe und sprach: „O Gott, mein heiliger Vater! Wo bin ich denn nun? Was ist mit mir vorgegangen? Bin ich es wohl noch, der ich war? Wache ich, oder schlafe und träume ich nun?

4. Mir kommt es dunkel ahnend vor, als wäre ich der Purista wegen mit großer Leidenschaft hierher geeilt; und siehe, die Purista steht hier neben mir nun und ist mir so gleichgültig wie etwas, das gar nicht da ist! – Wie ist doch solches möglich?

5. Ich weiß es ja und erinnere mich jetzt recht gut, daß ich sie nach der Verheißung mit der glühendsten Liebe habe zu erfassen angefangen; nun aber strahlt allein die Verheißung nur noch wie ein Abendstern in der ersten Dämmerung in meiner Brust, da sie ist ein Wort des Vaters! Alles andere aber ist wie verschwunden für mich! – Wie, wie doch ist so plötzlich solche Veränderung in mir vorgegangen?!

6. O Henoch, ich gestehe es dir ganz offen – da ich nun wohl weiß, warum ich jetzt so ganz eigentlich hierher kam, und warum ich gestern schon sehr früh auf die Höhe geeilt bin –, daß mir nun die ganze Erde mit allen ihren Bewohnern um eine hohle Zwergnuß feil ist!

7. Der Vater ist mir nun allein alles in allem; alles andere aber ist mir ein reines Nichts! Auch du, Henoch, bist mir nur in so weit etwas, als du die ausschließende Liebe zum Vater in deinem Herzen birgst; im sonstigen aber bist du mir gleich den anderen Dingen, die da nur pure Geschöpfe sind, und gleich der Purista, als wärest du gar nicht!

8. Denn ich erschaue nun allenthalben die erhaltende und stets neu schaffende Liebemühe und Sorge und Arbeit des Vaters. Darum kann ich die Dinge und Geschöpfe nun nicht lieben, die dem heiligen Vater Mühe machen; denn ich liebe ja Ihn nur!

9. Ich selbst wäre lieber nicht, als ich bin, – weil auch ich dem Vater Mühe mache; aber so ich nicht wäre, dann könnte ich Ihn ja auch nicht lieben, – Ihn, der da die höchste Liebe Selbst ist! Desgleichen müßt aber ja auch ihr sein, damit ihr den Vater lieben möget!

10. O Vater, wie war es denn doch möglich, daß ich auch nur einige Augenblicke lang diese Purista beinahe mehr zu lieben vermochte denn Dich, Du heiliger Vater?!"

11. Diese Worte schlossen den Mund Muthaels. Alles aber verwunderte sich ganz entsetzlich über diese Veränderung Muthaels.

12. Die Purista fing an, heimlich zu weinen, und verwünschte den vom Henoch bezeichneten Blick, mit dem sie dem Muthael eine solche Wunde versetzt hatte; denn sie sah nun den, den ihr Herz heimlich liebte, für verloren.

13. Der Adam wußte gar nicht, mit welcher Frage er zuerst zum Vorschein kommen sollte.

14. Der Lamech der Tiefe sah auch ganz verblüfft in die Sache und sagte zum Henoch: „Bruder, bei der gegenwärtigen Gestalt der Dinge werde ich, wie es mir vorkommt, mit diesem Manne eben nicht zu viel zu reden bekommen!"

15. Der Henoch aber entgegnete ihm: „Laß es nur gut sein! Erst wenn da das Blatt völlig gewendet sein wird, wirst du, als am rechten Platze, in die große Menge zu reden bekommen; für jetzt aber lassen wir diese Sache nur gut sein! Denn nun muß hier die Purista dem Muthael kommen und muß an ihm das wieder gutmachen, was sie ehedem, wennschon mehr willenlos, an ihm verschlimmert hatte! Also will es der Herr! Daher lassen wir die Sache bis dahin nur gut sein und gehen den Weg der göttlichen Ordnung! Amen."

99. Kapitel

Adams Verwunderung über die innere Wandlung des Muthael. Purista in Verlegenheit. Muthaels Rede von der Eitelkeit aller Neigungen. Puristas Reue und Bitte um Vergebung

(Den 21. August 1843)

1. Nach diesen Worten Henochs an den Lamech kam erst der Adam so recht zu sich und fragte den Henoch: „Höre, mein geliebtester Sohn Henoch! Was ist denn das für eine Erscheinung? Der glühende Muthael, der an der Purista den Himmel der Himmel zu finden wähnte, – der sich erst gestern in die wunderbarsten Tiefen über der Purista – welche Tiefen als unberechenbare Gnadenfolgen aus solcher von Gott verheißenen Verbindung notwendig hervorgehen müßten – verlor; der Muthael, sage ich, der mir weissagte, die Erhaltung des Menschengeschlechtes auf dieser Erde hänge von dieser von Gott verheißenen Verbindung ab, – der ist jetzt ein barster Verächter der Purista geworden, und wie es mir vorkommt, so ist sie ihm gleichgültiger geworden, als uns allen da gleichgültig ist derjenige Teil dieser Erde, den wir noch gar nicht kennen!

2. O sage mir, woher kommt das? Hat die Auflegung deiner Hände solches im Muthael bewirkt? Oder hat er selbst sich insoweit heimlich überredet? Oder hat ihn der Herr so ganz und gar plötzlich umgestaltet? Oder hast du ihn in einen Wachschlaf versetzt? – O sage mir, was ist's, das da den Muthael so gänzlich verändert hat?"

3. Und der Henoch sprach zum Adam: „O Vater Adam, habe du nur acht auf die Benehmung und auf die Rede Muthaels, und du wirst alsbald das Rätselhafte dieser Erscheinung aufgelöst vor dir haben! Ich werde alsbald den Muthael mit der Purista reden lassen, so er wird wollen, und du wirst aus dieser Rede gar leicht zu entnehmen imstande sein, was da alles hinter dieser Erscheinung steckt; und so habe denn acht!"

4. Hier berief der Henoch die Purista und sagte zu ihr: „Nun, meine herrliche Purista, sage mir, wie dir jetzt der Muthael gefällt, und ob du mit mir darum zufrieden bist, daß ich durch die Gnade des Herrn den Muthael durch Wort und Tat also gestimmt habe! Denn du hattest ehedem eine gerechte Klage über ihn geführt, in welcher du dich durchaus unzufrieden über ihn geäußert hast; darum mußt du mir nun kundgeben, ob er dir also besser gefällt!"

5. Hier ward die Purista groß verlegen und wußte nicht, was sie hätte sagen sollen.

6. Der Muthael aber, der ihr zur Seite stand, sagte ohne vieles Nachsinnen: ,,Ich finde, daß auf der zeiten- und formenwechselnden Erde alles seine Zeit hat! Die Dummheit hat die ihrige, die Weisheit die ihrige, die Liebe die ihrige, der Weibersinn bei dem Manne die seinige, die Heiratslust die ihrige! Also war es auch bei mir, da ich vor der Purista glühend bin geworden!

7. Da sich aber die Zeiten verändern, wir aber in der Zeitenfolge stecken, wie sollten wir da so ganz und gar unveränderlich bleiben können?!

8. Die Erde tanzt für sich beständig wie ein töricht-lustiges Kind um die große Sonne; wo aber ist der ruhig Weise unter uns, der diesen Tanz nicht täglich unaufhaltsam mitmachen müßte?! Sogar im Schlafe muß ich die tolle Lust der Erde mitmachen!

9. Also ist es ja auch begreiflich, daß ich einmal von einer glühäugigen Maid selbst erglühen mußte! Aber wir wissen es ja alle, daß die feuchten Wolken sogar die mächtige Sonnenglut abzukühlen vermögen; also wird es ja wohl auch ein Mittel geben, mit dem ein Mann seine törichte Weibliebeglut abzukühlen imstande ist?!

10. Ich habe ein solches Mittel durch die Gnade Gottes überkommen, und nun schaden mir die zwei Sonnen Puristas nicht mehr! Und das ist auch eine Veränderung der Zeit in mir, und ich lebe in ihr wieder neu auf und fühle, daß der Mann, so er einmal geboren ist, auch gar leicht ohne eine Purista bestehen kann; und davon liegt der Grund in der steten Veränderung der Zeiten.

11. Heute lieb, morgen trüb; heute heiß, morgen weiß; heute Glut, morgen Flut!"

12. Diese Worte brachen der Purista das Herz, und sie fing an, bitterlich zu weinen, und sprach: ,,Wenn der Verheißene solche Worte führt, wenn es sich um den höchsten Ernst handelt, was erst werden die nicht Verheißenen für Worte führen?! – O Muthael, hast du denn kein Herz mehr, das mir vergeben könnte, so ich zu hart gewesen bin?"

100. Kapitel
Die weise und männlich-edle Rede Muthaels an Purista

(Den 22. August 1843)

1. Der Muthael aber wandte sich zur Purista und sprach zu ihr: ,,Purista, – warum klagst du jetzt offenbar gegen die göttliche Ordnung?

2. Ich war glühend, und du klagtest über meine Glut; nun bin ich kalt, und du klagst über meine Kälte! Sage mir, wie soll ich denn sein, daß du nicht klagen möchtest über mich? Soll ich in der Mitte wandeln zwischen Glut und Kälte, – soll ich lau sein?

3. Siehe, du weißt hier zu antworten nicht! Ich aber will dir eine rechte Antwort geben vor Gott und all den Vätern, und diese laute also:

4. Wenn ich also bin gegen dich, wie es der Herr will, da meine ich, mein Verhalten ist gerecht!

5. Bin ich glühend, so ist es des Herrn Wille, daß ich glühend bin; und bin ich kalt, so ist es auch des Herrn Wille, daß ich kalt bin; und wäre ich lau, so wäre ich auch das nicht ohne den Willen des Herrn, – obschon ich wohl weiß, daß die Lauheit nirgends in der Ordnung der göttlichen Dinge ge-

zeichnet steht, daher mich der Herr auch sicher nie wird in den Zustand der Lauheit versinken lassen!

6. Hast du aber ein rechtes Vertrauen auf den Herrn und Vater aller Menschen, wie magst du da zagen und weinend vor mir herkommen, als hätte ich dir irgendeine Beleidigung zu vergeben?!

7. Wird nicht der Herr nur machen, was Er wird wollen und wird uns zu seiner Zeit entweder verbinden oder trennen?! Oder meinst du wohl, solches steht etwa doch so ganz heimlich in unserer Macht?

8. O siehe, weder ich, noch du, noch Henoch und all die anderen Väter vermögen solches nach ihrem Wollen, sondern da kommt es allein auf den Herrn an!

9. Ob wir uns nun schon mit aller Glut lieben, oder ob wir uns nun gegenseitig fliehen, das ist gleich; so wir die Verheißung haben, da wird uns der Herr dennoch vereinen, vorausgesetzt, daß die Verheißung vorderhand keine Probeverheißung ist, durch welche wir an uns selbst erfahren sollen, ob etwa unsere gegenseitige Liebe heimlich nicht stärker ist als die zu Ihm!

10. Ist die Verheißung aber also gestellt – was ich eben keinen Augenblick lang bezweifeln möchte –, da muß ich dem Herrn ja nun aus allen meinen Kräften danken, daß Er mir meine törichte Glut gedämpft hat, welche Seine heilige Probeverheißung und deiner Augen Sonnenstrahl in mir erweckt haben, und ich meine, du als eine reinste erwählte Magd des Herrn, die Er auf Seinen allerheiligsten Händen trug, wirst diese meine gegründetste Ansicht in deinem Herzen doch sicher allerhöchst billig finden und wirst sie auch teilen mit mir!

11. Daher erkläre ich dir hier vor Gott und allen den Vätern, daß ich, solange es mir der Herr nicht ganz bestimmt anzeigen wird, dich zum Weibe zu nehmen, mich also verhalten werde gegen dich, als wärest du gleich jeder andern Jungfrau, die mir der Herr nicht verheißen hat!

12. Im Gegenteile aber wünsche ich als dein Bruder dir ganz dieselbe Gesinnung, die dich allein mit dem Vater auf ewig allergetreuest verbinden wird!

13. Halte und setze alles auf den Herrn, und deinem Herzen wird alsbald die rechte Abkühlung und der süßeste Trost werden! Das ist aber auch alles, was mein ganz nun Gott ergebenes Herz dir wünschen kann. Tue das, und du wirst in der heiligen Verheißung das rechte Licht erschauen! Amen."

14. Hier verdeckte sich die Purista ihr Angesicht und ging, ganz ergriffen von der Weisheit Muthaels, an ihren Herd und fing da an, ganz gewaltig über die Worte Muthaels nachzusinnen, und fand sie stets richtiger.

15. Der Henoch aber sprach zum Lamech: „Bruder, bereite dich; denn jetzt kommt bald die Reihe an dich, zu reden Worte aus der Tiefe der Liebe Gottes im Menschen!"

101. Kapitel

Muthaels Geringschätzung der Gäste aus der Tiefe und seine spitze
an König Lamech gerichtete Frage. Lamechs Erwiderung

(Den 23. August 1843)

1. Nach dieser Präsignation (*Vorrede*) Henochs an den Lamech aber wandte sich der Muthael an den Henoch und sagte zu ihm: „Henoch, sage mir doch, wer da diese kleinen Menschen sind, und besonders der, zu dem du soeben geredet hast! Sind das einige von denen, die da in der Zeit, als der Herr unter uns war, aus der Tiefe, die jetzt gereinigt sein soll, einen Ausfall gegen uns zu machen sich ärglichst erkühnt haben? Oder sind das irgend Menschen, die da in einem äußersten Winkel der Mitternacht sind geboren worden? Sage mir doch, was es da mit ihnen für eine Bewandtnis hat!"

2. Und der Henoch sagte darauf zum Muthael: „Höre, ich habe eben darum den rechten aus diesen Menschen präsigniert (*vorher aufmerksam gemacht*), daß er sich gefaßt halten solle auf eine Unterredung mit dir! Da du aber nun selbst wünschest, mit diesen – leiblich nur, aber nicht auch geistig – kleineren Menschen, als wir es sind, näher bekannt zu werden, so rate ich dir und sage: Wende dich sogleich an den mir zunächst Stehenden, der da auch Lamech heißt; er wird dir die beste Auskunft über so manches zuteil werden lassen! Tue das ohne Scheu und sonstigen Rückhalt! Ich bin im voraus überzeugt, du wirst am Ende mit seiner kleinen Statur überaus zufrieden sein!"

3. Aber auch der Adam winkte beifällig dem Muthael, sich nur alsbald über den kleinen Menschen herzumachen; denn er wußte wohl, wie viel des besten Salzes da im Lamech stecke.

4. Und so unternahm der Muthael das ihm leichtest vorkommende Wagnis, sich mit dem Lamech in einen erkundlichen Diskurs einzulassen, und gab darum dem Lamech sogleich folgende Frage:

5. „Lamech, du außerordentlich kleiner Mensch, sage mir, wer und woher du bist, auf daß ich wissen möchte, wie man sich gegen dich und deinesgleichen zu benehmen habe! Denn siehe, ich bin noch ein Mensch, dem es noch nicht gegeben ist, gleich einem Henoch und so manchem andern in den Grund des Lebens schauen zu können! Daher muß ich noch fragen und aus der Antwort entnehmen, wen ich vor mir habe. Und so denn habe ich auch dich gefragt, auf daß du mir kundgeben möchtest, wer und woher du seist!"

6. Hier sah der Lamech den Muthael sehr bedeutend an und sagte darauf mit sehr gemessenen Worten und etwas eifriger Stimme: „Höre, du sonst weiser Mann des Morgens, diese Frage macht dir durchaus keine Ehre; denn so fragt sich in meiner großen Stadt Hanoch das gemeinste Gassenreinigungsgesinde, das bis jetzt kaum gewußt hat, daß es menschlicher Abstammung ist!

7. Ein rechter Weiser aber sollte meines Erachtens doch wissen, daß lebende Wesen – besonders, so sie sich in freundlicher Gesellschaft eines Henoch befinden und mit ihm sogar zu reden imstande sind – für etwas mehr geachtet werden sollen, als wären sie nur irgend menschenähnliche Affen!

8. Dieses aber scheint deiner Weisheit noch sehr zu mangeln; daher auch ist deine Frage also an mich gestellt, als wüßtest du von der wahren Weisheit

noch gar nichts und sähest mich statt für einen Menschen lediglich nur für einen Affen an!

9. Ich aber rate dir nun: Erkenne dich selbst zuvor genau; dann erst versuche, was du mit mir richten magst! Auf diese Art aber ist es mir nun auch sehr wohl begreiflich, warum du gegen die himmlische Purista also extrem bist, einmal glühend wie fließendes Erz – vorausgesetzt, daß du schon je eines hast fließen sehen – und jetzt wieder kalt wie ein Eisblock, weil dir die heilige Lebensmitte in der Liebe zu Gott in der Werktätigkeit noch ganz fremd zu sein scheint; denn die Purista ist rein wie Gold, – vorausgesetzt, daß du das Gold kennst!

10. Du aber bist bisher nur noch ein Tor, der es kaum zu ahnen scheint, wie der Herr die Menschen zu erziehen pflegt!

11. Daher rate ich dir im Namen meines und deines Gottes: Gehe und erkenne dich zuvor selbst; dann erst komme und rede mit mir, dem außerordentlich kleinen Menschen Lamech, der doch immer noch besser zu sein scheint als irgendein Affe! – Verstehe mich!"

102. Kapitel

Der beschämte Muthael, von Henoch am Fortgehen gehindert
Henochs Rede über das Wesen der Weiber

(Den 24. August 1843)

1. Diese Worte zeigten dem Muthael sogleich, mit wem er es zu tun hatte. Er verneigte sich daher vor Lamech und machte sehr stark Miene, die Gesellschaft so bald als nur immer möglich zu verlassen; denn er war der Meinung so ganz heimlich bei sich selbst, der Henoch habe ihn da geflissentlich anrennen lassen.

2. Und so war er gewisserart von allen Seiten her indigniert (*zurückgewiesen*), und es wandelte ihn auch noch eine Scham obendarauf an, indem er sich jetzt im Angesicht der Väter, wie im Angesichte der Purista in seiner Weisheitsfähigkeit gewaltig zurückgesetzt fand.

3. Als er sich aber so ganz gemach der Türe zu nahen anfing, da sagte der Henoch zu ihm: ,,Muthael, also verläßt kein Mann je eine Gesellschaft, wie da die unsrige ist! – Willst du denn wohl eine Torheit mit der andern krönen?!"

4. Der Muthael aber erwiderte: ,,Das will ich mitnichten, – wohl aber die erste mit der zweiten vergessen machen! Zudem hat mir der gut gesalzene Lamech ja anbefohlen, daß ich gehen solle, um mich zuerst selbst besser kennenzulernen! Was wohl kann das für eine Torheit sein, wenn ich den Rat eines so mächtig gesalzenen Weisen befolge? Oder ist das anders zu verstehen?"

5. Hier sagte der Henoch zum Muthael: ,,Muthael, du scheinst darum von einem mächtigen Eigendünkel beseelt zu sein, weil der Herr einiges über die Weiberliebe mit dir geredet hat!?

6. Siehe, wärest du irgendein leichtsinniges, töricht blindes Weib, das da seine Fleischesbegierden nur am besten kennt und für deren Befriedigung allezeit sorgt, so möchte ich mir aus deiner gemessenen Dummheit nichts machen!

7. Denn also ist ja auch des Herrn Sinn! Er erfaßt das Weib, das Ihn allein

zu lieben vermag und völlig will ohne irgendeine Beimischung der Welt, und trägt es dann auf den Armen und Händen und Fingern seiner glücklichsten Bestimmung zu!

8. Aber ein Weib, das da zumeist an der Weltdummheit, wo etwas Sinnlich-Ergötzliches herausschaut, seine Freude findet, läßt der Herr gehen wie das Getier der Wälder und kümmert Sich im übrigen gar nicht um es, außer in dem nur, daß Er ihm das sinnliche Leben des Leibes gibt wie dem Getiere der Wälder,

9. aus welchem Grunde denn auch einem ausgearteten Weibe nicht leichtlich mehr zu helfen ist und es leicht übergehen kann in alle Unzucht und Hurerei, wie wir von ähnlichen Erscheinungen in der Mitternacht eine Menge Beispiele haben und wohl wissen, wie dann ein Weib, das nur einmal einer Weltfreude wegen den Herrn auf die Seite gesetzt hat, nur kaum durch ein Wunder vom völligen Untergange gerettet werden kann!

10. Siehe, das ist der Sinn des Herrn bezüglich des großen Leichtsinnes der Weiber, desgleichen da auch der meinige!

11. Du aber bist ja doch kein Weib, sondern ein mit göttlicher Verheißung erfüllter Mann, und ich kann dich darum nicht – als wärest du ein unzubändigendes Weib – in deiner Dummheit fortrennen lassen, sondern ich muß zu dir sagen:

12. Muthael, bleibe hier! Erkenne im Lichte der Väter deine Dummheit, und lerne in dir würdigen das Salz Lamechs! Denn siehe, der Herr hat zu öfteren Malen schon am Tische Lamechs gespeist, und er ist ein völlig ausgelernter Schüler des Herrn Selbst! Ich und er stehen in einer Eigenschaft vom Herrn Selbst gestellt da; darum denn kannst du dir vom Lamech schon etwas gefallen lassen!

13. Kehre daher um, und gehe hin zu ihm; aber nähere dich ihm, wie man sich einem stark geprüften Freunde Gottes nähert, und du wirst sein Salz auf der Stelle um vieles weniger beißend finden! – Verstehst du mich?"

14. Hier wandte sich der Muthael um und befolgte den Rat Henochs.

103. Kapitel

Muthael im Gespräch mit Lamech
Lamechs weise Rede über das wahre Wesen der Beleidigung
Muthael, mit Lamech versöhnt, bittet diesen um Rat

(Den 25. August 1843)

1. Als der Muthael aber wieder zurück zum Lamech sich begab und ihn um Nachsehung seines Fehlers bitten wollte, da kam ihm der Lamech zuvor und sagte zu ihm:

2. „Muthael, ich lese es aus deinen Augen, was du an mir nun begehen möchtest; aber siehe, das kann ich aus einem dreifachen Grunde nicht annehmen:

3. Der erste Grund ist: weil du mich nicht im allergeringsten beleidigt hast! Und wie könntest du das auch, indem ja ich wie du die Liebe des Vaters in unseren Herzen tragen!

4. Der zweite Grund ist: weil ein rechter, Gott ergebener Mensch wohl nie irgend etwas von seinen Brüdern als eine Beleidigung annehmen solle! Denn hinter einer jeden Beleidigung,

sowohl in Ansehung des Beleidigenden wie des Beleidigten, steckt eine verhältnismäßig große Portion des Hochmutes. Wie aber der Hochmut beim Herrn angeschrieben ist, – das, allerliebster Bruder, weißt du sicher noch ums unvergleichliche besser denn ich!

5. Und der dritte Grund ist: weil ich in dir die Verheißung des Herrn in einer wunderbarsten Fülle erschaue und sehe hinter ihr in endlos breiten Strömen unbegreiflich allergrößte Erbarmungen Gottes einherwallen, -wellen und -wogen!

6. Wenn aber der Herr irgendeinen Menschen mit solchen Verheißungen erfüllt hat, wie möglich könnte sich da ein geweckter Mensch, wie ich da einer bin durch die endlose Gnade und Erbarmung Gottes, von ihm wohl im Ernste beleidigen lassen?!

7. Ich aber sehe, was du mir nun sagen willst, und entgegne dir sogleich und sage: Bruder, du hast zuvor meine Worte nur etwas irrig aufgefaßt; denn daß ich dir auf deine etwas sonderbare Frage eine Antwort gab, die den Anschein hatte, als hättest du mich beleidigt, das hatte einen ganz anderen Grund!

8. Ich gab meiner Antwort nur darum geflissentlich solch einen Anschein, weil ich in dir wirklich eine dich verderbende Art Hochmut entdeckt hatte, der sich neben der heiligen Verheißung in dir wahrlich nicht am besten ausnahm.

9. Ich wollte dich sonach wohl ein wenig demütigen, aber ja nicht etwa meinetwegen, sondern aus wahrer, aufrichtiger Bruderliebe deinetwegen selbst!

10. Und siehe nun, auf diese Weise wäre es dir sogar unmöglich, mich zu beleidigen! Denn dafür sorgt schon das Fünklein der Liebe Gottes in mir, daß da mein Herz nun niemand mehr beleidigen und erbittern kann, und wie gesagt, du schon am allerwenigsten, indem du gerade derjenige bist, an dem ich am meisten mein Liebe- und Freundschaftsband befestigen möchte!

11. Ich liebe dich, du herrlicher Bruder Muthael, überaus! Magst auch du mich, einen Abkömmling Kahins, mit Liebe erfassen?"

12. Hier öffnete der Muthael die Arme und sagte: „Komme her, Bruder Lamech, und nimm an meiner Brust die vollste Versicherung, daß ich dich liebe mit aller Glut meines Herzens! Denn fürwahr, ich hätte eher alles geglaubt, als daß ich in dir einen so herrlichen Menschen und Bruder finden möchte! Nun aber habe ich dich erkannt, und du bist mir teurer geworden als mein eigenes Leben; daher sei auch versichert, daß ich dich liebe und nie aufhören werde, dich zu lieben als einen mir allerteuersten Bruder!

13. Weil ich dich aber, o du mein Bruder du, nun auf eine so vorteilhafte Weise habe kennengelernt, so sollst du auch mein Ratgeber sein nach dem Willen Henochs und sollst mir mein Verhältnis mit der Purista, der reinen Dienerin des Herrn, so recht auseinandersetzen und mir sagen, wie ich denn so ganz eigentlich mit ihr daran bin! Soll ich die Verheißung bloß geistig oder daneben auch weltlich erfüllbar mir denken, oder soll ich das Ganze nur als eine Probung von Seite des Herrn über meinen Geist nehmen?

14. Ja, Bruder, ich sehe, du wirst mir ein rechtes Licht in dieser Sache geben! Der Herr sei darum mit deinem Geiste!"

104. Kapitel

Lamechs abschlägiger Bescheid und guter Rat, sich an den Herrn zu wenden
Vom Unterschied zwischen Gotteswort und Menschenwort

(Den 26. August 1843)

1. Und der Lamech, als er solchen Wunsch vom Muthael vernommen hatte, erwiderte ihm: „Ja, geliebter Bruder Muthael, was da in meinen schwachen Kräften steht, will ich dir tun nach deinem Verlangen!

2. Du möchtest das Wesen der Weiberliebe erkennen, wie es ist in seiner Art, und möchtest wissen, wie du bezüglich der Verheißung des Herrn mit der Purista daran bist?

3. Das, liebster Bruder, ist fürwahr kein gemeiner Wunsch, denn ich sehe ja den guten Zweck, den du mit solcher genauen Kunde verbinden möchtest; aber bevor ich dir darüber noch irgendein Wörtlein sagen werde, muß ich dich auf einen gar wichtigen Umstand aufmerksam machen, den wir bei unserer vorhabenden Erörterung ja nicht außer acht lassen dürfen, und dieser Umstand ist meines wachen Erachtens folgender:

4. Ich und du hängen an der endlosen Liebe und Erbarmung Gottes, der nun ist unser aller allheiligster Vater; wir aber wissen, daß Er Sich jedermann zur rechten Zeit offenbart, der sich in aller Liebe seines Herzens zu Ihm wendet und fest auf Ihn vertraut, daß ihn der Herr sicher erhören wird in jeglicher Sache, die er Ihm als ein wahrhaft Liebender und Vertrauender vortragen wird. Das also wissen wir.

5. Nun aber frage du dich, ob du dieses gar wichtigen Umstandes gedacht hast bei dir im Herzen! – Ich möchte dir sonst ja alsogleich mit meinen Kenntnissen und Erfahrungen dienen, wenn ich nicht wüßte, daß ich wie du uns versündigen möchten vor dem Herrn, so wir Seiner endlosen Güte, Gnade, Liebe und Erbarmung vorgreifen möchten!

6. Meine Meinung wäre demnach diese: Du sollst dich in dieser Sache zuvor so recht liebe- und vertrauensvoll an den Herrn als unsern heiligsten, liebevollsten Vater wenden und Ihn bitten um das, das du von mir möchtest, – und ich bin in keiner Sache so außerordentlich sicher überzeugt als geradezu in dieser, daß dich der Herr nicht lange wird ohne die bestimmteste Antwort und getreueste Offenbarung Seines allerheiligsten Willens harren lassen!

7. Du sagst hier freilich wohl in deinem Herzen, es sei ja auch mein Wort, wie das des Henoch, ein rein göttliches, da auch wir nichts redeten als das nur, was zu reden uns vom Geiste Gottes eingegeben wird!

8. Das, liebster Bruder, ist an und für sich wohl unwidersprechlich wahr, und ich und der Henoch würden sicher alsbald zu den größten Frevlern gezählt werden dürfen, so wir da behaupten möchten und sagen: ‚Solches alles reden wir aus uns!'

9. Aber siehe, liebster Bruder, da draußen, bei einhundert Schritte kaum von hier entfernt, fließt noch dasselbe Bächlein, das da meiner Beobachtung nach seinen Ursprung nimmt in der allerwunderbarst herrlichsten Grotte auf der Höhe; gehe aber und verkoste dasselbe Wasser, und du wirst einen ganz gewaltigen Unterschied finden! Ein Tropfen wird dir an der Quelle mehr Stärkung und Erquickung bieten, als so du hier, wo sich das Wasser schon mehr seiner Urkraft nach verflüchtigt hat, ein ganz tüchtiges Gefäß voll wegtrinken möchtest!

10. Siehe, gerade also auch steht es mit dem Worte des Herrn; denn dieses hat ebenfalls in mir schon die meiste belebende Kraft abgesetzt und fließt dann von mir in dich nur also über wie ein ganz gewöhnliches anderes Wort und klingt, als wäre es von mir, – darum es denn für einen zweiten Zuhörer auch nicht mehr diese mächtig überzeugende Kraft lebendigst hat als eben für mich, der ich es von der Urquelle schöpfe!

11. Daher also rate ich dir und sage: Gehe zur Urquelle, solange sie für jedermann gleich zugänglich ist, und es wird dir da ein Tropfen mehr nützen als tausend aus meinem Mundbache!

12. Und hast du die Urquelle aber schon durchaus nicht finden können, dann will ich sie dir ja recht gerne suchen helfen! Mein Rat und meine Belehrung in deiner Sache aber soll gerade das Letzte sein!

13. Und so denn befolge, liebster Bruder, diesen meinen Rat! Ich meine, er wird recht sein!"

105. Kapitel

Muthaels Harren auf des Herrn Wort, Selbstgespräch
Adams Kummer um Muthael, Henochs beruhigende Worte
Der Aufbruch ins Freie

(Den 28. August 1843)

1. Hier ging der Muthael, wohl erkennend den tiefen Sinn der Rede Lamechs, hinaus auf eine abgelegene Freistätte, wo ihn niemand bemerken konnte, und sagte da bei sich selbst:

2. „Hier will ich weilen, solange mir der Herr nicht antworten wird, und will nicht essen und trinken eher, als bis ich werde das Wort vom Herrn vernommen haben!

3. Denn was ist wohl so ein dummes, hinbrütendes Leben ohne den mächtigen Wortverband des Herrn, da man in einer ernsten Lebensfrage nicht einmal weiß, warum man so ganz eigentlich auf der Welt ist?!

4. Daher muß ich nun das Wort des Herrn haben, und sollte es dieses mein ohnehin eben nicht vielsagendes Leben kosten!

5. Aber wie werde ich es anstellen, daß mich erhören möchte der Herr und mir geben Sein Wort, wie Er mir gegeben hat die Verheißung?

6. Ich weiß, was ich tun will: Ich werde Ihn so recht zu lieben anfangen und will schwärmen vor Ihm, wie ein blindverliebter Tor vor seiner Maid, die er zum Weibe möchte!

7. Wie aber, wenn mich der Herr da doch noch sitzen ließe? – Da, ja da will ich auf die ganze Welt und selbst auf Seine Verheißung völlig Verzicht leisten! Der Purista will ich da für allezeit den Rücken kehren und für mich ganz allein sein, dem Herrn anhangen aus allen Kräften, Ihm allein im stillen meine Ehre und mein Lob darbringen, aber alles andere also betrachten, als wäre es ganz und gar ewig nicht vorhanden gewesen!

8. Und ich will und werde dazu noch ganz allerernstlichst und lebendigst sagen in meiner Seele: ‚Herr, hier bin ich nun ganz vor Dir und habe alles hintangegeben Deinetwegen; also mache denn nun auch mit mir, was Du willst, und mir wird es recht sein!'"

9. Also hatte der Muthael zu han-

deln nun beschlossen, und also tat er es auch pünktlich.

10. Es verging aber also der ganze Tag, und die Gesellschaft hatte schon lange gespeist in der Hütte der Purista, als man nach so manchen erhabenen und belehrenden Gesprächen wieder an den Muthael zu denken anfing und der Adam zum Henoch sagte:

11. „Fällt dir denn nicht auf, daß da der Muthael, der noch vor dem Mittage aus der Hütte trat, nun noch nicht zurückgekommen ist?! Mir kommt es vor, da ihm hier von allen Seiten hübsch tüchtig ist zu Leibe gegangen worden, so ist er der fortwährenden Belehrungen wegen etwas heimlich erregt von dannen gewichen, hat sich dann irgendwo in einem Erdwinkel verborgen und wird uns darum so leicht nicht wieder zu Gesichte kommen; und ich bin darum sehr bekümmert um ihn!"

12. Der Henoch aber sprach zu Adam: „Vater, sei des ganz unbekümmert; denn der Herr ist vorsichtiger und barmherziger als wir alle! Er ist der wahre Lehrer und Führer des Muthael und lehrt und führt ihn nun schon den allersichersten und allerbesten und kürzesten Weg zum Ziele.

13. Daher sei ganz unbekümmert um den Muthael, der nun endlich einmal aus sich heraus den festen Ernst gefaßt hat, für die Liebe, Erbarmung und Gnade des Herrn alles, selbst sein Leben, hintanzugeben!

14. Bald werden wir alle nach unseren äußeren Sinnen sogar überzeugt werden, wie der Herr mit denen umzugehen pflegt, die Ihm alles zum Opfer gebracht haben!

15. Er prüft sie nach der Stärke ihres Gemütes und nach dem Werte ihres Gelübdes; haben sie sich aber da als bewährt gefunden, dann aber stehen ihnen auch auf einmal alle Pforten des Lebens offen!

16. Und also wird es auch mit Muthael geschehen; daher seien wir guten Mutes und geben Gott die Ehre! Amen."

17. Adam war mit diesen Worten wieder beruhigt, und bald darauf begab sich die ganze Gesellschaft hinaus ins Freie.

18. Adam meinte freilich, man solle nach Hause ziehen ob des nächsten Sabbats.

19. Aber der Henoch meinte, der Sabbat des Herrn sei auf der ganzen Erde ein und derselbe; daher ließe er sich auch in dieser Gegend gar wohl feiern.

20. Und der Adam war auch damit zufrieden.

106. Kapitel

Uranion als Herbergswirt
Purista auf die Anhöhe zum Muthael berufen
Adams Neugier und heilsamer Schrecken

(Den 29. August 1843)

1. Als die ganze Gesellschaft sich aber im Freien befand, da ward sie alsbald empfangen von den Kindern des Morgens, die da förmlich untereinander wetteiferten, wie sie die Väter am ausgezeichnetsten bewirten möchten.

2. Aber die Väter lehnten solche Mühung ab und bedeuteten ihnen, daß sie diese Nacht in ihrer Mitte zubringen würden, und zwar in der Wohnung des Uranion.

3. Und der Uranion befahl sogleich

seinen Kindern, alles auf das allerbeste herzurichten und zu sorgen für ein gutes Abendmahl, welches alles alsbald auf das pünktlichste befolgt wurde.

4. Als aber die Purista in ihrer Küche alles geordnet hatte und Gott die Ehre und das wahre Lob ihres Herzens gegeben hatte, da kam sie der Gesellschaft auch alsbald nach, um sich zu erkundigen, ob des nächsten Sabbats wegen sie in der Küche ein Opfer richten solle, oder ob die Väter heimziehend auf der Höhe das Opfer verrichten würden.

5. Allein ehe sie noch den Mund geöffnet hatte, um zu stellen solch eine Frage an die Väter, vernahm sie aus der mehr noch gegen Morgen liegenden Gegend her einen Ruf, der da also lautete:

6. ,,Purista, du Geliebte Meines Herzens, komme hierher auf diese Höhe, die da bei siebzig Klafter weit hinter der Wohnung des Uranion sich erhebt so sanft wie deine Brust! Ich habe dir gar wichtige Dinge kundzugeben!

7. Frage aber ja nicht, wer Der ist, der dich gerufen hat, sondern komme! Aber allein! Niemand soll dich begleiten und auch niemand dir folgen; denn Ich habe mit dir allein zu reden. Fürchte dich aber nicht; denn es soll dir kein Haar gekrümmt werden!"

8. Da aber diesen Ruf auch alle andern der Hauptgesellschaft vernommen hatten und also auch der Adam, so trat er sogleich zum Henoch und sprach:

9. ,,Nun – dem Herrn alles Lob! – ist mir ein großer Stein vom Herzen gefallen! Denn das ist Muthaels Stimme, und so ist es klar, daß er noch lebt und hat kein Unglück irgend zu bestehen gehabt!

10. Aber was er doch nun so spät abends mit der Purista allein so Wichtiges zu reden hat?!

11. Fürwahr, die Sache kommt mir nun etwas verdächtig vor; denn siehe, das Mädchen, als sie den Ruf vernommen hatte, lief, ohne sich weiter nach uns umzusehen, wie ein Fuchs, wenn er ein Huhn raubt, davon!

12. Darum kommt mir die Sache etwas verdächtig vor, und wir sollten gerade darum doch ein wenig nachsehen, was da wohl mein guter Muthael so ganz allein mit der Purista tun und reden wird!"

13. Der Henoch aber erwiderte dem Adam und sagte: ,,Vater Adam, es gibt wohl Zeiten und Umstände nur zu häufig, wo es den Vätern eine heilige Pflicht sein sollte, sorgfältigst ganz besonders ihren Töchtern, so diese in den ersten Brunstjahren stecken und ganz sinnlich sind, nachzuspüren, so diese sich irgend verborgene Geschäfte machen und auf entlegene Fluren und Hügel gehen, entweder heimlich, oder unter einem arg erdichteten Vorwande. Denn da haben wir traurige Beispiele genug, und die Folgen sind uns nicht fremd, die da aus solchen jungfräulichen heimlichen Geschäften und Fluren- und Hügeldurchwandlungen hervorgegangen sind, und die Kinder in der Mitternachtgegend sind zumeist solchen Ursprunges! – Ich meine, du verstehst, was ich meine?!

14. Aber hier ist ein ganz anderer Fall; daher überlassen wir hier deinem Muthael die Purista nur ganz unbesorgt und mit ihr machen, was er will, und es wird schon alles recht sein! Wir aber unterhalten uns unterdessen mit dem Lamech und seinen Gefährten!"

15. Der Adam aber war diesmal mit der Rede des Henoch nicht zufrieden und sagte darum zum Henoch: ,,Mein Sohn Henoch, ganz bin ich nicht einverstanden mit deinen Worten; denn Muthael wie die Purista sind auch noch

keine fehlunfähigen Engel Gottes, und die Schlange ist noch nicht getötet! Genug, daß sie noch ihren freien Willen haben! Sie können versucht werden und können in der Versuchung, so wir sie ganz allein lassen, gar leicht fallen! Daher meine ich, wir sollten doch wenigstens heimlich ganz scharf nachsehen, um, was da vor sich geht, zu erforschen!"

16. Und der Henoch sagte: „Vater, so es dich also kümmert, da mache du einen Spion; habe aber acht, daß du dafür nicht einen mächtigen Schreck zu bestehen haben wirst!"

17. Der Adam aber ließ sich nicht abhalten und ging nachzusehen, was da auf der Höhe die Purista mache mit dem Muthael.

18. Aber wie er noch kaum hinter die Wohnung des Uranion kam, erblickte er die ganze Höhe in Flammen und um die Flammen am Fuße der Erhöhung ganze Herden von den grimmigsten Tigern gelagert, welche, als sie den Adam erblickten, Miene machten, sich zu erheben.

19. Hier sprang der Adam, heftigst erschrocken, zurück und kam also außer Atem zu seiner Gesellschaft und erzählte mit gebrochenen Worten, was er gesehen hatte.

107. Kapitel

Henochs Rede über die zweierlei Wirklichkeiten: die materielle und die geistige
Die Entsprechung der Vision Adams

(Den 30. August 1843)

1. Der Henoch aber legte dem Adam alsbald seine Hände auf und stärkte ihn, machte ihn sich gänzlich erholen von seinem Schreck und somit auch wieder gehörig redefähig.

2. Als der Adam aber also gestärkt ward vom Henoch, da fragte er ihn alsbald, was da diese Erscheinung sei, – ob Trug, oder im Ernste Wirklichkeit.

3. Und der Henoch erwiderte dem Adam: „Vater, das hängt alles von dem ab, wie wir die Sache nehmen wollen!

4. Es gibt zwei Wirklichkeiten, eine materielle und eine geistige. Die materielle ist dem Geiste gegenüber ein Trug und die geistige gegenüber der materiellen. Aber dafür ist die geistige Erscheinung für den Geist Wirklichkeit und also auch die materielle für die Materie. Also verhalten sich unwiderlegbar die Dinge.

5. Nun kommt es aber darauf an, wie du die Erscheinung nehmen willst! Ich meinesteils betrachte sie als eine geistige!"

6. Und der Adam sagte: „Nun gut, wenn du sie für eine geistige hältst, so halte ich sie auch dafür; aber was wohl besagt sie in der Außenwelt?"

7. Und der Henoch erwiderte dem Adam: „Was da die geistige Bedeutung für die Außenwelt entsprechend betrifft, so ist sie wohl auf den ersten Augenblick mit den Händen zu greifen:

8. Der flammende Berg bedeutet dein zu sehr liebend bekümmertes Herz, die am Fuße des Berges grimmig kauernden Tiger aber deine etwas stark noch rechtende Zornlust, die da bei gewissen Gelegenheiten gleich dieser großen gestreiften Waldkatze auf ihr Opfer lauert, und das so lange, bis sie es in ihre Gewalt bekommt und zerreißt und dann verschlingt ohne die allergeringste Schonung!

9. Und dieses trieb dich, o Vater, so ganz eigentlich hinaus, das heißt, aus deinem Gemüte oder aus deiner vertraulichen Liebe, und du spioniertest, um an den beiden etwas zu erschauen, das da deinen Verdacht rechtfertigen möchte; und es wäre dir heimlich sogar unlieb gewesen, so du dich in deiner Mutmaßung mir gegenüber hättest getäuscht gefunden, indem ich gesagt habe deiner ersten Meinung entgegen, daß man hier ganz unbekümmert um die Purista und ebenso um den Muthael sein solle.

10. Der Herr aber hat dich darum lassen erschauen dein Inneres anstatt dem, was du so ganz eigentlich hast sehen wollen; und da hat es sich denn in der geistigen Wirklichkeit herausgestellt, wie es mit dir im Augenblicke stand, als du wider den Willen des Herrn hast wollen einen Spion machen!

11. Siehe, Vater, das ist meine mich bis in den Grund meines Lebens überzeugende Meinung! Hast du aber irgendeine andere, so magst du sie ja immerhin gegen diese austauschen; denn ich will niemandem etwas aufgedrungen haben, und dir als dem Erzvater der Väter auf Erden schon am allerwenigsten!"

12. Und der Adam erwiderte: „Ja, Henoch, du hast recht; also ist es sicher und wahr! Ob aber unter meinem Herzen, das euch alle unbeschreiblich liebt, eben gerade eine ganze Herde von Tigern wohnt, das ist etwas schwer zu verstehen!"

13. Und der Henoch erwiderte dem Adam: „Ja, wenn du den Tiger als einen Mörder betrachtest, da wird es freilich wohl etwas sonderbar aussehen mit meiner Erklärung; aber wenn du darunter das trockne, unbarmherzige Recht nach dem Gesetze betrachtest, dann wird es sich mit dem Tiger schon tun!

14. Denn im Gesetze liegt das rücksichtslose Urteil, wie im Tiger die rücksichtslose Mordlust; und das Opfer, das er sich ersehen hat, das wird ihm auch sicher zur Beute! Ich meine, unter solcher Betrachtung sollte meine Ansicht doch wohl richtig sein?"

15. Und der Adam sagte: „Ja, unter solchem Anbetrachte ist sie richtig, und so ist es gut; lassen wir aber nun das und wenden uns zu etwas anderem!"

108. Kapitel

Kenans Gesang vom Wesen des Lebens
Adams derbe Kritik dieses Gesanges. Henochs beruhigende Worte

(Den 31. August 1843)

1. Die Hauptgesellschaft unterhielt sich nun von so manchen Dingen, und sogar unser alter, aber noch immer wackerer Sänger Kenan ward vom Adam aufgefordert, bei dieser Gelegenheit etwas Kurzgefaßtes zum besten zu geben, – was er auch recht gerne tat; denn das war seine Sache.

2. Aber nur war diesmal sein Gesang so ein wenig exzentrisch; daher hatte er auch vom Adam eben nicht den entschiedensten Beifall. – Der Gesang aber lautete also:

3. „O Menschen, o Leben, ihr trachtet und schauet, dies Leben für ewig erhalten zu können! Ein rätselhaft Trachten und Schauen!

4. Wir leben und sind doch nicht,

wie wir hier leben; das Leben ist nichts, und wir sind es mit ihm gleichermaßen!

5. Da stehet lebendig ein Geist! Sagt, wes Auge ihn sehen wohl kann und gewahren welch unser lebendige Sinn?!

6. Was ist denn hernach ein lebendiger Geist? – Ist er so ein Gedanke, der gleich einem Blitze so flüchtig hinfahret und dann im unendlichen Raume sich also erzeuget, wie da sich erzeuget die lockere Flocke des Schnees im dunstigen Äther der Erde?

7. Doch Blitze sind flüchtig, und Flocken des Schnees zerrinnen im Strahle der Sonne; o sagt, was ist's wohl mit dem losen Gedanken, mit dem sich gefundenen Geiste im endlosen Raume, wie gleich auch in einem Tautropfen für ein Fall?

8. O sagt, ist er nicht Blitzen und Flocken gleich flüchtig vergänglich, ersterbend, um nimmerdar wiederzukehren und sich als derselbe treuvoll zu erkennen, als sei er schon öfter im waltenden Dasein gewesen?!

9. Was ist denn das Sterben der Dinge und Menschen? Was ist denn der Tod für ein Wirken?

10. Vergeh' ich im Tode des Leibes, wie? Oder bleibt wohl von mir noch etwas über im Geiste?

11. Was bin ich im Geiste? Ein denkendes Nichts, unwahrnehmbar für jeglichen Sinn; oder bin ich ein Licht, das da niemandes Auge erschauen je mag, auch das eigene nicht, frei von einem wie immer bestellten Leibe?!

12. Ich möchte verwünschen das nichtige Leben und fluchen der Stunde, in der ich frei denkend als ein tolles Leben mich habe gefunden!

13. Warum mußt' ich werden, um wieder ganz spurlos zunichte zu werden?!

14. O elendes Leben, du grausame Plage dir selbst! Ich muß mich hier empfinden, muß denken, als wär' ich etwas, und muß leben, um schmerzlich bald wieder vergehen zu können! O elendes Leben!

15. Daß sterblich der Geist, sagt mir jeder gar flücht'ge Gedanke, der, so er gedacht, gleich für allzeit vergehet; vergeht aber der sich erzeugte (*sich erzeugt habende*) Gedanke, was soll da vom Geiste wohl übrig noch bleiben?

16. Bin ich aber treulich berufen zum ewigen Leben, warum muß ich eher denn sterben auf dieser buntscheckigen Welt und verlassen den teuer und wert mir gewordenen Leib? – O du elendes Leben, du höhnender Trug meiner Sinne! Warum doch muß leben ich hier?"

17. Hier sprang der Adam auf und sagte sehr unbeifällig, wie schon vorhinein bemerkt wurde:

18. „Mein Sohn, es ist genug von dieser deiner leerschwärmenden Torheit! Mit solchen Gesängen kannst du dich für ein nächstes Mal in irgendeinen Wald begeben und kannst sie dort stundenlang den Bären, Wölfen, Löwen, Tigern und Hyänen vorsingen! Diese Wesen haben genug starke Zähne und einen gehörig starken Verdauungsmagen dazu; aber menschliche Gemüter verschone allezeit damit!

19. Denn wenn du so dumm bist und nicht weißt, was da ist das Leben, der Geist und des Sein, so frage wenigstens die Weisen von uns, und sie werden es dir sagen!

20. Hast du denn schon so ganz und gar vergessen des Herrn und Seiner erhabensten Lehre, daß du nun mit solchen abgedroschenen alten Dummheiten wieder zum Vorscheine kommst?!"

21. Der Henoch aber sagte zum Adam: „Laß es gut sein! Ich weiß, warum der Vater Kenan also gesungen hat;

es war des Herrn Wille! Warum aber der Herr solches gewollt hat, wird schon die Folge zeigen!

22. Kenan aber sang nicht, was in ihm ist, sondern, was in so manchen anderen noch ist. – Siehe, das ist der Grund; das Weitere wird die Folge zeigen!"

109. Kapitel

Des gekränkten Adam Klage und törichtes Vorhaben, sich von allen zurückzuziehen

(Den 1. Sept. 1843)

1. Der Adam aber war, was da die Worte Henochs betrifft, eben auch nicht so ganz zufrieden; denn er war so ganz heimlich der Meinung, als hätte solches verdecktermaßen der Henoch so recht fein auf ihn abgemünzt. Daher sagte er auch zum Henoch:

2. „Mein Sohn, du redest zwar weise, – aber darum klingen deine Worte durchaus nicht angenehm, und gegen mich schon am allerwenigsten! Sage mir, aus welchem Grunde denn du nun, wo es nur irgend so etwas Argliches gibt, solches verdecktermaßen stets auf mich zu beziehen scheinst!

3. Warum muß denn gerade ich als der erste Mensch der Erde, als euer allersorgsamster und euch alle stets gleich heißliebender Vater von dir gewisserart als ein allgemeines Sündenlasttier angesehen werden?

4. Hast du nach dem Willen des Herrn mir schon etwas zu sagen, da sage es mir entweder offenbar im vollen Sinne, oder behalte es bei dir so lange, bis du es mir unter vier Augen sagen kannst; sonst aber schweige, und mache mich nicht stets verdächtig vor allen meinen Kindern!

5. Siehe, ich liebe Gott, meinen Herrn und Schöpfer, gewiß aus allen meinen Kräften über alles; aber wäre Er hier auch persönlich wesenhaft gegenwärtig, so hätte ich Ihm das gesagt, was ich dir nun gesagt habe!

6. Wenn ich dem Kenan seinen offenbar töricht klingenden Gesang verwiesen habe, so tat ich das aus vollem Rechte; aber deine Bemerkung, als hätte Kenan solches darum singen müssen, um dadurch anzuzeigen, was da nicht in ihm, sondern höchstwahrscheinlich nur in mir steckt, ist – und wenn sie dir auch vom Herrn eingegeben ist – hart und widerrechtlich auf mein Herz und auf meinen Geist gerichtet!

7. Ich habe nun ausgeredet und sage dir: Von nun an werde ich mich von euch zurückziehen und werde mich allein auf meinen Seth beschränken; ihr aber könnt tun im Namen des Herrn, was ihr wollet! Aber nur verschont mein Haus, – und die Tür in dasselbe bleibe euch fremd!

8. Du, mein Sohn Seth, aber geleite mich nun mit der Eva nach Hause auf die Höhe; denn ich sehe, daß da meine Gegenwart anfängt, meinen Kindern lästig zu werden!"

9. Hier wurde es allen bange um den Vater Adam, und der Henoch wollte ihm seinen starken Irrtum zeigen.

10. Aber der Adam bedeutete ihm, zu schweigen, und sprach: „Ich, Adam, – verstehe, was ich damit bezeichne! – werde dir sofort (*hinfort*) keinen sündigen Schüler mehr abgeben! Du warst es, der mich wegen meiner guten Sorge ob der Purista also erbärmlichst hatte anrennen lassen; du hast eine Herde Tiger in mir entdeckt; die du dann etwas

beschönigt hast, aber dennoch nicht völlig weggenommen!

11. So das alles aber eine Eingebung des Herrn ist, da sehe ich im Ernste nicht ein, wie dir der Herr denn auch diese Einsicht nicht mit eingegeben hat, daß deine Worte mich bis in den Grund meines Lebens allerkränkendst verletzen werden! Warum sahst du denn das nicht voraus?

12. Darum nehme ich nun von dir durchaus keine Entschuldigung und nachträgliche Erklärung mehr an! Denn was anderes würdest du nun sagen, als: solches sei nicht im geringsten auf mich gezielt gewesen?!

13. Ich will's auch gelten lassen; aber daß du nicht in dir im voraus erschaut hast als der alleinige Hohepriester des Herrn, daß ich die von dir gestellten Worte gar sicher und sogar notgedrungen werde schmerzlich auf mich beziehen müssen, so sie nicht bestimmter ausgedrückt werden, – siehe, diese deine grobe Unaufmerksamkeit gegen mich drückt nun mein Herz und hat es gänzlich abgezogen von dir!

14. Daher nehme ich nun kein Nachwort von dir mehr an! Bleibe, was und wie du bist; aber ich und mein Haus bleibe dir fremd, – willst du meinen Segen nicht einbüßen! Und nun geleite mich, Seth! Amen."

15. Hier wollte der Adam im Ernste gehen; aber alles umfaßte ihn und bat ihn, zu bleiben und anzuhören den weinenden Henoch, und auch gleichermaßen den Lamech aus der Tiefe.

16. Solches Benehmen machte unsern Adam wieder weich, daß er blieb – aber dennoch den Lamech und nicht den Henoch zu hören verlangte.

110. Kapitel

Lamechs besänftigende Rede an Adam
Von der Macht der Gewohnheit und vom Segen der geistigen Rüttler
Der Zweck unserer Schwächen

(Den 2. Sept. 1843)

1. Als aber der Lamech solches Verlangen von dem wieder besänftigten Adam vernommen hatte, ging er hin und sprach: „Erhabener Vater der Menschen der Erde! Du bist gerecht vor Gott und uns, deinen Kindern, und wo auf der Erde lebt wohl nun der Mensch, der da verkennen möchte die Liebe in dir, mit der du alle deine Kinder erzogen hast Dem zur Ehre und zum Lobe, der sie dir gegeben hat?!

2. Aber soviel ich jetzt eben gemerkt habe, so hast du das Gute zwar von allen deinen Kindern in dir in mächtig vorherrschendem Grade; aber nicht minder scheinen auch daneben die Schwächen deiner Kinder in dir den Ursitz zu haben, und dein erprobtes Gemüt ist durchaus von so manchen Vorurteilen noch nicht gänzlich befreit!

3. Daher wirst du mir schon vergeben, wenn ich mir die Freiheit nehme, dir die aufrichtigste Bemerkung kundzugeben, daß fürs erste die Sangrede Kenans auf mich abgesehen war, und daß zweitens der Henoch durch seine kurze, den Kenan gegen dich verteidigende Bemerkung bestimmter nur als der Kenan selbst angezeigt hat durch Wort, Auge und Hand, daß ich mich erforschen solle, wieviel von solcher unflätigen Weisheit noch in mir stecke!

4. Ich befolgte aber auch augen-

blicklich den weisen Rat und fand, wie während der ganzen Sangrede Kenans mein Gemüt mit seinen Worten auf ein Haar übereinstimmte, und fand aber dann auch bei der Bemerkung Henochs, daß da eine alte Gewohnheit ein wahrhaftiges ehernes Gewand ist, das man nicht auszuziehen vermag, so es einem auf den Leib ist förmlich angeschmiedet worden.

5. Siehe, das ist in der Rede Kenans und in der Bemerkung Henochs allergetreuest enthalten, und ich möchte mit meinem Leben für die Wahrheit dieser meiner Aussage stehen, so man das von mir verlangen sollte!

6. Daß sich dabei in dieser Sache auch vielleicht mancher andere so ein wenig hat getroffen gefunden, solches finde ich ganz natürlich, wie auch ganz vollkommen gerecht; denn wir alle sind ja wenigstens in gewissen Punkten mehr oder weniger Schwache zu nennen und zu erkennen, und da finde ich derlei Gemeinrüttler ganz und gar nicht überflüssig. Denn dadurch wird so mancher bei sich seiner Schwäche gewahr und kann ihr dann auf gutem Wege den Abschied geben, wosonst sie ihm sicher eigen bliebe bis an sein letztes Lebensende.

7. Damit aber will ich nicht nur den Henoch, sondern auch dich, o Vater, und auch alle deine Kinder entschuldigt haben; denn der Herr hat dem Menschen die Schwächen zur selbständigen Probung gegeben, und eben durch diese Schwächen ist unser aller geistige Freiheit bedingt, und wir können eben durch die Erkenntnis und Besiegung derselben erst vollkommen frei im Geiste werden.

8. Denn die Schwäche in uns ist ein vom Herrn geflissentlich unvollendeter Teil unseres Wesens, den wir selbst vollenden sollen, um dadurch die göttliche Ähnlichkeit unseres Geistes in uns selbst bekräftigend zu rechtfertigen und dadurch ein wahrhaft freies Leben für ewig durch uns selbst zu gründen.

9. So wir aber nur lieber unsere Schwächen verdeckt, als geoffenbart in uns tragen wollen, da schaden wir uns ja nur selbst und sind selbst Schuldträger, so wir am Ende durch sie zugrunde gehen!

10. Daher, Vater Adam, wirst du wohl dem Henoch, dem Kenan und mir vergeben, so wir dadurch dir etwa sollten zu nahegetreten sein?!"

11. Diese Worte Lamechs söhnten den Adam wieder völlig aus, daß er nun auch wieder den Henoch zu hören verlangte.

111. Kapitel

Henochs traurig-wahre Prophezeiung und sanft-ernste Rüge an Adam
Adams mißglückter Rechtfertigungsversuch

(Den 4. Sept. 1843)

1. Und der Henoch wandte sich zum Adam und sprach zu ihm: „Vater Adam, schon so gar manches habe ich aus deinem Munde vernommen, aber ein gänzliches Haus- und Türverbot noch nicht!

2. Ach, um wie vieles glücklicher wären unsere Nachkommen, wenn solches deinem Gemüte nicht entkommen wäre!

3. Wahrlich, was du hier tust, o Vater, als erster der Menschen auf dieser Erde, das werden auch tun gar viele deiner Kinder in den späteren Zeiten!

4. Ja, ich sage es dir nun aus dem Geiste des Herrn in meinem Herzen: Was du nun redetest aus deinem Lebensgrunde, das werden deine Kinder tun in der Wirklichkeit auf eine Weise, die vor dem Herrn ein Greuel der Greuel sein wird; und wie du dich ehedem gegen meine Worte, die da kamen aus dem Geiste des Herrn, auflehntest und mich von dir gewiesen hast, also werden es deine Nachkommen allen jenen Lehrern tun, welche vom Geiste Gottes erfüllt sein werden, und werden denen huldigen, die da den Geist der Welt predigen werden!

5. Daß du dich von uns allen bis auf den Vater Seth hast absperren wollen und niemanden mehr vorlassen, darum werden Machthaber unter den Völkern aufstehen und werden sie grausam beherrschen; und solcher Herrscher Häuser werden verschlossen sein vor dem armen Volke, und niemand wird sich beim Verluste seines Lebens getrauen dürfen, sich einem solchen Herrscherhause auch nur von ferne her zu nahen.

6. Und solches wird geschehen schon künftig in der halben Länge deiner gegenwärtigen Lebenszeit; und in der kaum sechsfachen Dauer einer so langen Zeit, als du schon lebst auf dieser Erde, wird sie aussehen wie die Haut eines erbosten Igels, bei dem eine Spitze gegen die andere sich erhebt. – Mehr brauche ich dir nicht zu sagen.

7. O Vater, warum bist du also und magst nicht einmal völlig ablegen dasjenige, was da ist eine Ausgeburt des Hochmutes?

8. Siehe, wenn ich rede und handle, so rede und handle ich ja nicht aus mir, sondern aus dem Herrn, der mich vor euch allen dazu berufen hat! So aber mein Wort ein Wort des Herrn ist, warum sträubst du dich denn dann gegen dasselbe?"

9. Der Adam war über diese Worte Henochs überaus mächtig betroffen und sprach darum zu ihm: ,,O Henoch, du Weiser aus Gott, welch harte Dinge hast du mir nun kundgetan!

10. Siehe, ich hätte solches aber ja auch nicht ausgesprochen, so ich gewußt hätte, daß da des Herrn Geist aus dir geredet hat! Aber solches hast du mir nicht angezeigt, darum ich dann der Meinung war, du redetest aus dir also zu mir und hättest einen kleinen Hochmut, den ich aus dir bringen wollte.

11. Also solltest du darum mir allzeit kundtun zuvor, ob du redest aus dem Geiste Gottes, oder ob du redest aus dir, und ich werde mich dann ja allzeit danach zu richten wissen.

12. O sage, ist denn dem gar nicht mehr abzuhelfen, was alles du nun aus meinem früheren Benehmen gegen dich geweissagt hast?!"

13. Und der Herr erwiderte durch den Mund Henochs wohlvernehmlich Selbst dem Adam: ,,Hättest du nur den Henoch zurechtgewiesen, da hätte deine Rede keine Folgen; du aber sagtest, daß du das auch Mir verwiesen hättest!

14. Und siehe, darum hatte dein Wort die Folge geschaffen; denn jeglich Wort, auf Mich gerichtet, ist wie ein geschaffenes Werk, das da nimmer zerstört werden mag. Verstehe das!

15. O Adam, Adam, was alles für schwere Lasten wirst du Mir denn noch auf Meinen Nacken bürden?!"

16. Hier erst ersah der Adam ganz, was er getan hatte, und ward betrübt.

17. Der Henoch aber sprach: ,,Sei getrost; denn der Herr hat ja auch diese neue Last dir abgenommen und gelegt auf Seine Schulter! Darum sei heiter und dankbar dem Herrn!"

112. Kapitel

Adams und Evas gestörte Nachtruhe in Uranions Hütte
Adams brennende Neugierde, von Eva bezähmt

(Den 5. Sept. 1843)

1. Als der Adam sich aber wieder also beruhigt hatte und alles wieder so in der alten Ordnung sich befand, da sagte der Adam: ,,Kinder, ich bin müde, und meine Glieder haben eine große Sehnsucht nach Ruhe; daher werde ich mich zur Ruhe begeben. Du, Uranion, aber bringe mich und die Eva auf das rechte Lager!

2. Ihr Kinder aber könnet so lange wachen, als ihr wollt, und brauchet euch nicht zu binden an mich; empfanget aber zuerst meinen Vatersegen!"

3. Hier segnete der Adam alle seine Kinder und begab sich dann mit der Eva zur Ruhe.

4. Als er aber noch kaum auf dem ausgezeichnetsten Punkte der großen Wohnung Uranions sich zur Ruhe gelegt hatte, siehe, da kamen die Purista mit Muthael und zwei Fremde in die Hütte des Uranion, und es entstand darum in der ganzen Gesellschaft, die da noch wachend versammelt war, eine große Freude.

5. Als der Adam aber aus tiefem Hintergrunde, auf einer erhabenen Tribüne ruhend, solch eine unerwartete freudige Aufregung in der hinterlassenen Gesellschaft bemerkte, da sprach er bei sich: ,,Was muß denn jetzt vorgefallen sein? Ich vernehme Begrüßungen von allen Seiten! Es muß sicher etwas Außerordentliches vorgefallen sein!

6. Stehe ich nun auf, um nachzusehen, was es gibt, da erscheine ich, als wäre ich voll Neugierde, – und gehe ich nicht hin, so wird mich die Unruhe sicher die ganze Nacht plagen, und ich werde meinen Gliedern wenig Ruhe zu gönnen imstande sein!

7. Der Jubel wird stets größer, stets lauter und freudiger wird es im Zirkel der Kinder! – Nein, nein, das halte ich ja gar nicht aus! Wenigstens will ich mich doch heimlich auf die Beine machen und will nachsehen, was es da wohl gibt!"

8. Hier erhob sich der Adam vom Lager; aber die Eva fragte ihn, was er denn nun tun wolle. Und er zeigte ihr die Gesellschaft der Kinder, wie sich diese belustige – und er doch den Grund davon sehen müsse.

9. Die Eva aber sagte: ,,So lassen wir sie fröhlich sein im Namen des Herrn, wir aber bleiben, wo wir sind; denn sonst kommt es heraus, als wären wir noch neugieriger denn die kleinen Kinder!

10. Ist etwas daran, da werden wir es noch frühzeitig genug erfahren, – und ist nichts daran, so brauchen wir es aber auch gar nicht zu erfahren; des Herrn Wille aber sei allzeit und ewig vollkommen der unsrige!"

11. Der Adam stellte sich damit halbwegs zufrieden und blieb auf dem Lager.

12. Aber es wurden endlich Fackeln angezündet, die da waren aus Pech und Wachs von feinster und duftendster Art, und Lobgesänge erschallten von allen Seiten her, und es ward helle in der Hütte wie am Tage.

13. Das war für die Geduld Adams bezüglich seiner Neugier denn doch etwas zu viel, und er sprach zur Eva: ,,Nun tut sich's mit der Ruhe auf kei-

177

nen Fall mehr! Ich muß aufstehen und nachsehen, was da die Kinder haben!"

14. Aber die Eva sprach: „Siehe, wie lang wird es denn sein bis zum Tage?! Ruhe doch deiner Gesundheit wegen ein paar Stunden; dann aber magst du dich erheben und alles in Augenschein nehmen!

15. Wie wird es denn sein, so uns der Herr einmal von der Erde abrufen wird? Wird uns auch dann die Neugierde im Geiste zur Welt ziehen und zu unseren Kindern, wenn sie in allerlei Taumel übergehen werden?"

16. Diese Worte Evas hielten den Adam wieder ans Lager, und er ergab sich der Weisheit seines Weibes.

17. Es fing aber die Hütte nach und nach sich zu füllen an, und es ward stets lebendiger und heller in ihr.

18. Nun war der Adam aber auch nicht mehr zu halten.

113. Kapitel

Eva und Adam erheben sich vom Lager und werden von Henoch über die angekommenen Gäste aufgeklärt. Muthael mit seinem Weibe Purista und die zwei himmlischen Gäste. Des Herrn tiefe Worte an Adam

(Den 6. Sept. 1843)

1. Es bemühte sich zwar die Eva, den Adam auch diesmal zurückzuhalten; aber der Adam sprach zu ihr: „Höre mich, Weib! So ich aber nun bleibe, und es sei, daß der Herr Selbst zu den Kindern gekommen ist, was dann? Sollten wir auch dann ruhen?"

2. Und die Eva sprach: „Ja, wenn der Herr unter den Kindern (*weilt*), dann ist keine Zeit zur Ruhe, weder bei Tag, noch in der Nacht; da will aber auch ich nicht erstehen erst am Morgen, sondern sogleich jetzt mit dir!"

3. Und der Adam billigte diesen Vorsatz Evas, und also erhoben sich beide vom Lager und gingen hinvor zu der Gesellschaft, welche sehr freudig und lebhaft miteinander konversierte (*sich unterhielt*).

4. Als aber der Henoch den Adam bemerkte, ging er sogleich auf ihn zu und sagte: „Vater Adam, wir ließen dir schlechte Ruhe! Solches sah ich wohl, – aber es ist diesmal nicht anders möglich!

5. Siehe, dort im Vorgrunde sitzt Muthael schon mit seinem Weibe Purista, vom Herrn Selbst verbunden mit ihr!

6. Was Besseres können wir da wohl tun, als uns freuen über die Freude eines Kindes, ja im Geiste eines Bruders, den der Vater aller Heiligkeit und Liebe Selbst aufsuchte und ihm zuführte das rechte Weib in dem Augenblicke, als er es völlig seinem Herzen entwand und es dann Ihm, dem Vater der Ewigkeit aufopferte?!"

7. Der Adam aber ward ganz zu Tränen gerührt ob dieser Worte Henochs und ob dieses Anblickes. Er sah darum auch fast unverwandt auf das also neuvermählte Paar und segnete es ganz im stillen in seinem Herzen.

8. Als er aber also hinsah, da erschaute er auch zwei fremde Gäste, in deren Mitte sich das neue Ehepaar befand, und wußte nicht, woher sie wären.

9. Der Henoch aber sah, was Adam forschte in seinem Herzen; daher sagte er auch sogleich unaufgefordert zum Adam:

10. „Vater, du suchst die Bekannt-

schaft der Fremden in dir und möchtest erfahren, wer und woher sie sind? Ich aber, da ich nun des fröhlichsten Mutes bin, will dir es auch alsbald kundgeben, damit auch dein Herz in alle Freude übergehen möge!

11. Siehe, Vater, es ist Derjenige, der da sitzt an der Seite der Purista, der Herr Selbst! Und der da sitzt an der Seite Muthaels, ist der Geist Zuriels, des Vaters der Ghemela, welche da sitzt zur Linken des Herrn, und ihr Lamech neben ihr.

12. Und so siehst du nun zwei Ehepaare, deren Kinder mit ihren Kindern eine neue Erde betreten werden!"

13. Diese Worte Henochs brachen dem Adam und der Eva das Herz, daß da beide weinten und vor freudiger Wehmut nicht zu reden vermochten.

14. Es stand aber hier der Herr auf und sprach: „Adam, tritt Mir näher!"

15. Und der Adam trat hin zum Herrn.

16. Der Herr aber sprach: „Adam, so du allein sein wirst und Ich kommen werde durch die Finsternisse der Gräber des Todes zu dir, wirst du Mich wohl erkennen in der Nacht?

17. Wirst du Mich erkennen, so Ich dich erwecken werde vom tiefen Schlafe und werde zu dir sagen: ‚Adam, erstehe, komme und lebe!'?

18. Wirst du Mich wohl erkennen auf einer neuen Erde, in einem neuen Himmel, so diese Erde und dieser Himmel vergehen werden wie ein altes Kleid?"

19. Der Adam aber fragte, mächtig ergriffen: „O Herr und Vater, was ist das? Wann wird solches geschehen?"

20. Der Herr aber sprach: „Sieh hier, sieh da; es ist schon vor dir? – Die Ewigkeit bebt, und die Unendlichkeit zittert vor Mir; denn jetzt stelle Ich eine Wache, und ihr Schwert soll kämpfen mit dem, der tot ist!"

21. Hier bog sich der Adam bis zur Erde und sprach: „Herr, was für Worte redest Du? Wer kann fassen deren Sinn?!"

22. Und der Herr sprach: „Die Zeiten der Zeiten werden es fassen, und die aus dir sind; du aber wirst ruhen und es nicht eher fassen und erkennen, als bis Ich zu dir sagen werde: ‚Adam, erstehe, komme und lebe!'"

114. Kapitel

Die Abschiedsrede des Herrn. König Lamechs und der Seinen Rückkehr
nach Hanoch
Das wahre goldene Zeitalter

(Den 7. Sept. 1843)

1. Nach diesen an den Adam gerichteten Worten aber wandte Sich der Herr an alle anwesenden Kinder und sprach:

2. „Kinder, Ich habe nun geordnet die Höhe wie die Tiefe und habe zwischen beiden wohlgangbare Wege gemacht, auf daß ihr zusammenkommen möget und könnet euch unterstützen in allem, das ihr gegenseitig vonnöten habet!

3. Ich Selbst habe euch einen Zeitraum von mehr als zwei Monaten persönlich wesenhaft gelehrt, euch selbst und Mich als euren wahren Gott und Vater zu erkennen und in Mir zu finden das ewige Leben des Geistes und in diesem Leben alle Liebe, Weisheit,

Macht und Kraft, wodurch euch alle Dinge zinspflichtig werden müssen.

4. Viele von euch sind schon in diesem Leben (des Geistes) und können daraus den weisen Gebrauch aller Dinge erkennen und sie dann bestens benützen. Viele von euch sind besonders in der Tiefe auf dem besten Wege zu diesem Leben; nur einige wenige wissen noch so ganz eigentlich nicht, wo sie das Leben des Geistes beginnen sollen.

5. Darum aber habe Ich mehrere von euch gar mächtig erweckt, auf daß durch euch als Gewechte die Schwachen und die noch Blinden sollten auf den rechten Weg geleitet werden.

6. Also habe Ich euch auch kein Gebot gegeben, sondern habe euch tatsächlich nur gezeigt, daß ihr alle in der Liebe zu Mir also vollkommen frei seid, wie Ich, euer Gott, Herr, Schöpfer und Vater Selbst von Ewigkeit es bin.

7. Dazu habe Ich euch noch die vollste Versicherung gegeben, daß da die Vollkommenen in der Liebe zu Mir den Tod des Leibes nie sehen, fühlen und schmecken werden, sondern werden wie der Zuriel, der hier ist, und wie der Sehel und wie die Pura übergehen in das allervollkommenste ewige Leben des Geistes!

8. Also habe Ich euch gezeigt die endlosen Vorteile des wahren Lebens, wie im Gegenteile aber auch den endlosen Nachteil eines Meiner ewigen Ordnung zuwiderlaufenden Lebens.

9. Solches alles habt ihr demnach von Mir, dem Herrn Selbst, unmittelbar vernommen und in euer Herz empfangen und könnet darum an der vollsten Wahrheit alles des von Mir Selbst euch Verkündeten nimmer zweifeln.

10. Darum denn aber seid ihr nun auch mit allem und in allem versorgt und könnet nicht sagen: ,Vater, dies und jenes geht uns noch ab!' Da ihr alle aber eben also versorgt seid, nicht nur für die Zeit, sondern für die ganze Ewigkeit, so bleibet denn auch in dieser Verfassung, und lasset euch nicht unweise gelüsten mehr nach den eitlen Dingen der Welt, an denen der Tod und das alte Verderben klebt, so werdet ihr Mir keine weitere Mühe mehr machen!

11. Wenn ihr aber eigenmächtig aus Meiner Ordnung treten werdet und werdet euch untereinander beherrschen wollen des Eigennutzes, der Herrlichkeit und der Welt in euch wegen, dann werde Ich Mein Angesicht von euch abwenden und werde euch versinken lassen in den Pfuhl aller Unzucht, Fleischgier, Hurerei und in allen Ehebruch und unordentliche tierische Begierde; was ihr aber dabei gewinnen werdet, das werden euch alsbald die bitteren und herben Folgen zeigen! Mehr brauche Ich euch nicht zu sagen!

12. Da nun denn also alles in der größten Ordnung ist, so segne Ich euch und sage: Meine Liebe bleibe bei euch und unter euch in der Zeit, wie ewig! Amen."

13. Hier ward der Herr samt Zuriel wieder unsichtbar. Die Gesellschaft aber ging hinaus und lobte und pries Gott bis in den Tag und feierte also auch den Sabbat.

14. Am Sonntag aber begab sich alles wieder an seinen Ort, und der Lamech selbst kehrte unter vielen Segnungen mit seiner Gesellschaft zurück in die Tiefe und hielt dort weise die Ordnung des Herrn und machte also sein Zeitalter zum wahrhaftigen goldenen.

15. Eben also war es auch auf der Höhe der Fall.

115. Kapitel
Die erste Kirche und der spätere Verfall der Menschen
Adams Abschiedsrede, Testament und Tod

(Den 11. Sept. 1843)

1. Also waren nun die Menschen der Erde vollkommen gebildet und bereichert mit allen Kenntnissen. Die Kluft zwischen der Höhe und der Tiefe ward aufgehoben, damit da ein jeder Mensch vollkommen freiesten Willens und der ungehinderten Tätigkeit danach sein konnte.

2. Und so war auch die Erkenntnis Gottes vollkommen lebendig und die erste Kirche also gegründet, in der da ein jeder Mensch die innere Welt des Geistes in der reinen Liebe zu Gott finden konnte.

3. Und so war alles vollkommen gut, solange diese ersten Urväter lebten; als aber diese abgerufen wurden und sonach einer nach dem andern starb, da ward es leider bald anders.

4. Die Welt fing an, immer mehr überhandzunehmen, das Geistige verlor sich, und wir erschauen bald ganz materiell gewordene Menschen, welche vom Geiste nicht viel mehr wußten als die Menschen der jetzigen Zeit und sich daher von Meinem Geiste auch nicht mehr führen und strafen ließen.

5. Denn also wußte die Schlange die Natur des Erdbodens zu segnen mit ihrem Fluche, daß dieser alles hervorbrachte in solcher Üppigkeit, daß sie die Menschen bald verweichlichte und aus ihnen Faulenzer und Müßiggänger bildete.

6. Der weitere Verfolg wird solches noch klarer vor jedermanns Augen stellen.

7. Adam ward aber neunhundertdreißig Jahre, da berief er alle seine Hauptstammkinder zusammen und sprach dann zu ihnen:

8. „Kinder, nun habe ich neunhundertdreißig Jahre gelebt auf der Erde und bin darob gewaltig müde und schwach geworden!

9. Ich habe darum meinen Gott und euren Gott gebeten, daß Er mich stärken möchte oder nehmen von der Erde also, wie Er in der Zeit Seiner großen Offenbarungen zu Sich genommen hat den Zuriel, den Sehel und die Pura.

10. Und als ich also gebetet hatte, sehet, da sprach der Herr zu mir:

11. ,Höre, Adam! Ich habe deine Zeit gemessen und habe sie vollmäßig gefunden; daher will Ich auch dein Gebet erhören und will dich nehmen von der Erde, die da schon mächtig deine Füße ermüdet hat.

12. Aber also wie die drei von dir Genannten kannst du die Erde nicht verlassen, da du gesündigt hast in deinem Fleische!

13. Daher soll dein Leib der Erde wiedergegeben werden, von der er genommen ward, auf daß der Schlange von dir ihr Teil werde!

14. Aber deine Seele mit dem Geiste aus Mir will Ich von deinem Leibe lösen und will sie führen auf den gerechten Ort, an dem du Meine Erbarmungen schauen sollst in aller Ruhe deines Herzens.

15. Einen Engel aber werde Ich zu dir senden; dieser wird dich erlösen vom Leibe, und das an diesem Tage.

16. Wie aber du das Zeitliche verlassen wirst, also werden es alle verlassen müssen, die da in ihrem Leibe gesündigt haben.

17. Denn wie durch dich gekommen ist die Sünde in die Welt der Kinder aus dir, also soll auch kommen der Tod des Fleisches! Amen.'

18. Also sprach der Herr, und also ist heute der letzte Tag meines irdischen Seins vor euch; denn es ist dies des Herrn Wille!

19. Die Eva, eure Mutter, aber wird noch leben einige Zeit; haltet sie in Ehren, und sorget für sie, bis auch sie der Herr abrufen wird!

20. Dir, Henoch, übergebe ich meine Wohnung und alles, was in ihr ist; und die erste Sorge für die Mutter sei dir anbefohlen!

21. Dir, Seth, aber gebe ich alles Land, und all dessen Erträgnis! Darum aber sollst du sorgen für alle, die da in meiner Wohnung hausen werden; denn diese soll fortan dem Hohenpriester zu eigen bleiben, und er soll leben von dem zehnten Teile von allen Erträgnissen des Landes.

22. Also will es fortan Gott der Herr! Meinen Leib aber sollen Henoch, Jared, Mathusalah und Lamech heimlich begraben an einer Stelle, von der da außer den vieren niemand wissen darf, auf daß da nicht etwa die Kinder kämen und täten demselben göttliche Verehrung an. – Das alles ist mein und des Herrn Wille! Danach handelt! Amen."

23. Darauf segnete Adam alle die Hauptstammkinder und durch sie alle Menschen der Erde, neigte dann sein Haupt und starb.

24. Alle Kinder aber zerrissen ihr Gewand und weinten und trauerten bei einem Jahre lang.

25. Der Adam aber ward auf einem hohen Berge begraben, und niemand außer den vieren wußte von der Stelle.

26. Und der Henoch bezog das Haus Adams und lebte im selben mit seinem Weibe und seinen Kindern und sorgte für die Eva, welche noch dreißig Jahre nach dem Tode Adams lebte.

27. Also ward in allem das Testament Adams beachtet.

116. Kapitel

Die Trauer um Adams Heimgang. Evas steigendes Ansehen. Der Tod Evas

(Den 12. Sept. 1843)

1. Auch die Kinder der Welt in der Tiefe, als sie die Nachricht vom Tode Adams erhielten, betrauerten tief denselben und fasteten drei Tage lang.

2. Und der Lamech, der zu dieser Zeit noch lange treu und gut lebte, sandte Boten nach allen Seiten der Erde hin und ließ allen damaligen zugänglichen Völkern den Tod Adams verkündigen.

3. Und dahin die Kunde kam, entstand alsbald tiefe Trauer, und alles wehklagte und weinte ob des Verlustes des Erzvaters.

4. Aber um eben desto mehr gewann nun das Ansehen Evas; denn es geschah dann nicht selten, daß da ganze Prozessionen sich von allen Seiten hinbegaben auf die Höhe, um die Erzmutter zu sehen und zu begrüßen.

5. Selbst Abgesandte Sihins (*China*) kamen auf das Gebirge der Kinder Gottes und besuchten die Eva; denn auch diese erfuhren von den Boten Lamechs, daß der Erzvater Adam gestorben war.

6. Aber die Kahiniten (*Afrika*) und die Meduhediten (*Japan*) erfuhren es

nicht; denn diese zwei Völker waren für damals gänzlich getrennt von den Festlandsbewohnern.

7. Die Eva aber war, der vielen Tröstungen ungeachtet, dennoch stets tief betrübt bis zu ihrem Lebensende; selbst die Tröstungen Henochs vermochten nicht viel über ihr Herz.

8. Der Seth allein nur vermochte oft wohltätig zu wirken auf Evas Herz, darum er von jeher ihr Liebling war, da er dem Adam völlig ähnlich war im Gesichte, wie in der Größe und im Tone der Rede.

9. Also gingen auch diese dreißig Jahre in guter, allgemeiner Ordnung vorüber; und als das Lebensmaß Evas zu Ende war, ward denn auch sie vom Herrn abgerufen.

10. Drei Tage vor dem Tode Evas aber geschah es, als gerade Seth, Jared, Henoch, Mathusalah und Lamech die schon sehr schwache Erzmutter umgaben, daß nach der Zulassung des Herrn der Geist Adams in die Hütte trat und sprach:

11. „Kinder, seid mir gesegnet! Der Friede sei mit euch, und fürchtet euch nicht vor mir; denn ich bin Adam, der euch alle gezeugt hat im Fleische durch die Gnade des allmächtigen, ewigen, lebendigen Gottes!

12. Sehet, der Herr, der Sich meiner schon vor dreißig Jahren erbarmt hat, hat Sich nun auch der Eva, meines treuesten Weibes, erbarmt und will sie erlösen von der Erde und von ihrem übermühseligen und schwach gewordenen Fleische, auf daß da nun auch sie in meine Lebensruhe eingehen solle und sich mit mir weiden solle als ein zahmes und sanftes Lamm auf der geheiligten Trift der Erbarmungen Gottes!

13. Mich hat der Geist Sehels erlöst, aber die Eva werde ich selbst entbinden ihrer irdischen Last und werde sie führen dahin, wo ich bin, in der süßen Ruhe harrend jenes Tages, der einst nach der Verheißung der Erde aufgehen wird als eine Sonne der Sonnen!"

14. Hier fragte der Henoch den Geist: „Und wann wirst du bestimmt solches tun, und was soll mit dem Leibe der Mutter geschehen?"

15. Und der Geist Adams sprach: „Nicht ich, sondern der Herr ist dein Meister! Am dritten Tage von heute an ist der Termin; was du aber zu tun hast, wird dir der Herr wie allzeit kundgeben!"

16. Hier verschwand der Geist Adams.

17. Am dritten Tage aber kam er wieder, allein dem Henoch und der Eva sichtbar.

18. Und die Eva segnete alle die anwesenden Kinder und lobte Gott für diese Gnade.

19. Und der Geist Adams sprach allen vernehmbar: „Eva, meinen Segen, mit dem deinen vereint, hast du gegeben den Kindern! Also ist es des Herrn Wille, daß auch du heimkehrest; und so komme denn in meine Arme im Namen des Herrn! Amen."

20. Hier sank die Eva tot darnieder, und ihr Geist und ihre Seele entschwand alsbald mit dem Geiste Adams und ward fürder nimmerdar gesehen.

21. Also verschied die Mutter im Kreise ihrer Kinder und ward im Geiste vom Adam, wieder vereint, in die geistigen Arme aufgenommen und geführt zur Ruhe im Herrn.

22. Ihr Leib aber ward nach dem Willen des Herrn eben auch von denen, die Adam begruben, an derselben Stelle begraben, und niemand durfte wissen, wo der Ort.

23. Auch der Tod Evas hinterließ ei-

ne jahrelange Trauer und bewirkte, daß sich viele verbargen und ein überaus frommes Leben zu führen anfingen.

24. Besonders mächtig wirkte der Tod Evas auf die Abendlandsbewohner, die sich nun Abedamiten nannten; denn Abedam war auch ein Liebling Evas, und sie aber war auch ihm alles.

25. Das war demnach das Ende auch der Eva.

117. Kapitel

Das Asketentum unter den Kindern der Höhe. Seths Tod und Nohas Geburt
Henochs und Lamechs Gespräch über den Leibestod der Menschen
Henochs Trauer und Hinwegnahme durch den Herrn

(Den 13. Sept. 1843)

1. Danach lebten die Menschen noch eine lange Zeit wie halb gestorben und hatten keine Freude an der Welt, sondern ihre Sehnsucht ging dahin, sobald als möglich dem Hauptelternpaare nachzufolgen.

2. Die Verachtung der Welt ging bei einigen so weit, daß sie sich unter alten Feigenbäumen kleine Hütten errichteten und daselbst hundert Jahre lang ein barstes Einsiedlerleben führten und so lange ihre Wohnstätte nicht wechselten, solange der sie kümmerlich ernährende Baum lebte.

3. Gar viele Männer schworen, kein Weib zu berühren; denn sie sagten in manchmal nicht unbedeutender Erbitterung: „Wozu noch fernerhin Menschen zeugen? Hat ein jeder Mensch das Los Adams und Evas zu erwarten – also den Tod und das Verderben des Fleisches – da ist es ja besser, er wird nicht in ein so elendes Dasein gerufen! Mag Gott aber schon durchaus elende Menschen auf dieser zerklüfteten Erde haben, da kann Er sie von neuem aus Steinen und Lehm erschaffen; wir jedoch, die wir wissen, was diesem elenden Leben folgt, werden uns nimmer dazu gebrauchen lassen, um unglückliche Wesen unserer Art ins Dasein zu rufen!"

4. Also taten auch viele Weiber und sperrten sich ab und waren zu keiner Empfangung (*Empfängnis*) mehr zu bewegen; denn auch sie sagten: „Für den Tod sollen Tiere, aber nicht Menschen gezeugt werden!"

5. Und so strotzte im Verlaufe von hundert Jahren nach dem Tode Evas, wie auch um die Zeit nach dem Tode Seths, die Höhe allenthalben von solchen Sonderlingen; und da nützte keine Rede des noch lebenden Henoch etwas, auch kein Wunder, um die Menschen von dieser Torheit zu heilen.

6. Der Henoch selbst aber, da er sah, daß da mit diesen superklugen Menschen bei Belassung ihres freien Willens nichts mehr zu richten ist, bat endlich auch den Herrn, daß Er ihn zu Sich nehmen möchte.

7. Der Herr aber sprach zu Henoch: „Mein getreuester Diener! Siehe, in diesem Jahre wird noch Lamech, dein Enkel, einen Sohn bekommen! Diesen mußt du noch zuvor segnen; dann will Ich auch dich erlösen von der Welt also, wie Ich es dir verheißen habe!"

8. Und im selben Jahre, da der Lamech hundertzweiundachtzig Jahre alt war, gebar die Ghemela ihm einen Sohn, den der Henoch alsbald segnete nach der Beheißung des Herrn.

9. Und der Lamech aber sprach nach der Segnung hinzu: „Noha ist dein Name! Der wird uns trösten in unserer Mühe und Arbeit auf Erden, die Gott der Herr verflucht hat!"

10. Aus diesem Ausrufe Lamechs aber kann jedermann ersehen, daß sogar die Gemütsstimmung Lamechs nicht mehr so ganz recht in der Ordnung war; denn er machte dadurch Mir, dem Herrn, einen offenbaren Vorwurf ob des vermeintlichen Fluches der Erde, da er dadurch gewisserart sagte: Bei Gott gibt es keine Tröstung mehr; denn Er hat nun Seine Freude am Töten der Leiber der Väter. Daher solle sein Sohn Noha ein Tröster werden!

11. Henoch aber verwies dem Lamech auch diesen Ausruf und zeigte ihm an, daß Ich das Benehmen der Kinder nun mit beleidigtem Herzen ansehe, indem Ich doch Selbst ihnen allen ein anderes ewiges Leben im Geiste nach der Ablegung des versuchenden Fleisches verheißen, gelehrt und allzeit überzeugend in jedermanns Herzen darstellte.

12. Aber der Lamech sprach: „Solches weiß ich so gut wie du, Vater Henoch! Aber so ich allzeit schaue in mir das gewisse ewige Leben, warum denn kann ich die nimmer erschauen im selben, die da gestorben sind? Siehe, dafür haben wir keine Lehre und keinen Grund!

13. Warum dürfen denn die Geister, die da hinübergegangen sind, nicht zu uns und uns zeigen, daß sie auch ohne Leib Leben haben und sind?"

14. Und der Henoch sprach: „Was redest du? Sahst du doch den Geist Adams, Zuriels und den Geist Ahbels und Sehels! Was willst du denn da noch mehr?"

15. Aber der Lamech sagte: „Siehe, bei Gott sind alle Dinge möglich! Kann Er nicht die Getöteten wieder ins scheinbare Leben und Dasein rufen, wann Er will? Und dann glauben wir, daß es so ist!

16. Aber wenn das scheinbare Dasein zurücktritt, was ist dann? Wohin kommt es, da es für unsere Sinne nicht mehr ist? – Siehe, da ist der alte Fluch ersichtlich! Wir sind, um getötet zu werden; zum Fluche sind wir, aber nicht zum Leben!

17. Wo das Leben ist, da sollte es allzeit ersichtlich sein, aber nicht irgend also, als wäre es keines!

18. Der Sünde Adams wegen muß aller Menschen Fleisch getötet werden! Welch ein Fluch! So ich nie gesündigt habe, warum soll mein Leib getötet werden der Sünde Adams willen? Siehe, das finde ich grausam!"

19. Hier segnete der Henoch den Lamech und ging hinaus und weinte vor dem Herrn.

20. Der Herr aber tröstete den Henoch, nahm ihn zu Sich mit dem Leibe, und er ward forthin nicht mehr gesehen auf der Erde, obschon ihn die Menschen allenthalben suchten.

118. Kapitel

Lamech von der Höhe auf der Suche nach Henoch. Des Herrn aufklärendes Wort an Lamech. Lamechs törichte, bittere Rede an die versammelten Seinen

(Den 14. Sept. 1843)

1. Es blieb aber namentlich für Lamech der Henoch diesmal zu lange aus, und er ging darum selbst hinaus, zu sehen, was da irgendwo der Henoch täte.

2. Aber er ging vergeblich die ganze Höhe ab und fand den Henoch nirgends. Er sandte auch Boten nach allen Richtungen aus; sogar in die Tiefe hinab sandte er Forscher.

3. Aber es war vergebens; denn Henoch war nirgends mehr unter den Lebenden auf der Erde anzutreffen.

4. Darauf dachten Lamech und auch die anderen wenigen noch lebenden Väter, es möchte Henoch etwa gestorben sein. Darum ließ Lamech jedermann fragen, ob da niemand Kunde hätte davon.

5. Aber ein jeder Befragte zuckte ganz gewaltig mit den Achseln und sprach, seit dem letzten Sabbate vom Henoch nichts gesehen zu haben.

6. Ein ganzes Jahr ging das Suchen hin und her und auf und ab; doch niemand wußte auch nur im allergeringsten etwas, was da mit ihm, dem Henoch nämlich, vorgefallen sei.

7. Der in der Tiefe noch lebende Lamech hatte gar weitgedehnte Suchungen unternehmen wollen; aber als er schon zehntausend Boten ausgerüstet hatte, da sprach der Herr zu ihm:

8. „Mache dir nicht gleich den Toren auf der Höhe vergebliche Mühe; denn siehe, Ich habe den Henoch, wie Ich ihm verheißen habe, zu Mir mit Leib, Seele und Geist genommen! Daher magst du ihn nun in aller Welt suchen, und du wirst ihn nimmer finden! Rüste aber zwei Boten aus, und sende sie mit dieser Kunde auf die Höhe, auf daß Meine törichten Kinder erfahren sollen, wohin der Henoch gekommen ist!"

9. Auf diese Kunde stellte der Lamech sein großartiges Suchungsprojekt ein und sandte mit der von Mir erhaltenen Kunde nur die zwei bestimmten Boten auf die Höhe und ließ durch diese dem Lamech auf der Höhe verkünden, was er vom Herrn vernommen hatte.

10. Als aber der Lamech auf der Höhe solche Nachricht erhielt, da ward es aus bei ihm, wie auch bei fast gar allen Kindern auf der Höhe; denn fürs erste war also auch nach ihren Begriffen der Henoch von der Erde so gut wie weggestorben, und fürs zweite war niemand an Henochs Stelle als Hoherpriester eingesetzt worden.

11. Da sprach der Lamech vor einer ganzen Versammlung: „Höret, ihr meine Brüder und Kinder, und auch ihr einige wenige Väter! Der Herr hat nun auch den Henoch, den wir alle ein ganzes Jahr vergeblich gesucht haben, zu Sich genommen oder getötet, wie Er es nun schon mit gar vielen von uns gemacht hat.

12. Er hat aber dafür keinen andern Hohenpriester gestellt; das ist noch sonderbarer als das Sterben selbst! Henoch hatte mich wohl zuvor gesegnet, bevor er hinausging, um nicht wiederzukehren; aber das kann ich nicht als Weihe zum Hohenpriester annehmen. Daher soll diese Stelle von nun an leer bleiben!

13. Wer von euch den Sabbat halten will, der halte ihn; wer aber das nicht will, der tue, was er will! Denn ich meine, für den Tod ist bald etwas gut.

14. Mag der Herr tun, was Er will;

ich meinesteils werde nicht viel tun für den Tod!

15. Lasset brachliegen alles Land, und höret auf, Kinder zu zeugen, und leget keinen Samen mehr in die Erde, und verbindet euch die Augen und schauet nicht mehr die scheußliche Trugwelt, sondern es erwarte jeder von euch baldmöglichst den Tod! Ist dieser über uns gekommen, so haben wir unser Ziel erreicht.

16. Ein schönes Ziel für freidenkende Wesen! – Es sei daher beschlossen, die Erde zu entvölkern! Da mag dann Gott töten darauf, wie Er will! Verstehet mich wohl: die Erde werde entvölkert!"

119. Kapitel
Die Einstellung der Zeugung auf der Höhe und des Herrn Warnung an Lamech
Lamechs vorwurfsvolle Antwort an den Herrn

(Den 16. Sept. 1843)

1. Diese Rede Lamechs hat bei den bekannten Umständen vielen Anklang gefunden, und es gab im Ernste nur sehr wenige, die da noch der damals bestandenen Ordnung wären treu geblieben; die aber da noch der Ordnung treu blieben, wünschten nichts sehnlicher, als nur sobald als möglich von der ganz verkehrten Welt hinweggenommen zu werden.

2. Was aber da den Akt der Zeugung betrifft, so unterblieb dieser allgemein auf der Höhe bei dreißig Jahre. Nach dieser Zeit, als der Trauergroll Lamechs sich ein wenig gelegt hatte, rief an einem Abende der Herr den Lamech hinaus ins Freie und sprach aus einer feurigen Wolke zu ihm:

3. „Lamech, Lamech, du setzest Meine Geduld auf eine starke Probe!

4. Einst, da Ich mit deinen Vätern zog vom Abende gen Mitternacht und ging dir entgegen, als du unerlaubtermaßen den die Völker zum großen Sabbatfeste einladenden Vätern furchtsam entgegenkamst auf dem Waldwege zwischen Mitternacht und Abend, da warst du voll der dankbarsten Freude, darum Ich für dich einen Vermittler machte bei den Vätern; den größten Freund deines Lebens hast du da an Mir gefunden und wärest ins Feuer für Mich gegangen, obgleich du Mich damals noch nicht gekannt hast.

5. Als du Mich aber erst erkannt hast mit der Folge, siehe, da wardst du glühend wie schmelzendes Erz aus Liebe zu Mir!

6. Was tat Ich denn nun wohl anderes als das nur, was Ich Selbst euch alle gelehrt und euch allen vielfach als unerläßlich nötig zum ewigen Leben des Geistes verkündigt hatte?! Und dennoch nimmst du nun auf keines Meiner Worte mehr Rücksicht, sondern handelst, als wäre Ich dir das fremdeste und nichtigste Wesen von aller Geister- und Körperwelt!

7. Wie soll Ich, dein Gott, Schöpfer und Vater, denn das bei dir ansehen? Willst du Mir, dem Allmächtigen, denn im Ernste trotzen?! Willst du dich mit Mir balgen und dich mit Mir in einen Faustkampf einlassen?! – Rede! Was willst du mit Mir?

8. Ich darf nur hauchen, und die ganze Schöpfung ist nicht mehr und du nicht mehr! Rede! Was willst du mit Mir? – Solle Ich dir gehorchen, oder du Mir? – Rede, was willst du mit Mir!"

9. Und der Lamech sprach: „Herr, ich zweifle nicht an Deiner Macht; aber

ich zweifle an Deiner Liebe und verheißenen Treue! Denn wie kannst Du uns, Deinen Geschöpfen oder Kindern, gut sein, so Du nur daran Lust zu haben scheinst, daß Du uns tötest?!

10. Mir wäre lieber, auf daß Du mich anhauchtest und ich dann ewig nimmer wäre, als daß ich eine geraume Zeit auf der verfluchten Erde leben und schwer arbeiten muß, um dann endlich von Dir getötet zu werden!

11. Sprichst Du auch: ‚Nur das Fleisch muß getötet werden; der Geist aber lebt fort!', – da sage ich: Was ist da wohl für ein Gewinn mit solch einem Wechselleben, da man sich zuvor ein Körperleben angewöhnen muß, und hat man demselben die rechte Tauglichkeit abgewonnen und hat es liebgewonnen, da kommst Du heimlich und zerstörst das erste Leben und bildest dann nach Deinem Wohlgefallen irgendein anderes daraus, an dem sicher nicht mehr als an dem ersten gelegen ist!

12. Ich sehe, daß Du ein Freund steter Veränderungen bist; darum kann ich Dir nimmer trauen!

13. Hauche mich aber an mit Deiner Allmacht, auf daß ich plötzlich aufhöre zu sein, und rufe mich aber ewig nimmer in irgendein Dasein, so soll Dir meine Vernichtung zum bleibenden Lobe sein ewig! Aber ein Dasein unter steten Veränderungen ist der größte Fluch für jedes Geschöpf, und das Vergnügen seines Schöpfers wird ihm zur unerträglichen Bürde."

120. Kapitel

Des Herrn ernste, zurechtweisende Worte an Lamech
Das Zeugnis der Geister Henoch und Adam vom ewigen Leben des Menschen

(Den 18. Sept. 1843)

1. Als der Lamech aber solches geredet hatte, da ließ sich die feurige Wolke zur Erde nieder, und der Herr stand sichtbar in der feurigen Wolke dem Lamech gegenüber und sprach zu ihm mit ernster Stimme:

2. „Lamech, Lamech! Bedenke, wer Der ist, vor dem du stehst, und der jetzt mit dir redet!

3. Was taten Henoch und Mathusalah in deinen Knabenjahren mit dir, so du unbändig warst? Siehe, du wardst mit scharfer Rute gezüchtigt!

4. Sage es dir selbst, ob dich die Väter aus zerstörendem Zorne oder ob aus einer gerechten Liebe gezüchtigt haben?!

5. Du kannst nicht umhin zu sagen: ‚Solches haben die Väter aus gerechter Kinderliebe getan; denn sonst wäre ich gleich einem reißenden Tiere aufgewachsen und wäre ein Unmensch geworden!'

6. Also sprichst du in dir und schöpfst ein rechtes Urteil. – Meinst du aber, daß Ich dir weniger ein gerecht liebender Vater bin, als es Jared, Henoch und Mathusalah waren?

7. O siehe, diese waren dir nur von Mir gestellte Zeug-, Zieh- und Zuchtväter! Ich aber bin dir der allein ewig rechte Vater, da Ich dich aus Mir geschaffen habe und habe dich gezeugt und erzogen bisher in aller Freiheit deines Geistes und habe dich aber als der allein ewig wahre und rechte Vater dennoch nie gezüchtigt bei aller deiner nicht seltenen Ausgelassenheit vor Mir!

8. Siehe, der Grund davon war stets Meine unendliche Liebe, Geduld und

Erbarmung, die Ich zu Dir und mit dir hatte!

9. Jetzt aber sage Ich dir, da du also stützig (*widerspenstig*) gegen Mich geworden bist, daß Ich nun eine Rute zur Hand nehmen werde und werde mit dir und allen deinesgleichen tun, wie es sich gebührt für einen rechten Vater, der da voll der gerechtesten Liebe zu seinen Kindern ist!

10. Ich aber will dir zuerst zeigen das herrliche Los derer, die Ich zu Mir genommen habe, auf daß du aus deinem tiefsten Lebensgrunde erkennen sollst, wie Ich es mit Meinen Kindern meine für ewig!

11. Dann aber will Ich dir zeigen, daß auch Ich die unbändigen Kinder, die da Meine allerliebevollste väterliche Bestimmung mit ihnen also sehr verkennen und in den Staub des nichtigen Truges herabziehen wollen, zu züchtigen vermag ihres Heiles willen und die allerstützigsten auch im Geiste ewig fort züchtigen kann, so sie nimmer anerkennen wollen, daß Ich ihr allerliebevollster Vater und Gott in aller unantastbaren Heiligkeit bin.

12. Da aber siehe aufwärts, und sage Mir: Was erschaust du?"

13. Hier sah der Lamech aufwärts und ersah all die Verstorbenen.

14. Und der Henoch ließ sich herab und sprach zum Lamech: „Unsinniger, fühle mich an und überzeuge dich, daß ich nun lebe für ewig ohne einen je mehr vorkommenden Wechsel des Seins!"

15. Und der Lamech befühlte den Henoch und fand keine Veränderung an ihm – außer die der himmlisch-geistigen Vollendung in aller Fülle des vollkommensten Lebens.

16. Und also überzeugte er sich auch bei allen anderen.

17. Und der Adam sprach noch überdies zu ihm: „Lamech, die größte Wohltat des Vaters an uns ist die Abnahme des schweren, prüfenden Leibes vom freien Geiste! Dessen sollst du dich freuen!

18. Mag deinem noch irdischen Auge des Leibes Tod auch düster erscheinen, so erscheint er aber dennoch dem, der da abberufen wird in der Liebe zum Vater, als eine allerhöchste Wollust!

19. Siehe, in der Liebewollust deiner Eltern wardst du gezeugt; aber in der höchsten Liebewollust wirst du als Geist aus dem schweren Fleische gehoben und lebst dann ein allervollkommenstes ewiges, mächtiges, kräftiges, wirksamstes Leben, dessen Süße mit nichts Irdischem zu vergleichen ist!

20. Was du immer auf Erden angefangen hast, das wirst du erst im Geiste auf der geistigen ewigen Erde vollenden. Darum sollst du nicht träge sein auf Erden; denn nicht ein von dir berührtes Sandkörnchen geht verloren!

21. Das sage ich, Adam, dein Erzeuger, dir; fasse es! Amen."

121. Kapitel

Fortsetzung des Verkehrs mit den Hinübergegangenen. Lamechs Umkehr und Reuerede
Des Herrn liebevolle Rede über den Vaterschmerz beim Züchtigen der Kinder
Lamech als Stellvertreter Henochs

(Den 19. Sept. 1843)

1. Also beredete sich der Lamech auch mit Seth, mit der Eva und noch gar manchen anderen, die da sowohl auf der Höhe aus den vier Gegenden hinübergewandert waren, und die da auch einst Bewohner der Tiefe waren, und ersah daraus augenscheinlichst und handgreiflichst, daß es da mit dem Leben des Geistes nach dem Abfalle des Leibes seine vollkommenste Realität (*Wirklichkeit*) habe.

2. Da er sich aber also von dem überzeugt hatte aus dem tiefsten Grunde seines Lebens und das alles in der Grundwurzel gefaßt hatte, da fing er an nachzudenken, welch ein großes Unrecht er durch seine Rede dem Herrn und dem Vater von Ewigkeit zugefügt hatte, – wie unbillig alle seine Gedanken und Beschlüsse da waren!

3. Und er fiel vor dem Herrn nieder, fing an zu weinen und sprach aus seinem zerknirschten Gemüte: ,,O Gott, Herr und Vater, jetzt erschaue ich die ganze Fülle meiner Bosheit!

4. Ich war blind und glaubte in meiner großen Blindheit mit Dir rechten zu können! Ich wollte in meiner allerentsetzlichsten Tollheit Deinem Wirken, das da in sich die allerhöchste Liebe ist, Schranken setzen! Die Erde wollte ich wüste werden lassen und aussterben das menschliche Geschlecht!

5. Und das alles darum, weil da ein finsterer Groll in mir aufkeimte ob der Hinwegnahme derer, die ich liebhatte aus alter Gewohnheit mehr, denn aus der eigentlichen wahren Liebe! Denn hätte ich sie wahrhaft geliebt, da wäre darum in meiner Brust sicher kein Groll gegen Dich aufgekommen, daß Du ihnen allen eine so endlos große Seligkeit in Deiner Vaterliebe bereitet hast!

6. O Gott, Herr und Vater, ich erkenne nun meine große Strafwürdigkeit vor Dir! Daher ist es ja recht und billig, daß Du mich nun strafest auf das allerempfindlichste! Ja strafe, o Herr, mein dummes Fleisch auf das allertüchtigste nach Deinem allerheiligsten Willen; aber nur meinen Geist wolle nicht gänzlich zugrunde gehen lassen!"

7. Und der Herr sprach zum Lamech: ,,Erhebe dich, Mein Sohn! Meinst du denn, Ich, dein heiliger, liebevollster Vater, habe eine Lust und Freude am Strafen Meiner Kinder?

8. Siehe, ein jeder Streich, den Ich dir geben möchte, würde Mich im Herzen bei weitem mehr schmerzen, denn dich auf deiner Haut!

9. Hast du doch nun auch einen Sohn, den du liebst mehr denn dein eigenes Leben; wenn er aber dir dann und wann unfolgsam wird, versuche ihn zu schlagen darob, und erfahre selbst, ob du nicht mehr Schmerzen leiden wirst dabei als dein Sohn!

10. So du den Streich führen wirst, wirst du dich schon fürchten, dem Sohne wehzutun; und wird der Sohn weinen unter dem ersten schwachen Hiebe, wird es dein Herz wohl vermögen, ihm noch einen zweiten Hieb zu erteilen?

11. Der Sohn aber wird des geringen Schmerzes bald vergessen, und deine Vaterliebe wird ihn gar ehestens wieder völlig aussöhnen mit dir; aber wie lange und wie oft wirst du es dir in deinem Herzen heimlich bitter rückerinnerlich

sagen: ‚Mein Sohn ist zwar gut; aber was gäbe ich dafür, so ich ihn nicht geschlagen hätte!'

12. Siehe, das würdest du als ein echter Mensch tun! Ich aber bin mehr denn nur ein Mensch; Ich bin Gott und dein allereigentlichster Vater! Daher will Ich dich nun auch nicht schlagen, sondern segnen!

13. Aber solches sage Ich dir: Gedenke, daß die Erde Mein Land ist! Bearbeitet sie zum zeitlichen Nutzen für Meine nachfolgenden Kinder, und zeuget euch nun (*weiter*) und mehret euch! Denn siehe, derer, die noch in der Materie gefangen sind, gibt es noch gar viele, die da harren auf die Erlösung!

14. Du aber sei fürder ein Stellvertreter Henochs, und mache das Arggemachte wieder gut! Amen."

122. Kapitel

Lamechs Gelöbnis, die alte göttliche Ordnung wiederherzustellen
Des Herrn Warnung vor der Schlange im Weiberfleische
Der Herr und die Seligen verschwinden vor ihren Augen. Die Versammlung der Ältesten

(Den 20. Sept. 1843)

1. Nach diesen Worten des Herrn gelobte der Lamech, die alte Ordnung der Dinge mit der Hilfe des Herrn so gut als nur möglich wiederherzustellen und dafür zu sorgen, daß diese Ordnung bei allen Nachkommen forterhalten werde.

2. Der Herr aber sprach zum Lamech: „Tue, was du kannst; aber übers Knie sollst du es nicht brechen! Denn siehe, es liegt viel Eigensinn im Volke!

3. Habe aber acht, daß dir die Schlange keinen Streich spielt; denn sie hat schon in der Tiefe angefangen, das Fleisch der Töchter zu kultivieren und gar glatt und fein zu machen!

4. Warne daher Meine Kinder vor den häufigen Besuchen der Tiefe, auf daß sie der Falle entgehen, die ihnen da gelegt ist!

5. Solches aber merke für alle Zeiten der Erde:

6. Wenn du sehen wirst, daß das Fleisch der Weiber stets fetter, weißer, feiner und üppiger wird; wenn die Weiber mit bloßem Kopfe und Gesichte, mit nackter Brust und nackten Händen einhergehen werden; wenn die Weiber lüstern den Männern nachlaufen werden und die Mütter ihre Töchter putzen und schmücken werden und werden sie am Tage und zur Nachtzeit ausführen, um durch solchen Außenflitter, welcher da ist die allerärgste Kunst des Satans, irgendeinen Mann zu fangen, auf daß er sich der Tochter ergeben und sie entweder zum Weibe oder wenigstens gegen einen allerschändlichsten Unzuchtsmietlohn als Beischläferin auf Tag oder Stunde zu nehmen sich entschließen möchte – habe acht, Lamech, was Ich hier rede! –; wenn das Weib über den Mann sich erheben wird und wird ihn beherrschen wollen und ihn auch wirklich beherrscht, entweder durch ihre vom Satan erlangten Fleischreize, oder durch Schätze und Erbschaften der Welt, oder durch einen gewissen vornehmeren Stand und vorzüglichere Abkunft; wenn das weibliche Geschlecht, das untergeordnet sein sollende, auf den armen Mann mit spöttischen und verächtlichen Augen und Herzen herabblicken wird und wird ausrufen: ‚Pfui,

welch ein Gestank um diesen gemeinen Kerl! Wie entsetzlich häßlich ist doch dieser Mensch; welch ekelhaften Aussehens! Siehe an dies gemeine Gesindel, dies Bettelvolk!' – dann, Lamech – höre! –, dann hat sich die Schlange zum Herrn der Welt gemacht, schmählichst herrschend in ihrem Geschlechte!

7. Und dann – höre Mich wohl, Lamech! –, dann werde Ich die Welt verlassen und sie übergeben der Macht dessen, dem sie huldigt, und werde mit Fluch belegen alle Kreatur! Und Meine Ohren werde Ich verstopfen, auf daß Ich nicht vernehmen werde können das starke Jammergeschrei der Elenden auf Erden, um Mich zu erbarmen ihrer Not und ihrer Trübsal, – sondern um zur festbestimmten Zeit Mein Gericht zu senden über alles Fleisch auf der Erde und Meinen Zorn zu ergießen über alles Land und über alle Kreatur!

8. Wahrlich, sage Ich dir, die Welt hat schon einen großen Schritt zum Verderben gemacht! Darum gehe hin und verkünde allorts, was Ich dir nun gesagt habe, und rufe alles Volk zur Besserung zurück, – sonst wird es noch dein Sohn wie auch du zu einem guten Teile erleben, wie es auf der Erde aussehen wird, so Ich Mich von ihr gänzlich entfernen werde!

9. Diese Worte beachte wohl, und sei Mir ein rechter Diener! Amen."

10. Hier entschwand die feurige Wolke, der Herr und alle die hinübergegangenen Geister.

11. Und der Lamech ging, ernster Gedanken voll, nach Hause und zeichnete da alles auf, was der Herr zu ihm geredet hatte.

12. Und schon am nächsten Tage berief er alle Ältesten zusammen und offenbarte ihnen, was da der Herr zu ihm geredet hatte, und was alles er dabei gesehen habe.

123. Kapitel

Der geteilte Erfolg der Botschaft Lamechs an die Völker
Lamechs Ärger darob und des Herrn Trostworte

(Den 21. Sept. 1843)

1. Und die Zusammenberufenen erkannten und ersahen während der Erzählung Lamechs, daß da alles die vollste Wahrheit ist, was er ihnen kundgegeben hatte, und sie gingen dann frohen Mutes und festen lebendigen Glaubens auseinander und gingen auch sogleich zu den Völkern in den vier Gegenden und verkündigten ihnen alles, was sie vom Lamech mit lebendiger Selbstüberzeugung vernommen hatten.

2. Viele vom Volke bekehrten sich wieder; aber doch blieb der größte Teil ungläubig und sprach: „So an der Sache etwas wäre, da sehen wir nicht ein, warum Sich der Herr nicht auch uns ebensogut wie dem Lamech offenbaren solle, indem wir doch ebensogut Menschen sind wie der Lamech und ebenso wie er vom Adam abstammen?!

3. Wir glauben wohl, daß da ein unerbittlicher Gott über uns herrscht nach Seinem Wohlgefallen, und das ist genug; was brauchen wir da Drohungen noch dazu?!

4. Dafür, daß wir alle endlich ins Gras beißen müssen, wird doch der Glaube genug sein?! Sich aber noch extra zu fürchten vor dem Gotte, der uns am Ende nichts mehr und nichts weniger tut als bloß ganz einfach tötet, wäre wohl dumm von Seite eines jeden helldenkenden Menschen!

5. Iß und trink, und vertreibe dir die

lästige Zeit auf die angenehmste Art, das sei unser Wahlspruch; denn für das, was da höchst mystischer und ungewisser Weise erst nach dem Tode kommen soll, geben wir keinen faulen Apfel!

6. Ist etwas an der Sache, so soll sie uns der Jehova ebensogut wie dem Lamech offenbaren, – denn auch wir sind Menschen; tut Er aber das nicht, so liegt uns wenig an Ihm um nichts und wieder nichts!

7. Ihr aber, die euch der Lamech, aber nicht Gott zu uns gesandt hat, möget glauben, was ihr wollet; das kümmert uns wenig, und eure allfällige Überzeugung ist für uns ein hohler Kreis!

8. Das Ende wird wohl euch wie uns die Rätsel der Erscheinungen im Lebenslaufe auf dieser Erde lösen, – verstehet: wenn wir in derselben faulen und für ewig vergehen werden also, als wären wir nie dagewesen!

9. Was aber da eure Warnung vor der Tiefe betrifft, so müssen wir darüber nur lachen! So es dort im Ernste wunderschöne Weiber gibt und wir dieselben leicht bekommen können, da müßten wir ja gerade auf den Kopf gefallen sein, so wir sie uns nicht holten; denn das ist gerade noch das Beste, was der sterbliche Mensch auf dieser dummen Welt hat!

10. Ist es dem Jehova nicht recht, da soll Er es anders machen; solange Er uns aber leben läßt also, da müßten wir doch schöne Narren sein, so wir uns noch dies bißchen Leben für nichts und wieder nichts verleiden sollten!

11. Ziehet daher nur von uns hinweg, ihr gläubigen Lamechsboten, und lasset uns für die Zukunft ungeschoren; denn wir wissen es schon ohnehin, was wir zu tun haben!"

12. Siehe, das waren die Früchte der ehemaligen Benehmung Lamechs!

13. Als der Lamech aber durch seine Boten solche Äußerungen vernahm, da ward er sehr erbittert und wußte sich nicht zu helfen.

14. Aber der Herr sprach zu ihm: „Lamech, du weißt, daß Ich zu dir gesagt habe: ‚Wolle aber nichts übers Knie brechen!' Daher beachte nun dieses:

15. Wer da kommen will, der komme, – wer aber nicht kommen will, den lassen wir laufen, wohin er will; am Ende wird er uns schon kommen, und da wollen wir mit ihm über seine Vernunft ein paar Wörtchen sprechen für die Ewigkeit!

16. Also sei es! Was aber da die Lust zu den Weibern in der Tiefe betrifft, da soll sich ein jeder, der es will, um eine bewerben; daß er aber mit derselben nicht wieder die Höhe betreten wird, dafür werden wir schon sorgen!

17. Daher sei ruhig, und bleibe mit den Guten in Meiner Liebe ewig! Amen."

124. Kapitel

Des Herrn Rede über das Wesen der Getreuen und der Ungetreuen
Die Unverbesserlichkeit der Zerstreuungssüchtigen

(Den 22. Sept. 1843)

1. Der Lamech aber dankte dem Herrn für diese Belehrung aus dem tiefsten Grunde seines Lebens und fragte Ihn, nachdem er für das Empfangene gedankt hatte, ob er die Getreuen nicht in einen engeren Kreis um sich versammeln solle.

2. Der Herr aber sprach: „Laß es

gut sein also, wie es ist; denn der echt Getreue wird uns treu verbleiben auch unter dem ausgelassensten, Meiner gänzlich vergessenden Geschlechte!

3. Hat aber jemand die echte Treue nicht, so wird ihm auch ein enger Kreis fürs ewige Leben wenig nützen!

4. Wenn er sich unter den Getreuen befindet, da wird er tun, als wäre er ein Getreuer; wird er sich aber unter den Ungetreuen befinden, da wird er alsbald tun, was sie tun.

5. Wird er mit dir reden, da wird er nur das reden, davon er weiß, daß es dir behagt; wird er aber zu den Ungetreuen kommen, da wird er nur strotzen von schmutzigen Weltgesprächen.

6. Siehe, das sind leichtsinnige, leichtfertige Menschen, welche zwischen Gott und Tod wie die Heuschrecken hin und her springen, und haben keine geistige Lebensfeuchtigkeit, welche da den Samen Meines lebendigen Wortes in ihnen zum Keimen brächte, wie dann auch keine geistige Wärme, durch welche in ihnen der ewig lebendige Same Meines Wortes zur Tatkraft heranreifen möchte, und haben dieses alles darum nicht, weil sie es nicht haben wollen, indem ihnen das Leichtsinnigsein viel lustiger und stets erheiternder vorkommt denn ein festes Sein in Meiner Gnade.

7. Diese Art Menschen aber sind nicht nur am schwersten zu bessern, sondern ihre Besserung ist eine Sache der nahezu reinen Unmöglichkeit, und das darum, weil sie nach Umstand der Sache sogleich mit allem einverstanden sind.

8. Willst du sie arg haben, da stelle sie unter die Argen; willst du sie lustig haben, stelle sie unter die Lustigen; willst du sie gut haben, stelle sie unter die Guten; willst du sie weise haben, stelle sie unter die Weisen!

9. Läßt du sie aber allein, da werden sie alsbald vor lauter Langeweile verzweifeln und verschmachten!

10. Warum denn? – Weil sie kein eigenes Leben haben und daher zerstreuungssüchtig sind!

11. Für eine verheißene Zerstreuung und Belustigung wirst du sie sogar gewisse Zeiten hindurch in was immer für einer Tätigkeit rege erhalten können; binde sie aber nur drei Tage lang in einem engeren Kreise, da es keine Zerstreuung und Belustigung gibt, so werden sie schon am ersten Tage sieben Spannen lange Gesichter zu machen anfangen. Am zweiten Tage werden sie murren und schimpfen, und am dritten Tage werden sie entweder mit dir ernstlich aufbegehren, oder sie werden dir davonlaufen.

12. Denn ihres Herzens Wahlspruch ist: ‚Wir wollen schon arbeiten, wenn es gerade sein muß; aber die Arbeit muß uns freuen, und nach der Arbeit darf eine angemessene Zerstreuung nie fehlen! Fehlt die, da bedanken wir uns für alle Arbeit! Zerstreuung muß sein!'

13. Möchtest du ein Spektakelhaus errichten, so könntest du versichert sein, daß sie täglich zu dir kommen würden, um sich am Spektakel zu weiden gleich einer Schmeißfliege am frischen Unrate; sonst aber mache dir ja keine Hoffnung, daß sie zu dir kommen werden, solange es für sie anderorts wie immer geartete Vergnügungen gibt!

14. Sie werden auch Mein Wort hören, – aber nur, wenn und solange es ihnen Vergnügen verschafft; aber das Wort in sich zur lebendigen Werktätigkeit gedeihen zu lassen, davon wirst du nie eine Spur entdecken!

15. Diese Menschen tun alles: Gutes und Böses, wenn es ihnen nur ein Vergnügen macht, fehlt aber dieses, dann sind sie fürs eine wie fürs andere tot.

16. Der Grund davon ist: Weil sie

gar kein eigenes Leben haben, und das darum, weil sie es schon in frühester Zeit zu vergeuden gelernt haben, da sie von ihren törichten Eltern nur durch lauter darauffolgende Vergnügungen zu der vorhergehenden geringen Tätigkeit sind angeeifert worden, wodurch sie denn auch nie den Wert der Tätigkeit, sondern nur den der Zerstreuung in sich aufgenommen haben mit völliger Hintangabe aller Selbständigkeit und Freiheit und somit alles eigenen Lebens!

17. Daher lassen wir die Getreuen, wo sie sind, sie werden uns nicht verlassen, und also auch die Ungetreuen; denn diese werden allzeit wider uns sein!

18. Was aber da die leichtsinnigen Schmeißfliegen betrifft, so lassen wir sie ganz ungehindert die Schmeißhaufen beziehen; kommen sie aber unseren Speisen zu nahe, dann ist es immer noch Zeit genug, sie hinwegzutreiben! Der Winter des Lebens aber wird ihnen schon ohnehin früh genug einen Garaus machen!

19. Wir wollen sie aber auch gar nicht richten; denn sie sind ja nur erscheinliche Schattenbilder, ephemerische (*eintägige*) Schemen von heut bis morgen, – dann aber ist's gar mit ihnen auf ewig! Daher sei ihnen auch ihre kurze Lust gewährt; denn nach dieser wird für sie keine mehr folgen.

20. Das ist Mein Wille! Haltet aber an, ihr Getreuen, in Meiner Liebe; denn in ihr wird eures Seins ewig nimmer ein Ende sein! Amen, amen, amen."

125. Kapitel

Lamechs und Mathusalahs Zwiegespräch
Wer da etwas in der Welt mehr liebt denn Gott, der ist Seiner nicht wert!

(Den 23. Sept. 1843)

1. Diese Offenbarung des Herrn hat den Lamech in überaus tiefe Gedanken versetzt, und er ging zum noch lebenden Vater Mathusalah hin und gab ihm kund, was er vom Herrn vernommen hatte.

2. Als Mathusalah aber solches vernommen hatte, da ward es ihm bange um sein ewiges Leben; denn er sagte bei sich in seinem Herzen: ‚Wenn also, da will ich mit meinen Augen einen Bund machen und will in der Welt nichts mehr ansehen, was mich nur im geringsten vergnügen könnte, und also auch abziehen mein Ohr von aller Stimme der Welt! Mein größtes Vergnügen auf der Welt aber sind noch meine Kinder und mein getreues Weib!' – Hier öffnete er seinen Mund und sprach zum Lamech:

3. „Mein Sohn, ich habe deine Worte in meinem Herzen genau geprüft und fand ihre Richtigkeit und habe darum auch mit meinen Augen und Ohren einen Bund gemacht, demzufolge ich auf der Welt nichts mehr ansehen und anhören will, was mich nur im geringsten weltlich vergnügen möchte!

4. Aber was soll ich in Hinsicht meiner Kinder und meines getreuesten Weibes tun, die meine größte Lust auf dieser Welt sind? Soll ich euch segnen und dann aus Liebe zu Gott euch allsämtlich verlassen für alle Zeiten, oder soll ich wohl bei euch verbleiben?"

5. Lamech aber bedachte sich kurz

und sprach dann nach der Eingebung vom Herrn zum Mathusalah:

6. „Höre, Vater, also spricht der Herr, unser Gott und ewig heiligster Vater:

7. ‚Wer da was immer in der Welt mehr liebt als Mich, der ist Meiner nicht wert!

8. Eltern, Weib und Kinder aber sind auch in der Welt; daher sollst du sie nicht mehr lieben denn Mich, willst du Meiner würdig sein!

9. Alles aber, was du Mir opferst, will Ich dir dereinst tausendfach ersetzen im Reiche des ewigen Lebens!

10. Bleibe aber ein jeder, was und wo er ist, und opfere Mir in seinem Herzen alles, was er hat, dann werde Ich ihn ansehen, und Mich mit ihm auf ewig verbinden!

11. Was er aber dann in solcher Verbindung genießen wird, und was immer er tun wird, das alles wird ihm zum ewigen Leben dienlich sein!

12. Denn dann ist Mein Geist in ihm und schafft alles um im Menschen: das Leben wird wahrhaft ein Leben, die Liebe wird eine wahrhafte Liebe werden, das Tote selbst wird erweckt zum ewigen Leben, und alle Lust in diesem wird gerecht sein vor Mir, indem Ich sie in ihm geschaffen habe zur Vermehrung des ewigen Lebens und Meiner unendlichen Liebe, Gnade und Erbarmung!

13. Mit Mir kann der Mensch durch alle Pforten gehen und kann alles genießen, indem Mein Geist in ihm alles zum Leben umgestaltet; ohne Mich aber soll niemand auch nur einen Grashalm abpflücken, – denn auch ein Grashalm kann ihm den Tod bringen, wie leiblich, also auch geistig, so er denselben mit seinem Geiste anrührt solchermaßen, daß er seine Liebe in denselben setzt!'

14. Siehe, Vater Mathusalah, also lauten des Herrn Worte; so wir aber solches nun lebendig wissen, da ist es dann ja leicht zu leben auf der Erde!

15. Wir bleiben, was und wo wir sind, lieben allein Gott über alles und bringen Ihm alles zum Opfer, was nur im geringsten je unser Herz, von Ihm uns selbst abziehend, berührt hat, und wir überkommen sodann des Herrn lebendigen Geist, durch und in dem wir ja alles genießen dürfen, wie es der Herr uns Selbst geoffenbart hat!"

16. Diese Worte beruhigten den Mathusalah wieder; aber dessenungeachtet blieb er von nun an sehr verschlossen und beschäftigte sich in seinem Herzen fortwährend mit dem Herrn und unterredete sich mit Seinem heiligen Geiste in ihm.

126. Kapitel
Der moralische und geistige Niedergang unter den Kindern der Höhe
König Lamechs letzte Verordnungen und Tod
Thubalkain als Nachfolger Lamechs

(Den 25. Sept. 1843)

1. Also lebten aber auch die meisten Guten abgesondert und mehr zurückgezogen in ihren Gemütern von der Welt und achteten nicht dessen, was da die stets mehr und mehr in die Welt hinausgehenden Menschen taten, – was aber auch vergeblich gewesen wäre.

2. Denn die Weltlichen waren in einen großen Eigensinn geraten, und es war mit ihnen über Geistiges nicht rät-

lich zu reden, indem sie fürs erste alles besser wußten als die Mir Getreuen, und fürs zweite aber auch beim kräftigeren Widerspruche von Seite der Getreuen gar bald zur handgreiflichen Grob- und Roheit ihre Zuflucht nahmen.

3. Solche schlagenden Oppugnanten (*Angreifer*) horchten daher gar nicht mehr auf die Stimme der Ältesten und sahen auch gar nicht an die nicht seltenen Wunderwerke, die die Getreuen vor ihnen wirkten, um sie wieder auf den rechten Weg zurückzuführen.

4. Was war aber gar bald die Folge? – Nichts anderes als ein gänzliches Versinken in alle Sinnlichkeit!

5. Die kräftigsten Jünglinge und Männer fingen an, die Tiefe stets mehr und mehr zu besuchen, und da sie in ihr als Kinder Gottes allzeit das größte Ansehen ihrer Person fanden, wie eine Menge der schönsten Mädchen und Weiber, so fanden sie auch selten mehr Lust, auf die Höhe wieder zurückzukehren.

6. Sie nahmen dort Weiber und siedelten sich an, bauten neue große Städte, befestigten sie mit starken Ringmauern und fingen auch bald an, die Herren dieses freilich wohl großen Landes zu spielen, – was ganz besonders aber erst von ihren Söhnen, die sie gezeugt hatten mit den Töchtern der Welt in der Tiefe, der Fall war; denn diese waren kräftig und eines weltmächtigen Geistes voll, oder verständlicher gesprochen: sie waren Gesegnete der Schlange, die sie mit aller Weltmacht und Kraft und Gewalt ausrüstete.

7. Und Lamech in der Tiefe, der da noch lebte, mußte mit großem Bedauern ansehen, was da die von der Höhe Herabgekommenen taten.

8. Vor seinem Ende aber berief er seine Kinder zu sich, da er ein Alter von sechshundertdreißig Jahren erreicht hatte, was in der Tiefe etwas Beispielloses war, und sprach zu ihnen:

9. „Kinder! Der Herr hat mich gerufen, auf daß ich die arggewordene Welt verlassen solle; also wird es denn auch bald geschehen, daß ich diesen schon sehr müden Leib ablegen werde.

10. Aber stoßet euch ja nicht daran also, wie sich die Kinder der Höhe an der Abrufung ihrer Väter gestoßen, sonst wird es euch noch um vieles ärger ergehen, als es ihnen nun ergeht, da ihr sie täglich von den Bergen herabfliehen sehet und erbauen hier neue Städte, nehmen unsere Weiber und zeugen mit ihnen weltkräftige Kinder, die da unsere Völker stets mehr und mehr zu unterjochen anfangen!

11. Ich rate euch daher, fest an den Herrn zu halten; denn nur Seine Macht hat bisher diese unsere mächtigen Feinde noch von unseren Städten und Gauen abgehalten.

12. Wenn ihr je den Herrn verlassen könntet, da werdet ihr bald zu ohnmächtigen Sklaven dieser Weltmächtigen werden!

13. Diese Worte haltet fest! – Des Herrn Geist sei mit euch, wie Er mit mir war und von nun an ewig sein wird! Amen."

14. Bald darauf starb Lamech und wurde von seinen Kindern auf das ehrenvollste in eine herrliche Gruft gelegt in einem goldenen Sarge.

15. Alle die elf Städte weinten jahrelang um diesen Führer; der Thubalkain aber ergriff dann das Staatsruder und trat in die Fußstapfen seines Vaters, – aber mit mehr mißtrauischem Geiste.

127. Kapitel

Der Anfang des Militärs. Das Aussterben des Stammes Lamechs mit Thubalkains Tod
Muthaels und der Purista Sohn Uraniel als König in Hanoch

(Den 26. Sept. 1843)

1. Solange an der Seite Thubalkains noch der Hored und der Tempelwächter Terhad, wie der Mura und der Cural lebten, erhielt sich der Staat Hanoch mit seinen zehn Fürstentümern so ganz leidlich, obschon man anfing, gegen die sich außerhalb der zehn Städte ansiedelnden, stets mächtiger werdenden Gebirgsvölker eine Art Militär zu halten.

2. Als aber auch der Thubalkain starb und keinen männlichen Erben hinterließ, sondern nur zwei schwache Töchter (denn die ehemals mit der Naëme gezeugten Kinder männlichen Geschlechts waren pure Trottel, wie bekannt, und somit zur Leitung des Volkes gänzlich unfähig), so wußte man nicht, wer da nun die Leitung des Volkes übernehmen sollte.

3. Indem aber auch der Hored, Terhad, Mura und der Cural schon vor dem Thubalkain gestorben sind, so sah es um die günstige Wahl eines Leiters und Führers des Volkes um so bitterer aus, indem sich außer der schon sehr alten Naëme und den zwei Töchtern Thubalkains aus der Lamechschen Familie niemand mehr vorfand.

4. Auch die zwei Brüder Thubalkains wurden vergebens gesucht; denn auch sie sind auf einer Weltbereisung irgendwo gestorben, und es war darum von ihnen, wie von ihren Nachkommen nichts mehr zu erforschen.

5. Daher wußten die Bewohner der Stadt Hanoch nichts anderes zu tun, als Boten auf die Höhe zu senden und sich beim Lamech auf der Höhe zu erkunden und zu beraten, was da nun geschehen solle.

6. Und der Lamech fragte die Boten, ob denn die Naëme mit dem Hored keine Nachkommen habe.

7. Und die Boten sprachen: „Weder männliche noch weibliche!"

8. Da sandte der Lamech einen Boten zum Muthael gen Morgen und ließ ihn zu sich rufen.

9. Der Muthael kam, und der Lamech sagte zu ihm: „Bruder, hast du doch schon einen dreißig Jahre alten Sohn aus der Purista! Dieser ist weise und voll des Geistes und der Kraft aus Gott. Wie wäre es denn, so ich ihm die Hände auflegte und möchte ihn salben zum Führer der Völker in der Tiefe? Denn daselbst leben jetzt sicher schon bei drei Millionen Kinder aus der Höhe, und es könnte demnach gar nicht gefehlt sein, so dein Sohn, der von Gott so begnadigt ist, diesen Völkern zu einem kräftigen Leiter würde!"

10. Der Muthael aber erwiderte dem Lamech: „Bruder, du hast ja auch einen Sohn, der noch reicher ist an Weisheit und Gnade vor Gott! Warum magst du denn ihm die Hände nicht auflegen?"

11. Lamech aber sprach: „Muthael, du weißt, daß ich nur nach dem Rate Gottes, aber nie nach meinem eigenen handle! Wenn aber solches erwiesen, wie magst du mich darum fragen, was zu nichts führt und für nichts taugt?

12. Befolge du entweder, was ich dir gesagt habe, oder befolge es nicht; aber wider den Rat Gottes in mir sollst du an mich keine Frage stellen!"

13. Da aber der Muthael ersah, daß er gefehlt hatte, so bat er den Lamech

um Vergebung und ließ sogleich seinen Sohn kommen und ihn segnen zum Leiter der Völker in der Tiefe.

14. Als der Sohn gesegnet und gesalbt war, sprach der Lamech zu den bevollmächtigten Boten: „Sehet, diesen jungen Mann aus der Höhe hat euch der Herr bestimmt zu einem Leiter, Lehrer und Führer! Er wird, vom Herrn geleitet, euch folgen in die Stadt Hanoch und wird dort die Ordnung treffen, euch den Willen des Herrn allzeit zu eröffnen!"

15. Hier fielen die Boten vor dem neuen Könige nieder und gaben ihm die erste Ehre und erhoben sich dann, Gott lobend, und begaben sich mit dem neuen Könige in die Stadt Hanoch, allda er von zahllosen Völkerscharen mit dem größten Jubel empfangen und in die große und herrliche Residenzburg einbegleitet wurde.

128. Kapitel

Die Vergötterung der zwei schönen Töchter des verstorbenen Thubalkain durch die Hanochiten. Uraniel in Unschlüssigkeit. Die Absage des Herrn. Uraniels Vermählung mit den zwei Töchtern Thubalkains

(Den 27. Sept. 1843)

1. Dieser neue König aber hieß Uraniel, und seine Leitung ging zehn Jahre hindurch gut vonstatten; denn er war im Besitze des Geistes Gottes und erhielt seine Ordnung täglich vom Herrn.

2. Aber in dieser Zeit waren die zwei ehedem schwach gewesenen Töchter Thubalkains mannbar und stark geworden und waren von solcher äußerer, leiblicher Schönheit, daß da alles vor ihnen niederfiel und unscheu sie förmlich anbetete.

3. Die zwei Töchter aber waren von guter Erziehung und verwiesen es jedermann, der so etwas tat. Aber es nützte das eben nicht zu viel; denn je mehr diese beiden allen Gelegenheiten vorbeugten, wo ihnen die Männerwelt eine göttliche Verehrung antun möchte, desto mehr schrie man von den zwei Göttinnen.

4. Wie groß aber die Schönheit dieser beiden Töchter, die da am Hofe Uraniels lebten, war, kann aus folgender Kundgabe einer solchen vergötternden Eloge (*Lobrede*) erkannt werden.

5. Diese Eloge ward alltäglich vor Sonnenaufgang vor der Burg von tausend Männern abgeschrien und lautete also:

6. „O Sonne, bade und wasche dich wohl zuvor im Meere, in allen Seen, Strömen, Bächen und Quellen, auf daß du uns ja nicht unrein aufgehest und durch deine schmutzigen Strahlen verunreinigest das göttliche Angesicht derer, deren Namen zu rein, zu himmlisch sind, als daß wir es wagen möchten, sie auszusprechen.

7. Und ihr trägen Diener des Aufgangs, reiniget den Morgen wohl mit goldenen Winden, auf daß der Töchter Augen aus den Himmeln aller Himmel nicht getrübet werden!

8. Du werdender Tag aber sei wohl aufmerksam, daß du weder durch eine zu große Hitze, noch durch eine zu rauhe Kühle den Töchtern der Himmel lästig werdest!

9. Denn das Angesicht der Töchter

der Himmel strahlet mehr denn tausend Sonnen; ihre Augen beschämen alle Sterne, und die Sterne der Himmel zittern nun vor dem Glanze der Töchter der Himmel.

10. Welcher Sterbliche hat je sonst die Sterne am Himmel erzittern gesehen?!

11. Ihre Wangen sind das Urfeuer der Morgenröte; ihr Mund ist die Harmonie der ganzen Schöpfung; ihr Kinn bewirkt das Wonnegefühl aller lebenden Wesen!

12. Ihr Haar vergoldet die Säume der Wolken; ihr Hals ist die Seele der Blumen; ihr Busen belebet die Erde, und sie entzündet sich und treibt, die himmlischen Töchter zu ehren, gar feurige Berge empor zu den Himmeln!

13. Ihre Arme sind zarter und sanfter als das zarteste Lüftchen, das da der Abendröte gar furchtsam entfleucht; ihr Leib gleicht der Fülle der Himmel, und ihre Füße sind gleich den Morgenstrahlen, welche durch das zarteste Morgenrotgewölke zuerst die blumigen Fluren der Erde beschleichen!

14. Huhora, huhora, huhora! Ehre und alles Licht und allen Glanz und alle Pracht und alle Majestät den Töchtern der Himmel!" – –

15. Also lautete der Morgengruß. Wehe aber einem trüben Tage! Der ist dann vom Anfang bis zum Ende angespuckt worden und geschimpft und geflucht, mitunter wohl auch gezüchtigt, indem man mit Ruten gewaltig in die Luft hineinhieb!

16. Auf eine ähnliche Weise wurde auch die Nacht vor ihrem Anbruche samt dem Monde und den Sternen geputzt!

17. Und die beiden mußten sich wenigstens einmal am Tage, entweder am Morgen oder am Abende, den Schreiern zeigen am Fenster, sonst entstand ein Geheul, das so lange kein Ende nahm, bis die beiden sich zeigten.

18. Als solcher Unfug aber ein Jahr lang anhielt und nimmer enden wollte, da wandte sich Uraniel an den Herrn, fragend, was er da tun solle, um diesem Unfug ein Ende zu machen.

19. Der Herr aber sprach: ,,Wie fragst du Mich so spät, und wie konntest du ehedem dein eigen Herz vom Fleische der beiden Töchter gefangennehmen lassen?!

20. Siehe, hier ist ohne Beschränkung deiner Freiheit kein Rat mehr möglich!

21. Nehme Ich die beiden von der Welt, so wird das Volk über dich herfallen und wird dich erwürgen; lasse Ich sie, so wird es noch ärger es treiben als jetzt; gebe Ich sie dir zu Weibern, so wird man bald dir und den Weibern göttliche Verehrung antun; entfliehst du auf die Höhe, so wird man die beiden aus gegenseitiger Eifersucht zerreißen, sich aber gegenseitig erwürgen.

22. Urteile nun selbst, was Ich da tun soll! Berate dich daher im Herzen, und tue, was dir gefällt! Aber Mich laß vorderhand aus dem Spiele; denn Ich bin heilig!" –

23. Diese Antwort gefiel dem Uraniel nicht wohl, und er gedachte, heimlich mit den beiden zu entfliehen.

24. Aber am Tage vorher, als er entfliehen wollte, kamen hundert der angesehensten Männer zu ihm und rieten ihm, die Töchter zu ordentlichen Weibern zu nehmen.

25. Dieser Antrag gefiel ihm, und es wurde alles vorbereitet auf den Tag der Vermählung.

26. Und der Tag erschien, und der Uraniel vermählte sich, ohne es seinem Vater auf der Höhe zu melden, auf daß er ihn gesegnet hätte.

129. Kapitel
Der Anfang der Bigamie in Hanoch. Die Errichtung einer Weiberverschönerungsanstalt. Menschenhandel und Standesunterschied

(Den 28. Sept. 1843)

1. Diese Vermählung stimmte die Männerwelt in ihrer Elogierung (*Vergötterung*) zwar etwas herab, indem sie nun sah, daß da für sie nichts mehr herausschaue; aber dafür warf sie sich zwei anderen, noch größeren Übeln in die Arme, welche darin bestanden, daß fürs erste ein jeder nur etwas fleischsüchtige Mann sich zwei Weiber nahm, eine an die rechte und eine an die linke Hand. Und der König konnte solches nicht verhindern, indem das Männervolk dem König erklärte, daß solches allein ihm zu Ehren geschehe und sogar geschehen müsse, wogegen der im Geiste schon sehr schwach gewordene König auch gar nichts mehr einzuwenden vermochte.

2. Das war somit das erste große Übel, welches in seiner geistigen Sphäre gar nicht zu berechnen ist.

3. Das zweite Übel aber, größer noch als dieses erste, war und bestand darin, daß nun alle die Fleischmänner aus lauter Ehrung des Königs auch zugleich überaus schöne Weiber haben wollten, ja – wie ihr zu sagen pflegt – par honneur (*ehrenhalber*) sogar haben mußten!

4. Da es aber in der Regel doch glücklicherweise noch allzeit mehr unschöne als eigentlich ganz schöne Weiber gegeben hat und dies eben auch in Hanoch der Fall war, so sann man auf Mittel, um die Weiber künstlich schön zu machen.

5. Wer sucht, der findet auch bald etwas! Also war es auch hier der Fall. Man errichtete eine Weiberverschönerungsanstalt, und diese bestand darin, daß ein großes Gebäude erbaut ward, in welches mehrere Tausende von Mädchen aus der ganzen Stadt, wie auch vom Lande und aus den zehn Städten, aufgenommen wurden, wenn sie nur gerade Glieder hatten, und das in einem Alter von zwölf bis zwanzig Jahren.

6. In dieser Anstalt, die man ‚Die Ehre des Königs‘ benamsete, wurden die Mädchen mit den feinsten Speisen und Getränken genährt, mit den feinsten Ölgattungen gewaschen und bekamen auch eine Erziehung, in der kaum mehr von Gott die Rede war als heutzutage, wo der Religionsunterricht in einer Mädchenschule, wie auch in allen anderen Lehranstalten auch auf dem letzten Nagel hängt.

7. Man wird sagen: ,,Aus solch einer Anstalt läßt sich noch kein größtes Übel erschauen!" – Nur Geduld; es wird schon kommen!

8. Wer nun aus dieser Anstalt sich natürlich zwei Weiber nehmen wollte, der mußte an die Vorsteher und Leiter dieser Anstalt einen tüchtigen Erziehungstribut entrichten. Dann mußte er zwei junge schöne Mädchen wieder hineinbringen und für sie einen mäßigen Erziehungs- und Verschönerungsbeitrag zu entrichten sich verbinden. Und fürs dritte mußte er sich endlich verpflichten, die also gewonnenen Weiber nie zu einer Arbeit zu bestimmen, indem solches ihrer erworbenen Schönheit leicht schaden könnte.

9. Damit aber doch ein jeder sich aus dieser Anstalt seine Weiber zu nehmen genötigt war, so war es – vom König unterzeichnet – bestimmt, daß da niemand je bei Hofe erscheinen kann,

wenn er sich nicht legitim auszuweisen vermag, daß da seine Weiber aus der Königsehranstalt sind.

10. Damit aber war auch der Grund gelegt, aus dem gar bald Menschenhandel und große Standesunterschiede entstanden, wodurch dann aber auch gegenseitiger Haß und Verachtung zu keimen anfing und gar bald, wie es die Folge zeigen wird, zur vollreifen Frucht ward.

11. Und dies alles hatte den Grund in der Bigamie, weil diese eine Frucht der Fleischliebe ist, deren geistig böse Folgen – wie schon anfangs bemerkt – unberechenbar sind, weil dadurch eben im Fleische dem Feinde des Lebens ein freiester Spielraum gegeben wird.

12. Daher enthalte sich jeder vom Fleische der Weiber so viel als möglich, wenn er das Leben ernten will; das Weib aber reize niemanden, so es nicht verdammt werden will, sondern selig!

130. Kapitel
Näheres über die Weiberverschönerungsanstalt. Anfang des Weiberhandels

(Den 29. Sept. 1843)

1. So da jemand fragen möchte, ob in dieser Weiberverschönerungsanstalt denn wohl im Ernste schöne Weiber gewisserart neu krëiert (*geschaffen*) wurden, dem sei bemerkt, daß fürs erste der Feind des Lebens der Menschen auf Erden wohl alles Erdenkliche aufbietet zur günstigen Realisierung solcher Unternehmungen der Menschen, wo er das Wasser auf seine Mühle leiten kann; fürs zweite aber lehrt fast jedermann die Erfahrung, wieviel eine einer Weibsperson angemessene Kleidung vermag. Welche Gesichtstäuschungen werden nicht selten bewirkt, und wie gar oft das äußere Gefühl betrogen durch einen gewählten Kopfputz, durch ein Seidenkleid nach der letzten Mode und durch mehrere dergleichen Satansmittel!

2. Wenn aber schon das jetzige entnervte Menschengeschlecht noch durch solche Mittel ins Garn des Satans kann gezogen werden, so kann man sich wohl gar leicht vorstellen, daß in jener Zeit eine noch mehr nervenkräftige und phantasiereiche Nation auch noch um so leichter durch derlei Mittel konnte berückt werden.

3. Und da die Erfindungskraft der Menschen nimmer ruht, so ruhte sie auch hier nicht. Von Jahr zu Jahr wurden neue Weiberverschönerungserfindungen gemacht, und ein Mädchen brauchte nichts anderes, als nur die geraden Glieder zu haben, was in jener Zeit wohl fast ohne Ausnahme der Fall war, und sie konnte schön gemacht werden.

4. Denn die Verschönerungskünstler sagten: „Jedes gesunde weibliche Wesen läßt sich mästen und dadurch fett und mehr gerundet machen, und ein der Form der Person vollkommen entsprechendes Kleid macht sie allzeit interessant; eine zweckmäßige, reizende Bildung hinzu, und jeder Mann ist gefangen, der einer solchen gemachten Schönheit in die Nähe kommt!"

5. Und so war es denn auch in der Wirklichkeit. Da aber ein Weib bald keinen Wert mehr hatte, wenn es nicht aus der ‚Königsehre' war, so fand sich

fürs erste ein jedes andere Weib entehrt und tief gekränkt.

6. Da aber mit dieser Kränkung wenig oder gar nichts gewonnen war, so redeten die äußeren Weiber, welche nicht aus der ‚Königsehre' waren, mit den Verschönerungskünstlern, ob gegen gute Belohnung aus ihnen nichts mehr zu machen wäre.

7. Da die Künstler aber den Gewinn nicht verschmähten, so nahmen sie auch ältere Weiber in ihr Institut und mästeten sie und putzten sie auf, daß es eine Schande war.

8. Aber das alles schadete der Sache nicht im geringsten. Wenn man nur wieder zu Fleische kam, dann war schon alles wieder gewonnen; denn die Gesichtsfalten zu vertreiben, das war für unsere Künstler nur ein Spaß.

9. Mit der Zeit mußte die ‚Königsehre' noch ums Zehnfache vergrößert werden; daraus kann aber deutlich abgenommen werden, in was für einem Ansehen dieses Institut war.

10. Es erfuhren aber auch im Verlaufe von etwa dreißig Jahren die auswärtig mächtig gewordenen Völker, daß da in Hanoch die allerschönsten Weiber erzeugt würden, und sandten Kundschafter dahin.

11. Diese kamen zum Könige und begehrten diese Anstalt zu sehen. Sie wurden dahin geführt, und als sie der schönen Weiber ansichtig wurden, fingen sie förmlich an zu rasen und begehrten die Weiber.

12. Aber es ward ihnen gesagt, daß all die Weiber, welche schon reif sind, käuflich um den bestimmten Preis zu haben seien.

13. Da eilten die Kundschafter nach ihrem Lande und erzählten, was sie gesehen hatten. Und alsbald belasteten sich tausend Männer mit Schätzen aller Art und gingen nach Hanoch und kauften zweitausend Weiber.

14. Das war der Anfang des Menschenhandels. Was da aber weiter geschah, wird uns die Folge zeigen.

131. Kapitel

Die Reinigung der Höhe. Lamechs Rede an die in die Tiefe ziehenden zehntausend Weiber. Lamechs und Muthaels Trauer und Nohas Trostworte

(Den 2. Okt. 1843)

1. Die Höhe aber hatte sich in dieser Zeit so ziemlich gereinigt; denn alles, was da nur einigermaßen schiefen Sinnes war, zog sich nach und nach in die Tiefe.

2. Besonders bekam das männliche Geschlecht einen stets größeren Appetit nach der Tiefe, der schönen Weiber wegen; und wer einmal die Süßigkeit der Weiber in der Tiefe verkostet hatte, der zog nicht mehr auf die Höhe zu seinen Brüdern und Schwestern, sondern blieb ganz behaglich im Schoße der Weiber in der Tiefe sitzen.

3. Darum hat sich denn auch – wie bemerkt – die Höhe in dieser Zeit so ziemlich gereinigt, bekam aber darum keine Nachricht von allem dem, was sich da in dieser kurzen Zeitperiode von etlichen fünfzig Jahren in der Tiefe alles ausgebildet hatte.

4. Es besprachen sich Lamech und Muthael wohl öfter miteinander, wie es etwa in der Tiefe zugehen dürfte; allein

sie konnten nichts Klares darüber herausbringen.

5. Denn der Herr wollte nicht reden über das Verhältnis der Tiefe; Boten aber, die der Muthael in die Tiefe auf Erkundigungen ausgesandt hatte, kamen allezeit nimmer zurück, – denn sie fanden in der Tiefe bisher eine allzeit zu gastfreundliche Aufnahme und zu viel Vergnügungen, als daß es sie je wieder gelüsten sollte, auf die harten und frostigen Höhen zurückzukehren.

6. Und so konnten weder der Lamech, noch der Noha, der zu der Zeit auch schon ein Mann von etlichen achtzig Jahren war, und ebensowenig der Muthael etwas aus der Tiefe erfahren.

7. Lamech berief aber über zehntausend Weiber zusammen, die da ohne Männer auf der Höhe lebten und sich heimlich vorgenommen hatten, ihren Männern in die Tiefe zu folgen, und sagte mit mächtiger Stimme zu ihnen:

8. „Was wollet ihr denn tun? – Habt auch ihr euch vom Satan umgarnen lassen?

9. Der Herr aber redete zu mir und sprach: ‚Lamech, halte sie nicht auf, die da Meiner vergessen haben; denn in der Tiefe sollen sie den Lohn ihrer Treue empfangen! Jeder tue nach seiner Lust; Ich aber bin der Herr und werde tun nach Meinem Sinne!'

10. Höret also, ihr Weiber, das hat der Herr euretwegen zu mir geredet; darum will ich euch nimmer aufhalten! Die da hier bleiben wollen aus Liebe zu Gott, die mögen bleiben; die aber hinabziehen wollen, die sollen ziehen!

11. Ob sie so leicht wiederkehren werden, als sie fortziehen, das wird gar hell und traurig genug die Folge zeigen!"

12. Als die Weiber solches vernommen hatten, fingen sie an zu jubeln und liefen davon und nahmen Speise und begaben sich in die Tiefe.

13. Da sprach der Muthael zum Lamech: „Da haben wir's jetzt! – Die Rede, die sie hätte auf der Höhe erhalten sollen, treibt sie alle in die Tiefe! Wenn das so fortgeht, da werden wir bald ganz allein uns auf der Höhe befinden!"

14. Der Lamech ward aber ganz traurig über diese Bemerkung;

15. und der Noha redete dafür zum Muthael: „Ist es also, so sei es also; der Herr aber sieht nur auf die Seinigen und nicht auf die Fremden! Hat Er doch im Anfange auch nicht mehr als ein Paar geschaffen, und die Erde ist erfüllt von Menschen! Siehe, so wir aber, die wir in Ihm verbleiben, doch noch immer mehr als nur ein Paar sind, da bin ich überzeugt, die Höhen werden sich schon wieder füllen!"

16. Mit diesem Bescheide waren Muthael und Lamech zufrieden, und sie dachten von da nicht viel mehr über die Tiefe nach, sondern nur, wie sie Gott stets mehr zu lieben vermöchten.

17. Der Herr aber besuchte sie dann zu öfteren Malen.

132. Kapitel
Die Ankunft der zehntausend Weiber in der Tiefe und die erfolgreiche Menschenhandelspolitik des Königs Uraniel

(Den 3. Okt. 1843)

1. Als die zehntausend Weiber aber in der Tiefe anlangten, lagerten sie sich etwa bei einer kleinen Stunde Feldweges außer der Stadt.

2. Es war Abend, als sie vor Hanoch anlangten und ihr Lager machten.

3. Die um die abendliche Zeit eben nicht selten lustwandelnden Hanocher aber bemerkten die große Zahl der sich lagernden Weiber und gingen eilends in die Stadt darum und zeigten solches dem Könige an.

4. Und der König fragte die Anzeiger, wie viele der Weiber wohl nach einer bestimmten Maßgabe es sein dürften.

5. Die Anzeiger sagten: „Hoher König, ihre Zahl ist so groß, daß wir sie nimmer auszusprechen vermögen; denn sie bedecken, knapp aneinandergestellt, mehrere Morgen Landes, und das will doch sehr viel gesagt haben!"

6. Der König aber fragte weiter: „Wißt ihr denn nicht, woher diese Weiber gekommen sind? Und sind sie noch jung und mehr auf der schöneren Seite?"

7. Und die Befragten antworteten dem Könige: „Hoher König, mit Bestimmtheit können wir dir weder das eine noch das andere kundgeben! Aber soviel sich so im Vorübergehen hat entnehmen lassen, da können wir dir sagen, daß dieses Weiberheer aus der Höhe ist und mehr auf der jungen als auf der alten Seite zu sein scheint! Ob es darunter wohl auch viele Schönheiten gibt, das konnten wir der starken Dämmerung halber nicht ausnehmen; aber viele sehr angenehme Stimmen haben wir darunter gehört, und daraus ließe sich allenfalls wohl ein Schluß ziehen, daß nämlich, nach den Stimmen zu urteilen, immerhin sehr viele Schöne darunter sein müssen!"

8. Mit diesem Bescheide war der König auch ganz vollkommen zufrieden und sprach: „Edle Bürger Hanochs, höret mich! Es könnte nicht besser gehen, als es geht!

9. Heute noch nehmen wir auf gerade und ungerade das ganze Heer dieser Weiber gefangen und geben sie dann in die große Verschönerungsanstalt! In einem Jahre sind sie gemästet und ihre Haut poliert, und wir können sie dann wieder um große Schätze an die auswärtigen Völker verkaufen, von denen fast in jeder Woche zu Hundert kommen, um zu kaufen unsere herrliche Ware!

10. Gehet aber nun und zeiget es den Institutsvorstehern an, auf daß sie ja zu diesem herrlichen Fange die gehörigen Maßregeln so schnell als möglich treffen sollen!"

11. Die Anzeiger gingen nun eiligst und taten, was ihnen der König geraten, und in einer Stunde standen schon bei zwölftausend Männer schlagfertig da und eilten hinaus ins Lager der Weiber und eroberten dasselbe ohne Schwertstreich.

12. Wieso denn aber? – Die Weiber meinten, es kämen ihnen ihre entflohenen Männer entgegen, um sie wieder aufzunehmen entweder zu Weibern oder die Ledigen zu Bräuten.

13. Daher fingen die Weiber auch alsbald an zu jubeln und liefen den Männern in die Arme, und wo zwei einen Mann erwischten, da wurde alsbald gerauft unter den zweien.

14. Die Männer aber taten den Wei-

bern schön und brachten sie alle in derselben Nacht noch in die Herberge.

15. Am nächsten Tage erst besah der König den Fang und war überaus zufrieden mit diesem Fange; denn es waren zumeist lauter noch sehr rüstige feste Gebirgsweiber, darunter sich wenig alte, aber um so mehr junge befanden.

16. Er befahl daher den Professoren der Anstalt, ja alle Aufmerksamkeit und allen Fleiß auf die Verschönerung dieser Weiber zu verwenden.

17. Und die Professoren wirkten auch Wunderdinge in einem Jahre schon, was den König um so mehr freute, da er aus seinen Landsmänninnen solche Herrlichkeiten hervorwachsen sah – und den Gewinn, der da für Hanoch erwachsen werde in der Kürze der Zeit.

133. Kapitel
Die Züchtungsfrucht der Weiber der Höhe und der Hanochiten: Mechaniker, Künstler und Chemiker. Die Erfindung des Glases und des geprägten Geldes. Der Bau einer Festungsmauer um Hanoch, die glänzende Riesenstadt

(Den 5. Okt. 1843)

1. Als die Weiber aber im Verlaufe von etwa anderthalb Jahren vollkommen ausgemästet dastanden, da gefielen sie ihrer imposanten Größe halber den Hanochiten so außerordentlich gut, daß diese sie gar nicht zum Verkaufe ausbieten wollten, sondern sie behielten dieselben für sich und gaben dafür ihre Weiber samt Töchtern in die Anstalt nebst einer dazu gehörigen Versorgungssumme, bestehend aus Gold und allerlei anderen zu solcher Versorgung nötigen Emolumenten (*Nebeneinnahmen*).

2. Die Männer aus Hanoch aber zeugten dann Kinder mit den Weibern aus der Höhe, und diese Kinder männlichen und weiblichen Geschlechts wurden fürs erste überaus schön, und fürs zweite waren diese Kinder voll Erfindungsgeistes, und dies besonders im Fache der Mechanik, im Fache der Bildnerei, im Fache der Chemie und noch in tausend anderen Fächern.

3. Das Glas war eine Haupterfindung dieser Kinder, freilich wohl erst in ihrem erwachsenen Zustande.

4. Diese Erscheinung gab der großen Stadt Hanoch schon im Verlaufe von dreißig Jahren ein ganz anderes Aussehen.

5. Der noch lange gut lebende König fing an, Geld prägen zu lassen, welches man als ein bequemes Tauschmittel betrachtete.

6. Dadurch hob sich der Handelsstand Hanochs mächtig, und die Stadt wurde stets glänzender und größer.

7. Dazu trug noch die große Ausbeutung von Gold und Silber so sehr bei, daß der König erstens seine ganze, überaus große Burg vergolden und zweitens noch eine neue, überaus glänzend prachtvollste erbauen ließ, und das in jeder Hinsicht also reich ausgeschmückt mit Kunst und Natur, daß da etwas Ähnliches alle Fürsten derzeit nun aufzuführen nicht imstande wären.

8. Im Verlaufe von noch dreißig Jahren hatte Hanoch ein Aussehen, daß da die auswärtigen Völker glaubten, es müßten höhere Wesen da ihre Hände angelegt haben, sonst wäre es nicht möglich zu denken, wie diese alte, sonst düstere Stadt zu solcher

Größe, Pracht und unbegreiflichen Majestät gelangt wäre.

9. Wie groß diese Stadt aber war, kann daraus entnommen werden, daß es in ihr tausend so große Gebäude gab, von denen ein jedes geräumig genug war, um zehntausend bis fünfzehntausend Menschen ganz bequem wohnlich zu fassen, der mehreren tausend kleineren Häuser und Paläste nicht zu gedenken!

10. Es wurden auch allerlei Schulen und Bildungsanstalten errichtet, und alle Städte waren genötigt, sich der Vorteile Hanochs – freilich wohl um tüchtige Summen – zu bedienen.

11. Es merkte aber der schlaue Hof Hanochs, daß da die äußeren Völker, welche sehr mächtig waren, stets mehr und mehr anfingen, nach den großen Reichtümern Hanochs lüstern zu werden, und beschloß daher, diese große Stadt mit einer mächtigen Ringmauer zu umfassen.

12. Der Entschluß war gefaßt, und schon am nächsten Tage sah man allerseits um die Stadt Millionen Hände in der tätigsten Bewegung, und im Verlaufe von etwa zwei Jahren umgab die ganze Stadt schon eine dreißig Klafter hohe und zehn Klafter breite Mauer, welche eine Länge von siebenundsiebzig gegenwärtigen Meilen hatte.

13. Einhundertsiebzig Tore führten in die Stadt. Ein jedes Tor aber hatte drei mächtig starke eherne Flügel zum Verschließen, und über einem jeden Tore war eine ungeheuer kolossale eherne Kriegerstatue aufgerichtet, in welche sich bei dreißig Krieger verstekken konnten und konnten dann vom Innern des Kopfes der Statue, und zwar durch die hohl gelassenen Augen, durch den Mund und durch die Ohren, Steine hinausschleudern.

14. Man möchte vielleicht denken, daß für diese Zeit die Errichtung solcher Werke Hunderte von Jahren vonnöten hatte. – O nein! Man denke nur, was unter umsichtiger Leitung eine Million Arme vermögen, und man wird begreifen, wie daselbst solche Werke im Verlaufe von sieben Jahren ganz vollendet dastehen mußten, und das um so sicherer, wenn man daneben die größere Kraft der Menschen, ihren Eifer und wohl aber auch den mächtigen Einfluß der Schlange berücksichtigt. – Die Folge aber wird das Weitere zeigen.

134. Kapitel

Der Kriegsrat und die Kriegslist der mächtigen, um Hanoch herum wohnenden Völker gegen Hanoch. Die Eroberung der zehn Vorstädte von Hanoch
Die Gegenrüstung der Hanochiter

(Den 6. Okt. 1843)

1. Es besprachen sich aber die auswärtigen mächtigen Völker, welche da schon Kinder waren, gezeugt von den Männern aus der Höhe mit den schönen Weibern der Tiefe, untereinander in ihren zwölf neuen Städten – deren Namen also lauteten: Lim, Kira, Sab, Marat, Sincur, Pur, Nias, Firab, Pejel, Kasul, Munin und Tiral – und sprachen in einem allgemeinen Rate, welcher zu Lim abgehalten ward:

2. „Brüder, was soll es mit Hanoch, dieser alten Betrügerin des Menschengeschlechtes?! Warum müssen denn wir alle besseren Vorteile des Lebens ihr stets also teuer ablösen?! Warum sind die Hanochiter Herren und wir weniger als ihre geringsten Diener?!

Und doch sind wir Kinder aus der Höhe, wennschon hier und da aus den Weibern der Tiefe!

3. Brüder, wir sind Riesen; unsere Muskeln haben eine solche Kraft, daß wir mit Löwen, Tigern, Bären und Hyänen – wie die Hanochiter höchstens mit Fliegen – den Kampf aufnehmen können!

4. Wie wäre es denn, so wir uns zu Tausenden vereinen möchten und zögen dann hin nach Hanoch und setzten uns in den Besitz dieser Stadt und aller ihrer unberechenbaren Vorteile?

5. Es ist freilich wahr: diese Stadt hat eine überaus feste Ringmauer und einhundertsiebzig dreimal zu verschließende Tore, und ober (*über*) den Toren sind eherne Riesen gestellt, die wohl ein sehr fürchterliches Aussehen haben, aber sie sind tote Werke, von Menschenhänden verfertigt, und können sich nicht einmal gegen eine Fliege zur Wehre stellen!

6. Also wäre es an der Zeit, daß wir uns vereinen möchten und ziehen gen Hanoch!"

7. Einer aus dem Rate aber erhob sich und sprach: „Höret mich an, Brüder; einige Worte nur muß ich zu euch sprechen!

8. Sehet, so wir hinziehen in großen Massen, da werden es die Hanochiter merken, was wir im Sinne führen, und werden bei unserer Annäherung die Tore der Stadt sperren! Was werden wir dann tun? – Nichts, als unverrichteterdinge wieder mit Spott und Schande abziehen!

9. Kommen wir aber nur in geringer Anzahl, da werden wir nichts ausrichten gegen sie!

10. Daher wäre mein Rat dieser: Da die zehn kleinen Städte um Hanoch noch nicht befestigt sind und eine jede Stadt für sich kaum zehn- bis fünfzehntausend Menschen, von schwacher Beschaffenheit in jeder Hinsicht, faßt, so sollten wir uns dieser Städte mit leichter Mühe völlig bemächtigen und dadurch allen Handelsverkehr mit Hanoch rein abschneiden!

11. Sodann werden die Hanochiter rein mit uns zu tun bekommen; wir aber werden keine Narren sein und werden ihnen ihre Produkte um unerschwingbare Summen abkaufen, sondern wir werden selbst das hervorbringen, was uns vonnöten ist!

12. Und die Hanochiter mögen dann aus Hunger über ihre Stadtmauer springen, wie sie wollen, und ihre schönen Weiber und ihre anderen Vorteile verkaufen, an wen sie wollen und können; daß wir sie ihnen nicht abkaufen werden, die wir sie von allen Seiten umfangen – außer um die größten Schandpreise –, des können sie völlig versichert sein!

13. Ich meine, auf diese Weise muß in der Kürze der Zeit Hanoch entweder ganz fallen, oder es wird sich gefallen lassen müssen, von uns Bedingungen anzunehmen, die sicher nicht zu unserem Nachteile berechnet sein dürften!"

14. Dieser Rat gefiel allen, und schon in den nächsten Tagen hatten sich zweimal hunderttausend der kräftigsten Männer bewaffnet, sind dann über die zehn Städte hergefallen und haben sie nahezu ohne Widerstand mit einem Schlage erobert.

15. Als die Hanochiter aber diesen Schlag erfuhren, da ergrimmten sie, fingen an, die schrecklichsten Kriegsgeräte zu verfertigen, und rüsteten so in einem Jahre ein Kriegsheer von einer Million Menschen aus, gaben ihnen Anführer, die das Heer einübten und dann mit ihm gegen die mächtigen Außenvölker rückten.

16. Wie aber dieser Krieg ausfiel, wird die Folge zeigen.

135. Kapitel

Die Niederlage der Hanochiterarmee. Die Rede des listigen Führers der Sieger König Uraniels Friedensunterhandlungen. Einführung des Fruchtmarktes außerhalb Hanochs. Der Rat der Tausend

(Den 7. Okt. 1843)

1. Also eine volle Million Krieger zogen mit scharfen Spießen, Lanzen und Schwertern hinaus, teilten sich draußen in zehn Abteilungen, und jede Abteilung war bestimmt, eine der zehn Städte anzugreifen.

2. Aber die auswärtigen Völker hatten sich von dem Kriegsplane der Hanochiter Kunde zu verschaffen gewußt und rüsteten sich danach zum Gegenkampfe. Sie verrammten die Eingänge der Städte und bemannten dieselben mit den wohleingeübtesten Bogenschützen, sowie alle Fenster und Söller der Häuser.

3. Als nun die Hanochiter an die Städte kamen unter großem Geschrei, da flogen ihnen sogleich viele tausend scharfe Pfeile in Blitzesschnelle entgegen, durch welche viele getötet und noch mehrere stark verwundet wurden.

4. Da aber die Hanochiter diese Waffe nicht kannten, so wurden sie zu dem Glauben genötigt, als kämpften böse Geister für die großen Völker, und es flohen daher, die da noch übriggeblieben waren, mit der größten Hast nach Hanoch zurück; denn sie meinten, die bösen Geister würden ihnen selbst bis in die Stadt mit den tödlichen Pfeilen nachrennen, darum sie sich denn auch in ihren Häusern verkrochen.

5. Da aber die Außenvölker merkten, welchen Schreck und welche Verwirrung sie unter den Hanochitern angerichtet hatten, so beschlossen sie, nun auch Hanoch anzugreifen.

6. Aber der schon bekannte Ratgeber, den die auswärtigen Völker zu ihrem Hauptanführer gemacht hatten, sagte zu den Vorstehern der zehn Städte:

7. „Lassen wir diese gewagte Sache gut sein! Hier sind wir im offenbaren Vorteile; ziehen wir aber nach Hanoch, und die Tore sind geschlossen, so setzen wir uns den Steinwürfen von der hohen Ringmauer aus für nichts und nichts.

8. Mit gewaltigen Händen ist diese Stadt nimmer zu erobern, und uns würde es unter ihren Mauern um kein Haar besser ergehen, als es ihnen unter den Mauern unserer Häuser und unter unseren Verrammungen ergangen ist, da ihr Heer stark über die Hälfte durch unsere Pfeile rein aufgerieben worden ist und wir nach der Schlacht – wie ihr wisset – bei vierzehn Tage zu tun hatten, um alle die Getöteten zu begraben.

9. Die Hanochiter haben von uns eine so eindringliche Lektion nun erhalten, daß sie sicher zu der Einsicht gelangen werden, daß ihnen ihre Ringmauer wenig nützt, und sie werden es auch bald einsehen, daß es besser ist, mit uns als offene Freunde und Brüder zu leben, als sich von uns feindselig abzusperren.

10. Sie sind von uns ringsum belagert und können uns nirgends zu; der Hunger aber wird sie sicher gar ehestens als Freunde in unsere Arme führen, – und dann wollen wir ihnen schon die rechten Friedensbedingungen machen, die, wie ich schon letzthin bemerkt hatte, nicht zu unserm Nachteile ausfallen sollen!"

11. Dieser Rat wurde wieder allgemein angenommen, und der Ratgeber hatte nicht unrecht; denn schon in der

siebenten Woche kamen Abgeordnete des Königs Uraniel aus Hanoch zu den Vorstehern der zehn Städte und schlugen ihnen Friedensbedingungen vor, – freilich zum Vorteile der Hanochiter.

12. Aber die von dem Ratgeber wohlunterrichteten Vorsteher sagten: „Wir sind offenbar nun eure Herren; daher habt ihr anzunehmen, was wir verlangen! Und wollt ihr das nicht, da soll euch der Hunger dazu zwingen; denn um keinen Augenblick wird die Belagerung eher aufgehoben, als bis ihr unsere Bedingungen annehmen werdet!

13. Die Bedingungen aber lauten also ganz einfach: Wir wollen um eure Stadt außerhalb der Mauer einen Fruchtmarkt aufrichten, und ihr müsset uns die Lebensmittel abkaufen um einen gerechten Preis; und tausend von unseren Männern müssen in Hanoch an der Seite des Königs miträtig (*mitberatend*) angenommen sein und müssen von euch verpflegt werden.

14. Ist euch das recht, so ziehet hin und bringet uns die Annahme des Königs; ist es euch aber nicht recht, so verhungert in euren Mauern!"

15. Darauf begaben sich die Gesandten wieder nach Hanoch; und der König sah sich genötigt, in den sauren Apfel zu beißen.

16. Die Boten kehrten wieder zurück und überbrachten die Genehmigung des Königs und schon am nächsten Tage war der Fruchtmarkt um Hanoch aufgerichtet, und die beinahe verhungerten Hanochiter kauften um jeden Preis die Eßwaren.

17. Und also zogen auch die tausend Miträte in Hanoch ein und nahmen den König ganz in ihre Mitte, auf daß er tanzen mußte, wie sie pfiffen.

18. Die Folge aber wird es zeigen, wie da gepfiffen und getanzt wurde.

136. Kapitel
Die vom Rat der Tausend dem König aufgedrungene Staatsverfassung

(Den 10. Okt. 1843)

1. Wie lautete der Pfiff von Seite der tausend auswärtigen Miträte?

2. Es wurde dem Könige auferlegt, fürs erste auch die zehn Fürstenstädte mit einer Ringmauer zu umgeben, damit eine jede Stadt als ein Schutzort angelobt werden könnte.

3. Die Räte aber taten das, um dem Könige wie den mächtigen Hanochiten hinreichend starke Gegenfestungen zu errichten und diese große Stadt, wie ihr zu sagen pflegt, gehörig im Schach zu halten.

4. Die tausend Räte aber setzten sich hernach fester und fester in den zehn Städten und waren die eigentlichen Herren über Hanoch, und der König war nun stets mehr genötigt, nur das zu tun, was die Herren der zehn Städte für gut fanden und allzeit fest wollten.

5. Wir ersehen aus diesem Begebnisse nichts mehr und nichts weniger als eine Konstitution zwischen dem Könige und dem Volke; zugleich aber ersehen wir auch schon eine Art Volksadel entstehen und eine Volkskasteneinführung, durch welche besonders die eigentlichen Kinder der Tiefe und ganz besonders das männliche Geschlecht für die niedrigsten Arbeiten bestimmt und verwendet ward.

6. Und darinnen ward von den Herren der zehn Städte fest bestimmt, daß

eben diese männlichen Kinder nimmer über ihren Stand sich erheben durften.

7. Ferner ward auch bestimmt, daß ein Mann aus dem Rat- oder Herrenstande nicht durfte – seines Ansehens halber – ein Weib aus dem niedrigsten Stande nehmen.

8. Wenn aber dennoch irgendeine Tochter aus dem niedrigsten Stande einem aus dem Herrenstande ihrer Schönheit wegen gefiel, so mußte sie vorher in der noch immer stark im Schwunge seienden Verschönerungsanstalt von dem Könige gewissenart geadelt und als eine Tochter adoptiert werden und wurde dann also erst tauglich, das Weib eines Herrn zu werden.

9. Ganz vorzüglich aber bestand die Adoption darin, daß der König einer solchen Adoptivtochter eine gehörige Aussteuer aus seinem Schatze mitgeben mußte; dies bewirkte dann erst die völlige Adelung.

10. Durch derlei Mittel wußten die Miträte die Schätze Hanochs gehörig an sich zu bringen und dem Könige stets mehr nur einen bloßen leeren Königsschein zu bereiten.

11. Im Verlaufe von etwa zehn bis fünfzehn Jahren nach der Befestigung der zehn Städte, welche etwa in fünf Jahren nach der großen Schlacht bewerkstelligt ward, ist Hanoch so sehr herabgesunken und also ausgesogen worden, daß der schon sehr bejahrte König zu weinen anfing vor den tausend Räten und sprach:

12. „Höret mich an, ihr Brüder! Wenn es euch darum zu tun ist, uns zu vernichten, da ergreifet die Waffen und tötet uns, und bemächtiget euch dann lieber auf einmal aller Schätze dieser Städte; aber es ist zu gottvergessen gehandelt, so ihr uns nur langsam marternd zu töten gedenkt!"

13. Das Haupt der Räte aber sprach: „Gut, wir verstehen deine Worte; da wir aber deine Räte und Räte des Volkes sind, können wir anders handeln?! Hat das Volk denn nicht größere Rechte als ein schwacher König der Stadt Hanoch?!

14. Willst du aber Hanoch wieder blühend erschauen, so übergib uns ganz die Leitung, und du bleibe unsere Amtskraft als König, verhüllt in ein mysteriöses geheiligtes Wesen, – und du wirst diese Stadt bald in einem blühendsten Zustande erschauen!"

15. Hier dachte der König: „Was will ich tun? Wenn der Stadt geholfen ist, da will ich ja ihr das Opfer bringen!"

16. Er willigte daher in den Rat der Räte. Diese wurden dann vollkommen Herren der Stadt, der anderen Städte und so des ganzen, großen Landes, und der König mußte nun alle Beschlüsse unterschreiben, ohne zu wissen, was er so ganz eigentlich unterschrieben hatte.

17. Dadurch ward wohl das Volk der Meinung, als käme solch alles vom Könige, aber der König wußte für (*von*) nichts.

18. Und so hatte sich aus dieser Konstitution die schändlichste Aristokratie gebildet.

137. Kapitel
Die Herrschaft der neuen Aristokratie über Asien
Die Entstehung von Lehensreichen und Fürstentümern
Die Fürsten als Regenten und Priester des Volkes. Hinweise auf König Uraniels Tod

(Den 11. Okt. 1843)

1. Die Aristokratie bildete sich immer mehr und mehr aus. Die Herren von Hanoch wurden stets mächtiger. Stets weiter dehnte sich ihr Reich aus. Sie errichteten neue Kolonien, erbauten allorts neue Städte und mit Ausnahme des Reiches der Kinder Sihins wurde bald das ganze Asien bevölkert.

2. Nur die hohen Gebirgsgegenden blieben von den Hanochiten verschont; sie wurden aber von Horadaliten, einem uns bekannten Lamechschen Kriegsvolke, in Beschlag genommen, welches hordenweise die besseren Triften der Gebirge in Besitz nahm.

3. Die Herren von Hanoch stifteten dadurch Lehensreiche und Fürstentümer zu hundert an der Zahl.

4. Wo sie eine neue Stadt mitten in einer neuen Kolonie erbauen ließen, da belehnten sie auch alsbald damit einen von ihnen gemachten Fürsten. Dieser hatte jährlich einen mäßigen Tribut nach Hanoch zu entrichten; im übrigen aber war er ein unumschränkter Herr seines Landes und seines Volkes.

5. Solch ein Fürst war dem Volke zumeist alles in allem. Er war Regent und willkürlicher Gesetzgeber in seinem Lande; er war der alleinige Großhändler in seiner Stadt, der alleinige Fabrikant in omnibus (*in allen Angelegenheiten*) seines Volkes, auf daß dieses ja notgedrungen alles bei ihm kaufen mußte.

6. Dann war er auch zugleich – ohne Meinen Willen – Priester des Volkes, das ihm untertan ward; seine Lehre aber berührte selten Mich, sondern meistens nur seine Würde, und besagte, daß wenn* man ihm opfere so opfere man auch Gott, dessen Stellvertreter er auf Erden sei, und daß es allein von ihm abhänge, ob da jemand nach dem Tode des Leibes von Gott das ewige Leben der Seele erhalten werde oder nicht.

7. Es wurden mit der Zeit, wenn sich irgend das Volk mehr ausdehnte, wohl auch Unterpriester angeordnet, – aber diese durften nur das Fürstenwort predigen und nie ein eigenes; denn dergleichen war vom Fürsten aus auch schon bei der geringsten Willkür verdammlich, und der Übertreter mußte nicht selten lächerlich grausame Bußwerke verrichten, um sich vor dem Fürsten von einer solchen Todsünde zu befreien.

8. Dergleichen Bußwerke bestanden im Schlangenfangen, im Töten einer bestimmten Anzahl von Tigern, Löwen, Bären, Hyänen und in dergleichen mehr; es war dem Büßer aber dennoch gestattet, freiwillige Mitbüßer zu werben.

9. Kleinere Bußwerke bestanden in Opferungen; in Unvermögenheit an Opfern aber wurde geprügelt.

10. Das Weibervolk hatte zumeist viel freiere Gesetze und wurde bei Übertretungen zur Buße bloß mit Ruten aufs nackte Gesäß gestäupt.

11. Die Todesstrafe hatte jedoch nur Hanoch allein das Recht auszuüben sich vorbehalten, welche darin bestand, daß der Verurteilte zwischen zwei zehn Klafter hohen Pfeilern mit einer Kette

---

* ‚besagte, daß wenn' ist eine Ergänzung.

an den Füßen aufgehängt und dann einen ganzen Tag hin- und hergeschaukelt wurde, natürlich mit abwärts hängendem Leibe und Kopfe.

12. Hatte jemand am Ende des Tages noch Spuren des Lebens gezeigt, so wurde er nicht weiter geschaukelt, sondern wieder frei gemacht. Kam er zu sich, so konnte er weiterziehen; starb er aber durch die Nacht (*im Laufe der Nacht*), so wurde er am Morgen begraben. Starb er aber an der mächtigen Schaukel, so wurde sein Leichnam den wilden Tieren, die man damals schon in eigenen Zwingern hielt, vorgeworfen. Der Tod auf der Schaukel war ein Beweis, daß der Verurteilte den Tod wohl verdient hatte.

13. Des Todes als würdig Befundene mußten daher auch allezeit von den Lehensfürsten nach Hanoch geschickt werden.

14. Es währte aber nicht viele Jahre, so mußten in Hanoch schon bei hundert solche Schaukeln errichtet werden, und man sah sie an keinem Tage ruhen.

15. Also bestand diese aristokratische Regierung bei hundert Jahre lang und endigte mit dem Tode Uraniels, der da in allem ein Alter von nahezu dreihundert Jahren erreicht hatte und am Ende in der größten Not sterben mußte, aber dennoch im Zustande der wieder erreichten Gnade Gottes, die er so ganz und gar verwirkt hatte.

16. Wie es aber von nun an zuzugehen anfing, das wird alles die Folge zeigen.

138. Kapitel

Die Erziehung der sieben Kinder Uraniels auf der Höhe. Des Herrn Rede an Uraniel
Bedrückung Hanochs und seiner Völker durch die tausend Räte
Die zwei Königssöhne als Missionare in Hanoch und ihr Mißerfolg
König Uraniels Tod

(Den 12. Okt. 1843)

1. Der Uraniel hinterließ mit seinen zwei Weibern sieben Kinder, fünf Töchter und zwei Söhne; die Töchter waren außerordentlich schön, und die Söhne waren förmliche Riesen. Aber weder die Söhne noch die Töchter waren zu Hause in Hanoch aufgezogen worden, sondern auf der Höhe.

2. Denn als der Uraniel in seiner großen Drangsal sich wieder zum Herrn wandte und Ihn bat um die Abänderung des Elends der Stadt Hanoch, der anderen Städte und des ganzen Landes in der Tiefe, da sprach der Herr zu ihm:

3. „Höre Mich, du Blinder, hättest du Mich um siebenundsiebzig Jahre früher darum gebeten, da hätte Ich deine Bitte erhören können; aber jetzt ist es zu spät!

4. Ein blindes und dummes Volk, wie es im Anfange unter Lamech war, ist leicht zu bekehren, – denn es hat bei seiner Blindheit doch ein offenes, gläubiges Herz; aber ein so hoch kultiviertes Industrievolk hält sich für weiser, als Ich es bin. Ja, es braucht Mich gar nicht; denn die Welt hat sich nach seiner Meinung[*] selbst erschaffen und in ihrem Entstehen auch nach und nach notwendig ihre Gesetze, unter denen sie besteht, und alle Dinge auf ihr. – Was soll Ich dann mit so einem Volke machen?

---

[*] „nach seiner Meinung" ist eine Ergänzung.

5. Meine Kinder haben ihre Höhen lange schon verlassen und haben in der Tiefe Weiber genommen und haben mit ihnen kräftige und des Weltverstandes volle Kinder erzeugt, welche durch ihre Kraft sowohl, als durch ihre Verstandesmeisterschaft aller Welt und aller Dinge Herren und Meister geworden sind. Siehe, was soll dann Ich dabei?

6. Also kann Ich dir nicht helfen! Da du Mich aber schon bewegt hast, mit dir zu reden, und hast Mich nun bei sieben Jahre lang gebeten, dir zu helfen, so will ich dir einen Rat geben zum Wohle deiner Kinder:

7. Siehe, auf der Höhe leben noch Mathusalah, Lamech, sein Sohn Noha und dein Vater und deine Mutter! Diesen gib deine Kinder zur Erziehung; denn lässest du sie hier, so werden sie dir geistig und leiblich getötet werden, da deine Räte stets mehr und mehr suchen, alle Herrschaft an sich zu reißen.

8. Gibst du sie aber auf die Höhe, da wirst du deinen Räten einen Gefallen tun!

9. Sie werden dir dann zwar alle Leitungsmacht des Volkes nehmen und werden dich gefangenhalten wie einen Vogel im Käfige; aber Ich will deine Söhne kräftigen auf der reinen Höhe und will sie dann als mächtige Lehrer herabsenden, wenn du nicht mehr auf Erden wandeln wirst.

10. Wird sich das Volk bekehren, so will Ich Meine strafende Rechte zurückziehen; wird es aber die Lehrer hinausstoßen, so werde Ich alles Volk, groß und klein, jung und alt, und so auch alles Getier richten und töten auf Erden und Mir dann setzen ein anderes Geschlecht auf die gereinigte Erde!"

11. Als der Uraniel solches vernommen hatte, da gab er sogleich seine Kinder samt den zwei Weibern auf die Höhe, geleitet von einigen seiner bewährten Freunde.

12. Diese ganze Familie lebte auf der Höhe in Muthaels Hause und wurde von der Mutter Purista in aller Gottesfurcht und Liebe erzogen; und auch der noch lebende Lamech und ganz besonders der Noha und sein Bruder Mahal gaben sich sehr viel mit der gottgefälligen Erziehung dieser Kinder ab.

13. Als aber, wie schon bekannt, der König Uraniel in der Tiefe starb, da teilten die tausend Räte das große Reich untereinander und fingen durch ihre Macht alles Volk ganz entsetzlich zu drücken an, errichteten noch mehrere Fürstentümer und forderten von den Fürsten einen unerschwingbaren Tribut.

14. Denn sie wollten Hanoch so sehr vergrößern, daß die zehn Städte der Stadt Hanoch völlig einverleibt würden.

15. Bei dieser Gelegenheit sandte Ich dann die beiden mächtigen Söhne hinab in die Tiefe und ließ durch sie predigen.

16. Aber die Söhne wurden bald ergriffen, gebunden, dann mächtig abgeprügelt und mit dem Bedeuten fortgesandt, ja nicht wiederzukommen; denn das Volk Hanochs kenne Gott besser als so ein paar dumme Gebirgslackel!

17. Sollten sie sich aber wieder gelüsten lassen, noch einmal als Gottesverkünder nach Hanoch zu kommen, so würden sie die Schaukeln zu verkosten bekommen.

18. Und so kehrten die zwei Söhne Uraniels wieder traurig zurück und erzählten auf der Höhe, was ihnen begegnet war.

139. Kapitel
Der Väter Beratung über die Rettung der gesunkenen Tiefe

(Den 14. Okt. 1843)

1. Die wenigen Väter auf der Höhe erstaunten ganz entsetzlich über die so gänzliche Gesunkenheit der Tiefe, die unter Lamech, unter Thubalkain und noch eine geraume Zeit auch unter dem Uraniel doch so herrlich blühend dastand.

2. Und der Lamech sagte zu seinem Sohne Noha: ,,Was dünkt dich wohl: Wenn diese zwei Söhne Uraniels mit der Wunderkraft eines Henoch ausgerüstet würden, oder wie da der Herr Selbst den Kisehel und seine Brüder ausgerüstet hatte, als Er sie zum ersten Male in die Tiefe gesandt hatte, möchten sie dadurch nicht eine größere Wirkung als Erfolg ihrer Sendung hervorbringen, als also bloß mit der Kraft der Wortbündigkeit?

3. Mein Sohn, ich weiß, daß der Herr große Stücke auf dich hält und dich allzeit eher denn mich erhört; ja du kannst mit Ihm reden, wann es dir nur immer einfällt, – während ich oft tagelang rufen darf, bis mich der Herr erhört und dann zu mir redet!

4. Wie wäre es denn, so du dich zum Herrn in deinem Herzen begeben möchtest und möchtest Ihm meinen Wunsch vortragen? Vielleicht würde Er ihn genehmigen?"

5. Und der Noha sprach: ,,Lieber Vater Lamech, ich meine, da wird nicht viel mehr zu machen sein; denn siehe, soviel ich weiß, so war zur Zeit Lamechs, da er noch ein Knecht der Schlange war, im Grunde nur allein der Lamech selbst verkehrt. Er tyrannisierte das Volk, und das Volk der ganzen Tiefe schmachtete unter seiner Tyrannei und war gefangen; aber es sehnte sich nach der Erlösung.

6. Da brauchte nur der Lamech bekehrt zu werden, und durch ihn war dann, wie mit einem Schlage, das ganze Volk bekehrt und erlöst!

7. Aber nun ist es anders; da sieht es nun in fast eines jeden Menschen Herzen schon also aus, wie damals es allein im Lamech ausgesehen hatte!

8. Der Lamech ward bis zum Tode gerichtet und mußte dann erst durch Selbsttätigkeit und durch die größte Selbstverleugnung an sich das wieder gut und lebendig machen, was an und in ihm das ihn bekehrende Wunder Kisehels gerichtet und getötet hatte.

9. Wie verheerend groß und ausgedehnt aber müßte nun ein Wunder sein, um Millionen also zu bekehren, die alle ums Hundertfache ärger sind in ihren Herzen, als es Lamech je in seiner größten Grausamkeit war!

10. Meines Erachtens werden wir zufrieden sein können, nur hier und da vielleicht einige durch die überzeugende Kraft des Wortes zu gewinnen; aber an eine allgemeine Änderung der Handlungsweise bei diesen Völkern wird bei weitem gar nicht mehr zu denken sein!

11. Der Herr wird daher die zwei Söhne nur mit der Kraft der Klugheit ausrüsten und sie dann wieder senden in die Stadt Hanoch.

12. Werden sie da etwas ausrichten gegen den bösen freien Willen einiger Hanochiten, so wird es wohl und gut sein; können sie aber das nicht, so lassen wir alles dem Herrn über, und Er wird dann schon machen, was des Rechtens sein wird! – Bist du damit nicht völlig einverstanden?"

13. Und der Lamech sah die Wahr-

heit der Aussage Nohas und verlangte dann nicht mehr, daß der Herr die beiden mit Wunderkraft erfüllen solle.

14. Aber die beiden wurden mit göttlicher Klugheit erfüllt und mußten sich dann wieder in die Tiefe begeben.

140. Kapitel
Die zwei Missionare als Maurer in Hanoch und ihr Aufstieg zu Ratgebern der tausend Räte

(Den 16. Okt. 1843)

1. Und die beiden begaben sich also mit göttlicher Klugheit ausgerüstet zum andern Male in die große Stadt Hanoch; und als sie daselbst anlangten, ließen sie sich alsbald zu Arbeitern andingen, und zwar bei den großen Verbindungsbauten, welche da geradlinig von Hanoch aus sich zu den zehn Städten zogen, welche dadurch als Vorstädte zu Hanoch angesehen wurden.

2. Diese geradlinigen Bauten aber bestanden aus zwei Reihen einen Stock hoher Häuser, die von zwei Seiten natürlichermaßen eine breite Straße vollkommen einschlossen und nach außen mit einem mächtigen, zu beiden Seiten aufgeworfenen Walle geschützt waren.

3. Die kürzeste dieser Straßen war eine halbe Tagereise lang und die längste eine gute Tagereise.

4. Und eben bei dieser längsten Straße, welche gerade noch im Baue stand und gen Uvrak führte, ließen sich unsere zwei Boten als tüchtige Maurer andingen.

5. Sie bekamen zwar für die Arbeit keinen Lohn, da bei diesen Bauten schon der Frondienst eingeführt war; aber als Maurer hatten sie das Recht, sich von den Handlangern verpflegen zu lassen. Allen Handlangern aber war es von den tausend Herren Hanochs bei Strafe der Schaukel aufgetragen, wechselweise für den Mundvorrat zu sorgen, damit die Maurer ja nicht aufgehalten werden möchten in ihrer wichtigeren Arbeit.

6. Also waren auch unsere beiden Boten als Maurer etwas besser daran als irgendein gemeiner Handlanger.

7. Sie zeichneten sich aber als Maurer so sehr aus, daß sie von Seite der inspizierenden Herren das Augenmerk auf sich zogen, indem ihre Bauten so zierlich und gleichmäßig dastanden, als wären sie gegossen worden.

8. Man bewunderte ihre Einsicht und ihre weise Benützung des Materials und erhob sie bald zu Bauführern.

9. Als sie nun als Bauführer dastanden, da leiteten sie ihre Bauparzellen mit solcher Einsicht und Geschicklichkeit, daß da ihre Häuser so wunderherrlich ausfielen, daß da alles vor denselben stehenblieb und sich über die Herrlichkeit ihrer Bauten nicht genug verwundern konnte.

10. Und die Herren von Hanoch bedauerten, daß sie ihre Talente nicht früher hatten kennen und würdigen gelernt.

11. Da aber dennoch eine große Strecke der Gasse zu bauen übrig war, so wurden die beiden sofort zu Oberbaudirektoren gemacht und leiteten sonach den allgemeinen Bau; und alle ihre Bauten wurden höchst bewundert.

12. Als aber dieser ungeheure Bau vollendet war, und das im Verlaufe von zehn Jahren – aber natürlich mit Hilfe

von mehreren Millionen Händen, bei welcher Gelegenheit auch Tausende und Tausende von Menschen zugrunde gingen teils durch Hunger, teils durch Mißhandlungen und teils durch nicht selten epidemisch eingerissene Krankheiten –, da wurden unsere zwei Boten von allen den tausend Herren zugleich in den Mitrat eingekleidet, und es ward ihnen alle oberste Leitung im Bauwesen übertragen.

13. Da aber bei solcher Vergrößerung der Stadt Hanoch die Stadtbewohner mit ihren Bedürfnissen ebenfalls anwuchsen und dadurch in die Notwendigkeit versetzt wurden, stets größere Lasten den auswärtigen Fürsten aufzulegen, die diese nimmer erschwingen konnten, da standen die Fürsten auf; einige widersetzten sich gewaltig, andere aber flohen in ferne Länder.

14. Und so ward Hanoch der größten Not preisgegeben und hatte keine Quelle mehr, durch welche es wenigstens sich vor der Hungersnot hätte schützen können.

15. Hier wurden die zwei Hauptratgeber von den tausend Herren gefragt, was da nun zu tun sein dürfte, um die Stadt zu retten.

16. Die beiden aber verschoben die Antwort auf sieben Tage; denn sie sprachen: „Große und wichtige Dinge brauchen Zeit zur reiflichen Überlegung; darum können wir erst in sieben Tagen den rechten Plan dazu ausfertigen."

141. Kapitel
Rede der zwei Boten an die versammelten Räte

(Den 17. Oktober 1843)

1. Nach sieben Tagen aber stellten die tausend Herren wieder den Rat zusammen, und die zwei Boten, nun als hohe Miträte, erschienen in der Mitte der Tausend und sprachen einer in des andern Wort also:

2. „Wir haben alles reiflich überlegt und abgewogen und haben unwiderlegbar gefunden, daß es sich mit der gegenwärtigen Staatsverfassung auf keinen Fall mehr tut; was zu viel ist, ist zu viel!

3. Unsere Stadt Hanoch hat eine zu ungeheuer große Ausdehnung erhalten; schon zur Zeit des Königs Uraniel war sie zu groß, und wäre um sie nicht die unglückseligst projektierte Ringmauer gezogen worden, so stünde Hanoch noch als eine blühende Stadt da!

4. Daß sie aber jetzt ihrem völligen Untergange nahe ist, diese älteste der Städte der Erde, das könnet ihr so gut wie wir an den Fingern nachweisen!

5. Bedenket, wir sind nun gleichsam tausend Könige! Ein jeder führt für sich einen Hofstaat mit tausend Menschen beiderlei Geschlechts zu seiner Amtsverherrlichung und Amtsversicherung, das gibt, mit uns selbst eingerechnet, zehnmal hundertundeintausend Menschen. Diese legen samt uns ihre Hände nicht auf den Erdboden, wollen aber dennoch gut leben!

6. Frage: Wer soll, wer kann für eine solche Unzahl von Müßiggängern das Brot erarbeiten? –

7. Gehen wir aber weiter! In einer jeden der zehn Vorstädte sitzen nun auch hunderttausend Beamte, Waffenmänner und müßige Dienerschaft höher gestellter Beamten und der vielen Altedeln.

8. Alle diese haben auch mit dem Boden der Erde nichts zu tun, aber dennoch wollen sie ausgezeichnet gut leben! Das Leben wäre ja recht; aber woher nehmen, was der Erde Boden nicht bringt?! –

9. Aber nur weiter! Wir zählen nun in unserer großen Stadt zehn Weiberverschönerungsanstalten. Eine jede ist gestrotzt voll und faßt nicht selten bei zehn- bis zwanzigtausend Weiber und daneben gut ein Drittel soviel Professoren und anderer Diener. Diese alle wollen und müssen überaus gut fressen und kennen den Boden der Erde, auf dem das Brot wächst, kaum dem Namen nach! –

10. Aber nur weiter! In dieser großen Stadt Hanoch leben nun nach unserer Privatzählung zweimal hunderttausend adelige Familien mit ihrer Dienerschaft, zusammen bei dreißigmal hunderttausend Menschen; auch diese haben noch in ihrem ganzen Leben nicht den Boden der Erde mit ihren Händen berührt und wollen dennoch ein überaus gutes Brot essen. –

11. Aber nur weiter! Durch die zwecklose stete Vergrößerungssucht unserer Stadt wird fürs erste der Boden der Erde zwecklos getötet, und da, wo ein großes neues Haus erbaut wird, wächst kein Korn mehr.

12. Fürs zweite aber lockt dann ein solches Prachtgebäude bemittelte, früher erwerbsfleißige Landbewohner in die Stadt; diese kaufen das Haus, bewohnen dasselbe, leben dann freilich von ihren Mitteln, aber sie haben keinen Grundboden mehr zur Bearbeitung und kaufen nunmehr, was sie brauchen.

13. Das ist wohl und billig; aber wenn die Sache so fortgeht, wenn sich täglich zehn bis zwanzig Familien vom Lande herein in der Stadt ansiedeln werden, von wem wird man dann das Brot kaufen, so alles Landvolk zu halbadeligen, arbeitsscheuen Stadtbürgern oder wenigstens zu Dienern der Stadtbürger wird?!

14. Wir schreiben ferner Tribute über Tribute an alle unsere Vasallen aus. Dadurch machen wir dem Volke das Landleben verächtlich. Sie fliehen entweder in ferne, uns unbekannte Gebiete, oder sie widersetzen sich hier und da gewaltig unseren ungerechten Forderungen.

15. Frage: Wer wird uns nunmehr Brot liefern? –

16. Sehet, also geht es mit dieser Staatsverfassung in keinem Falle mehr! Beratet euch aber nun über unsern gewissenhaften Vortrag, und wir wollen euch dann die Mittel an die Hand geben, durch welche diesem Übelstande wenigstens einigermaßen abgeholfen werden kann!

17. Also sprachen wir als Miträte in aller Achtung vor eurer Tausend Herrlichkeit der Wahrheit gemäß!"

142. Kapitel
Der Rettungsplan der zwei Boten und seine Verwirklichung

(Den 18. Okt. 1843)

1. Es beschwor aber der ganze hohe Rat die zwei, weiterzureden; denn er erkannte die tiefe Wahrheit ihrer Aussage, wollte darum noch mehreres erfahren und endlich auch die Mittel, wie diesem Übel abgeholfen werden könnte.

2. Und die beiden fingen wieder an,

also eines Wortes zu reden: „Also wollet uns denn anhören, ihr hohen Räte! Mit unserm Leben verbürgen wir auch die vollste Wahrheit dessen, was wir euch nun kundgeben werden; und wird das nicht gehandhabt, so stehen wir euch für vierzehn Tage nicht gut, mehr als eine Million Leichen in dieser Stadt zu zählen und dazu noch einen Volksaufstand gegen uns, desgleichen auf der Erde noch nie ist erlebt worden. Die Menschen werden sich erschlagen, und uns aber zuerst, und werden sich dann sättigen an unserm Blute und Fleische!

3. Um aber diesem sicher eintreffenden schrecklichen Ereignisse auszuweichen und vorzubeugen, sind uns nur allein folgende Wege – aber nur auf eine höchst kurze Zeit – als offenstehend gelassen:

4. Der erste Weg ist, daß wir so geschwinde als möglich alle die entsetzlich kostspieligen Weiberverschönerungsanstalten dadurch gänzlich kassieren, daß wir nach allen Richtungen sogleich Eilboten aussenden und durch sie aller Welt verkünden lassen, daß diese Weiber nun alle umsonst zu haben sind nebst noch einem Zuschusse aus den in diesen Anstalten angehäuften Schätzen und Lebensmitteln.

5. Die Professoren und Verschönerungskünstler aber müssen auswandern, und zwar ein jeder mit wenigstens drei Weibern; diese sollen nebst einigen Schätzen und Lebensmitteln ihr Bene (*Gutes*) sein. Die Erde ist groß, und die Gebirge sind nahezu entvölkert; sie werden sicher ihr Unterkommen finden.

6. Dann aber sollen diese großen Gebäude niedergerissen werden und aus den großen Plätzen, die sie ehedem einnahmen, fruchtbare Gärten angelegt werden, so werden davon schon in einem Jahre zehntausend fleißige Menschen sich Lebensmittel erzeugen können!

7. Ferner gibt es hier eine kaum zählbare Menge echter Müßiggänger, die sich Adelige nennen, haben aber nichts als ihr betrüglich Maul, davon sie leben könnten. Hinaus mit ihnen! Einem jeden noch ein mit etwas Golde begabtes Weib mitgegeben, und unsere Stadt wird gleich einige Hunderttausende von Menschen weniger zählen, die hier rein zu nichts taugen.

8. Fragen sie, wohin sie ziehen sollen, da zeigen wir auch ihnen den Weg auf die Gebirge, – und sie werden dort sicher ihr Unterkommen finden!

9. Auf eine gleiche Weise reduzieren auch wir unsere Leibgarden von tausend auf hundert und geben den Entlassenen eine halbjährige Versorgung mit, und wir haben dadurch der Stadt wieder eine Menge unnötiger, nichts erwerbender Konsumenten entzogen und ihr dadurch die Erleichterung verschafft, durch die es dem eigentlichen Bürgerstande ein leichtes wird, sich auf einem mehr natürlichen Wege zu versorgen.

10. Dem erwerbsfleißigen Bürgerstande aber zeigen wir an, daß er erstens alle die großen Plätze der Stadt in fruchtbare Gärten verwandeln soll; zweitens: die Gassen, die da breit sind, soll er mit Fruchtbäumen besetzen; drittens: die Söller der Häuser ebenfalls in Gärten verwandeln; viertens: desgleichen die große Stadtmauer, die allein für hunderttausend Menschen allerlei Gemüse und Früchte tragen kann; fünftens: das äußere Schaukel-Pomörium der Stadt (*Pomörium = Weichbild*) werde in Äcker verwandelt; sechstens: jedes unnötige Gebäude abgerissen und ebenfalls in einen Garten verwandelt, – und wir werden uns schon durch diese Manipulation binnen einem Jahre in einen so günstigen

Zustand versetzen, den man sicher beneidenswert wird nennen können!

11. Wird dieser Rat ausgeführt, dann erst wollen wir zu einem andern weiterschreiten!"

12. Dieser Rat wurde mit großem Beifalle aufgenommen, und es wurde am selben Tage schon darnach Hand ans Werk gelegt, und in vierzehn Tagen sah es in der Stadt Hanoch schon so menschenlüftig aus, daß es einem Betrachter vorkam, als befände er sich in einem Häuserwalde; dessenungeachtet aber lebten noch über zwei Millionen fleißige Bürger in ihr, welche alles in fruchtbare Gärten verwandelten.

143. Kapitel

Weitere Reformvorschläge der zwei Boten; ihr Antrag auf Öffnung der Tempel und Einführung der Gottesverehrung. Der Streit unter den tausend Räten

(Den 19. Okt. 1843)

1. Nachdem aber im Verlaufe von einem Jahre so ziemlich alles in der Ordnung war und sich auch wieder einige Lehensherren zu einem mäßigen Tribute bekannt hatten, durch den der sehr herabgesetzten Population (*Bevölkerung*) Hanochs recht wohl behilflich gedient war – wenigstens auf so lange, bis all die neu angelegten Gärten so recht fruchttragend wurden –, da beriefen die Tausend sich wieder zu einem Rate zusammen, um von den zwei weisen Räten fernere Verhaltungsregeln zu vernehmen.

2. Als der Rat nun versammelt war und die zwei ersucht wurden, zum ferneren allgemeinen Besten ihre Stimmen vernehmen zu lassen, da erhoben sich wieder die beiden und redeten also:

3. ,,Also wollet uns denn anhören, ihr hohen Räte der Stadt Hanoch! – Ihr habt euch bisher überzeugt, daß alles, was wir euch angeraten haben, vom besten Erfolge war und noch von stets besserem wird, je nachdem sich alles das jetzt Begonnene stets mehr und mehr festen und vervollkommnen wird; dessen könnt ihr im voraus überzeugt sein!

4. Also werden auch unsere Vasallen sich gerne zu einer Steuer bekennen, so wir stets mehr imstande sein werden, dieselbe herabzusetzen, indem wir in den inneren bedeutenden Räumen der Stadt so viel erzeugen werden, was da mäßig vonnöten für unsern Mundbedarf.

5. Auch wird unsere mäßige Lebensweise sicher nicht leichtlich Neuansiedler in die Stadt locken, wohl aber um so mehr Kauflustige für unsere nützlichen Erzeugnisse, die wir ihnen um die billigsten Preise liefern wollen, werden und auch können.

6. Dadurch werden wir, wie unsere Nachkommen, so sie auf unseren Wegen wandeln werden, diese älteste, ehrwürdigste Stadt der Welt stets im blühendsten Zustande erhalten, und keiner ihrer Bewohner wird je über Not zu klagen haben!

7. Werden wir uns ferner nie von den Außenvölkern bereichern wollen, und werden sie auch keinen Reichtum an uns entdecken, sondern nur bürgerliche Tätigkeit und Genügsamkeit, da wird es nie irgendein mächtig gewordenes Volk reizen, uns zu unterjochen und uns die Schätze wegzunehmen, die wir nicht haben; im Gegenteile aber werden wir keine Stunde sicher sein vor Überfällen und Plünderungen.

8. Das alles ist nun wohl berechnet, und ein ununterbrochenes Glück Hanochs ist mit eherner Schrift geschrieben.

9. Aber nur Eines zur völligen Realisierung unseres Rates haben wir noch nicht ausgesprochen und haben es uns als die Krone von allem auf die Letzte (*zuletzt*) vorbehalten!

10. Und dieses Eine ist, daß wir fürs erste selbst ganz vollernstlich an Gott, den Allmächtigen, zu halten anfangen müssen und diesen einigen Gott unserer Väter aber auch alle die Bewohner dieser Stadt, den sie gänzlich samt uns vergessen haben, wieder aus dem Grunde erkennen, anbeten und lieben lehren!

11. Ohne dem wird aller unser bester Rat in den Staub der Nichtigkeit versinken, und wenige Jahre werden hinreichen, uns noch in ein größeres Elend zu versetzen, als wir etwas Ähnliches je erfahren haben!

12. Darum müssen wir die beiden Tempel Lamechs wieder eröffnen und Gott, dem alleinigen Herrn, darinnen unser Dank- und Bittopfer gebührend darbringen!"

13. Bei dieser Rede fingen viele Räte an, die Nasen ganz gewaltig zu rümpfen; aber eine nicht geringe Zahl war dennoch mit den zweien einverstanden, – nur trug sie auf die Errichtung mehrerer Tempel an.

14. Aber ein Teil der Räte wollte nichts davon wissen, sondern stimmte dafür, daß auch die Plätze der zwei Tempel sollten in Gärten verwandelt werden; und so entstand alsbald ein Streit unter den Räten.

15. Die Folge aber wird es zeigen, was er für einen Ausgang nahm.

144. Kapitel

Die abermalige Berufung der zwei weisen Räte
Die verweltlichenden Reformideen des Rates der Tausend
Der Widerstand der zwei Weisen und ihre Rückkehr auf die Höhe

(Den 21. Okt. 1843)

1. Ein ganzes Jahr verstrich über diesem gegenseitigen Streite, ohne daß die Streitenden sich dadurch hätten vergleichen mögen; es blieb ihnen sonach nichts übrig, als wieder die zwei Miträte zu Rate zu ziehen, was da im allgemein annehmbarsten Falle geschehen solle.

2. Denn die Streitenden waren darin wohl übereingekommen, daß die Erkenntnis eines Gottes, im Notfalle auch mehrerer Götter, zur Aufrechterhaltung der Ordnung dem Volke nötig ist; aber nur müßte eine solche Erkenntnis nicht durch ein auf den blinden Glauben gestütztes leeres Predigergewäsche im Volke erzielt werden, wenn sie je Stich halten solle, sondern auf die reine Wissenschaft, also durch Naturforschung, durch die Mathematik, durch Philosophie und gotteswürdige Kunstdarstellungen!

3. Dadurch würde das Volk etwas Haltbares und Festes und Überzeugendes anstatt des finstern, auf den alleinigen Blindglauben berechneten, fürs Dasein Gottes zeugenden Mystizismus überkommen, in dem es für sich allein gerade so lange wieder bleiben würde, als da die mystischen Lehrer leben. Müßten aber diese, von ihrer Natur genötigt, einmal selbst ins Gras beißen,

da beiße auch ihre ganze Lehre mit ihnen ins Gras, und das Volk stehe dann um seinen Gott rein betrogen da. Und würden Völker zu öfteren Malen also mit einem mystischen Gott geprellt, so seien sie dann zu gar keiner Erkenntnis Gottes mehr zu bringen.

4. Also in diesem Sinne wurden unsere tausend Räte in bedeutender Überzahl miteinander so ziemlich gleich; nur wußten sie nicht, wie sie diesen Entschluß auf die klügste Weise ins Werk setzen sollten, und darum wandten sie sich so ganz eigentlich zu den zweien.

5. Die beiden aber sprachen: „Hohe Räte der großen Stadt Hanoch! – Wir haben euch vor einem Jahre den rechten Plan gezeigt; ihr aber habt ihn verworfen! Was sollen wir da nun noch mehr tun?

6. Jede Sache hat aber nur einen Plan, der da ist allein gut und wahr, und so ist es auch mit der Verkündigung Gottes!

7. Diesen Plan aber haben wir euch gezeigt; allein ihr habt ihn verworfen und habt nun einen andern, nach eurer Meinung haltbareren, aufgestellt. Also setzet ihn denn auch ins Werk nach eurer Einsicht, und lasset euch von den Folgen unterweisen, was Gutes ihr dadurch ans Tageslicht gefördert habt!

8. Wir aber wollen keinen Teil daran haben und wollen euch an der Ausführung eures Planes auch nicht im geringsten irgend hinderlich sein.

9. Machet es mit Hanoch also bezüglich der Gotteslehre, wie ihr es mit den Lehensfürsten gemacht habt, da ihr einem jeden eine andere Gotteslehre mitgegeben habt, um sie nach solcher verschiedenartiger Lehre leicht zu unterscheiden und so von ihnen leichter auch den Miettribut einzutreiben, so werdet ihr bald in Hanoch sicher dieselben Ergebnisse erleben, die ihr mit den Vasallen erlebt habt!

10. Ihr habt euch bis jetzt von allem überzeugt, daß alles, wozu wir euch den Rat erteilt haben, fürs erste sehr leicht ausführbar war, und daß es fürs zweite den entschiedensten Nutzen hatte für die ganze große Stadt.

11. Wir haben euch in nichts getäuscht, sondern es allzeit redlichst zu eurem Besten mit euch gemeint, und haben zu unserem eigenen Wohle nie (*etwas*) mit einer Silbe zu euch erwähnt.

12. Also war auch der von uns vor einem Jahre ausgesprochene Plan zur Erkenntnis und Ehrung Gottes zu unser aller Bestem dargestellt; ihr aber habt euch schon gleich im Anfange daran gestoßen, habt euch dann darüber ein ganzes Jahr hin und her gebalgt, bis ihr am Ende doch im Allerverwerflichsten übereingekommen seid!

13. Zur Ausführung dieses eures Planes aber kennen wir keinen Weg und können euch daher auch keinen Weg zur Ausführung raten.

14. Tuet demnach, was euch gut dünkt; wir aber haben in eurer Mitte ausgeredet und ausgedient! Wir verlassen euch nun darum und fordern keinen Lohn von euch, auf daß ihr erkennen möchtet, daß wir stets um euer Wohl besorgt waren.

15. Wer aber mit uns von dannen ziehen will, der tue es, bevor es zu spät wird!"

16. Darauf verließen die beiden den großen Ratssaal, nahmen ihre Dienerschaft und begaben sich wieder auf die Höhe.

17. Was aber dann in Hanoch alles bewerkstelligt ward, wird die Folge zeigen.

145. Kapitel

Rückkehr und Bericht der zwei Boten auf der Höhe. Lamechs Bitte an den Herrn
Des Herrn Antwort und die Aussendung der zehn feuermächtigen Boten zur
Mission in der Tiefe

(Den 23. Okt. 1843)

1. Als die beiden wieder auf der Höhe anlangten, da erzählten sie dem noch lebenden Lamech, dem Noha und seinem Bruder Mahal, was alles ihnen in der Tiefe begegnet war, und fragten sie aber auch zugleich, ob da niemand aus der Tiefe, vor etwa drei Jahren auf der Höhe anlangend, sich angesiedelt habe.

2. Und der alte Lamech erwiderte: „Meine geliebten Kinder, die Frage wird bald beantwortet sein; denn so weit hier auf den doch Tagereisen weit gedehnten Höhen unser Besitzkreis reicht, kam kein Mensch zum Vorscheine! Das diene euch zur die vollste Wahrheit verbürgenden Antwort auf eure Frage!

3. Aber eine desto größere Berücksichtigung verdient eure Vorerzählung; denn aus der geht klar hervor, daß in kurzer Zeit alles Volk der Tiefen entweder ins Götzentum übergehen wird, oder es wird sich gänzlich der Gottlosigkeit ergeben.

4. O Herr und Vater, schaffe hier uns, Deinen schwachen Kindern, Rat, was hier zu tun sein wird, um die Völker wieder auf den rechten Weg zurückzuführen!"

5. Und der Herr sprach sogleich, allen zugleich wohl vernehmbar: „Gehet hin in die Mittagsgegend! Alldort wohnen noch hundertsieben Familien zerstreut; sie sind Abkömmlinge der sieben, die Ich einst zu Lamechs Zeiten hinab nach Hanoch gesendet habe, Buße zu predigen der verlorenen Stadt.

6. Unter diesen Familien werdet ihr zehn junge, gar rüstige Männer finden, die noch keine Weiber genommen haben; denen lege du, Lamech, in Meinem Namen die Hände auf, und Ich will sie mit Feuergewalt wunderbar begaben! Und so sie dann in der Tiefe auf was immer für einem Orte Feuer aus der Erde rufen werden, da wird es kommen und verzehren, so viel es die Feuermächtigen werden haben wollen!

7. Diese sollen dann also ausgerüstet in die Tiefe ziehen und alldort sieben Jahre lang allorts herum Buße predigen. Wird man sie irgend fangen wollen, so sollen sie sich mit Feuer umgeben, und dieses wird allzeit ihre Feinde zu Boden strecken und alle ihre Waffen zerstören.

8. Hat sich das Volk in den sieben Jahren bekehrt, dann sollen sie als Priester in der Tiefe verbleiben; hat sich aber das Volk nicht bekehrt, da sollen sie Meine Tempel in Hanoch mit unverlöschbarem Feuer umgeben und sich dann wieder auf die Höhe begeben! – Solches geschehe!

9. Ich aber werde wegwenden Mein Gesicht in der Zeit von der Tiefe, auf daß Ich nicht sehe, was da geschehen wird! Amen!"

10. Hier erhob sich die Gesellschaft, begab sich sogleich nach der Mittagsgegend und suchte die zehn bezeichneten Männer.

11. Als diese gefunden waren, tat mit ihnen der alte Lamech sogleich, wie es der Herr ihm befohlen hatte, und die zehn erprobten darauf sogleich ihre Feuergewalt und begaben sich dann unter vielfachen Segnungen in die Tiefe.

146. Kapitel

Ein Wink zur Bewertung der Zeitangaben in der geistigen Erzählungsweise
Der Empfang der zehn Boten in Hanoch

(Den 24. Okt. 1843)

1. Von der Zeit der Heimkehr der beiden Söhne Uraniels bis zur Zeit dieser Beschickung der zehn feuermächtigen Boten sind ungefähr zwei Jahre verflossen, ungeachtet es in der Erzählung also aussieht, als wäre die Sache in einem Tage vor sich gegangen.

2. Das ist gesagt zum leichteren Verständnisse des Ganzen, weil in der geistigen Erzählungsweise öfter Taten wie in einem Tage geschehend kundgegeben werden, während irdisch zeitlich nicht selten mehrere Jahre dazwischen verfließen.

3. So heißt es sogar öfter auch in der Heiligen Schrift: ,,Und am selben Tage", während ein solches für einen Tag dargestelltes Faktum in der äußeren Wirklichkeit nicht selten **Jahre** in tätigsten Anspruch nahm.

4. Das also zum leichteren Verständnisse ähnlicher Erzählungsweisen! –

5. Wie aber wurden unsere zehn Boten in Hanoch empfangen, und wie fanden sie in dieser kurzen Zeit diese Stadt und dieses Volk?

6. Als sie an die Tore kamen, wurden sie sogleich angehalten und streng richterlich um die Aufweisung ihrer Herkunft befragt, und ob sie gewisserart keinen schriftlichen Reisepaß hätten. (Denn unter jener Zeit war in Hanoch schon auch eine gestrenge Polizei errichtet worden.)

7. Die Boten aber sagten: ,,Wir sind zu eurem Heile gesandt von oben, und Gott, der Herr Himmels und der Erde, ist unser Reisepaß!

8. Wir sind zu euch gesandt, euch zu predigen ernste, gestrenge Buße – oder, so ihr euch nicht daran kehren werdet, das unvermeidliche Gericht Gottes, das euch vom Grunde aus vernichten wird mit der Fülle der Flut des Zornes Gottes!"

9. Als die Boten solche ,ungebührlichen' Worte vor dem löblichen Torpolizeigerichte ausgesprochen hatten, da war es völlig aus; sie wurden sogleich für Majestätsbeleidiger des Hochrates erklärt und als offenbare Volksaufwiegler und verschmitzte Faktionisten (*Parteigänger*) anderer, auswärtiger Fürsten ergriffen.

10. Aber hier kam ihnen die Feuermacht zugute; denn im Augenblick, als die Polizeitorwache sie ergriff, schlugen Flammen aus der Erde und trieben die Wache in die schändlichste Flucht stadteinwärts, und unsere Boten gingen sodann ungehindert in die Stadt.

11. Es war aber von diesem Tore noch eine kleine Tagereise bis zur goldenen Residenz der tausend Räte, welche aber nun schon aus ihrer Mitte einen Scheinkönig erwählt hatten, der aber keine andere Macht hatte, als das allzeit zu bestätigen, was die tausend Räte beschlossen hatten.

12. Da sonach aber unsere Boten die Stelle der goldenen Burg am selben Tage nicht erreichen konnten, so waren sie genötigt, in einem der vielen neu errichteten Gasthäuser zu übernachten und sich erst am nächsten Tage der goldenen Burg zu nahen.

13. Aber diese Übernachtung war schon der Anfang derjenigen günstigen Aufnahme, welche unsere Boten später in ganz Hanoch gefunden haben; denn fürs erste sind sie von der fliehenden Wache soviel als möglich schon in diesem Stadtbezirke berüchtigt worden

mit der genauen Beschreibung ihrer Gestalt, und fürs zweite läßt es sich leicht denken, mit welcher Zuvorkommenheit sie in unserm Gasthause darum aufgenommen wurden.

14. Als sie eine Erfrischung verlangten, da flohen die Wirtsleute, und als sie ein Nachtlager suchten, fanden sie alle Türen versperrt; denn man fürchtete, sie möchten das ganze Haus in Brand stecken. Daher ließ man sie allein in der Stube ruhen, in die sie zuerst eingetreten waren.

15. Das war somit der erste Empfang in der Stadt; die Folge aber wird es zeigen, wie es fürder aussah.

147. Kapitel
Das Meisterwerk der Polizeiorganisation in Hanoch
Die Flucht der scharf bewaffneten Armee vor den zehn Feuerboten

(Den 25. Okt. 1843)

1. Daß aber unsere flüchtige polizeiliche Torwache nirgends anderswohin floh als gerade zu den tausend Herren, das läßt sich gar leicht einsehen und mit Händen greifen.

2. In einem andern Falle hätte sie dazu freilich wohl nicht not gehabt; denn was die polizeiliche Kultur Hanochs anbelangt, so war sie im vollsten Sinne schon in ihrem ersten Entstehen ein vollkommenstes Meisterwerk, gegen das alle gegenwärtigen Spitzelanlagen ein barstes Pfuschwerk sind.

3. Denn fürs erste wurde einem jeden Hausbesitzer Hanochs zur unerläßlichen Pflicht gemacht, einen das ganze Haus invigilierenden (*überwachenden*) Polizeimann auf eigene Kosten zu halten.

4. Dann mußte die gesamte Bürgerschaft einer jeden Gasse für sich noch ein, zwei bis drei Anstalten erhalten, in denen von einer ganzen Gasse polizeiliche Nachrichten gesammelt und von da erst dann dem Hofe rapportiert wurden.

5. Die Gassen wurden alle benamset, die Häuser in jeder Gasse mit Nummern versehen, und ein jeder Hausbesitzer bekam zwei Namen, einen des Hauses und einen für seine Person; alles andere Inwohnervolk hatte nur ad personam einen Namen, das heißt wohl für sich jede Person einen eigenen.

6. Dann hatte eine jede Gasse und ein jeder Platz eine vorgeschriebene Farbe und eine vorgeschriebene Tracht, und der Hausbesitzer hatte das Recht, ein Stückchen Goldblech auf seinem Oberkleide zu tragen, auf welchem die Nummer seines Hauses stehen mußte; ein jeder andere Mensch aber mußte die Nummer des von ihm bewohnten Hauses auf einem seinem Kleide angehefteten weißen Lappen tragen.

7. Diese polizeiliche Vorsicht war darum getroffen worden, damit da jeder Mensch, so er irgendwo immer gegen eine Vorschrift nur im geringsten verstieß, sogleich von der Gassenwache ergriffen und dann hingeführt werden konnte in das von ihm bewohnte Haus, allwo der Hausherr die Strafgebühr entrichten mußte, fürs erste an das Gassenamt, und fürs zweite auch an jenes Gassenamt, wo jemand etwas Polizeiwidriges verübt hatte.

8. Da aber alle die Gassenämter mit dem Drittel der Strafgebühr dotiert waren und zugleich das Recht hatten, in jeder Gasse die polizeiwidrigen

Handlungen zu bestimmen, so wird es begreiflich sein, was alles da als polizeiwidrig mit der Kürze der Zeit ausgetüpfelt worden ist, und da gab es dann in einer Gasse nicht leichtlich einen Hausbesitzer, der nicht täglich ein Pönale (*eine Buße*) zu entrichten gehabt hätte.

9. Er hatte dann freilich das Recht, sich von seinen betretenen Hausgenossen entschädigen zu lassen; wenn aber diese nichts hatten, da ward er auf die Wartebank gewiesen und bekam das zehnte Mal nichts.

10. Wenn besonders ein Gastwirt fremde Gäste beherbergte und das Gassenamt nicht sogleich davon in Kenntnis setzte, so war das schon ein Hauptvergehen, auf welches eine starke Strafe gesetzt war.

11. Aus diesem Grunde lief auch unser Gastwirt sogleich ins Gassenamt und zeigte dort alles an, was er an diesen unseren zehn Boten bemerkt hatte, und was er von der flüchtigen Torwache über sie vernommen hatte.

12. Von da aus verbreitete sich das Gerücht von den Feuermännern bald in der ganzen Stadt, und die flüchtige Wache hat die Erscheinung der zehn Feuermänner bei Hofe gehörig vergrößernd angezeigt, und schon am nächsten Tage ward der Wehr- und Waffenstand zusammenberufen und nach dem Gasthause hinbeordert, allwo sich unsere zehn Boten aufhielten.

13. Mehrere Tausende von mit Spießen und Lanzen wohlbewaffneten Männern belagerten am Morgen des nächsten Tages das Gasthaus, und der Gastwirt sagte zu den Gästen: „Gehet hinaus und verteidiget euch nun gegen viele tausend Lanzen und Spieße!"

14. Und die zehn wurden gestärkt, erhoben sich, riefen alsbald Feuer aus der Erde, – und im Augenblicke fingen allenthalben mächtige Flammen auf der Gasse aus dem Boden emporzuschlagen an und trieben die ganze Mannschaft in die gräßlichste Flucht; und unsere zehn standen da allein und lobten Gottes Allmacht.

15. Der Wirt aber fiel vor ihnen aus Furcht und Entsetzen nieder; denn er war der Meinung geworden, daß das im Ernste entweder Götter oder Feuergeister seien, welche die ganze Stadt vernichten würden.

16. Die Folge aber wird es zeigen, was da weiter geschah.

148. Kapitel

Die Verhandlung der zehn Boten mit ihrem Gastwirte
Der Zug zur Burg der Tausend. Das dritte Feuerwunder: der Brand der Bollwerke

(Den 26. Okt. 1843)

1. Die zehn aber sprachen zum Gastwirte: „Stehe auf, und halte uns nicht für etwas, das wir nicht sind! Denn wir sind weder Götter, noch etwa Feuergeister, sondern wir aus der Höhe sind Menschen gleich euch und sind von Gott nur zu eurem Wohle mit der Gewalt des Feuers ausgerüstet worden, auf daß ihr uns als wahrhaftige Boten Gottes an euch erkennen und euch fortan kehren sollet nach unserm Worte.

2. Wo ihr das tun werdet, da werdet ihr vom nahe bevorstehenden Gerichte Gottes verschont werden; so ihr euch aber nicht nach unserem Worte kehren

werdet, da möget ihr aus unserer Feuergewalt erkennen, daß euch allen der Zorn Gottes schon am Genicke sitzt, – denn das Feuer, das uns gehorcht, ist gleich dem Zorne Gottes!

3. Wir aber haben dich gestern abend gebeten um ein Nachtmahl; warum hast du uns denn keines aufsetzen lassen? Glaubtest du denn, daß wir dir dasselbe schuldig geblieben wären?

4. O siehe, wir haben Schätze aus den Himmeln Gottes mit uns, und mit diesen Schätzen hätten wir dich reichlichst belohnt!

5. Du aber hast deine Speisekammern vor uns versperrt; also versperren wir nun auch die Schätze der Himmel vor dir, und du magst fürder sehen, ob von den Schätzen, die wir in dieser Stadt reichlich auszuspenden von Gott Selbst bestimmt sind, etwas an dich gelangen wird!"

6. Der Wirt aber sprach: „Ich kannte euch nicht, und unsere schmählichen Staatsgesetze fordern gegen Fremde die größte Vorsicht, für deren Vernachlässigung die bittersten Strafen gesetzt sind; also müsset ihr mir schon nachsehen, wenn ich durch solche entsetzlichen Gesetze gegen euch also zu handeln genötigt war!

7. Ich aber will ja nun alles wieder gutmachen und will euch beherbergen und will euch versehen mit allem, was zu eurem Unterhalte in dieser großen Stadt vonnöten ist; denn nun fürchte ich kein Gericht mehr, da ich eure Macht gesehen habe. Kehret daher wieder in mein Haus zurück, und nehmet da Kost und Wohnung; denn es sollen euch meine besten Zimmer und meine allerbeste Kost fortwährend zu Gebote stehen! Nur verlasset mich nicht nach eurer Drohung; darum bitte ich euch, liebe Männer, um eures allmächtigen Gottes willen!"

8. Und die Boten sprachen: „Gott, der Herr, ist voll Erbarmung gegen jeden Sünder, der sich seine Sünde bekennt, sie verabscheut und gänzlich ablegt!

9. Also sind auch wir nicht unversöhnlich; wir vergeben dir dein Benehmen und wollen dir die Schätze der Himmel nicht vorenthalten.

10. Aber vorderhand können wir nicht bei dir Wohnung nehmen; denn wir müssen zu den Herren dieser Stadt, die durch schändliche Gesetze alles Volk von Gott abfallen machen! Diese müssen zuerst bekehrt werden!

11. Ist das geschehen, dann wollen wir zu dir zurückkehren und von deinem Antrage, dich segnend, Gebrauch machen!"

12. Der Wirt aber sprach: „O liebe Männer! Diese Stadt ist gar entsetzlich groß; es gibt in ihr mehrere tausend Gassen und gar viele tausend Häuser! Wie werdet ihr wohl wieder diese Gasse und dieses mein Gasthaus finden?"

13. Die Boten aber sprachen: „Sorge dich nicht darum; denn wie du selbst deine Gasse und dein Haus findest, also werden es auch wir finden! Denn Gott ist ja unser Führer, und Der weiß gar wohl um dein Haus und um die Gasse, in der es steht!"

14. Mit diesen Worten ließen die zehn ihren Segen im Gasthause zurück und begaben sich dann stadteinwärts und gelangten in einem halben Tage schon zu der goldenen Burg, welche der Uraniel erbauen ließ.

15. Aber vom Hineinkommen war diesmal sogleich gar keine Rede; denn es war schon alles verrammt und verbarrikadiert und mit scharfen Bogenschützen bemannt.

16. Der Herr aber sprach zu den Boten: „Nahet euch nicht zu sehr dem Bollwerke, und bleibet hier stehen, bis Ich euch den Weg bahnen werde!"

17. Hier hielten die Boten inne, und alsbald brachen aus den Bollwerken mächtige Flammen empor und verzehrten alles: Verrammung, Waffen und auch Menschen, die da nicht schnell genug die Flucht ergriffen.

18. Und so war dies das dritte Feuerwunder in der Stadt Hanoch.

149. Kapitel
Des Herrn Anweisung an die zehn Feuerboten vor ihrem Eintritt in die Burg
Die Ansprache der zehn Boten an die tausend Räte im Ratssaale

(Den 27. Okt. 1843)

1. Als der Weg in die goldene Burg nun auf diese höchst wunderbare Weise gebahnt war, da sprach der Herr wieder zu den Boten: „Nun möget ihr vorwärtsziehen!

2. Zwinget aber niemanden zur Umkehr durch Gewalt, sondern verkündiget die gerechte Buße, und prediget in Meinem Namen! Verlanget die Öffnung der beiden Tempel, und warnet die Räte auf das lebendigste vor allem Bilder- und Götzendienste, und verkündiget schärfst Mein nahe bevorstehendes Gericht! Das ist alles, was ihr hier zu tun haben sollet.

3. Wird sich der Hof darnach kehren, da bleibet, wie Ich euch auf der Höhe gesagt habe, hier als Priester; wird sich aber der Hof nur zum Scheine nach euren Worten kehren, da verweiset ihm strenge seine Heuchelei, ziehet aber dann sogleich vom Hofe und begebet euch dann auf die Plätze und Gassen, und verkündet also öffentlich ernstliche Buße und Meinen Namen!

4. Fürchtet keine Waffen der Ohnmächtigen; denn Ich werde sie vertilgen, ehe sie noch jemand gegen euch wird voll tödlicher Gier ergreifen können!

5. Und also prediget drei ganze Jahre in der Stadt! Wird man euch da verhöhnen, da ziehet aus der Stadt, und prediget dann noch dem Landvolke vier Jahre lang! Wird sich irgendein Volk ganz zu Mir kehren, dann lasset es auf die Höhe ziehen, und Ich werde da für dasselbe Sorge tragen und es alsbald versehen mit allem, was sie auf der Welt zum Leben bedürfen.

6. Wo sich aber ein Volk nicht bekehren wird, da verlasset es alsbald wieder, und ziehet in einen andern Ort!

7. Auf dem Lande aber verbleibet nur vier Jahre; und so Ich euch rufen werde, dann kehret, ohne euch umzusehen, sogleich wieder auf die Höhe zurück!

8. Nun wisset ihr, was ihr zu tun habet, und so ziehet denn in Meinem Namen in die Burg! Amen."

9. Hier fingen unsere Boten wieder an, ihren Weg fortzusetzen, und begaben sich sogleich in die goldene Burg und trafen in derselben in einem ungeheuer großen Saale gerade die tausend Räte mit dem Scheinkönige in der Mitte in einem gar wichtigen Rate versammelt.

10. Sie berieten gerade unter sich, wie sie dieser zehn Feuerungeheuer könnten ledig werden.

11. Als sie aber gerade zu dem Behufe eine gar scheußlich heuchlerische Maßregel verarbeiteten, derzufolge sie beschlossen, scheinhalber die Worte der zehn mit großer Andacht anzuhören und sich dem Äußeren nach daran

zu kehren, dem Innern nach aber dennoch kein Mittel unversucht zu lassen, um die Feuerboten aus der Stadt zu bringen, – da traten plötzlich zum Entsetzen aller der tausend Räte samt ihrem Scheinkönige die zehn in den Ratssaal und sprachen:

12. „Der Friede mit euch! Nach eurem Plane werdet ihr uns nimmer aus der Stadt bringen; wenn aber unsere Zeit aus sein wird, da werden wir zu eurem Untergange schon ohnehin diese Stadt verlassen, – aber nach eurer Niederträchtigkeit nicht, sondern nach dem Willen Dessen, der uns zu euch gesandt hat!

13. Verstehet solches zum voraus, und machet euch gefaßt auf die Nachricht, die wir euch von Gott, dem allmächtigen Herrn, zu überbringen bemüßigt sind! – Öffnet daher nun eure Ohren, und vernehmet uns! Amen."

150. Kapitel
Die Rede des einen der tausend Räte an die zehn Boten
Die Ansprache des einen der zehn Boten an die tausend Räte

(Den 28. Okt. 1843)

1. Einer von den tausend Räten aber erhob sich und ging den zehn entgegen, verneigte sich nach der Hofsitte vor ihnen und sprach:

2. „Mächtige Abgesandte wahrscheinlich eines uns unbekannten Fürsten und Herrn über alle feuerspeienden Berge, deren es eine große Menge gibt um uns herum! Tretet näher, ja begebet euch in unsere Mitte und entlediget euch eures Auftrages an uns; denn sehet, der Saal ist groß, und wir sind unser viele! Daher müsset ihr euch schon so ziemlich in der Mitte des Saales aufstellen, auf daß wir alle euren sicher achtenswerten Vortrag wohl vernehmen können; denn wir sind große Freunde von guten Vorträgen und wollen auch alles befolgen, was wir als gut erkennen.

3. Sollte es aber darunter läppisches Zeug geben, so werdet ihr als sicher männliche Wesen höherer Art noch besser einsehen als wir, daß wir solches nicht annehmen können, das heißt nach unserm freien Willen.

4. Ihr könnet mit eurer entsetzlichen Macht als Wesen höherer Art uns wohl dazu zwingen; aber dann habt ihr dadurch wenig oder nichts erreicht und wir ebensowenig gewonnen von eurer außerordentlichen Gesandtschaft!

5. Und so wollet denn die Güte haben und dort in der Mitte an uns euren Vortrag richten; denn wir alle, samt dem Könige, haben unsere Ohren geneigt gemacht für eure Worte und erwarten von so außerordentlichen Wesen, wie ihr es seid, auch mit vollstem Rechte Außerordentliches!"

6. Hier begaben sich die zehn nach dem Wunsche des Rates in die Mitte des Saales, und einer von ihnen fing im Namen aller zehn folgende Worte an die gesamte hohe Ratsversammlung zu richten an, sagend nämlich:

7. „Freunde und Brüder, wenn ihr zurückdenket an eure Väter, so müsset ihr es euch gestehen, daß diese alle samt und sämtlich Nachkommen Adams und so ganz eigentlich Kinder Gottes waren zu den Zeiten noch, da Lamech, ein Zeitgenosse des noch lebenden Lamech auf der Höhe, als ein gotteslästernder König hier in dieser Stadt grausam das Volk der Tiefe regierte!

8. Es kann sicher mehreren von euch nicht ganz fremd und völlig unbekannt sein, was in derselben Zeit der Herr Himmels und der Erde alles getan hat, um fürs erste gar manche Torheiten auf der Höhe zu vernichten und dann die Tiefe zu reinigen von allem Unrate der euch sicher nicht ganz unbekannten alten, gar bösen Schlange.

9. Ferner werdet ihr wissen, wie eure Väter die reinen, von Gott so hoch gesegneten Berge verließen und herab in die schon stets wieder unreiner werdenden Tiefen gezogen sind, während es ihnen doch der Hohepriester Lamech auf der Höhe, der noch lebt, sicher hinreichend gezeigt hatte, wie undankbar, Gottes, ihres heiligen Vaters, unwürdig, und wie unheilbringend solch ein Unternehmen ist.

10. Allein eure Väter kehrten dem Lamech den Rücken; lüstern nach den feinen Weibern der Tiefe, liefen sie scharenweise herab, manche sogar Weib und Kinder auf der Höhe zurücklassend.

11. Dies ist eine unleugbare Tatsache; ihr könnet sie bei tausend noch lebenden Zeugen einholen, so ihr uns nicht glauben möchtet!

12. Ihr seid nun aber Kinder der Kinder Gottes auf der Höhe, habt euch zu mächtigen Herrschern der Tiefe von selbst aufgeworfen, ohne von Gott nur im geringsten dazu berufen zu sein.

13. Ihr habt den rechtmäßigen König Uraniel erstlich verführt, dann erdrückt und getötet; seine Söhne habt ihr einmal gestäupt, das andere Mal verhöhnt, als sie euch an Gott ermahnt haben.

14. Anstatt der anbefohlenen Öffnung der beiden Tempel des Herrn habt ihr nur eine elende Stadtpolizei krëiert (*geschaffen*) und habt schon vielseitig den Götzendienst eingeführt und den Glauben an den einen wahren Gott förmlich verboten und habt das Volk mit den fluchwürdigsten Steuern belastet.

15. Saget, urteilet nun selbst, was ihr euch dadurch von dem ewig wahren Gott und Herrn aus für einen Lohn verdient habt!

16. Redet nun, wir wollen euch mit aller Geduld anhören; und so ihr ausgeredet werdet haben, dann wollen wir wieder weiter mit euch reden! – Urteilet und redet daher! Amen."

151. Kapitel

Die heimliche Besprechung der Tausend. Die Einrede der zehn Boten als echte Gedankenleser. Das Ultimatum der zehn Boten und ihr Abzug aus der Burg
Die Verlegenheit der tausend Räte

(Den 30. Okt. 1843)

1. Und die Räte, als sie solches von den zehn vernommen hatten, rümpften unter sich ganz entsetzlich die Nasen und besprachen sich also heimlich untereinander:

2. „Was wollen wir da und überall anderes tun, als auf gerade und ungerade in die Ysopstaude beißen, und sollte sie noch so sauer, bitter und zusammenziehend sein, als sie ist; denn mit Gewalt dagegen sich auflehnen, hieße nichts anderes, als geradezu Öl ins Feuer gießen.

3. Also ist es auch mit der Politik! Wir können mit ihr wohl gegen die Blindheit der Menschen agieren; aber

was können wir gegen diese damit ausrichten, die uns schon auf den ersten Augenblick klein durchschaut haben?!

4. Was wir aber dagegen dennoch tun können, das bestehe darin, daß wir diesen Boten vorher noch ganz sonderlich kritische Gegengründe zu verkosten geben wollen, bis wir ihre Petitionen völlig annehmen werden!

5. Wir sind nicht auf den Kopf gefallen und haben unsern Verstand nicht verkeilt; dieser soll diesen zehn bis zur Eröffnung der beiden Tempel noch genug zu schaffen geben! Und bei dem hat es vorderhand zu verbleiben!"

6. Nach diesem Geheimbeschlusse wandte sich dann einer von den zehn zu den Räten und sprach:

7. „Meinet ihr weise und überklug sein wollenden Räte, uns sei euer Geheimbeschluß entgangen? – Oh, da irret ihr euch ganz übergroß!

8. Der Herr Himmels und der Erde hat das Gehör unseres Geistes so sehr geschärft, daß wir eure geheimsten Gedanken gleich überlaut ausgesprochenen Worten vernehmen!

9. Was wollet ihr demnach machen mit eurer verschmitzten Überklugheit?

10. Glaubt ihr, wir würden kaum imstande sein, eurer elenden Verstandeskritik zu begegnen?

11. O ihr Toren, was ist euer Verstand nun? – Nichts als ein mattester Nachschimmer jener hellen Weisheit, die einst eure Urväter in so hehrem Glanze besaßen, der da gleichkam einer aufgehenden Sonne!

12. Dieselbe Weisheit aus Gott aber besitzen wir noch im ungetrübten Maße, – und ihr wollet es mit ihr mit eurem Nachschimmer aufnehmen?!

13. O was für Tollheit gehört dazu, um das nicht einzusehen, daß die Finsternis sich nur so lange halten kann, als das Licht nicht kommt; ist aber das Licht gekommen aus den Himmeln, was wollet ihr da noch mit eurer Finsternis?

14. Wahrlich, wie die Nacht flieht vor der aufgehenden Sonne und allenthalben völlig zunichte wird vor dem hellsten Glanze der Sonne, also muß auch all euer Verstand dort und da plötzlich weichen und völlig zunichte werden, wo das Licht Gottes aus uns wird zu strahlen anfangen!

15. Es wird aber hier überhaupt nicht darauf ankommen, daß wir uns mit euch in lange Lehren und Unterredungen einlassen werden, sondern wir haben von euch bloß nur zu verlangen, und ihr habt dagegen uns Gewährung zu leisten!

16. Unseren Willen, der uns von Gott ist gegeben worden, haben wir euch kundgetan, und mehr braucht es nicht!

17. Wollet ihr darnach handeln, so wird es wohl und gut für euch und fürs ganze Volk sein; wollet ihr aber das nicht, so nehmt die volle Versicherung von uns, daß wir euch zu nichts zwingen werden, weder durch unsere Feuermacht, und noch weniger durch unsere Weisheitssprache!

18. Erwartet daher ja nicht, daß wir uns nun länger unter euch aufhalten werden und euch herzrührende Ermahnungen geben werden; das gebührt sich nur für Arme und Schwache.

19. Für euch aber ist nichts, als entweder blinder Gehorsam, wie ihr ihn vom Volke verlangt, oder das Gericht; denn der Herr tut mit euch, wie ihr es tut mit dem Volke!

20. Das waren unsere letzten Worte an euch; tuet sie, oder tuet sie nicht! Amen!"

21. Hier verließen die zehn alsbald wieder den Saal und die Burg und be-

gaben sich von da wieder zurück zu dem Gastwirte, der ihnen ehedem Kost und Wohnung angetragen hatte.

22. Die Räte aber kratzten sich gar gewaltig hinter den Ohren; denn sie wurden nun von allen Seiten her vernagelt und wußten nicht, wo aus und wo ein. Denn tun sie nach den Worten der zehn, so entblößen sie sich vor dem Volke; und tun sie nach eigenem Rate, so haben sie die Drohung der zehn wider sich.

23. Also war hier für die Räte ein guter Rat sehr teuer.

152. Kapitel
Die Beratung der Tausend. Die kluge Rede des einen und sein Vorschlag zur Auswanderung. Die Uneinigkeit der Tausend

(Den 31. Okt. 1843)

1. „Was wollen wir nun tun?" war die allgemeine gegenseitige Frage der Räte, wie ihres Scheinkönigs.

2. Einer aber aus der Mitte der Räte erhob sich und sprach laut: „Brüder, höret mich an; mir ist nun ein ganz entsetzlich gescheiter Gedanke durch den Kopf gefahren!

3. Ihr alle habt euch ehedem noch in Gegenwart der Schreckensmänner also ausgesprochen, daß diese durch unsern Verstand noch so manche Nuß sollen vorher aufzuknacken bekommen, bevor wir das ins Werk setzen werden, was sie von uns verlangen.

4. Also auf den Sieg unseres Verstandes haben wir die Sache angelegt! Ja, unser Verstand soll auch siegen über ihre Weisheit! – Aber wie?

5. Ich sage euch: Auf die leichteste Art von der Welt!

6. Ihr alle, wie ich, sehet nun sicher ein, daß es mit unserer Herrschaft in dieser Welt völlig zu Ende ist!

7. Was wollen wir hier noch weiter: entweder die offenbare Verfolgung abwarten, die uns von Seite des Volkes bevorsteht, wenn es einmal von diesen zehn Boten, gegen die wir nichts vermögen, durchgehetzt und gegen uns aufgewiegelt sein wird, oder abwarten den Erfolg der Drohung, die uns allerlöblichst von den zehn verheißen ward? –

8. Ich meine, da dürfte doch eines so dumm als das andere sein!

9. Gehet und öffnet dem Volke die zwei alten Tempel, und saget ihm, daß es mit der Verehrung der von uns eingeführten Bildsäulen aufzuhören habe! Was wird das Volk dann tun? – Es wird uns um die Ursache fragen, warum nun solches geschehe!

10. Frage, – sehr bedeutungsvolle Frage: Was sagen wir dann?

11. Lügen dürfen wir nicht; denn davor warnt uns die Drohung der zehn, die Erhaltung unseres Lebens.

12. Stumm können wir die Tempel nicht öffnen; denn die Tempel haben ihre gewissen geheimen Wächter, die uns vor dem Volke zuerst fragen würden, warum wir das täten. Und da müssen wir – wollen oder wollen wir nicht – mit der Wahrheit heraus und müssen beim Verluste unseres Lebens sagen:

13. ‚Wir haben euch, ihr alten Bewohner dieser Stadt, mit List und Gewalt aus unseren Hab- und Herrschrücksichten betrogen, haben euch den einigen, ewigen, wahren Gott und Herrn hinausgelogen und hinaus-

geprügelt und sogar mit der grausamen Todesstrafe hinausgetrieben!

14. Nun aber hat Sich dieser euer alter, wahrer Gott eurer Not, an der wir allein schuld sind, erbarmt, hat zu uns, euren falschen Herren, gar mächtige Strafboten gesandt und ließ durch diese mit Feuergewalt uns strafen und dazu antreiben, daß wir vor euch wieder die alten Tempel des wahren Gottes eröffnen müssen und nun allen unsern Betrug an euch wieder gutmachen müssen!'

15. Sehet, das ist die nackte Wahrheit; wer von uns aber wird dem Volke diesen löblichen Vortrag halten?

16. Machen wir ihn nicht, so werden wir alsbald die schönen Flammen um uns aus der Erde hervorschlagen sehen; denn dessen hat mich einer von den zehn ganz insgeheim gewisserart tröstlich versichert.

17. Machen wir aber diesen herrlichen Vortrag, dann möchte ich wahrlich nicht Augenzeuge sein von dem überaus fruchtbaren Steinregen, der sich aus den sehr elastischen Händen des Volkes über unsere Großherrlichkeit ergießen wird!

18. Tun wir aber gar nichts und bleiben hier in der Burg, uns fort beratend, sitzen, dann wird uns das Volk schon finden, und es wird uns mit einer solchen Ehrenbezeigung entgegenkommen, über die uns allen sogleich das Hören und Sehen vergehen wird!

19. Mein Rat gegen alle diese sicheren Kalamitäten wäre demnach der: Da für uns hier offenbar kein Weizen mehr blüht, da lassen wir früh genug alles schön sauber im Stiche!

20. Die Erde ist groß! Wir ziehen mit unseren Weibern und Kindern und mit unseren Schätzen, soviel wir deren nötig haben, hinaus – dadurch haben wir mit unserem Verstande offenbar gegen diese zehn Weisen gesiegt –, suchen uns auf der Erde irgendwo ein Plätzchen auf und leben dann dort ferner ganz unbeirrt von ähnlichen Boten und lassen dabei den alten Gott einen guten Mann sein!

21. Was sagt ihr zu diesem meinem Rate?"

22. Mehrere waren damit einverstanden; andere aber waren der Meinung, es würde das Hinauskommen sicher auch einigen Anstand haben. Übrigens seien sie der Meinung, wenn sie recht täten, so dürften sie die zehn eher schützen vor der Wut des Volkes, als sie derselben preisgeben.

23. Und so blieben drei Tage lang die Meinungen geteilt; die Folge aber wird es zeigen, wie am Ende die Sache ist entschieden worden.

153. Kapitel
Die Auswanderung der sechshundertfünfzig Räte nach Oberägypten

(Den 2. Nov. 1843)

1. Der erste Redner aus den Räten, dem es bloß ums Fersengeld zu tun war, aber besann sich nicht lange über die Einwendung der Rechttunwollenden, sondern war alsbald mit folgender Einrede fertig, welche also lautet:

2. „Wißt ihr was? – Weil ihr euer Vorhaben für rätlicher findet als das meinige, so machen wir es also: Diejenigen von euch, die da sicher besserermaßen mit mir völlig einverstanden sind, die befolgen meinen Rat, nehmen wie ich ihre Weiber und ihre Kinder und ihre Schätze, packen alles auf unse-

re zahmen Kamele und ziehen als Verstandessieger mit mir ab!

3. Die aber, hier verbleibend, recht tun wollen und eine große Lust haben, vom Volke mit Steinen begrüßt oder bei den allerbesten Umständen doch wenigstens aus der Stadt gestäupt zu werden, die mögen ja nach ihrem Wollen alle diese Tormente (*Martern*) hier abwarten und sollen sich dann von der traurigen Folge die Lehre nehmen:

4. ‚Es wäre denn doch besser gewesen, mit heiler Haut abzuziehen, mit der Siegesehre des Verstandes, als mit einem gesteinigten oder wenigstens gestäupten Rücken und unter vielfacher Schande, Verspottung, Verhöhnung und Verwünschung!'

5. Ich aber bin der erste, der da geht! Wer mir folgen will, der folge; wer aber nicht, der tue, was ihm heilbringender und besser dünkt!"

6. Hier erhoben sich sechshundertfünfzig und sagten: ,,Wir folgen deinem Rate; sollte es uns aber bei dem Tore schlecht gehen, durch das wir hinausziehen werden, da siehe du zu, daß dir der so sicher gemeinte Sieg deines Verstandes nicht zu kurz wird!"

7. Hier empfahlen sich die zur Flucht Geneigten und gingen in ihre Wohnung, nahmen ihre Weiber, Kinder und Schätze, belasteten die Kamele und begaben sich noch am selben Tage auf den Weg.

8. Und viel Volkes war versammelt auf den Gassen und erstaunte nicht wenig über diesen Zug ihrer sonst so gestrengen Herren. Niemand wußte, was das zu bedeuten haben solle, und jedermann war voll der bangsten Erwartung, was daraus werden würde.

9. Manche aber sagten: ,,Das ist sonderbar! Die Herren mit Weib und Kind und allerlei Gepäck, und keine Wehrmannschaft dabei, ziehen hinaus! Was soll das heißen, was für Bedeutung haben?

10. Denn es sieht nicht einmal einer Lustwandlung gleich, noch weniger einer Länderbereisung; denn bei solchen Gelegenheiten zogen sonst ja doch allzeit ganze Legionen Waffenmänner mit!"

11. Kurz, das Volk zerfragte sich kreuz und quer! Es lief in die Gassenämter und fragte; allein auch diese wußten dem Volke keinen Bescheid zu erteilen.

12. Und unsere Räte als Verstandessieger zogen von dannen, ohne im geringsten irgend aufgehalten zu werden; denn niemand getraute sich, sie zu fragen, wohin sie zögen.

13. Sie nahmen aber eine solche Richtung, daß sie nach dem heutigen Ägypten kamen und sich im oberen Teile, in der Gegend von Elephantine, dieses Landes niederließen, sich dort sogleich eine kleine Stadt erbauten und dort wohnten.

14. Und das waren die ersten Bewohner dieses Landes.

15. Die Schrecknisse dieses Landes nötigten sie, sich wieder zu Gott zu kehren; und so ward dieses Land bald ein reiches und mächtiges.

16. Was aber taten nun die gebliebenen Räte? – Davon in der Folge!

154. Kapitel
Die Beratung der zurückgebliebenen Räte. Die Auswanderung von
weiteren zweihundertfünfzig Räten

(Den 4. Nov. 1843)

1. Einer von den zurückgebliebenen und recht tun wollenden Räten aber erhob sich am dritten Tage und sprach zu den übrigen:

2. „Höret mich an, ihr samt mir recht tun wollenden Räte! Nach der Nachricht, die uns von den Torwachen überbracht wurde, haben wir ersehen, daß unsere sechshundertfünfzig Brüder ohne den allergeringsten Anstand hinausgewandert sind; nichts hat sie in ihren Schritten und Tritten beirrt.

3. Wir wissen nun, daß ihnen ihr Verstandessieg gelungen ist; ob uns aber unser Rechttun also gelingen wird, das steht noch nirgends geschrieben! Ob etwa am Ende nicht nach des abgegangenen Mitratsbruders Worten uns begegnet wird?! Das steht auch nirgends geschrieben!

4. Ich meine daher, auch wir sollten lieber das Sichere ergreifen und dem wackeren Beispiele unserer Brüder folgen, als hier den allzeit höchst bedenklichen Ausgang unseres mißlichen Rechttunwollens abwarten! Es ist ohne Zweifel besser, als Herr hinauszuziehen, als am Ende hinausgetrieben zu werden als ein verächtlicher Volksbetrüger!"

5. Ein anderer aber erhob sich gegen den ersten Redner und sprach: „Freund, du redest ohne Erwägung des günstigen Umstandes für uns, der darin besteht, daß wir nun eben dadurch vor allem Volke als sehr begünstigt dastehen müssen, indem wir nun alle Schändlichkeit und tyrannische Willkür in der Staatsverwaltung auf unsere entwichenen Brüder legen können und können uns das noch obendrauf zugunsten kommen lassen und können ohne die geringste Widerrede sagen: wir hätten selbst die Wüteriche hinausgetrieben durch unserer Rede Macht, um nun wieder die alte, göttliche Ordnung einzuführen, wie sie einst unter Lamech bestanden hatte!

6. Und die verhängnisvolle Wahrheit, die wir vor dem Volke von uns aussagen sollten, können wir nun auch ohne Anstand und ohne üble Folgen auf unsere abgegangenen Brüder wälzen, und wir stehen dann vor dem Volke ja nur als außerordentliche Wohltäter da, aber nicht als solche verruchte Tyrannen, die das Volk in jeder Hinsicht so schändlichst bedrückt hatten!

7. Bei solcher effektiven Äußerung wird das Volk über uns ja nur jubeln müssen und wird sicher nicht zu den Steinen oder Ruten greifen! Das Mittel ist nun das unschuldigste und unschädlichste von der Welt, und der Zweck ist dem Willen des alten Gottes vollkommen gemäß; was wollen wir mehr? – Daher also gehandelt, und alles muß gut gehen!"

8. Und der erste Redner erwiderte diesem: „Für diesen günstig scheinenden Umstand wünsche ich dir sehr viel Glück und ein ganz außerordentlich schönstes Wetter dazu; daß aber ich mich bei solch deinem günstig scheinenden Vortrage an das Volk etwas ferne halten werde, das kannst du heute noch auf einer ehernen Tafel geschrieben von mir haben!

9. Hast du denn nicht gehört, was unser abgegangener Vorredner gesagt hatte, was vor den zehn Boten ein jeder Lügner zu erwarten hat?! Wenn du aber das Volk zu unserer Vergunstung (*zu unseren Gunsten*) also anlügen

willst, – frage – hast du da schon mit den zehn geredet und von ihnen die Versicherung erhalten, daß sie bei solcher Gelegenheit aus dir nicht sogleich eine brennende Fackel machen werden?

10. Waren nicht stets wir nur der böswilligste und herrschsüchtigste Teil?! Haben nicht hauptsächlich wir den Götzendienst eingeführt, die Polizei kreiert (*geschaffen*) und all die übermäßigen Steuern bestimmt?! Und nun sollen wir das alles auf die Abgegangenen wälzen, die allzeit besser waren als wir?!

11. Da gratuliere ich dir! Tue, was du willst; ich aber werde gehen, – und wer noch?"

12. Hier erhoben sich abermals zweihundertfünfzig und zogen mit Weibern und Kindern und einer Menge Dienern von dannen.

13. Diesen begegneten die zehn in einer Gasse und fragten sie: ,,Wohin des Weges?"

14. Diese aber sagten: ,,Mit eurer Erlaubnis hinaus, wo die Welt ein Ende hat! – Lügen dürfen wir nicht, und so ist es besser hui – als pfui für uns!"

15. Und die zehn ließen sie ungehindert fortziehen und sahen sich nicht mehr nach ihnen um.

155. Kapitel

Des Herrn Worte an die zehn Boten und deren Ultimatum an die einhundert zurückgebliebenen Räte. Die Räte in der Enge

(Den 6. Nov. 1843)

1. Der Herr aber sprach zu den zehn Boten: ,,Gehet nun hin zu den noch übrigen hundert Räten, vernehmet sie und stellet ihnen dann Meine Sache vor!

2. Stellet ihnen einen Termin von sieben Tagen und saget zu ihnen: ,Wo ihr nicht binnen dieser Zeit des Herrn Willen erfüllen werdet, so möget ihr dem Beispiele eurer Vorgänger folgen; werdet ihr aber des Herrn Willen erfüllen, so soll euch unsere Faust decken!'"

3. Also sprach der Herr zu den zehn, und diese begaben sich eilends hin zu den noch übrigen hundert Räten.

4. Als diese die zehn Schreckensmänner erschauten, erschraken sie so sehr, daß sie bebten, als stünden sie schon am Rande des ewigen Abgrundes.

5. Die zehn aber sprachen: ,,Der Friede von oben sei mit euch! Fürchtet euch nicht zu sehr vor uns; denn wir sind ja keine Unglücksboten an euch, sondern wir sind von Gott erwählte Überbringer Seines Willens an euch alle nur.

6. Euer zeitliches und ewiges Wohl führt unsere ewig wahre Gesandtschaft im Schilde; daher ermahnen wir euch, zu tun, was ihr jüngsthin von uns vernommen habt, und setzen euch zu diesem Behufe einen Termin, laut dem ihr sieben Tage noch Bedenkzeit habt, zu tun oder nicht zu tun des Herrn Wort an euch!

7. Werdet ihr es nicht tun, da könnet ihr alsbald folgen euren Vorgängern, oder euch sollen eure Fäuste und die Fäuste eurer Genossen decken; werdet ihr aber das Wort des Herrn erfüllen, da sollet ihr von unseren Fäusten gedeckt werden!

8. Also lautet des Herrn Wille, also des Herrn Wort!

9. Erfüllet es frei, so sollet ihr auch frei werden; erfüllet ihr es als Knechte, so sollet ihr auch als Knechte verbleiben; erfüllet ihr es gezwungen, so sollet ihr fortan unter dem Zwange stehen wie das Getier der Wälder, und die Freiheit soll nimmer euer Los sein! Fliehet ihr aber, so sollet ihr Flüchtlinge verbleiben bis ans Ende aller Zeiten!

10. Wehe aber einem jeden Lügner aus euch; denn wer da lügt, den wird der Herr züchtigen mit flammender Rute! Amen."

11. Hier verließen die zehn wieder die Räte; als sie aber hinweg waren, stand alsbald einer von den noch hundert Räten auf und sprach:

12. „Freunde, Brüder! Nun stehen und sitzen wir von allen Seiten fest vernagelt hier und da!

13. Sieben Tage Termin! Tun wir, was wir nur immer wollen, so sind entweder Fäuste, oder ewige Flucht, oder ewige Knechtschaft, steter Zwang, oder gar flammende Ruten über uns!

14. Wir haben demnach hier nichts zu tun, als aus allen den angebotenen Übeln das kleinste zu wählen, und das ist nach meiner Meinung offenbar die Flucht! Lasset aber doch auch ihr eure Meinung vernehmen, auf daß wir im besten Teile einig werden!"

15. Hier fingen die Räte an, untereinander sich zu beraten drei Tage lang; die Folge aber wird es zeigen, zu welchem Entschlusse sie am Ende gekommen sind.

156. Kapitel

Die gute Rede und der Opfermut des einen unter den hundert Räten
Die Öffnung der Tempel

(Den 7. Nov. 1843)

1. Und ein anderer von den Räten erhob sich und sprach: „Brüder, ich glaube die Worte der zehn richtiger verstanden zu haben als jemand anderer und meine daher nicht unrecht zu haben, so ich mich geradezu gegen die Flucht erkläre!

2. Denn mit Fäusten decken heißt doch offenbar nicht jemanden schlagen, sondern nur jemanden schützen; wenn uns aber die zehn schützen, so wir das Rechte tun, warum sollte da die Flucht als das rätlichste und einzig beste Mittel angesehen werden?!

3. Tun wir frei das Rechte, und wir können versichert sein, daß uns allen darob kein Haar gekrümmt wird; denn der alte Gott, der ewig getreu und voll Liebe und Nachsicht ist gegen diejenigen, welche reuig und vollkommen wieder in Seine heilige Ordnung zurücktreten, wird auch über uns nicht glühende Steine regnen lassen, wenn wir in Seine heilige Ordnung, die Er von Ewigkeit festgestellt hat, wieder reuigen und getreuen Herzens zurückkehren!

4. Gebet mir die goldenen Schlüssel heraus, und ich scheue mich nicht, mit hundert Herolden auszuziehen, die Öffnung des Tempels allerorts in der Stadt laut zu verkünden und dann im Angesichte einer zahllosen Volksmenge den Tempel in der Ebene, wie den auf der Höhe zu öffnen!

5. Wer von euch mit mir ziehen

will, der ziehe; wer sich aber das zu tun nicht getraut, der bleibe im Namen des Herrn daheim! Aber an die schmähliche Flucht sollte niemand von uns mehr denken; denn diese haben die zehn Boten ja offenbar als eine barste Strafe erklärt!

6. Ich aber will mich wieder ganz vollernstlich zu Gott zurückwenden; daher werde ich nimmer fliehen! Lieber will ich von den Zornflammen Gottes auf dieser Stelle hier verzehrt werden, als nur einen Schritt weit fliehen vor Gott, dem Allmächtigen, der mich überall ergreifen und richten kann! –

7. Dir, o Gott und Herr, aber gelobe und schwöre ich hier meine volle Umkehr und dann die lebenslange Treue! Dir allein will ich von nun an dienen und Dich lieben aus allen meinen Kräften die Zeit meines ganzen Lebens! Amen."

8. Diese energische Rede machte alle anderen Räte stutzen, und es getraute sich keiner mehr, gegen ihn aufzutreten.

9. Er aber verlangte die Schlüssel von den Räten, und die Räte sprachen: ,,Willst du uns denn alle ins Verderben stürzen?"

10. Der Redner aber erwiderte: ,,Nein, das will und werde ich nicht! – Gebt mir aber die Schlüssel, und ich will für euch alle die Schuld allein auf mich nehmen! Ja hier will ich einen Lügner machen und will als der am wenigsten Schuldige unter euch mich als den allein Schuldigen vor allem Volke anklagen, auf daß alle Strafe über mich komme und ihr frei und als gerechtfertigt erscheinet! Aber gebet mir die Schlüssel, damit ich euch errette!"

11. Hier gaben die Räte dem Redner die Schlüssel, und dieser nahm sie mit großer Rührung seines Herzens, und nahm noch hundert gute Redner aus den vielen Hofdienern und ging dann und verkündete durch alle Gassen die Öffnung der alten Tempel.

157. Kapitel

Die erfolgreiche Tätigkeit des wackeren Ratsherrn als Bußprediger unter dem Volke

(Den 8. Nov. 1843)

1. Wacker verkündigte unser Rat mit seinen hundert Gehilfen drei Tage lang in der ganzen Stadt die Öffnung der beiden Tempel und sandte zu dem Behufe noch andere in der Stadt neu angeworbene Redner in die weiten Vorstädte und ließ dort ebenfalls verkünden, was da in Hanoch zu geschehen habe.

2. Alle Gassenamtleute und alle Torwächter machte er sogleich zu lauter Aposteln und sandte mehrere wohlunterrichtet hinaus in die fernen Provinzen sogar und ließ ihnen, das heißt den Bewohnern dieser Provinzen, und ganz besonders den Vasallenfürsten die Öffnung der Tempel ankündigen, sowie auch streng die Umkehr zum alten Gotte befehlen.

3. Überall ward gesagt, daß ein jeder, der nur immer abkommen könne, sich ja bei der Öffnung der beiden Tempel einfinden solle, um da von den neu anwesenden zehn wundermächtigen Boten Gottes belehrt und gesegnet zu werden.

4. Dieser Rat (*Ratsherr*) ward – trotz dem, daß er allenthalben vor dem Volke alle Schändlichkeiten, die er (sie zumeist auf sich nehmend) verüben

ließ, bekannte – mit einem solchen Jubel aufgenommen und nahezu auf den Händen in allen Gassen herumgetragen, daß man etwas Ähnliches nie erhört hatte, und von einem Steinigen war schon gar nie eine Rede; denn er goß ja allenthalben, wo er nur immer hinkam, Öl und den köstlichsten Balsam auf die wunden Herzen der Einwohner der großen Stadt.

5. Viele Bürger fragten ihn mit der größten Sanftmut und Liebe: „Aber wie ist das möglich, du erhabener Herr, daß du, vor dem ehedem jedes Menschenherz zitterte, nun ein heilbringender Trostengel des alten Gottes, dieses heiligen, ewig alleinig wahren Allvaters, geworden bist? Führt dich dein eigener oder des Jehova Geist?

6. Fürwahr, es gibt keinen erhabeneren Anblick, als so irgendein Feind zum Freunde wird; aber noch ergreifender ist für jedermann, so ein Verfolger einer guten Sache endlich zum eifrigsten Beförderer derselben wird! Und das ist mit dir der lebendigste Fall!

7. Oh, wie glücklich sind wir nun durch dich! Wahrlich, du sollst allein unser Leiter und Führer verbleiben!

8. Aber warum entfernten sich denn sicher bei neunhundert Herren bei dieser so endlos uns alle beglückenden Gelegenheit aus der Stadt und kommen von keiner Seite mehr wieder zurück?"

9. Da sprach der Apostelrat: „Was da eure erste Frage betrifft, so führt mich offenbar der Geist Jehovas, der mir gegeben ward aus dem Munde zehn neuer Wunderboten Gottes aus der Höhe, die ihr bei der Öffnung der Tempel werdet kennenlernen.

10. Was aber eure zweite Frage betrifft, so zogen die neunhundert Herren darum für alle Zeiten aus der Stadt, weil sie besser waren als ich. Sie schuldeten euch weniger als ich; daher gingen sie, um euch die Lasten zu ersparen.

11. Ich aber als euer größter Schuldner konnte doch nicht eher aus der Stadt, bis ich an euch so manche große Schuld zurückbezahlt haben würde! Nun aber bin ich zu euch gekommen, um euch alle Schuld zu erstatten; darum erkennet mich auch als solchen, und folget meinem Rufe!"

12. Je mehr aber unser Rat die Schuld auf sich nahm und die andern entschuldigte, mit desto größerer Liebe ward er aufgenommen und vom Volke auf den Händen getragen.

158. Kapitel
Die Öffnung der Tempelpforte durch Ohlad, den guten Ratsherrn

(Den 9. Nov. 1843)

1. Der siebentägige Termin ward zu Ende, und für den achten Tag, der gerade ein Sabbat war, wurde von dem einen Rate die Öffnung des Tempels festgesetzt.

2. Tausende und Tausende von Menschen jeden Alters und jeden Geschlechtes harrten am weiten Platze um den runden Vorhof.

3. Der eine Rat, namens Ohlad, stand ebenfalls schon lange schlagfertig vor der goldenen Pforte des Vorhofes; aber die zehn Boten säumten und wollten nicht zum Vorscheine kommen.

4. „Was soll das? Wo bleiben denn die zehn Wunderboten? Ist ihnen etwa etwas zugestoßen? Oder ist ihnen der Tag nicht recht?", so fragte man sich

hin und her, und niemand wußte dem andern Bescheid zu geben.

5. Man wandte sich an den Rat Ohlad und fragte ihn gleicherweise.

6. Dieser aber erwiderte: „Meine Brüder und Freunde! Geduld ist des Menschen erste Pflicht; denn ohne diese verdirbt er alles Edle, das er gepflanzt hat!

7. Gott der Herr Selbst ist von größter Geduld und kann hundert Jahre harren auf unsere Besserung; und ist diese in solcher Zeit nicht erfolgt, dann sendet Er erst Boten und mächtige Lehrer, welche die verirrte Menschheit wieder mit aller Geduld auf den rechten Weg zu bringen haben.

8. Ist das geschehen, so zieht der Herr wieder ganz gelassen und übergeduldig Sein Strafgericht zurück und sieht dann lange wieder ganz überaus langmütig und geduldig zu, wie die Menschen Seiner nach und nach zu vergessen anfangen und sich hinauskehren zur Welt und zum Tode.

9. Also ist es auch unsere Pflicht, bei jeder Gelegenheit geduldig zu sein! Wenn es dem großen Gotte wohlgefallen wird, werden die zehn Boten schon kommen; sollten sie aber auch gar nicht kommen, da wollen wir deshalb nicht murren, – denn nicht der Boten, sondern nur allein des allmächtigen großen Gottes willen werden die Tempel geöffnet!

10. Zudem habe ich ja auch niemandem die vollste Versicherung gegeben, als müßten darum die Boten ganz völlig bestimmt bei der Öffnung der Tempel zugegen sein, sondern ich sagte nur, daß sie ganz sicher zugegen sein würden, – was aber die vollste Gewißheit noch nicht verbürgt!

11. Daher werde ich nun auch auf die Boten nicht länger mehr warten, sondern mich sogleich an das heilige Werk machen; denn wie gesagt: nicht den Boten, sondern allein Gott dem Herrn gilt die Öffnung der Tempel!"

12. Mit dieser Rede war alles Volk einverstanden und lobte den Rat Ohlad.

13. Ohlad stimmte nun dem Jehova ein gar rührendes Loblied an und steckte den Schlüssel in das feste Schloß der Pforte und wollte ihn schon umdrehen.

14. Da riefen plötzlich kräftige Stimmen: „Halte ein; denn noch ist es nicht völlig an der Zeit!"

15. Ohlad sah sich schnell um und ersah die zehn herbeieilen. Als er dieser ansichtig ward, da fing sein Herz an, vor höchster Freude zu beben, und er sprach zum Volke: „Sehet, sehet, sie kommen, die Geheiligten Gottes!"

16. Das Volk aber fing an, zu schreien und Gott zu loben, und segnete den Ohlad, da es nun an ihm einen völlig wahrhaftigen Mann erkannte.

17. Und die zehn kamen unterdessen zum Ohlad und segneten ihn und legten ihm sogleich ihre Hände auf.

18. Als das geschehen war, da erst hießen sie ihn den Schlüssel umdrehen; denn nun erst war Ohlad fähig, den Tempel ohne Schaden zu öffnen.

19. Was aber bei der Öffnung ferner geschah, wird die Folge zeigen.

159. Kapitel

Die feurige Wolke auf der Tempelkuppel. Ohlads würdige Rede
Die Besprechung der zehn mit Ohlad

(Den 10. Nov. 1843)

1. Als die Pforte nun geöffnet dastand, da wurde die runde Kuppel des Tempels plötzlich mit einer feurigen Wolke bedeckt, und Tausende der heftigst krachenden und den mächtigsten Donner erregenden Blitze entstürzten derselben.

2. Alles Volk wehklagte und stand zumeist vom Schrecken betäubt da und erwartete ein gar schreckliches Gericht.

3. Viele wären gerne davongeflohen, aber sie getrauten sich nicht; denn sie fürchteten sich, daß darob Gott noch zorniger werde.

4. Ohlad aber, selbst mächtig betroffen, sprach zu den zehn: „Ich habe Gott dem Herrn meine Treue geschworen! Darum fürchte ich die Blitze nicht, und dichter, als der mächtigste Hagel dem Himmel entstürzt, sollen diese auf mich darniederstürzen und sollen mich und die ganze Erde verzehren! Meinen Leib können sie zum Tode dahinbeugen, aber meinen Willen ewig nimmer!

5. Gott, Du Allmächtiger! Du hast mich wecken lassen durch diese Deine mächtigen Boten! Meine Liebe zu Dir ist erwacht, mein Geist hat Dich, o großer Gott, entdeckt und hat erfahren, daß Du der ewig allein Wahrhaftige, Getreue und über alles Mächtige bist; so will ich Dich denn auch lieben und ehren im Feuer Deines Zornes und Deines Grimmes!

6. Umhülle Deinen heiligen Tempel ganz mit Feuer, und ich werde in meiner Liebe zu Dir dennoch hinziehen und öffnen Dein Heiligtum und dann im selben hoch preisen Deinen allerheiligsten Namen!"

7. Als der Ohlad diese kräftige Anrede beendet hatte, da erstaunten die zehn über seinen gerechten Ernst, und einer von ihnen sprach zu ihm:

8. „Bruder, viel hast du dem Herrn gelobt, und gar ernst und willensfest klangen deine Worte! Aber was würdest du tun, so dich der Herr nun ernstlich auf die Probe stellen möchte?

9. Denn siehe, unser Wille ist wohl stark genug für uns gegenseitig, also unter uns Menschen, – aber dem Herrn gegenüber sind alle Menschen nichts, und ein Fünklein Seines Willens kann eine ganze Schöpfung erstarren machen, geschweige erst den Willen eines Menschen, wie da wir es sind!

10. Daher nimm du deinen zu großen Ernst lieber etwa bei guter Zeit zurück, – sonst dürfte es wohl geschehen, daß dir der Herr auf den Zahn deines festen Willens fühlen möchte!"

11. Diese Worte beugten den gerechten Sinn Ohlads nicht im geringsten; im Gegenteile erwiderte er den zehn nur: „Ihr mächtigen Freunde Gottes möget wohl recht haben! Hätte ich meine Treue und Liebe einem Menschen geschworen, da dürfte es sein, daß ich mit mir handeln ließe; aber ich habe sie Gott geschworen, und da soll mich eher ein feuriger Abgrund verschlingen, ehe ich auch nur um ein Atom groß weiche von meinem Gott geweihten Vorhaben! – Hier ist der heilige Schlüssel! Hin damit zur heiligen Pforte! Amen."

12. Als der Ohlad diese Worte noch kaum ausgesprochen hatte, da umhüllte sich gar düster der ganze Himmel; Orkane fingen an zu toben, Millionen Blitze entstürzten dem glühend wo-

genden Gewölke, und um den Tempel schlugen plötzlich mächtige Flammen aus dem Boden gar wild tobend empor.

13. Alles Volk ward starr vor Entsetzen, und die zehn fragten den Ohlad: „Nun, was wirst du jetzt tun?"

14. Der Ohlad aber sprach: „Mein Wille bebt nicht; daher vorwärts! Denn Blitze, Flammen und Orkane sind für den, der wahre Liebe zu Gott hat, keine Mauern!

15. Wird auch dieser Leib zerstört, so dringe ich aber dennoch mit meinem Geiste in den Tempel; denn die Flamme in mir ist stärker als all dies Schreckenszeug! Also vorwärts! Amen!"

160. Kapitel
Ohlad in der Feuerprobe

(Den 11. Nov. 1843)

1. Darauf ließ sich Ohlad nicht mehr aufhalten und ging rasch zum Tempel hin, der sich stets mehr in die allerheftigsten Flammen einzuhüllen anfing.

2. Als er den Flammen auf zehn Schritte nahe kam, da ging schon eine solche Hitze ihm entgegen, daß er sie nicht mehr zu ertragen vermochte, und die goldenen Schlüssel des Tempels wurden so heiß, daß er sie auch nimmer in der Hand zu halten vermochte.

3. Er blieb daher stehen eine kurze Zeit und dachte unter dem steten schrecklichen Toben der Orkane, der unzähligen Blitze und des gewaltigen Feuers:

4. „Was soll ich nun tun? Dem Tempel mich noch mehr zu nahen, ist unmöglich; denn zu groß ist der Flammen Hitze. Die Schlüssel kann ich jetzt schon kaum mehr halten, so heiß sind sie geworden; wie glühheiß werden sie aber erst werden, so ich mich noch mehr den unerträglich heißen und gar schrecklich wütenden Flammen nähern möchte?!

5. Ich weiß aber nun, was ich tun will! Wäre es des allmächtigen Gottes Wille, dieses Sein Heiligtum zu öffnen, da würde Er mir sicher keine solchen erschrecklichsten Hindernisse in den Weg legen!

6. Es ist also sicher Sein Wille nicht, die Tempel öffnen zu lassen! Daher will ich es nun auch also machen, wie ich es als Rat gemacht habe, wenn mehrere wider meine Aussprüche sich entgegensetzten, nämlich: Ich ziehe mich ganz bescheiden zurück, und lasse den Tempel öffnen, wem immer solches beliebt!

7. Es wäre fürwahr die größte Tollheit, wenn ein schwacher Mensch es nur mit der Kraft eines Riesentigers aufnehmen wollte, der stark genug ist, einem Riesenstiere den Kopf in Blitzesschnelle herabzureißen; wie toll aber müßte man als Mensch erst sein, mit Gott, dem allmächtigsten Wesen von Ewigkeit, in den offenbarsten Kampf zu gehen?!

8. O nein! O nein! Das tue ich nimmer; denn das Feuer ist heiß, – es brennt gar entsetzlich! Mit diesem Elemente kann es der Mensch nicht aufnehmen; daher sage ich jetzt nicht mehr: ‚Nur vorwärts!', sondern ganz bescheiden: ‚Nur zurück, – und das so geschwinde als möglich!'"

9. Damit wandte sich Ohlad um und ging sehr schnellen Schrittes zurück, allwo die zehn Boten standen.

10. Da angelangt, ward er sogleich von ihnen befragt, ob er den Tempel schon geöffnet hätte.

11. Er aber erwiderte: „Erhabene Freunde des Herrn, des allmächtigen Gottes! Das könnet ihr tun, die ihr mit dem Feuer sicher näher verwandt seid als ich; ich aber habe nun schon meine Schule durchgemacht und habe ganz klar in die Erfahrung gebracht, daß der Mensch sich nie an das Unmögliche wagen soll!

12. Hier sind die noch sehr heißen Schlüssel! Ich übergebe sie euch und somit meine ganze Amtswürde! Tuet damit, was ihr wollet; ich aber werde Gott in Seiner Macht anbeten und mich ganz zurück ins gemeine bürgerliche Leben ziehen!

13. Denn fürwahr, wo es mit Gott einen gar so mächtigen Haken hat, da ist Ihm nicht zu dienen! Ich erkenne Ihn nun und liebe Ihn, – aber weiter will ich mit Ihm nichts zu tun haben!

14. Daß ich nicht unwillig war, Ihm zu dienen mit dem größten Ernste, das habe ich vor aller Welt, wie vor euch, an den Tag gelegt; wenn Er mir aber darum ein solches Mordspektakel vor die Nase schiebt, das meiner Kraft zu mächtig überlegen ist, da ziehe ich mich zurück, und überlasse jedem andern dies Geschäft!"

161. Kapitel

Ohlads Belehrung durch einen der zehn Boten

(Den 14. Nov. 1843)

1. Und einer von den zehn stellte sich dem Ohlad in den Weg und sprach zu ihm: „Ohlad, wohin willst du fliehen, auf daß du dich verbergen könntest vor Gott?

2. Siehe an die große Himmelsdekke, dies feurige Gewölke, dem stets tausend und tausend Blitze entstürzen! Weißt du, wo ihr Ende ist?

3. Denkst du nicht, daß dich Gott der Herr in alle Ewigkeit verfolgen kann und du dich nirgends verbergen kannst vor Ihm?!

4. Höre mich aber weiter an: Durch diese Feuerstürme will der Herr, dein Gott, dir nicht zu erkennen geben, als wäre es Sein Wille nicht, daß du Seine Tempel eröffnetest, sondern Er will dir und allen fernen, wie den nahen und hier gegenwärtigen Völkern dadurch nur anzeigen, daß es Ihm um euch ganz vollernstlich ist!

5. Nicht spielen mit euch, sondern euch entweder zum ewigen Wohle gewinnen oder euch zu eurem Verderben richten will Er; denn frei denkende und frei wollende Wesen hat Gott nicht als eine Spielerei erschaffen, sondern aus ewigen allerhöchst wichtigsten Gründen hat Er sie erschaffen und hat ihnen die allerweisesten freien Gesetze gegeben, die sie zu halten haben, und hat ihnen auch allzeit wesenhaft gezeigt, daß diese Geschöpfe Seine Kinder sind, die Er mit unendlicher ewiger Liebe liebt!

6. Wenn sich aber die Sachen also verhalten, so wird es doch etwa klar sein, daß Gott durch diesen Feuersturm nur Seinen Ernst, nicht aber Seinen Unwillen gegen die Öffnung der Tempel zu erkennen gibt!

7. Laß daher den Mut nicht sinken; nur baue nicht zu viel auf ihn! Denn

siehe, die Starken der Erde prüft der Herr allzeit mit Seiner Stärke, – die Schwachen, die Sanften und Demütigen aber mit Seiner Liebe und Sanftmut!

8. Du hast aber ehedem dem Herrn gegenüber eine große Stärke gezeigt, wogegen wir dir einen Wink gaben; du aber meintest dennoch mit deinem Krafternste durchzudringen vor und gegen Gott!

9. Darum hat Er dich auch ein Fünklein Seines Ernstes fühlen lassen, um dich dadurch zu demütigen. Du aber bist nun völlig gedemütigt und bist somit reif zur Öffnung der Tempel. Also mache dich nun, von uns geleitet, an das erhabenste Werk, und es wird dich nichts mehr hindern daran!

10. Siehe, – daß der Herr bei den Menschen nicht den gewissen hochmütigen Krafternst ansieht, sondern nur die bescheidene Demut, durch die der Mensch einsichtlich vor Gott bekennt, daß er nichts ist vor Ihm, hat Er mehrmals auf der Höhe gezeigt!

11. So wollte einmal ein gewisser Abedam aus dem Mittage aus großer Liebe zum Herrn seiner Äußerung zufolge ins Feuer gehen oder bis ans Ende der Welt!

12. Der Herr aber zeigte ihm, daß der Mensch nicht zu große Verheißungen machen solle.

13. Abedam aber bestand darauf, und siehe, eine hartnäckige Fliege war genug, den Abedam in kürzester Zeit nahe zur Verzweiflung zu bringen!

14. Also will der Herr in allem nur die Demut des Menschen; denn selbst der gerechteste Hochmut ist vor dem Herrn ein Greuel!

15. Solches also fasse nun und folge uns; denn also wird dir der Schlüssel nicht heiß werden, und die Flammen werden dich nicht irgend brennen! Amen."

162. Kapitel

Ohlads gerechte Demut. Ein Evangelium von der rechten Demut

(Den 15. Nov. 1843)

1. Als der Ohlad solche Rede von einem der zehn vernommen hatte, da ward er sogleich wieder anders gestimmt und sprach:

2. „O Brüder, wenn also die Dinge stehen, da bin ich vollkommen bereit, nach eurem Willen tätig zu sein! Aber nur um eines werde ich euch dabei bitten, und das besteht darinnen:

3. Wenn das Werk der Öffnung der Tempel vollbracht sein wird, dann lasset mich im Frieden von dannen ziehen, und setzet und stellet mich ja nicht etwa zu einer Art Priester der beiden Tempel auf; denn als solcher müßte ich notwendig ein gewisses Voransehen bei den anderen Menschen genießen und müßte bei ihnen in einer gewissen Vorgeltung und Vormacht stehen.

4. Ich aber habe durch einen Verlauf von vierzig Jahren als mitherrschender Rat das Mehrsein vor den anderen Brüdern so sehr übersatt bekommen, daß ich nun ums allerunvergleichbarste lieber möchte irgend der Allerletzte sein, als nur in irgendeiner Vorgeltung und Vormacht stehen!

5. Es ist wirklich ein elender Genuß, den Brüdern ein Gebieter zu sein und sich daran zu ergötzen, so die armen Brüder vor ihrem gebietenden Bruder zittern, der höchst selten nur zum Vor-

teile der Brüder, aber wohl desto öfter zum eigenen Wohle und zur Vermehrung seines Ansehens gebietet!

6. Wie gesagt, ich will von einem weiteren, wie immer gearteten Vorgesetztsein nichts mehr hören und sehen; denn ich habe nun einen allerscheußlichsten Ekel an allem menschlichen Würdevorsein überkommen und freue mich überaus darauf, irgendwo der Allerletzte sein zu können.

7. Darum erhöret, erhabene Brüder, im Namen des Herrn diese meine Bitte, und lasset mich – wie ich ehedem schon bedeutet habe – nach der Öffnung der Tempel im Frieden von dannen ziehen!"

8. Und einer von den zehn sprach: „Siehe, Ohlad, die Flamme um den Tempel ist erloschen, und wir begeben uns zur Pforte und öffnen sie!

9. Im Tempel aber wirst du schon ohnehin den Willen des Herrn vernehmen, und Dieser wird dir ohne unser Hinzutun allerklarst hinzu zu erkennen geben, was du zu tun hast – ob zu bleiben, oder dich hintanzubegeben!

10. Willst du aber wahrhaft Gott wohlgefällig demütig sein, so mußt du das nach dem Willen Gottes, aber nie nach deinem eigenen Gutdünken sein! Denn bist du durch dein eigenes Vorhaben demütig, dann ist deine Demut ein Kind deiner Selbstliebe und somit zu nichts nütze und von keinem Werte vor Gott; denn hinter einer solchen Demut steckt allzeit eine verdienstlich scheinende Selbstzufriedenheit, ein Eigenlob und am Ende ein verkappter Hochmut!

11. Sagst du aber zu allem und allzeit aus deinem Lebensgrunde: ‚O Herr und Vater, Dein allein heiliger Wille geschehe jetzt wie ewig!', dann bist du wahrhaft demütig vor Gott, und deine Demut hat vor dem Herrn einen Wert!

12. Wer sich nach seinem eigenen Willen noch so sehr erniedrigt, beachtet aber dabei den Willen Gottes nicht, so tut er im Grunde nichts anderes als der, welcher sich eigenmächtig zum Volksherrscher aufwirft!

13. Nur wer seinen eigenen Willen gefangennimmt und dafür den rein göttlichen in sich geltend und herrschend macht, der ist Gott wohlgefällig und seine Demut ist gerecht vor dem Herrn.

14. Besser ist es, ein Lump zu sein nach dem Willen des Herrn – als ein Held hinter des Herrn Rücken! Besser, sich seiner eigenen Nichtigkeit und Nichtswürdigkeit allzeit gewärtig fühlen, als von seiner Tadellosigkeit überzeugt sein!

15. Also ist es auch besser, ein Sünder zu sein aus eigenem reuigen Verschulden, als ein Gerechter zu sein auf eigene Rechnung!

16. Denn der Herr sucht nur das Verlorene, stärkt das Schwache und heilt die Krankheit aus Seiner Erbarmung; aber ein Schuldner will Er ewig niemandem sein!

17. Solches beachte nun im voraus wohl, bis dir der Herr im Tempel ein Näheres dartun wird, und folge uns zu der Pforte! Amen."

163. Kapitel

Die Worte Ohlads und die mächtigen Begleiterscheinungen beim Erschließen des wahren Tempels. Der Eintritt Ohlads und der zehn Boten in den Tempel

(Den 16. Nov. 1843)

1. Hier ging Ohlad mit den zehn hin zur Pforte des Tempels, nahm den Schlüssel, legte ihn auf seine Brust und sprach:

2. „Mein Gott und mein Herr! Hier stehe ich, ein sündiger, ohnmächtiger Wurm vor Deinem Heiligtume. Ich empfinde die Größe meiner Unwürde, zu treten in dieses Dein Heiligtum; aber auf Deine unendliche Vaterliebe und Erbarmung bauend, wage ich dennoch zu erfüllen, was Du, o Gott, Herr und Vater, mir durch den Mund Deiner gesalbten Boten zu tun anbefohlen hast!

3. Sollte aber, o Herr, o Vater, mein Fuß zu unwürdig sein, einzutreten in dieses von Dir so hoch geheiligte Haus, so laß es mich armen Sünder nur eröffnen und dann, vor der geöffneten Pforte auf meinem Angesichte liegend, Dich aus allen meinen Kräften lieben und anbeten!

4. O mein Gott, mein Herr, mein über alles heiliger Vater, – Dein heiligster Wille geschehe jetzt wie ewig! Amen."

5. Nach dieser guten Herzensanrede küßte Ohlad siebenmal den Schlüssel, steckte ihn dann an (*ein*) und öffnete die Pforte.

6. Als aber die Pforte schon offenstand, da brach aus allen von Hanoch aus sichtbaren Bergen Rauch und Flamme aus; die Erde bebte unaufhörlich; wo nur irgend in der ganzen großen Stadt ein Götzenbild aufgerichtet war, da auch brachen verheerende Flammen aus dem Boden der Erde aus, verzehrten das Bild und schonten die Verehrer solcher Bilder nicht, wo sie sich auch immer aufhielten.

7. Die neunundneunzig zurückgebliebenen Räte samt dem Scheinkönige verfielen in ein Todesangstfieber und harrten unter beständigem Wehgeklage und Angstgeheule ihres vermeintlichen Unterganges.

8. Einige Beherztere aber machten sich die bittersten Vorwürfe, daß sie nicht den guten Rat des ersten abgegangenen Rates befolgt hatten.

9. Alles Volk der Stadt, wie der zehn Vorstädte und des ganzen weiten Reiches sah nichts als nur den sicheren Untergang der Welt. Keine Seele in der Tiefe gab es, die da nicht gebebt hätte vor der schrecklichen Erwartung der Dinge, die da nun über den Erdkreis gekommen seien und noch ärger kommen würden.

10. Zur Vermehrung der Angst ward auch die Sonne durch die sich stets mehr und mehr ansammelnden Wolken- und Rauchmassen von all den tausend brennenden Bergen und Hügeln so sehr verfinstert, daß da der Erdboden kein anderes Licht hatte, als das entsetzliche von den zahllosen ununterbrochenen Blitzen und das noch schaudererregendere von den mächtigsten Bergbränden.

11. Hier und da erhoben unterirdische Feuermächte große Strecken des Flachlandes und bildeten neue Gebirge unter dem allermächtigsten Gekrache und Gedonner, und das alles nahm den Anfang, als Ohlad die Pforte des Tempels eröffnet hatte.

12. Das verzweifelte Volk aber, von zu großer Furcht und Angst getrieben, fing an, sich in den Vorhof des Tempels zu flüchten, und scheute sich beim so

großartig schauerlichen Anblicke verheerender Weltszenen vor den fortwährenden Blitzen vom Dache des Tempels kaum mehr.

13. Als also aber bald Tausende von zagenden Menschen beiderlei Geschlechts den Vorhof erfüllten, da erst trat Ohlad, der bei der Eröffnung des Tempels alsbald auf sein Angesicht niederfiel und Gott in der größten Zerknirschung seines Herzens angebetet hatte bis zu diesem Zeitpunkte, mit den zehn mit der allerhöchsten Ehrfurcht in den Tempel und fiel dort wieder alsbald auf sein Angesicht vor dem Altare, auf dem der Name Jehova sich befand in der Mitte von feurigen Cheruben und über ihm die weiße Wolkensäule, welche, wie bekannt, bis an den Plafond (Decke) hinanreichte, und betete das Allerheiligste bei einer Stunde lang an.

164. Kapitel
Ohlads Berufung zum König durch den Herrn
Die Erscheinung des Herrn als Ebenbild Ohlads

(Den 18. Nov. 1843)

1. Als der Ohlad aber also bei einer guten Stunde lang auf seinem Angesichte vor dem Altare gebetet hatte, da rief eine Stimme aus der weißen Wolkensäule:

2. ,,Ohlad! Ich habe dich angesehen! – Erhebe dich, und richte dich empor, auf daß Ich zu dir komme und dich salbe mit dem Öle Meiner Liebe und Erbarmung und dich gürte mit Meiner Weisheit zum Zeugnisse des Bundes, den dies Volk mit Mir geschlossen hatte, den es aber nicht hielt, sondern gar bald schmählichst gebrochen hat und aller Meiner Wohltaten und Meiner großen Erbarmungen vergaß!

3. Ich will dich nun setzen zum rechten König über dieses Volk, und die Gesetze, die du dem Volk geben wirst, sollen auch von Mir bevollkräftigt sein! Und so denn erhebe dich!"

4. Hier erhob sich der Ohlad ganz voll Staunens über diesen wunderbaren Anruf und fragte sogleich die zehn: ,,Wer von euch hat denn nun also offenbarst vollkommen im Namen des Herrn zu mir geredet?!

5. Oder ist etwa einer unter euch der Herr Selbst? O zeiget es mir an, wie es mit dieser wunderbarsten Sache steht! Denn die Stimme, die zu mir redete, war erhabener als die Stimme jegliches Menschen; ich halte sie für die Stimme Gottes oder wenigstens eines mit dem Geiste Gottes vollst erfüllten Wesens!

6. O redet daher, ihr mächtigen Freunde Gottes, und saget es mir, wer da diese so heiligen Worte geredet hat zu mir, dem Allerunwürdigsten!"

7. Und einer von den zehn sprach zum Ohlad: ,,O Mensch, was fragst du? Was möchtest du erfahren? Siehe, der Herr ist an deiner Seite! Die Stimme Gottes hat zu dir geredet; der Vater hat dich gerufen! Was willst du da von uns?!

8. Magst du unterscheiden die Stimme Gottes wohl von der Stimme eines Menschen, wie fragst du uns da, wo der Herr zu dir kommt und will dich salben zu einem vollmächtigen Zeugnisse über die große Untreue alles Volkes gegen Ihn?!

9. Wer dich gerufen hat, Dem melde

dich auch sogleich, und suche Ihn nicht unter uns, die wir nur Menschen sind dir gleich; denn der Herr Selbst wird dich salben mit eigener Hand und nicht durch die unsrige! Also wende dich an den Herrn! Amen."

10. Hier fing der Ohlad an, ganz ehrfurchtsvollst um sich zu schauen, wo etwa der Herr wäre.

11. Der Herr aber sprach sogleich wieder zum Ohlad: „Ohlad, tritt hierher hinter die Wolkensäule, und du wirst Den ersehen, der mit dir geredet hat; denn Ich, dein Gott, dein Herr und dein Vater, harre hier schon gar lange deiner! Daher komme und überzeuge dich, daß Ich es bin, der dich gerufen hat, und der nun zu dir spricht: Komme und siehe!"

12. Von der allergrößten Ehrfurcht und Liebe ergriffen, begab sich der Ohlad sogleich hinter die weiße Wolke und fand da zu seinem größten Erstaunen sein vollkommen eigenstes Wesen gleich einem sogenannten Doppelgänger.

13. Und dies sein vollkommenes Ebenbild sah ihn fest an und bewegte sich nicht von der Stelle.

14. Den Ohlad übermannte diese Erscheinung, und er fing an, sich zu fürchten.

15. Aber das Ebenbild sprach: „Fürchte dich nicht, Ohlad; denn Ich Selbst bin es, dein Herr und dein Gott und dein Vater!

16. Wundere dich aber nicht wegen unserer Vollähnlichkeit; denn Ich habe dich ja nach Meinem Ebenbilde erschaffen. Darum wundere dich dessen nicht, was schon von Ewigkeit in Meiner Ordnung gegründet war!"

17. Diese Worte beruhigten den Ohlad wieder, und er wurde aufmerksam und bat den Herrn in seinem Ebenbilde, daß Er zu ihm reden möchte und ihm kundtun Seinen allerheiligsten Willen.

165. Kapitel
Ohlads gerechte Fragen an den Herrn und des heiligen Vaters Antwort

(Den 20. Nov. 1843)

1. Nach solcher Rede kam der Ohlad erst so recht zu sich und fing an, in der Tiefe zu begreifen, woher die große Ähnlichkeit zwischen ihm und dem Herrn rühre, und faßte auch so viel Mut, um dem Herrn gegenüber fragen und antworten zu können.

2. Er fragte daher, freilich wohl mit der allergrößten Ehrfurcht und in der tiefsten Demut, den Herrn: „O Herr, Du Allmächtiger! Du hast zu mir geredet, daß ich all dem Volke in Deinem Namen ein rechter König sein solle, also auch ein Herr! Denn wer das Recht hat, geheiligte Gesetze zu geben, die ein jeder Mensch strenge zu beachten hat, ist doch offenbar ein Herr!

3. Ich aber bin ja nur ein Mensch gleich jedem aus dem Volke, und Du allein bist der Herr! Wie soll ich da auch neben Dir ein Herr sein denen, die Du erschaffen hast, und die das Leben samt mir aus Dir haben?!

4. O Herr, verschone mich, den Allerunwürdigsten vor Dir, mit dieser Würde! Laß mich fortan lieber in den gemeinsten Bürgerstand zurücktreten; denn ich habe freilich wohl allerunrechtmäßigsterweise, bei vierzig Jahre die Herrlichkeit genossen und habe mich bis jetzt vollkommen überzeugt, wie schwer es ist, als Herrscher dem Volke ein Bruder zu verbleiben, – wie schwer, sich den Volksehrungen,

die allein Dir, o Herr, gebühren, zu entziehen.

5. Gebe ich auch alles das bei mir selbst Dir, o Herr, wieder in meinem Herzen zurück, so aber scheint es mir doch anderseits unmöglich zu sein, zu bewirken, daß das Volk nie den König, sondern allzeit ganz allein Dich, o Herr, ehrete.

6. Ich aber sehe nun ein, daß Du nur ganz allein würdig bist, alle Ehre, alles Lob, allen Preis, allen Ruhm, alle Liebe und Anbetung von uns Menschen zu nehmen. Daher möchte ich Dich, o Herr, wohl bitten, so es Dein allerheiligster Wille wäre, dieses Amt und diese mein ganzes Gemüt erschauern machende Würde irgend jemand viel Würdigerem und viel Stärkerem zu erteilen, mich aber allergnädigst in den allerniedrigsten Stand zurücktreten zu lassen!"

7. Und der Herr trat hin zum Ohlad und sprach zu ihm: „Ohlad, nun erst erkenne Ich dich wieder als Meinen Sohn und nähere Mich dir als Vater!

8. So aber Ich, dein Vater, ein Herr bin von Ewigkeit, wie möchtest du da als nun Mein Sohn ein Sklave und ein Knecht verbleiben wollen? Oder ehren denn die Menschen auf der Erde nicht zugleich die Eltern, so sie ihren Kindern die Achtung zollen?!

9. Also wird auch der Vater von Ewigkeit geehrt in Seinen rechten Kindern; denn die rechten Kinder behalten das nicht für sich, was allein dem Vater gebührt. Und der Vater aber setzt Seine größte Ehre in Seine Kinder; denn nur in den Kindern und durch die Kinder wird der Vater geehrt.

10. So Ich als dein ewiger Vater aber dich, Meinen Sohn, zum Könige mache und dir die gesetzgebende Gewalt einräume, so stellst du da nicht dich selbst, sondern nur Mich, deinen Vater, dar.

11. Wie aber Ich keine eitle Ehrung für Mich verlange, sondern nur in aller Liebe allein die Befolgung Meines Willens, und sage: ‚Wer Meinen Willen tut aus Liebe zu Mir, der ist es, der Mich ehrt im Geiste und in der Wahrheit!', also sage Ich auch gleichbedeutend:

12. ‚Wer dessen Willen tut, den Ich aufgestellt habe, und hört ihn im Herzen, der hört und ehrt Mich; denn Ich erwähle und salbe nur Meine Kinder, und diese sind völlig eins mit dem Vater, der Ich bin!'

13. Daher also laß dich salben zum Könige über alles Volk in der Tiefe; denn wen Ich zum Könige salbe, der ist gerecht, – denn Ich weiß es, warum Ich solches tue!"

14. Hier legte der Herr Seine Hand auf das Haupt Ohlads und führte ihn dann vor den Altar, da die zehn standen.

166. Kapitel

Die Salbung Ohlads zum König und der zehn Boten zu seinen Ministern

(Den 21. Nov. 1843)

1. Im Vordergrunde des Altars, allda die zehn standen, angelangt, sprach der Herr zu einem von den zehn: „Gehe hinaus; am Tore des Vorhofes wirst du einen Menschen treffen! Dieser hat eine Kürbisflasche voll Öl. Laß es dir darreichen, und bringe es hierher, auf daß Ich damit den Ohlad natürlich wie

geistig salbe zum Könige über alles Volk in der Tiefe und dann auch euch salbe zu seinen Ministern und Räten und zur Verwahrung der Feuermacht aus Mir; denn nun sollet ihr nicht wieder auf die Höhe ziehen, da das Volk sich wieder zu Mir kehrt! Und so gehe, und bringe Mir das Öl!"

2. Und dieser ging und fand am Tore den bezeichneten Menschen mit der Kürbisflasche voll des köstlichsten Nardusöles.

3. Und der Bote sprach zum Ölinhaber: „Dich hat der Herr, der allmächtige Gott Himmels und der Erde, bezeichnet, daß du eine Flasche köstlichen Salböles bei dir hast! Eben dieser Gott aber will, daß du das Öl alsogleich mir übergebest, auf daß ich es in den Tempel trage und darin Gott der Herr persönlich und eigenhändig Selbst salbe den ehemaligen Rat Ohlad zum Könige über alles Volk!"

4. Und der Ölinhaber gab alsogleich das Öl her und sagte zu dem Boten mit der allerhöchsten Ehrfurcht: „O großer Machthaber über alles Feuer in und auf der Erde und in der Luft! Mir hat es heute in der Nacht geträumt, daß da jemand ganz in hellen Flammen zu mir kam und zu mir sagte: ‚Deine Flasche Öl vergiß morgen nicht zu Hause, so du dich von großer Furcht getrieben dem Tempel Gottes nahen wirst; denn Der, dem der Tempel gilt, wird das Öl von dir verlangen lassen durch mich!'

Und so habe ich denn auch das Öl darum mitgenommen; und siehe, nun geht mein Gesicht in die Erfüllung!

5. Gott, dem Allmächtigen, dessen Name überheilig in diesem Tempel geschrieben steht, sei all mein Lob, alle meine Liebe und Anbetung für diese unendliche Gnade und Erbarmung, die Er mir allerärmstem Sünder dadurch erwies, da Er meiner und meines Öles also gnädigst gedacht hat!"

6. Hier fiel der Ölinhaber auf sein Angesicht nieder und betete Gott an in der größten Zerknirschung seines Herzens.

7. Der Bote aber begab sich mit dem Öle sogleich in den Tempel und übergab es dort mit der größten Liebe und Ehrfurcht dem Herrn.

8. Und der Herr nahm das Öl und salbte damit das Haupt des Ohlad. Und als Er dem Ohlad das Haupt gesalbt hatte, sprach Er zu ihm: „Nun bist du ein wahrer König von deines Gottes, deines Herrn und deines Vaters Gnaden! Empfange nun auch Meinen Geist, und leite mit Hilfe dieser zehn, die Ich dir nun auch zu Ministern salbe und lasse, das Volk in Meinem Namen!

9. Solltest du irgendwann höhern Rates benötigen, so begib dich hierher, wo Ich dich nun gesalbt habe, da auch soll dir allzeit der höhere Rat werden!

10. Nun aber wollen wir hinaustreten und allem Volke den neu gesalbten König vorstellen! Also geschehe es!"

167. Kapitel
Der Feuersturm und das Erdbeben während der Salbung
Die Ängstigung des Volkes. Der Herr enthüllt Sich dem Volke

(Den 22. Nov. 1843)

1. Der äußere Feuersturm aber verdoppelte sich in seiner Gewalt, und die Erde bebte so mächtig um den Tempel, daß darob die Menschen kaum sich aufrecht zu erhalten imstande waren, während der Herr im Tempel den Ohlad und die zehn salbte.

2. Und die Menschen fingen an zu

verzagen, da sie meinten, die Erde werde sie beim lebendigen Leibe verschlingen, und Gott werde niemandem mehr zu Hilfe kommen, indem Er zu voll Zornes und Grimmes geworden sei ob der vielen Untaten, die da in und um Hanoch verübt worden sind.

3. Aber gerade in dem schauerlichsten Momente, als sich die Erde sogar schon um den Vorhof des Tempels gewaltig zu ritzen anfing und aus den Ritzen turmhohe Feuerstrahlen mit dem entsetzlichsten Getöse emporschossen und selbst das Pflaster des Vorhofes hier und da zu dampfen begann und stellenweise heiß wurde, trat der Herr mit dem neugesalbten Könige Ohlad, begleitet von den zehn Boten, aus dem Tempel.

4. Das Volk aber kannte den Herrn nicht, wohl aber die zehn Boten und den Ohlad; es fiel daher auch vor den zehn nieder und schrie laut, sie möchten doch Gnade bei Gott für sie erwirken.

5. Die zehn aber sprachen: ,,Ist denn Gott nicht ebensogut euer wie unser Vater? Also wendet euch an den Vater, und Er wird euch Gnade reichen, so ihr deren würdig seid!

6. Wir aber sind gleich wie ihr und haben bei Gott kein Vorrecht vor euch und keine Mehrgeltung; daher können wir auch eure Bitte nicht anhören und tun darnach, indem wir dadurch uns göttliche Eigenschaften anmaßeten und zu größeren Frevlern vor Gott würden, als da sind die Vater-, Mutter- und Brudermörder!

7. Hier aber ist der vom Herrn Selbst gesalbte König Ohlad! Redet mit ihm, und er wird euch den Weg zum Vater zeigen, der allein Sich euer erbarmen kann und auch erbarmen wird, so ihr euch im Herzen ernstlich reuig über eure Sünden zu Ihm wendet!"

8. Hier wandten sich die Flehenden an den Ohlad und baten ihn wie Verzweifelte, ihnen den Weg zu Gott, dem Herrn und Vater, zu zeigen.

9. Der Ohlad aber wandte sich an den Herrn und sprach: ,,O Vater, offenbare Dich dem Volke, auf daß mir nicht die Ehre zuteil werde, als vermöchte ich mehr denn das Volk über Deinen allerheiligsten Willen!"

10. Hier erst trat der Herr vor, hob Seine allmächtige Hand auf und sprach: ,,Erde, nun sollst du schweigen, wenn Ich rede zu Meinen Kindern! Weiche zurück, alles Ungetüm, und du, Sonne, laß wieder deine Strahlen auf der Erde Boden fallen ganz ungetrübt! Amen."

11. Als der Herr solches geredet hatte, da verstummte plötzlich aller Sturm in, auf und über der Erde. Kein Wölkchen war mehr am ganzen Firmamente zu sehen, und kein Berg brannte irgendwo mehr.

12. Und alles Volk fiel plötzlich nieder und lobte und pries Gott für diese Errettung; denn dieses plötzlich gänzliche Zunichtewerden des Sturmes war eine zu großartig wunderbarste Erscheinung für alles Volk, als daß es einer andern Meinung sein konnte und darin nicht die Macht und Liebe und Gnade Gottes erkennen mochte.

13. Was aber darauf weiter geschah, wird die Folge zeigen.

168. Kapitel
Des heiligen Vaters Rede an Seine versammelten Kinder
Des Herrn Liebe und Geduld mit den Menschen
Vom Verhältnis des Volkes zum König

(Den 23. Nov. 1843)

1. „Kinder", sprach der Herr zum Volke, „tretet hierher, und fürchtet euch nicht vor Mir, eurem ewigen Vater; denn Ich habe euch heimgesucht, nicht um euch zu richten, sondern um euch Meine Gnade und Erbarmung angedeihen zu lassen!

2. Diesmal aber hat es viel gekostet! Durchs Feuer mußte Sich der Vater wieder den Weg zu euren Herzen bahnen und mußte allorts die Erde verwunden, um zum noch hier und da ein wenig belebten Eingeweide zu gelangen und in selbem durch einen neuen Odem des Lebens aus Mir, eurem Gott und Vater, dem ganz verkümmerten Geiste aufzuhelfen!

3. Durch eine große Todesangst in euch mußte Ich eure völlig zerstreute Seele sammeln und sie also völlig neu umgestalten, damit sie wieder fähig werde, das Leben des Geistes aus Mir in sich geltend zu machen und sich leiten zu lassen von der gar sanften Kraft desselben!

4. Wahrlich, eine große Mühe habt ihr Mir bereitet! Eure stets wachsenden Sünden haben Meine Geduld und Langmut auf eine überaus starke Probe gesetzt! Nicht viel mehr fehlte es, daß da der sonst mächtigste Faden Meiner Geduld bei der Mitte abgerissen wäre, da die große und schwere Last eurer Sünden ihn zu sehr ausgedehnt, abgedünnt und somit geschwächt hatte!

5. Meine Liebe aber spann sogleich einen neuen Faden; durch diesen verband Ich Mich mit euch nun wieder von neuem und habe für euch erweckt und gesalbt einen neuen König, der euch leiten wird auf Meinen Wegen, die allzeit gerade und eben sind.

6. Diesem Könige habt ihr, wie alles Volk in der Tiefe, in allem die strengste Folge zu leisten. Er wird euch daher Gesetze geben, die ihr zu halten habt, und wer sich den Gesetzen widersetzen wird, der soll sogleich gestraft werden nach der Heiligung des Gesetzes.

7. Das ist nun Mein Wille! Ich aber werde euch von nun an fortwährend Könige geben; gute, so ihr in Meiner Liebe verbleiben werdet, – aber auch Tyrannen, so ihr von Mir eure Herzen abwenden werdet. Das merket euch wohl!

8. Wenn ihr aber euch rotten werdet wider die Könige, wider die Leiter und Führer, dann werdet ihr euch rotten gegen Mich, und der Vater wird Sich umgestalten und umwandeln in den Richter und wird euch allen geben ein Gericht, des Name reichen soll bis ans Ende aller Zeiten für diese Erde!

9. Wenn ihr aber mit einem Könige unzufrieden sein solltet, da wendet euch zu Mir, und Ich werde dafür sorgen, daß euch ein rechter König werde! Werdet ihr aber selbst anfangen, Könige zu salben hier und da, dann werde Ich Meine Sorge um euch zurückziehen und werde euch überlassen aller Tyrannei eines von euch gewählten Königs!

10. Ihr wisset nun Meinen Willen aus Meinem sichtbaren Munde. Handelt darnach, so wird es euch wohlgehen auf Erden, und Ich werde euch nicht fallen lassen; im Gegenteile aber bleibt das Gericht unvermeidlich! Amen."

11. Nach diesen Worten hieß der Herr das Volk auseinandergehen, stellte dann den früheren Ölspender zum Tempelwächter auf und begab Sich dann mit dem Könige und den andern zehn auf den Berg, allwo der andere Tempel stand.

12. Was weiter, – in der Folge!

169. Kapitel

Des Herrn Rede an Ohlad auf dem Tempelberg
Der Zweck des äußeren Tempels. Der Herr verschwand vor ihren Augen

(Den 24. Nov. 1843)

1. Auf dem Berge, wo der Tempel stand, angelangt, sprach der Herr zum Ohlad:

2. „Siehe, hier salbte Ich den Lamech mit der Weisheit zum Priester vollkommen, darum er aus großer Liebe zu Mir diesen Tempel erbaut hat und weihte ihn nach Meinem Willen zum Lobe der Weisheit, die ihm da ward aus Mir!

3. Daher erinnere Ich dich daran, auf daß du in dir lebendig innewerdest, in welchem Sinne geistig dieser Tempel hier steht, und was du und jedermann in ihm tun und suchen sollt!

4. Es hat zwar ein jeder Mensch einen lebendigen Tempel der Weisheit in sich! Wenn er in demselben Mir das Lob der Weisheit gegeben hat, so kann er dieses Tempels wohl entbehren.

5. Aber dessenungeachtet habe Ich hier auch einen äußeren, sichtbaren Tempel errichtet zum Gedächtnisse an den inneren, lebendigen, auf daß da ein jeglicher Mensch, der in diesen Tempel eintritt, sich erinnere, daß Ich allein der Herr bin und allein alle Macht habe, wie in und über allen Himmeln, also auch auf, in und unter der Erde!

6. Wären die Menschen der Tiefe gleich den freilich wohl wenigen mehr Meiner wahrhaftigen Kinder auf der Höhe, da bedürften sie keiner sichtbaren Tempel! Aber sie sind so grob wie diese äußere Materie, aus welcher dieser Tempel angefertigt ist; daher müssen sie auch ein grobsinnliches Zeichen haben und müssen sich stoßen an dieser äußeren, harten Materie und die eigene daran zerschellen, damit dann erst ihr Inneres frei werde und sie dann aus diesem groben, äußern, toten Tempel in den inneren, lebendigen eingehen können, so sie das ernstlich wollen!

7. Und in diesem Sinne übergebe Ich denn nun auch dir diesen Tempel! Lehre das Volk darum auch in diesem Sinne in diesen Tempel treten und in ihm den wahren, inneren, lebendigen Tempel suchen und finden, – dann wird dir und jedem, der solcher deiner Lehre ernstlich folgen wird, die wahre, innere, lebendige Weisheit aus Mir werden!

8. Wer aber nur aus einer gewissen Gewohnheit, um sein törichtes Gewissen zu beschwichtigen, in diesen Tempel treten wird, der tut besser, so er draußen bleibt; denn wer sich an diesem Tempel nicht stößt und nicht zerschellen macht seine Materie, der wird darinnen kein Leben des Geistes und dessen Weisheit finden, wohl aber das Gericht seines Geistes in die Materie und durch diese den Tod.

9. Solches habe Ich dir nun in der Gegenwart deiner Minister und Meiner Knechte kundgetan, und so denn wol-

len wir nun auch in diesem Sinne mit unserm Eintritte diesen Tempel wieder eröffnen! Amen."

10. Hier gingen der Herr, der Ohlad und die zehn in den Tempel. Der Herr segnete sie alle, und den Tempel wieder, und sagte dann:

11. „Nun ist bisher wieder die alte Ordnung hergestellt! Wachet und seid tätig in Meinem Namen; bekehret das Volk, und Meine Liebe, Gnade und Erbarmung sei euer Lohn ewig! Amen."

12. Darauf verschwand der Herr, und der Ohlad ward voll Geistes und begab sich mit seinen neuen Ministern in die alte Lamechsche Königsburg.

13. Was aber da weiter geschah, wird die Folge zeigen.

170. Kapitel
König Ohlads Begegnung mit den neunundneunzig Räten Hanochs
Die vorwitzige Rede des einen Rates und Ohlads kräftige Antwort

(Den 25. Nov. 1843)

1. Daheim in der alten Lamechsburg angelangt, teilte er den zehn Ministern sogleich ihre Wohnungen zu und begab sich dann eben wieder mit den zehn in die neue große, goldene Residenz der ehemaligen tausend Räte, um dort den noch übrigen neunundneunzig Räten das Consilium abeundi (*Rat, abzugehen*) zu geben, so sie sich nicht dem göttlichen Gesetze unterziehen möchten.

2. Ohlad, den die neunundneunzig für verloren hielten, aber trat gerade mit den zehn in den großen Ratssaal, als die noch übrigen neunundneunzig um ihren Scheinkönig versammelt waren und untereinander einen Rat hielten, ob sie den Rat der Tausend wieder komplettieren (*vervollständigen*) sollten oder nicht. Oder sollten sie bei den hundert verbleiben und nur an die Stelle Ohlads einen Mann aus den Bürgern wählen? Oder sollten sie gar nur bei ihrer gegenwärtigen Anzahl verbleiben?

3. Die plötzliche Erscheinung Ohlads aber in der Mitte der zehn Schrekkensmänner brachte die neunundneunzig Räte samt ihrem Scheinkönige in die größte Verlegenheit und nicht geringe Angst nebenbei.

4. Sie hoben daher auch sogleich die Beratung auf, erhoben sich von ihren Plätzen und empfingen anfangs den Ohlad samt den zehn mit der größten Scheinfreundlichkeit, – fragten ihn aber dabei dennoch sehr neugierigen Geistes, wie seine gute, aber höchst gewagte Sache an der Seite solch unerhörter Elementarkalamitäten ausgefallen sei, und was da die Folge sein werde.

5. Ohlad aber sprach: „Hier sind nun meine Minister! Diese werden euch die rechte Antwort geben!"

6. Als die neunundneunzig solche Worte aus dem Munde Ohlads vernommen hatten, da wußten sie schon ungefähr, wie die Sache ablaufen werde, und einer von ihnen sprach etwas witzig:

7. „Wenn die zehn deine Minister sind, da haben wir die Antwort schon, und ich sehe meinen alten Grundsatz bestätigt, demzufolge sich das Glück allzeit die dümmsten Individuen aussucht und die Weisen sitzen läßt!

8. Denn dein Unternehmen mit der

Wiederöffnung der Tempel ist zu tollkühn, als daß ein wahrhaft nüchternweiser Mann darüber auch nur ein unnützes Wort verlieren sollte!

9. Daß es dir aber, wie einer blinden Henne, gelungen ist, mit heiler Eselshaut durchzukommen und dir die zehn Feuertiger gleich einem taumelnden Esel zu Freunden zu machen, das gehört in die Annalen (*Jahrbücher*) der Welt unter der Aufschrift mit goldenen Zeichen: ‚Höchster Kulminationspunkt eines Eselsglücks!'

10. Daß du unter uns allgemein anerkannt der dümmste Rat warst, wird dir hoffentlich nicht unbekannt sein, und zwar aus dem Umstande, weil du und dieser unser gegenwärtiger Scheinkönig, der ebenfalls samt dir das Goldmachen nicht erfunden hat, um diese Würde gelost habt; denn es war ausgemacht, daß der Dümmste ein König sein solle!

11. Kurz und gut, was dir damals das Los versagt hat, das gab dir jetzt deine Eselshaut! Du bist König, und die zehn Feuerfresser sind deine Minister! Im Winter werden sie dir aber offenbar die besten Dienste leisten! Daß wir aber unter deiner Königschaft nicht hier verbleiben werden, das wird etwa doch auch gewiß sein!"

12. Und der Ohlad sprach: ,,Ja, ihr werdet hinausgestäupt werden; aber zuvor werdet ihr von mir noch einige Gesetze auf die Reise mitbekommen! Diese werdet ihr allenthalben streng zu beachten haben, – widrigenfalls euch Gott, der Herr, züchtigen wird mit flammenden Ruten!

13. Sehet, auch das gehört zum Eselsglück, daß mir der Herr einen Züchtiger an den Frevlern meiner Gesetze in jedem Augenblicke abgibt!

14. Und so machet euch bereit zum Empfange meiner Gesetze! Amen."

171. Kapitel

Die Entgegnung des Sprechers der neunundneunzig Räte über Gesetze und deren Zweck
Der Protest der neunundneunzig gegen die Gesetze Ohlads
Ohlads königlich-weise Antwort. Die Demut als Höhepunkt der menschlichen Freiheit

(Den 27. Nov. 1843)

1. Der Redner von den neunundneunzig Räten aber sprach, anstatt sich auf den Empfang der Gesetze vorzubereiten:

2. ,,Das ginge uns gerade noch ab! Behalte du deine sicher nicht vielsagenden Gesetze nur ganz fein bei dir samt der göttlichen Strafsanktion; denn es ist genug, daß wir freiwillig auswandern und dir somit die Alleinherrschaft überlassen!

3. Aber durch die Annahme irgend sanktionierter Gesetze deine Alleinherrschaft auch über uns anzuerkennen, wo wir auch immer hinziehen und uns wohnhaft machen möchten, das werden wir bleibenlassen und gegen ein gewaltsames Aufdringen sogar zu protestieren wissen!

4. Denn gibt es einen Gott, der dir auf den alten Thron dieser Stadt verhalf, so muß Er gerecht sein und weise; ist Er aber das, da kann Er unmöglich jenen Wesen, die frei sein sollen nach Seinem Schöpfungsplane, Gesetze aufdringen wollen, durch die sie in alle Sklaverei gesetzt werden!

5. Ein freies Geschöpf unter Gesetzen ist doch sicher der größte Widerspruch, die größte Unordnung, ein in

Säcke eingepferchter Wind! Wie sollte sich so ein Widerspruch in Gott, der die höchste Freiheit Selbst ist und ewig sein muß, wohl je vorfinden?!

6. Ja, wo große Menschengesellschaften, wie hier in Hanoch, beisammenleben, da sind gewisse Einteilungen als sittlich bürgerliche Gesetze vonnöten; aber ihr Grund ist eben kein anderer als die Aufrechterhaltung der Freiheit eines jeden gebildeten Menschen, und im Gegenteile für den noch nicht gebildeten aber eine Schule zur Bildung seines Wesens für die Freiheit.

7. Siehe, da sind gewisse Gesetze vonnöten; denn ohne sie wäre der gebildete Mensch unter den ungebildeten gerade so gestellt, als befände er sich unter den reißenden Bewohnern eines dichten Waldes!

8. Wenn aber irgendeine ganz wohlgebildete Menschengesellschaft sich irgendwo auf einem noch freien Platze der Erde ansiedelt, die zufolge ihrer hohen Bildung wohl sicher wissen wird, was sie zu tun hat, wofür und warum sollte sie sich da durch Gesetze von Seite eines Menschen, mit dem sie ewig nichts mehr zu schaffen haben wird, binden lassen?

9. Sage, – kann dafür selbst die höchste Weisheit im Gottwesen auch nur einen nur halbwegs vernünftigen Grund dartun?!

10. Wir genügen uns! Werden wir unter uns Gesetze für nötig finden, da werden wir sie uns schon selbst geben; solange aber dies nicht der Fall sein wird, bleiben wir frei und leben unter dem alleinigen Gesetze der gegenseitigen Freundschaft! Und werden wir etwas ins Werk setzen wollen, da werden wir uns gegenseitig beraten; und was die Mehrzahl für gut findet, bei dem hat es zu verbleiben!

11. Also ist es auch jetzt unser allgemeiner Entschluß, von dir unter gar keiner Bedingung Gesetze anzunehmen, wes Inhaltes sie auch immer sein mögen! – Ja, wir verbitten uns sogar einen Rat von deiner nun alleinköniglichen Seite!

12. Lasse uns daher frei fortziehen, wie wir dich zur Eröffnung der Tempel fortziehen ließen; darin allein bestehe, was wir von dir verlangen und von dir dann auch annehmen!"

13. Als der Ohlad solches vernommen hatte, erregte er sich und sprach: „Amen, sage ich, und ihr werdet dieses Gebäude nicht eher verlassen, bis ihr euren starren Willen und euren großen Hochmut unter mein Zepter werdet gebeugt haben!

14. Ich kenne eure Absicht; sie ist meuterischer Art! Daher ist das nun mein erstes Gesetz an euch, daß ihr so lange hier gehalten werdet, bis ihr die Demut als den Kulminationspunkt aller menschlichen Freiheit anerkennen werdet!

15. Denn nicht um eure physische, sondern um eure geistige Freiheit handelt sich's hier! Diese aber bestehe in der Demut und nicht im meuterischen Hochmute! Besieget den zuerst, und es wird sich dann zeigen, ob euch meine Gesetze in eurer Freiheit beirren werden oder nicht! Also geschehe es! Amen."

172. Kapitel

Die kluge Gegenrede des Sprechers der neunundneunzig Räte über den Zweck der Vernunft, des Verstandes und des freien Willens

(Den 28. Nov. 1843)

1. Nach dieser Einrede Ohlads nahm sich der Redner von den neunundneunzig erst recht zusammen und richtete folgende ganz vollernsten Worte an den Ohlad, wie auch zugleich an die zehn Minister:

2. „Was sprichst du hier von einem Hochmute, was von einer meuterischen Gesinnung? Siehst du mich denn für einen Betrüger und schändlichsten Lügner an und für eine feige Memme, die vor dir beben solle, wie etwa das Laub der Pappel vor einem Sturme? – Oh, da irrst du dich gar gewaltig!

3. Meinst du denn, ich werde mit Hilfe dieser meiner Brüder mir draußen ein Heer sammeln und werde dann mit demselben hierherziehen und dich vom dir von Gott gesicherten Throne vertreiben? – Oh, da sage ich dir, daß du nichts auf der Welt weniger zu fürchten hast denn das!

4. Meinst du denn, ich weiß es etwa nicht, wie dich der Gottheit Geist sichtbar im Tempel zum Könige gesalbt hat und dir diese zehn Feuermänner zu unbesiegbaren Ministern gab?

5. Meinst du, mir sind alle die Feuersturmszenen, die diese zehn hervorgerufen haben, entgangen? – O mitnichten; denn ich habe dich durch meine Diener genau beobachten lassen!

6. Darum aber weiß ich nun auch, was ich zu tun habe! Oder hältst du mich denn wohl im Ernste für so dumm, als möchte ich mich mit denen in einen Kampf einlassen, denen alle Elemente zu Gebote stehen, und könnte etwa gar gegen die alte Allmacht Gottes ins Feld ziehen?

7. O du grober Tor! Bitte du zuerst Den, der dich zum Könige gesalbt hat, um Erleuchtung deines Gehirnes, auf daß du die Menschen, die deine Brüder sind, also erkennen wirst, daß sie dennoch deine freien Brüder sind, obschon du nun über ihnen auf dem Throne sitzest!

8. Gott hat einem jeden Menschen die Vernunft und den Verstand und daneben den freien Willen gegeben und in diesen drei Stücken auch zugleich drei Hauptgesetze; und zwar: durch die Vernunft, daß der Mensch alles Gute und Wahre vernehmen solle, und durch den Verstand, daß er das Vernommene ordne und das ganz Reine erkenne, und durch den freien Willen, daß er darnach das ganz Reine frei erwähle, behalte und darnach tätig werde.

9. Ist es nicht also?! Ist das nicht die göttliche Ordnung, darum Gott den Menschen also erschuf und ihn ausstattete mit diesen drei obersten Gesetzen, daß er darnach tätig sei?!

10. Tue ich aber etwas anderes?! Handle ich nicht nach diesen göttlichen Prinzipien?! Handle ich nicht der göttlichen Ordnung gemäß, so ich nach jenen geläuterten drei Grundsätzen, also rein vernünftig, vollkommen verstandesgemäß und freiwillig aus mir selbst handle und mich durch kein anderes Gesetz beschränken lasse, weil ich das urgöttliche in mir erkenne und es höher achte als jedes menschliche, das schon dadurch nicht mehr rein ist, weil ein Mensch nur dann einem wohlgebildeten andern Menschen ein Gesetz aufdringen will, so er das Reingöttliche in seinem Bruder für nichts mehr achtet – was soeben bei dir nun gegen uns der Fall ist!

11. Du warntest mich vor dem Hochmute und vor der Meuterei; ich aber frage dich: Wer von uns nun hochmütiger ist, und wer mehr ein Meuterer?!

12. Du willst uns unter dein Zepter gebeugt haben, willst uns mit Gesetzen belasten?! Bist du da nicht ein Meuterer gegen die heiligen göttlichen Rechte in eines jeden gebildeten Menschen Brust und nicht hochmütig, so du uns, deine Brüder, unter dein Zepter gebeugt haben willst?!

13. Daher gehe und bitte Gott um Erleuchtung deiner drei Grundgesetze in dir; dann erst komme, und beurteile, ob die unsrigen nicht desselben Ursprunges sind wie die deinigen!

14. Lerne das Göttliche zuvor in deinen Brüdern kennen und achten, und urteile dann erst, ob sie neben den göttlich lebendigen Gesetzen auch der deinigen toten bedürfen!

15. Solches verstehe zu deiner Not; ich habe zu dir also geredet im Namen aller!"

173. Kapitel
Die Beratung Ohlads mit seinen Ministern
Die erfolgreiche Rede des Ministerpräsidenten an die neunundneunzig Räte

(Den 29. Nov. 1843)

1. Ohlad aber, als er solche Rede von dem Redner der neunundneunzig vernommen hatte, wandte sich alsbald zu seinen Ministern und fragte sie, was da mit diesem hartnäckigen Oppugnanten zu machen sein werde. Solle man ihn mit seinen Genossen wohl ohne die göttliche Pflichtlehre hinausziehen lassen, oder solle man ihn mit Feuergewalt dazu zwingen, daß er die überaus wohlgemeinte Pflichtlehre anhöre?

2. Und die zehn Minister sprachen einstimmig: „Du weißt, wo der Herr Gewalt braucht, da richtet Er auch schon! Sollten wir nun in Seinem Namen das tun, so würde Er uns dazu sicher ausdrücklich ermächtigen! Allein wir alle sind auf die Geduld angewiesen; daher haben wir auch so lange bei ihr zu verbleiben, bis uns der Vater einen andern Wink geben wird.

3. Gib Gutes fürs Schlechte, Feines für Grobes, Honig für Galle, Öl für Essig, Gold für Salz, Edelsteine für Lehm, und es wird sich alsbald zeigen, was mit diesen starken Gegnern zu machen sein wird! Greife sie mit ihren eigenen Waffen an, und du wirst sie am ersten und leichtesten besiegen!"

4. Ohlad aber sprach: „Du hast recht, das wäre wohl der sicherste Weg; aber da müßte ich eine bessere Zunge haben! Ich vernehme in mir wohl ganz klar und deutlich, was ich ihm, diesem Zungenhelden, erwidern soll, – aber da ich noch zu wenig mich geübt habe, also von innen nach außen hinaus zu sprechen, so geht es mir etwas schwer. Du aber hast darinnen schon die größte Fertigkeit erlangt; daher bitte ich dich, geliebtester Bruder, führe du an meiner Statt ein gediegenes Wort, das da sicher in aller Kürze diese Halsstörrigen beugen wird!"

5. Und der Hauptredner von den zehn sagte solches sogleich dem Ohlad zu, übernahm das Wort und richtete sogleich folgende Worte an die neunundneunzig, sagend nämlich:

6. „Höre, du mächtiger Vertreter deiner Genossen! Was sträubst du dich

denn so sehr vor der Annahme einer Lehre von Seite dessen, von dem du weißt, daß er vom Geiste Gottes Selbst im Tempel zum Könige gesalbt ward?

7. Du weißt wohl, welche Macht wir von Gott besitzen, und wir hingegen sind vollkommenst in uns überzeugt, daß du gegen uns dich ewig nie mit was immer für einer Macht wirst behaupten können, und haben daher durchaus nicht nötig, uns vor dir nur im allergeringsten irgend zu fürchten; denn die Gewalt und die Zuchtrute hat der Herr in unsere Hände gelegt, und so könnet ihr uns selbst mit Hilfe der ganzen Erde nichts anhaben!

8. Wir aber beabsichtigen, euch als unsere Brüder durchaus nicht zu züchtigen, sondern euch nur eine Lehre auf die Reise mitzugeben, derzufolge ihr wohl nur überaus glücklich, nie aber unglücklich werden könnet. Solches verbürgen wir auch bei aller unserer uns von Gott verliehenen Macht.

9. Saget nun, – wollet ihr unter solcher Bedingung auch keine Lehre als Lebensnorm von uns annehmen?"

10. Und der Redner der neunundneunzig sprach: „Ja, unter solcher Bedingung nehmen wir jede Lehre an als eure freien Brüder; aber zu Sklaven lassen wir uns auch von Gott Selbst nicht machen durch sanktionierte Gesetze! Eher soll Er uns samt der ganzen Erde verbrennen lassen!

11. Und so sind wir allzeit bereit, von euch eine gute und weise Lehre anzuhören und auch anzunehmen, so sie uns gefällt!

12. Und so möget ihr reden; aber verstehet wohl: ohne Sanktion!"

174. Kapitel

Der Unterschied zwischen toten und göttlichen Gesetzen
Ohlads Rede an die neunundneunzig Räte über den göttlichen Willen

(Den 1. Dez. 1843)

1. Darauf wandte sich der Redeführer von den zehn an den Ohlad wieder und sprach zu ihm: „Nun, Bruder, magst du hingehen und den neunundneunzig den Willen des Herrn kundtun; sie werden dich hören!

2. Aber von der Sanktion rede ja kein Wort; denn der geoffenbarte göttliche Wille, welcher hervorgeht aus der ewigen Ordnung Gottes, sanktioniert sich von selbst! Verstehst du es?

3. Überhaupt aber ist ein Gesetz, dem man eine Sanktion erst hinzufügen muß, schon darum schlecht, verwerflich und nicht annehmbar und leer, indem es die Sanktion nicht in sich trägt als ganz natürlich gerechte Folge der Übertretung desselben. Und eben solche leeren Gesetze fürchten diese Helden, und das mit Recht; denn solche Gesetze machen den Menschen allzeit zu einem wahren Sklaven.

4. Aber jene Gesetze von oben aus der ewigen, göttlichen Ordnung fürchten diese Helden nicht; denn sie wissen es nicht, daß diese Gesetze schon von Ewigkeit die Sanktion in sich tragen, so wie ein jeder Mensch einen ihn strafenden Geist in seinem Gewissen in sich trägt.

5. Daher gehe nun hin, und mache ihnen den göttlichen Willen bekannt, und sie empfangen damit unter einer Haut den Führer und den Richter zugleich; also tue es!"

6. Diese Worte begriff der Ohlad gar

wohl, ging darum alsbald zu den neunundneunzig hin und richtete folgende Worte an den Hauptredner von den neunundneunzig:

7. „Da ich durch meinen Minister eure Einwilligung überkommen habe, derzufolge ihr mich anhören wollet, so will ich denn auch vor euch im Namen des Herrn Himmels und der Erde meinen Mund auftun und euch verkünden in ganz wenigen Worten, was der Herr von euch verlangt, und was euch allen nottut zu eurem zeitlichen, wie auch dereinst zu eurem ewigen Wohle. Und darum bitte ich euch als euer Bruder, daß ihr mich ganz geduldig und gelassen anhören wollet!

8. Also aber lautet der göttliche Wille an mich, an euch und an jeglichen Menschen: ‚Erkennet und liebet Gott über alles, alle eure Brüder und Schwestern aber so, wie jeder sein eigenes Leben; meidet überflüssige Genüsse des Fleisches und denket, daß es nur einen Herrn gibt, wir Menschen aber sind lauter Brüder untereinander, – so werdet ihr gerecht sein und rein vor Gott und aller Welt, wo ihr auch immer sein werdet, und der Herr wird euch segnen und führen überall eurem ewigen Glücke entgegen!'

9. Das ist die reine, göttliche Ordnung, in der allein nur alle Dinge existierbar gedacht werden können; ohne sie aber gibt es ewig keine Existenz irgendeines Seins! – Nun habt ihr schon alles!

10. Wollt ihr nun fortziehen oder hier verbleiben, das ist mir gleich; nur das müsset ihr euch gefallen lassen, daß ihr euch selbst das Brot erwerbet, damit der Bürger von einer starken Last befreit werde.

11. Übrigens werde ich vor das Herz der Bürger keinen Riegel schieben, so wenig als vor das meinige!

12. Ich aber werde selbst für mich und meine zehn Minister die Bedürfnisse sehr zu beschränken suchen und den Bürgern das Leben so viel als möglich erleichtern.

13. Tuet ihr desgleichen, und ihr könnet bleiben und bewohnen diese Burg!"

175. Kapitel

Die Entgegnung des Sprechers der neunundneunzig Räte und seine Verstandeseinwürfe

(Den 2. Dez. 1843)

1. Als die neunundneunzig solches vom Ohlad vernommen hatten, da erhob sich ihr Hauptredner wieder und sprach zum Ohlad: „Du hast im Grunde eben nicht unrecht, – freilich nur dann, wenn man die Sache so mehr oberflächlich betrachtet; fühlt man aber derselben Sache näher auf den Zahn, so hast du damit den widernatürlichsten Wahnsinn von der Welt uns hier kundgetan!

2. Damit du aber siehst, daß ich dir im Namen meiner Brüder nicht etwa einen bösgemeinten Satz entgegengestellt habe, so will ich dir ihn gehörig beleuchten! Kannst du mir ihn widerlegen, so nehmen wir alle augenblicklich jedes Gesetz von dir an; kannst du aber das höchst sicher nicht, so ziehen wir ab und schenken dir deine Lehre samt diesem goldenen Palaste! Und so wolle mich denn gutmütig vernehmen:

3. Was deine angeratene Erkenntnis Gottes betrifft, da sage ich dir nichts

anderes als das: Versuche du einmal einen Berg auf einmal in den Mund zu stecken und ihn dann auf einen Druck zu verschlingen! – Meinst du wohl, daß dir solches möglich sei?

4. Oder schöpfe das ganze Meer und all die großen Ströme in ein kleines Gefäß! – Meinst du wohl, dir werde solches gelingen?

5. Nun aber denke dir den unendlich großen, ewigen Gott in Sich Selbst, wie in Seinen unendlich großen und zahllos vielen Werken, und dann dich bestaubtes, allerengst beschränktes und begrenztes Würmchen hinzu! Sage, wie wirst du es anfangen mit der Erkenntnis des ewigen, unendlichen Gottes?!

6. Wird Sein endloses Alles wohl Platz haben in deinem völligen Nichts vor Ihm? Oder kannst du dich mit der Erkenntnis Gottes rühmen, so du allenfalls höchstens so viel kennst von Ihm als ich?!

7. Oder glaubst du wohl den ganzen Gott gesehen zu haben, so Er durch einen auswirkenden Geist, also nur durch einen allerwinzigsten Kraftstrahl aus Ihm, Sich dir beschaulich dargestellt hatte?!

8. O siehe, wie töricht mußt du noch sein, wenn du solches Glaubens bist!

9. Wahrlich, ich halte den für den hochmütigsten und größten Toren von der Welt, der sich damit brüsten möchte – entweder durch seine Handlungen oder durch seine Worte –, als bestrebe er sich, entweder Gott zu erkennen, oder er habe Ihn etwa schon gar erkannt, – was eben bei dir stark der Fall zu sein scheint, indem du sogar uns die Erkennung also obenan anempfohlen hast, als wärest du von deren Vorteile schon – Gott weiß es, wie sehr – überzeugt!

10. Diesen Unsinn wirst du hoffentlich einsehen, der aber sich doch noch hören läßt!

11. Aber wie verhält es sich mit dem ‚Liebe Gott über alles!'? – Bruder, Freund! Könnte ich dir nun meinen Kopf aufsetzen mit meinem so ziemlich nur hellen Verstande, du würdest erschaudern vor deiner Dummheit!

12. Siehe, das, was wir Liebe nennen, ist die eigentliche Lebenskraft des Menschen! Je stärker seine Liebe ist, desto stärker auch ist sein Leben! Bei den alten Menschen nimmt die Liebe ab, und im selben Verhältnisse auch das Leben. Der Tod ist der Liebe Garaus und somit auch des Lebens; das lehrt uns die tägliche Erfahrung.

13. Sage mir aber, wieviel der Lebenskraft hat denn wohl in dir Platz? – Siehe, sicher nicht mehr, als wieviel dein Volumen es dir gestattet; denn außer sich hat noch nie ein Mensch irgend gelebt!

14. Mit dieser Lebenskraft oder Liebe kannst du wohl dir verwandte und dir gleich große Wesen ergreifen. Für ein bis zehn Weiber allenfalls wirst du schlechtweg wohl einige Jahre damit auslangen, – aber für hunderte oder tausende in vereinter Kraft nicht eine Stunde! Ganz ermattet wirst du dahinsinken und völlig erlöschen in deiner Torheit!

15. Aus dem aber geht hervor, daß der Mensch nur so viel lieben kann, als da sein Volumen ausmacht. Wer mehr lieben will, der ist gleich einem, der, um weise zu werden, alle Zweige des Wissens ergreift und am Ende aus allem etwas Unbedeutendes weiß, im ganzen aber nichts, und daher ein völlig unbrauchbarer Mensch ist!

16. Du aber verlangst, daß wir den unendlichen Gott – und das noch dazu über alles! – lieben sollen!

17. Womit und wie aber, frage ich

dich. Bist du imstande, mit einer Fackel in deiner Hand in der Nacht die ganze Erde zu erleuchten und zu erwärmen? – Nein, sagt dir deine Erfahrung.

18. Wie aber willst du dann die Gottheit, die unendliche, in deine Brust schieben wollen und Sie (*die Gottheit*) da etwa durchwärmen und durchleuchten und deine Liebe am Ende gar über Sie hinausdehnen wollen?!

19. Hast du nur ein Atom groß gesunden Verstandes, so mußt du die Torheit ja auf den ersten Blick einsehen, die du uns aufgebürdet hast!

20. Ich bitte dich daher, daß du beherzigest diese meine klare Einsprache und darnach andere Verfügungen treffest mit uns; denn zu deinen Narren sollst du uns denn doch nicht machen wollen."

176. Kapitel
Ohlads Verlegenheit und der Rat seiner Minister, wie solche Verstandeshelden zu behandeln sind. Der Abbruch der Verhandlungen

(Den 5. Dez. 1843)

1. Als der Ohlad aber solche Rede von dem Hauptredner der neunundneunzig vernommen hatte, da wußte er nicht, was er darauf erwidern sollte; und zugleich aber war er auch von der Natur, daß er ob eines kleinen Gemütsärgers kein Wort herausbringen konnte, und so ging es ihm hier um so schwerer, dem sehr kritischen Gegner eine wohlgenährte Antwort zu geben.

2. Die zehn aber merkten die ziemlich starke Verlegenheit Ohlads; daher gingen sie hin zu ihm, und einer von ihnen sprach zu ihm: „Ohlad, ärgere dich nicht vergeblich; denn siehe, da sind stockblinde Menschen vor uns, die nicht einmal so viel Schein haben, daß sie unterscheiden möchten die allerfinsterste Nacht vom hellsten Tage! Also wäre es auch rein vergeblich, mit ihnen mehr zu reden!

3. Menschen, die mit ihrer Vernunft und mit ihrem Verstande es so weit gebracht haben, daß sie den freien Geist und seine Liebe, die sein Wesen und rein aus Gott ist, in Säcke einpferchen wollen, sind keiner höheren Belehrung mehr fähig!

4. Denn sie gleichen den Puppen, die sich einmal in ihr eigenes Gewebe eingesponnen und sich dadurch selbst von allem höheren Lichtzuflusse abgeschnitten haben!

5. Werden diese Puppen auch mit der Zeit wieder belebt und werden zu schönen Faltern, – was aber ist das für ein elendes Bild?! Denn es stellt nichts als eine lästige Anzahl von allerlei Tagedieben, Müßiggängern und Schöngeistern vor, die ihre Ideen, gleich wie die Falter ihre Eier, in die jungen Pflanzungen des Menschengeschlechtes legen, aus denen gar bald eine Unzahl schädlichster Raupen hervorkommt und ebensobald alle die herrlichen, lebendigen Triebe des geistigen Lebens zernagt und zugrunde richtet!

6. Daher lassen wir nun auch diese blindesten menschenartigen Vernunft- und Verstandespuppen sobald als nur immer möglich von dannen ziehen; denn nun scheint unter uns des Geistes ewige und lebendige Sonne! Durch ihre Wärme möchten diese Puppen bald ausgebrütet werden und dann ihre verderbliche Brut in unsere neuen Pflanzungen legen!

7. Also werden wir mit diesen Menschen keine vergeblichen Worte mehr

wechseln, sondern werden sie alsbald abziehen lassen; und wie ihr Wind sie drehen wird, dahin auch sollen sie ziehen, – denn ein jeder Wurm kennt sein Kraut, das ihm schmeckt, und das er dann begierlich frißt!"

8. Der Redner von den neunundneunzig aber sprach: „Ja, wo Menschen also mit Menschen reden, da können sie auch nicht beisammenbleiben und -wohnen! Diese predigen die Demut – und sind dabei hochmütiger als ein Pfau, so ihm der Schweif vollgewachsen ist! Daher ziehen wir ab, – und fürwahr, wir werden sicher irgendwo unser Kraut finden!"

9. Der Redner von den zehn aber sprach: „Ja, ziehet von dannen; denn hier wächst für euch kein Kraut mehr!

10. Menschen, denen wir alles zugestanden haben, so sie unser leichtes Gesetz angenommen hätten, taugen nicht für uns, die wir wissen, daß Gott unsere Herzen gerade also eingerichtet hat wie das Auge, das zwar auch um sehr vieles kleiner ist als die sichtbare große Schöpfung, aber dennoch dieselbe in sich aufnehmen und betrachten kann! Und so kommt es nicht aufs Volumen, sondern nur auf den Willen des lebentragenden Wesens an!

11. Ziehet nun ab; denn also ist für euch hier keines Bleibens! Drei Tage seien euch gegönnt, eure Sachen zu sammeln; dann aber kein Augenblick mehr!

12. Versteht solches wohl, und also geschehe es bestimmt!"

177. Kapitel

Selbsterkenntnis bei den neunundneunzig Räten
Die Einfachheit des Wortes Gottes als Ärgernis bei den Verstandeshelden
Der bekehrte Danel und Ohlad als Brüder

(Den 6. Dez. 1843)

1. Diese Worte machten eine große Gemütsumänderung bei den neunundneunzig; besonders fuhr das Gleichnis des Auges, verglichen mit dem Herzen, allen wie ein elektrischer Funke durch alle Glieder, Adern und Eingeweide.

2. Daher denn auch der Hauptredner sich alsbald umkehrte und an seine Brüder folgende Worte richtete, sagend nämlich: „Höret mich an, ihr Brüder! Des mächtigen Boten Rede, der nun ein erster Minister Ohlads ist, den Gott Selbst zum Könige über uns gesalbt hat, hat mir all meinen Irrtum gezeigt.

3. Ich weiß nun, wie wir so ganz eigentlich mit all unserer Vernunft und all unserm Verstande daran sind, und das ist genug, um einzusehen, daß wir im Ernste für geistige und göttliche Einsichten mehr noch als stockblind sind!

4. Denn wir sind auch zugleich stocktaub und dabei ganz entsetzlich eingebildet dumm! Und so geschieht uns auch ganz vollkommen recht, so wir von dieser Stadt, in der wir eine so geraume Zeit die Herren gespielt haben, nun so ziemlich schmählich hinauszuziehen genötigt werden; und mir geschieht das um so mehr recht, indem ich unter euch allzeit der hartnäckigste Oppugnant gegen alles rein Geistige und Göttliche war.

5. Wer von uns wird sich nicht der Geschichte erinnern, wie uns die beiden Räte, die von der Höhe als Taglöhner zu uns kamen und dann bald zu Bauführern aller unserer großen Bau-

ten wurden, am Ende, da sie uns hernach verließen, zu Gott, dem einigen, allmächtigen Herrn Himmels und der Erde, ermahnten?!

6. Aber ihre herrlichen Worte schlugen bei uns allen, und ganz vorzüglich bei mir, an glatte Ohren; wir ließen die beiden, uns allerwichtigsten Männer eher von uns ziehen, ehe wir ihre gar sanften göttlichen Worte angenommen hätten!

7. Mit unserer Vernunft und mit unserem Verstande widerstrebten wir allezeit dem Worte, das irgend von Gott zu uns kam; also sind wir nun auch nicht mehr wert, als am rechten Zahltage hinaus aus dieser Stadt getrieben zu werden!

8. Ich aber weiß, was ich für mich tun werde: als ein erweckter, reuiger Büßer werde ich hinausziehen! Ihr aber könnet tun, was ihr wollt; des allmächtigen Gottes Wille mit mir und mit euch!"

9. Nach dieser Rede kehrte er sich wieder an den Ohlad und an die zehn und bat sie sehr rührend um Vergebung seiner Halsstörrigkeit wegen und dankte ihnen für die Lehre, die ihn also geweckt hatte, und wollte darauf gehen.

10. Aber der Ohlad sagte zu ihm: ,,Danel, ich sage dir: Also, wie du nun bist, bleibst du; denn der Herr hat dich angenommen, da Er dir solche Gnade zukommen ließ, und so sollst du auch von mir angenommen sein!

11. Denn nicht euch Brüder will ich verbannen, sondern nur euren Starrsinn; verbannet ihr aber den aus euch, dann ist es nicht not, daß ihr selbst mit eurer Sünde die Flucht ergreifen sollet, – denn es ist genug, daß ihr der Sünde den Abschied gegeben habt!

12. Wenn aber ein Bruder den Bruder verbannt, da verbannt er sich auch von seinem Bruder; das aber sei ferne von mir!

13. Also bleibe du, und suche, daß auch die andern Brüder verbleiben; denn wir alle werden noch vollauf zu tun bekommen!"

178. Kapitel
Die erfolgreiche Bearbeitung der siebenundneunzig Räte durch Danel
Der Widerstand des Scheinkönigs Midehal, seine Demütigung und Bekehrung

(Den 7. Dez. 1843)

1. Danel ward auf die Worte Ohlads voll Freude in seinem Gemüte und versprach ihm, bei den andern alles anzuwenden, um sie auch zur völligen Umkehr zu bewegen.

2. Darauf wandte er sich sogleich an die andern Räte und stellte ihnen die Gnade Gottes, so gut er es nur immer vermochte, recht anschaulich dar; und bis auf einen kehrten sich alle nach den Worten Danels.

3. Der eine aber war niemand anderer als der Scheinkönig. Bei dem fing erst jetzt die Herrschlust sich so recht zu regen an, da er ihren völligen Verlust vor Augen sah.

4. Denn als Scheinkönig genoß er alle mögliche zeremonielle Auszeichnung, und das war ihm über alles. Nun aber sollte er alles niederlegen! Das war ihm wohl auch über alles, – aber nur nicht von der für ihn angenehmen Seite!

5. Er fing daher an nachzusinnen, wie er wieder zu seiner verlorenen Würde gelangen könnte.

6. Danel merkte das wohl und war schon geladen, um einige Blitze auf das Haupt des Scheinkönigs zu schleudern; aber einer von den zehn Ministern trat hin zum Danel und sprach:

7. „Es ist genug, daß ihr achtundneunzig euch bekehrt habt; an einem Esel aber liegt ja ohnehin nichts! Denn wer seine Brüder ohne natürliche, moralische und geistige Kraft nicht etwa führen, sondern nur rein aus einer gewisserart ihn kitzelnden Hochmutsgeilheit beherrschen will, der ist ein Esel, indem er nicht einzusehen vermag, daß ihn seine Brüder schon gar lange als solchen erkannten und ihm auch darum die Krone der Dummheit aufs Haupt setzten.

8. Wahrlich, an diesem Manne wird der Zeiten Flut nichts ändern; denn wie ein Fels so fest steht seine Dummheit da!

9. Zertrümmert die Berge, machet die Erde beben wie das Laub der Bäume im Sturme, verfinstert die Sonne, und lasset auf die Erde fallen die Sterne der Himmel, – und unerschüttert wird dieser Mann dastehen!

10. Denn nicht fürchtet der Esel des mächtigen Tigers gewaltige Tatze und nicht dessen zermalmenden Zahn; denn er weiß es ja gleich wie Propheten, daß ihm gegenüber die stärkeren Wesen wohl schämen sich müßten, so sie ihm zuleid' etwas täten.

11. Denn Dummheit wird allzeit sogar selbst vom Vater der Bosheit und Lüge gar sehr respektiert, und nichts hat zu fürchten ein Esel von seiner Arglist! Denn die Schande, sie drückt auch den Satan; darum mag er sich nimmer mit Eseln abgeben!

12. Er bleibe daher auf dem Throne nur sitzen und solle da zwischen den Wänden die Fliegen und Mücklein beherrschen; und eine gar prächtige Krone, die solle auch zieren sein graulichtes Haupt!

13. Und wenn er mit sehr wenigen, stets gleichen Worten in seinem Palaste gewaltig die Stimme als Herrscher ertönen wird lassen, da solle ein reichliches Futter gereicht ihm werden!

14. So wollen wir's machen, und so soll es bleiben; der König soll sich pur mit Fressen und Schlafen und Fliegenabwehren die Zeit fein vertreiben!"

15. Diese Satire brachte den Scheinkönig fast außer den Sinnen, und er fing darob förmlich zu toben und zu rasen an.

16. Der Redner von den zehn aber packte ihn an den Ohren und dehnte sie ihm nach seiner Wundermacht zu wahrhaftigen Eselsohren aus und sprach darauf: „Siehe, das ist die Krone! Der Thron wird folgen!"

17. Das wirkte auf den Scheinkönig, der da Midehal hieß. Er ward dadurch demütig und bekehrte sich auch; aber seine Ohren behielt er volle drei Jahre lang.

18. Diese Geschichte aber ward in der ganzen Gegend, ja selbst bis auf die Höhe bekannt, daß der Scheinkönig Eselsohren erhielt, und erhielt sich unter allerlei Dichtungen selbst noch bei den späten Nachkommen.*

---

* Daher wohl auch die griechische Sage von König Midas, der ebenfalls mit Eselsohren geziert wurde. – Eine weitere Parallele findet sich in dem Werke ‚Die Dreitagesszene' (Der 12jährige Jesus im Tempel); auch bei dieser Tempelszene fehlt der Midas mit den Eselsohren nicht.

179. Kapitel
König Ohlads brüderliche Rede an Danel
Die Einmütigkeit unter den einhundertzehn Versammelten

(Den 9. Dez. 1843)

1. Darauf aber wandte sich der Ohlad wieder an den Danel und sprach zu ihm:

2. „Nun, Freund und Bruder, siehe, auch der Midehal ist sicher bekehrt worden dadurch, daß ihm der Minister durch die Kraft Gottes in ihm die Ohren ausgedehnt und dadurch dessen innere Dummheit nach außen gekehrt hat; und so hätten wir nach dem Willen des Herrn schon einen tüchtigen Zweck erreicht!

3. Aber nun steht das Volk da; groß ist dessen Finsternis überall, – hier in der Stadt, in den weitgedehnten Vorstädten und in den Städten Lim, Kira, Sab, Marat, Sincur, Pur, Nias, Firab, Pejel, Kasul, Munia und Tiral, und also auch bei den noch weiteren Vasallen!

4. An uns liegt es, diese Völker in den Städten, wie auch auf dem Lande, wo immer nur irgend Menschen wohnen, zu bekehren. Überall ist, wie ihr es samt mir gar wohl wisset, die Abgötterei, wie auch die förmlichste Gottlosigkeit zu Hause!

5. Wir selbst tragen daran einen gar großen Teil der Schuld, und so liegt nun denn auch an uns um so mehr die Pflicht, allen diesen Völkern das Licht wiederzubringen, das wir ihnen zum größten Teile genommen haben.

6. Der Herr Selbst hat uns den Weg gebahnt durch den erschrecklichsten Feuersturm; an uns aber liegt es nun, diese Gelegenheit zu ergreifen und sie weise zu benützen zur Ehre und zum Lobe Dessen, der uns solche große Gnade erwies dadurch, daß Er uns das ewige Licht des Lebens, das in uns ganz erloschen war, wieder von neuem angezündet hat.

7. Damit wir aber fähig werden, dieses Licht allen Völkern wiederzubringen, wollen wir die Tempel des Herrn besuchen; in ihnen werden wir die gerechte Stärkung und die dazu nötige Vollmacht und Kraft überkommen!

8. Des Herrn Geist wird über uns kommen und wird uns salben mit neuer Kraft und wird in uns erwecken den rechten Geist der Liebe und alles Lebenslichtes aus ihr; und mit diesem Lichte wollen wir dann zu den Völkern treten und werden sie erleuchten mit dem Lichte der lebendigen Gnade aus Gott und salben mit neuem Geiste zu Kindern des einen heiligen Vaters, der uns vom Anbeginn schon zu Seinen Kindern erwählt hat!

9. Und so denn bereitet euch alle auf den morgigen Tag vor; denn noch vor dem Aufgange der Sonne wollen wir die Tempel betreten, und wollen uns aber dann auch sogleich an das erhabene Geschäft der wahren Volksregierung im Namen des einigen Gottes machen, da Er uns dazu erwählt und gesalbt hat! Also geschehe es!"

10. Als der Ohlad diese Anrede beendet hatte, da erhielt er ein großes Lob, und alle die Räte samt dem sehr gedemütigten Scheinkönige fingen an, Gott laut zu loben und zu preisen, daß Er ihnen einen so lieben und weisen König gegeben hatte.

11. Alle nahmen den Vortrag bereitwilligst an und freuten sich über die Maßen darauf, wann sie im Namen des Herrn würden zu wirken anfangen.

12. Und der Ohlad samt seinen zehn Ministern segnete die neunundneunzig, und sie begaben sich dann in die alte Burg, allwo sie sich stärkten und dem Herrn ein gemeinsames Lob darbrachten.

180. Kapitel
Der Gang der einhundertzehn Versammelten in den Tempel zum Empfange des Segens
Das Feuermeer und Ohlads weise Beruhigungsrede. Der Eintritt in den Tempel

(Den 11. Dez. 1843)

1. Am nächsten Morgen bei zwei Stunden vor dem Sonnenaufgange kam Ohlad mit seinen Ministern schon zu den neunundneunzig und fand zu seiner großen Freude sie alle schon gar festlich bereitet zum Einzuge in die Tempel.

2. Männer, Weiber und Kinder standen da beisammen versammelt, und die Dienerschaft harrte im weiten Hofraume ihrer Gebieter.

3. Und da sonach alles bereitet da war, so ward auch sogleich der Weg nach dem ersten Tempel eingeschlagen.

4. Als die ganze, große Gesellschaft beim Vorhofe anlangte, da schossen sogleich tausend Blitze vom goldenen Dache des Tempels herab in den großen Vorhof. Zugleich aber winkten die zehn Minister all den umliegenden feuerspeienden Bergen, und im Augenblicke trieben diese himmelhohe Flammensäulen aus ihren Kratern; und die mit den Flammen entstürzenden ungeheuren Rauchmassen verdeckten bald das sichtbare Firmament.

5. Diese Erscheinung machte auf unsere neunundneunzig einen übermächtigen Eindruck; denn sie sahen ihren Tod vor Augen, das heißt wie sie sich's vorstellten.

6. Unter großem Beben und Zittern nahte sich der Danel dem Ohlad und sprach: „O du mächtiger, von Gott gesalbter König! Schone unser, und laß uns doch nicht gar so elend zugrunde richten; denn erschrecklich ist deine Macht und Gewalt!

7. Wer wird da neben dir bestehen können? Wer wird dein Untertan sein und leben können? Denn ehe er sich's versehen wird, werden ihn schon die Flammen deiner Gewalt umfassen und werden seinen Leib zu Asche verbrennen!"

8. Ohlad aber sprach zum Danel: „Sorge dich nicht um so törichte Dinge! Der Ernst ist es ja, den dir nun der Herr zeigt, wie gleich auch all deinen Gefährten; und hätt' euch der Herr diesen Ernst nicht gezeigt, da wäret ihr würdig nicht, hier zu empfangen den mächtigen Segen, durch den ihr die Völker werd't ziehen zum Lichte des Lebens aus Gott!

9. Darum weg mit der törichten Furcht, und ganz weg mit dem Beben und Zagen; denn Gott, ja ein ewiger, liebevollster Vater ist's, der euch entgegen nun kommt im heftigsten Feuer aus Seiner unendlichen heiligsten Liebe zu euch!

10. Denn nicht ich und nicht diese Minister vermögen die Blitze vom Dache und all dieses Feuer der Erd' zu entrufen; Gott Selbst nur tut solches aus Liebe zu euch, um euch tiefer noch vorzubereiten auf Seine euch segnende Ankunft im Tempel!"

11. Diese Worte genügten, den Danel, wie auch seine Gefährten, von der großen Angst zu befreien, und ihm Mut einzuflößen, in den Vorhof zu treten und dann auch – nach der wahren Erweckung der lebendigen Demut und Liebe – in den Tempel.

12. Ohlad ließ darauf sogleich die Pforte des Vorhofs eröffnen und trat dann selbst in der größten Ehrfurcht mit der ganzen, großen Gesellschaft ein, brachte da dem Herrn ein Lob dar und begab sich sodann in den Tempel, in den ihm aber nur die zehn folgen durften. Die ganze andere Gesellschaft aber mußte im Vorhofe verbleiben; denn es durften nur die Eingeweihten den Tempel betreten.

181. Kapitel

Ohlad am Altar vor dem Herrn

(Den 12. Dez. 1843)

1. Als der Ohlad mit den zehn Ministern in den Tempel eintrat, da fiel er alsbald vor dem Altare auf sein Angesicht nieder und betete zu Gott, daß Er den neunundneunzig Brüdern samt dem Scheinkönige gnädig und barmherzig sein möchte.

2. Und der Herr sprach aus der weißen Wolke: ,,Ohlad! Ich habe dich und deine Brüder angesehen und habe Mich darob erfreut, daß sie umgekehrt sind und haben ihr Herz und ihre Seele gekehrt nach Mir; aber Ich habe noch etwas wider sie, und das ist von sehr bedeutender Art für ihren Geist!

3. In der Welt zwar erscheint es billig, auch gerecht und ganz unschuldig; aber nicht also erscheint es bei Mir!

4. Was aber ist es, das Ich wider sie habe? – Höre!

5. Sie haben eine Leidenschaft, bei gewissen ihnen zu Gesichte stehenden Familien Besuche unter allerlei freundschaftlichen Vorwänden, die sie sich selbst machen, abzustatten und im Gegenteile wieder Besuche zu empfangen! Von dieser argen Leidenschaft ist selbst Danel als der Weiseste nicht ausgenommen!

6. Die Männer haben eine große Freude, so sie von schönen Weibern Besuche bekommen und freuen sich sehr, so sie wieder solch schönen Weibern können Gegenbesuche machen.

7. Die Weiber aber dagegen lechzen ordentlich nach männlichen Besuchen; je mehr deren und je öfter dergleichen es gibt, desto lustiger und ganz närrisch freundlicher werden sie.

8. Die Weiber besuchen zwar dagegen die Männer weniger als ihresgleichen, aber da möchte oft der ganze Himmel aus Ärger feuerglühend werden, was für entsetzlich dümmstes Zeug sie da zusammenklatschen!

9. Je unsinniger und je wertloser und dümmer es (*das Geschwätze*) ist, desto mehr macht es ihnen Vergnügen; und je läppischer, je närrischer, je dümmer und je spaßhafter und lächerlicher es bei einer solchen Gesellschaft zugeht, desto angenehmer und schätzbarer ist sie auch und wird darum auch vorzugsweise gerne besucht.

10. Ganz besonders aber sehen die Weiber – jung wie alt – darauf, daß sich in einer solchen Klatschgesellschaft, die Ich von Grund aus hasse, stets mehrere junge Wesen männlichen Geschlechtes einfinden, die sich so recht aufs Hofmachen verstehen und dabei aber auch

allerlei lustige Spiele zu arrangieren wissen, um durch sie den Weibern eine angenehme Erheiterung zu verschaffen; und je unsinniger und dümmer, und je leerer und nichtssagender derlei Spiele sind, desto beliebter sind sie auch, und ganz besonders dann, wenn sie von wohlgestalteten Jünglingen ausgeführt werden!

11. Siehe, solche Weiber haben deine neunundneunzig Brüder und solche Kinder; das Weib des Danel aber ist die größte Klatschliebhaberin darunter! Wahrlich, das ist Mir ein Ekel der Ekel!

12. Ich möchte lieber ein Aas in Meinem Munde halten tausend Jahre, als eine solche galante Gesellschaftsliebhaberin auch nur eine Sekunde lang von ferne her ansehen!

13. Der Grund davon liegt darinnen, weil das eine allerbeste Art ist, den Geist aus Mir zu verderben und zu töten; denn bei derlei Zusammenkünften lernt das Weib, wie der Mann, am besten, Meiner zu vergessen und sich ganz der lustigen und schmeichelnden Welt in die giftigen Schlangenarme zu werfen!

14. Wer denkt in einer solchen Klatsch-, Spiel-, Plausch- und Lachgesellschaft an Mich, während Ich ihm doch in jedem Augenblicke das Leben erhalten muß?!

15. Darum verfluche Ich auch alle solche Gesellschaften, wo sich die Menschen der Belustigung wegen besuchen – und nicht, daß sie sich besprechen und belehren möchten von Mir; und seien diese Besuche von noch so geringer Art, so seien sie dennoch verflucht, – besonders, so Kinder dazu mitgezogen werden, in denen dadurch jeder bessere Same alsbald erstickt wird.

16. Gehe daher hinaus und verkündige solchen Meinen Willen deinen neunundneunzig Brüdern, und diese sollen desgleichen tun ihren stumpfen Weibern und Kindern; und sage, daß Ich niemanden eher mit Meiner Gnade segnen werde, als bis er sein Haus also geordnet wird haben!

17. Wird dieses Übel nicht aus der Wurzel vertilgt, so werde Ich Mein Gericht statt der Gnade solcher Welt geben! Amen."

182. Kapitel

Ohlads törichte Bitte an den Herrn. Wichtige Gesellschaftswinke des Herrn
»Wo zwei oder drei beisammen sind in Meinem Namen, da bin Ich mitten unter ihnen!«

(Den 13. Dez. 1843)

1. Der Ohlad aber sprach in der tiefsten Demut darauf zum Herrn: ,,O Herr, Dein überheiliger Name werde geheiligt, und Dein Wille geschehe allzeit wie ewig!

2. Ich, ein armseligster, elender Wurm vor Dir im Staube meiner völligen Nichtigkeit aber wage dennoch aus dem Grunde meiner großen Not Dir entgegen eine Frage zu tun, und Du, o Vater, voll der unendlichsten Liebe, Erbarmung und Geduld, wirst mir darob ja nicht gram werden!"

3. Und der Herr sprach aus der Wolke: ,,Also stehe denn auf, und rede! Ich werde Mein Ohr an deinen Mund legen!"

4. Und der Ohlad erhob sich und sprach: ,,O Herr, sage mir nach Deiner Gnade: Sollen wir Menschen nimmer unsere Nachbarn besuchen und uns nimmer – selbst auf eine ganz ehrbare

Weise – mit unseren Brüdern und Schwestern vergnügen?

5. Siehe, wir armseligen Menschen haben ja ohnehin wenig Erheiterndes auf dieser mageren Erde! Müssen wir auch noch unsere gegenseitigen geselligen Besuche und Besprechungen gänzlich meiden, so bleibt uns dann ja rein nichts übrig, als sich irgendwo in ein Loch einzupferchen und daselbst zu nagen an der eigenen trübseligsten Langeweile!

6. Daher möchte ich Dich, o Herr, doch wohl bitten im Namen aller meiner Brüder und Schwestern, daß Du in dieser Hinsicht Deinen Willen ein wenig nur mildern möchtest! Wäre es denn Dir nicht wohlgefällig, mir eine Regel zu geben, ja ein Gesetz sogar, nach dem irgend Gesellschaften dennoch stattfinden dürften?!"

7. Und der Herr sprach darauf zum Ohlad: „Ich wußte es ja, daß auch du noch ein kranker Esel bist; darum verlangst du solches von Mir wider alle Meine Ordnung!

8. Siehe, du Ochs, auf der Erde Boden wachsen gesegnete und verfluchte Pflanzen, Gesträuche, Bäume und Früchte; die gesegneten entstammen dem Himmel, und die verfluchten der Hölle. Die Früchte der letzten Art sind nicht selten anlockender als die der ersten. Möchtest du da nicht auch sagen: ‚Herr, nimm ihnen das tödliche Gift, auf daß wir sie genießen können, gleich wie die gesegneten?'

9. Ich aber sage dir: Das tue Ich nimmer; denn Ich habe ohnehin auf eine verfluchte dreißig gesegnete gesetzt, und das wird doch genug sein!

10. Dazu steht es dir noch frei, die verfluchten Pflanzen auszurotten und dafür lauter gesegnete anzubauen. Ist das nicht genug?

11. Also habe Ich auch dem Menschen eine Gesellschafterin und eine Gehilfin gegeben, und siehe, der erste Mensch Adam war damit zufrieden! Wollt ihr denn mehr sein, als da war das erste Menschenpaar auf der Erde?!

12. Hat nicht ein jeder Vater seine Kinder und desgleichen eine jede Mutter?! Und hat nicht ein jeder Hausbesitzer sein Gesinde, seine Knechte und Mägde, die auch Menschen sind?! Was will er da noch mehr?

13. Adam hatte nur ein Weib und später seine Kinder und hatte keine Knechte und keine Mägde, – und siehe, er war damit zufrieden! Warum wollt ihr denn mehr, als da aus Meiner Ordnung dem Adam gegeben ward?!

14. O ihr Nimmersatte, darum wollt ihr mehr, weil ihr an Mir kein Genüge habt! Ich bin euch zu wenig; – darum wollt ihr Unterhaltungen der Welt! Darum wollt ihr lachen und klatschen und spielen in muntern Zirkeln, weil Ich euch langweile!

15. Adam hatte an Meiner Gesellschaft genug, und der Eva genügte der Adam und ihre Kinder; darum lebte er neunhundertdreißig Jahre zufrieden ohne Gesellschaftsspiele! Warum wollt ihr denn mehr?

16. Ich aber sage dir, da Ich dich schon gesalbt habe: So ihr euch besuchet in Meinem Namen, wie es Adam tat bei seinen Kindern sogar, dann soll auch jede Gesellschaft gesegnet sein; denn wo zwei oder drei in Meinem Namen versammelt sind, da bin Ich mitten unter ihnen!

17. Wo sich aber irgend Besuchsgesellschaften bilden wegen was immer für weltlichen Vergnügen, da soll der Satan unter ihnen sein und soll nach seiner Lust erwürgen seine Kinder!

18. Frage Mich daher nicht wieder – willst du Mich nicht zum letzten Male gefragt haben –, sondern gehe eilends, und erfülle Meinen Willen! Amen."

183. Kapitel

Ohlad berichtet dem Danel und den Räten den Willen des Herrn
Danels Verwunderung ob der scheinbaren Kleinlichkeit Gottes

(Den 14. Dez. 1843)

1. Auf diese Rede schlug sich der Ohlad auf die Brust, verneigte sich dann tiefst vor dem Altare und ging dann sogleich hinaus zu den neunundneunzig harrenden Brüdern, berief da sogleich den Danel zu sich und sagte zu ihm alles, wie er es vom Herrn vernommen hatte.

2. Danel aber sprach dagegen: „Fürwahr, so du mir diese Sachlage nicht mit einem so erhabenen Ernste nun dargetan hättest, ich könnte es kaum glauben, daß der große, erhabene, heilige Gott Sich mit solchen Kleinigkeiten abgäbe!

3. Es muß aber dennoch etwas daran gelegen sein, da uns der Herr bei Nichtablegung dieses also offenbaren Lasters Seine Gnade vorenthalten will und will uns dafür geben nur ein bitteres Gericht!

4. Ich werde sogleich des Herrn Willen bekanntmachen! Für mich und mein Haus stehe ich gut; da wird sicher keine Gesellschaft mehr gegeben und keine mehr besucht außer in der Art, wie es der Herr haben will, in Seinem allerheiligsten Namen nämlich nur!

5. Aber was da die übrigen betrifft, so kann ich natürlich nicht gutstehen, was sie darauf machen werden!"

6. Und der Ohlad sprach: „Das kümmere vorderhand weder dich, noch mich; da wird schon der Herr das Seinige tun!"

7. Darauf kehrte sich der Danel sogleich zu den achtundneunzig, wie zu deren Kindern und Weibern, und machte ihnen den Willen des Herrn bekannt gerade also, wie er ihn vom Ohlad vernommen hatte.

8. Die Männer kehrten sich bald darnach; aber die Weiber und die erwachseneren Kinder fingen an zu schluchzen und mitunter heimlich gar zu weinen und zu schmähen und sprachen:

9. „Das kann Gott nicht geredet haben! Das ist eine Erfindung des Ohlad, der zehn Zauberer von der Höhe und nun auch des berühmten Danel, der seinen Mantel allzeit gehörig nach dem Winde zu drehen versteht!

10. Warum sollen uns denn nicht auch in einer Gesellschaft mehrere Männer lieben?

11. Warum sollen wir denn nur für einen Mann allein dasein und uns allein für einen putzen und schönmachen?

12. Warum sollen unsere Töchter nicht die Gelegenheit haben, allerlei Bekanntschaften mit der jungen Männerwelt zu machen, auf daß sie sich daselbst den ihnen am meisten zu Gesichte stehenden Mann erwählen möchten?

13. Und warum sollen unsere Söhne nicht die Mädchen kennenlernen? Sollen sie denn am Ende weiberlos verbleiben? Wo aber, außer in gesellschaftlichen Zirkeln, bietet sich wohl eine Gelegenheit dazu?!

14. Zudem besuchen wir ja ohnehin nur lauter honette, altadelige Häuser und werden von ihnen wieder besucht!

15. Gott kann gar nicht weise sein, wenn Er so etwas von uns verlangt! Täten wir dabei etwas Schlechtes, so wäre das etwas anderes; aber wir vergnügen uns dabei ja nur allzeit auf die unschuldigste Weise von der Welt! Wie soll, wie kann das einem weisen Gott zuwider sein?!"

16. Der Danel aber sprach zu ihnen: „O ihr Weiber, ihr murret über die An-

ordnungen Gottes! Wisset ihr nicht, wie Er noch allezeit die Widerspenstigen gezüchtigt hat?! Zu kleinlich kommt euch hier die Sache vor, um die Sich hier Gott annimmt; deshalb saget ihr, Gott müsse nicht weise sein!

17. O ihr blinden Törinnen! Wer erschuf denn das kleine Mücklein, wer die Blattmilbe, wer die zahllosen Würmchen in einem Sumpfe, wer die Haare eures Hauptes? Sind das nicht lauter höchst unbedeutend scheinende Dinge?! Und dennoch gibt Sich der große Gott mit ihnen ab!

18. Wer außer dem Werkmeister aber weiß es besser, was seinem Werke frommt?! Wenn uns aber hier der große Werkmeister Selbst die Lebensregeln gibt, sollen wir sie da nicht sogleich allerdankbarst annehmen und befolgen?!

19. Scheint euch das Übel auch klein und nichtig zu sein, weil ihr euch daran schon gewöhnt habt, soll es darum auch bei Gott also sein?

20. Oh, der Herr wird Sich ewig nie nach unserer großen Torheit richten; wohl aber liegt es an uns, Seinen Geschöpfen, daß wir uns richten nach Seinem Willen, – denn Er allein weiß es ja nur, was uns frommt!

21. Vergiftet aber nicht ein Tropfen Giftes schon zehn Maß Wassers also, daß wir es nimmer heilsam und unschädlich genießen mögen?! So man aber einen gesunden Wassertropfen in zehn Maß Giftes täte, wird dieser das Gift auch also entgegen unschädlich machen?

22. Also ist der Tod mächtiger denn das Leben, und wir können es gar leicht verlieren! Daher heißt es, die Regeln wohl betrachten und danach leben, wie es der Herr des Lebens will! Verstehet mich, und murret nimmer! Amen."

184. Kapitel
Der Weiber Aufklärungsfragen an Danel
Danels lichtvolle Antwort über die Gesellschaftsklatschbesuche
und ihren verderblichen Einfluß auf Seele und Geist im Menschen

(Den 16. Dez. 1843)

1. Nach dieser Rede Danels traten mehrere Jünglinge und Weiber zusammen und richteten folgende Rede an den Danel, sagend nämlich:

2. „Geehrter und hochansehnlicher Gefährte unserer Männer und Väter! Wir haben deiner Rede mit der gespanntesten Aufmerksamkeit zugehört und haben so manches deiner Rede wahr und gut gefunden, manches aber wohl auch unverständlich!

3. Wir fragen dich daher, was du mit dem Tropfen Giftes in den zehn Maß Wassers und dann wieder umgekehrt mit dem Tropfen Wassers in den zehn Maß Giftes so ganz eigentlich hast sagen wollen, und was mit dem, wie wir im Namen Gottes wohl in Gesellschaften zusammenkommen dürften! Gib uns über diese zwei Hauptpunkte näheren Aufschluß, auf daß es uns darüber helle werde!"

4. Und der Danel nahm da sogleich alle seine Sinne zusammen und sprach darauf: „Also höret mich denn an; ich will mit der Gnade des Herrn, die dort aus Seinem Heiligtume mich helle anstrahlt, euch die Sache so klar vor eure Augen stellen, als wie klar da scheint die Sonne am hellsten Mittage, die jetzt

freilich wohl nicht scheint, weil sie von den dichtesten Rauchmassen, welche den brennenden Bergen entqualmen, überdeckt ist!

5. Ihr seid Gefäße vom noch gesunden, lebendigen Wasser, welches da ist euer Leben aus Gott; die Gesellschaften aber sind das Gift für euren lebendigen Geist, und das aus dem Grunde, weil ihr in denselben durch allerlei dummes Geklatsch und Geplauder, durch das euch so dummsüße Sich-ehren-Lassen – gewöhnlich auf Kosten schmählicher Erniedrigung und Ehrabschneidung anderer, meistens harmloser Menschen – und durch noch allerart dumme und eure Lachlust kitzelnde Spiele Gott stets mehr und mehr vergesset und am Ende in eurem zu oft angeregten Hochmutskitzel zu denken und förmlich einzusehen anfanget, als sei alle Welt bloß nur euretwegen da, und als hänge von eurem Geklatsche und von eurer Gunst das Heil der ganzen Welt ab!

6. Seht, das ist wider alle Liebe des Nächsten, daher wider die göttliche Ordnung und daher ein Gift für das Leben eures Geistes, der euch als ein gesundes, lebendiges Wasser von Gott ursprünglich ist eingehaucht worden!

7. Ein Tropfen von diesem Gifte – das ist soviel wie eine noch so kleine und unschädlich scheinende Visite im Namen der Welt in euch – vergiftet leicht den ganzen gesunden Geist, auf daß er dann ohnmächtig wird, in eurer Seele dahinsinkt und eben dadurch aber eure Seele anregt, daß sie dann sehr hochmutskitzelhaft empfindlich wird und stets mehr und mehr zu suchen anfängt, wie und wo sie die rechte Anerkennung ihrer Hoheit finden möchte!

8. Und das alles tut sie darum, weil sie zufolge der Erlahmung des vergifteten Geistes keinen Leiter nach oben mehr hat und sich am Ende selbst als das herrschende Lebensprinzip ansieht, was aber im höchsten Grade gefehlt ist aus dem zwar geheimen, aber dennoch allerhöchst wichtigen Grunde, weil unsere Seelen als lebende Substanzen unserer Leiber von unten her sind, und nur allein der Geist ist von oben her, um die abgefallene Seele von ihrer alten Schlacke zu erlösen in der Zeit dieses irdischen Lebens!

9. Solches aber kann nur durch die Gnade Gottes dann geschehen, so wir nicht alles Mögliche aufbieten, um unseren Geist zu verderben, sondern unser Leben nach dem heiligen Willen Dessen einrichten, der es uns als ein allerhöchstes Gut für ewig gegeben hat.

10. Ich meine nun, daß es hinreichend klar genug dargestellt ist, was da besagt ein Gifttropfen in zehn Maß gesunden Wassers!

11. Was aber da den Gegensatz betrifft, so ist er wohl zu klar, als daß man darüber viele Worte verlieren sollte! Wenn ein Mensch einmal ganz verdorben ist, wird ihn ein Wort der Wahrheit wohl bessern?!

12. So wenig man einen mächtigen Brand mit einem Tropfen Wassers zu löschen imstande sein wird, ebensowenig wird auch eine gute Ermahnung bei einem weltlich Verdorbenen auszurichten vermögen! Gehet hin zu einem Bergbrande, und löschet denselben mit einem Tropfen Wassers, wenn ihr es könnet!

13. Also habe ich jetzt in euch schon gar viele gesunde Tropfen des lebendigen Wassers fallen lassen; aber eure alte Leidenschaft lodert noch, und ich halte sie noch nicht für gelöscht, und es wird noch sicher über euch ein ganz mächtiger Wolkenbruch sich ergießen müssen, bis ihr vollends erlöschen werdet

in eurer großen Torheit! – Ich meine, das wird doch auch klar genug geredet sein?!

14. Was aber die im Namen Gottes allein gerechten Visiten betrifft, so ist das wohl an und für sich zu klar, als daß ich mich darüber weitläufiger ausdrücken sollte!

15. Beachtet daher dies Gesagte zuvor genau in euch, und es wird sich dann schon von selbst hervortun, wie wir uns im Namen Gottes besuchen sollen! Verstehet solches wohl im Namen Dessen, durch dessen Gnade ich also zu euch habe zu reden vermocht! Amen."

185. Kapitel
Ohlad belobt den Danel ob seiner guten Rede und veranlaßt ihn, dem Herrn dafür zu danken

(Den 18. Dez. 1843)

1. Darauf begab sich der Danel wieder zurück zum Ohlad und sprach zu ihm: „Bruder, du gesalbter, wahrer König voll Macht und Gnade vom Herrn aus, der da als ein einiger Gott herrscht und regiert alle Dinge und Wesen, von Ewigkeit heilig, überheilig, – du selbst warst nun Augen- und Ohrenzeuge, wie ich gewiß, insoweit es mir nur immer möglich war, den Willen des Herrn an unsere Weiber und Kinder mit lauter Stimme ausgerichtet habe! Ob aber das etwas nützen wird, dafür kann ich wohl unmöglich Bürge sein!

2. Die Gnade des Herrn und deine dir verliehene königliche Macht mögen hier das Gelingen bewirken!"

3. Und der Ohlad, ganz erstaunt über die früheren Reden des Danel, sprach zu ihm: „Fürwahr, also, wie du nun zu den Weibern und Kindern, wie auch indirekt zu den Brüdern allen geredet hast, hätte ich selbst kaum geredet!

4. Denn deine Worte klangen ja so wahr und so inhaltschwer, als wären sie nahezu unmittelbar aus dem Munde des Herrn an dies Volk ergangen!

5. Fürwahr, wo solche Worte wirkungslos verbleiben möchten, da hülfe dann wohl nichts anderes mehr als das Gericht und die allerschärfste Strafe!

6. Ich aber bin zum voraus der guten Überzeugung, daß du, liebster Bruder, nicht umsonst geredet hast; denn ich vernahm und ersah ja, wie am Ende alles ganz gewaltigst in sich zu gehen anfing, besonders bei der Gelegenheit, als du das herrliche Bild von dem Gifttropfen in den zehn Maß reinen, gesunden Wassers, und also auch umgekehrt, aufstelltest!

7. Lassen wir sie jetzt deine Worte nur gehörig in sich verdaulich betrachten, und ich bin völlig versichert, daß sie sich darnach richten und fügen werden, so des Wortes Geist erst völlig in ihr ganzes Wesen übergehen wird!

8. Durchsäuert sind sie schon; wenn da noch die Liebwärme des Herrn hinzutreten wird, dann wird dieser Teig, den du nun angemacht hast, schon aus der eigenen in sich selbst entwickelten Kraft zu steigen anfangen! Du verstehst mich, was ich damit sagen will?!

9. Gehe aber nun mit mir an die Pforte des Tempels, und falle dort vor der allerheiligsten Gegenwart des Herrn nieder und danke Ihm aus dem

Grunde deines Herzens für die Gnade, durch die du so weise hast zu reden vermocht, und bitte aber den Herrn auch um das Gelingen deiner Worte!

10. Ich aber werde vor dir in den Tempel gehen und werde vor dem allerheiligsten Altare des Herrn dasselbe tun in der Gegenwart meiner Minister; und wenn dich dann der Herr rufen wird, dann erhebe dich, und tritt mit der höchsten Ehrfurcht und mit der allerdemütigsten Liebe in den Tempel, und der Herr Selbst wird dir da die Weisung geben, was du zu tun haben wirst! Und so laß uns denn hingehen im Namen des Herrn! Amen."

186. Kapitel
Des Herrn Worte an Ohlad und Danel über die wahre Gottesverehrung
Ohlad und Danel als Nachsöhne Kisehels
Des Herrn Aufforderung zur Bußpredigt an alle Völker

(Den 19. Dez. 1843)

1. An der Pforte des Tempels angelangt, fiel der Danel alsbald auf sein Angesicht nieder und betete, wie es ihm zuvor der Ohlad angeraten hatte.

2. Der Ohlad aber ging sogleich mit der höchsten Ehrfurcht in den Tempel und fiel dort vor dem Altare nieder und fing an, zu Gott zu beten in seinem Herzen.

3. Gott, der Herr und der Vater, aber sprach aus der weißen Wolke alsbald zu ihm: ,,Ohlad, Ich sage dir, erhebe dich; denn Ich habe nicht vonnöten, daß du dich vor Mir im Staube herumwälzen sollest!

4. Denn wer Mich liebend in seinem Herzen bekennt, der tut genug, und wer wahrhaft demütig ist in seiner Seele, der tut auch völlig genug; alles andere, was du mit dem Leibe tust, hat vor Mir keinen Wert, denn es ist nichts als eine tote Zeremonie und gehört rein der Eitelkeit der Welt an und ist eigentümlich aller Blindheit und Torheit der Menschen.

5. Du aber erhebe dich somit und gehe hin zur Pforte, und heiße in Meinem Namen den Danel dasselbe tun! Hat er sich erhoben, dann führe ihn herein in den Tempel, und Ich Selbst werde ihm da offenbaren, was alles er in Meinem Namen wird zu tun haben!"

6. Sogleich erhob sich der Ohlad und ging und richtete an den Danel den Willen des Herrn aus. Dieser erhob sich ebenfalls sogleich und folgte dem Ohlad in den Tempel.

7. Als die beiden nun dastanden vor dem Altare des Herrn, da sprach alsbald der Herr zum Danel:

8. ,,Danel, Ich kenne dich; du bist ein Nachsohn Kisehels, der einst zu Lamechs Zeiten hier diesen Tempel dem Lamech zu erbauen anbefohlen hat gar mächtig in Meinem Namen!

9. Kisehels dritter Stamm zog wider Meinen Willen herab in die Tiefe, und du bist ein siebentes Glied der Nachfolge Kisehels.

10. Wahrlich, wärest du, wie der Ohlad, nicht aus Kisehel, nimmer wäre euch der Weg zum Tempel eröffnet worden; aber da ihr Söhne Meines getreuen Kisehel seid und seid als solche wohl erkenntlich an eurem anfangs widerspenstigen Geiste, gleichwie es beim Kisehel der Fall war dereinst, so habe Ich Mich bloß um euretwillen noch einmal alles Volkes erbarmt und

will es durch euch noch einmal zu Mir laut rufen.

11. Dich Ohlad, habe Ich gesalbt, und du hast mit dieser Salbung deinen Bruder Danel und noch die anderen achtundneunzig Brüder in der kürzesten Zeit zu Mir gebracht; daher soll dein Königtum in dieser Stadt gesichert sein so lange, als du in dieser Salbung nach Meinem Worte handeln wirst, und die zehn Zeugen hier sollen dir allzeit kräftig an die Hand gehen, – denn auch sie sind Kinder Kisehels!

12. Du, Danel, aber sollst gesalbt sein durch dieses Mein Wort! Lege deinen Brüdern deine Hände auf in Meinem Namen, auf daß auch sie gesalbt werden!

13. Nach dem aber ziehet hinaus in alle Gegenden der Erde, und prediget überall ernste Buße! Wird diese erfolgen, dann ziehet weiter, und tuet desgleichen; wird aber die Buße nicht erfolgen, dann verkündiget Meinen Zorn und Mein verheißenes Gericht, welches nicht ausbleiben wird, wofern nicht allenthalben eine volle Umkehr eintreten wird! – Nun empfange Meinen Segen!"

14. Hier segnete der Herr den Danel mit sichtbarer Hand aus der weißen Wolke und gebot ihm dann, daß er sich sogleich ans anbefohlene Werk machen solle. Ganz besonders aber schärfte ihm der Herr ein, daß er ja gegen die Gesellschaften Feuer gebrauchen solle.

15. Der Danel gelobte solches alles dem Herrn und begab sich samt Ohlad und den zehn Ministern sogleich ans anbefohlene Werk.

187. Kapitel
Die Segnung der achtundneunzig Missionsboten
Das Wehklagen der Weiber und die beruhigenden Worte eines der zehn Boten

(Den 20. Dez. 1843)

1. Im Vorhofe angelangt, dankten alle dem Herrn aus dem tiefsten Grunde ihrer Herzen und lobten Seine unaussprechliche Güte; und der Ohlad versperrte sodann wieder den Tempel und begab sich mit Danel und den zehn Ministern hin zu den achtundneunzig und richtete an sie den Willen des Herrn aus.

2. Als sie, die achtundneunzig nämlich, aber alles bereitwilligst angenommen hatten, da legte ihnen der Danel alsbald die Hände auf, und sie wurden alsbald voll des Geistes und der Kraft aus dem Herrn und fingen sofort an, Ihn zu loben und zu preisen aus allen ihren Kräften.

3. Den Herrn also hoch lobend und preisend, begaben sie sich aus dem Vorhofe ins Freie, allda ihre Weiber und Kinder ihrer harrten, und machten dieselben auch sogleich mit dem Willen des Herrn bekannt.

4. Als aber die Weiber und die Kinder erfuhren, daß ihre Männer und Väter hinaus in die für ihre Begriffe endlos große und weite Welt werden ziehen müssen und werden ihre Weiber und Kinder auf eine geraume Zeit, oder vielleicht auch für immer, verlassen, da fingen die Weiber und die Kinder ganz entsetzlich an zu wehklagen. Einige weinten, einige heulten, einige rauften sich die Haare aus und fingen an, wider diese Anordnungen Gottes ganz entsetzlich zu schmähen.

5. Da traten die zehn Minister vor die Weiber und vor die Kinder und geboten ihnen ganz ernstlich zu schweigen, widrigenfalls sie eine gar mächtige Strafe zu befürchten hätten.

6. Diese gebietenden Worte ergossen sich gleich sichtbaren Flammen mit donnerähnlicher Stimme über die Weiber und erwachseneren Kinder und brachten alsbald alles zum Schweigen.

7. Als die Weiber und Kinder zum Schweigen gebracht waren, da erst sprach einer von den zehn Ministern eben zu den Weibern und Kindern:

8. ,,Nehmet doch irgendeinen Verstand an! Was wollt ihr gegen den allmächtigen Willen Gottes euch sträuben?! Was ist denn mehr: Gott oder ihr in eurer großen Torheit?

9. So eure Männer den Willen des Herrn erfüllen, wird euch da der Allmächtige wohl verlassen?!

10. Das sei eure Sorge fortan, daß ihr dem Herrn Himmels und der Erde wohlgefallet; um alles andere habt ihr euch nicht zu kümmern, – denn da wird schon ohnehin der Herr das Beste tun!

11. Wenn eure Männer aber den Willen des Herrn nicht erfüllen möchten, eurer Torheit willen, so würde der Herr Feuer aus den Himmeln auf die Erde fallen lassen, und ihr alle samt euren Männern würdet dann gar übel in den Flammen des göttlichen Zornes umkommen!

12. Saget, wäre euch das lieber, als so eure Männer hinausziehen und erfüllen des Herrn Willen gar mächtig, und der Herr sorgt hier für euch?"

13. Diese wenigen Worte brachten die Weiber und die Kinder wieder zur Vernunft, daß sie ihre Männer und Väter segneten und den Herrn baten, daß Er sie also wohlbehalten wieder zurückführen solle, wann es Sein Wille sein wird.

14. Und eine Stimme aus der Luft ward vernehmbar, die da sprach: ,,Mein Wille – dann und wann, und hier und da! Es geschehe, was not tut! Amen."

15. Darauf begab sich alles nach Hause, und am nächsten Tage zogen unsere neunundneunzig schon hinaus unter vielen Segnungen; nur Midehal blieb daheim – seiner langen Ohren wegen.

188. Kapitel

Die dreijährige Missionsarbeit der neunundneunzig Boten
Der große Triumphbogen des Dankes. Des Herrn Tadel

(Den 21. Dez. 1843)

1. Im Verlaufe von drei Jahren hatten die neunundneunzig schon allenthalben das Wort Gottes ausgebreitet; sie fanden zwar überall mehr oder weniger kleine Anstände, welche sie aber mit ihrer Wundermacht leicht bekämpften.

2. In noch kürzerer Zeit ward Hanoch wieder so ziemlich in die Ordnung gebracht samt den weitgedehnten Vorstädten, von denen einige sehr hartnäckig waren.

3. Im vierten Jahre kamen die neunundneunzig wieder ganz wohlbehalten zurück und erstatteten dem Ohlad die erfreuliche Kunde, daß und wie nämlich nun alles wieder in der Ordnung sei.

4. Und Ohlad und die zehn Minister errichteten darum dem Herrn ein großes Dankopfer, zu dem das ganze Volk Hanochs geladen ward.

5. Das Opfer aber bestand darin: Auf einem großen, freien Platze außerhalb der Stadt ließ Ohlad einen ungeheuer großen Triumphbogen errichten.

Seine Höhe war hundert Ellen und seine Länge und Breite war gleich der Höhe. Das Baumaterial waren lauter makellos weiße Marmorquader.

6. In einem Jahre war dieses Werk von überaus majestätisch-prachtvollstem Aussehen vollendet; und nach der Art, wie im Tempel, ward zuoberst des Triumphbogens ein hoher Altar von reinstem Golde angebracht und auf dem Altare eine neue, große Goldtafel aufgestellt, auf der mit großen Diamanten und Rubinen der allerheiligste Name Jehova eingesetzt war.

7. Tausend und tausend Hände hatten daran gearbeitet. Menschen jeden Ranges machten dabei wechselweise Handlanger.

8. Und als dieses Werk, dessen Erbauung selbst schon zum Akte der großen Dankopferung gehörte, vollendet dastand, da erst ward alles Volk, wie schon oben erwähnt ward, von der ganzen Stadt zusammenberufen, und Ohlad hielt dann im Angesichte einer zahllosen Volksmenge mit seinen zehn Ministern und mit den neunundneunzig Boten einen gar feierlichen Einzug, den Herrn laut lobend und preisend.

9. Nach diesem Einzuge, dessen großartige, reiche Pracht alles jetzt Erdenkliche bei weitem übertraf, begab sich der Ohlad mit den zehn Ministern und mit den noch andern neunundneunzig in den Tempel und brachte dem Herrn in seinem Herzen erst ein völlig lebendiges Dankopfer dar.

10. Der Herr aber sprach zum Ohlad: „Ohlad, du tatest, was Ich nicht von dir verlangte, aus eigenem Antriebe!

11. Einen Bogen hast du Mir erbaut aus großer Dankbarkeit; Ich sage dir, daran tatest du wohl! Aber du hast Meinen Namen bloßgestellt; siehe, daran tatest du nicht wohl, – denn Mein Name muß das Inwendigste sein!

12. Gehe daher hin, und erbaue aus Buße wegen dieses Fehlers über dem Bogen einen Tempel gleich dem hier, auf daß Mein Name in dessen Innerstes zu stehen komme, – sonst machst du selbst aus dem Heiligtum ein Götzentum! Gehe daher und tue solches! Amen."

13. Und der Ohlad ging ganz zerknirscht aus dem Tempel und begann schon am nächsten Tage das anbefohlene Werk.

189. Kapitel
Der neue Tempel über dem Triumphbogen. Die Herbergsvorstadt
Das beginnende Heidentum. Die Spaltung der Ansichten aus eigensüchtigem Interesse

(Den 22. Dez. 1843)

1. In einem Jahre ward der Tempel fertig gleich dem Lamechschen, und das übrige Plateau außerhalb des Tempels am Triumphbogen ward geebnet und mit einem goldenen Geländer umfaßt, auf daß die um den Tempel Wandelnden ja nicht in die Gefahr geraten konnten, von dem hohen Plateau des Bogens herabzufallen.

2. Prachtvollst sah nun dieses Gebäude aus und wurde wohl täglich von tausend und tausend Menschen besucht, während der innere Tempel nur von sehr wenigen besucht ward, teils aus Furcht, teils aber auch, weil er in keinem so anmutigen Teile der Stadt gelegen war.

3. In einem Verlaufe von zehn Jah-

ren hatte sich um den Triumphbogen eine neue Stadt gebildet, die da aus lauter Herbergen bestand, und die vielen Wallfahrer fanden in dieser neuen Herbergsstadt gegen eine sehr mäßige Zahlung ihre erwünschte Unterkunft, und das war recht und billig.

4. Aber ein anderes Übel fing an, mit der Zeit sich zu entwickeln, und dieses bestand in nichts anderem als in einer Art einreißendem Heidentume, welches darin bestand, daß man anfing, zu streiten und zu bestimmen, in welchem der nun bestehenden drei Tempel Gott am allergnädigsten und am allerliebreichsten sei.

5. Im inneren Lamechschen Tempel sicher nicht; denn da blitze und donnere Er allzeit vom Dache, daß daneben niemand seines Lebens sicher sei!

6. Im Tempel auf dem Berge sehe es gar zu luftig aus, und es habe daher nicht das Aussehen, als würde allda Gott mit Seiner Gnade sehr freigebig sein.

7. Aber in dem neuen Tempel sei Gott am gnadenreichsten und zugleich am freigebigsten; daher sei Er dort auch am allermeisten zu besuchen und zu verehren!

8. Daß sich gegen diese Theosophie ganz besonders derjenige Teil der Bewohner von Hanoch auflehnte, der da seine Wohnhäuser und zierlichen Gastkapellen um den Lamechschen Tempel hatte, ist sicher klar; aber nur lehnte er sich nicht der wirklichen Echtheit des Tempels wegen, sondern wegen des kümmerlichen Erwerbes auf und bewies darum die alleinige Echtheit des Tempels, den Lamech auf Gottes Geheiß erbaute wunderbar in sieben Tagen.

9. Also raisonierten auch zu ihren Gunsten die Wirte, welche sich um den Berg angesiedelt hatten, auf dem der Tempel der Weisheit stand, und sprachen: „Was nützt euch alle eure Frömmigkeit beim häufigen Besuche des neuen Tempels, so ihr dabei dumm verbleibet?! Da oben ist der rechte, von Gott Selbst zu öfteren Malen besuchte Tempel, wo Er die Weisheit austeilt! Da ziehet hin! Wahrlich, dort werdet ihr die Weisheit erlangen!"

10. Ohlad und alle seine Minister sahen zwar diesen Unfug; aber sie konnten sich dabei nicht rühren, denn das Volk, welches von allen Weltgegenden her zum neuen Tempel wallfahrtete, war sehr fromm und allzeit ganz ergriffen und lobte den Namen des einigen Gottes daselbst über die Maßen. Daher mußte er diesem Kampfe der drei Parteien ganz ruhig zusehen; denn dem Außen nach behauptete eine jede das Rechte.

11. Alles, was er noch tun konnte, war, daß er gute Volkslehrer beim neuen Tempel anstellte, die daselbst das Volk weise belehrten, – aber dabei auch die Parteien nicht auszugleichen vermochten.

12. Was aber mit der Zeit aus dieser interessierten Spaltung für eine sehr giftige Frucht zum Vorscheine kam, wird die Folge zeigen.

190. Kapitel

Die Aufrechterhaltung der Ordnung in Hanoch bis zum Tode Ohlads und der zehn Minister. Dronel, Ohlads Sohn, als König. Dronels Murren gegen den Herrn

(Den 23. Dez. 1843)

1. Solange Ohlad und die zehn Minister lebten und die neunundneunzig die allgemeine Ordnung mit aufrechtzuerhalten gleichfort nach allen Seiten hin tätig waren, da ging es so ziemlich gut im allgemeinen fort, obschon es ihnen nie völlig gelang, alles Übel in einer so großen Stadt aus der Wurzel zu vertilgen.

2. Denn wurden auch die Theater, die Tiergefechte und die galanten Gesellschaften eingestellt und die Besuche nur zur Ehre Gottes erlaubt, so gaben aber die frommen Wallfahrten dafür einen reichen Ersatz, und man benützte dann diese gottverehrlichen Zusammenkünfte, wie es sich schon bei solchen Gelegenheiten gibt durch die Mühe des Satans, zu allerlei Zwecken als gar wohl tauglich, die Ich hier nicht näher berühren will.

3. Aber wie gesagt, das war nun das Unkraut zwischen dem Weizen, welches durch den Fleiß und Eifer Ohlads und seiner Minister stets sorgfältig so viel als nur immer möglich ausgejätet ward.

4. Aber sein Sohn, der ihm in der Regierung folgte, ward schon viel fahrlässiger.

5. Wenn Ich ihn zum Eifer in dem Tempel ermahnte, da sprach er: „Herr, gib mir die Wunderkraft der zehn Minister meines Vaters, der dadurch dreißig Jahre lang das ganze Volk der Erde glücklich leitete, und ich will es hundert Jahre noch glücklicher leiten! Aber so Du, Herr, mir Wundermacht gibst, da gib sie mir nicht von heute bis morgen, sondern auf meine ganze Lebensdauer, und ich werde das Volk ohne Minister leiten!"

6. Also verlangte er allzeit die Wunderkraft von Mir, so Ich ihn zum Eifer ermahnte und ihm auch allzeit versprach, daß Ich ihm schon ohnehin beistehen würde gar wundermächtigst, wann immer er gerechten Eifers Meines Beistandes benötigen würde.

7. Aber damit war er nicht zufrieden, ward darob förmlich erbost auf Mich und sprach: „Wenn Du, Herr, mir die Wundermacht nicht verleihen willst, sondern willst sie nur Selbst gebrauchen bei außerordentlichen Gelegenheiten, wo ich Dich aber obendarauf noch tagelang darum bitten muß, da gehe Du auf den Thron und regiere Selbst die Masse, und laß mich dabei ungeschoren!"

8. Da aber dieser Nachfolger Ohlads also stets mit Mir in einem Zerwürfnis stand, darum Ich ihm die Wundergabe seiner Spielsucht halber nicht geben konnte, so ließ er sich die Regierung auch nur ganz lau angelegen sein.

9. Die Wallfahrten nahmen stets mehr überhand, und die Gesellschaften nahmen darum auch stets mehr überhand, und die Wallfahrtsorte vermehrten sich.

10. Und so riß das Götzentum auch stets mehr ein; denn die Menschen beteten nunmehr die Jehovatafeln an und nicht Mich lebendig in ihren Herzen.

11. Ich strafte durch allerlei Plagen das Volk wie den König; aber wer einmal lau wird, dem ist nicht viel mehr zu helfen.

12. Nach oder auch bei einer jeden Strafe kam der König wohl zu Mir in den Tempel, – aber nicht, um Mich um

Gnade und Erbarmung anzuflehen, sondern um Mich auszumachen (*d. h.: um mit dem Herrn zu streiten*) und Mir allerlei spitzfindige Vorwürfe zu machen!

13. So kam er einmal zu Mir, wie Ich wegen der ganz gewaltig einreißenden Hurerei eine kleine Pest in die Stadt sandte, die in einer Woche zweimal hunderttausend Menschen tötete, freilich wohl nur in einem Teile der Stadt (Hanoch hatte da eine Bevölkerung von zwölf Millionen Menschen samt den Vorstädten), und sprach:

14. „Warum würgest Du, Herr, denn so langsam? Laß auf einen Schlag samt mir die ganze Stadt aussterben, dann hast Du allem Unfuge auf einmal ein Ende gemacht!"

15. Züchtigte Ich ihn darum bei ähnlichen Begegnungen, da sprach er: „Nur zugeschlagen! Es ist ja auch eine Ehre, so ein schwacher König Hanochs von seinem Gott und Herrn geprügelt wird!"

16. Schickte Ich eine Krankheit über ihn, da ließ er sich samt dem Lager in den Tempel tragen und haderte dort mit Mir so lange auf das grauslichste, bis Ich ihm wieder die Krankheit nehmen mußte. Manchmal versprach er, Mir zu folgen; manchmal aber drohte er Mir sogar.

17. Fürwahr, dieser König, der Dronel hieß, wußte gehörig Meine Geduld auf die Probe zu stellen! Ich ließ ihm aber dennoch durch fünfzig Jahre die Herrschaft, weil er Mich außer seinen Gramstunden aber dennoch sehr liebte.

18. Was aber da weiter, wird die Folge zeigen!

191. Kapitel

Die Übernahme der Regierung durch Dronels Sohn Kinkar
Dronels Abdankungsrede an den Herrn. Die Antwort des Herrn
Der falsche Schwur Kinkars. Die Gefahren des Naturalismus

(Den 27. Dez. 1843)

1. Dronel aber hatte einen Sohn namens Kinkar; diesem übergab er die Regierung noch bei seinen Lebzeiten. Denn da er im Verlaufe von fünfzig Jahren von Gott keine Wundermacht erbetteln und erzwingen konnte, da sprach er:

2. „Herr, fünfzig Jahre lang habe ich mich mühsam mit der großen Halsstörrigkeit der Menschen geplagt! Du sahst zwar wohl allezeit meine große Not – und wolltest mir dennoch nicht helfen; und so ich Dich um die sichere Hilfe bat, welche in der Wundermacht bestünde, da zogst Du Dich zurück, gabst mir zumeist entweder gar keine Antwort – oder eine drohende, oder gar eine strafende!

3. Ich aber tat dennoch aus eigenen Kräften, was ich tun konnte, und habe Deiner nie vergessen! Ich liebte das Volk mehr als mein Leben, darum ich denn auch allzeit haderte mit Dir, so Du demselben wehe tatest.

4. Ich aber bin nun alt, schwach und sehr müde geworden und habe eine große Sehnsucht nach Ruhe.

5. Mein erstgeborner Sohn Kinkar ist ein kräftiger Mann und hat den Kopf und das Herz am rechten Flecke; diesem übergebe ich das Zepter, die Krone und den Thron, und die Herrlichkeit in dem Tempel lege ich mit meinen Händen in seine Hände! Tue desgleichen auch Du, Herr!

6. Denn was ich nun tue, das tue ich

nicht in meinem, sondern in Deinem und Deines Volkes Interesse; alsonach wirst ja auch Du nicht gegen Dein Interesse handeln wollen?"

7. Und der Herr sprach zum Dronel: „Höre, die Menschen sind Mir über den Kopf gewachsen! Sie tun, was sie wollen und wollen nicht achten Meines Rates; darum gebe Ich sie frei!

8. Du hast nach deinem Rate deinen Sohn zum Könige gemacht! Darum soll er auch König sein ohne die geringste Einrede von Mir; denn du horchtest ja nie auf Meinen Rat, da du alles besser verstandest als Ich, der Schöpfer aller Dinge!

9. Wie Ich aber nun das Volk freigebe, also gebe Ich auch den König frei und auch die Tempel; und Meine Engel und Meine Wolke sollen nimmer im selben wohnen!

10. Sehet aber zu, wie ihr euch in eurer völligen Ungebundenheit verhalten werdet!

11. Ich werde euch von nun an weder züchtigen, noch irgend strafen bis zur Zeit, die Ich festgesetzt habe.

12. Wohl euch, so Ich euch treffen werde tätig in Meinem euch wohlbekannten Willen; aber wehe euch im Gegenteile!

13. Hanoch, du liegst tief; über dich soll sich die erste Flut Meines Grimmes ergießen! Amen."

14. Von allem dem unterrichtete Dronel gar wohl seinen Sohn Kinkar und übergab ihm damit die Regierung, – empfahl ihm aber dennoch vor allem strenge, daß er ja kein anderes Gesetz irgend dem Volke aufdringen solle, als das der Herr dem Ohlad gegeben hatte.

15. Kinkar beschwor solches beim lebendigen Namen im Tempel.

16. Als er aber solches beschworen hatte, da auch wich des Herrn Geist aus dem Tempel, indem der Kinkar einen falschen Schwur tat, den er zu brechen gedachte, sobald als sein Vater Dronel sterben würde.

17. Dronel aber ging darum in den Tempel und ersah im selben den nackten Altar. Darum aber ward er traurig und rief zum Herrn; aber sein Rufen drang zu tauben Ohren. Er verließ daher den Tempel und ging und berichtete solches dem Kinkar.

18. Dieser aber sprach: „Die gesamte Natur ist ja auch ein Werk Gottes! Will Er nicht mehr, daß wir ehreten Seinen Namen, so wollen wir ehren Seine Werke! Ist das nicht auch soviel?"

19. Und der Dronel lobte darum den Kinkar und legte damit den Grundstein zu aller Abgötterei.

192. Kapitel
König Kinkar als Sammler der Gesetze Gottes und Verfasser der beiden Bücher: »Die heilige Schrift und euer Heil« und »Die heilige Geschichte Gottes« Dronels Lob über Kinkars Arbeit

(Den 28. Dez. 1843)

1. Nach einem Jahre aber beriet sich der Kinkar mit seinem Vater Dronel und sprach: „Vater, höre mich an; mir ist nun ein guter Gedanke durch den Kopf gefahren!

2. Siehe, Gott ist uns untreu geworden, und das ohne irgendeinen uns – die wir doch nicht auf den Kopf gefallen sind – begreiflichen Grund! Wir aber wollen nicht Gleiches mit Glei-

chem vergelten, sondern gerade das Gegenteil wollen wir tun und wollen Ihm darum also treu verbleiben, wie Er sicher noch nie eine solche Treue durch alle Seine Ewigkeiten erlebt hat irgendwo bei und an Seinen Geschöpfen!

3. Ich habe aus diesem Grunde im Verlaufe dieses Jahres allenthalben die Gesetze Gottes sammeln lassen und habe sie in ein Buch zusammengeschrieben!

4. Ja, ich habe sogar Boten auf die Höhe gesandt! Diese haben dort überaus alte Menschen angetroffen, – ich sage dir: Menschen, die im Ernste den fabelhaften ersten Menschen der Erde persönlich sollen gekannt haben! Ja, es soll noch ein gar uralter Mann leben, der ein Zeitgenosse desselben Lamech sei, der da die beiden Tempel erbaut hat!

5. Die Boten fanden an diesen Gebirgsbewohnern überaus tiefsinnige Weise und bekamen von ihnen ein ganzes Buch voll göttlicher Weisheit, und dieses Buch soll von einem gewissen Henoch sein, welcher außerordentlich fromm gewesen sein soll, so daß er darob in der beständigen sichtbaren Gegenwart Gottes sich als dessen Oberpriester befand.

6. Siehe, solcher wahrhaft heiligen Schätze habe ich mich zu bemächtigen gewußt, und da in den Händen der Träger ersiehst du ein Buch, drei Schuh lang, zwei breit und einen Schuh hoch, bestehend aus hundert starken Metallblättern; das Metall ist ein Gemisch von Gold, Silber und Kupfer.

7. Siehe, alle diese Blätter sind voll mit scharfer Griffelstichschrift beschrieben, und es ist nicht ein Wort von mir, – sondern, was ich nur immer irgend in der Tiefe, wie auf der Höhe von Gott erfahren habe, das da irgendeinem Gesetze nur im geringsten gleichschaut, habe ich ganz getreu in dieses Buch geschrieben!

8. Du weißt, daß ich in der Führung des Griffels sehr geläufig bin; so war es mir denn auch wohl möglich, in einem Jahre dieses Buch vollzuschreiben.

9. Dieses fertige Buch enthält sonach ausschließend allein nur den Willen Gottes an die Menschheit der Erde; es soll darum ein ewiges Regierungsbuch bleiben, und es soll nie ein anderes Gesetz unter die Menschen geraten als nur, das in diesem Buche geschrieben steht!

10. Dieses Buch aber wollen wir Gott zu Ehren mit großer Zeremonie in den Tempel auf den nun leeren Altar legen, und es soll als das reine Wort Gottes die Stelle des früheren Heiligtumes einnehmen!

11. Und ich will dazu Priester einsetzen, die dieses Buch allezeit studieren sollen und sollen dann das Volk allenthalben danach lehren!

12. Und das Buch soll heißen ‚Die heilige Schrift (Sanah scritt) und euer Heil (Seant ha vesta)‘.

13. Wer immer aber von dem Buche etwas wegnehmen oder demselben eigenmächtig etwas zusetzen sollte, der auch soll sogleich mit dem Tode bestraft werden!

14. Ich habe aber noch ein zweites Buch in der Arbeit, darinnen alle Taten Gottes und Seine Führungen aufgezeichnet sein sollen; und das Buch, dazu schon tausend Blätter von dem Metallarbeiter Arbial fertig liegen, soll ‚Die heilige Geschichte Gottes‘ (Seant hiast elli) heißen! Was sagst du, Vater, zu diesem meinem Unternehmen?"

15. Als Dronel solches vom Kinkar vernommen hatte, da ward er über die Maßen erfreut und sprach:

16. „Wahrlich, du hast für Gott schon in einem Jahre mehr getan als

ich in fünfzig! Daher aber wird dich auch Gott sicher segnen, wie Er selbst (*d. h. sogar*) meinen Vater Ohlad nicht gesegnet hat; denn weder er noch ich hatte sich je um die Höhe bekümmert!

17. Alles Lob daher Gott, dem Herrn, und dir meinem geliebtesten Sohne und nun allerwürdigsten Könige eines so großen Reiches!

18. Alles geschehe nach deinem Willen, du mein geliebtester Sohn und König! Amen."

193. Kapitel

Das Gesetzbuch Kinkars auf dem Tempelaltar. Die Einsetzung schriftgelehrter Priester. Kinkar als »Statthalter Gottes auf Erden«. Hanochs geistiger Verfall

(Den 30. Dez. 1843)

1. Durch solche Lobrede ward der Kinkar in eine sehr eitel-frohe Stimmung versetzt und ließ daher schon am nächsten Tage das von ihm zusammengeschriebene Gesetzbuch mit großer Zeremonie in den Tempel tragen und dort auf den Altar legen.

2. Als das Buch sonach auf dem Altare lag, da berief der Kinkar alsbald hundert der verständigsten Männer, die da bei der Buchübertragungszeremonie zugegen waren, und setzte sie zu Priestern ein und machte ihnen zur strengen Pflicht, dieses Buch ja fleißig zu lesen und zu studieren, um daraus dann allezeit vor dem Volke nach der Ordnung der göttlichen Weisheit reden zu können.

3. Er selbst machte sich natürlich zum Oberpriester und verlangte als solcher aber auch eine beinahe göttliche Hochachtung.

4. „Statthalter Gottes auf Erden", „Erforscher des göttlichen Willens für die Menschen der Erde und Erforscher der geheimen göttlichen Weisheit", auch „Machthaber Gottes" und „Sohn des Himmels", das waren nebst noch einigen Umschreibungen seine festgesetzten priesterlichen Titel.

5. Also durfte sich auch niemand nach ihm der Erste, sondern im höchsten und nächsten Falle der Hundertste nennen, denn von Nummer eins bis Nummer hundert vereinigte er in sich alle Würden, und es war darum nicht genug, ihn den Allerwürdigsten zu nennen, sondern man mußte ihn für den Alleinwürdigsten (ebenso auch für den Alleinweisesten) ansehen und allenthalben begrüßen und sich ihm gegenüber für den Allerunwürdigsten halten.

6. Kurz und gut, die Einsetzung des Buches in den Tempel machte den Kinkar verrückt, und als er im Verlaufe von zehn Jahren erst mit der Geschichte Gottes fertig war und er es (*dieses Buch*) dann in einem goldenen Kasten auch in den Tempel tragen ließ, da war es dann aber auch völlig aus!

7. Denn die von ihm eingesetzten Priester kannten seine Schwäche und legten ihm daher Titel bei, von denen bis jetzt noch niemandem etwas geträumt hatte.

8. Also ward sein großer oberpriesterlicher Name mit gar kleinen Zeichen geschrieben auf einen überlangen Metallblechstreifen elfhundert Ellen lang.

9. Der Streifen war zusammenzurollen und ward im zusammengerollten Zustande ebenfalls im Tempel aufbewahrt und hoch verehrt.

284

10. Bei großen Feierlichkeiten ward dieser Streifen aufgerollt und spiralförmig um den Tempel gezogen, und der große Name auf dem Streifen sodann von den hundert Priestern also ausgesprochen, daß da je elf Ellen auf einen Priester zu stehen kamen.

11. Dann aber hatte er (der Kinkar nämlich) noch verschiedene etwas kürzere Namen, welche auch auf ähnliche Blechstreifen geschrieben waren.

12. Diese kleineren Namen mußten allwöchentlich einmal ausgesprochen werden. Zur Aussprechung dieser Namen waren drei Tage erforderlich, während der große Name bei großen Feierlichkeiten wohl, wenn es gut ging, erst in einer Woche herabgelesen werden konnte; denn der elfhundert Ellen lange und eine Elle breite Streifen war von oben bis unten mit kleinen Zeichen, wie schon bemerkt, vollgeschrieben.

13. Also standen die Dinge schon im Verlaufe von kaum zwanzig Jahren in Hanoch. Es wird nun nicht mehr schwer sein zu begreifen, wie Hanoch mit riesigen Schritten zu sinken begann.

14. Die Folge jedoch wird solches alles im hellsten Lichte zeigen.

194. Kapitel

Kinkars eingelernte Weisheit. Blütezeit der Erfindungen und Künste in Hanoch
Die gotteslästerliche Verblendung und Bildung der Hanochiten

(Den 2. Jan. 1844)

1. Als der Kinkar seines literarischen Eifers wegen bis über die Sterne vom Volke erhoben ward, da fing er erst so recht zu sinnen an, was er nun fürder tun und erfinden solle, wodurch er beim Volke stets wachsen möchte in der Hochachtung und in der gegründeten Verehrung.

2. Er war von sehr erfinderischem Geiste und war durch das Zusammenschreiben der beiden Bücher voll eingelernter Weisheit; daher war es ihm auch ein leichtes, allerlei Dinge hervorzubringen und zu erfinden allerlei Künste.

3. Im Verlaufe von wenigen Jahren strotzte Hanoch von Erfindungen und Künsten aller Art; denn der Eifer des Königs belebte alle anderen Menschen. Alles dachte jetzt nur, um etwas zu erfinden und dann eine solche neue Erfindung dem Könige zu Füßen zu legen.

4. Maschinen aller erdenklichen Art, von denen die späte Nachwelt jetzt noch keinen Begriff hat, wurden in Hanoch, wie auch in den anderen Städten, ausgeheckt.

5. So hat man besonders Zug-, Trieb-, Wurf- und Druck- und Hebmaschinen von einer solchen Art dargestellt, durch welche dann Dinge geleistet wurden, von denen die gegenwärtige Welt durchaus keinen Begriff hat – und es auch besser ist, daß sie davon keinen hat.

6. So hatten sie Wurfmaschinen, mit denen sie Lasten von tausend Zentnern meilenweit mit der furchtbarsten Heftigkeit zu schleudern vermochten, wobei aber freilich die Erfindung der gebundenen Elektrizität die Hauptrolle spielte, welche sie dergestalt zu intensivieren (*verstärken*) verstanden, daß sie damit wahrhaft Schreckliches leisteten.

7. Sie erfanden auch das Pulver und Schießgewehre, Pergament, Papier; auch die Gewalt der Wasserdämpfe war ihnen bekannt, und sie wußten sie vielfach zu benützen.

8. Kurz und gut, in allem und jedem, was immer an Erfindungen und Künsten die gegenwärtige Welt besitzt, war Hanoch, wie auch die andern Städte, um volle fleißige eintausend Erfindungsjahre voraus, und das in kurzer Zeit!

9. So gehört etwa die Optik nicht dieser Zeit allein an; in Hanoch verstand man auch, große Sehwerkzeuge zu konstruieren. Also wußte man auch mit der Aerostatik* viel besser umzugehen als jetzt (*im Jahre 1844*). Die Musik ward überaus kultiviert, welche aber wohl schon seit den Zeiten Lamechs gang und gäbe war.

10. Mit nichts konnte man dem Kinkar eine größere Freude machen als mit einer neuen Erfindung; daher aber regnete es in Hanoch auch täglich von neuen Erfindungen und von Verbesserungen der schon erfundenen.

11. Also wurden auch die bildenden Künste sehr kultiviert; und so sah Hanoch bald aus wie ein ungeheurer Zauberpalast, und Kinkar sah sich schon beinahe als einen Gott an, wozu sein noch lebender Vater wohl das meiste beitrug.

12. Und der Kinkar sagte alle Augenblicke: „Ehreten wir Gott in Seinem unerforschlichen Wesen, da stünden wir noch auf der ersten Stufe der Bildung; da wir Ihn aber ehren in Seinen Werken, so sind wir schon beinahe jetzt Gott gleich, – denn auch wir sind Schöpfer, und das von edlerer Art!"

13. Was aber da weiter, wird die Folge zeigen!

---

* Lehre von den Gleichgewichtszuständen der atmosphärischen Luft.

195. Kapitel

Hanochs ungeheurer Reichtum und seine natürlichen Folgen. Kinkars Tod. Japell, Kinkars Sohn, als Nachfolger. Japells Politik und Gesetze

(Den 3. Jan. 1844)

1. Daß durch derlei tausendfache Erfindungen auch der Handel mit den auswärtigen Völkern sehr begünstigt ward, braucht kaum erwähnt zu werden; daß aber auch natürlicherweise dadurch die Stadt Hanoch an irdischen Gütern überaus reich wurde, wird wohl auch jedermann begreiflich sein.

2. Aber welche Folgen dieser große Reichtum nach sich zog, das dürfte nicht so leicht sein, sie von vornherein zu finden und kundzugeben.

3. Was hat aber der Reichtum überhaupt für Folgen? – Wir wollen das sehen!

4. Die natürlichen Folgen des Reichtums sind: Herrschlust, Gefühllosigkeit gegen Arme und Dürftige, stets mächtiger erwachender Trieb nach der sinnlichen Befriedigung des Fleisches, der da Geilheit heißt, ebenso auch Wucher, Geiz, Neid, Haß, Zorn, Gottvergessenheit, Fraß, Völlerei, Abgötterei, Dieberei, Raub und Mord. Das sind die ganz natürlichen Folgen des Reichtums.

5. Kamen sie denn auch in Hanoch zum Vorschein? – Solange Kinkar lebte und herrschte, waren diese Laster noch verschleiert; als aber nach einer dreiundvierzigjährigen Regierung der Kinkar in einer Maschinerie einen gewaltsamen Tod fand und dann sein Sohn Japell die Regierung antrat, da fing bald alles drunter und drüber zu gehen an.

6. Ebensosehr wie sein Vater voll tätigen Erfindungsgeistes war, ebenso-

sehr war Japell ein Ausbund von einem Politiker. Was aber kann ein feiner Politiker nicht alles zu seinen Zwecken gebrauchen?!

7. Er, Japell nämlich, duldete daher alles, aber unter gewissen Gesetzen. So durfte man unter ihm stehlen, – aber nur bis zu einem gewissen Betrage! Doch mußte man beim Akte des Stehlens pfiffig zu Werke gehen; denn so sich der Dieb erwischen ließ, so hatte da der Bestohlene das Strafrecht und konnte den Dieb strafen nach seinem Belieben.

8. Dieses Gesetz war ganz tauglich, um in kurzer Zeit die allerraffiniertesten Diebe zu bilden, zugleich aber auch die Bewohner der Städte wie des Landes in steter Wachsamkeit zu erhalten; es war aber dennoch Todesstrafe darauf gesetzt, so sich ein Dieb am Reichtume der Priester, der Staatsbeamten und etwa gar am Schatze des Königs vergreifen möchte.

9. Unter solchen Umständen war auch der Straßenraub gesetzlich erlaubt; aber nur hatte da die zu beraubende Partei ihr eigenes Wehrrecht. Der Räuber aber war verpflichtet, allzeit ein Dritteil des Geraubten an die Staatskasse zu liefern, widrigenfalls er sich seines Raubrechtes auf immer verlustig gemacht hätte. Denn der Räuber war vom Könige selbst proskribiert (*gesetzlich berechtigt*) und war vermöge dieser Proskription gewisserart vom Adel, ungefähr also, wie in den früheren Zeiten nach Meiner Geburt die Raubritter waren; Diebe aber waren nicht proskribiert, und darum hatte ein jeder das Recht, zu stehlen.

10. Dann gab dieser König auch ein Gesetz, vermöge dessen alle Mädchen vom Bürgerstande frei waren. Jeder Mann hatte demnach das Recht, eine Bürgerstochter wo immer zu beschlafen. Doch hatte der Vater das Recht, sich einen Jahresadel zu erkaufen; dann war seine Tochter geschützt, – aber nur ein Jahr! Darauf aber war sie wieder frei, und es mußte ein neuer Adel gekauft werden, so der Vater seine Töchter fürder geschützt wissen wollte. Dieses Monopol trug dem Könige enorme Summen.

11. Wer sich zehn Jahre hintereinander den kleinen Adel gekauft hatte, der konnte im elften Jahre um den großen Adel kompetieren (*sich bewerben*); aber dieser kostete auch das Zehnfache des kleinen.

12. Wer mit dem Könige reden wollte, der mußte sich kurz fassen, – denn nur zehn Worte waren frei gestattet; ein Wort darüber machte, daß da vom Anfange an ein jedes Wort mit einem Pfunde Goldes bezahlt werden mußte.

13. Wie aber Japell es verstand, sich des Reichtums zu bemächtigen, davon in der Folge mehreres!

196. Kapitel

Die öffentlichen Schulen und Theater in Hanoch. Japells Spionagesystem
Tanz, Musik und ästhetische Vorstellungen. Armenfürsorge aus Politik
Liebe und Politik als einander entgegengesetzte Pole

(Den 4. Jan. 1844)

1. Es bestanden zwar in Hanoch seit Ohlad schon öffentliche Schulen, welche sein Sohn Dronel sehr vervollkommnete und der Kinkar sehr erweiterte und in andere Städte ausdehnte.

2. Aber der Japell errichtete dazu

noch mehrere hundert allerlei Gymnasien, in denen noch allerlei Künste öffentlich gelehrt wurden, als zum Beispiel Tanzen, Musik, Bildhauerei, Malerei, Schwimmen; Fliegen mittels aerostatischer Mittel, Reiten der Pferde, der Esel, der Kamele, der Elefanten; Fechten, Bogenschießen; dann auch das Schießen mittels der von Kinkar erfundenen Feuergewehre.

3. Für alle diese genannten und noch eine Menge ungenannten Künste und Fächer hatte Japell Lehranstalten errichtet und Lehrer eingesetzt in allen Orten seines großen Reiches. Daraus gingen bald allerlei Volksbelustiger hervor und produzierten sich vor demselben in den verschiedenen Theatern ums Geld, wovon sie aber allzeit ein Drittel an die Staatskasse zu entrichten hatten, und das aus dem Grunde, weil der König derlei nützliche Anstalten, in denen solche Künste gelehrt wurden, vom Volke erbauen ließ und dadurch der Jugend die Gelegenheit verschaffte, so nützliche Dinge zu erlernen, – für welches Erlernen aber freilich wieder die lernende Jugend ihre Lehrer bezahlen mußte.

4. Dadurch gewann der Japell schon wieder große Summen und gewann in politischer Hinsicht das, daß das Volk ob der immerwährend neuen Spektakel (*Schauspiele*) des Druckes vergaß und den König noch obendarauf rühmte über alles Gold.

5. Um ein Volk so dumm als möglich zu machen und unempfindlich gegen jeden Druck, ist kein Mittel tauglicher als tausenderlei Spektakel und Zeremonien. Dadurch wird die allerauswendigste Gafflust erweckt, durch welche der Mensch in den rein tierischen Zustand zurücksinkt und dann in der Welt dasteht wie eine dumme Kuh vor einem neuen Tore.

6. Das waren demnach wieder ergiebige Früchte der ausgezeichneten Politik des Japell.

7. Es gab freilich in Hanoch, wie auch in den anderen Städten und Ortschaften, noch so manche nüchterne Denker, die Mein Wort noch nicht vergessen hatten; aber fürs erste durften sie nicht reden, weil der Japell das Reich mit Spionen gehörig versehen hatte, und fürs zweite aber fanden sie am Ende selbst Geschmack an den allerlei wirklich ausgebildetsten Kunstproduktionen und konnten dabei nicht oft genug ausrufen, wie dies und jenes dem menschlichen Verstande zur Ehre gereiche.

8. Von allen den Künsten wirkten der Tanz, die Musik und ganz besonders aber die sogenannten ästhetischen Vorstellungen auf das Volk.

9. Die ästhetischen Vorstellungen bestanden darin, daß die schönsten Mädchen und auch die schönsten Jünglinge in allerlei reizenden Kostümen in den lockendsten Stellungen auf einer prachtvollen Bühne auftraten, und das natürlich unter der Begleitung von Musik.

10. Die jungen Künstler und Künstlerinnen waren aber nach jeder Vorstellung für die Lüsternen – freilich um tüchtiges Geld – zu haben, und zwar die Jünglinge für lüsterne Weiber und die Mädchen für lüsterne Männer.

11. Diese Kunstanstalt trug dem Könige ungeheure Summen und trug zur Verdummung des Volkes am meisten bei.

12. Was aber den Japell beim Volke in ganz besonderer Gunst erhielt, bestand darin, daß er für die Armen mittels Hospitälern sorgte, in die sie aufgenommen wurden, und man sah daher nirgends Bettler, sondern nur den Wohlstand.

13. Daß die Armen in den Hospitälern gerade nicht am besten versorgt

waren und dabei arbeiten mußten, um sich darin (in den Hospitälern nämlich) die ziemlich magere Kost womöglich zu verdienen, ist sicher aus dem Umstande zu ersehen, daß alle die Einrichtungen nur Früchte der Politik Japells waren; denn Liebe und Politik sind die entgegengesetztesten Pole, indem Liebe ein Angehör des obersten Himmels, Politik aber ein Angehör der untersten Hölle ist, wenn sie die Habsucht und Herrschgier zum Grunde hat.

14. Was aber Japell noch ferner tat, wird die Folge zeigen!

197. Kapitel

Die Eroberungspolitik Japells, seiner Minister und Priester
Ein glänzender Sieg durch Priesterlist. Noha und die Seinen bleiben dem Herrn getreu
Japells Lohn für die Priester. Einführung des Kastenwesens

(Den 5. Jan. 1844)

1. Japells Geist entdeckte gar bald, daß es auf der Erde noch so manche Völkerschaften gebe, die ihm nicht untertänig seien. Er beriet sich darob bald mit seinen Ministern und Priestern, auf welche Weise solche Völker am leichtesten zu unterjochen wären.

2. Die Minister rieten die Anwendung militärischer Gewalt; die Priester aber rieten gar schlau, man solle Emissäre (*Abgesandte*) zu solchen Völkern senden.

3. „Diese sollen" (*so sprachen die Priester*) „solchen Völkern predigen von den großen Vorteilen Hanochs und sollen dann auf dem freundschaftlichsten Wege von Seite eines jeden Volkes Gesandte hierher senden! Diese wollen wir hier so freundlich als nur immer möglich aufnehmen, ihnen alle unsere Erfindungen und Kunstprodukte zeigen, und wenn sie dann einen großen Geschmack unseren Vorteilen werden abgewonnen haben, dann wollen wir sie einladen und sagen, daß sie sich uns einverleiben sollen; sodann werden sie mit uns zu einem Volke und somit Teilnehmer an allen unseren Vorteilen!

4. Wenn diese Gesandten der Völker dann wieder zu ihren Völkerschaften zurückkehren werden und ihnen erzählen werden von allen den Wundervorteilen Hanochs, da wird es sicher nicht ein Volk irgendwo geben, das sich mit uns nicht alsbald vereinen würde und anerkennen unsere Oberherrlichkeit!

5. Nur wäre es zu wünschen, daß solche Gesandte bei uns keine Schattenseiten entdecken möchten! Diese aber bestehen zumeist nun in der freien Dieberei und im Raubrechte. Diese beiden Eigentümlichkeiten müssen gegen Fremde im Anfange ganz aufgehoben sein, sonst werden sie abgeschreckt schon auf dem Wege und werden dann umkehren und uns verwünschen!"

6. Dieser feine priesterliche Rat gefiel dem Könige wohl, und er setzte ihn auch sogleich in Wirksamkeit.

7. In kurzer Zeit wurden tausend Emissäre nach allen Richtungen karawanenweise ausgesandt, auf daß sie aufsuchten alle verborgenen Völker, um den gefundenen dann zu verkünden die frohe Botschaft aus Hanoch.

8. Am leichtesten waren die Bewohner der Höhen aufgefunden, und zwar zuerst die Kinder Gottes, dann die Horadaliten und von dort aus noch eine Menge Völkerschaften.

9. Nur die Sihiniten, die Meduhediten und Kahiniten, wie auch die zu Ohlads Zeiten nach Ägypten ausge-

wanderten Räte wurden nicht gefunden.

10. Durch die allerzuvorkommendste Artigkeit und durch eine überaus feine Beredsamkeit der Emissäre, die zumeist lauter Tausendkünstler waren und sich zugleich in den verschiedensten Künsten vor den vorgefundenen Völkern produzierten, wurden in kurzer Zeit alle die Völkerschaften für Hanoch gewonnen.

11. Selbst die Kinder der Höhe ergaben sich bis auf das Haus Lamech, der aber gerade um die Zeit starb, als Hanoch diese löblichen Emissäre aussandte. Und so war nur Noha mit seinen drei Brüdern, fünf Schwestern und mit seinem Weibe, das eine Tochter Muthaels und der Purista war, und mit seinen fünf Kindern allein mehr da, der sich von den Aposteln Hanochs nicht blenden ließ, sondern dem Herrn vollkommen treu verblieb.

12. Japell aber war über diesen Sieg überaus erfreut; und da ihm die Priester solch klugen Rat gegeben hatten, so gab er ihnen das Privilegium der gänzlichen Freiheit und dazu die obligate Versicherung, daß er und jeder Nachkomme von ihm sich allzeit ihrer Anordnung fügen werde.

13. Im selben Jahr noch führten die Priester Kasten ein und alles Volk wurde in gewisse Klassen geteilt, in denen jeder Mensch bei Todesstrafe so lange zu verbleiben hatte, als er sich nicht durch Geld loskaufen konnte.

14. Danach war eine Sklavenkaste unter dem Namen „Menschenlasttiere", eine Militärkaste, eine Bürgerkaste, eine Adelskaste, eine Künstlerkaste, eine Priesterkaste und so noch mehrere Kasten festgesetzt.

15. Die Sklavenkaste war die zahlreichste. Warum? – Davon in der Folge!

198. Kapitel
Die Machtpolitik der Priester
Die Bedrückung der Sklavenkaste. Einführung einer Art Beichte und Inquisition
Hanoch als Hölle der Menschheit

(Den 8. Jan. 1844)

1. Dem Japell gefiel zwar die stets zunehmende Macht der Priester nicht; denn er sah es ein, daß er der bedungenen Vorteile wegen tanzen mußte, wie die Priester pfiffen. Aber was konnte er tun?

2. Die Priester hatten sich einerseits zu sehr in das Gewissen der niederen Menschen eingenistet, anderseits aber wußten sie den hellersehenden Adel so ausgezeichnet aufs Altarl (*auf den Altar*) zu setzen, daß es dem Könige weder durch die Macht der Volksmasse, noch durch die Autorität des Adels möglich war, dem Tun und Treiben der Priester entgegenzuwirken; denn also (*so sehr*) hielt das geringe Volk wie der Adel mit den Priestern, und der König hatte weder eins noch das andere für sich.

3. Wie handelten aber die Priester, daß ihnen ein solches Ansehen zuteil ward?

4. Die Priester gründeten das einmal mit der Genehmigung des Königs eingeführte Kastenwesen immer fester und fester.

5. Solange sie noch nicht der Schätze in übergroßen Haufen in ihren weiten Schatzkammern aufgeschichtet hat-

ten, so lange auch war es möglich, sich durchs Geld in einer höheren Kaste einzukaufen.

6. Als aber die Priester einmal des Goldes in unabsehbarer Menge besaßen, da wurden mit der Kasterei (*Kastenwesen*) bald ganz andere Bestimmungen getroffen, und diese bestanden darin:

7. Nur aus der Sklavenkaste ward der Einkauf in die niedere Bürgerkaste noch möglich belassen; jede andere Kaste aber ward so festgestellt, daß sich niemand mehr in dieselbe auch durch alle Schätze der Welt einzukaufen vermochte.

8. Ganz besonders unerreichbar blieb für jedermann die geheimnisvolltuende Priesterkaste; denn diese ließ auch nicht mehr den Satan hinter ihre Schliche blicken. Sie wußte ihre Pläne so schlau und feinstgesponnen anzulegen, daß es niemandem möglich war, dahinterzukommen und etwa zu erfahren, was sie im Sinne führte.

9. Daher war denn auch der König so mißtrauisch geworden vor der Priesterschaft, daß er sich am Ende ganz einsperrte und niemanden mehr vor sich kommen ließ.

10. Das aber war eben wieder ein gutes Wasser auf die Mühle der Priester; denn nun erst war ihre Herrschaft vollkommen.

11. Es wurde von Seite der Priester ein Gesetz nach dem andern wie vom Könige ausgehend dem Volke publiziert, wovon der König keine Silbe wußte. Eine Kette um die andere wurde um die Sklavenkaste geschmiedet.

12. Als aber diese zu sehr zu klagen anfing, da ward ihr von der priesterlichen Seite zur strengsten Buße sogar das Reden bei Todesstrafe untersagt und auch die Möglichkeit, sich in die geringe Bürgerkaste einzukaufen, äußerst eingeschränkt; wohl aber konnte durch ein ganz geringes Vergehen jeder Kleinbürger in die Sklavenkaste verdammt werden, und das darum, weil dann all seine Habe der Priesterschaft zufiel.

13. Wie lebte aber dann die Sklavenkaste? – Gerade also wie das Vieh!

14. Die Adeligen und die Großbürger kauften von den Priestern die Sklaven (natürlich ganz nackt; denn ein Sklave durfte keine Kleider tragen) und bauten für sie Stallungen wie fürs Vieh.

15. Diese Sklaven wurden mittels eines Metallringes um ihre Lenden und mittels einer am Ringe wohlbefestigten Kette an den Futtertrog befestigt und wurden von da nur losgemacht, wenn sie zur Arbeit getrieben wurden.

16. Auf die Anzahl der Sklaven gründete sich das Ansehen des Adels und des Großbürgers; daher wurde diese Sklavenkaste auch so sehr vermehrt.

17. Jeder Adelige und Großbürger suchte daher so viele Sklaven als möglich zu kaufen, und die Priester hatten auch nichts eifriger zu tun, als nur immer Sklaven zu machen.

18. Um aber das so leicht als möglich zu bewerkstelligen, führten sie eine Art Beichte und Inquisition ein. Wer demnach zur Beichte berufen ward, dem half nichts mehr vom Sklaventume.

19. Mehr braucht nicht gesagt zu werden. Zwanzig Jahre nach der ersten Kastengründung ward Hanoch zur Hölle der armen Menschheit.

199. Kapitel

Der Widerstand der Priesterkaste gegen die Einführung
von Japells zweitem Sohn als König
König Japells Tod. Das Wesen der Politik. Der neue Scheinkönig
Der zweite Sohn Japells auf der Höhe bei Noha

(Den 9. Jan. 1844)

1. Japell starb im fünfundzwanzigsten Jahre seiner Regierung aus Gram; denn er wollte seinen zweitgeborenen Sohn zum Könige einsetzen, indem der Erstgeborene ein kranker, ganz verkrüppelter und blödsinniger Schwächling war.

2. Die Priester aber verweigerten ihm das strenge und sprachen: „Das Königtum ruht auf der Erstgeburt und nicht auf der Fähigkeit und Tauglichkeit zur Regierung!

3. Hätte die große Gottheit und all die kleinen Gottheiten gewollt, daß da über Hanoch ein weiser König herrschen solle, da hätten sie den Erstgeborenen weise werden lassen, da sie aber haben wollten einen blödsinnigen Krüppel und Schwächling zum Könige von Hanoch, so ließen sie ihn auch also geboren werden, und weder du, König, als Vater, noch wir Priester als allzeit heilige und getreue Diener der großen Gottheit wie der kleinen Gottheiten haben das Recht, andere Anordnungen zu treffen, als welche die Gottheiten gestellt haben!

4. Wir Priester aber sind darum von aller Gottheit aufgestellt, um die Menschen den Willen aller Gottheit kennen zu lehren und allerstrengst darauf zu sehen, daß dieser Wille von aller Menschheit gehandhabt wird.

5. Du aber bist auch ein Mensch, samt deiner Königskrone, und bist darum nicht frei von unserer priesterlichen Macht, die uns gegeben ist von aller Gottheit!

6. Wir können dich segnen, aber auch vollmächtig verdammen; bist du aber von uns verdammt, da bist du es auch von aller Gottheit!

7. Daher setze du die Krone auf das Haupt deines erstgeborenen Sohnes, willst du von uns nicht verdammt, sondern gesegnet werden!

8. Dein zweitgeborener Sohn aber muß nach dem Ratschlusse der Götter entweder in unsere heilige Kaste übertreten, oder er muß vor aller Menschheit dem Throne bei seinem Leben entsagen und dann fliehen hinaus bis ans Ende unserer Reiche!

9. Wird er sich aber weigern, eines oder das andere zu tun, dann soll er verdammt und öffentlich vor allem Volke erdrosselt werden!"

10. Diese Bekanntgebung von Seite der Priester erfüllte das Gemüt des Japell mit tiefstem Grame, daß er darob schwer erkrankte und darauf auch in kurzer Zeit starb und keine Bestimmung hinterließ.

11. Sein Los war demnach gleich dem Lose aller Politiker, daß sie nämlich in demselben feinen Garne, das sie gelegt haben, am Ende den eigenen Untergang finden.

12. Denn die Politik ist die Frucht des Mißtrauens, das Mißtrauen die Frucht eines verdorbenen Herzens, und das verdorbene Herz ist ein Werk des Satans, in dem keine Liebe ist. Daher ist die Politik äquivalent (*gleichwertig*) mit der Hölle; denn diese ist aus der allerabgefeimtesten Politik zusammengesetzt, und der Satan selbst ist der Großmeister aller Politik.

13. Japell war ein Ausbund aller Politik und ward am Ende ein Opfer derselben.

14. Als er starb, ward alsbald der erstgeborene Sohn zum König – aber freilich nur dem Scheine nach – erhoben. Warum? Das läßt sich sehr leicht erraten!

15. Der zweitgeborene Sohn aber ergriff heimlich die Flucht und floh mit seinen drei Schwestern und einiger Dienerschaft schnurgerade auf die Höhe in die Gegend, da früher die Kinder des Mittags wohnten, und lebte da ganz verborgen drei Jahre lang.

16. Nach drei Jahren erst ward er von den Söhnen Nohas entdeckt. Diese zeigten das dem Noha an, und dieser ging hin und dingte den Flüchtling in sein Haus und lehrte ihn den wahren Gott erkennen und die Zimmermannsarbeit.

200. Kapitel
Die ‚Arbeit' des neuen Königs
Die unmenschliche Behandlung der armen Fremdlinge in Hanoch

(Den 10. Jan. 1844)

1. Das Volk in Hanoch aber bekam den neuen König gar nicht zu sehen; denn er ward alsbald in seiner Burg unter göttlicher Verehrung eingesperrt und hatte da nichts zu tun, als die besten Sachen zu fressen, zu huren und höchstens dann und wann einem Fremden die Todesstrafe zu erlassen, – was er freilich bei einem Einheimischen nie zu tun bekam. Denn diese wußten zumeist, was es mit dem Könige für eine Bewandtnis hatte.

2. Wie geschah aber die Erlassung der Todesstrafe?

3. Der Fremde, der sich schon dadurch der Todesstrafe nach den neuen Gesetzen würdig gemacht hatte, so er sich der Stadt Hanoch auf tausend Schritte ohne Geld genähert hatte, ward sogleich von den Häschern aufgegriffen und vor das gestrenge Forum der Priester gebracht, in deren Brust auch nicht ein Atom groß Liebe zu finden war.

4. Diese fragten ihn um den Grund, warum er sich ohne Geld habe unterstanden, der heiligen Stadt Gottes und aller Götter zu nahen.

5. Wenn der unglückliche Inquisit etwa ganz aufrichtig bekannte, daß er ein sehr Armer sei und darum in diese große Stadt ginge, um etwa darinnen eine Unterstützung zu finden, da erklärten ihm die Priester, daß er sich dadurch der Todesstrafe würdig gemacht habe; doch hänge es von dem göttlichen Herrscher dieser Stadt, wie der ganzen Welt ab, ob er ihm das Leben schenken wolle oder nicht.

6. Darauf ward er durch einen unterirdischen Gang von zwei Häschern und zwei Unterpriestern zum Könige geführt. Vor dem Throne des Königs angelangt, mußte er sich aufs Angesicht niederlegen und kein Wort reden.

7. Der König aber wußte dann schon maschinenmäßig, was er zu tun hatte bei solchen Anlässen. Er mußte sich nämlich nach einer Weile vom Throne erheben, mußte dann die Armut dreimal verfluchen und dann den stummen Gnadefleher dreimal mit dem linken Fuße recht derb auf den Kopf treten, so daß dem Gnadesucher nicht selten das Blut aus dem Munde und aus der Nase hervorkam. Und dieser Akt

war die glückliche Befreiung von der Todesstrafe.

8. Der also Begnadigte wurde dann denselben Weg wieder vor das Forum der Priester mit blutigem Angesichte gebracht. Die Priester lobten dann – natürlich nur pro forma – die große Güte des allmächtigen Beherrschers der ganzen Welt und sagten dann zum Begnadigten:

9. „Da du allerelendestes Lasttier von dem großen allmächtigen Beherrscher dieser Stadt wie der ganzen Welt solche übergroße Gnade empfingst, so ist es auch nun deine allergewissenhafteste Pflicht, in dieser heiligen Stadt aus Dankbarkeit drei volle Jahre als wahres Zug- und Lasttier zu dienen! Du wirst daher auf drei Jahre verkauft an irgendeinen Kauflustigen, und der Erlös für dich sei ein kleines Dankopfer von Seite deiner übergroßen Niederträchtigkeit für die endlose Gnade, welche dir vom Könige zuteil ward!"

10. Nach diesem tröstlichen Vortrage wurden sogleich Boten ausgesandt, um kauflustige Großbürger zu holen. Wenn diese allzeit sicher kamen, da ward der Fremde sogleich an den Meistbietenden hintangegeben und mit der Instruktion versehen, wie er sich als Lasttier zu benehmen habe.

11. Die Instruktion bestand darin, daß so ein Lasttier bei Strafe blutiger Züchtigung nie ein Wort reden darf, weder mit seinesgleichen, noch mit seiner hohen Inhabung (*Besitzer*); dann darf es nie krank sein und noch weniger etwa gar klagen, so ihm irgend etwas fehlen sollte; ferner hat das Lasttier mit dem Futter zufrieden zu sein, das ihm gereicht wird, und bei der Arbeit unermüdet tätig zu sein; und wenn es von seiner Inhabung bei gewissen Anlässen noch so gezüchtigt wird, so darf es sich aber dennoch bei Todesstrafe nicht widersetzlich bezeigen und nie etwa gar weinen und klagen; dann darf es auch kein Gewand tragen, sondern muß allzeit nackt sein.

12. Nach dem Vortrage solcher sanften Instruktion ward der Fremde dann vom Käufer in Empfang genommen und sogleich in die Stallungen, in denen es nicht selten von Ratten und Mäusen wimmelte, unter die anderen Lasttiere eingereiht.

13. Das war gewöhnlich der Fall mit einem Armen, der sich der Stadt genähert hatte; nur ein Reicher durfte nach Aufweisung seines Schatzes sich in die Stadt begeben, mußte aber sehr auf seiner Hut sein, daß er nicht beraubt oder bestohlen wurde.

14. Kam aber etwa irgendeiner aus Neugier, um diese Stadt zu sehen, und hatte zu wenig Geld oder andere Schätze, so ward ihm alsbald alles abgenommen, und er ward als ein Spion entweder zu Tode geprügelt oder, falls er ein starker Mensch war, ohne Gnade und Pardon als Lasttier verkauft.

15. Ward ein armes Mädchen also attrappiert (*erwischt*), so ward es sogleich als Hure an den Meistbietenden verkauft und mußte da dann aus sich und mit sich machen lassen, was dem Käufer beliebte; weigerte es sich, so ward es mit scharfen Ruten dazu genötigt.

16. Also stand es in Hanoch und nicht viel besser in allen anderen Orten und Städten, die unter Hanoch standen!

17. Was weiter, – davon in der Folge!

201. Kapitel

Die Geschlechtererforschung in Hanoch
Noha und die erpresserische Karawane
Des Herrn Hilfe und die Verkündigung des Gerichtes

(Den 11. Jan. 1844)

1. Es sandten aber die Priester wieder ganze Karawanen aus Hanoch auf Entdeckungsreisen, damit diese ausgesandten Karawanen in den entferntesten Erdstrichen nachsuchen sollten, ob sich nirgends etwa ein Volk oder Schätze vorfänden, die für die großen Schatzkammern der mächtigen Priester Hanochs taugten.

2. Und im gleichen sandten sie auch Geschlechtsforscher aus, deren Geschäft es war, genau in allen Städten und Orten nachzuforschen, wer da ein Nachkomme Kahins und wer ein Nachkomme Seths aus der Höhe sei.

3. (Denn es waren die Priester, der Adel, wie der König lauter Nachkommen Seths aus der Höhe, die da mit den Töchtern der Tiefe sind gezeugt worden.)

4. Fünf Jahre dauerte diese Untersuchung, und es ergab sich, daß da in der Tiefe die Nachkommen Seths die Nachkommen Kahins um neun Zehntel übertrafen; es waren kaum mehr ein Zehntel reine Kahiniten unter den Sethiten anzutreffen.

5. Der Erfolg dieser Untersuchung war, daß die Kahiniten dann alle einberufen und dann ohne Unterschied ihres bisherigen Standes zu ewigen Sklaven gemacht wurden; und alle ihre Besitztümer fielen natürlicherweise den Priestern zu.

6. Aus den Männern, die noch kräftig waren, wurden Lasttiere und aus den jungen und schönen Weibern und Mädchen Huren eines großen öffentlichen Serails, wo jeder Mann sich gegen bestimmte Taxen, die teils für die Erhaltung des Serails, teils aber auch für den Priesterfonds bestimmt waren, einer oder der andern bedienen konnte; die Alten und Schwachen aber wurden vertilgt, männlich wie weiblich.

7. Die Frucht dieser Untersuchung war demnach sehr ergiebig; aber die Frucht der auf Länder, Völker und Schätze ausgesandten Karawanen fiel nicht so günstig aus.

8. Sie fanden im Ernste die Sihiniten, die Meduhediten, wie auch in Afrika die schon zahlreichen Nachkommen der ausgewanderten Räte, – aber sie wurden überall gar übel bedient; denn sie mußten entweder bleiben, dahin sie kamen, und mußten sich für die niedrigsten Arbeiten gebrauchen lassen, oder der Tod war ihr Los.

9. Eine kleine Karawane von hundert Mann traf unglücklicherweise auf der Höhe auf ihrem Rückzuge das Haus Nohas und forderte sogleich einen großen Tribut von ihm; denn sie sprach:

10. „Kaum eine Tagereise weit wohnst du von der heiligen Stadt Gottes, bist offenbar ihr Untertan und hast noch nie einen Stüber* Tributes bezahlt! Zahle daher nun für wenigstens hundert Jahre, und das für ein Jahr ein Pfund Goldes, im ganzen hundert Pfunde! Wenn du das nicht zahlst, so wirst du samt deinem Hause verkauft und in den Sklavenring geworfen werden!"

11. Noha aber hob seine Hand auf und sprach: „O Du mein Gott, Du mein lieber, heiliger Vater! Siehe, jetzt hat Dein Knecht Deiner Hilfe vonnö-

---
* Alte rhein.-westf. Münze.

ten; errette mich aus den Händen dieser reißenden Tiere!"

12. Als der Noha diese Worte noch kaum ausgesprochen hatte, da schlug ein mächtiger Blitz mitten unter die Karawane, welche freilich erst – wie gesagt – auf ihrem Rückzuge aus den damals wüsten Gegenden des heutigen Europa das Haus Nohas traf, und tötete drei Männer der Karawane.

13. Da fragte Noha die etwas erschrockene Karawane: ,,Besteht ihr noch auf eurer allerungerechtesten Forderung?"

14. Und die Karawane bejahte solches mit einem scheußlichen Geschrei.

15. Noha aber erhob wieder seine Hand, und zehn Blitze schlugen in die Karawane und töteten dreißig Mann und ebenso viele Kamele.

16. Und wieder fragte Noha die noch am Leben Gebliebenen: ,,Bestehet ihr noch auf eurer Forderung?"

17. Und bis auf zehn Mann bejahten alle ihre Forderung.

18. Und Noha stieß mit seinem Fuße ganz erregt die Erde, und die Erde öffnete sich und verschlang bis auf die zehn Mann, die ihre Forderung nicht mehr wiederholt hatten, alle, die da tot und lebendig waren.

19. Groß war darob das Entsetzen der noch übriggebliebenen zehn, und sie baten den Noha um Schonung und Gnade!

20. Noha aber sprach: ,,Gehet und verkündiget es allen Teufeln in der Tiefe, wes ihr hier Zeuge waret, und saget es ihnen: Voll ist das Maß der Greuel! Der Herr hat beschlossen, über alle ihre Welt das Gericht zu senden! Kurze Zeit noch, und es werden die nicht mehr sein und ihr ganzes Reich und Volk nicht mehr, die euch zu mir gesandt haben; mit dem Gerichte Gottes werde ich ihnen den Tribut bezahlen! Amen."

21. Darauf flohen die zehn von dannen!

22. Was weiter, – in der Folge!

202. Kapitel
Die Rückkehr der zehn geretteten Kundschafter nach Hanoch,
ihr Verhör durch die Priester und ihr schlauer Reisebericht

(Den 13. Jan. 1844)

1. Als diese zehn Flüchtlinge aber in der Tiefe sich der Stadt Hanoch näherten, da kamen ihnen sogleich, wie gewöhnlich, ein ganzer Haufe von Häschern und Waffenknechten entgegen und fragten sie, woher sie kämen, was ihre Absicht sei, und wieviel der Schätze sie hätten.

2. Die zehn aber sprachen: ,,Wir sind Gesandte dieser Stadt und kommen von der Entdeckungsreise zurück, die wir vor etwa fünf Jahren unternehmen mußten! Wir haben eine gar wichtige Entdeckung gemacht, die wir den Priestern mitteilen müssen; daher lasset uns ungehindert fortziehen, wollet ihr morgen nicht als Lasttiere verkauft werden!

3. Wie ihr aber sehet, so sind unsere zehn Kamele mit großen Schätzen beladen; daher werdet ihr wohltun, so ihr uns von hier an bis zu den Priestern ein sicheres Geleite gebet! Denn was die Kamele tragen, das gehört den Priestern; wir aber tragen unser Gold selbst in den Säcken unseres Gewandes. Daher gehet, und schützet uns vor Räubern und Dieben, und ihr sollet ein

Lob vor den mächtigen Priestern von uns erhalten!"

4. Auf diese Rede besänftigten sich die Häscher und Waffenknechte und begleiteten die zehn Kundschafter zu den Priestern.

5. Als die zehn aber zu den Priestern kamen, da ging alsbald ein scharfes Examen an, welches zuerst in der Untersuchung der Schätze bestand, welche auf den Rücken der Kamele sich befanden.

6. Als die Schätze als vollwertig angenommen wurden, dann erst mußten die Boten ihre Säcke untersuchen lassen, ob sie wohl so viel hätten, das sie schützen könnte vor dem Sklavenstande.

7. Es fand sich aber, daß sie dreimal soviel hatten, als es zur Befreiung vom Sklavenstande vonnöten wäre. Daher mußten sie zwei Drittel abgeben; denn es ward unterdessen ein Gesetz gegeben, demzufolge ein jeder Kleinbürger nur so viel Goldes haben durfte, das ihn einfach vor dem Sklavenstande schützte. Da aber diese Boten auch aus dem Kleinbürgerstande waren, so traf das Gesetz auch sie.

8. Nach diesem Examen erst wurden sie gefragt, was sie alles für Entdeckungen gemacht hätten.

9. Und einer von den zehn, der ein guter Redner und in der Politik nicht unbewandert war, antwortete:

10. „Großmächtigste Diener aller Götter und getreue Bewahrer der Bücher Kinkars! Wir sahen Länder, darinnen goldene Berge sind; aber keine Seele bewohnt dieselben. – Das aber ist das Wenigste!

11. Wir fanden Ströme und Bäche, darinnen Wein, Milch und Honig fließt, und fanden Wälder, in denen gebratene Äpfel wachsen! – Das aber ist auch noch nicht das meiste!

12. Denn wir fanden auch den Weg, der zu den Sternen führt, und fanden daselbst so endlos schöne Jungfrauen, daß uns dabei das Hören und Sehen verging! – Aber das ist noch nicht das meiste!

13. Wir fanden aber auch in der Nähe des Weges zu den Sternen so schrecklich riesenhaft große Menschen, daß, so nur einer hierher käme, er mit einem Tritte unsere Stadt mit der größten Leichtigkeit zermalmen würde! – Das aber ist noch nicht das meiste!

14. Höret! Von hier kaum eine kleine Tagereise auf einem Berge wohnt ein uralter Mann! Alles ringsumher ist uns schon lange untertänig, – nur dieses Mannes Haus und Volk nicht! Nie noch hat er einen Stüber an uns bezahlt!

15. Wir fanden ihn und zwangen ihn, zu entrichten den lange zurückgebliebenen Tribut.

16. Aber – o wehe! Dieser Mann ist sicher ein Gott! Als wir auf unserer Forderung bestanden, da hob er seine Hand auf und alsbald stürzten tausend Blitze unter uns und erschlugen Mann und Maus! Dann stampfte er in die Erde und diese öffnete sich und verschlang alle die Getöteten samt Kamelen und Schätzen von unermeßlichem Werte.

17. Wir aber ergriffen die Flucht, und der schreckliche Mann schrie uns nach: ‚Erzählet das den Teufeln in der Tiefe!'

18. Höchst großmächtigste Diener aller Götter! Das ist unsere Ausbeute von A bis Z; machet daraus, was ihr wollet, – uns aber lasset nach Hause ziehen!"

203. Kapitel
Die Verhandlung zwischen den Priestern und den zehn Kundschaftern und deren Erhebung in die Priesterkaste

(Den 15. Jan. 1844)

1. Die Priester aber sprachen: "Wenn sich die Sache im Ernste also verhält, da habt ihr – besonders mit der Auffindung der Goldberge – eine unendlich wichtige Entdeckung gemacht, vorausgesetzt, daß der Weg zu ihnen nicht zu weit und nicht etwa mit zu großen Schwierigkeiten verbunden ist! Wenn nur etwa jene Riesen nicht diese Berge beherrschen?!

2. Was aber den alten Menschen auf der Höhe betrifft, so lassen wir ihn sein, wie er ist, wenn wir ihn nicht auf eine feine Weise zu fangen imstande sind; denn mit derlei Zauberern ist nicht gut umgehen, und es läßt sich mit keiner Gewalt gegen sie etwas ausrichten!

3. Wir aber schwören es euch, daß ihr zu Priestern werden sollet, so ihr imstande seid, durch List diesen Zauberer zu gewinnen! Denn der könnte uns durch seine Zaubermacht dann gar leicht zu den Goldbergen verhelfen, – vorausgesetzt, daß er auch jene Riesen etwa also mit der Kraft der Elemente bekämpfen könnte, wie er eure Gefährten bekämpft hat, und ganz besonders vorausgesetzt, daß es mit eurer Aussage von diesem Zaubermanne seine volle Richtigkeit hat!

4. Denn ihr seid schlaue Füchse! Es kann auch leicht sein, daß eure Gefährten, die ihr von diesem Zauberer als vernichtet angabet, sich mit den großen Schätzen davongemacht haben und irgend auf der Erde ein von uns ganz unabhängiges Reich gründen! – Wehe aber dann euch, wenn wir hinter solches kommen!"

5. Die Kundschafter aber erwiderten: "Hängt die Wahrheit unserer Aussage von der Richtigkeit der Existenz dieses Halbgottes und seiner Tat an unseren Gefährten ab, da sendet nur sogleich verläßlichere Boten hinauf zu ihm, oder ziehet selbst hinauf, – und ihr könnet uns dann mit glühenden Ruten zu Tode züchtigen lassen, wenn sich die Sache nicht also verhalten sollte, wie wir sie euch traurig und schrecklich genug kundgaben!

6. Wie aber das wahr ist und ihr es also finden werdet, da könnet ihr darnach auch unsere anderen Aussagen bemessen! Wir aber wollen dazu weder mehr ein Ja, noch ein Nein setzen; untersuchet und urteilet dann!"

7. Da die Priester aber solche Rede von den Boten erhielten, da sprachen sie zu ihnen: "Wir haben aus eurer Rede ersehen, daß ihr die Wahrheit geredet habt vom Anfange bis zum Ende; daher ernennen wir euch aber auch kraft unserer Voll- und Allmacht zu wirklichen Gesandten und heben euch aus dem Kleinbürgerstande in den Mittelbürgerstand, in dem ihr Waffen tragen dürfet! Aber dafür müsset ihr sehen, daß ihr den Zauberer uns zum brauchbaren Freunde machet!"

8. Und die Boten sprachen: "Wir wollen tun, was möglich ist; aber für das Gelingen stehen wir nimmer! Denn so gut dieser Mensch unsere Gefährten vernichtete mit Blitz und mit der gespaltenen Erde, ebensogut kann er das auch uns und euch allen antun, so er nur im geringsten dessen gewahr wird!

9. Wie, – so er stampfen möchte mit seinem Fuße gen Hanoch herab, und die Erde spaltete sich dann unter uns und verschlänge uns samt der Stadt in

einen unendlichen Abgrund?! Was dann?

10. Daher wären wir der Meinung, es wäre sicher rätlicher, diesen höchst gefährlichen Patron ganz unbeirrt zu lassen, als ihn irgend mehr aufzusuchen, indem wir nicht wissen können, wie er unsere Pläne durchschauen möchte, und wie er sich dann benähme gegen uns!

11. Doch, – so ihr auf eurer Forderung bestehet, da müssen wir tun darnach; aber für den Erfolg können wir unmöglich stehen!"

12. Und die Priester sprachen: „Gut, wir haben euch verstanden; euer Urteil ist gut! Wir wollen daher auf drei Tage einen großen Rat zusammenberufen, und was sich da hervortun wird, darnach auch wird gehandelt werden; ihr aber müsset im Rate zugegen sein und werdet darum priesterliche Kleider anziehen und unserer Kaste einverleibt werden!

13. Für jetzt aber ziehet nach Hause; machet daselbst Ordnung, und kommet sodann mit Weib und Kindern hierher in den Rat!"

204. Kapitel
Die Geheimberatung der zehn Gesandten und ihr Beschluß, gute Zwecke durch schlaue Mittel zu erreichen

(Den 16. Jan. 1844)

1. Als die zehn aber das Kollegium der Priester verließen, da verwunderten sie sich untereinander himmelhoch und sprachen:

2. „Nun ersehen wir ganz klar, wo unserer Priesterschaft die Schuhe zu enge sind! Ihr Himmel, von dem sie allem Volke vorschreit, ist das Gold; um dieses zu gewinnen, schreitet sie zu den alleraußerordentlichsten Mitteln!

3. Wer hat das je erlebt, solange die Priesterschaft die ganze Herrschaft und Macht an sich gerissen hat, daß da jemand aus der Kleinbürgerkaste wäre in die höchste der Priester erhoben worden?!

4. Uns ist nun dieses enorme Glück zuteil geworden! Warum denn? – Weil wir uns aufs Lügen verstanden haben, bis auf die allein wahre Begebenheit auf der Höhe!

5. Wir aber riechen den feinen Braten schon, wo hinaus die Sache mit unserer bevorstehenden Priesterschaft gehen soll! Aber wartet nur, ihr goldverbrämten Füchse, – euer Plan mit uns, daß wir euch dann als Mitinteressenten den Weg zu den goldenen Bergen bahnen sollen, soll euch ganz verdammt heiß gemacht werden! Sicher werdet ihr schon beim ersten Schritte eure Teufelsfüße zurückziehen! Aber es wird zu spät sein; denn wir werden ein Flammenmeer über euch schütten, und ihr möget dann zusehen, wie ihr aus diesem kommen werdet!

6. Wir werden zwar vor großen Brandhaufen und vor unabsehbaren Abgründen, welche sie gemacht haben unterirdisch und haben sie angefüllt mit Schlangen und allerlei giftigem Gesmeiße, die schauerlichsten Treuschwüre machen müssen, bis wir in die priesterlichen Kleider werden geworfen werden, – aber das tut unserer Sache keinen Eintrag! Wir werden schwören zwar mit dem Munde, aber zugleich fluchen in der Brust, – und so wird sich die Priesterschaft an uns eine Freßbeule an den Leib gesetzt haben, die ihr kein Gott heilen soll!

7. Wir werden zwar einen Weg bah-

nen nach den goldenen Bergen unserer Schlauheit, diesen wird die gesamte Priesterschaft wandeln müssen, – aber im Hintergrunde wollen wir die Riesen unseres Grimmes und unserer Wut auf sie lauern lassen! Und wird sich die feine Schar diesem glühenden Hintergrunde nähern, dann ein Zeichen – verstanden! –, und die Riesen werden mit unbesiegbarer Macht hervortreten und unter ihren Tritten zermalmen diese gesamte Brut!

8. Und dann erst werden wir dem Volke den Weg zu den Sternen zeigen und es führen in ein Land in ihm selbst, wo es finden soll die herrlichsten Jungfrauen reiner Erkenntnisse, und in ein Land, wo Wein, Honig und Milch in wahrer Begeisterung fürs echte Wahre und Gute fließt!

9. Und die gebratenen Äpfel soll es dann auch finden auf dem Baume des Lebens und der wahren, reinen Erkenntnis desselben!

10. Bei dem hat es zu verbleiben; Fluch aber sei einem jeden Verräter aus uns! Denn nun liegt es an uns, und wir können nach unserm Plane uns selbst und alles Volk vom sicheren Untergange retten; darum seien wir alle wie einer für sich unter uns, und das Werk muß gelingen!

11. Haben wir die Priesterschaft insoweit breitzuschlagen vermocht, daß sie uns sogar zu Priestern macht, so wird es dann in solch freierem Spielraume sicher um so leichter sein, diese Elenden so breitzuhämmern, daß am Ende von ihr nichts mehr als höchstens ein geschichtlicher Name übrigbleiben soll!

12. Solches haben wir beschlossen, und solches werde von uns auch pünktlichst und getreuest ausgeführt! Amen, unter uns amen!"

13. Nach dieser Verschwörung erst begaben sich die zehn in ihre Häuser und brachten da alles in Ordnung und begaben sich dann mit Weib und Kindern in das Kollegium der Priester zum bevorstehenden großen Rate.

14. Was aber in diesem vorkam, wird die Folge zeigen.

205. Kapitel

Die zehn Kundschafter vor dem Rate der fünftausend Priester und in der Feuerprobe

(Den 17. Jan. 1844)

1. Bei fünftausend der ersten Priester waren in dem großen offenen Saale, welcher nach der Art eines Amphitheaters erbaut war, versammelt und erwarteten die zehn Kundschafter mit großer Sehnsucht und Gier.

2. Als diese nun auch in etwas banger Erwartung dessen, was da kommen solle, in diesen offenen Saal kamen, da wurden sie alsbald von den Priestern umringt und sogleich in einen unterirdischen Gang geführt, an dessen Ende ein großes Feuer zu sehen war.

3. Sie wurden diesem Feuer näher und näher geführt und entdeckten bald in einer bestimmten Nähe, wie sich mitten unter den gewaltigen Flammen eine Menge heulender, glühroter Menschen befand.

4. Es war aber das Feuer nur ein Trugfeuer, welches ungefähr dem glich, wie es heutzutage auf den Theatern bewerkstelligt wird durch transparente, über ein Rad bewegliche und mit Flammen bemalte feine Zeuge; nur war hier in Hanoch die Täuschung um so voll-

kommener, daß da in einer gewissen Nähe niemand etwas anderes als ein allerbarstes mächtigstes Feuer zu sehen wähnte, welches aber freilich wohl nicht die allergeringste Hitze hatte.

5. Als unsere zehn dieses Mordspektakels ansichtig wurden, da ward es ihnen ganz sonderbar zumute. Sie hätten gerne gefragt: „Was damit? Wer die, so darinnen heulen?", aber es ward ihnen gleich beim Eintritte auf das allereindringlichste bedeutet, zu schweigen bei allem, was sie sehen würden, ansonst es mit ihnen geschehen sei!

6. Vom Feuer wurden sie durch einen andern Gang geführt und gelangten bald zu einem bei vierzig Klafter tiefen und bei neunzig Klafter im Umfange habenden und mit Geländer versehenen Bassin.

7. Die Priester zündeten hier bepechte Strohbündel an und warfen sie hinab in den Abgrund; dieser wurde dadurch erleuchtet, und man erblickte zuunterst eine Menge Geschmeiß, wie auch eine Menge abgenagter Gerippe, die man freilich nicht so genau ausnehmen konnte, daß man zu bestimmen imstande gewesen wäre, ob es menschliche oder tierische seien. Es waren aber nur tierische, und das von sehr großen Tieren; denn menschliche Gerippe hätten sich auf eine Tiefe von vierzig Klaftern nicht wohl ausgenommen.

8. Denn hier war alles auf den Betrug und dadurch auf eine große Angsterweckung abgesehen. So waren selbst die Schlangen und anderes Geschmeiß künstlich nur gebildet und hatten eine mechanische Bewegung; denn die natürlichen wären wohl nicht leichtlich sichtbar in solcher Tiefe, in die man durch eine geheime, aber sehr geräumige Wendeltreppe gelangen konnte, um da den Mechanismus der Schlangen, Drachen und Krokodile zu leiten.

9. Dieses Bassin war unter einer Naturgrotte erbaut, deren große Geräumigkeit dem Abgrunde ein noch größeres Ansehen verlieh.

10. Wenn man nun diese zwei Trugerscheinungen erwägt und Laien daneben, so wird es nicht schwer sein, zu begreifen, welch eine entsetzliche Angst unsere zehn Boten befiel, als sie bei diesem Abgrunde schwören mußten, sich allen Anordnungen der Oberpriester ohne die geringste Widerrede zu fügen, wollten sie nicht bei lebendigem Leibe entweder in das Höllenfeuer oder in diesen Abgrund geworfen werden.

11. Die zehn schworen daher wohl aus Angst mit dem Munde, aber desto grimmiger fluchten sie in ihrer Brust und sprachen bei sich: „Nur hinaus ins Freie noch einmal mit uns, und ihr sollet diesen Abgrund und eure Hölle selbst zu verkosten bekommen!"

12. Nach dem Schwure wurden die zehn wieder in den großen offenen Saal geführt und wurden mit unterpriesterlichen Kleidern angetan, worauf dann erst die große Beratung begann.

206. Kapitel
Die Beratung mit den goldgierigen Priestern. Schlauheit gegen List

(Den 18. Januar 1844)

1. In der Mitte des Saales war eine bei sechs Ellen erhabene Rednerbühne. Auf diese mußten die zehn Boten mit zehn Oberpriestern treten. In gedrängten Kreisen umstanden diese Bühne die anderen Priester; zunächst natürlich

die Oberpriester und in weiteren Kreisen die Unterpriester.

2. Einer der Oberpriester auf der Bühne trat vor die zehn hin und sprach: ,,Ihr wisset es, und wir wissen es alle, was ihr zu uns geredet habt! Ihr seid nun selbst Priester, und es liegt nun in eurem Interesse so gut wie im unsrigen, daß wir uns der Goldberge bemächtigen und darum einen sicheren Weg dahin bahnen, – koste die Sache, was immer sie wolle!

3. Euch allein ist der Weg dahin bekannt; an euch also liegt es nun, aus unserem allgemeinen Interesse diese überwichtige Sache für unsere Goldkammern zu bewerkstelligen!

4. Könnet ihr den berüchtigten Zauberer auf der Höhe um Geld und gute Worte zu dem Zwecke gewinnen, so wird es wohl und gut sein; könnet ihr aber solches nicht, so haben wir ja über zwei Millionen Kämpfer und im Notfalle über vier Millionen Sklaven, die wir zu Kämpfern machen können, wann wir wollen. Und wie da viele Ameisen sogar eines Löwen Meister werden können, werden auch wir mit unserer Überzahl von Kämpfern Meister der Riesen werden, welche vielleicht jene goldenen Berge bewachen!

5. Das ist nun unsere Ansicht; lasset nun aber auch die eurige vernehmen!"

6. Und einer von den zehn trat hervor und sprach im Namen aller seiner neun Genossen:

7. ,,Euer Plan, eure Absicht und euer Rat, teure Gefährten nun, ist löblich, und wir können ihn nur loben als nun natürlicherweise Mitinteressenten; ob er sich aber so leicht, wie ihr es meinet, wird ausführen lassen, daran zweifeln wir sehr!

8. Zudem haben wir zehn uns gestern also bedacht: Setzen wir den Fall, uns gelänge es, zu erobern die tausend mächtig großen Goldberge, welche über dem großen Meere in einer ganz fremden Welt liegen, da fragen wir, welcher Nutzen dadurch für uns entsteht! Wird am Ende durch die große Masse des gewonnenen Goldes eben dieses edle kostbare Metall nicht mit dem Straßenkote gleichwertig werden?!

9. Man wird sagen: ,Das werden wir schon zu verhüten trachten und auch wohl zu verhüten imstande sein, daß da außer uns niemand den Weg zu den goldenen Bergen finden soll!'

10. ,Wie aber?', das fragen wir. Werden wir Priester selbst mit Kamelen dahin ziehen, dort mit scharfen Hacken und Krampen das Gold von den steilen Bergen lösen und es hierher einen drei Jahre langen Weg schleppen?

11. Unternehmen wir aber das allein, da fragen wir, was für ein Gesicht wir dann etwa machen werden, wenn wir zufälligerweise den Riesen begegnen sollten, die uns nicht nur alles Gold alsbald wegnehmen werden, sondern uns auch sogleich zwischen ihren Fingern wie Mücklein zermalmen werden?!

12. Nehmen wir aber notwendigerweise eine große Macht mit, bestehend aus einer Million Kämpfer; wenn aber diese die goldenen Berge erschauen, werden sie etwa da nicht uns alsbald erschlagen und sich selbst zu Besitzern dieser köstlichen Berge aufwerfen?!

13. Tun wir, was wir wollen, so kommen wir vom Regen in die Traufe! Wir werden als Unternehmer dadurch unsere Schatzkammern lüften bis auf ein Minimum und werden dafür nichts gewinnen; und reüssieren wir (*das heißt, haben wir Erfolg*), da sinken – wie schon bemerkt – alle unsere Schätze bis zum Werte des Straßenkotes herab.

14. Wir sind daher der Meinung, man soll diese Unternehmung rein an den Nagel hängen und dafür eine günstigere beginnen! Doch das ist ebenfalls nur unser Rat; ihr könnet noch tun, was immer ihr wollet, und wir sind eure Diener und werden euch allzeit in allem treulich gehorchen!"

207. Kapitel
Der Widerstand der Kundschafter gegen den Plan der Priester, die Goldberge zu erobern

(Den 19. Jan. 1844)

1. Die Oberpriester aber sprachen: „Wir ersehen aus dieser eurer Rede gar wohl, daß ihr es mit unserm allgemeinen Interesse gut meinet und auch im Ernste gar tüchtige Sach- und Weltkenntnis habt; aber daß ihr mehr aus Furcht einer abermaligen Reisebeschwerde, als so ganz eigentlich aus Furcht vor den Riesen die Erreichung jener Goldberge uns auszureden bemüht seid, das läßt sich schon beim ersten Anfange eurer Rede ganz klar herausfinden!

2. Denn sehet, wären jene Riesen gar so furchtbare Wesen, die euch doch sicher gesehen haben, weil ihr sie gesehen habt, so wäre sicher nicht einer von euch zurückgekommen, so wie da von den andern mit euch gleichzeitig ausgesandten Karawanen noch niemand zurückgekommen ist, wobei sich da wohl vermuten läßt, daß sie irgend übel angekommen sein mußten.

3. Ihr aber wäret alle wohlbehalten trotz der furchtbaren Riesen wieder hierher gelangt, wenn ihr euch bei dem Zauberer auf der Höhe ein wenig klüger benommen hättet!

4. Sehet, das ist unsere Ansicht! Rechtfertiget euch dagegen, so ihr solches vermöget!"

5. Und der eine von den zehn sprach: „Hochmächtige Obergefährten unserer Wenigkeit vor euch! Ihr werdet uns diesmal schon zum voraus vergeben müssen, so wir euch auf diese eure Einrede die Entgegnung machen müssen und euch geradeweg zeigen mit ganz kurzen Worten, daß ihr uns übel verstanden habt und habt nicht von fernehin verstanden, was wir zu euch geredet haben!

6. Sprachen wir denn ganz bestimmt davon, als müßten wir bei dieser Unternehmung in die Hände dieser Riesen geraten?! Wir stellten ja nur die leichte Möglichkeit dar, indem diese furchtbaren Giganten gerade hinter jenen Goldbergen zu Hause sind! Wir sahen sie wohl aus verborgenen Schlupfwinkeln, da sie unser nicht ansichtig werden konnten, dann beluden wir unsere Kamele zur Nachtzeit mit dem Golde und zogen dann auch bei Nacht und Nebel ab.

7. Also ist es uns wohl einmal gelungen, mit heiler Haut davonzukommen, und das sicher darum, weil unser Goldraub höchstwahrscheinlich der erste war, der an diesen unschätzbaren Bergen ist begangen worden! Wenn aber dieser erste Raub an diesen Bergen bis jetzt gar sicher von den wachsamen Giganten ist entdeckt worden, da fragen wir, ob ein zweiter Versuch auch so glücklich ablaufen wird!

8. Oder können wir wissen, ob etwa diese Giganten nicht ohnehin schon uns auf der Spur sind und ziehen uns

etwa gar nach?! Oder sie haben vielleicht darum schon ein solches Bollwerk um die enormen Goldberge gemacht, über das einem jeden Adler zu fliegen schwindeln dürfte?!

9. Oder sie haben jene schmale Erdzunge, durch welche diese Welt mit jener zusammenhängt, ganz gewaltig breit durchstochen und haben dadurch die beiden Welten durch ein mächtiges Gewässer getrennt, welches wir sicher nicht durchwaten werden!

10. Sehet, das deuteten wir durch den gefährlichen Kampf mit den Riesen an!

11. Fraget euch aber selbst, ob ihr uns also verstanden habt! Wir bestreiten ja nicht die Möglichkeit, als könnten wir nicht wieder zu den Bergen oder wenigstens in ihre Nähe gelangen; aber das müßt ihr denn ja doch auch einsehen, daß diese Unternehmung mit sicher außerordentlichen Unkosten verbunden sein wird, für die ein höchst unsicherer Gewinn herausschaut und dabei tausend Gefahren!

12. Sollen wir darum für nichts und nichts unsere zwei Millionen Kämpfer opfern und uns dadurch aller Macht entblößen? Das wäre doch sicher toll!

13. Wenn ihr aber schon etwas tun wollet, da nehmet die wertlosen Sklaven her und sendet sie unter unserer Anführung dahin! Gehen die zugrunde, so haben wir nichts verloren; und reüssieren sie, so haben wir vielfach gewonnen! – Bedenket euch darob!"

208. Kapitel

Die Verdächtigung der zehn Kundschafter durch die Hohenpriester
Die schlaue erfolgreiche Antwort der zehn Kundschafter

(Den 20. Jan. 1844)

1. Die Hohenpriester aber, die um etwas höher waren als die Oberpriester und früher unten im Saale in der ersten Reihe standen, begaben sich nun auch auf die Rednerbühne und richteten folgende Worte an die Oberpriester:

2. „Höret uns an; denn zu großwichtig ist's, was wir euch zu bemerken haben! Diese zehn, die ihr zu Unterpriestern gemacht habt, kommen uns äußerst verdächtig vor!

3. Sie haben im Hintergrunde Böses im Sinne wider uns alle! Sie legen es zwar überschlau an, um uns hinters Licht zu führen, bedenken aber nicht, daß ein Hoherpriester allwissend ist und in des Menschen geheimsten Gedankenwinkel schaut.

4. Wir haben das getan und haben in ihnen Arges über Arges wider uns entdeckt; daher trauet ihnen nicht! Es sind Tiger in Schafspelzen!

5. Sie mögen wohl alles, was sie aussagten, auf ihrer Entdeckungsreise erlebt haben; aber wir haben bis jetzt noch keinen anderen Beweis als ihre eigene uns sicher zum besten habende Erzählung! Daher raten wir euch: überzeugt euch zuvor von einem Punkte wenigstens, bevor ihr ihnen eine Macht anvertrauen wollet, – sonst sind wir die Geschlagenen!

6. Ihre Weigerung, unsere getreuen Kämpfer anzunehmen, und ihr Begehren nach den Sklaven, die uns mehr als die bitterste Mißhandlung hassen, scheint einen ganz andern Grund zu haben, als welchen sie etwas verlegen angaben! Daher seid auf eurer Hut;

denn wir allwissenden Hohenpriester haben solches zu euch geredet!"

7. Diese Einrede machte die Oberpriester ganz gewaltig stutzen, und noch mehr aber die zehn, welche sich dadurch sehr getroffen fühlten.

8. Und ein Oberpriester wandte sich an den Redner der zehn und sprach: „Habt ihr vernommen das Zeugnis eines Allwissenden über euch? Wie wollet ihr euch da rechtfertigen?"

9. Der Redner aber, ein durchtrieben feiner Kauz, faßte sich bald und sprach: „Hochmächtige Gefährten! Mit der Allwissenheit dieser Hohenpriester hat es seine geweisten Wege; denn so allwissend, wie sie es sind, sind es auch wir! Politik ist noch nie Allwissenheit gewesen und wird es ewig nie sein! Nur schlechte Kerle lassen sich durch derlei Kniffe einschüchtern, – aber ein redlicher Mensch nie!

10. Wären diese allwissend, so würden sie euch nicht Vorsicht raten, sondern sie hätten gleich anfangs uns ins Höllenfeuer verdammt; denn sie mußten es ja gleich anfangs wissen, daß wir Tiger in Schafspelzen sind! Warum machten sie uns denn mit euch zu Priestern?

11. Dann: Wären sie allwissend, so würden sie euch sicher sagen, was sich auf der Höhe bei dem Zauberer zugetragen hat; da sie aber nicht allwissend sind, so raten sie euch, ihr sollet euch durch anderwärtige Beweise überzeugen, ob unsere Aussagen wahr sind oder nicht!

12. Dazu aber fragen wir euch Oberpriester: Glaubet ihr aber selbst, daß diese allwissend sind, warum fraget ihr sie nicht, auf daß sie euch kundgäben, was da auf der Höhe geschehen ist? Und warum glaubet ihr ihnen nicht aufs Wort, und werfet uns nicht sogleich entweder ins Feuer oder in den Abgrund?!

13. Damit aber diese Allwissenden aufs Haupt geschlagen werden, so erklären wir hiermit, daß wir keinen Schritt eher hinaustun wollen, als bis ihr euch wenigstens auf der Höhe werdet erkundigt haben, ob wir euch falsch berichtet haben oder nicht!

14. Und selbst dann werden wir uns erst unter der Bedingung auf den Weg zu den Goldbergen machen, so mehrere von ihnen und euch mit uns ziehen werden und die halbe Streitmacht aus den festen Kämpfern und die halbe aus den Sklaven bestehen wird! Sollte ihnen auch das noch verdächtig vorkommen, so setzen wir keinen Fuß über die Schwelle! – Und bei dem hat es zu verbleiben!"

15. Die Hohenpriester schnitten hier gar erbärmliche Gesichter. Aber die Oberpriester schlugen sich zu den zehn und billigten ihre Rede; denn sie sahen, daß die zehn recht hätten, und trauten ihnen ganz. Aber den Hohenpriestern sagten sie, daß sie sich fürder in derlei Dinge, die sie nichts angehen, nicht einmengen sollten; denn ihre Sache sei nur die zeremonielle Ehrung des Königs.

209. Kapitel
Die Einwilligung der Oberpriester in den Rat der zehn Kundschafter

(Den 22. Jan. 1844)

1. Es dachten aber die Oberpriester nach, wen sie auf die Höhe zum Zauberer schicken sollten, der sich schadlos erkundigen möchte bei ihm, ob es mit der Aussage der zehn seine Richtigkeit habe. Aber sie konnten keine

Wahl treffen, die für diesen mißlichen Zweck taugen möchte.

2. Denn fürs erste hatte niemand den Mut, und fürs zweite entgegnete ein jeder, der mit dem Auftrage begabt wurde: „Was nützt das? Ihr könnet Tausende und Millionen hinaufsenden; so sie aber vom Blitze und den gähnenden Erdspalten samt und sämtlich verschlungen werden, was habt ihr dann von aller eurer Gesandtschaft und was von aller eurer Mühe?"

3. Die Oberpriester sahen solches ein und fragten darauf wieder die zehn, was da am klügsten wäre.

4. Die zehn aber sprachen: „Wie möget ihr uns fragen, die wir vor euch verdächtigt sind? Könnten wir euch da ja als schlaue Füchse doch leicht einen Rat geben, der da gerade ein Wasser auf unsere Mühle wäre! Also seid klug doch, da ihr schon vor uns wie vor Tigern in Schafspelzen gewarnt worden seid!

5. Die Hohenpriester gaben ja vor, daß sie allwissend sind; fraget sie, die werden es doch am besten wissen, was da am tauglichsten sein wird!"

6. Die Oberpriester aber sprachen: „Aber seid doch nicht töricht! Ihr habt es doch selbst klar bewiesen, daß es mit der Allwissenheit dieser Zeremonienmeister des Königs seine geweisten Wege hat; und also ist es auch!

7. Das ist ja nur ein leerer Titel und will so viel als gar nichts sagen! Die Herren sind wir und sie nur Figuranten samt dem Könige, der auch den Titel ‚Höchste göttliche Weisheit' führt, aber dabei doch dümmer ist als die allerdichteste Herbstnacht!

8. Ihr habt demnach bloß auf uns zu sehen und uns allein zu gehorchen; denn alles andere ist nur Figur und Schein des dummen Volkes wegen! Daher gebet da uns den Rat, was da zu tun ist, und kümmert euch um alles andere nicht!"

9. Die zehn aber sprachen: „Hochmächtige Diener der Götter! Möget ihr aber schon von uns einen Rat und fürchtet euch nicht, daß wir euch durch ihn hinters Licht führen möchten, da fragen wir euch: Warum trauet ihr denn unserem ersten Rate nicht, den wir euch doch sicher wohlmeinend genug nach unserer gründlichen Sachkenntnis gegeben haben?"

10. Und die Oberpriester erwiderten etwas verlegen: „Wir täten solches ja; aber ihr habt uns dazu ja selbst aufgefordert in eurem Ärger gegen die Hohenpriester, und so wollen wir ja nur eurem Wunsche und nicht dem Rate der Figuranten nachkommen!"

11. Und die zehn sprachen: „Nun gut, so ihr uns in diesem Nachrate trauen wollet, da möget ihr uns ja im ersten Vorschlage trauen, gegen den die Figuranten – wie ihr sie geheißen habt – euch aus ihrer Allwissenheit heraus gewarnt haben und haben uns als Tiger in Schafspelzen bezeichnet!

12. Gehe zu dem Zauberer, wer da wolle! Wir werden diese Reise sicher nicht zum zweiten Male machen; denn wer da einmal das Feuer verkostet hat, der greift sicher kein glühendes Metall mehr an!

13. Trauet ihr uns, so trauet uns ganz – sonst sind wir euch zu nichts als zum Fressen aus eurer Schüssel!"

14. Diese Worten fanden bei den Oberpriestern vollen Eingang, und sie stimmten alle für die Sklavenlöse und für die Bewaffnung derselben unter der Anführung der zehn.

210. Kapitel
Die Schwierigkeiten der Priester, die Sklaven loszukaufen
Das Gelingen des Planes der zehn schlauen Botschafter

(Den 23. Jan. 1844)

1. Die Oberpriester waren nun freilich ganz für die Freilassung und Bewaffnung der Sklaven zur Eroberung der Goldberge gestimmt; aber ein anderer fataler Umstand waltete hier ob, und dieser bestand darin, daß nämlich diese traurige Kaste sich in lasttierlicher Eigenschaft in den Händen der Großen befand und ihr volles Eigentum war, welches erst durch einen förmlichen Wiederkauf an die Priesterschaft zurückkommen konnte. Denn durch einen Machtspruch die Sklaven zurückfordern, wäre doch eine zu gewagte Sache, indem die Großen zu mächtig waren und die Priester für nicht viel höher hielten als sich selbst und sie nur duldeten und unterstützten aus pur politischen Rücksichten.

2. Da aber die Priester freilich nur ganz heimlich das gar wohl kannten, so waren sie jetzt abermals in einer Klemme und wußten nicht recht, wo aus und wo ein. Den zehn solche tiefsten politischen Geheimnisse zu enthüllen, fanden sie doch nicht ratsam; sie darum aber sogleich zu Oberpriestern zu machen und sie alsogestaltig dann in alles einzuweihen, war auch eine Sache, die sich beinahe noch schwerer ausführen ließ.

3. Sie dachten daher hin und her und wußten nicht, was sie da tun sollten.

4. „Gewalt ist nicht ratsam!" sprachen sie. „Denn wir wissen, wie wir stehen! – Rückkauf? Welch schauderhafter Gedanke! Vier Millionen Sklaven! Einen nur zu zwei Pfunden Goldes gerechnet, macht acht Millionen Pfunde! Dann die Ausrüstung hinzu, so gibt das eine nicht mehr auszusprechende Summe!

5. Hier die zehn abermals um ihren Rat fragen? Wie würde uns das vor ihnen entblößen! – Sie darob zu Oberpriestern machen? Dazu sind sie viel zu ehrlich und zu verzweifelt klug! Würden sie dadurch in unser loses politisches Gewebe eingeweiht werden, so würden sie uns dann eine Laus im Pelze sein, von der wir uns nimmer reinigen könnten!

6. Wahrlich, hier wird der gute Rat teuer! Unser Wort können wir nimmer zurücknehmen; die Sklaven müssen frei und bewaffnet werden! Wie aber? Das ist eine ganz andere Frage, auf die sicher kein Satan eine praktische Antwort finden wird!"

7. Es hatte aber einer von den zehn ein überaus feines Gehör und vernahm so manches, was die Oberpriester untereinander wispelten, und sprach daher leise zu den andern:

8. „Höret, wir haben sie schon in unseren Händen! Die Sache läuft gerade da hinaus, wo ich sie so ganz eigentlich haben wollte; jetzt nur standhaft, und der Sieg ist in unseren Händen!

9. Der Alte sagte auf der Höhe, wir sollten solches den Teufeln in der Tiefe kundtun! Wir haben das getan, und sehet, sie sind schon alle verwirrt! Ich wußte gar wohl, wie es mit den Sklaven steht; darum verlangte ich sie! Ohne Rückkauf geht es auf keinen Fall; ihr Wort können sie nun unmöglich mehr zurücknehmen!

10. Das wird ihre Goldkammern so ziemlich lüften und wird sie schwächen ganz entsetzlich; denn sie werden dann nicht mehr imstande sein, eine Macht

von zwei Millionen Kämpfern zu halten! Wir aber werden eine erbitterte, furchtbare Macht in unseren Händen haben und werden ihnen den Durst nach den Goldbergen für ewige Zeiten löschen!

11. Sie werden uns sicher noch einmal um einen Rat kommen; daß wir ihnen den allerbesten geben werden, des können sie völlig versichert sein!

12. O wartet nur, ihr goldverbrämten Bestien, wir werden euch schon noch ein Lied singen lehren, das euch kein Teufel nachsingen soll!

13. Aber nun stille; sie kommen schon zu uns!"

211. Kapitel
Die Ratlosigkeit der Oberpriester wegen des Loskaufes der Sklaven
Der Rat der zehn Kundschafter

(Den 25. Jan. 1844)

1. Als der Redner von den zehn solches noch kaum ausgesprochen hatte, waren die Oberpriester auch schon bei ihm mit sehr verlegenen Gesichtern und fragten ihn folgendermaßen:

2. „Höre uns an; denn großwichtig ist das, was wir nun von euch zu erfahren wünschen!

3. Sehet, die Bewaffnung der Sklaven wäre schon allerdings recht; aber es sind ja alle in lasttierlicher Eigenschaft als ein erkauftes Eigentum in den Händen der Großen der Städte und des ganzen Reiches! Wir könnten sie freilich mit unserer Allmacht zurückfordern, und niemand könnte uns daran hindern; aber wir sind ja neben der Allmacht auch die Allgerechtigkeit selbst, und wider die können wir so einen widerrechtlichen Gewaltstreich doch unmöglich ausüben!

4. Ihr wisset nun, wie die Sachen stehen! Ihr seid kluge Köpfe, entwerfet einen Rat, durch den wir am leichtesten und ehesten zum Zwecke kommen! Denn das sehen wir unwiderlegbar ein, daß da die Sklaven samt und sämtlich bewaffnet werden müssen; aber wie rechtlichermaßen der Sklaven habhaft werden, – das ist eine ganz andere Frage! Auf diese eben möchten wir eine ganz kluge Antwort von euch vernehmen!"

5. Und der Redner von den zehn erhob sich und sprach: „Hochmächtige Diener der Götter! Wir haben euch wohl verstanden; aber wir müssen euch auch auf das aufmerksam machen, was wir gleich anfangs geredet haben, nämlich: die Unternehmung wird ganz sicher große Kosten verursachen, wofür der allfällige große Gewinn noch sehr im weiten Felde ist und es sich noch sehr dabei fragen läßt, ob wir seiner habhaft werden!

6. Es ist bei einer Macht von vier Millionen Kämpfern freilich wohl nicht leichtlich abzusehen, als solle oder könnte uns der Sieg mißglücken; aber in der Tasche haben wir darum das zu gewinnende Gold auch noch nicht und können daher auch niemanden auf den Mitgewinn darum bescheiden, so er zu dieser grandiosen Unternehmung sein Scherflein beitragen sollte.

7. Denn so ihr zu einem oder dem andern sagen würdet: ‚Überlasse uns für die vorhabende Unternehmung deine Sklaven! Glückt sie uns, da sollst du für jeden Sklaven vier Pfunde Goldes bekommen!'

8. da wird der also Angeredete und des Mitgewinnes Versicherte sagen: ‚Die Unternehmung ist zwar löblich; aber sie liegt in einer zu großen Ferne und in einem zu weiten und unsicheren Felde! Daher können wir da im voraus nichts riskieren! Was wir aber tun wollen, um euch an einer solchen Unternehmung nicht zu hindern, bestehe darin, daß wir euch alle Sklaven gegen einen Einsatz per Kopf von zwei Pfund Goldes oder fünfundzwanzig Pfund Silbers überlassen wollen! Kommen die Sklaven wieder zurück, so wollen wir sie euch gegen den Einsatz zurücklösen; und kommen sie nicht, so müßt ihr uns entweder frische geben in gleicher Zahl, wollet ihr den Einsatz; oder uns hat euer Einsatz ganz zu eigen zu verbleiben!'

9. Sehet, das ist die unfehlbare Stimme aller der großen Sklaveninhaber! Machet einen Versuch, und wir wollen ins Feuer gehen, wenn sie anders ausfallen wird!

10. Daher bleiben hier nur die zwei Wege offen, entweder die ganze Unternehmung an den Nagel zu hängen, oder im Namen aller Götter, die die Erde beherrschen, in den sauren Apfel zu beißen!"

11. Und die Oberpriester sprachen: „Gut! Vom An-den-Nagel-Hängen dieser Unternehmung ist gar keine Rede; aber wir wollen auf morgen mehrere Große dieser Stadt vernehmen! Wehe aber euch, so sie anders reden werden, als wie nun ihr wie aus ihrem Munde uns vorgeredet habt!"

12. Und der Redner sprach: „Wenn sie nur keine größeren Forderungen machen werden, da könnet ihr noch vom Glücke reden; aber ich meine, sie werden die Sache viel schwerer anpakken! Für uns sieht da sicher kein Wehe heraus; ob aber ihr nicht ein wenig Wehe schreien werdet, so ihr die sicher höheren Forderungen vernehmen werdet, das soll schon der morgige Tag weisen!"

212. Kapitel
Die Versammlung der Sklavenbesitzer und deren hohe Forderungen für den Loskauf der Sklaven

(Den 26. Jan. 1844)

1. Die Oberpriester schnitten dazu ganz grimmige Gesichter und sprachen: „Ihr scheinet schon im voraus zu jubeln über unser Mißgeschick?! Nehmet euch aber nur in acht, daß ihr nicht zu früh jubelt!"

2. Und der Redner von den zehn sprach: „Wir jubeln nicht im geringsten; aber so ihr uns für nichts und wieder nichts ‚Wehe euch!' zurufet darum, daß wir euch den sichern Rat geben, da meinen wir, es sollte gerade nicht gefehlt sein, gegen euren voreiligen Wehe-euch-Ruf eine günstige Rechtfertigung hinzuzufügen, die das in einem Übertreffungsstande kundgibt, was wir euch nur im geringsten Maßstabe kundgaben!

3. Doch nun nichts mehr weiter; wir werden nun schweigen und abwarten, was der morgige Tag bringen wird!"

4. Auf diese Rede gingen die Oberpriester ganz verdutzt von der Bühne, und die zehn begaben sich ebenfalls in ihr Departement.

5. Die Oberpriester aber sandten sogleich tausend Herolde aus und ließen all die Großen aus Hanoch auf den nächsten Tag bescheiden, im großen offenen Ratssaale zu erscheinen.

6. Am nächsten Tage morgens wimmelte es schon im großen Ratssaale von den Mächtigen der Stadt; aber keiner von ihnen wußte noch, warum er berufen ward.

7. Einige meinten, die Priester hätten etwa wieder eine große Sklavenlizitation (*Sklavenversteigerung*) vor; andere meinten wieder, es werde etwa wieder ein neues Gesetz entworfen werden oder etwa eine neue Steuer ausgeschrieben. Und so rieten sie in gespannter Erwartung hin und her, was aus dieser Zusammenberufung werden solle; aber keiner kam auf den wahren Grund.

8. Es kamen aber auch die zehn nach gegebenem Zeichen mit den anderen Unterpriestern von der einen Seite und nach einer Weile erst die von Gold und Edelsteinen strotzenden Oberpriester von der andern Seite.

9. Die zehn aber wurden im Gedränge gefragt von den Großen, um was es sich nun etwa handeln dürfte.

10. Und die zehn sprachen: ,,Um nichts als bloß um die Rücklöse der Sklaven! Machet tüchtige Preise, – sonst gehet ihr alle ein!"

11. Dieser Wink ging wie ein Lauffeuer unter den Großen, und sie waren nun ganz gefaßt auf das, was da kommen solle.

12. Die zehn blieben nun zuunterst an den Stufen zur großen Rednerbühne stehen und erwarteten die glänzenden Oberpriester. Diese kamen nach einer Weile mit großer Zeremonie und gingen auf die Bühne unter vielfachem Hurra-Rufen.

13. Als diese tobende Ehrenbezeigung ein Ende nahm, da öffnete ein starkstimmiger Oberpriester den Mund und sprach:

14. ,,Höret mich an, ihr Großherrlichen des Reiches! Die von uns ausgesandten Boten haben in einem sehr fernen Lande Berge entdeckt, die aus blankem Golde sind, davon sie uns eine reiche Probe brachten!

15. Diese herrlichen Berge aber werden von ungeheuren Riesen bewohnt, die überaus stark sein dürften. Um diese zu bekämpfen und uns der Goldberge zu versichern, brauchen wir eine überstarke Macht, wenigstens aus Vorsicht, da man nicht wissen kann, wie stark jene Riesen sind!

16. Um diese große Macht darzustellen, benötigen wir wohl aller Sklaven! Es handelt sich aber nun darum, unter welchen Bedingungen ihr sie uns überlassen wollet. Wollet ihr sie uns gegen die Versicherung des Mitgewinnes oder gegen eine billige Ablösung abtreten? – Um das allein handelt es sich hier, und darüber wollet uns denn auch eine gute Antwort erteilen! Es geschehe!"

17. Als die Großen solches vernahmen, da sprachen sie: ,,Höret, die Entdeckung ist sehr zu respektieren zwar – denn ganze Berge von blankem Golde sind fürwahr keine Kleinigkeit –; aber die gute Sache liegt zu ferne, daher wir die Versicherung auf den Mitgewinn durchaus nicht annehmen können!

18. Damit wir euch aber in einer so glänzenden Unternehmung nicht hinderlich sind, so überlassen wir euch im Durchschnitte einen jeden männlichen Sklaven um eine billige Ablöse von fünf Pfund Goldes und eine Sklavin um drei Pfunde!

19. Wenn sie zurückkommen, wollen wir sie von euch wieder gegen einen Dritteleinlaß (*ein Drittel der Einlage*)

zurücknehmen! Wir meinen, diese Bedingung wird doch billig sein?"

20. Hier jubelten die zehn heimlich; die Oberpriester aber fielen beinahe in Verzweiflung und wußten nicht, was sie zu solch hohem Preise sagen sollten. Sie beriefen darum die zehn auf die Bühne.

213. Kapitel
Fragen der Oberpriester an die zehn Kundschafter
Der Vertrag mit den Sklavenhaltern

(Den 27. Jan. 1844)

1. Als die zehn auf die Bühne kamen, da wurden sie alsbald von den Oberpriestern umringt und mit folgender Frage angeredet:

2. „Wir ersehen nun überaus vollkommen, daß ihr einen hellen Blick habet; denn euer gestriges Vorwort gleicht vollkommen dem, das nun die Großen unbarmherzigsterweise geredet haben!

3. Wir wollen, weil wir müssen, auch in diese Bedingungen eingehen, obschon uns das bei zwei Drittel unseres Goldes kostet; aber eben darum fragen wir euch nun und verlangen die gewissenhafteste Antwort, auf wie viele Pfunde ihr so einen Goldberg schätzet, und wie viele Pfunde, wenn die Sache glücklich abläuft, ihr im Verlaufe von vier bis fünf Jahren hierherschaffen könnet!

4. Ihr genießet nun eures Scharfsinnes wegen unser volles Zutrauen, und das will ungeheuer viel gesagt haben; mißbrauchet dieses ja nicht, und gebet uns völlig wahr die verlangte Antwort!"

5. Als die zehn solche Frage von den Oberpriestern vernommen hatten, da dachten sie jubelnd bei sich: „Jetzt erst seid ihr vollkommen in unseren Händen! Eine Antwort wird euch schon werden, die auf eure dumme Frage passen soll, wie ein großer Turban auf einen kleinen Kopf; aber was hinter dieser Antwort steckt, das wird euch Tod und Verderben bringen! Aber eurer Dummheit soll solch eine Kunde verborgen bleiben bis dahin, da sie sich werktätig enthüllen wird vor euren Satansgesichtern!"

6. Nach diesem Bedächtnisse trat erst der Redner vor und sprach: „Aber, ihr hochmächtigen Diener aller Götter! Was ist das doch wieder für eine wenig überdachte Frage! Ihr seid doch Oberpriester – und möget fragen, wie viele Pfunde ein ungeheurer Goldberg schwer sein dürfte?! Versuchet, den kleinsten Berg teilweise abzuwägen, und wir sind überzeugt, es wird euch die Geduld vergehen, bis ihr mit dem Abwägen seiner vielen tausend Millionen Pfunde fertig werdet! Was aber ist so ein kleiner Hügel gegen ein so ungeheures Gebirge, wie sich in unserer Nähe keines befindet?!

7. Fraget euch selbst, ob es möglich ist, da ein Gewicht zu bestimmen! Zudem haben wir euch aber ja schon im Anfange gesagt, daß, so wir diese Berge erobern, das Gold unter den Wert des Straßenkotes herabsinken muß! Das wird etwa doch genug gesagt sein?! Denn jene Welt scheint ebenso aus blankem Golde zu sein, als die da, die wir bewohnen, von blankem Kote ist! Wir meinen nun unserer Treue zufolge, es wird wohl nichts weiteres mehr davon zu reden vonnöten sein!

8. Wie viele Pfunde aber ein jeder

mit uns Ziehende zu tragen imstande ist, ohne sich dabei wehzutun, das werdet ihr doch auch hoffentlich so gut wissen wie wir! Für die Person dreißig Pfunde im Durchschnitte wird doch etwa keine Übertreibung sein?! Bekommen wir aber noch Kamele hinzu, so kann da das Gewicht verdreifacht werden! Wollt ihr etwa noch mehr?"

9. Und die Oberpriester sprachen: „O nein, nein; denn wir sind ja die liebe Genügsamkeit selbst! Wenn ein Transport nur das abgibt und die Goldberge uns zu eigen werden, da haben wir auf einmal ja hinreichend genug! Darauf unterhalten wir dann fortwährend einen jährlichen Transport, durch den wir dann alle Jahre wenigstens gleichviel zu gewinnen hoffen; und die Sache wird sich machen, besonders, wenn wir unsere Genügsamkeit dazu in Anschlag bringen! Und so wollen wir denn nun in solch sicherer Hoffnung uns an die freilich etwas saure Ablöse der Sklaven machen!"

10. Die zehn jubelten nun noch mehr heimlich.

11. Die Oberpriester aber wandten sich an die Großen und sprachen: „Wir haben uns wohl bedacht und haben eurer Forderung Gehör gegeben; daher machet die Sache überall bekannt! Von morgen angefangen beginnt die Ablöse, und so dreißig Tage fort! Wer bis dahin seine Sklaven bringen wird, der auch erhält das bedungene Lösegeld; nach dieser Zeit aber wird ein jeder ums Zehnfache gestraft nebst dem Verluste seiner Sklaven. Es geschehe!"

12. Damit war diese Kongregation (*Versammlung*) beendet, und alles verließ den Ratssaal.

214. Kapitel
Die Einlieferung und Unterhaltungskosten der Sklaven

(Den 29. Jan. 1844)

1. Am nächsten Tage wurden schon eine Menge Sklaven beiderlei Geschlechtes herbeigebracht; es dürften derer über dreimal hunderttausend gewesen sein.

2. Da war eine große Unordnung, und die Oberpriester wußten nicht, bei wem sie zuerst die Sklaven abzulösen beginnen sollten.

3. Da sprachen die zehn: „Lasset einen jeden Großen vor und saget: ‚Gib die Liste her, darauf gezeichnet ist, wie viele Sklaven du gebracht hast; und gib deinen Sklaven ein Zeichen auf die Stirne, und du wirst dann nach der Liste ausbezahlt werden! Geht die Zahl auf der Liste mit der nachträglichen Übernahmezahl zusammen, dann magst du ruhig mit deinem Erlöse nach Hause ziehen; wo aber das nicht der Fall ist, da verlierst du nicht nur die ganze Zahl deiner hierher gebrachten Sklaven, sondern wirst noch um ebensoviel gestraft!'

4. Sehet, das ist ganz einfach, und es wird von der besten Wirkung sein; gehet und ordnet solches alsbald an, – sonst haben wir ein Jahr mit der Ablöse zu tun!"

5. Die Oberpriester aber sprachen: „Es ist alles recht! Euer Rat ist gut; aber wohin auf einmal mit so vielen? Wo sie unterbringen, woher verköstigen und nötigsterweise bekleiden?"

6. Die zehn aber sprachen: „Wofür stehen denn die ungeheuren Paläste, deren wir innerhalb der Stadtmauer tausend haben, davon ein jeder leicht

zehntausend Menschen wohnlich faßt? Diese stehen leer und dienen bloß zur Vergrößerung unseres Ansehens! Da hinein mit den Sklaven! Fürwahr, wenn ihrer noch dreimal so viel wären, so könnten wir sie leicht unterbringen!

7. Woher sie verköstigen? – Habt ihr nicht in allen diesen Palästen überfüllte Getreide- und Früchtekammern?! Was wird es denn sein, wenn ihr sie ein wenig lüftet?! Denn es ist ja so viel da, daß davon ganz Hanoch zwanzig Jahre lang leben könnte!

8. Woher die vielen Sklaven bekleiden? – Was wird es denn auch da wieder sein, so ihr eure ungeheuren Militärkleidungsvorratsmagazine ein wenig lüftet für einen Zweck, durch den ihr schon im Verlaufe von etlichen Jahren dieselben Magazine mit Gold werdet also anstopfen können, wie sie jetzt mit waffenmännischer Kleidung angestopft sind?!"

9. Die Oberpriester sahen das ein; aber sie berechneten, daß ihnen da ein Mann noch höher kommen werde.

10. Die zehn aber sprachen: „Wer nur wenig einsetzt, der kann nie auf einen großen Gewinn rechnen! Wir meinen aber, wo es sich um die Gewinnung einer ganzen Goldwelt handelt, da sollte man doch keine Vorkosten scheuen!"

11. Das Wort ‚Goldwelt' bezauberte die Oberpriester; sie willigten dann in alles. Sie richteten an die Großen die Worte wegen der Listen und der Stirnbezeichnung der Sklaven.

12. Die Großen machten darauf sogleich ihre Listen gewissenhaft und bezeichneten die Sklaven an der Stirne, und zwar ein jeder Sklaveninhaber die seinigen nach seiner Art; und die Ablöse ging dann gut vonstatten.

13. Die abgelösten Sklaven wurden dann alsbald in einem oder dem andern Palaste untergebracht, bekleidet und gespeist, und es durften nun wieder reden, die reden konnten. Viele aber mußten das Reden erst wieder lernen.

14. Und in einem Monate war diese ganze Arbeit ohne weiteren Anstand beendet.

215. Kapitel

Die Bewaffnung, Ausbildung und Unterweisung der Sklaven

(Den 30. Jan. 1844)

1. Den schon ganz entmenschten Sklaven aber war diese Erscheinung unerklärlich, und sie wußten nicht, was daraus werden würde.

2. Die Oberpriester aber sprachen zu den zehn: „Nun ist das erste Werk vollendet! Alle Sklaven männlichen und weiblichen Geschlechtes aus allen Teilen unseres Reiches sind eingelöst. Unsere großen Paläste längs der Mauer unserer Stadt sind mit den Sklaven angefüllt und diese daselbst verpflegt. Was aber geschieht nun?"

3. Und die zehn sprachen: „Nun gebet uns viertausend in der Führung der Waffen geübte Männer! Mit diesen wollen wir zehn hinziehen und wollen fürs erste den Eingelösten eröffnen, warum sie eingelöst wurden. Und fürs zweite wollen wir in einem jeden Palaste vier Waffenkundige einteilen, durch die alle Sklaven beiderlei Geschlechtes in der Führung der Waffen in kurzmöglichster Zeit vollkommen eingeübt werden sollen, und zwar der männliche Teil in der Führung der schwereren

und der weibliche Teil in der Führung der leichten Waffen; denn ohne solche Einübung sind sie nicht zu brauchen!"

4. Die Oberpriester aber sprachen: „Es ist alles ganz recht also; aber woher nehmen wir auf einmal so viele blinde *(stumpfe)* Waffen? Denn dazu sogleich die neuen scharfen Waffen aus unseren großen Rüstkammern herzunehmen, wäre doch wirklich etwas unklug und unwirtschaftlich und sogar gefährlich! Denn diese Kaste hat einen alten Grimm auf uns; wenn sie nun auf einmal scharfe Waffen in die Hände bekäme, da dürfte es uns nicht gut ergehen!

5. Daher sollen sie unserer Meinung nach zuerst mit den gewöhnlichen Blindwaffen aus Holz und Stroh eingeübt werden; und wenn sie diese zu führen verstehen und auch sonst die rechte Disziplin eines Kämpfers sich zu eigen gemacht haben, dann erst, meinen wir, sollen ihnen die rechten Waffen anvertraut werden! Seid ihr nicht auch dieser Meinung?"

6. Und die zehn sprachen: „Zu viel Vorsicht ist ebenso schlecht wie zu wenig! So ihr an eine allfällige Rache dieser Menschen denket, da braucht es gar keine Waffen für eine Masse von mehr als vier Millionen Menschen! Wenn sie aufsteht gegen uns, so erdrückt sie uns schon durch ihre Schwere; und hätten die Sklaven das im Sinne, da hätten sie uns schon überfallen!

7. Lasset aber die ganze Sache nur ganz unbesorgt uns über, und wir stehen mit unserm Leben dafür, daß ihr im Verlaufe von einem Monde alle die Sklaven ganz wohl bewaffnet werdet hinausziehen sehen, ohne daß von ihnen auch nur eine Fliege beleidigt wird!"

8. Auf diese Rede willigten die Oberpriester für die sogleich scharfe Bewaffnung und gaben den zehn die viertausend waffenkundigen Männer.

9. Mit diesen zogen die zehn schon am nächsten Tage hin zu den in der gespanntesten Erwartung harrenden Sklaven, die da noch nicht wußten – wie schon anfangs erwähnt –, was aus dieser Erscheinung (ihrer Einlöse nämlich) werden sollte.

10. Die zehn verteilten sich also, daß da ein jeder hundert Paläste über sich nahm, und teilten noch am selben Tage die Waffenüber *(Ausbilder)* ein.

11. Als die zehn aber in den Palästen die Sklaven zu sich kommen ließen, wurden sie sogleich mit ängstlichen Fragen bestürmt, was da aus ihnen werden solle.

12. Und die zehn sprachen überall: „Seid geduldig; wir sind eure Retter und Befreier aus euren harten Sklavenketten!

13. Nun werdet ihr in den Waffen eingeübt werden einen Mond *(Monat)* lang bei guter Kost; dann werden wir hinausziehen, zu schlagen ein großes Volk, das schlechter als alle Teufel, aber sonst ganz feig, dumm und verweichlicht ist! Und dann werden wir, als jetzt die Letzten, die Herren sein in der Welt! Wenn ihr erst vollends waffenkundig sein werdet, dann auch sollet ihr mehr erfahren!"

14. Diese Kunde brachte die Sklaven nahezu außer sich vor Freuden, und die zehn wurden von ihnen beinahe angebetet.

216. Kapitel
Die erfolgreiche List der zehn Heerführer, um sich von den Spionen der Oberpriester zu befreien

(Den 1. Febr. 1844)

1. Schon am nächsten Tage wurden in den Palästen die Stärksten ausgesucht und auch sogleich bewaffnet und in der Führung der Waffen geübt.

2. Die Schwächeren aber wurden erst ein paar Wochen hindurch genährt, daß sie wieder zu Kräften kamen; dann erst wurden auch sie in der Führung der Waffen eingeübt.

3. Was aber die schon sehr betagten Sklaven betraf – natürlich beiderlei Geschlechtes –, so wurden ihnen zwar auch leichte Waffen gegeben, aber sie durften sich nicht üben in deren Gebrauche, sondern sie hatten bloß fürs gewisserart Häusliche zu sorgen und über die Jungen eine Aufsicht zu pflegen.

4. Es kamen aber auch täglich von den Oberpriestern Gesandte zu den zehn, um nachzusehen, was da geschehe, zugleich aber auch geheime Spitzel, die da belauschten das Gerede hier und da, ob es etwa nicht verräterischer Art wäre.

5. Die zehn aber wußten genau schon am dritten Tage um solche Schleicherei von Seite der Oberpriester und wußten sich demnach auch so zu benehmen, daß da ja kein Wörtchen bei der ganzen ungeheuren Armee vorkam, das den höchst mißtrauischen Oberpriestern verdächtig werden könnte.

6. Je mehr aber die Sklaven eingeübt wurden und ihre Geschicklichkeit an den Tag legten, desto mehr fanden sich auch immer von Seite der Oberpriester geheime Spione ein, die da alles beguckten und beschnüffelten, was da geredet und gemacht und unternommen wurde.

7. Das ärgerte die zehn, daß sie darob an einem Tage hinzogen zu den Hohenpriestern, allwo sie mit großer Auszeichnung empfangen wurden. Als sie aber von Seite der Oberpriester gefragt wurden, was sie für ein wichtiges Anliegen hätten, da sprachen sie:

8. ,,Ihr wisset es ganz bestimmt, daß wir zehn es redlich meinen, und wisset es auch, wie weit unser Scharfsinn und unsere Klugheit geht! Ihr wisset es, wie die Großen zu ihrem großen Nachteile für sich nach unserer Einsicht und nach unserm Rate tanzen mußten; denn nun hat wohl ein jeder einige Pfunde Goldes mehr in seinem Schranke, aber dafür muß er nun selbst arbeiten und im Schweiße seines Angesichtes sein bißchen Brot essen, oder er muß Tagewerker aufnehmen, die er sicher teuer bezahlen muß.

9. Wir aber haben eine unüberwindliche Macht in unseren Händen, mit der wir den Großen allzeit ihre Goldschränke leeren können, wann wir wollen; und all ihr Gold ist schon so gut wie vollkommen unser!

10. Seht, das alles haben wir berechnet und haben uns gedacht schon bei der Einlöse der Sklaven: ,Verlanget, soviel ihr wollt! Heute werden wir es euch bezahlen; morgen aber holen wir dafür das Vierfache von euch!'

11. Ist das nicht allein schon ein mit keinem Golde zu bezahlender Plan zu eurem Vorteile, ganz abgesehen von der großen Unternehmung, die wir vor uns haben?! Und dennoch müssen wir von eurer Seite tagtäglich mit tausend geheimen Spionen umgeben sein, die unsere feinen Worte gar nicht verstehen und euch dann oft boshafterweise

auch noch dazu die übelsten Nachrichten von uns überbringen können!

12. Seht, das wissen wir genau, und darum sind wir auch nun gekommen, um vor euch unser Amt zurückzulegen darum, weil ihr uns nicht trauet; denn ein Mißtrauen erweckt das andere! Trauet ihr uns nicht, so trauen auch wir euch nicht und legen daher lieber unser Amt nieder, damit des Mißtrauens gegen uns ein Ende werde!"

13. Hier fingen die Oberpriester an, die zehn wieder zu besänftigen, beschenkten sie reichlich und baten sie inständigst, ihr Amt wieder anzunehmen – und nun mit dem Vorteile, ihre Waffenübungen noch ein Vierteljahr fortsetzen zu dürfen und dann erst in effektive Dienste hinauszuziehen.

14. Damit begnügten sich die zehn, indem sie wieder das erreicht hatten, was sie so ganz eigentlich erreichen wollten, und zogen dann wieder zu ihrer großen Armee.

217. Kapitel
Die Abdankung der viertausend oberpriesterlichen Exerziermeister
Der Zwist der zehn Heerführer mit den Oberpriestern
Der Auszug des Riesenheeres mit zweihunderttausend Kamelen und achthunderttausend Eseln

(Den 3. Febr. 1844)

1. Darauf wurden die ehemaligen Sklaven noch drei Monate hindurch exerziert und erreichten dadurch eine große Gewandtheit in der Führung der Waffen.

2. Da aber die zehn sahen, daß die Sklaven nun ebenso geschickt die Waffen führen konnten wie die viertausend Exerziermeister selbst, da verabschiedeten sie diese und setzten aus den Sklaven selbst Hauptleute und Oberste ein und regulierten also die ganze große Armee.

3. Die Oberpriester aber waren damit nicht ganz zufrieden, daß die zehn ihre vertrauten viertausend Mann abgedankt hatten; sie ließen daher die zehn fragen um den Grund, warum sie solches getan hätten.

4. Die zehn aber erwiderten: „Weil wir nicht mit Menschen, die ihr hier bei eurer Armee notwendig brauchet, in die weite Welt ziehen wollen, was da wider unsern Plan wäre!

5. Zudem haben die viertausend Mann auch den eigentlichen Geist nicht und sind zu sehr ans Wohlleben gewöhnt; das alles aber verträgt sich mit unserer Unternehmung nicht.

6. Daher haben wir sie denn auch abgedankt und sandten sie wieder zu ihrer Armee zurück. Wir glauben dadurch recht gehandelt zu haben, wie wir solches noch allzeit taten; sollte euch aber das etwa schon wieder anstößig vorkommen, so machet es anders!

7. Gebet uns selbst einen Plan, nach dem wir handeln sollen, und die Folge wird euch dann ja wohl belehren, welche Früchte euch euer Plan bringen wird! Habt ihr nicht auch nach eurer Einsicht gleichzeitig mit uns vor fünf Jahren nach allen Seiten Kundschafter ausgesandt?! Warum kommen sie denn nimmer zurück und bringen euch gleich uns Schätze? – Weil sie keine Liebe und Treue zu euch haben!

8. Wir aber, die wir euch allzeit die größte Treue trotz all der Kalamitäten

noch bewiesen haben, dürfen uns nur rühren, so findet ihr schon wieder neuen Grund, uns zu verdächtigen! Wenn wir zehn noch einmal einen solchen Schritt von eurer Seite vernehmen, so lassen wir alles im Stiche, und ihr könnet dann machen, was ihr wollet!"

9. Diese Antwort hatte die Oberpriester sehr angestochen, und sie wußten nicht, wie sie sich darüber rächen sollten; denn zu sagen getrauten sie sich nichts weiter, indem sie sich fürchteten, die Eroberung der Goldberge zu verlieren.

10. Aber gestraft sollte solch eine arrogante Antwort denn doch sein! Wie aber? – Darüber wurde unter den Oberpriestern ein dreitägiger Rat gehalten. Aber er führte zu keinem Resultate; denn überall könnte es auf eine Beleidigung der zehn ausgehen und damit aber auch auf den Verlust der Goldberge. Und so mußten am Ende die Oberpriester die Antwort hinabschlucken, wollten sie – oder wollten sie nicht!

11. Sie sprachen freilich: ,,Aber ganz geschenkt bleibt es ihnen nicht; aufgeschoben ist nicht aufgehoben! Wenn sie von der Unternehmungsreise zurückkehren werden, sollen sie darum schon ein wenig die Hölle verkosten!"

12. Es wurde aber solches den zehn von einem ihnen sehr befreundeten Unterpriester gesteckt, und die zehn sprachen bei sich: ,,Lassen wir diese Sache nur ganz gut sein und ignorieren sie! Morgen aber geschieht die Anzeige, daß wir übermorgen mit der ganzen Macht aufbrechen werden, und dann wird es sich in Kürze entscheiden, wer von uns zuerst die Hölle verkosten wird!"

13. Am nächsten Tage ward die Anzeige gemacht, mit der die Oberpriester sehr einverstanden waren, und am dritten Tage schon um Mitternacht begann der Auszug und dauerte bis gegen Abend; denn bei viereinhalb Millionen Menschen machen einen langen Zug, besonders wenn dabei noch der zweimal hunderttausend Kamele und der viermal soviel Esel gedacht wird, die da samt den Kamelen zur Tragung von allerlei Gerätschaften und Eßwaren bestimmt waren.

218. Kapitel

Das große Heerlager nördlich von Hanoch. Das neu besetzte schöne Gebirgstal
Die Enthüllung des eigentlichen Planes der Zehn
Die Anordnung zur Bebauung und Befestigung des Gebirgstales

(Den 5. Febr. 1844)

1. Als die große Armee sich zwei Tagereisen von Hanoch nördlicherseits befand, da ließen die zehn haltmachen und ein allgemeines Lager schlagen.

2. Bei fünfmal hunderttausend Zelte wurden errichtet in einem schönen, mit vielen Früchten reichlichst bewachsenen Gebirgstale, das aber noch gänzlich unbewohnt war, und das aus dem Grunde, weil es von allen Seiten her von unübersteiglich hohen Bergen eingeschlossen war und nur einen einzigen möglichen Zugang hatte, der aber ebenfalls sehr beschwerlich zu passieren war, indem er in einer engen, ziemlich steil ansteigenden Schlucht bestand, deren Gestrüpp und hier und da sehr lockeres Gestein erst hinweggeräumt werden mußten, bevor eine Weiterreise möglich war.

3. Die zehn wußten um dieses Tal, indem sie es schon bei ihrer ersten Reise entdeckt hatten, und hatten schon damals einen geheimen Plan gefaßt, dieses herrliche Tal einmal bei einer gewissen Gelegenheit in den besten Anspruch zu nehmen.

4. Die Gelegenheit hatte sich nun gemacht, und so ward dieses Tal, das samt noch andern wohl bewohnbaren Gebirgsflächen über siebzig Quadratmeilen maß, vollkommen in Beschlag genommen.

5. Als aber alles Volk in den Zelten eingeteilt und untergebracht war, da beriefen die zehn alle die Obersten zu sich und sprachen:

6. „Nun höret uns an! Wir wollen euch nun den wahren Plan enthüllen, der da der Grund unserer Unternehmung ist!

7. Ihr habt auf die unmenschlichste Weise die allerschändlichste, goldgierige Regierung der Priester in Hanoch als Sklaven und Lasttiere der Großen des großen Reiches verkostet, waret und seid mit eurer übernarbten Haut noch Zeugen von der großen ruchlosen Grausamkeit dieser eingewanderten ehemaligen Gebirgsbewohner gegen uns arme Nachkommen Kahins!

8. Nun ist der zahlende Tag gekommen! Wir haben durch unsere Klugheit euch alle im ganzen, weiten Reiche frei gemacht und wußten die wahren Teufel von Oberpriestern also zu betören, daß sie in diese Falle eingegangen sind.

9. Der Tag der furchtbarsten Rache ist da! Vertrauet euch in allem dem alten Gott an und dann uns, die wir Seine Werkzeuge sind, und wir werden wieder Herren von Hanoch werden, und die, die euch als Lasttiere kauften, werden bald euch in gleicher Eigenschaft zu dienen genötigt sein!

10. Wir aber werden nicht hinziehen nach Hanoch nun und dort einen blutigen, unsichern Kampf mit der großen, mächtigen Stadt beginnen, sondern dahier auf diesem Platze werden wir sie aufreiben, und ihre Leichen den vielen Waldbestien zum Verzehren vorwerfen! Und wenn wir ihnen eine unschätzbar große Niederlage werden bereitet haben, dann erst werden wir unter den schrecklichsten Namen unseren Einzug in Hanoch halten und dort alles unterjochen, was nicht unseres Stammes ist!

11. Jetzt aber heißt es hier Wohnhäuser und Fruchtgärten errichten, alle Früchte sorglich einsammeln, genießbare Wurzeln aufsuchen und sie in den Gärten vermehren! Dann den ganzen, weiten Gebirgskreis sorgfältigst untersuchen, ob irgend noch ein Zugang möglich ist! Sollte das irgend der Fall sein, da muß der Zugang sogleich also vermauert werden, daß es da auch nicht einer Katze möglich sein soll, darüberzuklimmen!

12. Wenn dieses alles bewerkstelligt sein wird, dann werden wir euch weitere Ordres (*Befehle*) erteilen! Und so gehet nun und setzet das alles sogleich ins Werk; auf den Haupteingang aber richtet euer Hauptaugenmerk! Es geschehe!"

219. Kapitel

Der Goldfund und Wohlstand der Ansiedlung
Der listige Plan der zehn Heerführer gegen Hanoch

(Den 7. Febr. 1844)

1. Die Obersten gingen und teilten die Befehle der zehn allenthalben fleißig und eindringlich der ganzen Armee mit, und alles fing an, sich zu regen.

2. Bei zweimal hunderttausend Mann gingen auf die Untersuchung der Zugänge zu diesem Gebirgstale aus, und wo sich nur immer eine Schlucht oder ein anderer möglicher Zugang über die Hochgebirge zeigte, da wurde auch alsbald alles mögliche angewendet, um solche Stellen so unzugänglich wie möglich zu machen.

3. Die Schluchten wurden hochauf vermauert, und jene Stellen der Hochgebirge, die etwas weniger steil und somit im strengsten Falle passierbar waren, wurden entweder auf der einen oder auf der andern Seite so tief schnurgerade abskarpiert (*abgeböscht*), daß da ein Übergang rein unmöglich war.

4. Mit dieser Befestigungsarbeit war dieser beorderte Armeeteil in einem halben Jahre ganz fertig.

5. Ein mehr als doppelt so großer Teil ward zur Erbauung von festen Wohnhäusern beordert und war gleichzeitig mit der Erbauung von zweimal hunderttausend Häusern und Hütten fertig.

6. Ein dritter und der größte Teil aber ward zur Agrikultur (*Ackerbau*) verwendet; da wurden in kurzer Zeit Hunderttausende von Gärten und Äckern angelegt, und schon in einem Jahre sah dieses Tal wie ein Eden aus.

7. Das Merkwürdigste bei der Sache aber war, daß bei diesen vielen Umgrabungen überaus reiche Goldadern entdeckt wurden, die man sogleich bearbeiten ließ, und man gewann in kurzer Zeit viele tausend und tausend Zentner des reinsten Goldes. Ja, so reichlich war dieses Metall dort anzutreffen, daß die zehn sogar alles Hausgeräte – wie den Pflug, die Spaten, die Hauen und die Schaufeln – aus blankem Golde machen ließen! Im Verlaufe von drei Jahren hatte schon ein jeder Bewohner dieses Tales goldenes Geräte.

8. Kurz und gut, so viel Goldes ward dort aus manchen Bergen in kurzer Zeit ausgebeutet, und das in ganz gediegenem Zustande, daß die zehn auf der Seite gen Hanoch große freistehende Felsen des Hochgebirges übergolden ließen, wodurch sie dann das Aussehen bekamen, als wären sie von purem Golde.

9. Die große Dehnbarkeit des Goldes war ihnen bekannt. Den Gebrauch der verschiedenen Baumharze kannten sie auch, und so war es ihnen ein leichtes um das Vergolden so mancher tauglicher Felsen des Hochgebirges.

10. Ebenso ließen sie auch den Haupteingang in dies nun gar herrliche Gebirgsland mit großen, wohlbehauenen Quadratsteinen zu beiden Seiten bei vierzig Ellen hoch und in einer Länge von dreihundert Klaftern ausmauern und ließen die ganze Mauer vergolden, daß sie dann das Aussehen hatte, als wäre sie aus blankem Golde.

11. Im Verlaufe von fünf Jahren war dieses große Gebirgstal so kultiviert, daß darob die Obersten samt den ersteren Hauptleuten zu den zehn gingen und sprachen:

12. „Höret uns an, ihr lieben, weisen Männer! Wir sind der Meinung, wir sollen nun Hanoch – Hanoch sein

lassen; denn wir stehen hier nun ja offenbar besser als ganz Hanoch!

13. Wir haben Früchte, Getreide, Schafe, Kühe, Kamele, Esel, Hirsche, Rehe, Gazellen, Ziegen, Hühner, Tauben, Hasen, Kaninchen und des Goldes in großer Überfülle.

14. Wir leben hier im Frieden und in bester Eintracht. Wir sind bestens bekleidet und haben gute und feste Wohnhäuser. Wir sind hier abgeschlossen von der ganzen Welt und leben gut in einer Festung, die nur Gott allein besiegen kann! Niemand kann uns hier je entdecken und verraten!

15. Daher sollen wir nun das Hanoch lassen, wie es ist, und hier ganz ruhig leben; denn erfahren einmal die Hanochiter von unserm glänzenden Wohlstande etwas, so werden wir nimmer eine Ruhe haben vor ihnen!"

16. Die zehn aber sprachen: „Das versteht ihr nicht! Wir werden keine Narren sein und werden nach Hanoch ziehen; aber wir werden sie auf eine allerschlaueste Art vor unsern Haupteingang locken und werden ihnen da eine Niederlage bereiten, an die sie denken sollen Jahrhunderte lang!

17. Darum wollen wir in jüngster Zeit eine Gesandtschaft ausstatten und die Oberpriester zum Empfange des Goldes hierher laden! Wenn sie dann kommen werden, dann sollen sie eine Ladung bekommen, daß ihnen darob auf ewig das Hören und Sehen vergehen soll! Und also hat es zu geschehen! – Warum? Das wissen wir!"

220. Kapitel
Noahs Bußboten bei den Hochlandsbewohnern und den Hanochiten; ihr Erfolg und Geschick

(Den 8. Febr. 1844)

1. Es ward aber solches alles, wie es in Hanoch und wie es nun in diesem Gebirgslande zuging, dem Noah* auf der Höhe angezeigt und ward ihm angedeutet, vorerst einen Boten zu den Hochlandsbewohnern zu senden, der sie von ihrem arglistigen Vorhaben gegen die Hanocher abwendig machen und sie lebhaft zur wahren Buße, Demut und zum lebendigen Vertrauen an den lebendigen Gott und an die Liebe zu Ihm ermahnen solle.

2. Desgleichen solle er, der Noah nämlich, auch einen zweiten Boten nach Hanoch senden. Dieser solle ganz besonders den Oberpriestern anzeigen, wie sie von den zehn hintergangen worden seien. Dann solle er ihnen widerraten, diese Verräter aufzusuchen und sie etwa dafür zu züchtigen. Denn diese seien nur einer Züchtigung von göttlicher Seite fähig; jeder menschliche Züchtigungsversuch aber müsse scheitern, weil dieses Volk sich dermaßen befestigt habe, daß es keinem Menschen von einer feindlichen Seite möglich sei, lebendig zu diesem Volke zu gelangen.

3. Darum sollten sich die Oberpriester im Namen des einigen, wahren Gottes wieder vereinen, sollten selbst ernste Buße tun, die Götzen zerstören und zum einig wahren Gott zurückkehren, so werde Dieser Sich ihrer erbarmen und werde Freundschaft stiften zwischen ihnen und dem Hochlandsvolke, und dieses werde dann ihnen von seinem großen Überflusse an Gold, an Vieh und an den Früchten al-

---

* oder ‚Noha‘, wie seither (in den früheren Kapiteln) geschrieben.

ler Art reiche Spenden zukommen lassen! Gott, der Herr, aber werde dann die Welt nicht mit einem Gerichte heimsuchen, sondern sie segnen, und ihr geben Schätze in einer unschätzbaren Menge und Fülle!

4. Noah sah sich sogleich nach zwei Boten um, unterrichtete sie, segnete sie und sandte sie dann aus, wie Ich es ihm befohlen hatte.

5. Der Bote zu dem Hochlandsvolke machte ziemlich leidliche Geschäfte und stimmte die zehn, welche die Lektion Noahs noch nicht vergessen hatten, so ganz leidlich für den Frieden; nur mußte er ihnen das Verteidigungsrecht einräumen, falls sie von den Hanochern angegriffen würden.

6. Der Bote erklärte ihnen zwar wohl auf das kräftigste, daß Ich sie schützen werde, solange sie in Meiner Treue und Liebe verbleiben würden.

7. Die zehn aber sprachen: ,,Wir wollen auch das, so du uns einen Maßstab gibst, nach dem wir berechnen können, ob unsere Liebe zu Gott vollmäßig ist oder nicht. Ohne diesen Maßstab sind wir ohne das eigene Verteidigungsrecht stets unsicher daran, indem wir nie wissen können, ob unsere Liebe zu Gott wohl den Grad hat, der uns allzeit Seiner Hilfe und Seines Beistandes versichern möchte!"

8. Der Bote sagte wohl: ,,Ein jeder Mensch hat in seinem Herzen einen solchen Maßstab, der ihm genau sagt, ob er Gott oder die Welt mehr liebt – oder seiner eigenen Kraft mehr denn der göttlichen traut!"

9. Aber die zehn sprachen: ,,Freund, das ist ein zu subtiler (*feiner*) Maßstab, auf den man sich nie verlassen kann; denn da meint oft so mancher Mensch, er stünde noch Gott weiß wie stark in der rechten Liebe und Gnade Gottes, – aber da ist es schon himmelhoch geirrt!

10. Denn der Mensch hat eine Schwere, die fort und fort nach unten zieht; und er sinkt ganz unmerklich! Wenn er dann nach einer gewissen Periode glaubt, daß er sich noch immer im ersten Grade seiner Liebe- und Gnadenhöhe befinde, siehe, da ist er schon viele tausend Klafter tief gesunken und befindet sich schon außer allem Bereiche der göttlichen Gnade!

11. Wird er nun von einem Feinde überfallen und hat das eigene Verteidigungsrecht nicht, so geht er offenbar zugrunde, indem ihn Gott vermöge Seiner Heiligkeit sitzen lassen muß!"

12. Der Bote setzte hier freilich die triftigsten Einwendungen als Gegenbeweise entgegen; aber es half nichts, indem die zehn ihm allzeit wieder ganz kräftig zu begegnen wußten. Und so mußte er ihnen in gewissen Fällen das Eigenverteidigungsrecht lassen und tat solches auch darum, weil er von den zehn, wie vom ganzen Volke überausgezeichnetst behandelt ward.

13. Aber keine so günstige Aufnahme fand der Hanocher Bote. Denn fürs erste mußte er vorher alle Angsttorturen ausstehen, bis er von den Oberpriestern angehört wurde, und als er zur Rede gelassen ward, und hatte sich seines Auftrages entledigt, da ward er sogleich auf so lange in einen Kerker gebracht, bis die Oberpriester sich durch listige Spione von dem überzeugt hatten, was er ausgesagt hatte von den Hochlandsbewohnern.

14. Nach solcher Überzeugung erst ward er wieder aus dem Kerker befreit, mußte aber dann selbst ein Oberpriester werden und mußte in den Rat der Oberpriester stimmen, wollte er oder wollte er nicht; denn im entgegengesetzten Falle wurde er gestäupt und auf einige Tage in die Hölle verdammt.

15. Und so ging der Hanocher Bote ganz spurlos unter ohne allen Effekt.

221. Kapitel

Die ergebnislose Beratung der rachegierigen Oberpriester über einen Angriff auf die Hochländer

(Den 9. Febr. 1844)

1. Ein Jahr verging unter lauter Beratungen bei den Oberpriestern in Hanoch, wie sie die Verräter im Hochlande angreifen sollten; aber jeder Vorschlag war mit unbesiegbaren Schwierigkeiten also verbunden, daß er notwendig als rein unausführbar angesehen werden mußte, zu welcher Beleuchtung freilich der neu gemachte (*ernannte*) Oberpriester das meiste beitrug. Denn wo und wie immer die erbittertsten Oberpriester die Verräter im Hochlande anzugreifen gedachten, da führte sie der neue Oberpriester hin und zeigte ihnen die allernackteste Unmöglichkeit der Ausführung ihrer Pläne.

2. Die Oberpriester aber drangen in ihn, daß er ihnen einen möglich ausführbaren Plan geben solle zur Rache gegen diese allerschändlichsten Hochverräter.

3. Der neue Oberpriester aber sprach: „Den rechten Weg habe ich euch gleich anfangs gezeigt; dieser ist der allein mögliche. Wollet ihr diesen gehen, da werden euch die großen Schätze der Hochländer zugute kommen auf dem Wege der Freundschaft; wollet ihr aber das durchaus nicht, da werdet ihr von diesen euren Verrätern ebensowenig je herabzubekommen imstande sein – als wie vom Monde des Firmamentes!

4. Was nützt euch hier euer Grimm, eure Wut, was euer Zorn, was euer Rachegeschrei, wo auch die klare Vernunft sagen muß: ‚Da ist alles umsonst und vergeblich! So wenig wir vom Monde etwas herabbeißen können, so wir auf ihn einen noch so mächtigen Grimmappetit hätten, ebensowenig können wir von diesen unseren Verrätern herabzwicken!'

5. Wollet ihr mir aber das schon durchaus nicht glauben, da ziehet hin, und lasset euch durch eine blutige Lektion zurechtweisen! Wenn ihr einmal so ein paar Hunderttausende von euren besten Kriegern werdet erschlagen vor euch erschauen, da wird euch sicher ein anderes Licht aufgehen!"

6. Die Oberpriester wußten nun nicht, was sie so ganz eigentlich unternehmen sollten.

7. Einer von ihnen aber, eine sonst sehr feine Kundschaft, sprach: „Wißt ihr was? Die zehn Spitzbuben haben uns lediglich durch ihre fein berechnete List breitgeschlagen! Wie wäre es denn, so wir nun auch dieselbe Waffe gebrauchen möchten?

8. Es soll doch mit allen Teufeln etwas zu tun geben, wenn in ganz Hanoch nicht wenigstens ein so verschmitzter Kerl sich vorfinden sollte, der da an aller Niederträchtigkeit und Spitzbüberei jene zehn Hauptspitzbuben nicht überbieten sollte.

9. Geben wir daher ein Gebot als einen Aufruf an alle abgedrehtesten Spitzbuben heraus, lassen sie hierher zusammenkommen und suchen uns da den besten heraus! Diesem versprechen wir dann einen großen Vorteil, so er die zehn auf der Höhe überlistet, und die Sache wird sich machen!"

10. Der neue Oberpriester aber sprach: „Ja, da habt ihr den besten Gedanken gefunden zu eurem völligen Untergange! Gebet den Spitzbuben Hanochs nur eine solche Schwäche von euch kund, da werden sie sich die Sache

gleich leichter machen, als ihr es meint, um zu ihrem verheißenen Vorteile zu gelangen!

11. Meinet ihr, diese werden ihr Leben wagen für euch? Gerade umgekehrt: sie werden euch breitschlagen und sich dann ihren Vorteil nehmen! Und geht auch einer zu den zehn, so wird er kein Narr sein und wird zu euch zurückkehren, so er bei ihnen eine bessere Aufnahme findet, und wird dann noch obendarauf einen zweiten Verräter an euch machen!

12. Tut aber nun, was ihr wollt, – ich habe ausgeredet; von jetzt an soll die Erfahrung euer Ratgeber sein!"

13. Hier ward die gesamte Oberpriesterschaft völlig vernagelt und wußte nicht, was sie tun sollte. Es ging alles auseinander; aber auf den dritten Tag ward dennoch wieder ein großer Rat zusammenberufen.

222. Kapitel
Die neue Versammlung des Hohen Rates der Ober- und Unterpriester
Der Racheplan des verschmitzten Unterpriesters gegen die Hochländer

(Den 10. Febr. 1844)

1. Als am dritten Tage der Hohe Rat der Ober- und aller Unterpriester zusammentrat im großen offenen Ratssaale, da bestiegen sogleich mehrere Oberpriester die Rednerbühne und einer von ihnen sprach:

2. „Höret mich an, ihr Diener der Götter samt mir! Welch eine allerschändlichste Freveltat – die aus dem Fundamente gehörig zu bezeichnen die Erde keine Worte hat – die zehn übergroßen Spitzbuben an uns verübt haben, wißt ihr alle nur zu gut, als daß es hier nötig wäre, eben diese Freveltat aller Freveltaten noch einmal speziell aufzutischen!

3. Da wir aber alle davon in der allergenauesten Kenntnis sind, so handelt es sich jetzt bloß darum, ein Mittel zu ersinnen, durch das diese zehn Bestien samt ihrem ganzen Anhang auf das allerschrecklichste, schmerzlichste, schauderhafteste, beispielloseste, unerhörteste und überteuflischeste könnten gezüchtigt werden, und koste die Sache, was sie nur immer wolle; denn lassen wir das ungestraft, da werden sich bald noch andere Spitzbuben unserer Reiche zu ähnlichen Unternehmungen veranlaßt finden!

4. Darum muß nun alle unsere Sorge und alle unsere Denkkraft dahin gerichtet werden, die Wichte auf dem Hochlande also zu strafen, daß darob der ganze Erdkreis erschaudern soll und weinen müssen alle Berge, darum sie diesen Wichten einen so sichern Zufluchtsort abgaben! Also um ein außerordentliches und unfehlbares Rachemittel handelt sich's hier! Wer von uns ein solches hervorzubringen imstande ist, dem soll die Krone der mächtigsten Alleinherrschaft über die ganze Welt zuteil werden! – Ich habe geredet, und nun rede, wer ein solches Mittel kennt!"

5. Hier trat alsbald ein sehr verschmitzter Unterpriester auf und bat um die Erlaubnis, reden zu dürfen. Es ward ihm solches sogleich gestattet, und er begab sich dann sogleich, ehrfurchtsvollst zum Scheine, auf die Bühne und begann also zu reden:

6. „Höret mich an, ihr hoch- und allmächtigen Diener der Erde und aller Götter und aller Sterne der Himmel,

und ihr alleinigen Lenker der Sonne und des Mondes!

7. Ich, ein allerletzter und allerunwürdigster, ein allerschmutzigster und stinkendster Knecht vor euch, ihr Allerhöchsten, habe im abscheulichst stinkenden Drecke meines Gehirns aber dennoch drei Körner gefunden, die meiner freilich wohl allerunklarsten Ansicht nach vor euch, die ihr wie Sonnen leuchtet, das Aussehen haben, als wären sie Gold! (Ein großer Beifall ward hier dem bescheidenen Redner zuteil.)

8. Meine tausendfache Nichtigkeit vor euch, ihr Allerhöchsten in jeder Hinsicht, glaubt freilich wohl nur in ihrer allertiefsten Dummheit gegenüber eurer allerhöchsten Weisheit: so diese drei Körner über die zehn, deren Namen meine selbst abscheulichste Zunge nicht wagt auszusprechen, geschleudert würden, da dürfte ihnen ihr Hochland doch etwas zu nieder sein und gewährte ihnen keinen Schutz mehr vor eurer über alles erhabenst gerechtesten Gerechtigkeit! (Lange anhaltender stürmischer Beifall.)

9. Wir sind mit den Grundsätzen der Aerostatik (*Luftschiffahrt*) wohl vertraut! Könnten wir diese nicht also zurichten, daß wir mit ihnen selbst die unersteiglichsten Gebirgsspitzen besetzen könnten?! Welch ein Vorteil wäre das!

10. Dann sind wir die raffiniertesten Mineure (*Stollengräber*)! Könnten wir denn auf den passendsten Stellen die Berge nicht durchstechen und durch solche Minen dann ganz unerwartet die Bestien des Hochlandes zur Nachtzeit überfallen und sie alle übel umbringen?!

11. Und endlich sind wir ja die größten Politiker! Locken wir die Bestien auf dem Wege erheuchelter, intimster Freundschaft heraus; und sind sie uns einmal ins Garn gegangen, da soll sie dann kein Teufel mehr unserer Gewalt entreißen und sie befreien von unserer mutwilligsten Rache!

12. Hochallmächtigste, das sind die drei Körner, die ich Tausendnichts vor euch im stinkendsten Drecke meines allerabscheulichsten Gehirns gefunden habe! Welche Seligkeit wäre das für mich allerschmutzigstes Tier vor eurer Tausendsonnenklarheit, so ihr nur eines davon halbwegs gebrauchen könntet!"

13. (Ungeheurer Beifallssturm. Und ein Oberpriester schnitt ein Stück von seinem Oberkleide und heftete es an des Redners Rock, was da schon die allergrößte Auszeichnung war.)

14. Und der Oberpriester sprach: „Alle drei Mittel sind vortrefflich; das letzte aber wollen wir zuerst versuchen! Mißglückt uns das – was höchst unwahrscheinlich zu sein scheint –, so bleiben uns noch die zwei freilich etwas kostspieligen!"

15. Hier wurde auch der neue Oberpriester gefragt, wie ihm dieser Vorschlag gefalle.

16. Und dieser sprach: „Ich sage nun gar nichts anderes als: Tut, was ihr wollt; ich aber wünsche euch überall sehr viel Glück und ein überaus schönes Wetter dazu, – alles andere wird sich schon von selbst machen!"

17. Mit dieser Antwort waren die Oberpriester samt den königlichen Hohenpriestern auch vollkommen einverstanden und fingen dann sogleich an, zu beraten über eine politische Freundschaftsdeputation.

223. Kapitel
Die erste politisch-diplomatische Unternehmung gegen die Hochländer

(Den 12. Febr. 1844)

1. Bei der Beratung wegen der politischen Freundschaftsdeputation an die zehn im Hochlande aber ward am Ende dahin entschieden, daß da ganz natürlich der verschmitzte unterpriesterliche Ratgeber selbst den Anführer machen mußte. Es wurden ihm noch dreißig Unterpriester mitgegeben, die da ganz in die Oberpriester hineingewachsen waren, damit dieser eine, sehr pfiffige Unterpriester ja bei dieser Sendung nicht auch etwa in die Fußstapfen der zehn treten möchte.

2. Diese Mission von dreißig unterpriesterlichen Beimännern und dem einen Anführer ward reichlich dotiert mit allerlei Freundschaftsgeschenken, bestehend aus Gold, Silber und Edelsteinen. Zwanzig Kamele hatten genug zu tragen daran.

3. Und der eine sah heimlich mit großem Wohlgefallen solch eine reiche Freundschaftsspende an die Hochländer an; denn er hatte es schon gar wohl berechnet, wie er sie verwenden werde.

4. Bei der Abreise schärften es ihm die Oberpriester ja auf das allernachdrücklichste ein, wie er seines Treuschwures stets eingedenk bleiben solle.

5. Er bezeugte solches auch unter vielen Kunsttränen, und selbst seine höchst oberpriesterlich gesinnten Beimänner sprachen zeugend über ihn: „Nein, nein! Für den stehen wir mit unserm Leben gut; denn in dieser Brust waltet kein schlechter Gedanke. Seine Tränen sind uns das sicherste Pfand seiner Treue! Oh, dem könnet ihr Himmel und Erde anvertrauen!"

6. Nach mehreren solchen Versicherungen machte sich die Deputation auf die Reise, von keinem Argwohn der Oberpriester begleitet.

7. Aber im Kopfe wie in der Brust des einen Unterpriesters sah es ganz anders aus, als er sich äußerlich zeigte; denn er hatte die Sache also angelegt:

8. „Vorerst muß die Freundschaftsspende vor den zehn deponiert werden! Die zehn werden dann aus lauter Politik die Freundschaft erwidern! Warum? Das läßt sich sehr leicht erraten: um nämlich dadurch die Oberpriester ins Garn zu ziehen!"

9. Das hatte dieser eine alles schon im voraus berechnet; daher wußte er auch seinen Zug gehörig zu leiten.

10. Als dieser Deputationszug aber am dritten Tage vormittags das große, golden aussehende Eingangstor ins Hochland erreichte, da ward sie (*die Deputation*) sogleich angehalten und haarklein ausgefragt und durchsucht, bevor sie eingelassen ward, und wurde von da weg unter starker Bedeckung zu den zehn geführt, welche ihre Wohnburg auf einem hohen und ausgedehnten Felsen hatten.

11. Als der eine Anführer aber so große Dinge aus blankem Golde erblickte, da sprach er zu seinen Gefährten: „Freunde, wie nimmt sich hier unsere Freundschaftsspende aus, wo uns ganze Berge reinsten Goldes von allen Seiten her entgegenstrahlen, – wo der ungeheure Felsberg, auf dem die zehn eine golden strahlende Burg haben, selbst hier und da von reinstem Golde zu sein scheint von Natur aus? Hat es nicht das Ansehen, als trügen wir einen Tropfen Wasser ins Meer?! – Aber der Wille fürs Werk! Ein Schelm, der mehr gibt, als er kann, und als er hat!"

12. Seine Beimänner gaben ihm recht; er aber dachte bei sich: Wenn's

hier also, da habe ich das ganze Geschmeiß der Oberpriesterschaft schon so gut wie im Garne! Nun noch das Votum (*Gutachten*) der mir sehr befreundeten zehn, und das Werk ist gelungen!

224. Kapitel
Die Begegnung der Gesandtschaft aus Hanoch mit den zehn Führern des Hochlandvolkes
Der Mißerfolg und die Rückkehr der Gesandtschaft nach Hanoch ohne ihren Führer

(Den 13. Febr. 1844)

1. Als der eine mit seiner Gesellschaft vor die zehn geführt ward, wurde er von ihnen sehr freundlich empfangen und mit der größten Höflichkeit gefragt, was seine Mission im Schilde führe.

2. Er aber zeigte den zehn durch ein Fenster die reich beladenen Kamele und sprach:

3. „Liebe Brüder! Ich bin als ein Friedensbote von der Oberpriesterschaft zu euch gesandt; diese möchten mit euch eine gewisse Freundschaft anknüpfen, wie somit auch das ganze Volk Hanochs!

4. Die Oberpriester haben darum Freundschaftsgeschenke an euch gesandt, die ihr annehmen möchtet als ein Zeichen ihrer Freundschaft, die sie mit euch anbinden möchten!

5. Sie wollen ganz vergessen, daß ihr an ihnen verräterisch gesündigt habt; nur möchtet ihr ihnen wieder Freunde werden und gar nach Hanoch kommen, allwo sie euch dann alle erdenklichen Ehren antun möchten!"

6. Bei diesem Vortrage aber gab er durch allerlei Augenverdrehereien den zehn zu verstehen, daß er nur in der Gegenwart seiner Gefährten also reden müsse, aber sehr gerne anders reden möchte, so er allein wäre.

7. Die zehn aber verstanden seine Augensprache und sagten darauf: „Ihr habt gesehen, daß wir durchaus nicht nötig haben, Geschenke von den Oberpriestern aus Hanoch anzunehmen; denn die Besitzer von Goldbergen verachten das Gold, welches mit blutigen Händen gesammelt und aus den Armen durch allerlei Lug, Trug und Druck gepreßt wurde.

8. Daher nehmen wir fürs erste das Gold, das Silber, wie die Edelsteine gar nicht an; und fürs zweite, was da ihre angebotene Freundschaft betrifft, so saget ihnen, daß wir diese anzunehmen ebensowenig geneigt sind als ihre Geschenke! Denn wir sind keine einjährigen Hasen, daß wir nicht verstünden, was die Oberpriester im Schilde führen! Daher gehen wir in gar keinen Vorschlag der Oberpriester ein!

9. Wollen die Oberpriester unsere Freundschaft gewinnen, da müssen sie zuerst aufhören, Oberpriester zu sein, und müssen den einen, der aus der Höhe zu ihnen gesandt ward, zum alleinigen König und Oberpriester über sich und über alles Volk der Tiefe salben und krönen! Solange das nicht geschehen wird, dürfen sie nicht von ferne je auf unsere Freundschaft rechnen; denn mit Teufeln pflegen wir nimmer eine Freundschaft zu schließen.

10. Wir raten daher auch den Ober-

priestern durchaus nicht, sich auf was immer für eine Art uns zu nahen; denn jede Annäherung von ihrer Seite wird auf das allerschärfste gezüchtigt werden.

11. Ziehet daher nur wieder mit euren Schätzen nach Hanoch, und gebet solche Nachricht den Hohenpriestern und den barsten Teufeln von Oberpriestern von uns!

12. Du einer, der du zur gewissen Zeit unserer Gesinnung warst, aber verbleibst hier; denn du hast weder Weib noch Kind, und wir können dich hier brauchen! Also geschehe es!"

13. Der eine ward voll Freude; die dreißig aber kehrten mit langen Gesichtern wieder zu ihren Kamelen zurück und begaben sich unverrichteterdinge wieder nach Hanoch.

14. Was über diese Erscheinung die Oberpriester für ein Gesicht machten, das wollen wir in der Folge mit einigen Blicken betrachten und daraus erkennen, daß es (*das Gericht*) damals auch nahe vor der Tür war.

225. Kapitel
Der Bericht der dreißig Gesandten vor der Priesterschaft Hanochs und seine Wirkung

(Den 14. Febr. 1844)

1. Der eine im Hochlande bei den zehn Verbliebene erzählte nach dem Abgange seiner dreißig Kollegen den zehn natürlicherweise alles, was die Oberpriester gegen sie unternehmen möchten, und wie deren vorgeschützte Freundschaft demnach beschaffen sei.

2. Die zehn wußten das auch gehörig zu würdigen und belobten diesen ihren früheren Gefährten und Hauptkollegen.

3. Die Oberpriester in der Tiefe aber, als die dreißig getreuen Unterpriester mit den beladenen Kamelen wieder zurückkamen, fragten sie sogleich: „Na, habt ihr etwa gar Gegengeschenke erhalten? Wie sieht es denn mit dem Gurat (der eine Unterpriester) aus? Wo ist er denn?"

4. Und die Unterpriester sprachen: „O ihr allmächtigen Diener der Götter! Von allem, allem das blankste Gegenteil! Die zehn haben euer Gold, Silber und Edelsteine nicht einmal angesehen; schmählichst nur alsogleich haben sie uns zurückgewiesen, und wir haben daher wieder all das Geschenk ganz unangetastet zurückgebracht!

5. Was aber den Gurat betrifft, so hat es noch nie einen feineren Spitzbuben gegeben, als er es ist! Er richtete zwar in unserer Gegenwart ganz genau euren Willen aus, – aber dabei führte er eine Gebärdensprache, die da gerade das Gegenteil von allem dem ausdrückte, was er mit dem Munde laut vortrug! Auf diese allerhöchst verdammlichste Doppelrede gaben uns dann erst die zehn folgenden unendlich allerschändlichsten und unter aller Verdammlichkeit frevelhaftesten Bescheid:

6. Sie nähmen das blutige Gold, das da durch allerlei Lug, Trug und Druck von der armen Menschheit erpreßt worden wäre, durchaus nicht an; denn sie seien ohnehin im Besitze von Goldbergen (wie es aber auch wahr ist) und hätten daher des von Gott gesegneten Goldes im allerhöchsten Überflusse. Daher nähmen sie um so weniger ein Gold an, an dem das Blut der armen Menschheit klebe!

7. Sie nähmen aber auch eure Freundschaft durchaus nicht an, außer im Falle nur, so ihr aufhören möchtet, Oberpriester zu sein, und möchtet den

327

Boten aus der Höhe zum alleinigen Oberpriester und alleinherrschenden König über alle Reiche Hanochs setzen; ihr aber sollet werden gleich den gemeinsten Bürgern, oder was überhaupt der neue, alleinherrschende König aus euch etwa machen dürfte!

8. Sie raten euch auch, daß ihr euch auf keine Weise ihrem reichsten Hochlande nahen sollet, wollt ihr nicht gar übel zugerichtet werden!

9. Nun sind wir fertig; das ist der getreue Sinn alles dessen, was wir zu unserem allerentsetzlichsten Ärger von den zehn anhören mußten!"

10. Hier fingen die Oberpriester an, sich an die Brust zu schlagen, und schworen bei allen Göttern, daß sie nun alles aufbieten wollten, um sich an den zehn auf das allerentsetzlichste zu rächen.

11. Sie verfluchten darauf drei Tage hindurch die Erde, die solche Scheusale trage; dann verfluchten sie sieben Tage lang die Sonne, die auch solchen Scheusalen leuchte; dann verfluchten sie also die Luft, das Wasser, das Feuer, darum es nicht sogleich vernichte solche Auswürflinge der Erde. Ein ganzer Monat verging unter lauter Verfluchungen.

12. Darauf wurde der Bote aus der Höhe seines Oberpriesterkleides beraubt und ward öffentlich gestäupt mit Ruten und dann mit blutendem Rücken aus der Stadt getrieben und dort erst zu Tode gesteinigt, und das darum, weil er gesagt hatte, die Oberpriester sollten in den Rat der zehn eingehen.

13. Die Oberpriester gaben sogar ein Gebot heraus, demzufolge ein jeder Untertan an jedem Tage eine Stunde lang die zehn verfluchen und verwünschen mußte.

14. Zugleich aber boten sie die größten Belohnungen dem an, der irgendein teuflisches Mittel ersinnen könnte, um die zehn im Hochlande auf das scheußlichste damit zu strafen.

15. Aus diesem Zuge aber läßt sich schon deutlich entnehmen, daß es (*das Gericht*) in jener Zeit nahe vor der Tür war. Die Folge aber wird schon noch Besseres für die Hölle zum Vorschein bringen.

226. Kapitel
Der Abfall der Provinzen von Hanoch
Die Aufstellung des Fünf-Millionenheeres gegen die Hochländer
Die vergeblichen Angriffe auf das Hochland

(Den 15. Febr. 1844)

1. Es erfuhren aber in der Kürze der Zeit die fernen Provinzen Hanochs eben durch dieses Fluchgebot, daß es den Oberpriestern selbst in Hanoch anfing schlecht zu gehen, indem sie durch die kostspielige Ablöse der Sklaven so gewaltig geprellt worden waren. Darum denn erhoben sich solche Provinzen und fielen von Hanoch ganz ab.

2. Als solches die Oberpriester in Hanoch erfuhren, da war es aus! Denn man berichtete ihnen, daß solche Abfälle der entfernten Provinzen durch die Umtriebe der Hochlandsbewohner geschehen seien, und eine solche Berichtung genügte, um diese Oberpriester vollkommen in die allerentsetzlichste Grimmwut zu versetzen.

3. Einen ganzen Tag heulten und brüllten sie durch alle Gassen und Straßen, und nur einen Ruf vernahm man durch das sonstige Geheul, und dieser

lautete: „Auf, all ihr Bewohner Hanochs, zur hundertfachen Rache gegen die Hochländer und gegen alle jene Länder, die sich durch die Umtriebe der Hochländer gegen uns aufgelehnt haben!"

4. Am nächsten Tag ward rekrutiert, und jeder Mann – wenn er nicht vom höchsten Adel war – mußte zu den Waffen greifen. Selbst das weibliche Geschlecht war davon nicht ausgenommen.

5. In wenigen Tagen ward eine schlagfertige Armee von fünf Millionen Kriegern ausgerüstet. Die Waffen bestanden in Spießen, Schwertern, Bögen und Feuerröhren in der Art, wie sie die alten Türken hatten in der Zeit ihrer ersten Kriege, da sie mit steinernen Kugeln schossen; denn das Pulver ward schon unter dem König Dronel, einem Sohne Ohlads, erfunden und wurde unter Kinkar sehr raffiniert*. Die Weiber bekamen nur leichte Waffen; diese bestanden zumeist in leichten Säbeln und Dolchen.

6. Als die Armee fertig da war, da kamen die Oberpriester ganz geharnischt und erließen folgenden Befehl: „Die Hälfte dieser Macht begebe sich unter unserer persönlichen Anführung zur allerstrengsten Züchtigung der aufgestandenen Provinzen! Da darf kein Leben geschont werden; alles muß fallen durch Feuer und Schwert!"

7. Auf dieses Kommando trennte sich die ungeheure Armee, und zweimillionenfünfhunderttausend Krieger zogen gegen die aufgestandenen Provinzen. Eine gleich große Masse aber erhielt den Befehl, gegen die Hochländer zu ziehen. Aber wie? Das war nun eine ganz andere Frage!

8. Die kommandierenden Oberpriester entschieden endlich, daß die Berge durchstochen werden müßten. Es ward zu dem Behufe sogleich eine Masse von hundertfünfzigtausend Mann beordert, Grubenwerkzeuge zu ergreifen und Schächte durch die Berge zu treiben. Ingenieure mußten sogleich ihre Meßkunst in Anwendung bringen, und die Arbeit ward mit furchtbarer Tätigkeit ins Werk gesetzt.

9. Auf fünfhundert Plätzen wurden die Berge aufgerissen, und es wurden in sie zwei- bis dreitausend Klafter tiefe Schächte gemacht (aber nicht etwa senkrecht, sondern ganz ebenaus), aber man kam nirgends zu einem Ende.

10. Da maßen die Ingenieure wieder und fanden, daß sie ihre Schächte viel zu nieder angeschlagen hatten. Es wurden darum auf höheren Punkten neue Schächte gegraben, und diese erreichten die Ebene des Hochlandes.

11. Da aber die Hochlandsbewohner gar wohl durch ihre Spione beobachtet hatten, wo die Hanocher Schächte schlugen, da berechneten sie genau, wo sie durchkommen müßten. Solche Stellen belegten sie hochauf mit Holz und zündeten es an, wenn die Hanocher durchbrachen.

12. Rauch und Feuerdampf erfüllte dann die Schächte und erstickte Tausende und Tausende der Hanocher; selbst mehrere Oberpriester kamen als Feldherren bei dieser Expedition ums Leben.

13. Dreimal wurde der Angriff dann aufs Haupttor gemacht, aber allzeit auf das entschiedenste zurückgeschlagen, und der übriggebliebene Teil der Armee mußte dann unverrichteterdinge mit Schande nach Hause ziehen nach einem zweijährigen vergeblichen Kampfe.

---

* Im Sinne von wirkungsvoller.

227. Kapitel
Der Kriegsbericht der zurückgeschlagenen Oberpriester
Die Spaltung unter den Oberpriestern. Der Verrat der Provinzarmee

(Den 16. Febr. 1844)

1. Die wenigen von dieser Hochlandsexpedition zurückgekommenen Oberpriester gaben natürlich den ebenfalls wenigen daheimgebliebenen kund, wie im höchsten Grade unglücklich ihre Expedition ausgefallen war; und diese rissen sich darob beinahe die Köpfe vom Leibe, als sie solch eine traurigste Kunde von ihren feldherrlichen Gefährten erhielten. Und sie fingen an zu schmähen über den unklugen Angriff.

2. Die feldherrlichen Oberpriester aber sprachen: „Schmähen ist leichter als kämpfen! Ein Drittel der ganzen Armee ist noch vorhanden; erhebet euch und ziehet selbst in den Kampf! Und so ihr dann gleich uns unverrichtetersache hierher zurückkehren werdet, dann wollen auch wir schmähen, daß ihr euch darob wundern sollet!

3. Hier im Trockenen ist leicht reden, fluchen und sehr verderbliche Pläne machen; aber nur hinaus damit, dort werdet ihr gleich wahrnehmen, von welcher Seite der Wind geht!

4. Wir haben bei fünfhundert Schächte durch die sonst allenthalben unübersteiglichen Gebirge getrieben, und der Sieg hätte unser sein müssen; können wir aber darum, wenn uns die Hochlandsspitzbuben entdecken, uns beobachten von ihren verdammlichen Schlupfwinkeln, was wir tun, dann mit teuflischer Sicherheit berechnen, wo wir durchkommen müssen, und die Stellen mit großen Feuern belegen, auf daß wir beim völligen Durchbruche allenthalben vom Feuer, Rauch und Dampf zu Tausenden und Tausenden in den langen, finsteren Schächten das Leben verlieren mußten?!

5. Und als wir darauf einen dreimaligen allererbittertsten Angriff auf das Haupttor machten, da wurden wir allezeit mit zahllosen Steinen von den hohen Wänden herab begrüßt und verloren dabei zu Tausend und Tausenden das Leben!

6. Durch diese Lektion lernten wir erst erkennen, daß die verfluchten Hochländer unmöglich zu besiegen sind, weder durch List, noch durch was immer für eine Gewalt.

7. Hätten wir nur den Rat dessen befolgt, den wir gestäupt und vor dem Stadttore gesteinigt haben, so stünden wir nun besser, als wir stehen! Es geht nun nur noch ab, daß der andere Teil unserer Armee auch ein uns gleiches Schicksal erfährt, dann sind wir rein aufgelegt!"

8. Auf diese Demonstration schmollten die daheimgebliebenen Oberpriester noch mehr und bedrohten die feldherrlichen sogar.

9. Die Feldherrlichen aber sprachen: „Was redet ihr? Die Macht haben wir in unseren Händen! So ihr nicht sogleich verstummet wie eine Mauer vor uns, so sollet ihr es in euren fetten Wampen erfahren, wie wir unsere Waffen zu gebrauchen verstehen!"

10. Hier fielen sich die beiden oberpriesterlichen Parteien in die Haare und zerzausten und zerrauften sich wie Hunde und Katzen. Und von diesem Augenblicke an teilten sich die Oberpriester selbst in zwei feindliche Parteien, und das Volk von Hanoch wußte nun nicht, wer da Koch und wer Kellner ist.

11. Man harrte noch drei Jahre in

dieser Spaltung auf die Effekte (*Erfolge*) der andern Armee, – aber vergeblich; denn diese hatte sich an Ort und Stelle zu den Provinzen geschlagen und erschlug selbst ihre Feldherren und alles, was mit ihnen hielt.

12. Was daraus entstand, wird die Folge zeigen.

228. Kapitel
Der Kriegsrat der zehn Führer im Hochlande gegen Hanoch
Die gute Rede des Boten des Herrn. Die tausend Spione Hanochs bei den Hochländern

(Den 20. Febr. 1844)

1. Es hielt sich aber noch der eine Bote des Noah bei den zehn im Hochlande auf und diente ihnen gleichfort als ein guter Ratgeber.

2. Also war auch der Gurat, der ehemalige Unterpriester, in gewissen Dingen von den zehn zu Rate gezogen.

3. Und die zehn beriefen einen Rat zusammen und berieten, was sie nun gegen Hanoch unternehmen sollten.

4. Der Bote Noahs aber riet und sprach: „Lasset nun Hanoch stehen, wie es steht; denn von nun an wird es euch nimmer beunruhigen, indem es durch euren Widerstand die reinste Unmöglichkeit kennengelernt hat, euch je irgend zu überwältigen! Der Herr Gott Zebaoth wird aber diese Stadt schon ohne euer Zutun auf eine Art zu züchtigen verstehen, daß sie zerfallen wird wie ein morscher Baum im Walde!

5. Bleibet ihr, wie ihr nun seid, so wird euch in der Zukunft der Herr segnen und wird erweitern euer herrliches Land und wird es also fruchtbar machen, daß es für hundert Millionen Menschen in Überfülle Nahrung hervorbringen wird! Und so Er auch richten und töten möchte alle Übeltäter der ganzen Erde, da wird Er euch aber dennoch verschonen, so ihr zufolge dieses meines Rates in Seiner Ordnung verbleiben werdet.

6. Werdet ihr aber hinausgehen und Krieg führen mit den Völkern Hanochs und mit den Völkern der vielen anderen Städte und Länder, da werdet ihr samt ihnen gar übel umkommen, wenn Gott aus Seinem alten Zorne richten wird alle arge Welt!

7. Es war aber das mein letzter Rat an euch; denn meine Zeit ist zu Ende, und ich muß wieder ziehen dahin, von wannen ich gekommen bin. Seid stets eingedenk dieses Rates, so werdet ihr Gnade finden vor Gott; werdet ihr aber anders handeln, dann werdet ihr es aber auch im Gerichte erkennen, daß ich ein wahrer Bote des ewigen Herrn an euch war!

8. Euer freier Wille aber soll dadurch nicht die leiseste Schranke erhalten; denn niemand hat das Recht, den freien Willen in was immer zu beschränken an seinen Brüdern, sondern dieses Recht hat der Herr einem jeden Menschen für sich ganz allein anheimgestellt. Und so kann wohl ein jeder Mensch für sich seinen Willen beschränken, wie er will; je mehr er solches tun wird, desto besser wird es für ihn sein! Aus diesem Grunde erteilte denn auch ich euch nur den Rat, und ihr aber könnet tun, was ihr wollet!"

9. Auf diese Rede ward der Bote von der Kraft Gottes ergriffen und ward schnell auf die alte Höhe zum Noah entrückt.

10. Dieses plötzliche Verschwinden

dieses von den zehn, wie vom ganzen Hochlandsvolke überaus geachteten Boten machte auf die zehn einen mächtigen Eindruck, und sie erkannten in ihm einen wahrhaft göttlichen Gesandten.

11. Alle seine Worte, die er im Verlaufe von etlichen Jahren zu ihnen geredet hatte, wurden alsbald auf allerreinst polierte Goldplatten geschrieben und erhielten auch alsbald Gesetzeskraft fürs ganze Hochland.

12. Fünf Jahre gingen gut vor sich; aber danach wollte sie der Herr festigen in ihrem Vertrauen auf Ihn durch eine kleine Prüfung, und diese genügte, um eine große Anzahl von der früheren Tugend abfallen zu machen.

13. Die Prüfung aber bestand lediglich in nichts anderem, als daß die Hochlandsbewohner einer Anzahl von tausend Spionen, von Hanoch ans Hochland gesandt, habhaft wurden, und noch dazu am Haupteingange.

14. Diese Spione sollten nämlich mit den zehn freie Unterhandlungen anknüpfen und einen Verkehr zwischen Hanoch und dem Hochlande zuwege bringen. Das sollten sie offen im Schilde führen; geheim aber sollten sie die Machtverhältnisse des Hochlandes erforschen, und ob die Hochländer schuldigen Teil am gänzlichen Abfalle der entfernten Provinzen und der dahin beorderten Armee hätten.

15. Da aber die zehn durchtrieben feine Köpfe waren, so hatten sie den geheimen Grund dieser Spione bald heraus, und das auf die leichteste Art von der Welt.

16. Denn sie sagten zu den Tausend: „Ihr seid uns schon lange verraten; darum verberget ja nichts vor uns, was ihr geheim im Schilde führet! Wer von euch sich auf einer Unwahrheit wird ertappen lassen, der wird alsogleich über diesen hohen Felsen hinabgeworfen werden und wird sein Grab im unten anstoßenden grundlosen See finden!"

17. (Denn der große Fels, auf dem die Burg der zehn erbaut war, stieß zuunterst der Ebene des Hochlandes an einen bei drei Stunden im Umfange habenden See, der sehr tief war.)

18. Zehn der Hauptspione gaben als treu und wahr an, daß sie nichts Geheimes im Schilde führten. Sie wurden dreimal befragt, und da sie bei ihrer ersten Aussage beharrten, so wurden sie alsbald zum Felsen, der sich über dem See befand, geführt und noch einmal gefragt und allerschärfst bedroht.

19. Da sie aber ihre erste Aussage bekräftigten in der sicheren Meinung, diese Drohung sei nur ein politischer Kunstgriff von Seite der zehn, da wurde sogleich der erste hinabgestürzt.

20. Da ergriff die andern neun die Todesangst, und sie fingen an, die Wahrheit zu beichten.

21. Als sie fertig waren, wurden sie wieder zurückgeführt und mußten nun ganz Hanoch haarklein verraten.

22. Einige hielten sich da etwas zurück; davon aber ward alsbald einer wieder an den Felsen geführt und hinabgestürzt. Das öffnete sogleich allen den Mund.

23. Als aber auf diese Art Hanoch vollkommen verraten ward, da erst wurden bis auf zehn alle andern über den Felsen gestürzt; die zehn aber wurden mit der Nachricht davon nach Hanoch gesandt und mußten es den Oberpriestern anzeigen, wie im Hochlande Spione aus Hanoch belohnt werden.

24. Was da weiter geschah, wird die Folge zeigen.

229. Kapitel

Die Beratung und Pläne der Machtpartei Hanochs. Die neue Gesandtschaft ins Hochland
Die freiwillige Unterwerfung Hanochs unter die Hochländer

(Den 21. Febr. 1844)

1. Als die zehn nach Hanoch kamen und den Oberpriestern bekannt machten, was im Hochlande der ganzen tausend Mann starken Mission begegnet war, und was die zehn Herrscher des Hochlandes zu ihnen gesagt hatten, da fuhren die Oberpriester der einen Partei auf.

2. Aber die Oberpriester der Gegenpartei, welche selbst die Ehre hatten, vor etlichen Jahren die strategische Weisheit der Hochlandsbewohner zu verkosten, jubelten über das Mißlingen dieses Versuches; und da sie wußten, daß Hanoch klein verraten war, und daß die zehn im Hochlande gar gute Kenntnisse von der gehässigen Spaltung zwischen den Oberpriestern hatten, so gedachten sie des Rates des Noahischen Boten und beschlossen unter sich, diesem Rate nachzukommen.

3. Sie hielten einen Rat unter sich und sprachen: ,,Was wird es denn sein? Die Hauptmacht haben bis jetzt noch wir in unseren Händen! Wir wissen, was im ganz eigentlichsten Sinne die Tausend auf der Höhe suchten, die uns Feinde sind. Sie wollten die Macht des Hochlandes erforschen und andere Verhältnisse mehr; offen aber wollten sie mit den Hochlandsbewohnern in einen Bund treten wider uns.

4. Dadurch meinten sie, fürs erste uns zu Paaren zu treiben und fürs zweite aber bei der Gelegenheit die Hochlandsbewohner zu schwächen – und somit mit einem Hiebe zwei Fliegen zu erschlagen. Aber die zehn im Hochlande waren pfiffiger als diese verschimmelten oberpriesterlichen Zeloten und machten ihnen einen schändlichen Strich durch die Rechnung!

5. Nun liegt die Sache an uns! Wir werden aber den Rat der Hochländer befolgen, insoweit er sich nunmehr befolgen läßt! Können wir auch den zu Tode gesteinigten Boten aus der alten Höhe nicht mehr zum König über ganz Hanoch machen, so wollen wir aber dennoch diese höchste Alleinherrscherwürde einem von den zehn einräumen – oder einem, den sie dazu ernennen werden! Wir werden nach wie jetzt seine Feldherren verbleiben; die Zeloten aber werden sich vor Galle selbst die Gesichter zerkratzen!

6. Nun handelt es sich nur um eine gewählte Deputation! Wie wäre es denn, so da einer von uns mit einer gerechten Anzahl von Deputierten von uns sich auf den Weg machte und überbrächte an die zehn im Hochlande die großen Goldschlüssel und die tausend Kronen Hanochs, die wir glücklicherweise in unseren Händen haben?!" (Die tausend Kronen stammten von den einstmaligen tausend Herrschräten her.)

7. Dieser Vorschlag ward allgemein beifälligst angenommen, und ein sehr beredter Oberpriester übernahm diese Mission. Hundert Deputierte von den zurückgebliebenen Oberpriestern der feldherrlichen Partei folgten dem einen Oberpriester ins Hochland und ließen die vorbesagten Reichskleinodien auf hundert Kamelen alsogleich nachtragen.

8. Im Hochlande angelangt, wurde die ganze Karawane sogleich unter starker Bewachung zu den zehn geführt.

9. Als diese des einen Oberpriesters ansichtig wurden, da fing sich an ihr erster Grimm zu regen, und einer von ihnen sprach: ,,Haben wir endlich einen Verbrämten in unserer Gewalt, auf daß wir an ihm unsere alte Rache kühlen können?!"

10. Der Oberpriester aber sprach: ,,Nicht also soll es sein! Denn auch zu uns ward, wie zu euch, ein versöhnender Bote aus der alten Höhe gesandt; dieser gab uns einen Rat, und wir sind nun da, diesem Rate nachzukommen!

11. Der Bote ward leider zuallermeist von unserer herrschsüchtigen zelotischen Oberpriesterpartei getötet, und zwar zur Zeit, als ihr verlangtet, daß er ein Alleinherrscher über ganz Hanoch werden solle.

12. Aber eben zu dieser Zeit trennten wir uns von der zelotischen oberpriesterlichen Partei, sammelten alle Streitkräfte, trennten einen Teil der großen Armee zur Bekämpfung der abgefallenen Provinzen, und mit einem Teile mußten wir, um dem zelotischen Oberpriesterteile zu genügen, einen Scheinausfall gegen euch unternehmen, der uns aber freilich teuer genug zu stehen gekommen ist.

13. Aber wir haben dabei dennoch den guten Zweck erreicht, daß wir dadurch die Macht in unsere Hände bekamen und nun schon etliche Jahre hindurch die Herren von Hanoch sind; die eigentlichen Oberpriester aber sind nun unsere größten Feinde und sammeln im geheimen fortwährend Streitkräfte, um uns einmal zu überfallen.

14. Da wir aber nun noch ganz voll die Herren von Hanoch sind und die Schlüssel und die Kronen in unserer Gewalt haben, so haben wir sie nach dem Rate des Boten aus der Höhe genommen und haben sie euch überbracht! An euch liegt es nun, einen König über Hanoch einzusetzen, der da allein herrsche; wir aber wollen seine getreuesten Knechte sein!

15. Hier sind noch hundert Deputierte an meiner Seite, die da die volle Wahrheit meiner Aussage bekräftigen, und auf dem Rücken der Kamele werdet ihr die euch wohlbekannten tausend Kronen und die Goldschlüssel Hanochs finden; wir alle aber stehen euch mit unserm Leben für die Wahrheit alles dessen!"

16. Hier zogen die zehn andere Saiten auf und beriefen sogleich einen großen Rat zusammen. – Was daraus folgte, wird sich zeigen!

230. Kapitel
Die Beratung der Hochländer. Gurats Einsetzung zum König von Hanoch
Die Bestimmungen für die Abhängigkeit Hanochs vom Hochlande

(Den 22. Febr. 1844)

1. Als der Rat von vielen Obersten des Volkes beisammen war, da berieten die zehn, ob einer von ihnen Hanoch übernehmen solle, oder ob man solches dem Gurat einräumen solle mit dem Vorbehalte der Oberherrlichkeit des Hochlandes über Hanoch und seine Ländereien.

2. Nach der allgemeinen Abstimmung fiel der Beschluß dahin aus, daß fürs erste die zehn Fürsten des Hochlandes unzertrennlich beisammenbleiben müssen für alle Zeiten; und stirbt einer von ihnen, so erbt sein ältester Sohn seine Krone. In Ermanglung eines Sohnes aber kann auch der älteste

Sohn eines andern von den zehn die Krone übernehmen, die ein verstorbener Sohnloser von den zehn Fürsten des Hochlandes hinterlassen hat.

3. Und ebenalso solle das Königreich Hanoch für immer erblich bei der Familie Gurat verbleiben; nur wenn ein Nachkomme Gurats keinen Sohn hätte, dann müßte solches der Oberherrlichkeit im Hochlande angezeigt werden, allwann sodann diese einen rechten König für Hanoch bestimmen würde.

4. Dennoch aber sei von nun an ein jeder König vom Hochlande abhängig – wenn er auch nicht vom selben erwählt werde –, so (*da*) er es ohnehin als Sohn seines Vorkönigs sei und somit das königliche Erbrecht habe; denn jedes Erbrecht müsse seine Geltung so gut wie eine neue Belehnung in diesem Hochlandsbeschlusse suchen.

5. Die Anerkennung der Oberherrlichkeit des Hochlandes aber bestehe darinnen von Seite des Königs von Hanoch, daß er mit Ausnahme des Goldes von allen sonstigen Metallen den Zehent ans Hochland alle Jahre auszuliefern habe, ebenso auch den Zehent (*den Zehnten*) an Schafen, Rindern, Eseln und Ziegen, und daß er sich bei allen wichtigen Unternehmungen bei den zehn Fürsten des Hochlandes des Rates zu erholen habe.

6. Für die richtige Abgabe der vorbestimmten Zehente müsse er Beamte in Hanoch dulden, die aber dennoch vom Hochlande, der Treue wegen, im Solde gehalten würden.

7. Über alles dieses habe er als die allerunerläßlichste Verpflichtung gegen das Hochland das anzusehen, daß er allem Volke Hanochs und dessen Ländern ganz genau die Verfassung gebe, wie sie nun im Hochlande gang und gäbe sei und allzeit sein werde, auf daß dadurch die Völker der Erde doch einmal zur erwünschten freundschaftlichen Einheit gebracht würden.

8. Für die Haltung dieser nützlichen Vorschriften aber verpflichten sich auch die Hochlandsfürsten, dem Könige in Hanoch in jeglichem erwiesenen Notfalle mit Rat und Tat an die Hand zu gehen; und bei dem habe es zu verbleiben für alle Zeiten der Zeiten! –

9. Nach diesem Ratsbeschlusse ward der Gurat gefragt, ob er damit einverstanden sei.

10. Und der Gurat erwiderte: „Ich bin mit allem und jedem vollkommen einverstanden, und wie sollte ich es nicht sein?! Denn fürwahr, hättet ihr nicht eben diese weisen Bedingungen gemacht, so hätte ich selbst sie gemacht, und hätte euch gebeten um die gütigst geneigte Annahme derselben!

11. Denn was ist ein König für sich ohne eine solche Stütze in Hanoch? – Ich sage: ein leerer Name, der einen Menschen zum Arrestanten der ganzen Welt macht, wie gegenwärtig die Figura des elenden Scheinkönigs in eben dieser Stadt zeigt!

12. Aber ein König unter solch einer weisesten Vormundschaft ist ein freier, mächtiger Herr und kann im festen Vertrauen, daß er allzeit recht tut, als ein wahrer Herr beherrschen und regieren die ihm anvertrauten Völker!

13. Aus dieser meiner Äußerung werdet ihr doch sicher entnehmen, daß ich mit eurem Beschlusse über die Maßen zufrieden bin?!

14. Nur das einzige setze ich beim Erbrechte hinzu, daß, im Falle ein König einen törichten Sohn hätte, oder einen trägen, einen Verschwender, oder einen Wüterich, oder einen Schwachkopf, oder gar einen Trottel, so solle er – ein solcher Sohn nämlich – des Erbrechtes verlustig sein, und es solle entweder ein zweiter Sohn oder, in Er-

manglung dessen oder dessen Tauglichkeit, sogleich ein von euch Bestimmter die Krone Hanochs überkommen!

15. Jeder Erbe aber solle zuvor bei euch in die Schule gehen und erst dann die Krone überkommen, so ihr ihn dazu als fähig erkennen werdet."

16. Dieser Beisatz Gurats wurde mit dem größten Beifalle aufgenommen. Und Gurat ward darum gesalbt und bekam die Schlüssel und die tausend Kronen, von denen jede in dieser Zeit eine Million feiner Gulden im Werte wäre; aber ebenso wertvoll waren auch die Schlüssel. – Das Weitere in der Folge!

231. Kapitel

Die Unterzeichnung der ‚Heiligen Akte'. Gurats Einwand und seine Widerlegung
Moralisch-politische Verhältnisse des Hochlandes zu Hanoch
König Gurats Abzug nach Hanoch

(Den 23. Febr. 1844)

1. Alle diese Bestimmungen wurden auf goldene, eine Linie* dicke Blätter eingraviert und sodann auch den Deputierten Hanochs vorgelesen.

2. Als diese sich darüber als vollkommen zufrieden äußerten, da wurden sie ersucht, alles das mit ihren Namenszeichen, aber nur mit ihren kurzen und nicht mit den mehrere Ellen langen (die bei manchen Großen, besonders bei den Adeligen in Hanoch, noch eitlermaßen gang und gäbe waren) zu unterzeichnen.

3. Diese also unterzeichneten Dokumente wurden nun von den zehn in Verwahrung genommen und wurden ‚Die heiligen Akte' genannt.

4. Nach dieser Operation ging man dann erst auf die Sanktion über und bestimmte die Strafen bei Übertretungen dieser heiligen Akte; – welche Strafen aber also bestimmt wurden, daß da das Hochland allzeit als völlig unfehlbar angesehen werden mußte, und das darum, weil es den Boten Noahs nicht getötet hatte.

5. Hanoch ganz allein nur konnte somit fehlen und sich der Strafe würdig machen, weil die Hanocher den Boten Noahs geschlagen und getötet hatten.

6. Gurat sagte ganz geheim zu einem der zehn: ,,Freund! Solange ihr leben werdet, wird das Hochland freilich wohl unfehlbar verbleiben! Wie aber dann, wenn euch ganz andere Köpfe folgen werden in der Regierung des Hochlandes, die da mit der Zeit eure Gesetze mit Füßen treten werden?! Soll auch da noch das Hochland als unfehlbar angesehen werden?"

7. Und der gefragte Fürst von den zehn sprach: ,,Siehe, wir wissen es alle, daß auch ein Vater gegenüber seinen Kindern fehlen kann! Aber da fehlt er nur in seiner eigenen Sphäre, aber nicht in der Sphäre der Kinder, und die Kinder haben nie das Recht, ihren Vater darum zur Rede zu stellen und zu ihm zu sagen: ‚Vater, warum tust du das, oder warum hast du uns das getan?' Noch weniger aber haben die Kinder je ein Recht, den fehlenden Vater zu strafen!

8. Und siehe, dasselbe Verhältnis, wie zwischen Vater und Kind, ist nun hier auch zwischen uns und euch! Wir sind euer Vater und ihr seid unsere Kinder für alle Zeiten der Zeiten! Und

---

* 2,195 mm

dieses bleibende Verhältnis ist gerecht, weil es dem göttlichen gleich ist, da auch Gott ewig ein allwaltender Vater zu uns allen Seinen Kindern verbleibt; und uns allen muß es also recht sein, weil es Gott von Ewigkeit also angeordnet hat.

9. Zudem ist bei zehn Herrschern, die vollkommen eines Sinnes sind, an eine Fehlbarkeit auch nicht zu denken, indem im allfälligen Todesfalle der neu eintretende Kronerbe fürs erste ganz in die Fußstapfen seines Vorgängers eintreten muß, und fürs zweite kann er für sich ja nie eine neue Ordnung einführen, indem er stets noch neun alte oder wenigstens ältere Regenten an seiner Seite hat, die dem Neuling sicher kein Gehör geben werden, so er an Erneuerungen dächte!

10. Bei Einherrschern sind Erneuerungen wohl denkbar, aber bei zehn Herrschern (Dekarchie) nie! Denn der Einherrscher kann regieren nach seiner Laune und kann darum fehlen, wenn er nicht von der höchsten göttlichen Weisheit erfüllt ist; aber in der Dekarchie ist das nicht leichtlich denkbar, weil da immer ein Fürst den andern durch seine Weisheit und durch sein notwendiges hohes Rechtsgefühl kontrollieren muß.

11. Dazu ist auch die Zahl Zehn die göttliche Ordnungszahl, weil aller Seiner Gesetze nur im Grunde des Grundes zehn sind, wie sie die alte Weisheit kennt! Und so ist auch unsere Fürstenzahl schon ein Bürge für unsere völlige Unfehlbarkeit. Wir können wohl als einzelne Individuen für sich fehlen, – aber im allgemeinen Beschlusse nie!"

12. Mit dieser Erklärung mußte sich Gurat zufriedenstellen, übernahm dann die Kleinodien und begab sich als der von den zehn bestätigte König von Hanoch mit dem einen Oberpriester und mit den hundert Deputierten nach Hanoch. – Das Weitere in der Folge!

232. Kapitel

Gurats Aufnahme in Hanoch. Die guten Gesetze Gurats für Hanoch
Die rebellische Oberpriesterpartei und ihre Beschwichtigung

(Den 26. Febr. 1844)

1. Als die Deputation mit dem neuen Könige in Hanoch ankam, da ward dieser von den anderen Oberpriestern, die der Heldenpartei angehörten, auf das allerfeierlichste empfangen und ward sogleich als König und Alleinherr allen Großen Hanochs vorgestellt. Er nahm darauf sogleich die Huldigung an und bestieg den alten Thron Lamechs in der alten Burg, während der Scheinkönig noch in der neuen goldenen Burg residierte.

2. Er zog die Heldenoberpriester mit aller Militärmacht zu sich und gab dann sogleich neue Gesetze, die sehr zweckmäßig waren – natürlich fürs Weltbürgertum.

3. Alle Dieberei und alles Raubrecht mußte aufhören, und wer irgendeinen Sklaven hatte und ihn nicht sogleich freiließ, der ward im ersten Übertretungsfalle zu einer Goldstrafe, die tüchtig war, verurteilt, und im zweiten Falle ward ihm lebenslängliches Gefängnis zuteil.

4. Was aber sagte die andere Oberpriesterpartei zu dieser für sie ganz unerwarteten Erscheinung? – Sie erhob unter sich ein Zetergeschrei über diese Greueltat, raffte alle ihre aus dreißig-

tausend Mann bestehende Reservemacht in aller Eile zusammen und wollte über die Frevler herfallen.

5. Aber ein nüchterner Unterpriester, der da auf dem Sprunge stand, Oberpriester zu werden, trat vor die ergrimmte Schar der Oberpriester und sprach:

6. „Höret mich an, ihr mächtigen Diener der Götter! Bevor ihr einen Schritt zur Rache tut, da berechnet, wie sich dreißigtausend zu einer Million und darüber verhält! Wenn diese uns nur scharf anschauen, so sind wir schon geschlagen!

7. Denket hier ja nicht an Rache, wo keine mehr möglich ist, sondern denket entweder an die Flucht – oder an eine gütliche Ausgleichung!

8. Denn wer die Macht in den Händen hat, der ist der Herr; und denen, über die er sich erhebt, bleibt nichts anderes übrig, als sich entweder allergehorsamst zu ergeben, oder – wenn es noch Zeit ist – zu fliehen! Ich meine aber, hier wird es klüger sein, das erste dem letzten vorzuziehen; denn soviel ich in Erfahrung gebracht habe, so sind alle Tore stark bewacht, und es wird hart sein, über die große Stadtmauer hinauszugelangen.

9. Aber ein sehr leichtes dagegen ist es, mit dem neuen Könige Freundschaft zu schließen. Ich selbst will dieses Geschäft übernehmen! Gurat war mein größter Busenfreund; er wird mich noch kennen, und ich bin überzeugt, er wird mich anhören, wird euch bestätigen in eurem Amte und wird euch noch so manche Vorteile zukommen lassen.

10. Empört ihr euch aber nun über ihn, da er schon gehuldigt und vollmächtig herrschend auf dem Throne sitzt, so werden wir dabei alle ums Leben kommen; und ich frage, wofür dann unsere Racheunternehmung gut war.

11. Was nützt es, im Grimme zu entbrennen über einen reißenden Strom, wenn er angewachsen ist und seine Ufer verheert und das Land und seine Früchte verdirbt?! Wer wird so toll sein und wird sich ergrimmt in seine mächtigen Wogen und Fluten stürzen in der Meinung, durch seine Muskelkraft den Strom aufzuhalten und zu züchtigen?!

12. Und sehet, derselbe Fall ist hier! Wie können wir uns der großen Macht Gurats widersetzen? – Werden wir das tun, da wird er alsbald den ganzen mächtigen Strom seiner Macht über uns leiten, und wir werden alle zugrunde gehen!

13. Das ist mein Rat und meine gegründete Ansicht; ihr aber tut nun, was ihr wollt!"

14. Diese Worte brachten die glühenden Oberpriester in eine tüchtige Traufe, die sie bedeutend abkühlte; und anstatt in den Rachekampf zu ziehen, beriefen sie einen Rat zusammen und berieten, wie sie auf die beste Art von der Welt dem Gurat eine Huldigung darbringen möchten.

15. Und der eine unterpriesterliche Ratgeber sprach: „Lasset das ganz unbesorgt mir über! Morgen werde ich zum Gurat gehen und werde mit ihm unterhandeln, und ihr könnt versichert sein, daß er euch mit sehr kleinen Abänderungen in eurer Würde bestätigen wird!"

16. Damit waren die Oberpriester zufrieden, und der Ratgeber begab sich darauf sogleich zum Könige.

233. Kapitel
Die erfolgreiche Verhandlung des Unterpriesters mit König Gurat

(Den 27. Febr. 1844)

1. Als der abgeordnete Unterpriester mit einiger Mühe vor den König Gurat kam, wurde er sehr freundlich aufgenommen und befragt, was ihn so ganz eigentlich zu ihm, dem Könige nämlich, geführt habe.

2. Und der Unterpriester sprach: „Du weißt, daß da in Hanoch seit dem ungünstig ausgefallenen Versuche, die Hochländer zu besiegen, die Oberpriesterschaft in zwei feindliche Teile zerfallen ist, wovon der eine Teil dich zum Könige berief, während der andere Teil gegen dich von aller Wut entbrannt ist!

3. Siehe, dieser Teil wollte nun eine Macht von dreißigtausend Mann wohlgeübter Krieger zusammenziehen und in der größten Erbitterung gegen dich aufbrechen, um dich womöglich zu verderben!

4. Als ich solchen Entschluß von den ergrimmten Oberpriestern vernommen hatte, da gedachte ich bei mir: ‚Mein ehemaliger Freund, nun der Herr und der König von ganz Hanoch, hat zwar wohl eine bei fünfzigmal größere Macht; aber sie ist in der Tagereisen weiten Stadt zerteilt und würde sich daher auf einzelnen Punkten kaum halten können gegen eine gedrängte Macht von dreißigtausend wohlgeübten Kriegern!'

5. Als ich also deine Gefahr berechnete, da dachte ich mir: ‚Nun koste es, was es wolle! Ich will als ein Ratgeber auftreten und die Oberpriester freundlichst warnen vor solch einer gefährlichen Unternehmung!'

6. Ich tat solches, stellte den Oberpriestern mit den grellsten Farben von der Welt die große und sichere Gefahr, wie das unvermeidliche Mißlingen ihres Planes dar, – und siehe, sie fingen an zu stutzen, wurden kühler und kühler in ihrem Racheeifer und waren in kurzer Zeit dahin gebracht, mit dir zu unterhandeln durch mich, indem ich selbst ihnen das als das bei solchen Umständen Zweckmäßigste bezeichnete.

7. Und so bin ich nun in dreifacher Rücksicht da, und zwar erstlich als Anzeiger dessen, was gegen dich beschlossen ward, fürs zweite als Unterhändler zwischen dir und den Oberpriestern und fürs dritte als noch immer dein alter Freund und Ratgeber!

8. Als solcher rate ich dir demnach, daß du die Oberpriester, weil sie denn doch noch einen starken Anhang haben bei den schwachen Köpfen, mit wenigen zweckmäßigen Abänderungen behalten sollest als Götterdiener vor dem Volke; wir aber wissen es ja ohnehin, wie wir mit dergleichen Narrheiten daran sind, und kennen die Natur als den wahren Gott!

9. Ich glaube, du wirst mich wohl verstehen, was ich damit sagen will; denn du weißt es so gut wie ich, daß da nur das blinde, gemeine Volk an einen Gott oder noch besser an mehrere absolute übersinnliche Gottwesen gewendet werden muß und muß sich vor ihnen fürchten und dem Könige willigst gehorchen, um nicht in die vermeintliche Strafe der Götter zu geraten.

10. Und dazu sind die Oberpriester ganz wie gemacht und auch für die Illusion des Volkes gehörig eingerichtet; daher sollten sie auch nicht so leichtlich aufgehoben werden!

11. Wir Eingeweihte brauchen sie

freilich nicht, da wir die Kräfte der Natur kennen und ihre Gesetze, nach denen sie gleichfort wirken! – Das ist mein Rat; befolge ihn, und du wirst gut fahren!"

12. Diese Unterhandlung hörten auch die königlichen Oberpriester und waren ganz mit dem Rate einverstanden.

13. Und der König sprach: ,,Bruder, du mein liebster, alter Freund, du hast mich zu einem großen Schuldner gemacht! Es geschehe nach deinem Rate! Da du aber ein so scharfsinniger Mann bist, so übergebe ich dir sogleich die Bestimmungen bezüglich der zweckmäßigsten Abänderungen bei der Oberpriesterkaste zu treffen, sie mir kundzugeben, und ich werde dann dazu sogleich mein ,Es geschehe!' fügen!"

14. Und der Ratgeber sprach: ,,So lasse mich nun wieder hinziehen und mit den Oberpriestern Rat halten! Daß sie nach meiner Pfeife tanzen werden, dafür stehe ich dir mit Leib und Leben; es muß aber den Schein haben, als hätten sie die Abänderungen gemacht, sollen sie treupflichtig werden in solcher neuen Verfassung!"

15. Gurat war damit zufrieden, und der Ratgeber begab sich wieder nach Hause.

234. Kapitel
Die Übertölpelung der rebellischen Oberpriester
durch den vom König beauftragten Unterpriester

(Den 28. Febr. 1844)

1. Als der ratgebende Unterpriester wieder bei den Oberpriestern anlangte, da ward er alsbald von tausend Fragen bestürmt; und er konnte zum Glücke so schnell reden, wie schnell da klappert eine Windmühle, und antwortete durch ein Wortgebrodel den hundert Fragern.

2. Aber keiner verstand auch nur eine Silbe, was er sprach. Darum ward er ermahnt, deutlich zu sprechen.

3. Er aber antwortete darauf und sprach: ,,So lasset mir doch Zeit! Lasset mich eher (erst) zu Atem kommen, und fraget nicht alle zugleich, so werde ich auch deutlich genug die günstige Nachricht von Seite des Königs Gurat zu geben imstande sein! Aber wenn ihr alle auf einmal fragend auf mich einstürmet, da muß ich ja so schnell, als mir immer möglich, durcheinanderbrodeln, damit auf solche Art ein jeder Frager so geschwind als möglich befriedigt wird; ob er von der Antwort etwas versteht oder nicht, das ist dann gleich!"

4. Und die Oberpriester beruhigten darauf den Unterpriester und ersuchten ihn ganz gelassen, daß er ganz deutlich und klar die Nachricht vom Könige vor ihnen enthüllen möchte.

5. Darauf erst ging der Ratgeber zur Hauptsache über und sprach: ,,Also höret mich denn an, ihr Diener der Götter!

6. Der Friedens- und Vergleichsantrag wurde vom Könige gar liebfreundlichst angenommen, und er hat euch nach meiner Vorstellung in eurer Würde als Oberpriester bestätigt! Nur müßt ihr euch natürlicherweise gefallen lassen, die Weltherrlichkeit fahren zu lassen; denn da ist er der Alleinherr und König über ganz Hanoch und über das ganze, große Reich. Das ist somit eine Abänderung, die er festgesetzt hat.

7. Dann müssen die Hohenpriester des Scheinkönigs entweder auch zu Oberpriestern werden, oder sie müssen samt dem Scheinkönige zu sein aufhören; denn vom Könige aus werden nur die Oberpriester und die Unterpriester bestätigt.

8. Ferner ist des Königs Wille und Gesetz, daß da alle Kasterei (*Kastenwesen*) ein Ende nehme; und er allein besetzt alle Stellen, die weltlichen wie die geistlichen.

9. Das Gold und die Schätze unserer Paläste nimmt er in den Vollbesitz für seine Staatsgeschäfte; dafür aber sichert er einem jeden Beamten seines Reiches einen standesgemäßen Sold zu, dem geistlichen wie dem weltlichen. Wir aber müssen freilich nun in den etwas sauren Apfel beißen, weil sich die Sache nicht mehr ändern läßt!

10. Dazu weiß er so gut wie wir, daß unser Götterdienst nichts als eine Volksillusion ist! Daher behält er sich denn auch vor, die Sache des Götterdienstes, oder richtiger gesprochen, die Sache der Volksillusion selbst als Oberhaupt zu leiten in geheimen Befehlen an euch; ihr aber müßt dann die wohlberatenen Vollstrecker seines Willens sein!

11. Endlich wird er euch auch einen Generaloberpriester vorsetzen, unter dessen Leitung dann wir alle zu stehen kommen werden! – Das ist nun sein fester Wille. Seid ihr damit zufrieden?"

12. Anfangs war alles ganz stumm auf diese Deklaration; nach einer Weile erst stießen alle Oberpriester einen gemeinsamen Fluch aus und wußten sich aus lauter Grimm nicht zu helfen.

13. Der Unterpriester aber sprach: „Ja, was nützt euch nun das alles? Können wir's anders machen?! Machet einen Aufstand gegen den Mächtigen, so ihr Lust habt, zuerst gespießt und dann bei lebendigem Leibe gebraten zu werden! Denn also drohte er mir, mit allen Widerspenstigen zu verfahren!"

14. Als die Oberpriester solches vernommen hatten, da ergaben sie sich und mußten dann Punkt für Punkt die Bedingungen aufzeichnen also, als hätten sie solches freiwillig erwählt und bestimmt.

15. Als dieses Dokument fertig war, da übernahm es der Unterpriester und ging damit zum Könige.

16. Was darauf, – in der Folge!

235. Kapitel

Des neuen Hofrats Bericht beim König Gurat und dessen Zufriedenheit
Die Ernennung des Unterpriesters zum Generaloberpriester

(Den 1. März 1844)

1. Als der ratgebende Unterpriester bei Gurat ankam, da fragte ihn dieser sogleich, was er bei den Oberpriestern für Geschäfte gemacht hätte.

2. Und der Unterpriester sprach mit überfreudigem Gesichte: „Mein König, mein Herr und mein Freund! Ich sage: die besten von der Welt! Du bist nun ganz Herr über sie! Alle ihre Schätze gehören dein; sie bestehen, wie du es auch weißt, aus den tausend Palästen, in deren jedem wenigstens hunderttausend Pfunde Goldes, doppelt soviel Silbers, der Edelsteine und noch eine unschätzbare Menge anderer Schätze und Kostbarkeiten, Waffen

und Mundvorräte aufgehäuft ist. – Ich frage dich, ob du damit zufrieden bist?"

3. Und der Gurat sprach: „Wenn sich die Sache also verhält, und hast du solches durch deine Beredsamkeit zuwege gebracht, da bist du schon jetzt mein erster Hofrat! Rede aber weiter, und sage mir es unverhohlen, was alles du mit den Oberpriestern bewerkstelligt hast!"

4. Und der Unterpriester sprach: „Mein König, mein Herr und mein Freund! Es wäre hier gerade schade um meine Zunge, daß ich sie umsonst strapazieren sollte!

5. Siehe, hier habe ich ja die ganze Verhandlung auf Goldblech schriftlich, von allen Oberpriestern unterzeichnet; das ist doch sicher mehr als meine eigene Zunge! Nimm dieses überaus wichtige Dokument, und lies es, und du wirst darin alles finden, was und wie ich in deinem Namen mit den Oberpriestern verhandelt habe! – Ich meine, du wirst mit mir darin zufrieden zu sein Ursache haben!"

6. Hier übergab der Unterpriester dem Gurat das Dokument, und dieser las es laut vor allen anwesenden Heldenoberpriestern.

7. Diese klatschten vor Freude in die Hände und lachten und jubelten darüber, solch einen köstlichen Sieg über ihre Feinde errungen zu haben, und das durch die alleinige Klugheit dieses schlauen Unterpriesters.

8. Der Gurat aber fragte den Unterhändler und sprach: „Aber Freund, du sagtest mir ja letzthin, man müsse da die Oberpriester die Bedingungen machen lassen, natürlich mit Vorbehalt des königlichen Interdiktrechtes, falls die Bedingungen für des Königs Pläne nicht taugen würden; aus dem Dokumente aber ersehe ich ganz klar, daß eigentlich nur du diktiert hast, und die Oberpriester waren genötigt, die von dir gesetzten Bedingungen anzunehmen, wollten oder wollten sie nicht! Wir haben nun freilich das Dokument in unseren Händen; wie aber sieht es mit der eigentlichen Zufriedenheit dieser Oberpriester aus?"

9. Und der Unterpriester sprach: „Ja, – wenn du auf die eigentliche Zufriedenheit der Oberpriester sehen willst, da darfst du gleich dein Königtum niederlegen, aber zuvor alle diese deine Freunde ermorden; dann wirst du die Oberpriester zufriedenstellen, – sonst aber durch gar nichts!

10. Freund, der Sieger darf nie den Besiegten fragen: ‚Bist du mit meinem Siege über dich zufrieden?'; denn im Siege über sich wird der Besiegte wohl nie zufrieden sein! Daher muß der Sieger sogleich diktieren und sagen: ‚So muß es sein, und so will ich's haben!'; für den Besiegten aber soll nur die Bitte übrigbleiben!"

11. Großer Beifall wurde dieser Rede gezollt von allen Seiten, und der Gurat machte darum diesen Unterpriester sogleich zum Generaloberpriester und zu seinem ersten Haupt-, Hof- und Geheimrate.

236. Kapitel
Der Generaloberpriester bei den Oberpriestern
Der mißglückte Überfall der Rebellen und ihre Degradierung zu Unterpriestern
Die Ernennung der Unterpriester zu Oberpriestern

(Den 2. März 1844)

1. Der König ließ darauf dem Unterpriester sogleich ein generaloberpriesterliches Kleid machen und versah ihn mit einer königlichen Krafternennung, auf goldenem Bleche eigenhändig geschrieben und dann unterzeichnet von allen den Helden, die ehe (*vorher*) Oberpriester waren.

2. Mit diesem Dokumente versehen, begab sich in der Generalskleidung dieser Unterpriester sogleich zu den Oberpriestern.

3. Als diese ihn also gar entsetzlich ausgezeichnet erblickten, da ergrimmten sie und schrien: ,,Also ist es?! Auch du warst ein Spitzbube unter uns?! Wahrlich, geschehe uns, was da wolle, – für diesen Frevel sollst du von uns Oberpriestern mit dem Tode bestraft werden! – Ihr uns getreuen Unterpriester, ergreifet diese Bestie und werfet sie samt den Generalskleidern in den Abgrund, darin lebendiges Feuer lodert!"

4. Bei diesem Aufrufe erregte sich der General und schrie mit gebieterischer Stimme: ,,Halt! Zurück, ihr Teufel! Dieser Aufruf, dieses Urteil fehlte noch zu eurem völligen Untergange!

5. Sehet, hier ist das Dokument des Königs und die Unterschriften aller eurer Feinde und Verderber! Laut diesem Dokumente bin ich, was ich bin: ein vollmächtiger General über euch alle!

6. Hier unter meinem Kleide ist des Königs Schwert zum Zeichen, daß der König auch euer elendes Teufelsleben in meine Hand gelegt hat, wie das Dokument weist! – Verstehet ihr Teufel mich?!

7. Draußen aber stehen viertausend geharnischte Kämpfer! Ein Zeichen von mir, – und ihr lieget in wenigen Augenblicken zerstückt in diesem Saale, in dem ihr so viele Greuel habt ausüben lassen und zu noch mehreren die höllischsten Pläne gefaßt habt!

8. Als Unterpriester mußte ich eure teuflische Verschmitztheit leider lang genug ansehen; aber diese Zeit ist verronnen, und nun habt ihr Teufel eure Satansrollen und -bleche ausgespielt! Von jetzt an soll es anders werden!"

9. Hier zog der General plötzlich sein Schwert hervor, gab ein Zeichen, und im Augenblicke drangen von allen Seiten geharnischte Krieger mit blanken, mächtigen Schwertern und Lanzen hinein in den Saal.

10. Und der General fragte nun mit einem höhnenden Tone die entsetzten Oberpriester: ,,Nun, wo sind denn eure getreuen Unterteufel, daß sie mich ergriffen und dann ins lebendige Feuer schleppten?!

11. Ich frage euch nun: Wollet ihr euch nicht rächen an dem Spitzbuben unter euch? Habt ihr keine Lust mehr dazu? – Ihr zaudert? Bin ich denn nicht hier?!"

12. Die Oberpriester aber schäumten vor Wut und Todesangst zugleich; denn sie sahen sich für verloren an.

13. Der General aber sprach: ,,Fürwahr, wäret ihr nicht gar so schlecht, so hätte ich euch gleichwohl zerhauen lassen; aber ihr seid zu schlecht für das edle Schwert! – Aber umkehren will ich euch und mache euch zu Unterprie-

stern und eure getreuen Unterpriester zu Oberpriestern! Und also geschehe es!"

14. Hier fingen die Oberpriester an zu heulen; und die Unterpriester aber jubelten und krönten den General. Die Oberpriester mußten ihre Kleider wechseln mit den Unterpriestern und sogleich beziehen ihre Wohnungen, und die Unterpriester die der Oberpriester.

15. Und so endete diese Szene.

237. Kapitel
Der Generaloberpriester in der Burg des Scheinkönigs
Die blutige Unterwerfung der Hohenpriester und die Entthronung des Scheinkönigs

(Den 4. März 1844)

1. Nach dieser Operation nahm der General der Krieger einige mit und begab sich sogleich in die Burg des Scheinkönigs, in der auch die ‚allwissenden' Hohenpriester wohnten, die aber diesmal doch nicht wußten samt ihrem Gottkönige, was über sie kommen werde.

2. Als der General alldort anlangte, verlangte er sogleich, zum Könige eingelassen zu werden.

3. Die Hohenpriester aber widersetzten sich diesem Verlangen des Generals; denn sie wußten samt dem Könige noch nichts von dem, was da in wenigen Tagen in Hanoch alles für Veränderungen vorgegangen waren.

4. Der General aber fuhr sie an und sprach: ,,So ihr mich nicht augenblicklich zum Könige vorlasset, so sollet ihr von diesen Kriegern in kleine Stücke zerhauen werden!"

5. Als die den König bewachenden Hohenpriester solche Androhung von dem General vernommen hatten, da ergrimmten sie und zogen ihre in ihren Kleidern verborgenen Dolche hervor und schrien: ,,Rache dem Frevler an der Gottheit des Königs!" Auf diesen Ruf wollten sie sogleich mit aller Wut über den General herstürzen.

6. Da wich der General zurück und gebot sogleich den großen und starken geharnischten Schwertführern, daß sie die Hohenpriester zerhauen sollten.

7. Und die Schwertmänner hieben sogleich in die kleine Schar der Hohenpriester und zerspalteten drei vom Kopfe bis zu den Füßen und verwundeten sieben sehr schwer.

8. Als die etlichen noch übriggebliebenen dreißig ersahen, was dieser General tue, da fielen sie nieder und flehten um Schonung.

9. Und der General berief die Krieger zurück und sagte zu den Flehenden: ,,Fürs erste liefert sogleich eure Waffen aus, und dann öffnet mir das Tor, daß ich zum Könige gelangen kann! Was ferner mit euch geschehen soll, das werdet ihr in des Königs Kammer erfahren!"

10. Auf diese sehr scharfe Anrede warfen die flehenden Hohenpriester sogleich ihre Dolche von sich und öffneten den Saal, in dem soeben der König in ganz goldenen Kleidern den Thron bestieg, um vom selben aus die Kommenden zu empfangen und sie um ihr Anliegen zu befragen.

11. Als der General an die Stufen des Thrones kam, da fragte ihn der über solche Keckheit erstaunte König: ,,Mensch, du sterbliches Tier, was willst du so keck von mir, deinem

Gott, von deinem ewigen Herrn, dessen Thron golden ist von Ewigkeit? – Willst du eine Gnade von mir oder eine Strafe?"

12. Und der General sprach im ironischen Tone: „O Gott, Herr und König! Siehe, ich will nichts mehr und nichts weniger, als daß du jetzt deiner Ewigkeit und Gottheit entsagen sollst und sollst auch so ein bürgerliches Menschentier werden, wie unsereins ist! Was aber diese Burg und was diesen ewigen Goldthron betrifft, so gehören sie schon jemand anderm! Steige aber nur ein wenig herab! Hier wirst du dann deine Goldkleider mit ganz ordinären bürgerlichen vertauschen und dann mit all den Deinigen hinaus in die frische Luft ziehen!"

13. Und der ‚Gott' knirschte vor Zorn: „Gehe hinaus, gehe hinaus, – sonst lasse ich Feuer vom Himmel regnen!"

14. Und der General sprach lächelnd: „Oh, oh, – das mußt du nicht sogleich tun! Denn da könntest du ja das Meer brennend machen und die Erde auch; und für die wäre es ja doch ewig schade! Siehe, siehe, du kleines Gotterl (*Gottchen*) du, was Schlimmes du nun bewirken möchtest! Steige daher nur ganz gutwillig herab, sonst müßte ich dich durch diese schlimmen Geister herabtragen lassen!"

15. Hier stampfte der König mit dem Fuße, und einige hinter dem Throne versteckte Naturzauberer machten einen Rauch und warfen glühende Kohlen in die Höhe.

16. Der General aber lachte und befahl, das schlimme Gotterl vom Throne zu ziehen. Solches geschah sogleich, und die schlechten Pyrotechniker flohen mit ihren Glutpfannen ganz behende davon.

17. Diese Entthronung ward dann bald zum allgemeinen Gelächter der Stadt.

238. Kapitel

Das Verhör der dreißig Hohenpriester durch den General und ihre Begnadigung

(Den 5. März 1844)

1. Als der König auf diese Art versorgt und mit bürgerlichen Kleidern angetan war, da wandte sich der General an die dreißig Hohenpriester und sprach:

2. „Sehet, euer Gott ist bereits versorgt und euer König gekrönt mit der Bürgerkrone, die ihm viel besser stehen wird als diese Schein- und Trugkrone, unter der er viel zu sein wähnte, aber dennoch weniger als nichts war!

3. Nun handelt es sich um eure Versorgung, ihr alten gewissenlosen Menschenbetrüger! Worin soll diese bestehen? – Ich will euch eine Frage stellen; aus ihrer Beantwortung soll es sich dartun, was ihr zu erwarten haben werdet! Und so höret mich denn an!

4. Also lautet die Frage: Waret ihr wissentliche oder unwissentliche Betrüger des Volkes, wie auch dieses von euch kreierten Königs? Glaubet ihr, daß dieser Schwächling der Menschheit in allen Teilen ein Gott sei, – was ihr das Volk wie diesen König glauben machtet? Glaubet ihr in und bei euch selbst ernstlich an einen oder mehrere Götter? Oder glaubet ihr solches nie und habt die alten Mythen aus den Büchern Kinkars nur – wider euren eige-

nen Glauben! – zum schändlichsten Truge des Volkes umgearbeitet und entstellt benützt?

5. Diese Frage beantwortet mir ganz gewissenhaft! Jede Zauderung und etwaige geflissentliche Zurückhaltung werde ich mit dem Schwerte an euch züchtigen! Und so fanget an zum ersten Male in eurem Leben, die Wahrheit mit dem Munde offen zu bekennen! Es geschehe!"

6. Diese Frage versetzte die dreißig in alle Farben; und da auf die Zögerung gewisserart der Tod gesetzt war, so begann einer von ihnen sogleich sogestaltig zu reden und sprach:

7. „Mächtiger Herr General! Du als ehemaliger Unterpriester weißt es so gut wie wir, wer unsere Herren waren! Waren wir nicht mit eherner Gewalt genötigt, all diesen Trug zu unterhalten?! Was nützte uns da unser Gewissen?!

8. Der Druck für den Magen ist empfindlicher als der des Herzens! Mit dem elendesten Gewissen läßt sich immer noch leben; aber mit dem leeren Magen nicht! Darum beschwichtigten auch wir das Herz, damit wir dadurch etwas für den Magen bekamen! Und du als ein Unterpriester mußtest ebenso tun, so dir die tägliche Füllung des Magens doch unmöglich – so gut wie uns – unerläßlich war!

9. Du wußtest es lange gleich uns, wie viel Wahres an unserer Götterlehre sich vorfand! Du wußtest, daß diese Lehre ein allerbarster und schändlichster Betrug des Volkes war! Warum gingst du als ein wahrer Philantrop denn nicht zu den Oberpriestern und hieltest ihnen ihre himmelschreiende Ungerechtigkeit vor?

10. Siehe, auch du hattest dein Gewissen beseitigen müssen, damit fürs erste deine Haut ganz blieb und fürs zweite dein Magen keinen Leerheitsdruck zu verkosten bekam! Ich und wir alle sprachen gar oft unter uns: ‚Es ist schändlich, wie das Volk von uns betrogen wird!' Aber was nützte das? Konnten wir's ändern?!

11. Wenn es dir aber nun gelungen ist, die Macht der Oberpriester zu brechen und dich zum Herrn aufzuwerfen, so gedenke, daß auch wir Menschen sind, und daß wir, was wir taten, zu tun genötigt waren!"

12. Der General war mit dieser Antwort zufrieden und sprach: „Gut, ihr habt die Wahrheit geredet; so will ich euer auch schonen! Ich habe die Oberpriester zu Unterpriestern gemacht und die Unterpriester zu Oberpriestern durch die mir vom neuen Könige Gurat verliehene Gewalt, und so mache ich als Generaloberpriester nun auch euch zu Unterpriestern ersten Ranges! Es sei!"

13. Damit waren die den Tod erwartenden Hohenpriester zufrieden und wurden sogleich mit Sack und Pack in die unterpriesterliche Wohnung befördert.

239. Kapitel

Des Generals weitere Verhandlung mit dem entthronten Scheinkönig und dessen dumme einstudierte Königsrede. Die gewaltsame Entfernung des Scheinkönigs und die Übergabe der Burg an den König Gurat

(Den 6. März 1844)

1. Als die Hohenpriester auf diese Art versorgt waren, da wandte sich der General wieder an den Scheinkönig und sprach zu ihm:

2. „Nun, in dieser einfachen Kleidung bist du ein Bürger und somit zum ersten Male in deinem Leben etwas Reelles; denn als König warst du nichts anderes als ein auf das allerschändlichste betrogener Mensch, ein müßiges Scheinwerkzeug in der Gewalt der Priester, und hattest nicht einmal das Recht, je in die frische Luft hinauszugehen zu dürfen!

3. Da du aber nun ein reeller Mensch, ein freier Bürger Hanochs geworden bist, so kommt es nun auf dich an, wo du ein eigenes Haus haben willst, ob in der Stadt innerhalb der Mauer, oder ob in einer der tagereisenlangen Gassen zu den zehn Vorstädten! Oder willst du in den Vorstädten selbst ein Wohnhaus samt Garten und Acker haben? Darüber erkläre dich vor uns!"

4. Und der Scheinkönig sprach ganz zornig noch: „Was habt ihr Frevler an meiner Heiligkeit mich darum zu fragen?! Gehört doch Himmel und Erde mir, – und ich sollte mir hier nur höchstens ein unansehnlichstes Bürgerhaus auswählen dürfen?! Ich, für den selbst dieser Goldpalast eine allerschmählichste Wohnung ist?!

5. Ich, Schöpfer Himmels und der Erde, der von ewig her in Tempeln aus Sonnen erbaut wohnte, sollte nun hier auf meiner Erde in eines gemeinen Bürgers Keusche (*Hütte*) wohnen?! Nein, nein! Das tut ein Gott nimmer! Er wird euch ganz verlassen und wird sich wieder zurückziehen in seine ewige Sonnenburg und wird von dort aus ein großes Strafgericht über euch, ihr höllischen Frevler, senden; dann erst werdet ihr es erkennen, daß da der erste Betrug besser war als der zweite!

6. Ich nehme somit kein Bürgerhaus an, wie auch gar keine andere Wohnung, weder innerhalb noch irgend außerhalb der großen Mauer, sondern ich will euch gänzlich verlassen für ewig und euch überliefern dem unbarmherzigsten Strafgerichte!

7. Meinst du, der du für die Ausführung deines Planes mit dem ehernen Schwerte agieren mußt, ein Gott bedarf auch der Waffen, um seine Pläne in Ausführung zu bringen? – O nein! Nur einen Wink, – und der Himmel ist nicht mehr, und die Erde ist nicht mehr!"

8. Nun war der Gottkönig mit seiner mühsam eingelernten Rede fertig; denn solche und noch andere ähnliche Reden fanden sich in den Büchern Kinkars vor, und unser Gott studierte sich mehrere davon ein und machte dann bei Gelegenheiten Gebrauch davon, indem doch ein Gott etwas weiser reden muß als irgendein anderer Mensch.

9. Obschon aber diese Rede eine der besten war, die er auswendig konnte, so half sie ihm aber diesmal dennoch nichts.

10. Fürs erste lachte der General dem göttlichen Redner nur ins Gesicht und sagte: „Du mußt nicht so schlimm sein; denn wenn du nun so stützig wärest und möchtest mir nicht folgen, da müßte ich dir ja sogleich aufs nackte Gesäß einen Schilling geben lassen, der

dir sehr wehe täte! Daher folge mir nur gutwillig; denn siehe, anders wird es nicht, als es jetzt ist!"

11. Und fürs zweite aber befahl der General den Kriegern, daß sie den ‚allmächtigen Gott' ergreifen und fortschleppen sollten, so er nicht gutwillig gehen möchte.

12. Es sträubte sich aber der Gottkönig ganz entsetzlich, den Palast zu verlassen. Aber das half wenig.

13. Drei Krieger packten ihn und trugen ihn hinaus ins Freie und brachten ihn sogleich zu den Oberpriestern.

14. Da er aber dort sehr tobte und fluchte, so ließ ihm der General im Ernste einen recht derben Schilling aufs nackte Gesäß geben, und dies Pflaster wirkte beruhigend auf den Gottkönig, der sich in sein Schicksal ergab.

15. Drei Tage lang ließ dann der General die goldene Burg fegen und reinigen und ging dann zum Gurat und übergab ihm die Schlüssel dieser Burg und berichtete ihm alles, was er für ihn getan hatte. – Daß Gurat damit überaus zufrieden war, braucht kaum erwähnt zu werden.

240. Kapitel

Die Untersuchung der neuen priesterlichen Einrichtungen durch Gurat
König Gurats Begegnung mit den Priestern. Die trotzige, aber gute und
warnende Rede der ehemaligen Oberpriester. Die Verbannung der Oberpriester

(Den 8. März 1844)

1. Darauf bestimmte der Gurat einen Tag zur Untersuchung aller der priesterlichen, vom Generale bewerkstelligten Einrichtungen. Es war der siebente Tag bestimmt.

2. Als dieser Tag herankam, da berief der Gurat seinen ganzen Hofstaat zusammen und begab sich mit ihm, vom Generale geleitet, in die ungeheure Wohnburg der Priester, die so viele Zimmer hatte, daß in selben bei fünfmal hunderttausend Menschen bequem untergebracht werden konnten.

3. Als der Gurat in diese große Burg, die ihm wohlbekannt war, trat, da ward er als ehemaliger Genosse von den neuen Oberpriestern auf das allerausgezeichnetste empfangen und über alle Maßen beglückwünscht; aber als er zu den Unterpriestern kam, da rührte sich niemand, und jeder wandte sein Gesicht ab von ihm.

4. Das fiel dem Gurat auf, und er stellte eine ernste Frage an die stützige und trotzige Unterpriesterschaft, warum sie ihm also begegne, nachdem sie doch wissen werde, daß er der Alleinherr über ganz Hanoch sei, wie über das ganze, große Reich.

5. Die Unterpriester aber sprachen: „Wir erkennen dich als keinen Herrn über uns, wohl aber als einen Rebellen gegen unsere rechtmäßige von allen Göttern bestimmte Oberherrlichkeit! Wir müssen dir wohl gehorchen, weil du alle Macht an dich gerissen hast, aber achten können wir dich ewig nimmer – und noch weniger salben und krönen!

6. Wir werden wohl tun, was du gebieten wirst, – aber unsere Angesichter werden ewig von dir abgewandt bleiben, und unsere Herzen werden allzeit mit Verachtung gegen dich erfüllt sein!

7. Wie aber wir uns gegen dich verhalten werden, also wird Sich auch der

alte Hauptgott und die neuen Götter, die nichts als Seine auswirkenden Kräfte sind, gegen dich verhalten!

8. Wir beherrschen das Volk in Seiner Ordnung, wir nahmen ihm das Gold als ein Hauptgift fürs innere Leben weg und demütigten die Hochmütigen mit der Sklavenkette und mit der Zungenlähmung. Aber wir begingen einen Fehler, und dieser bestand darin, daß wir das gelbe Gift für uns behielten! Es hat uns vergiftet und geblendet, und wir konnten nimmer durchschauen unserer Feinde Pläne; darum schmachten wir nun hier als schlechte Sachwalter der ewigen Interessen des alten Gottes!

9. Solches aber geschieht uns recht, und wir sind froh, daß uns Gott so gnädig heimgesucht hat, und daß wir erkennen, daß uns Gott also heimgesucht hat; du aber bist ganz, wie von uns, also auch von Gott abgefallen und wirst nimmer eine Wiederbindung an Denselben finden!

10. Nicht am Verluste unserer Herrlichkeit liegt uns, sondern daran, daß wir auf halbem Wege sind getötet worden, an dem wir das Volk wieder zur alten Ordnung zurückgebracht hätten!

11. Nun aber ist es geschehen! Du hast nun alle Geister in den Menschen getötet; nichts mehr lebt in ihnen als die Naturkraft, die du allein für den Gott hältst!

12. Daher ist aber auch das Gefäß voll geworden, von dem einst Kahin Kunde erhielt und Farak geweissagt hat, und das Gericht Gottes sitzt uns schon im Genicke! Darum auch geben wir dir hier den Fluch anstatt des Segens! – Das sind unsere letzten Worte an dich!"

13. Der Empfang wollte dem Gurat nicht munden; er ergrimmte, ließ alle diese Unterpriester stäupen und verschob sie dann hinaus an die weiten Ufer des Meeres und setzte dann ganz andere Unterpriester ein, die ihm überaus gewogen waren.

14. Mit dieser Expedition aber wurde auch jede Spur von Mir, dem allein wahren Gotte, expediert, und das allernichtigste und finsterste Heidentum nahm seinen völligen Anfang.

15. Diese alten Priester kannten Mich wenigstens noch für sich; nun aber kannte Mich niemand mehr. Denn die Heldenoberpriester waren noch Neulinge und noch nicht eingeweiht in die Weisheit der Alten und wußten wenig oder nichts von Mir!

16. Was aber da weiters, wird die Folge zeigen!

241. Kapitel
Die geistliche Politik des Generaloberpriesters und seine Rede vor dem Priesterrat

(Den 9. März 1844)

1. Nach dieser Expedition und nach der neuen Einsetzung der Unterpriester aber berief der Gurat einen Priesterrat zusammen, in dem da bestimmt werden sollte, wie die neue Gotteslehre fürs Volk aussehen solle.

2. Als der Rat in der Burg des Königs beisammen war, da erhob sich alsbald der Generaloberpriester und sprach: „Mein König und mein Herr, laß mich sprechen in dieser wichtigen Sache, von der einzig und allein deine und unser aller Wohlfahrt abhängt! Denn stellen wir die Gottlehre plump

auf und verleihen ihr nicht den größten Pomp und Prunk, so ist sie so gut, als wäre sie gar nicht!

3. Aus diesem Grunde müssen die dem Volke bekannten Götter beibehalten und noch eine Menge hinzugestellt werden, aber mit der wichtigen Abänderung, daß wir ihnen an verschiedenen, unheimlich aussehenden Orten große Tempel von sehr mystischer Gestalt erbauen und in selben die Gottheit in möglich kolossalster Größe formen; denn alles Kolossale übt auf den beschauenden Menschen einen mächtigen Eindruck aus und erschüttert sein Gemüt.

4. Für jede Gottheit müssen wir auch Priester kreieren, die aber mit allen Salben der geistlichen Politik gesalbt und imstande sein müssen, auf dem Wege der natürlichen Zauberei ihre Gottheit die entsprechenden Wunder wirken zu lassen. Mechanik und Chemie müssen solchem Priester eigen sein, und je pfiffiger er die Wunder erzeugen wird, desto besser soll er stehen!

5. Denn es sei ja ferne von uns, solche Priester etwa von der Staatskasse aus zu besolden; sondern jedem werde gesagt: ‚Siehe, der Tempel ist ein Fettstock! Du wirst als Katze hingestellt; willst du fressen, so wisse den Fettstock anzupacken!', und wir können im voraus überzeugt sein, in wenigen Jahren wird unser Reich strotzen von den tiefsinnigsten Wundern aller erdenklichen Art, und das Volk wird sich vor lauter Andacht und Ergebung ordentlich nicht zu helfen wissen!

6. Vor allem aber muß darauf gesehen werden, daß da ein jeder Priester eines Tempels mit der bestimmten Gottheit die größte Verschwiegenheit beachte, daß er bei Todesstrafe allzeit nüchtern sei gegenüber einem jeden Menschen aus dem Volke, daß er ferner schwer zu sprechen sein muß; und wenn er schon mit jemandem redet, daß er da so unverständlich als möglich rede, – denn was der gemeine Vernunftmensch versteht, hält er nicht für göttlich!

7. Bei jedem Tempel aber muß dann auch ein Volksredner von guter Zunge angestellt sein, der es gehörig versteht, des Tempels und der Gottheit Wundertaten im selben dem Volke anzupreisen; zur Befähigung solcher Priester und Redner aber sollen nur hier in Hanoch die Schulen sein!

8. Ich meine, wenn dieser mein Vorschlag in Anwendung gebracht wird, so haben wir dadurch für alle Zeiten der Zeiten gesorgt und brauchen dem Volke nicht einmal direkte Steuern aufzuerlegen; denn die Tempel mit den Göttern und Priestern werden ihm die Schätze schon ohnehin auf die unschuldigste Art von der Welt herauskitzeln, und die Regierung wird das Aussehen haben, als wäre sie eine Tauben- und Lämmerregierung. Daß die Welt aber betrogen werden will, das ist eine altbekannte Sache; also sei sie denn auch betrogen! –

9. Nun aber noch eins! Du, König, sollst die Oberherrlichkeit der Hochländer anerkennen? – Das sehe ich nicht ein, wozu diese gut sein sollte! Ich meine, wir stehen auf dem Grunde und sollen daher fester sein als die Hochländer!

10. Weißt du, König, was wir da tun? – Siehe, wir nehmen die Treppe hinweg, und die Hohen sollen dann sehen, wie sie zu uns herabkommen mögen, das heißt, wir skarpieren alle die möglichen Zugänge ins Hochland um hundert Mannshöhen, und die Hohen mögen sich da Flügel wachsen lassen, wenn sie zu uns herab wollen!

11. Mehr sage ich vorderhand nicht und lasse das Weitere dir, o König, über!"

12. Der König und alle waren mit diesem Rate über die Maßen zufrieden, und dieser Rat wurde auch allerschleunigst und tätigst ins Werk gesetzt. Schon am nächsten Tage wurden alle Architekten, Bildner und Mineure zusammenberufen.

242. Kapitel
Die Isolierung der Hochländer durch Abskarpierung der Bergabhänge
Die Energie der Urvölker. Die Erbauung der neuen Heidentempel

(Den 11. März 1844)

1. Die Mineure nahmen zweimal hunderttausend Mann, ein jeder ausgerüstet mit den für ihr Geschäft nötigen Werkzeugen.

2. Die Ingenieure untersuchten die möglichen Zugänge ins Hochland und fanden deren bei fünfzig, die von oben herab wohl im äußersten Falle gangbar gemacht werden konnten. Aber so jemand von unten hinauf möchte, so gelangte er wohl bis zu den vielen Schluchtenmauern, aber über diese, die turmhoch waren, war es nicht möglich zu kommen; die Hochlandsbewohner aber konnten mit Strickleitern hinab über die Mauern und von da nachher auch in die Ebene des Tieflandes gelangen.

3. Es waren in der Höhe freilich mehr als fünfzig vermauerte Pässe; aber die Gräben und Schluchten kamen stets mehr in der Tiefe zusammen und vereinten sich, und es wurde da aus zwanzig Gräben und Schluchten nur ein Hauptgraben. Wurde dieser unpassierbar gemacht, so wurden dadurch auch alle höheren Ausläufer dieses einen Hauptgrabens zu nichts nütze.

4. Die fünfzig Zugänge wurden im Verlaufe von drei Monden bei zweihundert Mannshöhen senkrecht abskarpiert, und das nicht selten in einer Breite von vierzig bis hundert Klaftern. Dadurch ward es nun den Hochlandsbewohnern rein unmöglich gemacht, je in die Ebenen Hanochs zu gelangen; und so war diese Arbeit gar zweckmäßig in solcher kurzen Zeit beendet, zu der in der jetzigen Zeit (*zur Zeit Lorbers!* 1844) sicher mehrere Jahre erforderlich sein möchten.

5. Diese Urvölker hatten überhaupt das Eigentümliche, daß sie eine Arbeit zuvor wohl berechneten, dann aber wendeten sie auf einmal so viel Kraft an, daß solch eine Arbeit in der möglich kürzesten Zeit beendet werden mußte.

6. Denn sie sagten: „Es kostet eines und dasselbe, ob wir mit wenigen Arbeitern eine längere Zeit auf ein Werk verwenden, oder ob wir mit vielen Arbeitern eine kurze Zeit auf dasselbe Werk verwenden; im zweiten Falle aber gewinnen wir an der Zeit und machen dadurch das Werk früher benützungsfähig, – was dann ein Hauptgewinn ist!"

7. Weltlich genommen und spekuliert hatten sie sicher ganz recht; wer diese Regel geistig beachten möchte, der würde auch besser fahren, als auf dem Wege seiner lauen Saumseligkeit.

8. Auf diese Weise wurden auch für die Erbauung der Tempel bei zwei Millionen Arbeiter beordert, und in einem

Jahre wurden allorts allerart Tempel mit Nebengebäuden, in allem bei tausend an der Zahl, erbaut und mit allem versehen.

9. Wie aber die Gottheiten in denselben verteilt und wunderwirkend errichtet wurden, davon in der Folge einige Skizzen!

243. Kapitel
Die Beschreibung einiger der neuen Götzentempel
Der Ochsentempel

(Den 12. März 1844)

1. Hier sind einige Skizzen von den wunderlichen Götzendarstellungen in den Tempeln:

2. In einer tiefen Gebirgsschlucht, wo ein wilder Gebirgsbach tobte und sich über hohe Felswände in jähen Fällen zerstäubte, war in einem ziemlich geräumigen Felsenkessel ein großer halbrunder Tempel erbaut.

3. Die Vorderwand war gerade, und an sie schloß sich ein halbzylinderförmiger Hinterbau, an den sich dann das Wohngebäude der betreffenden Priesterschaft anreihte.

4. An der Vorderwand dieses Tempels befanden sich zuoberst zwei große eirunde Fenster, gleichgestaltig mit den Augen eines Ochsen.

5. Ein paar Klafter tiefer, aber gerade in der Mitte zwischen den beiden Oberfenstern, waren wieder zwei länglich runde Fenster, aber ziemlich knapp nebeneinander angebracht; aber ihre Länglichkeit war senkrecht gegenüber der waagerechten der oberen beiden mit den Augen eines Ochsen korrespondierenden Fenster.

6. Endlich war zuunterst ein bei vier Klafter breites, mit drei schwarzen Säulen unterstütztes und eineinhalb Klafter hohes Tor angebracht, das von der Ferne ziemlich das Ansehen eines Ochsenmaules hatte.

7. Und da die ganze Vorderwand um die Ober- und Unterfenster und um das Tor also bemalt war, wie da aussieht eines Ochsen Kopf, und zuoberst der Wand über den Augenfenstern zwei Ausläufer gleich zwei Hörnern und an den beiden Seiten der Vorderwand parallel mit den Augenfenstern zwei große Blechohren angebracht waren, aus denen durch Röhren geleitet beständig ein mächtiger Rauch ging, so hatte diese Front das ganz schauerlich großartige Aussehen eines Ochsenkopfes.

8. Das Innere des Tempels war dunkelrot bemalt, und im Hintergrunde des Tempels, wie in einer mächtig großen Nische, stand ein kolossaler Ochse, aus Kupferblech angefertigt. Seine Hinterfüße waren so dick, daß man durch sie mittels einer Leiter recht bequem in den großen Bauch des Ochsen gelangen und da allerlei Blendwerk ausüben konnte.

9. Das Blendwerk aber bestand darin: Bei wallfahrtlichen Besuchen dieses gar wundertätigen Tempels und Götzen wurde der enorm große Kopf fortwährend auf und ab mittels eines innern Hebels bewegt. Dann war innerlich im Bauche ein starker Blasebalg angebracht. Durch den wurde Rauch und nicht selten auch Flammen zum Rachen des Ochsen hinausgetrieben, worauf es dann im Ochsen gewaltig zu donnern anfing.

10. Und wenn der entsetzliche Donner ein Ende nahm, da erst nahm der im Bauche des Ochsen befindliche Redner ein großes, blechernes Sprachrohr und richtete einige unzusammenhängende Worte an das bebende Volk.

11. Darauf ward dann der Ochse ruhig, und der Oberpriester kam durch eine Hintertür zum Vorschein, zündete ein Rauchwerk an und bestimmte die Opfer fürs Volk und die nächste Opferungszeit.

12. Wer da ein Rindvieh hatte, mußte hier opfern, sonst ward ihm das Rindvieh bald krank und krepierte, – was natürlich die dienstbaren Geister dieses Tempels bewirkten.

13. Nächstens der Skizzen mehr!

244. Kapitel
Der Sonnentempel

(Den 13. März 1844)

1. Eine starke Tagereise von Hanoch gegen Mittag hin auf einem ganz kahlen Felsengebirge ward einer der allerverdächtigsten Tempel errichtet, in dem die Sonne verehrt ward.

2. Warum aber war dieser Tempel so verdächtig? – Die nähere Darstellung desselben wird das klar zeigen!

3. Der Tempel war vollkommen rund. Die eine Hälfte des Tempels hatte eine feste Wand; die andere Hälfte aber war offen und bestand aus sechs Säulen, die das kegelförmige Runddach trugen.

4. An der Festwandseite, die gegen Abend gewendet war, war das priesterliche Wohngebäude ganz fest angebaut und hatte für hundert Priester Wohnraum und war gleich hoch mit dem Tempel, der eine Höhe von zehn Klaftern und ebensoviel im Durchmesser hatte.

5. Gerade in der Mitte der Festwand des Tempels war ein bei zwei Klafter im Durchmesser habender feinstpolierter, aus dickem Goldbleche bestehender Hohlspiegel angebracht, der durch kunstvolle Mechanik nach allen Graden eines Halbkreises hin und her und auf und ab gerichtet werden konnte.

6. In genau zehn Klafter Brennpunktweite gegen Abend hin waren zwischen den sechs Säulen fünf Schuh hohe und vier Schuh im Durchmesser habende runde Opferaltäre angebracht.

7. Von der Priesterwohnung führte ein unterirdischer Gang genau unter den Mittelaltar, das heißt der von den fünf Altären zwischen den sechs Säulen der natürlich mittlere war.

8. Dieser Altar war hohl. Unter ihm befand sich eine Hebemaschine; diese hob einen steinernen Stempel, der genau in die Höhlung des Altars paßte.

9. Wenn nun der opfernde Priester in seinem Goldkleide in den Tempel, den das Volk umstand, kommen wollte, so stellte er sich auf den steinernen Stempel und ward in die Höhe gewunden durch eine Maschine, hob natürlich mit dem Kopfe den goldenen Deckel des Altars in die Höhe und stand auf diese Art auf einmal wie hergezaubert, mit einem goldenen Hammer in der Hand, auf dem Altare.

10. Wenn dann das Volk hinzuging und sich überzeugte, daß der Altar von festem Steine war, durch den kein natürlicher Mensch dringen kann, so sah es den Priester für ein höheres Wesen an. Darauf deckte der Priester den Altar wieder zu und murmelte einige un-

verständliche Worte und klopfte dann dreimal auf den Deckel des Altars, und sogleich hob sich der Deckel wieder, und ein zweiter Priester, mit Rauchwerk versehen, kam hervor.

11. Die Operation geschah noch dreimal aufeinander. Dann ward der Mittelaltar fest geschlossen, die vier andern Altäre wurden abgedeckt, und die vier Opferpriester legten ihr Rauchwerk auf die ebenfalls weißen Steinplatten.

12. Wenn nun das Rauchwerk gelegt war, da beteten die Priester den Hohlspiegel an, der die Gestalt der Sonne hatte. Der Oberpriester aber klopfte mit dem Hammer auf eine andere Platte, und alsbald ward der sonst verdeckte Hohlspiegel entdeckt und ward gedreht durch einen innern Mechanismus, den ein Kunstverständiger leitete.

13. Der mächtige Brennpunkt fiel nun auf einen der vier Opferaltäre und verzehrte im Augenblicke das leicht entzündliche Rauchwerk.

14. Wenn auf allen vier Altären das Rauchwerk verzehrt war, da trat dann ein Redner auf den Mittelaltar und hielt eine entsetzliche Rede an das Volk und zeigte, daß die Sonne ganz in der Gewalt dieses Tempels stehe. Darum mußte das Volk gewaltig opfern, wenn es schöne Tage und ein gutes Jahr haben wollte.

15. Mehr brauche Ich von diesem Satanswerke nicht zu sagen; denn es kann jeder Denkende leicht ersehen, welche Wirkung dieser Trug beim sehr finster gehaltenen Volke hervorbringen mußte.

16. Nächstens in der Art mehr!

245. Kapitel

Der Windtempel

(Den 15. März 1844)

1. Im Osten von Hanoch, und zwar in einer Entfernung von drei Tagereisen, befand sich ein mäßiges Gebirge.

2. Der höchste Teil dieses Gebirges bestand aus vier gleich hohen Hügeln, die da alle eine ziemlich regelmäßige Kegelgestalt hatten; diese vier Hügel standen aber nicht etwa nach der Reihe hin, sondern also, daß ihre Spitzen die Enden oder Ecken eines ein wenig verschobenen Vierecks bildeten.

3. In der ziemlich bedeutenden Hochebene zwischen diesen vier Hügeln befand sich ein nicht unbedeutender See, der gut bei drei Stunden im Umfange hatte. Dieser See hatte vier ziemlich starke Abflüsse, und das natürlich durch die vier Täler zwischen den vier Hügeln.

4. Auf einem jeden dieser Hügel war ein offener Säulentempel erbaut, und etwas tiefer — am See schon beinahe — befanden sich die Wohngebäude für die Priester, die aber keine Türen hatten, die irgend offen am Gebäude ersichtlich gewesen wären, sondern von der entgegengesetzten Seite des Hügels ging ein Tunnel, durch den allein man in das Wohngebäude gelangen konnte; ebenso ging auch ein unterirdischer Gang von jedem Wohngebäude zum Tempel auf der Höhe des Hügels.

5. In der Mitte eines jeden Tempels war ein mächtiger Pfeiler erbaut. An einer jeden der vier Wände des Pfeilers war ein kolossaler hohler Metallkopf von plumper Arbeit eingemauert. Ein jeder dieser Köpfe hatte einen also of-

fenen Mund wie ein Mensch, der da etwa eine Kohle oder sonst etwas anbläst; nur war natürlich die Öffnung gut zwei Schuhe im Durchmesser habend.

6. Von dem Pfeiler ging unterirdisch eine über zwei Schuhe im Durchmesser habende Röhre bei zweihundert Klafter in eine ganz verborgen künstlich gemachte Grotte hinab. In dieser Grotte, die so groß war, wie jetzt ein ziemlich großes Bethaus, ward ein mächtiges Windgebälge durch ein Wasserrad getrieben, das in einer jeden Sekunde bei zehntausend Kubikfuß Luft durch die besagte Röhre in einen der Tempel beförderte. Natürlich hatte ein jeder Tempel in der Talschlucht ein eigenes Gebälge.

7. Viermal im Jahre war in diesem Wunderorte ein großes Opferfest, das natürlich hier den vier Winden galt, abgehalten worden. Diesen vier Winden mußte jedermann von allem, was er hatte, recht reichlich opfern, – sonst hatte er ganz entsetzliche Stürme zu befürchten. An den bestimmten Opferfesttagen wimmelte es von Tausenden und Tausenden der Wallfahrer, welche alle mit Opfern aller Art reichlich beladen waren.

8. Wenn die Tempel recht umlagert waren, da kamen auf einmal wie gezaubert durch eine verborgene Tür, die an einer Säule künstlich angebracht war, die Priester im Tempel zum Vorschein, gaben mit einer Fahne ein Zeichen in die Gegend, wo sich das Geheimgebälge befand, und alsbald ließen die Mechaniker das Gebälge in die vollste Tätigkeit treten, und aus den Blasmundöffnungen der vier kolossalen Köpfe an dem Pfeiler fing an ein so mächtiger Luftstrom zu gehen, daß er noch in einer Entfernung von zwanzig Klafter die Gewalt eines Orkans ausübte.

9. Dadurch erkannte nun das Volk die Herren der Winde und mußte ihnen manchmal große Opfer bringen, wenn es sie für sich gewinnen wollte, durfte aber dennoch nie zu fest rechnen auf ihre Treue; denn die Herren der Winde mußten ja sehr locker sein!

10. Dasselbe Gebläse konnte auch auf die Oberfläche des Sees gerichtet werden durch andere Röhren, wodurch dann der See in ein ziemliches Wogen versetzt wurde, besonders in der Gegend, wo die Röhre zum Gewässer des Sees stieß.

11. Was derlei großartige Illusionen auf das dumme Volk für Wirkungen ausübten, kann sich ein jeder leicht denken!

12. Nächstens solcher Skizzen mehr!

246. Kapitel
Der Wassertempel

(Den 16. März 1844)

1. In einer ebenfalls gebirgigen Gegend, die bei zwei Tagereisen von Hanoch nordöstlich entfernt lag, ward dem Wassergotte ein Tempel erbaut. Wie aber, – das wird sogleich folgende kurzgefaßte Skizze zeigen!

2. In der besagten Gegend, die von steilen Bergen ringsherum eingeschlossen war, befand sich ein sehr großer See, der einen Umfang von dreißig Meilen oder sechzig Stunden Weges hatte.

3. In der Mitte dieses Sees war aber eine Insel, die einen Flächenraum von

wenigstens vier Quadratmeilen hatte und voll Klippen und sonstiger kleiner, aber recht steiler Berge war, die da recht quellenreich waren, durch welche Quellen der mehr flache Teil dieser Insel recht gut bewässert und somit fruchtbar gemacht ward.

4. Diese Insel hatten sich die Wassergötter ausgesucht und erbauten in der Mitte derselben eine sehr ansehnliche Burg, um die ein breiter Wassergraben gezogen war, der von hundert künstlichen Springquellen sein Wasser erhielt.

5. In der Mitte dieser gerade vierekkigen Burg war erst ein majestätischer offener Tempel erbaut, in dem sich ein in einer großen Muschel, die aus Stein gemeißelt war, stehender kolossaler Wasserdrache befand, der aber nicht aus Stein, sondern aus mit Gold legiertem (*gemischtem*) Kupferbleche kunstvoll gearbeitet war.

6. Auf des Drachen Rücken ritt eine aus gleichem Materiale angefertigte, ebenfalls kolossale Mannsfigur, die, durch einen innern, ganz einfachen Mechanismus getrieben, fortwährend den Kopf hin und her drehte und die rechte Hand von Zeit zu Zeit in die Höhe hob.

7. Sooft aber diese Figur die Hand in die Höhe hob, so oft auch schoß durch eine Röhre zuoberst des Runddaches über den Tempel ein mächtiger Wasserstrahl über zwölf Klafter hoch empor, was da natürlich ein fürs dumme Volk höchst wunderbar überraschendes Schauspektakel war.

8. Es waren hier noch eine Menge anderer Wasserkunstwerke errichtet, und die ganze Insel ward mit der Zeit mit allerlei Springquellen übersät; allein diese alle näher zu beschreiben, würde ein eigenes Buch vonnöten sein. Daher gehen wir zur Hauptsache über!

9. Dem Wassergotte wurden in einem Jahre zwölf Feste geweiht. Und wer da irgendwo im Reiche Hanoch einen Brunnen grub, mußte zuvor dem Wassergotte opfern. Sooft sich einer wusch, mußte er des Wassergottes gedenken und alle sieben Tage ein kleines Opfer auf die Seite legen. Wer sich irgend badete, der mußte schon ein bedeutendes Opfer darbringen und mußte es dem allenfalls irgend vom Wassergotte aufgestellten Wasserwächter überreichen, – sonst durfte er auf kein Glück im Wasser rechnen!

10. Also mußten auch die Wäscher, die Schiffer und die Fischer und noch allerlei sich mit dem Wasser beschäftigende Leute dem Wassergotte opfern, sonst erwartete sie ein unvorhergesehenes Ungemach, in das sie gewöhnlich von den Wassermeistern, die allenthalben bei den Gewässern aufgestellt waren, gebracht wurden.

11. Damit sich aber alles Volk vom Hanochreiche zu solchen Opferungen willigst bekannte, so wurden – wie schon bemerkt – zwölf Feste auf dieser Insel abgehalten. Bei diesen Festen wimmelte es von allerlei Wasserfahrzeugen auf dem See; die Wallfahrer fuhren hin und her.

12. Auf der Insel gab es auch eine Menge Gasthäuser, in denen die Gäste möglichst geprellt und geschnürt wurden; und für die priesterlichen Fischer und Schiffer dieses Sees gab es auch eine Menge Verdienste. Hin auf die Insel wurde zwar jedermann gratis geführt; aber desto mehr mußte er für die Rückfahrt bezahlen.

13. Ich meine, mehr braucht man von dieser Scheußlichkeit nicht zu erfahren! Daher wollen wir nächstens wieder zu einer noch löblicheren übergehen!

247. Kapitel
Der Feuertempel

(Den 18. März 1844)

1. In einer anderen Gegend zwischen Bergen, die da an Naphthaquellen sehr reich waren, ward ebenfalls ein großer Tempel erbaut.

2. Der Tempel war ganz ohne Fenster und somit ganz geschlossen, und man konnte in denselben nur unterirdisch gelangen durch einen Schlängelgang und am Ende des Ganges durch eine Wendeltreppe.

3. Der Tempel war sehr geräumig und konnte auf seinen Galerien und in seinem Ebenerdraume wohl bei zwanzigtausend Menschen fassen, ohne daß dadurch ein Gedränge entstehen durfte.

4. Die Dachung, welche aus vielen Rundkuppeln bestand, ward von vielen mächtigen Pfeilern getragen, und durch eine jede Kuppel ging eine schräge Öffnung, damit durch sie der im Tempel erzeugte Dunst entweichen konnte.

5. Im eilänglichen, nischenartigen Hintergrunde war auf einem staffeligen, eirunden Gestelle eine immens kolossale nackte Mannsstatue errichtet. Diese Statue saß auf einem ungeheuer großen Steinwürfel, der einen Durchmesser von vier Klaftern, somit einen Flächenraum von sechzehn Quadratklaftern und einen Inhalt von vierundsechzig Kubikklaftern hatte. Die Statue war jedoch nur aus Kupferblech gemacht, war demnach hohl und konnte in ihrem inneren Raume fünfhundert Menschen fassen, die bei den Festen, deren nur zwei im Jahre waren, allerlei Spektakel ausübten.

6. Um das enorme Staffelgestelle der Statue waren in einer Entfernung von drei Klaftern, und zwar einen eirunden Kreis bildend, zweihundert eine Klafter hohe und zwei Schuh im Durchmesser habende runde Altäre gestellt, unter die eine reiche Naphthaquelle geleitet war.

7. Die Altäre waren kupferne Zylinder, die ganz mit zerstoßenen Bimssteinen ausgefüllt waren. Das Erdöl stieg nun nach den Gesetzen der Anziehung durch die Bimssteinporen den ganzen Zylinder hinauf in reichlichem Maße, und man durfte nur mit einem Lichtchen über die fette Oberfläche des Altars fahren, so stand diese alsbald in hellen, sehr weißen Flammen, die dem sogenannten bengalischen Lichte gleichkamen.

8. Diese also brennenden Altäre erleuchteten das Innere des Tempels so stark, daß darinnen mehr als eine Tageshelle herrschte. Diese Altäre brannten Tag und Nacht in einem fort und wurden nimmer ausgelöscht.

9. Es gingen aber noch eine Menge Kupferröhren auf den Pfeilern hinauf und waren durch alle Galerien geführt. Wo immer die Röhre eine Öffnung hatte, da auch durfte man nur mit einem Lichtchen hinfahren, und es brannte sogleich das sehr ätherische Öl der Erde.

10. Wenn nun ein bestimmtes Fest kam, das diesem „Feuergott" und seinen Dienern galt, da kamen Hunderttausende von Wallfahrern aus allen Gegenden und brachten diesem Götzen viele und reiche Opfer.

11. Die Priester dieses Götzen errichteten allerlei Feuerspektakel; ein Feuerwerk überbot das andere an Größe, Glanz und mannigfacher Pracht. Ganz besonders war zur Nachtzeit die

ganze Gebirgsgegend so erleuchtet, daß man nicht wußte, wenn der Tag seinen Anfang nahm.

12. Im Tempel redete der Götze wie tausendstimmig von seiner Macht an das Volk und rühmte sich über alle Maßen, und draußen predigten die Priester.

13. Welch einen Effekt das beim dummen Volke machte, braucht nicht näher beschrieben zu werden; nur so viel kann noch gesagt werden, daß dieses Fest der vielen Hauptspektakel wegen auch von den höchsten Standespersonen allzeit besucht ward.

14. Selbst Gurat und sein General fehlten nie mit ihrem Gefolge. Mehr braucht es nicht, um den höchsten Grad der Abgötterei zu erkennen, die hier getrieben wurde.

15. Aber darum nächstens dennoch der Skizzen mehr!

248. Kapitel
Der Liebestempel mit seinem Garten in Hanoch

(Den 20. März 1844)

1. In Hanoch selbst ward ein Wundertempel erbaut, der aber jederzeit des Tages offen stand; nur mußte sich ein jeder Besucher gefallen lassen, den schönen Priesterinnen, den Halbgöttinnen und ganz besonders den Ganzgöttinnen ein recht tüchtiges Opfer darzureichen.

2. Ja, wie war denn dieser Tempel bestellt, wie eingerichtet, und wem ward hier eine göttliche Verehrung bezeigt? – Die folgende kurze Darstellung wird das gleich im hellsten Lichte zeigen!

3. Der Tempel war außerhalb des Tores, das zu den Kindern Gottes führte, und hinter dem bald das Gebirge seinen Anfang nahm, erbaut.

4. In den Büchern Kinkars fand man eine gar feurige Darstellung der Naëme, die nach der Beschreibung so schön gewesen wäre, daß ihr sogar die Steine nachgelaufen wären.

5. Dieser Naëme ward somit ein prachtvollster Tempel erbaut, der rund und offen war und aus dreißig Säulen nach außen und aus zehn Pfeilern innerhalb der dreißig Säulen in einer guten Ordnung bestand, so daß je hinter drei Säulen ein Pfeiler zur Tragung des Runddaches zu stehen kam, und zwar in einer Entfernung von drei Klaftern.

6. Um den Tempel waren drei Paläste erbaut; der eine für die Priesterinnen, der andere für die Halbgöttinnen und der dritte für die Ganzgöttinnen.

7. In der Mitte des Tempels selbst war aus weißem Marmor, ganz nackt, kunstvollst auf einem stark vergoldeten Postamente die Naëme in einer etwas kolossalen Größe dargestellt, und an den Pfeilern waren nackte Mannsstatuen in voller Erregtheit auf niederen Gestellen aufgerichtet und hatten ihre Gesichter auf die nackte Naëme gerichtet.

8. Um den Tempel und um die drei Wohnpaläste war aber ein ungeheuer großer Garten angelegt, der an Pracht und Kunst nichts zu wünschen übrigließ.

9. Er bestand aus drei Abteilungen. Die eine und die vorzüglichste war ein kunstvolles Labyrinth; aber die Gänge dieses Labyrinthes waren nicht etwa eine geschlossene Mauer, sondern sie bestanden aus gar zierlichen Staketen, so daß man aus einem Gange in hundert andere sehen konnte.

10. Und wenn sich neckenderweise hier und da eine schönste Ganzgöttin zeigte, so konnte aber der Verehrer einer solchen Göttin dennoch nicht zu ihr; und wenn ihn manchmal auch nur eine einzige Staketenwand von ihr trennte, so mußte er aber dennoch oft die größten Umwege machen, um zu ihr zu gelangen.

11. Der Unterschied zwischen den Priesterinnen, Halbgöttinnen und Ganzgöttinnen aber bestand darin:

12. Die Priesterinnen waren zierlich gekleidet und sonst schön von Gesicht und Wuchs.

13. Die Halbgöttinnen hatten nur eine spannlange Goldschürze über die Scham und Armbänder mit Edelsteinen und an den Füßen goldene Sandalen; sonst aber waren sie ganz nackt.

14. Die Ganzgöttinnen aber waren ganz nackt bis auf die Goldsandalen an den Füßen und mußten von der größten Schönheit sein. Ihre Haare mußten goldblond sein; der ganze Leib durfte kein Tüpferl (*Fleckchen*) haben und mußte durchaus weiß und völlig makellos sein. Ebenso durfte außer dem Haupte auch kein anderer Körperteil irgendeine naturgemäße Behaarung haben, für deren Vertilgung aber Hanochs Kunst eine Menge Mittel besaß.

15. Wenn die Ganzgöttinnen in den durchaus bedachten (*bedeckten*) Irrgängen spazieren gingen, da hatten sie stets eine Priesterin und eine Halbgöttin bei sich. Die Priesterin mußte vorangehen, um der Ganzgöttin die Wege zu reinigen, und die Halbgöttin mußte ihr die Fliegen, Schnaken und Bremsen vom Leibe mit einem Wolfs- oder Fuchsschweife treiben.

16. In den anderen zwei Teilen des Gartens, die aus Alleen, Blumenbeeten und Lusthäuschen bestanden, konnten auch die Priesterinnen Geschäfte machen; aber im Labyrinth, das auch mit einer Menge geschlossener Tempelchen versehen war, durften nur die Ganz- und mitunter auch die Halbgöttinnen Geschäfte machen.

17. Der Gottheit der Schönheit wurden zwar keine bestimmten Feste gegeben; aber dafür stand der Tempel täglich und nächtlich bei guter Beleuchtung offen.

18. Anfangs war der Tempel in allem nur mit dreitausend weiblichen Wesen versehen; aber schon in drei Jahren mußten die Priesterinnen, dann die Halb- und Ganzgöttinnen verzehnfacht werden. Denn sie trugen dem Gurat mehr als alle anderen Tempel; denn das Labyrinth strotzte Tag und Nacht von Verehrern der Ganz- und auch Halbgöttinnen.

19. Mehr darüber zu sagen, ist nicht vonnöten; denn es wird aus dem jeder leicht das offene Laster erschauen. – Nächstens darum eine Skizze weiter!

249. Kapitel

Der Metall- oder Erztempel

(Den 21. März 1844)

1. Unweit von Hanoch, wo seit den Zeiten Lamechs die Erzwerke sich befanden, von denen der Thubalkain der Erfinder war, wurde ebenfalls ein besonders reicher und prachtvollster Tempel erbaut.

2. Dieser Tempel war auch offen, und ein großes Runddach ward von lauter ehernen Säulen getragen, deren dieser Tempel einige Hunderte hatte; der Tempel aber war nicht vollkommen rund, sondern mehr eiförmig.

3. Im schmäleren Hintergrunde war ein massiver Dreifuß aufgestellt. Seine Füße waren drei bei zwei Klafter hohe Säulen, und die massive Rundplatte, die sie trugen, hatte drei Klafter im Durchmesser.

4. Auf dieser Rundplatte stand ein kolossaler halbnackter Schmied, aus dickem Kupferblech künstlich gearbeitet. Vor ihn war ein mächtiger Amboß gestellt, auf dem ein großer Klumpen Erz lag.

5. Der kolossale Schmied aber hatte in der rechten Hand einen ungeheuren Hammer, der aber auch hohl wie der Schmied selbst war. In der linken Hand aber hatte er eine große Zange, mit der er den Erzklumpen auf dem Amboß hielt.

6. Am Rande dieser Platte, auf der unser Schmied stand, aber waren noch eine Menge kleiner Statuen, ebenfalls aus Kupferblech angefertigt, eine jede mit einem andern montanistischen (*hüttenmännischen*) Werkzeuge geziert, und trugen sonach die Attribute des Erzgottes und ersten Erzmeisters, der natürlich kein anderer als der Thubalkain selbst war.

7. Hinter dem großen Tempel, gegen den Berg zu, war eine große priesterliche Burg erbaut, in der hundert Priester wohnten und von den reichen Opfern lebten, die diesem Gotte dargebracht wurden.

8. Hinter der Burg aber befand sich der heilige Schacht, den Thubalkain selbst in den Berg geschlagen hatte. Gegen ein starkes Opfer durfte jedermann in denselben fahren.

9. In einer Tiefe von hundert Klaftern befand sich eine große Grotte, die Thubalkain aushauen ließ. Hier zeigten die Priester dieses Gottes eine Menge alter Heiligtümer, die alle vom Thubalkain herrührten. Natürlich aber war dabei, wie überall, viel Lug und Betrug.

10. Dieser Gott hatte nur drei Feste im Jahre. An solchen Festen ward ein Ochse von den Priestern geschlachtet, und zwar auf der großen Rundplatte vor dem Gotte.

11. Wenn der Ochse geschlachtet war, da begaben sich die Priester herab von der Platte, und im Augenblicke begann unter dem Dreifuße ein mächtiges Feuer aufzusprühen, nahm stets zu und machte bald die ganze Platte glühend. Und das Feuer hielt so lange an, bis auf der Platte der ganze Ochse zu Asche ward.

12. Während dieses Feuers aber hämmerte der Gott auch fleißig, – welche Aktion aber natürlich durch ein verborgenes Wassergetriebe bewerkstelligt war, so wie durch dasselbe Getriebe auch ein starker Blasbalg in Tätigkeit gesetzt ward, durch den das Kohlenfeuer unter dem Dreifuße mächtig angefacht wurde.

13. Auf diese allzeit gleiche Opferung wurden starke Predigten gehalten, in denen der Nutzen der Metalle gerühmt ward, und natürlich der Gott der Metalle am meisten.

14. Nach solcher Predigt wurden die Opfer in Empfang genommen, und die Wallfahrer durften dann die naheliegenden königlichen großen Bergwerke besuchen, wo es aber auch von Trinkgeldbettlern wimmelte.

15. Daß auch dieser Tempel stark besucht ward, braucht kaum näher erwähnt zu werden; darum genug von dem Greuel!

250. Kapitel

Von weiteren Tempeln in Hanoch und Umgebung. Die Steuerfreiheit in Hanoch
Die abgeschnittenen Hochländer auf der Suche nach einem Auswege in die Ebene
Die Spuren der Arbeit Gurats in Tibet. Der neue Bote Noahs an die zehn Fürsten

(Den 22. März 1844)

1. Auf gleiche Weise bestanden noch eine Menge Götter und Tempel. Die Natur hatte einen Tempel in Hanoch und dann in jeder Stadt einen etwas kleineren; die Wolken hatten auch einen Tempel; ebenso hatten auch der Mond, die Sterne, gewisse Tiere, Bäume, Quellen, Ströme, Seen, Meere, Berge und verschiedene Metalle ihre besonderen Götter, Tempel und Priester. Alle fingerlang stieß man auf einen andern Tempel.

2. Alle diese Tempel aber waren dennoch zumeist den bekanntgegebenen untergeordnet. Nur in Hanoch bestand noch des altherkömmlichen Gebrauches halber ganz geheimnisvollst nach den Büchern Kinkars der Lamechsche Tempel; aber außer dem Könige, dem Generaloberpriester und den anderen Oberpriestern durfte niemand bei Todesstrafe sich diesem Tempel nahen, der dem alten Gotte des Blitzes und des Donners geweiht war.

3. Nur der Weisheitstempel auf dem Schlangenberge stand frei; aber es war keine Weisheit mehr darin zu erlangen, sondern an ihrer Stelle wurde nur eine allermystischste Zauberei getrieben, und in der Mitte dieses alten Tempels ward ein Orakel errichtet, wo jedermann ums Geld und sonstige Opfer sich konnte anlügen lassen, sooft er nur immer wollte. Natürlich hielt der gemeine Mann alles für bare Münze.

4. Auf diese Art war die Regierung Gurats schon in fünf Jahren so weit gediehen, daß er dem Volke alle Steuern erlassen konnte; denn dieses Tempelwerk trug ungeheure Summen und bewirkte, daß in kurzer Zeit gar viele zuvor abgefallene Provinzen sich wieder unter seinen Schutz begaben und mit vielen Freuden den Göttern opferten. Ja, es gab da Eiferer für das Wesen der Tempel und Götter, die sich eine übergroße Gnade daraus machten, wenn sie auch irgendwo einen neuen Tempel erbauen und für den König dotieren durften!

5. Im Verlaufe von zehn Jahren hatte ein jedes Dorf beinahe so viele Tempel als sonstige Wohnhäuser, und ein Haus wetteiferte mit dem andern, ein Dorf mit dem andern und eine Stadt mit der andern, dem Könige das reichste Opfer darzubringen, weil der König gewisserart alle Götter repräsentierte und darum auch der Diener aller Götter genannt ward.

6. Also stand es nun mit dem Reiche Hanoch!

7. Was aber machten die abgeschnittenen Hochlandsvölker, als sie entdeckten, was ihnen Gurat anstatt der Anerkennung ihrer Oberherrlichkeit angetan hatte?

8. Die zehn Fürsten ließen die ganze, weite Gebirgsgegend allergenauest untersuchen, ob wohl nirgends ein Ausweg möglich wäre.

9. Ein Jahr verging unter lauter Untersuchungen des Terrains. Aber alles vergeblich; denn Gurat hatte für beständig eine große Wache aufgestellt und ließ fort und fort an der Abskarpierung der Gebirge, die sich nur irgend ans Hochland schlossen, arbeiten, so daß man da nichts als kahle Wände von weiten Ausdehnungen erschaute.

10. Die Spuren dieser Arbeit Gurats

sind im heutigen Tibet noch hier und da gar wohl ersichtlich.

11. Die zehn aber hielten einen Rat, was da zu machen sein solle. Wie ist hier eine Rache möglich?

12. Zehnmal wurde ein großer Rat gehalten; aber es kam zu keinem stichhaltenden Beschlusse.

13. Darum sprachen die zehn: „Wir müssen darum unter uns andere Gesetze in der Zeugung der Kinder aufstellen, sonst wird unser wennschon großes und fruchtbares Land uns in kurzer Zeit zu unglaublich enge werden!"

14. Als sie aber solche Gesetze schon herausgeben wollten, siehe, da kam ein neuer Bote von Noah und hinderte die zehn an der Gesetzgebung!

15. Wie aber, – das wird die Folge zeigen!

251. Kapitel
Die Botschaft des Gesandten Noahs an die Hochlandsvölker
Die Ankündigung des Gerichtes. Des Herrn Auftrag an Noah, die Arche zu bauen
Die Frist von zwanzig Jahren

(Den 23. März 1844)

1. Mit großer Auszeichnung ward der Bote Noahs von den zehn empfangen und befragt, was da nun geschehen solle, – ob das von ihnen beratene Gesetz in Anwendung gebracht werden solle oder nicht.

2. Der Bote Noahs aber sprach: „Nur das sollet ihr nicht tun; denn nicht alle Wege aus dem Lande sind euch abgeschnitten! Bin ich doch auch von Fleisch und Blut und konnte einen Weg finden zu euch! Wie solltet ihr nicht auch diesen ewig unverwüstbaren Weg aus diesem Lande finden, wenn es vonnöten sein würde?!

3. Dieses Land aber ist ohnehin so groß, daß es euch ernähren kann, und wären eurer hundertmal mehr, als da ist eure Zahl!

4. Wer von euch kennt wohl alle Grenzen desselben?! Ihr habt wohl einzelne Kundschafter dahin und dorthin ausgesendet, und ein jeder hat einen Teil gesehen; aber keiner noch hat noch mit eigenem Gesichte dieses Landes Weiten allenthalben beschaut und bemessen!

5. Mir ist aber das ganze gezeigt worden, und ich habe es bei fünfzig Tagereisen lang gegen Morgen und bei zehn Tagereisen breit gegen Mitternacht gefunden!

6. Es ist wohl wahr, daß dieses Land der Gurat von zwei Millionen Menschen nach fast allen Seiten hin unzugänglich gemacht hat, was ihm aber viele Kosten nun schon zehn Jahre hindurch gemacht hat und noch größere machen wird; aber dessen ungeachtet hat dies Land dennoch einen freien Ausgang, und das auf die Höhe Noahs, meines Herrn!

7. Von dort aber ziehen sich große Länder gen Abend hin und haben wenig und viele noch keine Bewohner! Also ist da Aussicht und Ausflucht genug, wenn ihr euch auch über und über vermehren solltet!

8. Darum aber, daß ich euch diese Ruhe brächte, wurde ich nicht gesandt zu euch, sondern darum, daß ich euch verkünden solle das nahe Gericht Gottes an alle Menschen der Erde, die sich nicht kehren werden zu Ihm und nicht halten werden Sein Gebot, das Er gegeben hat vom Anbeginne den Vätern der Höhe und den Königen der Tiefe.

9. Also aber lauten die Worte Got-

tes, und also hat der Herr zu meinem Herrn geredet vor hundert Jahren: ‚Die Menschen wollen sich von Meinem Geiste nicht mehr leiten lassen; denn sie sind pur Fleisch geworden; Ich aber will ihnen dennoch eine Frist von einhundertzwanzig Jahren geben!'

10. Und abermals redete der Herr und sprach: ‚Noah, sende Boten in alle Gegenden der Welt, und laß aller Kreatur androhen Mein Gericht!'

11. Das tat Noah, mein Herr, von Jahr zu Jahr; aber der Boten viele ließen sich berücken vom Fleische und richteten nimmer ihre Botschaft aus.

12. Nun sind's zehn Jahre, da mein Bruder bei euch war und ein anderer in Hanoch. Von euch kam der Bruder wohl zurück; aber der andere ward getötet in Hanoch.

13. Von da an sandte Noah jährlich geheim einen Boten nach Hanoch und dreißig nach den anderen Städten; aber die Boten wurden von den Götzen Hanochs geblendet und wurden Fleisch.

14. Darum aber ist Gott, dem Herrn, die Geduld ausgegangen, und Er redete vor drei Tagen wieder mit Noah und sprach: ‚Noah, ziehe mit deinen Leuten in den Wald, und laß tausend schlanke und gerade Tannenstämme fällen, und laß sie fein behauen ins Viereck, und lege die behauenen Stämme zusammen und laß sie also liegen fünf Jahre lang! Dann will Ich dir sagen, was du damit tun sollst!'

15. Die Zimmerleute haben die Axt schon an die Wurzel gelegt! Hundert Jahre sind fruchtlos verflossen; nun sind nur noch zwanzig Jahre!

16. Daher kehret euch zum Herrn vollernstlich, wollt ihr dem Gerichte entgehen! Denn wie das zwanzigste Jahr, von heute an, abgelaufen sein wird, wird der Herr die Schleusen und die Fenster öffnen und wird mit großen Fluten töten alles Fleisch der Erde!

17. Solches habe ich zu euch geredet, und solches redet mein Bruder jetzt in Hanoch; wohl dem, der sich darnach kehren wird! Amen."

252. Kapitel

Das Entsetzen der zehn Hochlandsfürsten. Des Boten Entweder-Oder
Der gottlose Rat der Obersten

(Den 26. März 1844)

1. Als die zehn Fürsten des Hochlandes von dem Boten Noahs solches vernommen hatten, da fragten sie ihn ganz erstaunt und sprachen:

2. „Freund, deine Worte klingen ganz entsetzlich; du verkündigst uns hier ja einen Weltuntergang! Was können, was sollen wir denn tun, um solch einem Gerichte zu entgehen? Wozu wohl, was meinst du, wird Noah die tausend zu fällenden Stämme gebrauchen?"

3. Der Bote aber sprach: „Was eurer Frage ersten Punkt betrifft, da weiß ich sehr wohl, daß ihr den alten Gott kennet, der mit den Vätern geredet und zu öfteren Malen in Hanoch gelehrt und gesalbt hat die Könige, was ein Kinkar genau in seine großen Bücher aufgezeichnet hat! Diese Bücher kennet ihr und habt das eine auch einmal ganz gelesen, als ihr die Tempelwache versahet.

4. Zudem habt ihr tausend Mundüberlieferungen von den befreiten Sklaven vernommen, die euch übereinstimmend kundgaben, was sie nur immer von diesem einig wahren alten

Gotte und Herrn Himmels und der Erde wußten; und zudem wisset ihr auch so gut wie ich, was eben dieser Gott mit uns will, und wie wir zu leben haben, und was zu tun unsere Pflicht ist!

5. Über alles das aber hatte ja ohnehin vor zehn Jahren mein Vorgänger euch alles kundgetan, was da an euch ist zu tun! Also sage ich: Tuet danach, so sollet ihr vom Gerichte Gottes nicht heimgesucht werden!

6. Werdet ihr euch aber nicht daran kehren und werdet dafür nur unmenschliche Gesetze geben dem Volke wider alle göttliche Liebe und ewige Ordnung, so werdet ihr auch allerunausweichlichst dem Gerichte anheimfallen!

7. Das ist eine Antwort auf den ersten Punkt eurer Frage; was aber da betrifft den zweiten Punkt eurer Frage, so habt ihr ja aus meiner Aussage entnommen, daß Gott dem Noah den Gebrauch dieses Holzes erst kundgeben werde zur bestimmten Zeit. Somit kann ich euch da wohl keinen andern Aufschluß geben! – Nun wisset ihr alles!

8. Wann aber Noah die Weisung über den Gebrauch des Holzes von Gott erhalten wird, da will ich wieder zu euch kommen und euch solches kundtun. Nun aber muß ich euch wieder verlassen! Gedenket dieser Botschaft in der Tat! Amen."

9. Nach diesen Worten entfernte sich der Bote so schnell, daß da niemand merkte, wie und wann er entschwand.

10. Da dachten die zehn nach, was sie tun sollten. Sie kamen aber nicht überein; darum beriefen sie einen starken Rat zusammen und berieten, erwägend die Nachricht des Boten.

11. Aber die Obersten sprachen: „Wir sind der Meinung, daß es mit dem alten Gotte allzeit seine geweisten Wege hatte und die Politik nur unter allerlei Formen einen Gott erfand!

12. Der alte Zauberer auf der Höhe hat all sein Volk verloren; er möchte wieder ein mächtiger Herrscher werden! Darum ergreift er nun auch politisch seine Zauberpfiffe, um uns ins Bockshorn zu treiben; aber wir sind nun zu aufgeklärt, um uns auf diese Art übertölpeln zu lassen!

13. Daher bleiben wir beim ersten Entschlusse, geben das Gesetz heraus, und die Sache wird sich machen ohne Gott und ohne Noah! Was aber dies schnelle Verschwinden des Boten betrifft, da kennen wir ja die zauberische Art des Schwalbenkrautes; ein wenig davon genossen, und man wird unsichtbar! Könnten wir dies Kraut finden, da könnten wir das Gleiche tun!"

14. Die Erörterung der Obersten gefiel den zehn, und sie gaben das Gesetz heraus und ließen das Schwalbenkraut suchen von tausend Kräuterkennern.

253. Kapitel

Der Bote Noahs vor dem Generaloberpriester in Hanoch
Die verstandeskultivierte Antwort des Generaloberpriesters. Der feine Vernunftstaat

(Den 27. März 1844)

1. Also war der Effekt, den der Bote bewirkte bei den Hochlandsbewohnern. Was aber machte der Bote in Hanoch für Geschäfte? – Das soll sogleich gezeigt werden!

2. Der Bote nach Hanoch war gera-

dewegs an den Generaloberpriester gewiesen; also ging er denn auch zu ihm und wurde als ein Bote aus der Höhe auch sogleich vorgelassen.

3. Als er aber beim General anlangte, ward er sogleich mit großer Zuvorkommenheit aufgenommen und gar höflich befragt, was seine Sendung im Schilde führe.

4. Und der Bote sagte ohne Rückhalt dasselbe, was sein Gefährte zu den Hochlandsbewohnern gesagt hatte.

5. Der General aber sagte zum Boten: „Mein schätzbarster Freund! Du bist wohl noch sehr einfach in deiner Weisheit, und ein tieferes Denken scheint dir nicht eigen zu sein!

6. Siehe, du redest hier von Gott und von einem Gerichte, von einem förmlichen Weltuntergange und sagst, also habe Gott schon vor hundert Jahren mit Noah geredet und habe jetzt wieder mit ihm geredet! Wie dumm noch mußt du sein, daß du so etwas glauben magst! Denke nur selbst nach!

7. Siehe, du sagst mir, daß du laut deiner Sendung gewisserart ein Gerichtsbote Gottes seiest, und sprichst, also hätte Gott Selbst zu Noah, deinem Herrn, geredet! Nun denke dir aber: So es einen solchen Gott gäbe, der da überweise und allmächtig und allwissend wäre, da müßte es ja doch die barste Schande für einen solchen Gott sein, so Er das nicht einsehen sollte, daß da ein solcher Bote, wie du es bist, sich gegen uns geradeso ausnehmen wird, wie ein Tautropfen gegen ein endloses Meer!

8. Zudem müßte einem Gott an einem ungeheuer großen Volke weisermaßen doch auch sicher mehr gelegen sein als irgend an einem einzelnen Menschen, der da irgendeine Felsenkluft bewohnt! Dein Gott aber kommt nur zu dem, der keine Macht und kein Ansehen hat vor der Welt, und kann daher auch gar nichts wirken!

9. Was ist aber demnach das für ein alberner Gott, der nicht einmal die Machthaber Seiner Völker kennt und Selbst zu ihnen kommt und sie eines Besseren belehrt, auf daß sie dann dem Volke eine andere Richtung gäben?!

10. Ich aber sage dir, du mein schätzbarer Freund, dein alter Noah hat so wenig als ich irgend einen Gott je gesehen und gehört, – sondern im Besitze einiger alter Zauberkünste möchte er gleich seinen Vorahnen eine Oberherrlichkeit über die Völker der Erde gewinnen und nimmt daher zur Politik seine Zuflucht! Aber es tut sich nun mit der alten Politik nicht mehr, wo eine reife und neue ihre Wurzeln geschlagen hat!

11. Hast du aber je selbst Gott gesehen und gehört? Oder hast du Gott mit Noah reden hören? Oder hat dich der Gott mit irgendeiner würdigen Wunderkraft ausgerüstet? – Du verneinst das!

12. Nun siehe, möchte ein weiser Gott wohl an ein Volk Hanochs einen so armseligen Boten, wie du einer bist, senden und einen Weltuntergang androhen lassen?! Müßte denn ein Gott das nicht schon viele tausend Jahre voraussehen, daß ein solcher Bote nur höchstens mitleidig ausgelacht wird gegenüber von mehr als fünfhundert Millionen aufgeklärter Menschen?! Sollte dein Gott denn im Ernste nicht wissen, daß eine Fliege nimmer einen Berg umstoßen kann?! – Schau, schau, mein lieber Freund, wie dumm deine Botschaft ist!

13. Wenn es einen Gott gibt, der da höchst weise und allwissend und allmächtig ist, da wird Er zu unserer allfälligen Bekehrung schon auch ganz andere, wirksamere und eines großen

Volkes würdigere Mittel ergreifen, als solche altpolitischen, die bei uns schon außer aller Geltung sind!

14. Siehe, wir leben nun in der schönsten Ordnung! Wir haben keine Kriege, wir fordern keine Steuern; im ganzen Reiche gibt es keinen Sklaven; unsere Gesetze sind so sanft wie Wolle; wir leben vergnügt, als wären wir Millionen ein Leib und eine Seele. Das haben unsere Gesetze bewirkt! Sage, kann ein Gott eine bessere Ordnung aufstellen?!

15. Alle unsere Gesetze sind von der besten Natur des Menschen abgeleitet und sagen darum jedem Menschen zu, und jeder ist unter solchen Gesetzen selig und überaus vergnügt. Niemanden drückt Not und Armut! Sage mir, mein geehrter Freund, kann es da noch irgendeine bessere Regierung und Ordnung geben?"

16. Hier stutzte der Bote und wußte nicht, was er sagen sollte.

17. Der General aber sagte darauf zum Boten: „Siehe, du bist ein recht artiger junger Mann und scheinst nicht ohne Talent zu sein; daher mache ich dir den Antrag, daß du hier verbleibst. Ich werde selbst für deine Ausbildung sorgen und werde dir dann auch zu einem ansehnlichen Brote verhilflich sein; darauf kannst du rechnen!

18. Aber zwingen will ich dich nicht! Willst du lieber auf deine Berge ziehen, so kannst du auch das tun; doch sollst du vorher dich noch lebendiger überzeugen, wie vortrefflich unsere Regierung bestellt ist! Und so folge mir zum Könige!"

254. Kapitel
Der Bote Noahs vor dem König Gurat
Die Verführung des Boten und sein Entschluß, in Hanoch zu bleiben
Des Boten Wunsch und Sehnsucht nach seiner Schwester

(Den 28. März 1844)

1. Der Bote machte sich zusammen und folgte dem General zum Könige Gurat.

2. Als die beiden beim Könige anlangten, da wurde der Bote ebenfalls mit der größten Auszeichnung vom Könige selbst empfangen und dann erst gar höflichst befragt, was sein Anliegen wäre.

3. Der Bote aber verneigte sich tiefst vor dem Könige und sprach: „Großer König und Herr, ich hatte nur den Auftrag, mit dem General zu sprechen! Diesem habe ich meinen Sendungsgrund angezeigt; er aber hat darauf mir mit erstaunlicher Weisheit gezeigt das völlig Leere meiner Gesandtschaft, und so möchte ich nicht noch einmal dasselbe wiederholen!"

4. Der König ersah daraus, daß der Bote Verstand besitze, und sprach darauf: „Höre du mich nun an, mein Sohn! Da ich ersehe, daß du ein artiger junger Mensch bist und so manche Talente zu besitzen scheinst, so will ich dich aufnehmen in mein Haus und will dir Lehrer geben, die dich im Lesen, Schreiben und Rechnen und dann in den verschiedenen andern Künsten und Wissenschaften unterweisen sollen.

5. Und wirst du dann mit solchen Kenntnissen und Fertigkeiten ausgerüstet sein, so werde ich dich dann zu einem großen Herrn machen in meinem großen Reiche, als solcher du dann ein großes Ansehen genießen wirst allenthalben und wirst ein übergutes Leben haben, und die Menschen

werden dich auf ihren Händen tragen, so du dich ihnen wirst vielfach nützlich erweisen können! Bist du mit diesem Antrage zufrieden?"

6. Der Bote bejahte diese Frage mit sichtlicher Freude und sprach darauf: „O großer König, da du so gut, so mild und weise bist, da möchte ich wohl eine Bitte noch zu deinen Ohren bringen!"

7. Der König gestattete solches dem Boten, und der Bote sprach: „O König, so höre mich! Siehe, mein Vater heißt Mahal und ist ein Bruder Noahs! Dieser mein Vater aber ist schon bei fünfhundert Jahre alt und ist noch kräftig, als zählete er erst fünfzig. Ich bin sein jüngster Sohn und bin auch schon siebzig Jahre alt und habe Brüder und Schwestern in großer Menge.

8. Aber ich will nicht von allen sprechen, sondern nur von einer Schwester, die um ein Jahr älter ist denn ich. Diese ist mir ins Herz hineingewachsen! Könnte ich diese zu mir bekommen, daß sie bei mir wäre, dann bliebe ich noch um tausend Male lieber hier, als ich ohne diese göttlich schöne Schwester bleibe!"

9. Und der König lächelte und sprach: „Was? Du hast siebzig Jahre schon und scheinst noch mehr ein Jüngling als ein Mann zu sein?! Sage, ist das auch bei deiner Schwester der Fall?"

10. Und der Bote sprach: „O König, die ist noch so zart und schön, als zählte sie kaum noch sechzehn Jahre!"

11. Und der König sprach zum General: „Fürwahr, die Sache interessiert mich! Mache du daher, daß diese Schwester hierher zu ihrem Bruder kommt, und der Bruder soll dir dazu behilflich sein; daß es darob an einer Belohnung nicht fehlen wird, das weißt du ohnehin!"

12. Hier nahm der General sogleich den Boten zu sich, verständigte sich mit ihm, und schon am nächsten Tage wurde auf diese Schwester eine überaus listige Jagd unternommen.

255. Kapitel
Der listige Plan des gedungenen Verbrechers, die Schwester Waltars zu fangen
Agla auf der Suche nach ihrem Bruder Waltar

(Den 29. März 1844)

1. Wie aber ward diese Jagd bestellt? – Der Bote, als der Bruder der zu erjagenden Schwester, mußte seine Kleider einem Verbrecher leihen, der eines starken Verbrechens wegen zum Tode ausgesetzt war; diesem Delinquenten aber ward bedeutet, daß ihm die Todesstrafe erlassen werde, so er von der Höhe die Schwester des Boten, von dem er die Kleider habe, nach Hanoch vor den König brächte.

2. Dieser Delinquent aber war ein durchtriebener Hauptspitzbube und hatte sich die Todesstrafe dadurch verdient, weil er sich mit seinen Diebespfiffen sogar an dem königlichen Schatze vergriffen hatte, wobei er aber auch ertappt und dann auch sogleich zum Tode ausgesetzt ward.

3. Als aber diesem Delinquenten unter solcher Bedingung die Todesstrafe erlassen ward, da ward er über die Maßen froh und sprach: „Nicht nur die eine, sondern so ihrer tausend wären, getraue ich mir ganz allein sie hierher zu bringen; und so werde ich mit

der einen wohl sehr leicht fertig werden! Wie weit ist es von hier bis zur Wohnung des alten Zauberers auf der Höhe?"

4. Man sagte zu ihm: „Für einen guten Fußgänger sind es zwei Tagereisen hinauf; aber zurück kann der Weg auch in anderthalb Tagen zurückgelegt werden!"

5. Und der Delinquent sprach: „Gebt mir einen oder zwei des Weges Kundige mit, auf daß ich nicht durch Fehlwege aufgehalten werde; und ich bin mit der Beute in drei Tagen, wo nicht noch eher, hier!"

6. Diesem Verlangen des Delinquenten wurde sogleich Gewähr geleistet; er bekam drei bewaffnete, wegeskundige Männer mit und begab sich sogleich auf seine Jagd.

7. Unterwegs aber sagten die drei Wegweiser zum Jäger: „Was werden wir wohl ausrichten? Kommen wir in die Nähe der Wohnung des alten Zauberers, wird er uns nicht alsbald gewahren und verderben?"

8. Der Jäger aber sprach: „Das lasset nur mir über! Ich will den Satan hintergehen, wenn es darauf ankommt! So wir uns in einer solchen Nähe befinden werden, in der man den Ruf eines starken Menschen vernehmen kann, da fanget ihr ‚Waltar!' zu rufen an! Das ist der Name des Bruders der zu fangenden Schwester!

9. Sie liebt den Bruder, und wenn sie seinen Namen wird rufen hören, da wird sie sicher die erste sein, die dem Rufe nachgehen wird! Ich aber werde dann fliehen vor euch eine Zeitlang gen Hanoch hinab; und wenn sie mich als ihren Bruder zufolge der Kleidung erkennen wird, da wird sie mit euch gehen ohne Widerstand!

10. Dann aber gehört sie auch schon uns an, und der alte Zauberer kann uns nichts anhaben, weil die Schwester nicht gezwungen, sondern freiwillig mit uns ziehen wird ihres Bruders wegen; denn das weiß ich, daß kein Zauberer da eine Macht hat, wo der freie Wille eines seiner Blutsverwandten tätig ist!"

11. Also ward der Jagdplan gemacht, kam aber nicht in Anwendung; denn die Agla war selbst auf dem Wege nach Hanoch, ihres Bruders wegen, und kam ganz allein schon auf halbem Wege der Deputation entgegen und verriet sich als solche durch ihre große Schönheit und durch den Ruf: „Waltar! Waltar! Mein Bruder!", als sie den Jäger erblickte.

12. Der Jäger aber erklärte ihr die Sache, und sie folgte darauf voll Freude diesen vier Männern in die große Stadt.

256. Kapitel

Gurats Werbung um Agla
Des enttäuschten Waltar Erklärung an seine Schwester und an den König
Der weibliche Liebe-Erforschungskniff der Agla. Der betrogene Waltar

(Den 30. März 1844)

1. Als die Schwester in die Burg zum Könige gebracht und von ihm vom Fuße bis zum Scheitel des Kopfes betrachtet wurde, da erstaunte der König über die Maßen über ihre Schönheit und ließ sogleich den Waltar holen und ihm die schöne Schwester vorstellen, auf daß er ihr das Zeugnis gebe, daß sie seine Schwester ist.

2. Als der Waltar aber die Agla er-

blickte, da standen ihm sogleich die Tränen im Auge vor Freude, und er fiel ihr um den Hals und küßte und grüßte sie als seine geliebteste Schwester.

3. Als der König aber nun daraus wohl erkannte, daß diese die rechte Schwester Waltars war, da trat er hin zu ihm und sprach:

4. ,,Höre, du mein lieber Waltar, mich an! Deine Schwester ist ein Weltwunder; ihre Schönheit überbietet alle meine bisherigen Begriffe, und wenn ich bedenke, daß dieses Mädchen einundsiebzig Jahre zählt, so steht es nicht wie ein menschlich Wesen, sondern wie eine reinste Himmelsgöttin vor mir, die nimmer altert, sondern gleich ist der ewigen Jugend!

5. Weißt du was: ich habe mir bis jetzt noch kein festes Weib genommen und habe noch keiner Maid eine königliche Krone aufs Haupt gesetzt; diese deine Schwester aber will ich sofort zu meinem festen Weibe nehmen und will ihr königliche Kleider geben und eine schönste Krone auf ihr Haupt setzen!

6. Sage mir, Waltar, bist du zufrieden mit diesem Antrage, und ersiehst du die großen Vorteile, die daraus für dich erwachsen, so deine Schwester Königin des unermeßlichen Reiches Hanoch wird?"

7. Hier stutzte Waltar und dachte bei sich eine Zeitlang hin und her und wußte nicht, was er darauf so ganz eigentlich sagen sollte.

8. Die Agla aber, der dieser Antrag auf der Stelle besser gefiel als ihr Bruder, sagte sogleich zu ihm: ,,Was willst du hier machen im Hause dessen, dem Millionen zu Gebote stehen? Segne mich für den König, und tritt deine Vorteile nicht mit Füßen!"

9. Als aber Waltar solche Rede von seiner vielgeliebten Schwester vernommen hatte, da sprach er ganz erregt:

,,Nicht segnen, sondern fluchen will ich dir in meiner Brust, indem deine Liebe zu mir, der ich für dich in den Tod gegangen wäre, so leicht zu erlöschen war! —

10. O König, nimm sie hin, die Treulose! Ich segne sie für dich und trete sie dir aus jeder Fiber und Faser meines Lebens ab; denn für mich ist sie nun nicht mehr des Staubes meiner Füße wert.

11. Wahrlich, hätte sie an mir gehalten und wäre für meine Liebe noch glühend gewesen, so hätte ich sie aber dennoch dir nicht vorenthalten und hätte eine große Freude darin gefunden, daß ich dir ein schweres und großes Opfer gebracht hätte! So aber hat Agla mich betrogen um alles, und ich kann, o König, dir nun nichts mehr geben, indem sich die Treulose dir selbst gegeben hat!

12. Ich segne sie daher für dich; aber in meiner Brust sei sie verflucht! — Laß mich nun aber wieder auf die Höhe ziehen und dort meinen Gram ausweinen!"

13. Der König aber sprach: ,,Nicht also, mein Waltar, soll es sein! Ich werde dir auch königliche Kleider anlegen lassen und werde dich dann selbst führen in den Tempel meiner Göttinnen. Wirst du an einer ein Wohlgefallen finden als ein förmlicher Vizekönig, so bleibst du hier; und findest du kein Wohlgefallen, so kannst du dann wieder heimziehen auf deine schaurigen Berge!"

14. Hier ging dem Waltar ein neues Licht auf. Er willigte in den Vorschlag des Königs, wobei aber freilich wohl die Agla ein wenig zu stutzen anfing; denn ihre Liebe war noch mächtig zum Waltar, und ihre vorschnelle Zustimmung war mehr ein weiblicher Liebeerforschungskniff, als so ganz eigentlich eine bestimmte Zusage.

15. Dem Waltar aber kam das um so willkommener, weil er dadurch sich gewisserart an der Agla rächen konnte.

16. Gurat aber ließ sogleich für beide königliche Kleider holen und ließ sie ihnen absonderlich anziehen.

257. Kapitel
König Gurat und sein Schwager Waltar im Garten des Liebestempels
Die sieben Schönheitsgöttinnen als Weiber Waltars

(Den 15. April 1844)

1. Gurat aber berief den Generaloberpriester und begab sich unter königlichem Großgeleite aller seiner Hofchargen und Dienerschaft mit dem königlich bekleideten Waltar in den bestimmten Tempel.

2. Und da er zum vorbestimmten Zwecke durch einen Wink an den General einen Vorboten an die Göttinnen des Tempels abgesandt hatte, so war bei dieser seiner Ankunft auch schon alles in der verführerischsten und üppigsten Ordnung im großen Staketenirrgarten der Göttinnen der weiblichen Schönheit.

3. Hunderte und Hunderte solcher Hauptgöttinnen schwärmten, von den Untergöttinnen auf schon bekannte Weise begleitet, durch die Irrgänge; einige tanzten, einige machten sonstige alleruppigste Stellungen, einige sangen, und einige gingen mehr ruhig ihren Weg vorwärts.

4. Als der warmblütige Waltar diese verführerischen Spektakel ersah, da ward er ganz wie verwirrt und wußte nicht, was er reden oder was er begehren sollte.

5. Als aber der Gurat solches zu seinem großen Vergnügen merkte, da sagte er zum Waltar: „Freund, wie es mir scheint, so wirst du deine schöne Schwester eben nicht zu schwer vergessen!

6. Sage mir, – hast du dir schon eine von diesen Göttinnen herausgesucht? Zeige mir bald eine, und ich will sie dir sogleich zum Weibe geben samt ihren Untergöttinnen! Oder, so dir mehrere gefallen, da zeige mir auch das an, und sie sollen dein sein! Denn hier in meinem Reiche darf jeder Mann mehr als ein einziges Weib haben, – obschon ich der Meinung bin, daß du an einer Göttin samt ihren Untergöttinnen genug haben dürftest!"

7. Hier sah der Waltar gar aufmerksamst nach den vor ihm vorüberschwärmenden Göttinnen, die ihm über die Maßen wohlgefielen, da ihn eine jede so holdseligst als nur immer anblickte, und er sagte nach einer Weile zum Gurat:

8. „O König! Ich bitte dich nicht um eine, nicht um hundert, sondern um gar alle bitte ich dich! Denn zu herrlich sind sie alle, als daß ich hier nur eine oder nur einige wählen könnte! Darum gib mir lieber alle, auf daß da ja keine beleidigt werde, so sie nicht gewählt würde!"

9. Der König lächelte hier und sprach zum Waltar: „Mein allerschätzbarster Freund, höre mich nun an, was ich dir jetzt sagen werde; bei dem auch soll es vorderhand verbleiben!

10. Siehe, ich will dir vorderhand nur sieben zu Weibern geben! Mit denen sollst du ein Jahr lang leben in meinem Palaste! Wirst du nach einem Jahre noch mehrere für dich für nötig fin-

den, da sollst du deren haben, soviel du willst!

11. So dir aber etwa doch die sieben genügen dürften, da kannst du mir um so wohlgefälliger bei den sieben verbleiben; denn alle diese Göttinnen stehen dir als einem Vizekönige ja ohnehin tagtäglich gegen ein bestimmtes mäßiges Opfer zu Gebote."

12. Als der Waltar solches vom Gurat vernommen hatte, da willigte er sogleich in den Rat desselben, nahm die sieben Gerufenen samt den Untergöttinnen und begab sich dann, als die Göttinnen bekleidet waren, ganz überseligst mit nun seinen Weibern und mit dem Gurat wieder in den königlichen Palast zurück.

258. Kapitel

Aglas Herrschsucht als Königin von Hanoch und ihre Rache an Waltar
Waltars Flucht und Tod

(Den 16. April 1844)

1. Als aber daheim im Palaste des Gurat die Agla ersah, was ihr Bruder getan hatte, da ward sie zornig in ihrem Herzen und verlangte nun um so mehr die Hand des Gurat und die Krone, um sich als Königin und Mitherrscherin des großen Reiches an ihrem Bruder rächen zu können, wie auch ganz besonders an den Göttinnen der Schönheit.

2. Gurat aber, dem die Agla über alles wohlgefiel, tat das um so lieber, weil er dadurch sich eben auch um so früher in seinen allerglücklichst gewähnten Stand versetzen wollte. Und so ward die Agla schon am dritten Tage vollkommene Königin in Hanoch nach dem Tage, da ihr Bruder die sieben Weiber bekam.

3. Diese Agla ward dann äußerst herrschlustig, und es mußte sich alles bis zur Erde beugen vor ihr, was ihr nur immer entgegenkam.

4. Das aber verdroß ihren Bruder Waltar, daß er darum vom Könige verlangte, entlassen zu werden, auf daß er sich auf einem Gebirge irgendwo ansiedeln möchte, wo er nimmer etwas von seiner entsetzlichen Schwester erführe.

5. Gurat aber, der von der Agla förmlich besessen war, tat nun nichts mehr ohne ihre Einwilligung und fragte sie daher, was sie zu dem Entschlusse ihres Bruders sage.

6. Als die Agla solches erfuhr, da ergrimmte sie über ihren Bruder, trennte ihn sogleich von seinen Weibern und ließ ihn in ein tiefes Gefängnis bringen. Und als dies geschah, war sie noch lange kein Jahr lang Königin, und der Bruder hatte auch noch keine so lange Zeit sein eheliches Glück mit seinen sieben Göttinnen genossen.

7. Den Generaloberpriester aber verdroß es ebenfalls, daß die Agla ihren Bruder ins Gefängnis werfen ließ ohne Grund und Ursache; denn der oberpriesterliche General konnte den Waltar sehr gut brauchen, weil dieser einen sehr geweckten Geist besaß. Darum verwendete er sich heimlich beim Könige um die Befreiung des Waltar, doch unter dem Siegel der strengsten Verschwiegenheit vor der Agla, weil diese sonst dem Bruder Übles zufügen möchte.

8. Der König aber sprach: „Es wäre alles recht; aber wie werden wir das Gefängnis öffnen, da von diesem Gefängnisse allein die Agla die Schlüssel

hat und sie ihre vertrauteste Wache noch obendarauf vors Gefängnis gestellt hat?"

9. Und der General sprach: „Das ist immerhin sehr schlimm; aber laß du mir das Geschäft über, – ich werde die Sache schon wieder in Ordnung bringen! Ich werde zur Nachtzeit mit einer kleinen Waffenmacht die Gefängniswache überfallen und das Gefängnis aufsprengen mit Gewalt, und es wird sich die vertraute Wache dann schon die Sache gefallen lassen müssen!"

10. Gurat willigte in diesen Rat, und in derselben Nacht und im ganzen nach einer zweimonatigen Haft ward Waltar wieder befreit.

11. Als aber Waltar befreit war, wollten ihn die Oberpriester in ihren Schutz nehmen; er aber verlangte nur zu fliehen, und so gestattete man ihm auch die Flucht.

12. Als aber die Agla alsbald erfuhr, was da geschehen war, da sandte sie Häscher aus, daß sie ihren Bruder ergriffen und töteten, wo sie ihn träfen.

13. Und die Häscher, guten Lohn hoffend, gingen schnell nach allen Seiten aus und ereilten den Waltar auf dem Wege ins Gebirge und erschlugen ihn.

14. Und das war sein Ende und sein Lohn, darum er vom Wege Gottes sich entfernt hatte. Und das war auch der Anfang der grausamsten Regierung, die je in Hanoch stattgefunden hat.

259. Kapitel
Die Belohnung der Häscher. Die Erdolchung der Weiber Waltars durch Agla
Des Königs Furcht

(Den 18. April 1844)

1. Die Häscher aber, um sich ihres Lohnes bei der Königin zu versichern, schnitten dem erschlagenen Waltar den Kopf vom Rumpfe, wickelten ihn in ein Tuch und überbrachten ihn der Königin.

2. Diese erschrak wohl anfangs über den Anblick dieses Kopfes; aber sie faßte sich bald und sprach zu den Häschern:

3. „Eure Treue hat sich bewährt! Ihr habt meinen größten Feind vernichtet; den Feind meiner Liebe habt ihr getötet und habt euren Lohn wohl verdient! Hier sind hundert Pfunde Goldes; nehmet es darum als euren wohlverdienten Lohn dahin!

4. Den Kopf aber nehmet wieder mit euch, und verscharret ihn irgendwo im Garten der Schönheitsgöttinnen; da mag er sich ewig weiden am Anblicke derer, die ihm mehr waren denn ich!

5. Wenn ihr aber den Kopf werdet eingegraben haben, dann gehet hin zu den sieben Weibern, die nun noch hier in einem unteren Teile dieses Palastes wohnen und bringet sie her samt den vierzehn Unterweibern!

6. Was dann zu geschehen hat, das wird euch zur Stunde bedeutet werden! Tut eure Sache gut, und der Lohn wird nicht ausbleiben!"

7. Hier nahmen die Häscher den Kopf und taten mit ihm nach dem Gebote der Königin.

8. Die Schönheitsgöttinnen, die die Eingrabung des Kopfes sahen, aber erschraken gewaltigst und sagten untereinander: „Das ist eine schlimme Vorbedeutung für uns alle! Es wird besser sein, ehestens zu fliehen von diesem Orte, als sich in jüngster Zeit, diesem Kopfe folgend, unter die Erde begraben zu lassen!"

9. Einige aber wünschten den Generaloberpriester zu sprechen. Doch dieser war nun zu beschäftigt mit Plänen, wie er dem Könige die Agla verdächtig zu machen vermöchte, und war daher nicht zugänglich; denn sein Grimm auf die Königin war zu groß. Darum mußten die Göttinnen bleiben und also dem ängstlich entgegensehen, was da kommen werde.

10. Die Häscher aber gingen darauf, und zwar schon am nächsten Tage, zu den sieben Weibern Waltars und brachten sie samt den vierzehn Unterweibern zu der Königin.

11. Als sie vor die Königin kamen, da fragte diese sie: „Wollt ihr nicht trauern um den Waltar, der getötet worden ist durch meine Macht?"

12. Hier fingen die Weiber an zu heulen und zu wehklagen.

13. Und die Königin sprach: „Also war eure Liebe groß zum Waltar, da ihr seinen sichern Tod also betrauert?! Sehet, auch meine Liebe war groß zu ihm; denn aus Liebe ließ ich ihn töten, damit er nicht der eurige sein solle!

14. Ich aber sehe nun, daß ihr leidet ob seinem Verluste; darum auch will ich eurem Leiden ein Ende machen! – Häscher! Entkleidet alle die Weiber, und bindet sie nackt an die Säulen dieses meines Königssaales!"

15. Und die Häscher taten das sogleich.

16. Als die Weiber samt den Unterweibern nackt gar fest an die Säulen angeknebelt dastanden, da nahm die Agla selbst einen gar spitzigen Dolch und ging zu den angebundenen Weibern und sprach zur einen wie zur andern, sie auf der Herzseite betastend: „Da also pocht das Herz, das meinen Bruder liebte?"

17. Darauf stieß sie den Dolch ins Herz des angebundenen Weibes und sprach darauf: „Das sei dein Lohn, du Elende!"

18. Also tötete die Agla selbst mit ihrer Hand aus Rache auch die Weiber ihres Bruders.

19. Und der König, obschon er am nächsten Tage davon Kunde erhielt, wagte nicht, ihr zu sagen: „Weib! Was hast du getan?"; denn er liebte und fürchtete die Agla.

260. Kapitel
Die Ausstellung der erdolchten einundzwanzig Weiber Waltars im Liebestempel
Das Entsetzen der generaloberpriesterlichen Militärtruppe
über die Grausamkeit der Königin Agla

(Den 20. April 1844)

1. Die Agla befahl darauf den Häschern, daß sie die erstochenen Weiber in schwarze Tücher wickeln und sie dann ebenfalls draußen im Garten der Schönheitsgöttinnen begraben sollten; vor der Eingrabung aber sollten sie im Tempel dieser Göttinnen eben diese erdolchten Weiber ganz entblößt ausstellen einen Tag lang, auf daß sich die Göttinnen daran weiden können.

2. Die Häscher sagten zur Königin: „Große, mächtige Herrscherin! Dies zu tun, getrauen wir uns nicht so ganz recht sicheren Schrittes; denn das große Volk hält gar viel auf diese Göttinnen, und wenn wir dieselben zu sehr erschrecken und beleidigen möchten und diese sich dann beklagten beim Volke, so könnte das gar üble Folgen für uns, wie für eure Majestät, große, mächtige Herrscherin, haben!

3. Denn wer grausam sein will, der

muß politisch zu Werke gehen, daß man ihm die Grausamkeit nicht ankenne; sonst läuft er bald große Gefahr, und seinem Wirken werden sicher haltende Schranken gesetzt! Befolgen eure Majestät diesmal unsern Rat und lassen diese Leichen ganz heimlich irgendwo verscharren, und die Sache wird ganz gut und ganz spurlos fürs große Volk ablaufen!"

4. Auf diese wohlgemeinte Einrede der Häscher fuhr die Agla wie ein Blitz auf und zückte den Dolch vor jedem, der ihr nicht augenblicklich den pünktlichsten Gehorsam leisten würde.

5. Und die Häscher mußten tun, was die Königin wollte.

6. Die Leichen wurden sonach losgebunden und jede einzeln eingewickelt in ein schwarzes Tuch und wurden am hellen Tage auf eben auch einundzwanzig Kamelen hinaus in den großen Garten transportiert und dort im Tempel der Naëme ganz entblößt ausgestellt.

7. Die Häscher aber, als sie die Leichen ausgestellt hatten, eilten wie Diebe davon und ließen die Kamele samt allem im Stiche, und sie sprachen zu sich: „Sind wir nur diesmal mit heiler Haut davongekommen; für alle nächsten ähnlichen Zwecke soll sich die Furie von einer Königin andere Häscher suchen! Wir werden ihr, wie dem Könige, nimmer dienen!"

8. Es hatte aber der Generaloberpriester durch geheime Inspizienten alles schon erfahren, was die Agla tat, und beorderte sogleich eine starke Truppe hinaus zu den Göttinnen.

9. Dieser Truppe kamen auf dem Rückgange die Häscher der Königin gerade in den Wurf und wurden sogleich in Empfang genommen. Als Gefangene mußten sie nun sogleich wieder umkehren und die Truppe dahin führen, wohin sie die Leichen gelegt hatten.

10. Als die Truppe mit den Häschern im Tempel anlangte und die noch von keiner Göttin beschauten Leichen erblickte, da fragte der Anführer die Häscher, ob sie diese herrlichen Weiber erstochen hätten.

11. Die Häscher aber zeigten die Sache an, wie sie geschah.

12. Da rief der Anführer der Truppe aus: „Bei allen Göttern und bei dem Urgotte Selbst! Diese Königin ist die leibhaftige Satana selbst, von der in den Büchern Kinkars Meldung geschieht; denn eine solche Grausamkeit ist unerhört!

13. Wie aber werden wir dieser Schlange der Schlangen ledig werden? Sie sitzt auf dem Throne; die ganze Hölle steht ihr zu Gebote! Das wird in Kürze ein Leben werden in dieser Stadt, davor die Tiger und Hyänen die Flucht ergreifen werden!"

14. Darauf wandte sich der Anführer zu einem aus der Truppe und sprach: „Ein Exempel soll hier statuiert werden! Laßt Balsamierer herkommen! Ich will die Leichen einbalsamieren lassen, auf daß sie nicht verwesen, und werde sie in gläserne Särge tun hier im Tempel zur allgemeinen Beschauung mit der Aufschrift: ‚Der Königin Höllenwerk!'

15. Und ihr Häscher, grabet mir sogleich das Haupt Waltars aus; das soll auch balsamiert werden, und ich werde es dann in einer eigenen Glasurne über die Särge seiner Weiber setzen mit einer gerechten Inschrift!"

16. Und alles geschah sogleich nach des Anführers festem Willen.

374

261. Kapitel
Die Einbalsamierung der Leichen und ihre Ausstellung in Glassärgen
Königin Aglas Plan, sämtliche ‚Göttinnen' des Liebestempels zu ermorden,
und seine Durchkreuzung durch die Flucht der ‚Göttinnen'

(Den 22. April 1844)

1. Im Verlaufe von acht Tagen waren die Leichname samt dem Haupte Waltars einbalsamiert und dann in den schon bemerkten gläsernen Särgen im Tempel der Naëme aufgestellt, wie in der Mitte der Särge auf einem stark vergoldeten Gestelle auch das Haupt Waltars in der Glasurne, die natürlich wohlverschlossen war.

2. Als diese Arbeit beendet war, da ging der Anführer der Truppe zu den erschrockenen Göttinnen in ihr großes Wohnhaus und zeigte ihnen an, was da geschehen war, und lud sie ein, die einbalsamierten Leichen zu beschauen.

3. Und die Göttinnen gingen diesmal nicht nackt, sondern in Trauerkleidern in den Naëmetempel und entsetzten sich nicht wenig, als sie diese tote Gruppe erschauten.

4. Nach einer langen Pause fragte die Obergöttin den Anführer der Truppe mit bebender Stimme: ,,Wenn dies der Königin Werk, was steht da uns in Bälde zu befürchten bevor? Was wird die Furie mit uns machen?"

5. Und einer der gefangenen Häscher antwortete unaufgefordert und sprach: ,,Erlaubt mir zu reden, meine herrlichen Göttinnen! In diesen Särgen steht auch euer Los geschrieben; denn wir haben es aus der Königin Munde vernommen, was ihr sicheres Vorhaben ist! Euch kann vor der Königin Wut nichts retten als allein die Flucht!

6. Glaubet ja nicht, der Generaloberpriester werde solches zu hintertreiben imstande sein! Denn die Königin hat Schleichwege und Mittel, die außer ihr niemand kennt, und kommt hinter alles, was da geschieht ihrem Satanssinne zuwider; sie weiß schon sicher seit mehreren Tagen, was hier mit den Leichen unternommen ward gegen ihr Gebot, und ich rate niemandem zu lange zu säumen, dem sein Leben wert und teuer ist!"

7. Diese Rede beherzigte der Anführer der Truppe, und er sprach zu den Göttinnen: ,,Der Oberhäscher scheint recht zu haben; daher machet euch auf, auf daß wir euch unter sicherem Geleite irgendwohin bringen können, wo ihr vor der Furie Wut gesichert sein werdet! Für eure Verpflegung wird bestens gesorgt werden überall, wohin wir euch nur immer bringen werden; denn solches zu tun mit euch, haben wir ja eben vom General den Befehl!"

8. Die Göttinnen willigten sogleich ein; eine jede nahm ihre Schätze und begab sich mit der Truppe und den Häschern eiligst davon.

9. Es verging aber keine Stunde, da kamen schon der Königin allervertrauteste Knechte mit einer starken Kriegertruppe, die da mit vielen Stricken, Schwertern und Lanzen versehen war und die Weisung hatte, die Schutztruppe des Generals zu vernichten, und dann die Göttinnen alle zu knebeln, und dann auch sie zu ermorden und sie den Weibern Waltars beizusetzen.

10. Aber diesmal gelang es der Königin nicht, ihren Plan durchzuführen; was sie aber darum tat darauf, wird die Folge zeigen.

262. Kapitel
Die Wut der Königin
Die Besänftigung der Königin durch den listenreichen Hauptmann Drohuit

(Den 23. April 1844)

1. Als die getreuesten Knechte der Königin mit ihrer starken Truppe zu ihrem nicht geringen Erstaunen die Wohnung der Göttinnen der Schönheit ganz leer erschauten, da kehrten sie alsbald wieder um und berichteten das der Königin.

2. Die Königin aber, solches erfahrend, raste wie eine Tausendfurie auf und fing an, förmlich zu schäumen vor Wut, und schwor, die bitterste Rache an dem Generaloberpriester auszuüben.

3. Der Hauptmann der Knechte der Königin aber, da er ein sehr schöner Mann und von der Königin heimlich sehr wohl gelitten war, erbat sich die Gnade, einige Worte mit ihr allein reden zu dürfen.

4. Die Königin gewährte ihrem Lieblinge gern, was er sich von ihr erbat, und behieß ihn, ihr nachzufolgen in ein kleines Seitenkabinett.

5. Der Hauptmann folgte der Königin ungemein gerne; und als er sich mit ihr allein befand, da wollte sie sogleich erfahren, was da seine Absicht wäre, darum er mit ihr allein zu reden wünsche.

6. Der Hauptmann aber, anstatt sogleich Rede und Antwort zu geben, zog sich in aller Schnelle ganz nackt aus und sagte dann zur Königin:

7. „Allerhöchste Gebieterin über mein Leben und über meinen Tod! Nur in diesem Zustande kann ich allerwahrhaftigst mit dir reden; denn so nackt, als ich jetzt vor dir stehe, also nackt wahr ist auch das, was ich dir nun sagen werde! Und so wolle mich denn bei meiner unendlichen Liebe zu dir, o reizendste Königin, anhören:

8. O Königin, du Tausendsiegerin über mein Herz! Du, von deren Hand zu sterben schon die größte Wollust sein müßte, o Königin, die du mir alles bist, um alles, was dir angenehmst und teuerst ist in der Welt, bitte ich dich, gehe ja um deiner und meiner Seligkeit willen nicht länger mit Racheplänen gegen den General der Priesterschaften um; denn da kannst du tun, was du nur immer willst, so wirst du überall zu spät kommen!

9. Meinst du, mein Leben, o Königin, dein Gemahl hat etwa die Gewalt in seinen Händen? Oh, da bist du in großer Irre noch! Ich sage dir: Gurat ist nur der Namensträger und steht als König in großem Ansehen nur als ein innigster Busenfreund des Generals! Wehe aber uns allen, so wir es durch eine Wendung dahin bringen, daß darob der General zu unserm Feinde wird!

10. So nackt ich jetzt vor dir stehe, so wahr und gewiß sind wir dann auch samt dem Könige in wenigen Minuten verloren! Schon jetzt stehen bei fünfmal hunderttausend Krieger um den großen Palast des Generals in Schlachtordnung aufgestellt; ein Wink von ihm und wir sind in einer Stunde nicht mehr!

11. Er hat nun schon mehrere Tage den König nicht besucht und läßt ihn auch nicht zu sich kommen, obschon dieser soeben wieder einen neuen Versuch macht, den General wieder für sich zu gewinnen. Ja, er will dich selbst dem General zum Geschenk machen, so ihm dieser nur seine Freundschaft zusagen möchte!

12. Daraus, o Königin, aber kannst

376

du die Macht und Größe des Generals abnehmen und erkennen, wie gefährlich dein Plan gegen den General ist!

13. O Königin, töte mich, wenn ich dich durch diese meine nackte Wahrheit beleidigt habe; aber ich konnte der Macht meiner Liebe zu dir nimmer widerstehen, dich zu warnen vor dem, was dir den völligen Untergang bereiten könnte!"

14. Die Königin erschrak hier zum ersten Male und sprach: ,,Mein lieber Hauptmann, ich danke dir für diese Warnung! Aber nun verlange ich auch einen Rat von dir, was da zu machen sein wird, daß ich nicht in des Generals Gewalt falle!"

15. Und der Hauptmann sprach: ,,O Königin, laß mir heute Zeit, zu sorgen für dich, und morgen werde ich dir einen Ausweg zeigen!"

16. Darauf umarmte er die Königin, zog sich wieder an und begab sich dann wieder in den großen Saal; aber die Königin blieb im Gemache zurück und begehrte ihre Zofen.

263. Kapitel

Der Hauptmann Drohuit beim König Gurat
Der listige Rat Drohuits – und Gurats und Aglas Einwilligung

(Den 24. April 1844)

1. Es ging aber darauf der Hauptmann der getreuen Knechte der Königin zum Könige und stellte ihm die Sache so recht kategorisch dar, wie es mit der Königin stehe, und was da der General Fungar-Hellan gegen den König und gegen die Königin zu unternehmen gar streng im Sinne führe, und wie es zu einer reinsten Unmöglichkeit werde, sich dem mächtigen Fungar-Hellan zu widersetzen, indem dieser alle Macht in seinen Händen habe.

2. Und der Gurat sagte zum Hauptmann: ,,Ja, mein Freund, du hast recht! Ich weiß gar wohl, wie ich nun mit Fungar-Hellan stehe; aber – was läßt sich da machen?! Er ist nun schon seit zehn Tagen genau genommen rein unzugänglich, und das aus keinem andern Grunde als allein aus dem, weil ich ihm die Agla nicht ausliefern wollte zur Kühlung seiner Rache an ihr ob ihrer verübten Grausamkeiten an ihrem Bruder und an dessen Weibern.

3. Sein letzter Ausruf vor mir war: ,Wohl denn! Was du mir nicht geben willst aus freier Hand als ein Freund dem Freunde, das wird sich dein bitterster Feind mit Gewalt zu holen wissen!'

4. Darauf verließ er mich, gar hastig davonrennend, und ich konnte noch bis zur Stunde keine Silbe irgend von ihm erfahren, was er nun so ganz eigentlich im Schilde führe.

5. Es wird am Ende doch kein anderes Mittel sein, ihn wieder freundlich gegen mich zu stimmen, als ihm die Agla, dies so über alle Begriffe überschönste Weib auszuliefern! – Sage mir, mein lieber Hauptmann Drohuit, was da anders zu machen sein dürfte!"

6. Und der Drohuit sagte: ,,O König, hier sind eigentlich freilich nur die zwei Wege möglich, entweder die Flucht der Königin unter meiner Leitung, oder die Auslieferung; aber es ist der eine nicht minder gefährlich als der andere!

7. Ich aber habe mir eine feine List ausgedacht! Gelingt diese, da ist Fungar-Hellan wieder dein Freund, und du bleibst König wie zuvor; gelingt mir

diese aber nicht, dann ist kein anderes Mittel als die Flucht zur Rettung der Agla, wie auch deiner Königswürde, denkbar!

8. Die List aber besteht darin: Laß du die Agla so reizend als möglich anziehen, und ich selbst will hingehen zum Fungar-Hellan und zu ihm also reden:

9. ‚Die schönste Agla, auf die du schon so viele Blicke geworfen hast, hat Nachricht erhalten, daß du, als der ihr über alles teuerste Freund, ihr gram geworden seist! Sie läßt dich daher bitten, du möchtest ihr nur einmal noch ein geneigtes Ohr schenken, und du wirst über ihre rätselhafte Grausamkeit von ihr selbst die genügendste und dein Herz völlig beruhigendste Aufklärung erhalten!'

10. Er wird auf diese Einladung sicher kommen, wennschon unter starker Bedeckung! Was aber dann die Agla zu ihm wird zu reden haben, darüber will ich sie schon gehörig instruieren; nur mußt du ihr gestatten, daß sie mir ein Beglaubigungszeichen mitgibt, auf daß mir der Fungar-Hellan sichern Glauben schenke über meine Sendung an ihn! Und ich meine, die Sache wird sich wieder geben!

11. Daß der Fungar-Hellan beim Anblick der schönsten und reizendsten Agla mit sich sicher wird handeln lassen, davon bin ich im voraus überzeugt!"

12. Als der Gurat das vom Drohuit vernommen hatte, da gab er ihm sogleich die Vollmacht; und dieser ging zur Agla und unterrichtete sie von allem, und sie nahm alles an von ihm und willigte in alles ein.

264. Kapitel
Die Fortsetzung des höllischen Intrigenspiels. Drohuit bei Fungar-Hellan
Der General im Garn

(Den 25. April 1844)

1. Nachdem aber der Drohuit die Agla gehörig instruiert hatte, was sie reden solle, falls der Fungar-Hellan käme, begab er sich sogleich in den Palast desselben, – hatte aber da nicht wenig Mühe, vor den General zu gelangen.

2. Als er aber mit der genauesten Not von der Welt zum General gelangte, da fragte ihn dieser mit einem Grimmernste und sprach: „Woher kommst du, verwegener Verächter deines Lebens, und was führt deine Sendung im Schilde? Rede geschwinde, willst du nicht eher noch des Todes sein, als bis du den Mund geöffnet haben wirst!"

3. Drohuit erschrak zwar anfangs über die sehr unfreundliche Aufnahme, denn also sehr ergrimmt hatte er sich den General nicht vorgestellt; aber nach einer Weile faßte er Mut und sagte ebenfalls in einem sehr erregten Tone zum Fungar-Hellan:

4. „Freund! – wenn du mich also empfängst, da du doch derjenige bist, der mir eigentlich mein Amt bei Hofe gab, und warst allezeit mein vertrautester Freund, da rede ich trotz der immensen Wichtigkeit des Gegenstandes, den ich dir zu berichten habe, kein Wort, – obschon dein und aller Welt Wohl davon abhängt, wie das Leben vom Herzen! Du aber magst ja sogleich ein Schwert nehmen und mich töten samt meinem allerwichtigsten Geheimnisse, das sonst auf der Welt außer mir kein sterblich Wesen kennt!"

5. Nach dieser Erklärung ward der

General sanfter und sprach: „Freund, beruhige dich, es war nur meine erste Aufregung also; nun aber erkenne ich dich schon wieder als meinen Freund, der mir schon so manchen guten Dienst geleistet hat und mir vielleicht noch so manchen leisten wird. Und so bitte ich dich, rede, was du hast, und ich werde dir mein Ohr an den Mund legen!"

6. Darauf richtete sich der Drohuit auf und sprach: „Wohl denn, so höre mich!

7. Siehe, du stehst nun in einem mächtigsten Grimme wider Gurat, deinen ersten Freund, und stellst der Königin nach dem Leben! Doch höre, was ich dir nun eröffnen werde:

8. Solange diese Erde von Menschen und Tieren bewohnt ist, gab es noch nie eine größere Ungerechtigkeit und nie einen schwärzeren Undank, als nun in deinem Benehmen gegen die Königin und gegen den König!

9. Sage mir, was wohl ist ein Geretteter seinem Lebensretter schuldig? – Mehr frage ich dich vorderhand nicht; nur das sage mir!"

10. Der General schaute den Drohuit groß an und sprach in erregtester Spannung: „Was sprichst du? Rede deutlicher! Erkläre dich, auf daß ich hineile und meinen Lebensretter anbete!"

11. Und der Drohuit, bei sich Viktoria rufend, richtete sich wieder auf und sprach: „Ich sage dir vorderhand nichts als: Die Königin, die dich liebt wie ihr rechtes Auge, und die du zu verderben dich fest bemühst, dieselbe Königin ist dein Lebensretter auf eine Art, die die Welt bisher noch nie erfahren hat!

12. Mehr sage ich dir nicht; gehe aber hin, und du wirst es von ihr erfahren, was sie für dich getan hat! Dann magst du sie wohl töten, wenn du das über dein Herz zu bringen wirst imstande sein!

13. Solltest du aber etwa gegen diese meine Aussage einen Verdacht hegen, da nimm du Bedeckung mit; und hier dies Beglaubigungszeichen, das mir die Königin selbst für dich übergab, und du wirst daraus doch leichtlich ersehen, daß ich dir gegenüber sicher kein Verräter bin!"

14. Hier schrie der General: „Agla, du von mir Verkannte! Du Großkönigin aller meiner Gedanken! Durch deine unbegreifliche Grausamkeit hast du – mir das Leben gerettet?! – Auf und hin zu ihr; darüber muß mir Licht werden!"

15. Hier verließ der General alles, nahm seine Ehrenwache und eilte sogleich hin zur Königin.

265. Kapitel
Der herzliche Empfang beim König
Gurat, Fungar-Hellan und Drohuit bei der Königin Agla
Aglas erfolgreiche Liebeserklärung an Fungar-Hellan

(Den 26. April 1844)

1. Der König und die Königin aber waren in der gespanntesten Erwartung und sahen durch die Fenster, ob der Fungar-Hellan wohl kommen werde oder nicht. Wie erstaunlich groß war nun die Freude beider, als sie den General, an der rechten Seite Drohuits sich unter seiner zahlreichen Ehrenwache dem Palaste nahend, erblickten!

2. Die Königin begab sich sogleich

in ihren Saal, und der König in den seinen, und erwarteten ein jedes für sich den Mann, von dem in dieser Zeit beinahe der halben Erde Wohl und Wehe abhing.

3. Am Tore des Palastes angelangt, sprach der General zum Drohuit: „Nun bin ich hier; doch das sage ich: Wenn ich den geringsten Verdacht merke, so ist die lebendige Hölle dein Los!"

4. Und der Drohuit erwiderte: „Wahrlich, ich werde nicht ermangeln, selbst hineinzuspringen, wenn du nicht mit der größten, ungeheucheltsten Liebe und Achtung empfangen wirst von beiden Seiten und nicht bestätigt finden wirst jeden von mir dir angedeuteten Punkt!"

5. Und Fungar-Hellan sprach: „Gut, laß uns daher hinaufgehen und uns von allem überzeugen!"

6. Hier begab sich Fungar-Hellan an der Seite Drohuits unter dem Geleite seiner Ehrenwache hinauf ins zweite Stockwerk des ungeheuer großen Palastes und begab sich da zuerst zum Könige, der ihn mit offenen Armen unter dem Ausrufe: „Mein Bruder, – mein Heil!" empfing.

7. Dieser Empfang hatte dem General das Herz gerührt, und er kam darob schon in eine sehr gute Stimmung und fragte den König, ob seine Freundschaft nicht besser wäre als seine Feindschaft.

8. Und der Gurat erwiderte: „O Bruder, so du mir feind bist, dann bin ich auch kein König mehr! Denn ich habe dir alles zu verdanken; du ganz allein ja bist die Ordnung und somit die Stütze meines Hauses! Wie sollte ich da nicht nach deiner Freundschaft geizen?!"

9. Hier umarmte Fungar-Hellan wieder seinen alten Freund und sprach zum Drohuit: „Komme auch du wieder hierher; denn ich erkenne, daß du es mit uns beiden aufrichtig gemeint hast, und so kannst du in unserm Wiederbunde der dritte sein! Aber nun lasset uns zur Agla gehen und sehen, wie sie sich diesem Bunde einen wird!"

10. Darauf begab sich der General in der Mitte des Königs und Drohuits unter dem glänzendsten Gefolge von Ehrenwachen zur Agla, die ihm ebenfalls mit ihren reizendsten offenen Armen entgegeneilte und ihn, mit aller Kraft ihrer Liebe ihn umarmend, empfing.

11. Dieser höchst unerwartete Empfang hatte auf den General einen so wohltuenden Eindruck gemacht, daß er aus lauter Wonnegefühl kaum ein Wort aus seinem Munde zu bringen imstande war.

12. Nur die Agla sagte nach einer Weile, und auch ganz bebend vor Liebe: „Fungar-Hellan, wie konntest du mir nach dem Leben streben, da meine Liebe zu dir deinem Leben Opfer darbrachte, die sie nimmer einem Gotte geopfert hätte?!

13. Wahr ist's, ich mußte dir unmenschlich grausam erscheinen; denn meine Taten waren von einer Art, davon die Erde bis jetzt sicher kein Beispiel aufzuweisen hat! Aber die Erde kennt sicher auch bis jetzt kein weiblich Herz, das da mit meiner Liebe zu dir, o Fungar-Hellan, erfüllt wäre! Aber auch keinen weiblichen Verstand kennt die große Lebensträgerin, der die Größe und Erhabenheit eines Fungar-Hellan zu würdigen verstünde! Ich aber kann mich dieses Verstandes rühmen, und so ist meine endlos große Liebe zu dir, und aus ihr die Taten, die ich deinetwegen, o Fungar-Hellan, verübte, erklärlich!"

14. Diese Erklärung machte den

General ganz weich, und er sprach: ,,O Agla, was verlangst du zum Lohne für solche Liebe?"

15. Und die Agla sprach: ,,Dein Herz, deine Liebe ist mein Lohn! – Höre mich aber zuvor an, auf daß es dir klar wird, warum ich das, was ich tat, getan habe; dann wirst du sehen, daß ich dich liebe mehr als mein Leben!"

266. Kapitel
Gurats und Drohuits gute Miene zum bösen Spiel
Aglas Heuchelrede vor Fungar-Hellan

(Den 27. April 1844)

1. Gurat war mit dieser Liebeserklärung von Seite seiner himmlischen Agla an den Fungar-Hellan eben nicht zu sehr einverstanden, natürlich nur bei sich geheim; denn offen wäre hier sein Nichteinverstandensein nicht am rechten Platze gewesen.

2. Aber was konnte er hier anders tun, als solcher Liebeserklärung mit höchst vergnügten Augen zusehen?! Denn gefehlt war es so oder so. Zwei saure Äpfel links und rechts; in den einen mußte er beißen, und das war denn doch besser, als so er in alle beide gar tüchtig hineinbeißen hätte müssen!

3. Auch der Drohuit hörte solcher Erklärung der Königin an den General eben nicht so gerne zu, als so sie ihm gemacht worden wäre. Aber hier war nichts anderes zu tun, als zum bösen Spiele eine gute Miene zu machen; denn hier wäre ein schiefer Blick mit dem Verluste des Lebens verbunden gewesen.

4. Und so zeigten sowohl der Gurat wie der Drohuit sehr freundliche Gesichter und wünschten dem Fungar-Hellan gewisserart mimisch alles Glück, und also auch der Agla.

5. Diese aber fing sogleich an, die Gründe ihrer Grausamkeit darzustellen, wie sie ehedem vorbestimmte, damit der General gründlich ersehen möchte, wie endlos teuer er ihr sei, und warum. Und sie sprach demnach:

6. ,,Du mein allergeliebtester Fungar-Hellan! Du weißt, daß ich meinen Bruder liebte mehr als mein eigenes Leben, darum ich auch meine Höhe verließ und ging, mein Leben nicht achtend, zu suchen meinen Bruder in dieser mir noch gänzlich unbekannten Stadt.

7. Ich fand den Gesuchten aber eher und leichter, als ich es mir dachte. Wie? Das wißt ihr alle. Ich ward hierher gebracht, und der König fing an, alsbald zu handeln um mein Herz, und beredete meinen Bruder, daß er mich abträte an ihn, dafür ihm dann der König die Schönheitsgöttinnen zum Ersatze nebst der Vizekönigswürde antrug.

8. Ich ersah beim ersten Blicke, daß da mein Bruder wankte. Das kränkte mich über die Maßen, daß er für mich ein wankendes Herz haben konnte, da ich doch mein Leben für ihn gewagt hatte.

9. Ich besiegte mich da, trat zu ihm hin und riet ihm, seine Liebe zu mir prüfend, selbst zu diesem Tausche. Und er, der ohnehin nur wenig Liebe zu mir hatte, anstatt sein Leben um seine arme Schwester zu wagen wegen ihres inneren, höheren Wertes, vergab mich und vertauschte das reinste Wesen gegen feile Buhldirnen, die nie einen inneren Lebenswert erkannt hatten!

10. Schwer war diese schnöde

381

Rachehandlung meines Bruders für mein Herz; allein ich konnte das Geschehene nicht mehr ändern.

11. In solcher meiner innern Trübsal lernte ich dich, Fungar-Hellan, kennen und erkannte in dir bald einen großen Geist, dem es möglich ist, mit seiner Einsicht Millionen zu führen, so oder so! Nur zu bald erkannte ich, daß nur du, und nicht der König, der Herr von Hanoch und des ganzen, großen Reiches bist!

12. Da dachte ich: O Mann, könnte ich dir enthüllen meine ewige Wahrheit über die wahre Bestimmung des Menschen von Gott aus, wie ich sie in mir habe, und hätte ich deine Liebe, was könntest du dann endlos Gutes bewirken!

13. Wie ich dich, o Fungar-Hellan, aber schon so ziemlich nahe meinem Herzen dachte und ersah, daß mein Bruder meinetwegen bei dir viel zu gelten anfing, da entdeckte ich auf einmal eine schändlichste Verschwörung eben meines Bruders gegen dich! Und ich ließ ihn darum selbst in den Kerker bringen, da mir denn sein Leben noch immer teuer war, welches sonst dahingewesen wäre, so ihr seinen Verrat erkannt hättet!

14. Ich besuchte ihn täglich und suchte ihn zu bekehren, richtete aber freilich wenig aus; als ich aber mit ihm mit vieler Mühe auf dem halben Wege der Besserung war, da erfuhrst du, daß er im Kerker schmachte und befreitest so deinen größten Feind. Er entfloh, um dich zu verderben durch Hilfe der Hochlandsvölker, denen er einen gebahnten Ausweg gezeigt hätte.

15. Hier galt es nun Leben oder Tod! Ich sandte darum Häscher nach mit dem Auftrage, den Bruder zu erschlagen, so sie ihn träfen; denn wäre er hierher wieder lebend gebracht worden, da hättest du ihn sicher von hier irgendwohin zu einem Großherrn gestellt, und er wäre dann im geheimen abgegangen und hätte dich an die Hochlandsvölker verraten. Diese wären dann über euch hergefallen wie grimmige Tiger und hätten Millionen geschlachtet! Und hätte ich ihn gegen euch verraten, was hättet ihr dann gemacht mit ihm – und vielleicht auch mit mir?

16. Um ein so großes Übel zu vermeiden, brachte ich das schwere Opfer! Nun urteilet, ob ich darum also grausam bin, wie ihr es meinet! – Aber ich bin noch nicht zu Ende; darum höret mich weiter an!"

267. Kapitel
Aglas meisterhafte Lügenrede zur Rechtfertigung ihrer grausamen Handlungen

(Den 29. April 1844)

1. Und die Agla redete weiter also: „Der Bruder aber, als er floh, hatte insgeheim seinen Weibern aufgetragen, daß sie fürs erste das ganze Schönheitsgöttinnenkollegium wider dich aufzureizen und wo möglich trachten sollen, dich samt dem Könige Gurat aus der Welt zu räumen, auf daß dann Waltar, so er mit großer Macht wiedergekommen wäre, in dieser Stadt alsogleich ohne allen Anstand den Königsthron hätte besteigen können.

2. Dem Waltar ward dieser Frevelweg, wie bekannt, abgeschnitten! Was aber wollten die Weiber dann tun, als sie durch meine Vermittlung versuchs-

weise sogleich vom Tode ihres Gemahls Kunde erhielten? Höre, sie taten einen gräßlichsten Schwur, dich, den Gurat und mich selbst ohne alle Gnade und Erbarmung zu verderben!

3. Wann und wie aber? – Folget mir in das geheime Kabinett, das die sieben Hauptweiber bewohnten, und überzeuget euch von allem selbst!"

4. Hier führte die Agla die ganze Versammlung in das geheime, bedeutend große Kabinett, ließ dort sogleich einen verborgenen Wandschrank öffnen und sprach dann, mit der Hand auf eine kristallene Schale zeigend:

5. „Dort sehet jene entsetzliche Schale; sie ist voll von stärkst vergifteten Nadeln! Lasset ein Tier bringen, nehmet behutsam eine solche Nadel, und verletzt damit nur ein wenig irgend die Haut des Tieres, und überzeuget euch, wie dieses verenden wird!"

6. Man brachte sogleich ein großes Kalb und ritzte dasselbe nur ein wenig unter dem Bauche mit einer solchen Nadel, und das Kalb stürzte augenblicklich tot zusammen.

7. Alles entsetzte sich über diese erstaunliche Wirkung.

8. Und die Agla sprach: „Versuchet es an anderen Tieren und die Wirkung wird gleich sein! Oder so ihr einen seltenen Verbrecher habt, der zum sichern Tode verurteilt ist, laßt ihn hierher bringen, und machet mit ihm einen solchen Versuch! Gewiß, so schnell ist kein Augenblick, als wie schnell und sicher gänzlich schmerzlos er mit einer solchen Nadel getötet würde!"

9. Fungar-Hellan aber sprach: „Agla, wie weißt du das, und wie kamst du hinter alles das? Wie kamst du zu der genauen Erfahrung über die schreckliche Wirkung dieses mir noch ganz unbekannten Giftes?"

10. Und die Agla sprach: „Siehe an, hier unser aller großer Freund und Lebensretter Drohuit hat mir dieses alles gezeigt und hat als ein zum Scheine Mitverschworener von den Weibern alles herausgebracht, was sie ganz besonders gegen dich unternehmen wollten!

11. Als er mir solches aber anzeigte und ich mich gar bald von ihrer großen Bosheit überzeugte, da ergriff mein ganzes Gemüt eine mächtige Rache. Ich ließ dann als Freundin diese Weiber alle durch meine verkleideten Schergen hierher bringen in meinen Saal, allwo sie sich sogleich entkleiden mußten. Darauf ließ ich sie knebeln an die Säulen und kühlte dann selbst als Königin und Herrin über Leben und Tod der Untertanen meine glühendste Rache an ihnen!

12. Wann aber warst du bestimmt, zu fallen? Dein nächster freundlicher Besuch bei diesen Schlangen hätte dir das Leben genommen also, wie diesem Kalbe hier! Gehe aber nun auch hinaus in die Wohnung der Göttinnen, und du wirst sicher auch die kleinen Mordwerkzeuge treffen und daraus ersehen, wie weit diese Verschwörung schon ausgebreitet war, wie auch den Grund, warum ich diese Göttinnen verfolgte!

13. Willst du aber auch wissen, woher diese Göttinnen das Gift nahmen, da durchsuche den Garten, und du wirst in einer abseitigen Ecke desselben in einem gläsernen Lusthause ein Bäumchen finden, das auf seinem Stamme perlenartige Tropfen hat; diese Tropfen aber sind eben dieses furchtbare Gift!

14. Ich meine, das wird doch genug sein, um einzusehen, warum ich als deine größte Freundin also mit der Aufbietung aller Schlauheit und Vorsicht gegen diese Weiber gehandelt habe!"

15. Fungar-Hellan ward samt dem Könige ganz blaß, und keiner wußte, wie er so ganz eigentlich daran sei.

268. Kapitel

Fungar-Hellans verwunderte Fragen an Drohuit
Drohuits kluge Antwort

(Den 30. April 1844)

1. Als sich das erste Erstaunen und ganz entsetzliche Verwundern bei den dreien nach einer Weile etwas gelegt hatte, da sah der Fungar-Hellan den Drohuit groß an und sagte zu ihm: „Drohuit, entweder bist du ein Abgesandter der guten Götter und des alten Zorngottes, der auch gut ist so lange, als man genau Seinen Willen tut; tut man aber nur im geringsten dawider, dann wird Er bald voll Zornes und will die ganze Erde verderben!

2. Es mag also sein, daß du dieses Gottes Abgesandter bist! Oder du bist ein Abgesandter aus der untersten und erschrecklichsten Hölle aus dem Grundwohnorte des Satans; denn sonst wäre es reinst unmöglich, daß du allein hinter Geheimnisse kommen sollst, die mir unbekannt geblieben wären!

3. Siehe, in dieser großen Stadt, die doch mehr als hundertmal tausend Häuser zählt, geschieht nichts und kann nichts geschehen, das mir nicht schon fast im Augenblicke des Geschehens kund würde! Welcher Teufel, welcher Satan mußte dann diese Verschwörung geleitet haben, daß sie verborgen blieb vor meinen Sinnen bis auf diese schnöde Zeit, in der ich nun solches von dem heißen Munde der Agla erfuhr?!

4. Und wie kamst du hinter diese fürwahr allerschaudererregendste, wahrhaft satanische Höllenverschwörung? Nur davon gib mir Kunde, und ich bin dann völlig beruhigt; kannst du aber das nicht, dann sollen alle Löwen, Tiger, Hyänen, Wölfe und Bären deine Gesellschaft werden!"

5. Der Drohuit aber sprach darauf: „Freund, was redest du, als wären dir alle Verhältnisse der großen Stadt von Tag zu Tag wie anschaulich bekannt?! Ich sage dir: Nur Masken fallen in deine Sinne, aber nimmer die tieferen Verhältnisse!

6. Wer kann dir meine Gedanken entdecken? Kann ich nicht so reden und scheinhandeln, daß du meine Rede und Handlung als verdächtig ansehen mußt, während ich in meinen Gedanken einen ganz andern Plan zu deinem Wohle nur führe?!

7. Oder ich kann reden und handeln höchst gerecht vor deinen Augen; kannst du aber auch in meine geheime Gedankenkammer blicken, ob da kein überfein durchdachter Verrat und dein Untergang auf deine Hartnäckigkeit im Großvertrauen auf deine Allwissenheit lauert?

8. Also bemerktest du bei deinen Schönheitsgöttinnen aus ihren Reden und Handlungen auch nicht, wie sie in verborgenen Winkeln Giftbäumchen zu deinem Untergange zogen, und wie sie eine Menge der allerunscheinbarsten, aber desto wirksameren Mordwerkzeuge für dich bereiteten!

9. Warum aber? – Denke an die ihnen auferlegte neue Steuer und an das Gebot, daß keine von ihnen bei Todesstrafe je schwanger werden darf, und du wirst den Grund zu solch einer Verschwörung gar bald einsehen!

10. Wie aber dir die Agla sagte, so sage auch ich: Gehe hin, und überzeuge dich von allem, und siehe dann erst, ob ich für deine Gesellschaft von Löwen und dergleichen reif bin!"

11. Fungar-Hellan ward ganz verdutzt über diese Rede und verlangte nun in den Garten der Schönheitsgöttinnen zu gehen, um sich dort von allem zu überzeugen. Und alsbald zog die ganze Gesellschaft dahin.

269. Kapitel
Fungar-Hellan im Tempelgarten der Schönheitsgöttinnen. Die Prüfung der Aussagen Aglas und Drohuits. Fungar-Hellans Verdacht gegen Agla
Die Schönheit Aglas als Siegerin über Fungar-Hellan. Agla als Weib Fungar-Hellans

(Den 2. Mai 1844)

1. Im Garten angelangt, untersuchte Fungar-Hellan sorgfältigst alles – das verlassene große Wohnhaus der Schönheitsgöttinnen, den Tempel und den Garten – und fand überall die Aussagen bestätigt, im Wohnhause eine große Menge vergifteter Nadeln, die er sogleich in Beschlag nehmen ließ von seinen ihm hierher folgenden Amtleuten, also auch im Garten das berüchtigte gläserne Lusthäuschen, in dessen Mitte das außerordentlich giftige Bäumchen gar üppig aus dem Erdboden emporwuchs. Das Bäumchen hatte die bezeichnete Gestalt und war am Stamme mit Gifttropfen übersät.

2. Fungar-Hellan wollte sogleich das Bäumchen ausrotten lassen und befahl daher seinen Leuten, das Glashaus samt dem Bäumchen sogleich zu vernichten.

3. Da ergriff die Agla die Hand des Fungar-Hellan und schrie: ,,Mein allergeliebtester Freund, ich bitte dich um alles, was dir wertest und teuerst ist in der ganzen Welt, laß ja dies durchsichtige Haus des Todes nicht nur nicht öffnen durch einen Erbruch, sondern auch nicht öffnen irgend im geringsten und auch nicht anrühren; denn die Natur dieses Gewächses ist so heftig wirkend, daß durch seine Freistellung nicht nur wir alle samt den Arbeitern, sondern alles im Umfange von wenigstens drei Stunden, was Leben hat, getötet würde!

4. Willst du aber schon dies Bäumchen vernichten, so mußt du von sehr harzigem Holze einen gar mächtig großen Scheiterhaufen um das Lusthaus bauen und ihn von allen Seiten anzünden; dadurch allein kannst du dieses Gewächs ohne lebensgefährliche Folgen verderben!"

5. Diese erklärende Abhaltung von der Zerstörung des Giftbäumchens von Seite der Agla machte den Fungar-Hellan gewaltig stutzen. Er sah der Abhälterin scharf ins Angesicht und sprach:

6. ,,Weib, – was redest du?! Erkläre mir, woher dir solche Wirkung dieses Bäumchens also bekannt ist, als hättest du es selbst geschaffen!

7. Wahrlich, so gut du es mit mir nun meinst, wenn das die Natur dieses Gewächses ist, ebensosehr aber machst du dich mir auch durch diese deine Erklärung verdächtig! Wer weiß es, ob nicht etwa du selbst die Pflanzerin dieses Höllengewächses warst?!

8. Ich gebe dir daher noch eine kurze Frist; suche in dieser meinen sehr begründeten Verdacht von deinem Haupte zu wälzen, sonst wird es mit dir keinen guten Ausgang nehmen! Entkleide dich daher, auf daß du nackt

mir die nackte Wahrheit bekennest! Denn fortan sollst du mich nicht mehr täuschen; denn nur zu bestätigt gegründet ist mein Verdacht auf dich! Daher wirst du zu tun haben, einen Fungar-Hellan über deinen Daumen zu drehen!"

9. Diese Aufforderung aber brachte die Agla nicht im geringsten aus ihrer Fassung; nur sagte sie: „Ich werde mich entkleiden, – aber hier in der Nähe dieses Pesthauses nicht, sondern in irgendeinem Wohnzimmer der einstigen Göttinnen!"

10. Darauf begab sich die Gesellschaft ins Wohnhaus und da in ein sehr großes Zimmer.

11. Allda angelangt, entkleidete sich sogleich die Agla, wie es ihr der Fungar-Hellan geboten hatte.

12. Aber diese Entkleidung war eben das Gefährlichste für den stark sinnlichen General. Denn nun erst kamen alle bis jetzt verborgenen Reize dieses schönsten Weibes zum Vorschein, die dieses Weib in einem so hohen Grade besaß, daß bei ihrem Anblicke sogleich mehrere der anwesenden Männer zu rasen anfingen und wahnsinnig wurden; fünf aber fielen im Augenblicke tot darnieder.

13. Und Fungar-Hellan vergaß ganz seinen Verdacht; denn wie die aufgehende Sonne die Nebel in den Tälern verzehrt, also wirkte auch die zu große Schönheit der nackten Agla auf den Fungar-Hellan.

14. Er forderte von ihr nun nichts anderes als ihre Liebe und versprach ihr, alles zu tun und zu gewähren, wodurch er sich nur immer ihrer Liebe wird desto werter machen können.

15. Daß dieser Sieg niemandem angenehmer war als der Agla selbst, das läßt sich leicht denken, indem sie hier sonst offenbar wäre gefangen worden.

16. Gurat und Drohuit sahen hier freilich wie verlierende Spieler dieser Begebenheit zu; aber was war hier anders zu machen, als dem Fungar-Hellan zu gratulieren?!

17. Mit dieser Expedition aber hatte diese Untersuchung auch ein Ende, und Fungar-Hellan führte die Agla in seinen Palast als sein Weib mit allen Ehren. Und der Drohuit und der Gurat zogen mit langen Gesichtern ebenfalls nach Hause.

270. Kapitel

Drohuits und Gurats Bericht an ihre Kebsweiber. Die vereitelte Flucht
Drohuits und Gurats erfolgreiche Zuflucht zu List und Heuchelei. Die Versöhnung

(Den 3. Mai 1844)

1. Als die beiden, der Gurat und der Drohuit nämlich, zu Hause im Königspalaste angelangt waren, da kamen ihnen bald ihre anderen Kebsweiber entgegen und befragten sie, wie die Sache mit der entsetzlichen Agla abgelaufen sei.

2. Und der Drohuit antwortete und sprach: „Geliebte Weiber, schlecht, überschlecht für uns alle! Denn die Agla zerbrach das Gattenband zwischen sich und unserm gnädigen Könige und gab ihr Herz und ihre Hand, als wäre sie ledig gewesen, von neuem dem Fungar-Hellan! Und dieser so ganz eigentliche Meuterer an den geheiligten Rechten des Königs hat dadurch seinen langersehnten Wunsch erreicht. Möge dieser von ihm heute erworbene Gewinn ihm solche Interessen tragen, wie

er sie unserm guten Könige getragen hat! Sonst habe ich keinen Wunsch für ihn!

3. Ich aber war ein ungeheurer Esel, daß ich so fast mein Leben für diese Höllenbestie gewagt habe! Hätte ich sie gegen Fungar-Hellan recht verschwärzt, so lebte sie sicher nimmer; allein ich war dumm genug, sie zu verschönern und so unschuldig und gerecht als möglich zu machen vor dem General!

4. Und das ist nun mein und des Königs Lohn, daß sie uns den Rücken zugewendet hat, und daß wir alle höchstwahrscheinlich in kurzer Zeit die Ehre haben werden, entweder durch einen ganz unschuldigen Giftnadeltupfer eben auch ganz bescheiden und unschuldig ins Gras zu beißen; oder wir werden mit sanften Worten genötigt werden, die Stadt Hanoch auf immer zu verlassen, um dann irgendeine Wohnstätte unter den Tigern, Hyänen und Bären zu suchen! – Was meinst du, Gurat, – habe ich recht oder nicht?"

5. Und der Gurat sprach: "Mein Freund, wenn es auf mich ankäme, da wäre ich der Meinung, wir sollten unsere Schätze heute noch so hübsch zusammenbringen und bei Nacht und Nebel uns aus dem Staube machen; denn morgen, halte ich wenigstens dafür, dürfte es schon zu spät sein!

6. Daher bestelle du sogleich meine gesamte Dienerschaft, und gib ihr unter dem strengsten Siegel der Verschwiegenheit unseres und ihres eigenen Wohles wegen diese Weisung! Hundert Kamele sollen tragen unsere Schätze, hundert den Mundbedarf und hundert uns selbst mit allem unserm Gefolge in irgendeine entlegene Gegend der Erde; denn von nun an wird es in diesem großen Weltreiche nimmer zu bestehen sein!

7. Das Volk ist bis auf den höchsten Grad verdummt, und die Besseren sind aus lauter Trug, List, Heuchelei und Politik zusammengesetzt; der eigentliche Herrscher ist aber ohnehin unser Feind und wird es nun um so mehr sein, da er sicher streng nach der Pfeife der Agla tanzen wird, die uns nun sicher hassen wird, da wir ob ihrem Verluste nicht sogleich über alle Maßen aus lauter Verzweiflung haben zu rasen angefangen!"

8. Hier sah Drohuit zum Fenster hinaus und erblickte zu seinem großen Erstaunen die Agla mit Fungar-Hellan sich dem Palaste nahen und zeigte solches dem König an.

9. Als der König solches bemerkte, da schrie er: "Um alle Geister, – da sind wir verloren!"

10. Der Drohuit aber, da er alle Weiber weggeschafft hatte, sagte zum Gurat: "Freund, nun heißt es: List gegen Grausamkeit! Nur geschwinde unsere Kleider zerrissen, dann sich auf den Boden geworfen und geheult und ganz entsetzlich getrauert, – und es wird alles wieder gut werden!"

11. Gurat und Drohuit taten das sogleich, und als sie kaum ein paar Minuten also geheult hatten, da kam auch schon die Agla mit dem General zur Türe herein und ging ganz gerührt zu den beiden, und zwar zuerst zum Gurat und fragte ihn, was ihm denn fehle.

12. Und dieser, sich leicht ermannend, schrie: "O Agla, Agla, du Himmlische! Du fehlst mir; dieser Schmerz verzehrt mich! Ich mußte dich wohl äußerlich von mir lassen; aber ach, mein Herz, mein Herz, das kann sich nimmer von dir trennen!"

13. Hier vertröstete die Agla den König und sprach: "So weine doch nicht so sehr! Siehe, ich bin ja wieder bei dir und werde bei dir bleiben und

dich lieben mit aller Zärtlichkeit; und Fungar-Hellan bleibt auch unser innigster Freund!"

14. Hier erhob sich Gurat wieder und fiel der Agla wie dem Fungar-Hellan um den Hals. Und dann ward auch der Drohuit aufgerichtet.

15. Nächstens die Folge!

271. Kapitel

Drohuits Heuchelrede vor Agla. Die satanische Agla im Garne Drohuits Aglas zwei Schwestern als Lohn für Fungar und Drohuit

(Den 4. Mai 1844)

1. Als sich auch der Drohuit von seiner Scheintrauer erholt hatte – natürlich nur nach Art der Komödianten –, da ging er auch ganz schüchtern hin und küßte das Kleid der Agla, grüßte mit der tiefsten Ehrerbietung den Fungar-Hellan und sagte dann zu ihm:

2. ,,Ich habe es ja dem in die volle Verzweiflung übergehen wollenden Gurat zum beruhigenden Troste gesagt: ‚Freund, laß dich trösten; vertraue auf die Götter, und vertraue hoch deinem alleraufrichtigsten und edelsten Freunde, und baue wie auf einen marmornen Grund auf die Liebe der himmlischen Agla, und du wirst dich bald überzeugen, daß diese Sache ein ganz anderes Gesicht hat, als du es dir in deiner immensen Trauer vorstellst!' Aber diese Worte fruchteten nichts bei ihm, und er raste nach wie zuvor.

3. Nach einer Weile ergriff ich seine Hand und sprach wieder also zu ihm: ‚Freund, König des großen Reiches, Gurat, höre mich! Du tust grundirrig, wenn du den Charakter der himmlischen Agla nur im geringsten irgend dem unsrigen gleichstellst! Denn siehe, sie ist die Tochter eines Menschen auf jenen heiligen Höhen, die von den ersten Menschen der Erde bewohnt waren; wir aber sind ja keine Menschen mehr, sondern nur kaum matte Schatten der Menschheit!

4. Daher sollen wir uns zur Agla auch wie Schatten halten; denn sie allein ist noch menschliche Realität und wir nur kaum Schatten in der Abendsonne und dünken uns groß zu sein in unseren Charakteren, während wir doch alle zusammen, was Charakter betrifft, vor der himmlischen Agla nichts sind!

5. Wollen wir aber nur einigermaßen auf die hohe Ehre, Menschen zu werden, Anspruch machen, da müssen wir mit der Agla wie ein Schatten mit dem Leibe wandeln und nie denken, sie könnte sich je an unserer Natur versündigen!'

6. Als ich solches zum Gurat geredet hatte, da ward er etwas ruhiger, aber dennoch immer noch sehr leidend, und fiel bald wieder in seine grenzenlose Traurigkeit und schrie: ‚Agla ist mein Herz – und Fungar-Hellan mein Haupt! Keines kann ich verlieren ohne Verlust meines Lebens, und doch ist hier eines dahin, Agla oder Fungar-Hellan!'

7. Als ich solches von ihm vernahm und daraus ersah, daß bei ihm alle meine begründetste Tröstung ganz fruchtlos blieb, da überfiel mich selbst eine tiefe Schwermut, und ich sank ebenfalls in eine große Traurigkeit dahin!"

8. Auf diese Rede, oder besser, auf diese reinste Lüge aus dem Stegreife ging die Agla ganz durch und durch gerührt zum noch sehr verstört aus-

sehenden Redner, ergriff seine Hand, drückte sie an ihr Herz und sprach:

9. „Du hast dich noch allzeit als mein Freund bewährt und standest darum bei mir noch allzeit in großen Gnaden; aber so sehr, wie diesmal, hast du dich noch nie als mein und des Königs und des Fungar-Hellan Freund bewährt! Darum aber will ich dich auch also belohnen, wie bis jetzt noch niemand in dieser Stadt belohnt worden ist!

10. Siehe, ich habe noch zwei Schwestern, die mir an Schönheit nicht nachstehen! Diese will ich kommen lassen, eine für dich und eine für den Fungar-Hellan, auf daß ich dem Gurat bleibe; und ich meine, dieser Preis wird um uns ein Band schlingen, das keine Macht je zerreißen soll!"

11. Mit diesem Antrage waren aber auch alle zufrieden, und es wurden sogleich Anstalten getroffen, diese Schwestern von der Höhe zu holen.

272. Kapitel

Das Zusammentreffen der Karawane Aglas mit den Hirten Mahals, des Vaters der Agla

(Den 6. Mai 1844)

1. Eine ganze Karawane von tausend Mann wurde beordert, zu holen die beiden Schwestern, die da hießen Pira und Gella.

2. Als die Karawane aber den halben Weg zurückgelegt hatte, da fand sie eine sehr schöne Gebirgstrift, auf der mehrere Hirten eine große Herde von Schafen und Ziegen weiden ließen und diese Herden wohl hüteten vor reißenden Tieren. Diese Hirten hatten Hütten und waren bewaffnet mit Schwertern, Schleudern und Spießen.

3. Der Karawanenführer aber fragte einen dieser Hirten, ob er nicht kennete eines gewissen Mahal beide Töchter, die Pira und die Gella.

4. Und der Hirte sprach: „Woher seid ihr, daß ihr fraget nach den schönen Töchtern meines Herrn? Es hatte mein Herr wohl drei Töchter und zwei Söhne; einen Sohn aber hat er müssen in die Tiefe senden, auf daß er predigen möchte die Buße zur Vergebung der Sünde vor Gott oder das nahe Gericht, so sich die Tiefe nicht bekehren möchte. Und so ging dieser Sohn und kam bis jetzt nicht wieder zurück.

5. Also ging auch eine schöne Tochter, die da Agla hieß, verloren; wir wissen noch bis zur Stunde nicht, wohin sie kam. Wer weiß, ob sie nicht einer ähnlichen Karawane in die Hände kam und dadurch ein Raub der Tiefe ward! Saget uns daher zuvor, woher ihr seid, und wer euch hierher gesandt hat, – dann sollet ihr Auskunft über Pira und Gella erhalten!"

6. Und der Karawanenführer sprach: „So höret mich an, ihr ehrlichen Hirten eures Herrn! Agla selbst hat uns hierher gesandt, daß wir ihre beiden Schwestern zu ihr bringen sollen! Agla aber ist nun eine große Königin in der Tiefe und gebietet über den halben Erdkreis mit unumschränkter Macht, und wir selbst sind ihre Diener. Waltar, ihr Bruder, aber ist gestorben. Wie, – das wissen wir nicht; sein Haupt aber haben wir gesehen, einbalsamiert in einer kristallenen Urne, die aufgestellt ist im Tempel der großen Göttin Naëme!"

7. Als die Hirten solches vernommen hatten, da sagte der erste von ihnen: „Ich habe aus deinem Gespräche entnommen, daß du die Wahrheit gere-

det hast! Also möget ihr hier verharren bis morgen; alsdann wird kommen der Mahal mit seinen beiden Töchtern, und ihr könnet dann mit ihm selbst unterhandeln seiner Töchter wegen.

8. Wenn er von euch gewissenhaft erfährt, daß seine Agla Königin in der Tiefe ist, allwo eine große Stadt sein soll, von der wir freilich wohl keinen Begriff haben, dann wird er wahrscheinlich selbst mit euch ziehen und wird besuchen seine Tochter, um die er so viel geweint hat, als sie verlorenging!"

9. Als die Karawane solches vernahm, da blieb sie bei diesen Hirten und erwartete am nächsten Morgen den Mahal mit den beiden Töchtern.

273. Kapitel
Der Hirten Loblied am andern Morgen. Das Wort von oben an die Hirten
Die Begegnung der Karawane mit Mahal und den Seinen

(Den 7. Mai 1844)

1. Als die Nacht vorüber war, in der wie gewöhnlich diese Hirten recht viel mit den wilden Tieren zu kämpfen hatten, und die Sonne im Aufgange stand, da fielen alle die Hirten nieder und lobten und priesen Gott, darum Er ihnen in dieser Nacht gegen die wilden Tiere also mächtig schützend und streitend beigestanden war, und baten Ihn um Seinen ferneren Beistand.

2. Eine Stimme aber, wie ein mächtiger Donner, kam durch die Luft und sprach zu den Hirten: „Treibet nach Hause die fette Herde, und tuet sie in den Stall Meines Knechtes Noah! Denn sein Bruder Mahal wird fürder dieser Herde nicht bedürfen; denn heute hat er beschlossen, mit seinen Töchtern hinabzuziehen in die Tiefe, die verflucht ist, um dort sein Glück zu suchen.

3. Noah aber wird euch eine Arbeit geben, die Ich ihm anzeigen werde. Werdet ihr treu vollziehen Meinen Willen an den Noah, da werde Ich euch am Tage des Gerichtes nicht schmecken lassen Meinen Grimm; werdet ihr aber murren in der Vollziehung Meines Willens, da sollet ihr in der letzten Angst, da (wenn) der Tod über euch kommen wird, Meinen Grimm verkosten! Also geschehe es!"

4. Als die Hirten solche Stimme vernommen hatten, da fielen sie alsogleich zur Erde nieder und gaben Gott die Ehre.

5. Als sie sich aber wieder von der Erde erhoben, da ging der Karawanenführer zu einem der Hirten und fragte ihn, was denn das für ein Gedonner gewesen sei, und ob die Hirten den Donner verstanden hätten, indem sie selben mit sichtlicher Aufmerksamkeit angehört hätten.

6. Und der Hirte sprach: „Dieser Donner war kein gewöhnlicher Donner; denn ein gewöhnlicher Donner kommt nicht aus klarer Luft! Dieser Donner war die Stimme Gottes an uns und hat uns geboten, dies und jenes zu tun, und zeigte uns an, daß Mahal, unser bisheriger Herr, aufhören wird, ein solcher uns fürder zu sein; denn er wird ziehen in die verfluchte Tiefe mit seinen Töchtern, um dort zu suchen ein neues Glück! So ihr hier harret, da werdet ihr sicher bald ihn mit seinen Töchtern empfangen können!"

7. Nach diesen Worten fingen die Hirten an, die Herde zusammenzuru-

fen und mit ihr den Weg zu Noah anzutreten, und verließen also die Karawane; diese aber wartete bis nahe zum Abende, und der Mahal kam nicht zum Vorschein!

8. Da sprach der Führer: „Warum aber waren wir auch so dumm und ließen die Hirten ziehen?! Weiß es wer von uns, was diese ihm nun vielleicht angetan haben, so er ihnen untergekommen ist?! Machen wir uns daher auf den Weg und ziehen ihm entgegen; vielleicht bedarf er dringendst unserer Hilfe!"

9. Auf diese Worte erhob sich sogleich die ganze Karawane und zog aufwärts.

10. Als sie bei drei Stunden gegangen war, siehe, da kam ihnen eine ganze Gesellschaft unter, in deren Mitte sich Mahal befand mit seinen zwei Töchtern und einem Sohne; die Karawane aber, nachdem sie die Gesellschaft befragt hatte, zeigte dem Mahal bald alles an, was er zu wissen brauchte.

11. Als Mahal aber solche günstigen Dinge von der Karawane erfuhr, da verabschiedete er alsbald seine Begleitung und zog gar heiteren und frohen Mutes mit der jubelnden Karawane in die Tiefe.

12. (Nächstens über seinen Empfang in Hanoch.)

274. Kapitel

Mahals und der Karawane Ankunft am Liebestempel
Der große Empfang im Königspalast

(Den 8. Mai 1844)

1. Es führte aber der Weg vom Gebirge, der wohl der schlechteste und am wenigsten betretene war, gerade durch den Garten der Schönheitsgöttinnen nahe am offenen Tempel vorüber, und unsere Wanderer vom Gebirge mußten sonach durch diesen verdächtigen Garten und nahe an den Tempel kommen.

2. Der Tempel aber ward in keiner Zeit mehr besucht als gerade in dieser Zeit, als sich die Kunde allenthalben verbreitet hatte von allem dem, was sich hier ereignet hatte; und so fand denn auch unsere Gesellschaft, bei der eben nun nichts lebendiger als ihre Neugierde war, eine Menge Besucher bei dem Tempel und wollte selbst denselben in Augenschein nehmen.

3. Der Karawanenführer aber sagte zum Mahal und sprach: „Würdigster Greis und allererlauchtester Vater unserer großen Königin Agla! Siehe, es ist ein starkes Volksgedränge! Wir brauchten eine Stunde, um nur in die Nähe des Tempels zu gelangen; in den Tempel selbst zu kommen aber ist nun eine offenbare allerreinste Unmöglichkeit!

4. Daher begnüge dich einstweilen mit diesem Anblicke von der geringen Ferne! Wenn du aber dieses alles näher ansehen willst, da wirst du das alles zu besichtigen gar leicht in der Gesellschaft des Königs imstande sein; denn wenn der König kommt, da weicht alles Volk plötzlich und macht allerehrerbietigst dem Könige Platz!"

5. Auf diese Erklärung fügte sich Mahal und zog mit der Karawane weiter.

6. Als er in die Stadt kam, da wollte sein Staunen kein Ende nehmen. Bei jedem Palastgebäude blieb er stehen und bewunderte es über die Maßen.

7. Desgleichen waren auch seine Kinder voll Staunens. Der Sohn, namens Kisarell, fragte öfter, ob das wohl auch Menschenwerke seien.

8. Also zogen die glänzenden Kaufgewölbe die Augen der beiden Töchter ganz entsetzlich mächtig an, und eine wie die andere fragte bei jedem neuen Lager, ob so schöne Sachen zu bekommen seien, und wem sie wohl gehörten.

9. Der Führer redete sich nahezu heiser vor lauter Erklärungen und war sehr froh, als er nach vier Stunden den großen Palastplatz erreicht hatte.

10. Als aber die Karawane vor dem Palaste aufzog, da kamen ihr sogleich der König, die Königin, der Fungar-Hellan und der Drohuit mit einem überaus glänzenden Hofstaate entgegen und empfingen die ganze Gesellschaft auf das allerfreundlichste und führten sie in den Palast.

11. Mahal konnte sich aus lauter Freude gar nicht helfen, da er seine geliebteste und so viel beweinte Tochter in so glücklichsten Umständen wiederfand.

12. Und der Fungar-Hellan machte sich gleich an die Pira, die ihn gleich beim ersten Anblicke bezaubert hatte, und befragte sie über verschiedenes, worüber ihm die schöne Pira gar naive Antworten gab, was dem General über die Maßen wohlgefiel.

13. Desgleichen fand auch der Drohuit an der Gella sein unschätzbares Vergnügen.

14. Die Agla aber lag ihrem Vater und ihrem Bruder Kisarell ganz wonnetrunken in den Armen und konnte kaum reden vor Seligkeit.

15. Gurat aber bestellte sogleich eine große Mahlzeit und ließ sogleich königliche Kleider für die neuangekommenen Verwandten bringen.

16. Also war diese Familie in Hanoch aufgenommen.

275. Kapitel

Mahals unzerstörbare fünfhundertjährige Gebirgskleidung
Die Starrköpfigkeit Mahals wegen des Kleiderwechsels. Aglas List

(Den 9. Mai 1844)

1. Als die königlichen Kleider herbeigeschafft waren und die Ankleidemeister und -meisterinnen dastanden, da trat der Gurat zum Mahal und ersuchte ihn, seine harte Gebirgskleidung mit der weichen königlichen zu vertauschen.

2. Der Mahal aber gedachte hier seines Gottes und sprach: ,,Mein hoher Schwiegersohn! Siehe, ich habe ein hohes Alter und habe gar viele Könige in der Tiefe durch- und überlebt!

3. Mein Bruder Noah kennt noch die Zeiten Lamechs, und ich habe den Uraniel gekannt, der dem Thubalkain gefolgt ist, und dann die tausend Räte, und dann den Ohlad, der aus den Räten hervorgegangen ist und den Tempel Lamechs wieder eröffnet hat.

4. Und siehe, dieses Kleid, das jetzt meine Blöße bedeckt, hat mir durch Jahrhunderte gedient und ist unzerstörbar; denn es ist noch mit der Wurfschütze gewebt worden, die Jehova den ersten Menschen dieser Erde gereicht hat! Welch ein Undank gegen Gott aber wäre das wohl, so ich das unzerstörbare Kleid, das meinen Leib nahe fünfhundert Jahre vor Hitze und Kälte geschützt hat, nun ablegen

möchte und anziehen dies weiche Königskleid!

5. Siehe, dies Kleid ist nicht prunkisch und hat keinen Glanz; aber es ist dennoch köstlicher denn alle deine mit Gold und Edelsteinen verzierten Kleider! Denn alle deine Kleider schmutzen und müssen dann wieder gereinigt werden; dies mein Kleid aber, das nun gut vierhundert Jahre auf meinem Leibe hängt, schmutzt nie und hält dennoch den Leib rein.

6. Darum werde ich nie ein Kleid anziehen, das da schmutzt, sondern werde bei dem verbleiben, das nicht nur nicht schmutzt, sondern dazu noch allen Schmutz des Leibes verzehrt und dem Leibe dadurch die dauerhafteste Gesundheit gibt!"

7. Gurat erstaunte über diese Beharrlichkeit und wandte sich heimlich an die Agla und fragte sie, was da wohl zu machen sein werde.

8. Diese aber sprach: „Laß ihm nur seinen Willen! Ich kenne ihn; was er heute nicht will, und man läßt ihm seinen Willen, das tut er am nächsten Tage! Er hält noch große Stücke auf den alten Gott; aber wenn es darauf ankommt, sich irgend zu sehr zu verleugnen, da kann er schon auch sündigen wie wir!

9. Rede jedoch heute nichts mehr vom Überkleiden, sonst wirst du ihn willensstarr machen; aber am Abende lege die weißen Kleider in sein Schlafgemach, und er wird sie morgen selbst anziehen, wennschon nicht pur, so doch sicher über sein unverwüstlich Kleid!"

10. Darauf fragte der Gurat ebenfalls insgeheim, ob das alles wahr sei, was ihr Vater da von seinem rätselhaft langen Leben und seinem Kleide geredet habe.

11. Und die Agla sprach: „Das kannst du ihm aufs Wort glauben; denn er war ja schon nahe vierhundert Jahre alt, als er sich ein Weib nahm! Und an uns, seinen Kindern, kannst du es klar merken, da wir doch alle schon euer Greisenalter haben und haben dabei aber doch das Aussehen, als wären wir in eurem zartesten Jünglingsalter noch!"

12. „Ja", sprach der Gurat, „das ist wahr; jetzt glaube ich! Das ist aber im Ernste wunderbar! Sollte aber das wohl dies Kleid bewirken?"

13. Und die Agla sprach: „Das bewirkt allein der alte Gott, der der alleinige Gott ist und hat keinen andern außer Sich ewig! – Doch nun nichts mehr weiter; denn die Mahlzeit ist da! Morgen aber sollst du erst deine Agla von der wahren Seite kennenlernen! Und so gehen wir nun in den Speisesaal!"

276. Kapitel

Mahal und die Seinen an der königlichen Tafel. Mahals Frage nach Waltar. Aglas Ausflüchte
Die Einmauerung des Hauptes Waltars. Mahal in königlichen Kleidern

(Den 10. Mai 1844)

1. Darauf begab sich die ganze Gesellschaft zur Tafel, die mit den kostbarsten Speisen besetzt war, von denen aber jedoch der Mahal wenig genoß; denn sein Gaumen war an derlei Lekkereien nicht gewöhnt, und noch weniger sein gesunder Gebirgsmagen.

2. Aber desto besser ließen sich's die Pira und Gella schmecken; denn die trieb die Neugierde dazu an, eine jede

Speise wenigstens zu verkosten, wennschon nicht in größeren Portionen zu verschlingen.

3. Nach der Mahlzeit unterhielt man sich von gleichgültigen Dingen und vertrieb sich die Zeit mit süßem Nichtstun.

4. Nur der Mahal fragte ein paarmal die Agla nach Waltar, erhielt aber stets eine ausweichende Antwort und wußte darob nicht, wie er daran war.

5. Die Agla aber sandte insgeheim mehrere ihrer Diener in den Garten mit dem Auftrage, das Haupt Waltars zu verbergen, und zwar durch eine Einmauerung in eine Gartenmauernische, da dieser Garten am abseitigsten war, und das bei Todesstrafe unter dem Siegel der strengsten Verschwiegenheit.

6. Dieser Befehl wurde auch bis an den nächsten Morgen pünktlichst vollzogen; denn die dafür beorderten Diener der Agla sprachen unter sich: „Hier heißt es genau gehorchen; denn hat sie ihres eigenen Bruders nicht geschont, da würde sie unser noch weniger schonen! Daher heißt es schweigen!"

7. Als am nächsten Tage morgens die Arbeiter zurückkamen, da zeigten sie der Agla sogleich alles an, wie und wohin sie das Haupt Waltars verborgen hatten.

8. Und die Agla belohnte sie, und gab ihnen noch einmal das Gebot, zu schweigen, sogar vor dem Könige und vor dem General und vor dem Drohuit.

9. Und die Diener gelobten solches alles auf das heiligste und gingen dann ihres Weges.

10. Als aber die Hauptgesellschaft wieder im Hauptsaale des Königs zusammenkam, da vermißte man den Mahal.

11. Man ging sogleich nachzusehen, wohin er etwa seine Sinne gewendet hätte, daß er nicht zum Vorscheine käme.

12. Als man sein Gemach betrat, da fand man ihn beschäftigt, wie er gerade über sein unverwüstlich Kleid die Königskleider anprobierte.

13. Man belobte ihn darum und zog ihn dann bald unter tausend Schmeicheleien in den Hauptsaal, allwo schon ein gutes Frühstück bereitet dastand.

14. Und so war an diesem nächsten Tage schon die ganze Familie aus der Höhe in königlichen Kleidern und gefiel sich sehr darinnen.

15. Was weiter, – in der Folge!

277. Kapitel
Fungar-Hellans Verlangen nach beiden Schwestern der Agla. Der Tauschhandel Fungar-Hellans mit Drohuit. Drohuit als König; Agla als Weib des Drohuit

(Den 11. Mai 1844)

1. Nach dem Frühstück erhob sich der Fungar-Hellan und sprach zur Agla: „Agla, du Zierde der Schönheit aller Weiber der Erde! Außer dir sind nur deine beiden Schwestern in deiner Schönheit! Mir gefällt die Gella ebensogut wie die Pira, und wahrlich, es wird mir hier die Wahl schwer!

2. Wenn ich aber so ganz vom Herzen aufrichtig sprechen soll, da sage ich: Ich möchte lieber alle zwei zu meinen festen Weibern, als nur eine von den zweien mir nehmen! Möchte sich der Drohuit dazu bekennen, da würde er sich an mir einen gar mächtigen Freund bilden; aber es soll das seinem freien guten Willen bloßgestellt sein!"

3. Als die Agla solches von Fungar-

Hellan vernommen hatte, da wandte sie sich sogleich an den Drohuit und sagte geheim zu ihm: „Mein geliebter Drohuit, hast du den Wunsch des Fungar-Hellan vernommen? Was sagst du dazu?"

4. Und der Drohuit sprach: „Leider! Was aber wird hier zu machen sein? Nichts, als aus lauter Politik dem eigenen Herzen Fesseln anzulegen, in den sauren Apfel zu beißen und zum bösen Spiele eine gute Miene zu machen! Nur der Gedanke, der mich deiner Liebe, o himmlische Agla, versichert, kann mich für solchen Verlust trösten; sonst müßte ich nun aus lauter Gram zugrunde gehen!"

5. Als die Agla aber solche ihr sehr angenehme Rede von ihrem Hauptmanne vernommen hatte, da sprach sie zu ihm: „Ja, Drohuit, in meinem Herzen sollst du den tausendfachen Ersatz finden! Gehe aber nun zum Fungar-Hellan, und gewähre ihm, was er wünscht, – und es wird dann alles gut gehen!"

6. Und der Drohuit erhob sich und ging hin zum General und sprach zu ihm: „Freund, du verlangst zwar einen schweren Preis von mir, ja einen Preis, für den ich sonst selbst eine ganze Welt gäbe; aber um dir zu zeigen, daß auch du mir mehr bist als eine ganze Welt, so will ich dir als meinem größten, innigsten und mächtigsten Freunde wohl dieses Opfer bringen! Und somit trete ich dir aus der ganzen Tiefe meines Herzens meine Gewählte ab, und segne dich damit und dadurch mit aller meiner schon ganz sicher gemeinten künftigen Seligkeit!"

7. Hier umarmte Fungar-Hellan den Drohuit, gab ihm einen Kuß und sagte dann zu ihm: „Drohuit, so wahr ich Fungar-Hellan heiße und alle Macht in meinen Händen habe, so wahr auch soll dir dieses Opfer Interessen tragen, von denen bis jetzt der Welt noch nichts geträumt hat!

8. Vorderhand sage ich dir nichts anderes als: Drohuit, du bist König – und der Gurat nichts als ein eitler Figurant! Die Agla ist somit dein, und du kannst den Gurat, der sehr dumm geworden ist und schwach, dabei recht gut leben und figurieren lassen des Volkes wegen; was aber die Macht betrifft, so liegt diese in meinen und deinen Händen.

9. Siehe, das ist meine Vorauszahlung; was aber auf diese erst nachträglich folgen wird, davon wird dich die Zukunft unterweisen!"

10. Nach diesen Worten küßten sich die beiden Freunde wieder, und der Drohuit war nun mit solchem Gewinne für sein Opfer vollkommen zufrieden und ging sogleich zur Agla hin und zeigte ihr solches an.

11. Und die Agla ergriff sogleich die Hand Drohuits, drückte sie an ihre Brust und sprach: „Nun ist mein Wunsch erfüllt! Du bist nun mein!"

12. Was weiter, – in der Folge!

278. Kapitel
Mahals Bitte um Aufschluß und Aglas Antwort
Mahals Erkenntnis über Hanochs höllische Zustände

(Den 13. Mai 1844)

1. Es vernahm aber auch der alte Mahal so manches, was da abgemacht ward, und somit auch, daß seine beiden Töchter an den Fungar-Hellan als Weiber eines Mannes vergeben sind. Er ging darum zur Agla und begehrte von ihr darob einen näheren Aufschluß.

2. Die Agla aber sprach: „Höre, du lieber Vater! Auf der schroffen Höhe hättest ganz natürlicherweise du gefragt werden müssen, ob deine Töchter einen Mann und was für einen Mann nehmen dürfen; aber dahier ist eine ganz andere Ordnung der Dinge, und vermöge dieser muß dir alles recht sein, was da die ersten Machthaber des großen Reiches wollen und bestimmen.

3. Die Machthaber aber sind eben jener Mann, der deine zwei Töchter zu Weibern nimmt – was für dich und sie ein unaussprechliches Glück ist –, dann ich, deine Tochter Agla als Königin dieser Stadt und des ganzen, endlos großen Reiches, und endlich der Drohuit, jener junge, stattliche Mann, der soeben mit dem Generaloberpriester Fungar-Hellan sich bespricht.

4. Mit diesen drei Machthabern mußt du dich in der steten und besten Freundschaft zu erhalten suchen, so wirst du unter ihnen das sorgloseste, beste Leben haben; im Gegenteile aber möchtest du, obschon mein Vater, große Verdrießlichkeiten und Fatalitäten zu bestehen haben! Sei daher nur stille und zeige dem Fungar-Hellan eine große Freude, daß er deine Töchter zu Weibern gewählt hat; denn durch diese Wahl bist auch du groß geworden!"

5. Als der Mahal solches von seiner Agla vernommen hatte, da fing er schon ein wenig zu merken an, wo er so ganz eigentlich zu Hause sei, darum fing er auch an, sich ganz leise hinter den Ohren zu kratzen, und sagte etwas leise zur Agla:

6. „Ich sehe wohl, daß es hier also ist, und will zu jeglichem Spiele eine gute Miene machen deinetwegen; aber sage mir: Was ist demnach der König, wenn du, der Fungar-Hellan und der Drohuit die höchsten Personen im Reiche seid? Und was wird aus meinem Sohne Kisarell werden allhier?"

7. Und die Agla sprach: „Der König Gurat ist ein schwacher Freund Fungar-Hellans und ist dumm! Daher steckt er wohl in Kleidern des Königs und figuriert als solcher, – aber er hat keine Macht! Drohuit aber ist der eigentliche König, und ich bin sein Weib; den hast du demnach anzuhören und alles zu befolgen, was er hier anordnen wird!"

8. Und der Mahal fragte die Agla weiter und sprach: „Wenn hier alles also bestellt ist, was ist demnach die Macht Gottes bei euch? Wird Gott von euch nimmer zu Rate gezogen?"

9. Da zeigte die Agla mit der Hand auf die Stirne und sprach: „Siehe, da sitzt der Rat Gottes! Den soll der Mensch ausbilden und dann handeln danach, dann handelt er sicher nach dem Rate, den ihm Gott für alle Zeiten der Zeiten gegeben hat! Oder kennst du einen bessern?"

10. Hier schwieg der Mahal; denn er erkannte nun klar, daß da in der Tiefe die Hölle ihr Regiment aufgerichtet hatte.

11. Die Agla aber begab sich zum Fungar-Hellan und redete etwas Geheimes mit ihm.

279. Kapitel

Kisarells Ernennung zum Residenzplatzwachtmeister
Mahals prophetische Erklärung
Mahals Trauer um den Tod seines Sohnes Waltar

(Den 14. Mai 1844)

1. Das aber, was die Agla geheim mit dem Fungar-Hellan redete, bestand darin, ob er den Bruder Kisarell nicht irgendwo unterbringen möchte in der Art, daß dieser irgendeine amtliche Bestimmung hätte, – worauf ihr der Fungar-Hellan vorschlug, daß ihn die Agla zum Residenzplatzwachtmeister ernennen solle, von wo aus sich dann für ihn eine Menge Wege eröffnen könnten, auf denen er in einen stets höheren Rang emporrücken könne, wenn er sich dafür bei dieser ersten Anstellung taugliche Fähigkeiten erwerben werde.

2. Als die Agla solches vom Fungar-Hellan erfahren hatte, da begab sie sich sogleich zu ihrem Vater und sprach zu ihm: ,,Da du mich ehedem auch wegen deines Sohnes künftiger Bestimmung gefragt hast, so sage ich dir: er ist schon zum Residenzplatzwachtmeister ernannt, was hier eine sehr ehrenvolle Charge ist! Und wird er sich da gut verwenden und sich durch fleißiges Lesen und Studieren höhere Erkenntnisse zu eigen machen, dann wird er auch gar bald und leicht in ein höheres Amt vorrücken! Bist du mit dieser höchst vorteilhaften Bescherung für Kisarell zufrieden oder nicht?''

3. Und der Mahal sprach: ,,Tochter, ich bin ja mit allem zufrieden; aber eines muß ich dir, die du sicher des Gottes Adams, Seths und Henochs nicht so ganz vergessen haben wirst, aus der sehr mager gewordenen Höhe denn doch kundgeben, und dieses Eine besteht darin:

4. Machet euch, alle ihr Großmächtigen dieses Reiches, bei eurer gegenwärtigen Verfassung nicht gar lange und vorteilhafte Pläne; denn so, wie jetzt bei euch die Dinge stehen, kann es unmöglich lange mehr bestehen, da ihr alle von Gott gänzlich abgewichen und übergegangen seid in ein reines Götzentum menschlicher Menschenanbetung und dadurch in ein von Gott allerentferntestes, finsterstes Welttum!

5. Ich sage dir: Noch höchstens siebzehn Jahre, und von eurer Größe und von eurer Stadt wird keine Spur mehr anzutreffen sein! Darum werde ich euch auch wieder verlassen und werde zu meinem Bruder Noah auf die Höhe ziehen; nur möchte ich zuvor noch Waltar sehen und sprechen!''

6. Die Agla ward darob ein wenig frappiert, half sich aber bald und sprach: ,,Tue, was du willst; von uns aus soll dir kein Anstand gemacht werden! Was aber Waltar betrifft, so wird es etwas schwerhalten, denselben je wieder zu Gesichte zu bekommen, da er auf neue Weltentdeckungen ausgereist ist von uns und hat uns alle einmal für allemal verlassen, und das darum, weil ich ihm als Schwester doch nicht zu seinem Weibe habe die Hand reichen können!''

7. Hier ward Mahal ganz erregt, biß sich aber in die Lippen und sprach nach einer Weile nichts als: ,,Also – ist Waltar tot! – Agla, Agla! Dich wird der Herr schwer strafen!''

8. Darauf bedeckte er sein Gesicht und weinte.

280. Kapitel
Mahals gewichtige Rede an Fungar-Hellan und dessen beschönigende Weltverstandeseinwürfe

(Den 15. Mai 1844)

1. Es bemerkte aber der Fungar-Hellan, daß der alte Mahal weinte, und ging hin und fragte ihn um den Grund seiner Wehmut.

2. Und der Mahal sprach: „O du Mächtiger dieses Reiches, das zu allen Zeiten von Gott dem Herrn so große Gnaden und Erbarmungen genoß, wüßtest du, was ich in diesem Augenblicke weiß, da würdest auch du weinen mit mir und möchtest gar gewaltig wehklagen!

3. Denn siehe, der Herr hat mir jetzt ein inneres Licht gegeben, und in diesem Lichte erschaue ich eure großen Gebrechen vor Gott und sehe auch euer aller Untergang! Wie sollte ich da nicht weinen?!

4. Mein Sohn Waltar, von Gott zu euch als ein Prophet gesandt, ist von euch getötet worden im Geiste, – wer weiß es, ob nicht auch dem Leibe nach!

5. Doch, so ihr ihn tausend Male am Leibe getötet hättet, da würde ich lachen dazu, – denn mein Sohn wäre vor Gott dennoch lebendig geblieben im Geiste; da ihr aber seinen Geist getötet habt, so ist er tot und verloren auf ewig!

6. Und also wird es mit allen diesen meinen Kindern gehen! Die Agla ist schon dreifach tot, und der Kisarell und die Pira und die Gella werden es bei solcher eurer Verfassung werden, so ihr nicht wieder in die Fußstapfen tretet, in denen die früheren Könige dieses Reiches gewandelt sind, die da waren und hießen Lamech zu seiner Zeit, Thubalkain, Uraniel und Ohlad, gerecht vor Gott!"

7. Als der Fungar-Hellan solche Worte von dem gotterleuchteten Mahal vernommen hatte, da bedachte er sich eine kleine Weile und sagte endlich mit der größten Ruhe und Gelassenheit: „Du magst recht haben, – denn das weiß ich gar wohl, daß bei den Bewohnern der Höhen der Erde noch eine Urweisheit zu Hause ist, die wir freilich wohl leider nicht mehr besitzen; aber demungeachtet sind auch wir nicht gar so sehr vernagelt, als ihr uns euch ganz gewiß allezeit vorstellet!

8. Wir haben wohl im eigentlichen Sinne mehr Götzentum als irgendeine reine Gotteserkenntnis; aber darum ist das eigentliche Wesen Gottes dennoch nicht ausgeschlossen. Denn durch die Plastik versinnlichen wir dem Volke nur die auswirkenden Kräfte der einen allwaltenden Gottheit und verehren sie eben darum, weil sie göttliche Kräfte sind. Und das kann Gott Selbst nicht für ungerecht ansehen!

9. Wenn wir aber solchen Kräften Namen beilegen und sie unter einer entsprechenden plastischen Form dem Volke versinnlichen und sie also verehren lassen vom Volke, sage, kann das Gott, dem höchst Weisen, als ein Greuel erscheinen?!

10. Wenn du ein großes und herrliches Gebäude ansiehst und bewunderst und lobst dasselbe, sage: rühmst du dadurch nicht auch den Baumeister?! Lobst du aber den Baumeister wohl, wenn du seine Person nur rühmst, seine Werke aber tadelst? Sicher wird sich der Baumeister für solchen Ruhm nicht erfreut zeigen!

11. Dieser unserer Gotteserkenntnis ist aber auch unsere Völkerleitung entsprechend! Ich will dich im ganzen

Reiche hin und her führen, und du kannst mich töten, wenn du irgendeine Klage über Ungerechtigkeit von unserer Seite vernehmen wirst!

12. Siehe, die Völker leben glücklich! Es ist nirgends Armut unter ihnen; allenthalben blühen Künste und Wissenschaften. Sage, was will denn da dein Gott noch von uns? Will Er uns töten, so tue Er dies, – wir sind in Seiner Gewalt! Ob Er aber da nach meinem Begriffe recht handeln wird, das lassen wir einstweilen dahingestellt sein!

13. Gehe du aber nun mit mir, und ich will dir alles zeigen, was wir sind, und was wir tun; dann erst rede du, was dir unrecht deucht an uns!"

281. Kapitel
Mahals weise Antwort an Fungar-Hellan und seine Kritik der Politik in Hanoch

(Den 17. Mai 1844)

1. Als der Mahal aber solches vom Fungar-Hellan vernommen hatte, da sprach er: „Mein Gott und mein alleiniger Herr! Du wirst Deinen alten Diener doch nicht also weit verlassen wollen, daß er die Nacht der Tiefe für ein Licht ansehen sollte?! –

2. Fungar-Hellan, meinst du wohl, daß sich der äußere Menschenverstand mit dem inneren Lichte des Geistes messen und ringen kann mit der Kraft desselben?!

3. Deine Rede klang wohl recht vernünftig vor den Ohren der Welt; aber dessenungeachtet ist sie ein Greuel vor den Ohren des Geistes!

4. Ja, wenn das dein Ernst wäre und somit die volle, reine Wahrheit, dann ließe sie sich schon noch rechtfertigen; aber da der Grund solcher eurer Verfassung zum Scheinwohle eures Volkes ganz ein anderer ist als der, den du mir hier vorgabst, so kann vor dem Richterstuhle des Geistes für solche eure Verfassung keine Rechtfertigung werden!

5. Du kannst mir nichts oder alles zeigen, was und wie ihr tut, so wird das die Wahrheiten in meinem Geiste dennoch nicht zu bestechen imstande sein; denn ich sehe ja eben in meinem Geiste durch die dichte, gerecht scheinende schöne Maske eurer Verfassung das faule Totengerippe hindurch!

6. Wie möglich wohl kannst du da dich bemühen wollen, mir da ein gerechtes und wohlgeordnetes Leben zu zeigen, wo ich nichts als lauter Moder und Aas entdecke?!

7. Auf daß du es aber erfährst, wie ich in meinem Geiste gar wohl einsehe, wie eure Verfassung bestellt ist, so sage ich dir: Du, der Gurat und der Drohuit, und viele tausend andere Große, glaubet gar nichts, – weder an einen alten, noch an einen neuen Gott, wie auch an kein Leben nach dem Tode, und all euer Göttertum ist somit ein Trug fürs Volk!

8. Ja, lehrtet ihr das, was ihr selbst glaubet, dann würdet ihr das Volk nicht betrügen; denn da würdet ihr es wenigstens redlich meinen mit dem Volke, und das Volk wüßte, wie es daran wäre!

9. Euer Wahlspruch aber heißt: Illusion, Politik! Ihr redet anders, als ihr denket, und durch eure Handlungen suchet ihr stets nur verborgene Zwecke zu erreichen, die mit euren äußerlich

erscheinenden Absichten nicht in dem allerentferntesten Zusammenhange stehen!

10. Nun, Freund, frage ich dich: Kann solch eine Verfassung einem höchst weisen Gotte wohl gerecht erscheinen, – Ihm, der da die ewige Liebe und Weisheit Selbst ist und daraus die ewige Wahrheit, Ordnung und Gerechtigkeit?

11. Darum brauche ich nicht zu sehen, was ihr tuet und wie; denn ich sehe den Grund in euch!"

12. Diese Rede Mahals machte den Fungar-Hellan ganz gewaltig stutzen; denn er ersah daraus nur zu klar, daß seine Politik von Mahal wie ein allerklarster Tag durchschaut war. Er sprach darum nichts als: ,,Du magst im Grunde wohl recht haben; dessenungeachtet aber komme doch und siehe, und du wirst anders reden!"

282. Kapitel

Der Zug in den Garten des Liebestempels unter der Führung Mahals
Fungar-Hellan an der Urne mit dem Haupte Waltars

(Den 18. Mai 1844)

1. Und der Mahal sprach: ,,Gut, Freund, ich will mit dir gehen; denn ich fürchte mich nicht vor dir, da der Herr mit mir ist! Doch wehe dir selbst, so in deinem Herzen arge Gedanken aufsteigen sollten; denn dann sollst du alsbald gewahr werden, daß da der Herr Himmels und der Erde mit mir ist! Und so will ich nun mit dir gehen!"

2. Nach diesen Worten Mahals berief der Fungar-Hellan sogleich seine sehr glänzende und sehr zahlreiche Ehrenwache zusammen und machte sich zum Abzuge bereit; aber im Augenblicke fiel ihm ein, daß er auch die beiden Töchter Mahals mitnehmen solle samt dem Kisarell, weil diese sonst leicht Schaden leiden könnten durch irgendeinen geheimen Grimm der Agla. Er fragte darum den Mahal.

3. Und der Mahal willigte in diesen Vorschlag ein und sprach: ,,Das magst du wohl tun; denn es ist nicht geheuer, einer brudermörderischen Schwester noch die anderen Geschwister für den Tod zu überlassen!"

4. Bei diesen Worten erschrak Fungar-Hellan und fragte den Mahal: ,,Geheimnisvoller Mann, wer entdeckte dir das, was Agla getan hat an ihrem Bruder zur Sicherung dieses Reiches? Wie kannst du wissen, was uns selbst noch ein Geheimnis ist zum größten Teile?"

5. Und der Mahal sprach: ,,Ich kann es wissen, weil es mir der Herr sagt; ihr aber vermöget nichts zu wissen, weil ihr alle schon endlos tief in aller Nacht der Welt und somit der Hölle stecket, in der kein göttlicher Lichtstrahl waltet, sondern nur Gottes Zorn, des Geistes Nacht und Tod!

6. Aber nun laß uns hinausziehen, aber zuerst dahin, wohin dich mein Sinn wenden wird, – worauf ich dir dann folgen will, wohin du mich ziehen wirst!"

7. Und der Fungar-Hellan sprach: ,,Gut, so machet euch auf den Weg, und ich will sehen, wohin du geheimnisvoller Mann mir den Weg weisen wirst als ein Fremdling in dieser übergroßen Stadt!"

8. Nach diesen Worten brachen der Fungar-Hellan, der Mahal, Kisarell, die Pira und die Gella auf, und der Mahal führte den Fungar-Hellan schnurgera-

de den Weg in den Garten der ehemaligen Schönheitsgöttinnen, worüber sich der General höchlichst verwunderte, daß der fremde Mann in dieser Stadt sich durch alle hundert Gassen zurechtfand.

9. Als sie aber im Garten anlangten, da führte der Mahal den Fungar-Hellan sogleich schnurgerade an die Stelle, allwo am vorigen Tage zur tiefabendlichen Zeit die Agla das Haupt Waltars samt der Glasurne hatte einmauern lassen.

10. Allda angelangt, fragte der Fungar-Hellan: „Nun, Freund, – was soll ich hier?"

11. Und der Mahal sprach: „Laß diese frische Mauer ausbrechen – aber behutsam –, auf daß du dich überzeugest, wie das göttliche Licht im Herzen mehr sieht als all dein geheimes Stadt- und Bürger-Durchspionierungswesen!"

12. Fungar-Hellan tat solches sogleich; und als die Nische von der neuen Übermauer entledigt war, da ward alsbald die Urne mit dem Haupte sichtbar.

13. Fungar-Hellan entsetzte sich und schrie: „Aber um alle Teufel, wie kommt dieses Haupt hierher?"

14. Und Mahal sprach: „Wie fragst du das? Mußt du denn als der Verständigste nicht in alle Geheimnisse deines Reiches eingeweiht sein?! Wußtest du denn nicht, was gestern die Agla anbefohlen hatte ihrer Dienerschaft?"

15. Hier machte Fungar große Augen; Mahal aber hieß den General ihm weiter folgen, allda es noch ganz andere Geheimnisse gebe. Und Fungar folgte dem Mahal.

283. Kapitel
Fungar-Hellan im Liebestempel unter der Führung Mahals
Die Entdeckung des Lotterbettes über dem verdeckten Abgrund

(Den 20. Mai 1844)

1. In den Tempel ging der Zug. Und als der Mahal mit dem Fungar-Hellan allda angelangt war, da sagte Mahal zum Fungar-Hellan, mit der Hand auf die Särge der Weiber Waltars deutend:

2. „Da siehe den echten und allein wahren Grund des Todes meines Sohnes! Die Eifersucht Aglas, meiner ungeratenen Tochter, hat den Bruder getötet dieser Unglücklichen wegen und diese dann mit höchsteigener Hand des Bruders wegen mit einem vergifteten Dolche!"

3. Wie der Fungar-Hellan solches vom Mahal vernommen hatte, da entsetzte er sich ganz gewaltig und sagte ganz ergrimmt: „Wenn das alles die Agla darum getan hat, wie du mir es nun kundgabst, da soll sie heute noch ohne alle Schonung des martervollsten Todes sterben!"

4. Mahal aber sprach ganz gelassen: „O Freund, ereifere dich nicht eher, als bis du alles über die Handlungsweise der Agla in Erfahrung wirst gebracht haben; gehe darum nur weiter mit mir!"

5. Darauf ging der Zug, dem Mahal folgend, in das Wohngebäude, und Mahal führte den Fungar-Hellan durch einen Gang im dritten Stockwerke. Als er nahe an dessen Ende kam, da zeigte er dem General eine Türe – ja eine Türe des Verderbens! – und fragte dann den forschenden Generaloberpriester: „Kennst du wohl, was sich hinter dieser zierlichen Türe befindet?"

6. Der General zuckte mit den Ach-

seln und sprach: „Wie sollte ich das wissen? Habe ich doch diese Türe nicht machen lassen, als ich selbst erbauen ließ dies Haus für die schönsten Weiber Hanochs! – Was ist hinter dieser Tür? Rede, und zeige es mir!"

7. Und der Mahal sprach: „Laß behutsam diese Türe durch deine Leute öffnen, und siehe!"

8. Sogleich ließ Fungar-Hellan die Türe gewaltsam sprengen und fand im ersten Augenblicke nichts als ein enges, zierliches Gemach, dessen innerer Raum knapp eine Quadratklafter maß, und im Hintergrunde desselben ein recht zierliches Lotterbett.

9. Bei diesem Anblicke sagte Fungar-Hellan: „Da sehe ich nichts Besonderes!"

10. Und der Mahal ließ sich einen Lanzenstiel reichen und stieß mit demselben an einen am Lotterbett angebrachten Knopf; und im Augenblicke öffnete sich der Boden dieses Kleingemaches nach unten in zwei Flügeln, und ein tiefer und finsterer Abgrund starrte den erstaunten Beschauern entgegen.

11. „Was ist denn das?" schrie der General.

12. Und der Mahal sprach: „Ein wohlbereiteter Untergang für dich, – ein Werk der Agla aus der jüngsten Zeit! Hierher wollte sie dich verlocken, und so du ihr beigewohnt hättest, da auch hätte sie an den Knopf mit der Ferse gestoßen, und du wärest da zur Beute dieses Abgrundes geworden! – Wie gefällt dir diese Einrichtung?"

13. Hier fing der General förmlich zu schäumen an vor Wut und konnte nicht reden vor Zorn und Grimm.

284. Kapitel

Mahal und Fungar-Hellan im Lusthäuschen des Tempelgartens
Das Polsterwerk des Thrones mit den vergifteten Nadelspitzen

(Den 21. Mai 1844)

1. Nach einer Weile erst, als der Fungar-Hellan sich satt geschaut hatte an dem Abgrunde, der für ihn bereitet war, fing sich seine Zunge zu lösen an, und er sprach in größter Aufregung seines Gemütes:

2. „O Mahal, o Freund! Ich bitte nun dich, zu reden und auszusprechen, was da mit der Höllentochter Agla geschehen soll! Sage, ist es denn nicht möglich, sie tausend Male auf das martervollste zu töten?! – Ja, ich weiß, was ich tun will! Tausend Male will ich sie die schauerlichste Todesangst bestehen lassen und sie dann erst auf die grausamste Weise von der Welt töten lassen!"

3. Der Mahal aber sprach: „Freund, ich sage dir im Namen meines Gottes und meines alleinigen Herrn: Laß du ab von deinem Zorn und Grimme, und richte nicht zuvor, als bis du die ganze Masse der Taten vor deinen Augen haben wirst, die da von der Agla verübt oder wenigstens vorbereitet worden sind! Wirst du erst in alles eingeweiht sein, dann auch wollen wir sehen, welch ein Urteil sich über die Täterin wird fassen und fällen lassen!

4. Jetzt aber gehe mit mir wieder weiter; denn wir sind noch lange nicht zu Ende mit der Betrachtung dessen, was alles die Agla mit Hilfe ihres Hauptmannes Drohuit, den du heute zum Könige gesetzt hast, ausgeführt und vorbereitet hat! Und so folge mir weiter!"

5. Darauf führte Mahal den Fungar-

Hellan wieder in den Garten und allda in eines der vielen Lusthäuschen. Über diesem war eine Inschrift zu sehen, die also lautete: „Hier ist des Königs Lust, hier des Königs höchste Wonne!" Im Lusthäuschen aber war ein sehr zierlicher Thron aufgerichtet, und zwar für den König, und daneben wieder ein Lotterbett, – natürlich für die Beischläferin.

6. Der Fungar-Hellan fragte hier wieder den Mahal, was denn das schon wieder für ein neues Teufelswerk wäre.

7. Und der Mahal führte den General an den Thron und sagte: „Siehst du hier aus dem Polsterwerk des Thrones tausend feiner Nadelspitzen gucken, eine jede den sicheren Tod bringend?!

8. Du kennst die Wirkung der Nadeln! Siehe, auch sie sind ein Werk der Agla! Ihr Zweck ist, alle der Königin nicht zusagende Personen aus dieser Welt zu befördern, und somit auch dich, der du ihr der größte Dorn im Auge bist!

9. Der Erfinder dieser Nadeln ist der Drohuit selbst, wie auch der wohlerfahrene Pflanzer jenes Bäumchens in einem Glashause, das du schon gesehen hast.

10. Woher wohl hat er den Samen zu diesem Gewächse bekommen?

11. Siehe, der Same ist ein Produkt der Hölle! Auf dem Wege, den der Drohuit machte, zu besichtigen den Tempel des Stieres, der in einer dir wohlbekannten Gebirgsschlucht errichtet ist, kam ihm ein fremdes Wesen unter und gab ihm den Samen und lehrte ihn, wie er diesen in die Erde setzen solle, und was des daraus hervorgehenden Gewächses Wirkung ist.

12. Und Drohuit setzte das Korn in die Erde, und schon in wenigen Tagen stand die unheilvolle Pflanze da! Er lehrte deren Wirkung die Agla, und diese ward erfreut darüber. Und das ist dann der Grund der kleinen spitzigen Mordwerkzeuge.

13. Wie gefällt dir diese Sache? – Ich sehe, du bist schon wieder ganz stumm vor Entsetzen und Ärger! Ich aber sage dir: Gehe nur weiter mit mir, und du sollst schon noch auf bessere Dinge stoßen!"

285. Kapitel
Eine neue Entdeckung: die geheime Armee Drohuits

(Den 22. Mai 1844)

1. Fungar-Hellan aber sprach: „Was soll ich weiter mit dir ziehen und in Augenschein nehmen die greuelhaftesten Vorkehrungen von Seite der Agla zu meinem Untergange?! Ich habe an dem bisher in Erfahrung Gebrachten über die Genüge, und es genügt für ihren sichern Tod, – und wenn sie tausendmal deine Tochter wäre! Daher ziehe du lieber mit mir nun, auf daß ich dir von meiner Einrichtung etwas zeige!"

2. Und der Mahal erwiderte: „Gerade diesmal mußt du ganz besonders unausweichlich mit mir ziehen; denn was du jetzt sehen wirst, das wird vom größten Belange zu deiner Rettung sein!

3. Was du bisher gesehen hast, das sind mißlungene Vorkehrungen nur zum Verderben deiner Person; was du aber jetzt erschauen wirst, das droht alle deine Macht mit einem Schlage zu vernichten!

4. Darum folge mir schnell, auf daß wir nicht zu spät dahin kommen; denn was ich dir nun zeigen muß, das befindet sich nicht etwa in diesem Garten, sondern in einem etwas entlegeneren Teile dieser Stadt. Darum nur schnell aufgebrochen und weitergezogen!"

5. Auf diese Worte berief der Fungar-Hellan sogleich all sein Gefolge zusammen, und die ganze, große Gesellschaft zog von dannen, dem Mahal folgend. Und dieser zog durch abseitige Gassen und Straßen der Stadt und kam nach zwei Stunden auf einen großen, freien Platz innerhalb der großen Stadtmauer, von dem sehr sonderbarerweise der Fungar-Hellan keine Silbe wußte.

6. Allda angelangt, fragte Mahal den Fungar-Hellan: „Freund, kennst du diesen Platz?"

7. Und Fungar-Hellan erwiderte ganz erstaunt: „Wahrlich, ich bin doch in dieser Stadt geboren und kann mich nicht erinnern, je diesen Platz gesehen oder sonst von ihm irgend einmal etwas gehört zu haben! Was soll es da mit diesem Platze, der groß genug wäre, eine ganze Million Krieger aufzustellen?"

8. Und der Mahal sagte: „Freund, nur eine kleine Geduld, und du wirst sogleich zu sehen anfangen, was hier geschieht! Da siehe nur recht genau in jenen entferntesten Winkel dieses Raumes, dahin man wohl eine Stunde geraden Weges zu wandeln hätte, und dir wird sich sogleich eine Bewegung von sehr vielen Menschen kundgeben!"

9. Und der Fungar sah genau hin und bemerkte bald ein ganzes, großes Kriegsheer auf diesen Platz anrücken.

10. Hier fragte wieder der Mahal den Fungar-Hellan: „Freund, der du einen so hellen Verstand zu besitzen vorgibst und alles weißt, was im ganzen Reiche geschieht, – weißt du auch davon, daß hier bei einer Million Krieger wider dich und den König Gurat in den Waffen geübt werden?"

11. Hier ward der Fungar-Hellan ganz blaß und konnte schon wieder kein Wort vor lauter Grimm herausbringen.

12. Und Mahal sprach: „Wir dürfen von ihnen aber nicht entdeckt werden; denn da wären wir verloren! Aber weiter wieder stadteinwärts wollen wir ziehen, da werde ich dir noch andere Dinge zeigen, die von noch größerem Belange sind! Daher kehren wir nun sogleich wieder um, auf daß uns ja der Drohuit nicht erkenne, der hier an der Spitze ist!"

13. Fungar-Hellan schlug die Hände über dem Haupte zusammen und folgte dem Mahal.

286. Kapitel
Die geheime Verschwörung der siebzigtausend Großbürger in einer der früheren Weiberverschönerungsanstalten

(Den 24. Mai 1844)

1. Abermals führte Mahal den Fungar-Hellan durch mehrere abseitige Gassen und Straßen und kam dort vor ein altes Gebäude von großer Ausdehnung. Als er allda anlangte, da blieb er stehen und fragte den Fungar-Hellan, was dieser wohl meine, was es sei, das in diesem Gebäude nun vor sich ginge.

2. Und der Fungar-Hellan sprach: „Freund, wie sollte ich das wissen?

Kenne ich doch dieses Gebäude selbst kaum und muß dir offenherzig bekennen, daß ich es jetzt in meinem Leben sicher zum ersten Male sehe! Denn wer sollte da wohl imstande sein, in dieser Stadt alle die Gebäude zu kennen, deren es wahrhaft eine Unzahl gibt?! Daher bitte ich dich, der du Kenntnisse von allen Dingen hast in deiner Seele: gib du mir kund, was hier vor sich geht!"

3. Und der Mahal sprach: ,,So höre! Siehe, hier ist ein abseitiger und daher sehr günstiger Versammlungsort von zweimal hunderttausend Meuterern gegen dich und den König Gurat. Dieses übergroße Gebäude war einmal eine schnöde Weiberverschönerungsanstalt; nun aber ist es ein Haus der Meuterei.

4. Gegenwärtig befinden sich siebzigtausend Großbürger dieser Stadt in den vielen und weiten Gemächern dieses Gebäudes und halten unter siebzig vorsitzenden Delegierten und Deputierten Drohuits und der Agla einen gar schmählichen Rat gegen dich und den König Gurat.

5. Du möchtest wohl hineingehen und dich von allem selbst überzeugen; aber das würde da wohl nicht geheuer sein!

6. Darum begeben wir uns in dieses zerfallene Gebäude gegenüber dieser großen Burg, und wir dürfen dort in einem guten Verstecke kaum eine halbe Stunde warten, und du wirst bald die Kongregation aus diesem Gebäude herausziehen sehen und viele Bekannte in ihrer Mitte!"

7. Auf diese Worte Mahals begab sich die ganze, große Gesellschaft in die Schlupfwinkel der Ruine und harrte dort des Austrittes der Versammlung. Es verlief kaum eine halbe Stunde, da öffnete sich das große Tor, und bei anderthalb Stunden dauerte der Auszug, unter dem der Fungar eine Menge Wohlbekannter zählte, ja sogar mehrere Oberpriester!

8. Und so im Vorübergehen bemerkte der General, wie da einige Hochgestellte untereinander sprachen und sagten: ,,Nur einen Punkt noch haben wir zu besiegen: die Macht Fungars, die noch sehr stark auf ihn hält, die muß fallen. Der schlaue Fuchs hat sich bisher zwar in keiner ihm gelegten Falle fangen und töten lassen; aber das tut nichts zur Sache! Denn nun haben wir ihn doch! Die weise Agla brachte es mit ihm so weit, daß er seinen größten Feind selbst zum Könige machte; dieser stellt nun eine Hauptmacht zusammen und in zehn Tagen wird die Sache entschieden sein!"

9. Als der Fungar-Hellan solches vernommen, da umfaßte er den Mahal und sprach: ,,Nun erst erkenne ich dich als meinen größten Freund! Nun weiß ich alles und sage nicht mehr: ,Komme, und siehe meine Staatsverfassung!', sondern ich bitte dich um den besten Rat, was ich nun tun soll!"

10. Und der Mahal sprach: ,,Der Rat wird folgen; aber zuvor mußt du noch etwas in Augenschein nehmen! Daher folge mir schnell, und überzeuge dich von allem!"

11. Und der Fungar ging sogleich, wohin ihn Mahal führte.

287. Kapitel
Der Zug in die Burg und in die Generalswohnung
Die vergifteten Glassplitter auf dem Fußboden

(Den 25. Mai 1844)

1. Wohin ging denn jetzt der Marsch? Wohin mußte denn der Fungar-Hellan nun noch vor der versprochenen Erteilung eines guten Rates dem Mahal noch folgen? – In die Wohnung in der Burg der Priester selbst, und da dann auch in die große Wohnung des Generals!

2. Als die ganze, große Gesellschaft allda anlangte, da fragte Mahal den Fungar-Hellan: „Dieses Gebäude, an der Größe einem recht weitläufigen Gebirge nicht viel nachgebend, wirst du wohl kennen?!"

3. Und der Fungar-Hellan sprach, etwas schmunzelnd: „Ja, das dürfte mir so ziemlich bekannt sein! Aber was soll es hier in meinem Hause?"

4. Und der Mahal sprach: „Gehen wir nun zuerst in die Wohnung der Priester, und zwar zuerst in die der Unterpriester, und du wirst es sogleich einsehen, was es hier soll!"

5. Auf diese Worte ging die ganze Gesellschaft sogleich in die große Kommunalwohnung der Unterpriester und fand sie sehr tätig.

6. Worin bestand aber die Tätigkeit? – Sie schärften die Spitzen der Schwerter und Lanzen, wärmten dieselben über einem Kohlenfeuer und tauchten dann die nahezu heiß gemachten Spitzen in das schon bekannte Gift!

7. Als aber die Unterpriester, die früher – wie bekannt – Oberpriester waren, den Fungar-Hellan erblickten, da überfiel sie eine große Angst, daß sie darob alles fallen ließen.

8. Und als der General sie mit Donnerstimme fragte: „Was geschieht hier? Wer hat euch das zu tun befohlen?", da konnte keiner ein Wort über seine Lippen bringen; denn ein jeder sah sich nun als verraten und verloren an.

9. Der Fungar aber fragte sogleich den Mahal, was er hier tun solle.

10. Und der Mahal sprach: „Hier fange an zu handeln! Laß sogleich Kriegsknechte kommen und gefangennehmen diese ganze Rotte; denn diese ist des Drohuit und der Agla Hauptstütze und hat beide zu deinen größten Feinden zu machen gewußt, und das aus altem Hasse gegen dich, dessen Grund dir wohl bekannt sein wird!

11. Eben diese Unterpriester haben dir auch schon eine Menge Oberpriester abhold gemacht und sind der geheime Hauptgrund der gegenwärtigen Meuterei! An ihnen kannst du des Gesetzes ganze Strenge vollziehen lassen; doch sei zurückhaltsam mit der Todesstrafe!"

12. Auf diese Worte ließ der General sogleich etliche tausend Krieger kommen; diese banden sogleich die Unterpriester und warfen sie in die untersten und festesten Kerker.

13. Und der Fungar ließ darauf alle die vergifteten Waffen sammeln und sie in einen guten Gewahrsam bringen.

14. Darauf führte ihn der Mahal in seine eigene Wohnung und sprach vor der Türe, die ins erste große Gemach führte:

15. „Laß zuerst Kammerfeger und Kätzer (*Putzer*) kommen, daß sie vor unserem Eintritte die Fußböden sorgfältigst reinigen und gar wohl auskätzen (*ausputzen*), – sonst kostet uns ein jeder Tritt das Leben! Denn einige mit den Unterpriestern verbundene Oberpriester haben den ganzen Boden mit

vergifteten Glassplittern übersät, und der kleinste Ritz in die Fußsohlen kostet jedem von uns das Leben!"

16. Der Fungar-Hellan befolgte sogleich den Rat des Mahal und ließ Feger und Putzer kommen; und diese kamen, mit Holzschuhen an ihren Füßen, und reinigten alle Gemächer des Generals.

17. Der General aber fragte die Feger und Kätzer: „Warum habt ihr euch denn also beschuht? Wußtet ihr denn, was für ein Unrat in meine Gemächer gestreut wurde?"

18. Hier verstummten die Feger und Kätzer und fingen an zu beben vor dem General.

19. Und der Mahal sagte zum Fungar-Hellan: „Diese handelten im Zwange; daher behandle sie gnädig!"

20. Und der Fungar-Hellan sprach: „Gebet mit der größten Treue mir alles kund, so will ich euer schonen!"

21. Hier fingen sie an zu reden, daß sich darob des Generals Haare gen Berg zu sträuben anfingen.

22. Was sie redeten, – davon in der Folge!

288. Kapitel
Das Geständnis der Feger und Putzer
Der vergiftete Brunnen, die vergifteten Speisen und das vergiftete Hausgerät

(Den 28. Mai 1844)

1. Die Feger und Kätzer aber wurden voll Furcht, indem sie sich durch dieses Begehren des Generals vor einer Doppelfalle befanden.

2. Daher traten der Hauptfeger und der Hauptkätzer vor und diese beiden sprachen: „Großer, allmächtiger Herr und Herr und Herr! Wir wollen dir ja gleichwohl alles kundgeben, wenn du uns zu schützen vermagst vor der Wut deiner Feinde; kannst du aber das nicht, da sind wir verloren so wie so! Denn so wir dir nicht alles kundgeben, da wirst du uns töten; geben wir dir aber alles kund, da wirst du dann zusehen, wie uns deine Feinde erwürgen werden, darum wir sie gegen ihr entsetzlichstes Gebot verraten an dich!"

3. Und der Fungar-Hellan sprach: „Sorget euch um etwas anderes; eure vermeinten Herren, die euch mit dem Tode bedroht haben, so ihr sie unter was immer für einer Maske an mich verraten würdet, liegen schon lange in den tiefsten Kerkern! Daher möget ihr ohne alle weitere Furcht mir alles kundgeben, was ihr wisset!"

4. Als die beiden das vom General vernommen hatten, da sagten sie: „Wenn sich die Sache also verhält, ah, – da können wir schon reden ganz ohne Furcht und Zagen! Und so wolle uns denn gnädigst anhören!

5. Die Unterpriester sind deine größten Feinde schon von der Zeit her gewesen, da du sie zu Unterpriestern gemacht hast aus einer vorgeschützten Vollmacht des Königs, und haben jetzt an der entsetzlichen Königin und an ihrem Lieblinge Drohuit die schönsten Werkzeuge gefunden, um sich durch sie an dir zu rächen!

6. Die Königin strebt nach der Alleinherrschaft, und der Drohuit, ein geilster Bock, nach dem Besitze des reizendsten Weibes, was eben diese Königin sein soll – was wir jedoch nicht verbürgen können, da wir sie noch nicht gesehen haben –; und die Unterpriester

haben ihnen alles eidlich zugesagt, so die Königin imstande wäre, dich zu verderben und dann sie als die alten, wahren Oberpriester anzuerkennen! Aus dem Grunde taten nun beide Teile alles, was immer nur für dein Verderben taugen möchte.

7. Willst du aber nicht dem sichern Tode in die Arme fallen, da trinke von deinem goldenen Brunnen ja kein Wasser; denn es ist vergiftet! Ebenso iß auch von deiner Speisekammer keinen Bissen; denn da ist alles überstark vergiftet! Lege dich auch nicht auf dein Lotterbett und ebensowenig in dein Ruhebett, noch setze dich auf einen deiner Stühle und Bänke; denn das alles ist voll von vergifteten Nadeln! Die Zimmerböden sind jetzt wohl wieder rein, aber aller deiner sonstigen Hauseinrichtung traue nicht; denn da dürfte überall etwas stecken, was dir den Tod bringen könnte! Nun weißt du alles, was wir wußten; handle nun recht und gerecht!"

8. Als der Fungar-Hellan solches vernommen hatte, da ward er voll des entsetzlichsten Grimmes.

9. Aber der Mahal sprach: „Freund, mäßige dich; denn im Zorne kann kein Wesen etwas Kluges tun! Du hast nun alle die Gefahren kennengelernt und hast darum nun gut handeln!

10. Gib aber nun ein Gastmahl von den vergifteten Speisen, und lade alle deine Feinde ein! Wenn sie kommen werden, da sage, wie sie nun von deiner Speisekammer essen sollen! Die sich zu essen weigern werden, die nimm alsbald gefangen; die sich aber nicht weigern möchten, die laß du nicht essen!

11. Was dann zu geschehen hat, das werde ich dir zur rechten Zeit kundgeben! Und also geschehe es!"

289. Kapitel
Die Enthüllungen der Köche. Mahals Rat an die Köche
Die gewaltsame Herbeischaffung der geladenen Gäste zum Gastmahl

(Den 29. Mai 1844)

1. Nach diesem Rate Mahals ließ der Fungar-Hellan sogleich seine Köche und Speisemeister zu sich kommen und befahl ihnen, eine Mahlzeit zu richten für tausend Personen, und sagte zu den Tafeldeckern: „Gehet und decket im großen Speisesaale die großen Gasttische mit goldenem Eßzeuge, und stellet die reichen Stühle und Lotterbetten zu den gedeckten Tischen!"

2. Hier wurden die Köche, Speisemeister und die Tafeldecker ganz blaß vor Angst und sahen sich für verloren an.

3. Fungar aber merkte wohl die große Verlegenheit dieser seiner sonst sehr getreuen Dienstleute und fragte sie darum ganz fest: „Nun, was zaudert ihr? Warum werdet ihr denn so voll Angst und Zagens nun?"

4. Und der Oberkoch sprach: „Herr, Herr, Herr! Wir alle tragen keine Schuld! Aber zusehen mußten wir, wie die Unterpriester unter der Leitung mehrerer Oberpriester den Goldbrunnen, alle deine Speisekammern und all dein Tischgerät vergifteten mit einem neuen Gifte, das ihnen der Hauptmann Drohuit übergab.

5. Sie versuchten darauf, die vergifteten Speisen den Tieren zu geben, und diese verendeten im Augenblick nach dem Verschlingen einer solchen vergifteten Speise.

6. Wenn du nun oder die Geladenen

davon essen werden, da werden sie alle zugrunde gehen! Und wir getrauen uns sogar nicht einmal, die vergifteten Speisen anzurühren und noch weniger sie zu bereiten!"

7. Und der Fungar-Hellan sagte: „Ich weiß alles, was ihr mir nun kundgegeben habt; darum will ich eben diese Mahlzeit denen geben, die so gut und treu für mich gesorgt haben! Dieser mein einziger bester Freund, der von der Höhe gekommen ist, aber wird euch sagen, wie ihr die Speisen anzugreifen habt, damit sie euch nicht schaden werden!"

8. Hier wandten sich die Köche, Speisemeister und die Tafeldecker an den alten Mahal und baten ihn um einen Rat.

9. Und der Mahal sprach: „So gehet und nehmet Öl und Essig, und waschet euch am ganzen Leibe damit zuvor, ehe ihr die Speisen und andere vergiftete Dinge angreifet! Und ihr Köche bindet euch ein nasses Tuch vor die Nüstern, und bereitet also die Speisen, und es wird euch nichts schaden!"

10. Dieser Rat wurde sogleich befolgt, und alle die Beorderten machten sich an ihre Arbeit.

11. Dann berief der General die Herolde zusammen und gebot ihnen, die gewissen Gäste zum Abendmahle zu laden.

12. Und die Herolde gingen und luden die bestimmten Gäste.

13. Dann aber ließ der Fungar-Hellan auch die Kriegsobersten zu sich kommen und erteilte ihnen den Befehl, die ganze große Macht schlagfertig zu halten.

14. Und es geschah alles wie auf einen Wink!

15. Die Geladenen aber hatten den Braten gerochen und entschuldigten sich, zu kommen.

16. Da sprach Mahal: „So sende nun wohlbewaffnete Kriegsknechte aus, diese sollen die Geladenen binden und hierherschleppen!"

17. Und der Fungar-Hellan befolgte sogleich den Rat Mahals, und in einer Stunde wurden bei tausend Gäste herbeigeschleppt, darunter auch die Agla und der Drohuit. Nur der König Gurat kam frei.

290. Kapitel

Aglas freche Frage an Fungar-Hellan und dessen klare Antwort
Aglas vergebliche Ausflüchte
Agla und Drohuit im Käfig

(Den 30. Mai 1844)

1. Als die Agla des Fungar-Hellan ansichtig wurde, da trat sie, wie ganz festen Mutes, zu ihm hin und fragte ihn in einem sehr festen Tone: „Fungar-Hellan! Was willst du mir tun, daß du mich wie eine allerniedrigste Sklavin hierher hast schleppen lassen? Ist es denn hier bei euch auch Sitte, eine Königin zu knebeln und vors Gericht zu führen?!"

2. Und der Fungar-Hellan sprach hier ganz gelassen und gutmütig und sagte: „Liebste, holdeste Königin Agla! Du weißt ja, daß ich deine Schwestern zu Weibern nahm und will eben heute die Hochzeit feiern; und da ist es hier wenigstens üblich, daß man zum Hochzeitsmahle alle die Verwandten und sonstigen Freunde ladet! Ich habe ehedem meine glänzenden Herolde ausgesandt, daß sie ladeten die Gäste; allein mir ganz unerklärlicherweise

entschuldigten sich alle die Geladenen, mir die gebührende Ehre zu geben!

3. Da dachte ich mir: ‚Was soll denn das? Das sieht ja gerade also aus, als hätten sich meine intimsten Freunde gegen mich verschworen, und als wollten sie zu Meuterern werden an meinen Rechten?!'

4. Und siehe, das war dann sogleich der Grund, warum ich nach der höflichen ersten eine unhöfliche zweite Einladung an euch absandte! Und ich meine, als ein Generaloberpriester sollte ich denn doch wohl dieser Ehrung von eurer Seite würdig sein, indem doch euer Wohl und Wehe von mir vorderhand weltlich genommen ganz außerordentlich stark abhängt!

5. Zudem war meine Küche noch allezeit die beste im ganzen Reiche, und meine Freunde waren noch nie Verächter derselben! Und wahrlich, ich sehe es nicht ein, warum diesmal ein solcher Spott auf sie gelegt werden soll?!

6. Hast du, schönste Königin, etwa einen Grund dazu, so gib mir ihn nur kund, und ich werde ja alles aufbieten, um jeden verdächtigen Schein vor deinen schönsten Augen von mir zu entfernen!"

7. Diese Rede wollte der Agla und ebenso auch dem Drohuit gar nicht munden; sie sprach daher: „Fungar-Hellan! Hättest du irgendeinen Funken Achtung vor mir, da würdest du mich nicht zum Essen herschleppen lassen, da ich dir nun sagen muß, daß ich unwohl bin und nichts genießen kann, – und wenn du mir schon die besten Speisen von der Welt hersetzen möchtest!"

8. Und der Fungar-Hellan sprach: „Ah, – da muß ich dich schon um Vergebung bitten! Wenn ich das zuvor gewußt hätte, da wäre ich mit der zweiten Einladung freilich wohl nicht zu dir gekommen! Warum hast du mir aber auch so etwas nicht durch die ersten Herolde bekanntgegeben?!

9. Gehe aber doch wenigstens in den Saal nun und ruhe während der Mahlzeit auf einem sehr feinen Lotterbette aus, wonach ich dich schon in einer Sänfte werde nach Hause tragen lassen!"

10. Und die Agla sprach nun ganz bebend: „Lieber Fungar-Hellan, willst du mich denn schon heute töten?! Ich darf ja in keine Zimmerluft, wenn ich nicht alsbald ersticken will!"

11. Und der Fungar-Hellan sprach: „O du arme Agla, wie bedauere ich dich um solcher deiner Schwäche wegen!"

12. Hier ward die Agla durch Verstellung ohnmächtig.

13. Und der Fungar-Hellan sagte zu seinen Dienern: „Bringet schnell ein Wasser von meinem Goldbrunnen, und labet die Königin!"

14. Hier sprang die Agla auf und schrie: „Nur kein Wasser! Das würde mich auf der Stelle töten!"

15. Und der Fungar-Hellan sprach zu den Dienern: „So lasset es gut sein! Bringet mir aber dafür meinen großen, goldenen Käfig her; der soll die Königin wieder gesund machen! Und dann einen ehernen für den Drohuit; denn auch er scheint etwas krank zu sein!"

16. Die beiden Käfige wurden sogleich hergeschafft und geöffnet.

17. Und der Fungar-Hellan sprach zur Agla: „Gehe nun gutwillig in dies zierliche Häuschen, – sonst wird dir Gewalt angetan werden! Und du, Drohuit, ebenfalls!"

18. Hier fingen die beiden an zu zagen und wurden mit Gewalt in die Käfige gesteckt und also in den Speisesaal gebracht und auf den Mitteltisch gestellt.

19. Was weiter, – in der Folge!

291. Kapitel
Die Begnadigung der Oberpriester und das entsetzliche Gericht an den tausend Unterpriestern im Speisesaal

(Den 31. Mai 1844)

1. Als die Agla und der Drohuit auf diese Weise versorgt waren, da erst wandte sich der Fungar-Hellan an die Oberpriester und sprach zu ihnen:

2. „Nun, meine Freunde und Brüder, die Speisen sind aufgetragen; also begeben wir uns in den großen Speisesaal, auf daß eure beiden Zöglinge, die sich nun in den Käfigen befinden, nicht ohne Gesellschaft seien! Gehet aber nur gutwillig, sonst wird auch euch Gewalt angetan werden!"

3. Auf diese todbringende Einladung sprach einer von den Oberpriestern zum Fungar-Hellan: „Oberster Freund und Bruder! Höre mich an! Siehe, – sich verleiten lassen durch allerlei Drohungen und noch anderartige Lockmittel und fehlen darnach, das ist noch immer menschlich; aber in den Fehlern verharren hartnäckig und eigenwillig, das gehört der Hölle an!

4. Also sind auch wir durch die sehr verschmitzten Unterpriester verleitet worden durch Drohungen zumeist, die da von der entsetzlichsten Art waren. Man sagte uns von einer Macht, die die deinige ums Zehnfache überträfe, und versicherte uns, daß du schon gefangen wärest, und daß nun deine Feinde die Herren der Stadt und des ganzen Reiches seien.

5. Auf noch hundert derlei Äußerungen mußten wir wohl deine Zimmer öffnen lassen und dann zusehen, wie deine Feinde mit einem neuen Gifte alles, was sich in deinen Gemächern befindet, vergiftet haben, bei welcher Arbeit aber auch schon bei hundert Arbeiter ins Gras haben beißen müssen und dann in verdeckten Wagen irgendwohin zur Seite geschafft wurden.

6. Siehe, also stehen wahrhaftig die Dinge; vergib uns daher unsere genötigten Fehltritte gegen dich, und nimm die allergetreueste Versicherung von uns, daß wir fortan deine getreuesten und festesten Freunde verbleiben wollen und sicherst werden!"

7. Auf diese Rede wandte sich der Fungar-Hellan an den Mahal und fragte ihn, was da zu tun sein solle.

8. Und der Mahal sprach: „Diese nimm gefangen – aber nicht in deine Kerker, sondern in dein Herz –, und vergib ihnen, so wird es auch dir vergeben werden! Aber die in den Kerkern gefangenen Unterpriester laß herauf führen und sie setzen an die Tafel, auf daß sie essen von den Speisen und dann sterben in ihrem Frevel! Die Agla und den Drohuit aber laß nur während der Mahlzeit im Speisesaale, auf daß sie sehen, wie sich der Frevel straft!"

9. Darauf tat der Fungar-Hellan sogleich alles, wie es ihm der Mahal geraten hatte.

10. Bei tausend Unterpriester wurden in den Speisesaal getrieben und mußten sich zum Tische setzen; denn da half kein Sträuben mehr! Den meisten kostete schon das Sich-Niedersetzen das Leben unter den furchtbarsten und schmerzlichsten Konvulsionen; nur wenige wurden durch die gezwungen genommenen Speisen getötet.

11. Die zwei Käfigzeugen dieser Mahlzeit aber wurden ohnmächtig ob des schaudervollen Anblickes und wurden darum hinaus ins Freie gebracht, wo sie sich mit Hilfe des Essigs wieder erholten.

12. Das Weitere in der Folge.

292. Kapitel

Die Räumung und Einäscherung der Burg auf Mahals Geheiß

(Den 1. Juni 1844)

1. Als diese Szene vorüber war und die beiden Käfigbewohner sich aus ihrer Ohnmacht wieder völlig erholt hatten, da fragte der Fungar-Hellan wieder den Mahal, was nun geschehen solle fürs erste mit denen, die ihren Frevel mit dem Tode gebüßt haben, und was dann fürs zweite mit denen, die da die Käfige bewohnen.

2. Und der Mahal sprach: „Laß sofort deine Schätze aus dieser deiner Burg räumen und laß sie, die Burg nämlich, dann anzünden an allen Ekken und Winkeln! Aber ich sage dir: In drei Stunden mußt du mit der Räumung fertig sein! Was in dieser Zeit von jetzt an nicht aus der Burg gebracht wird, das muß den Flammen überlassen werden, – sonst kommt morgen das Gericht Gottes über dieses Haus! Was aber nach einem zehntägigen Brande die Flammen nicht verzehren werden, das kannst du dann wieder benützen.

3. Was aber die beiden Käfigbewohner betrifft, so laß sie nun in die Burg des Königs bringen! Allda sollen sie die ganze Dauer des Burgbrandes hindurch ihre recht geräumigen Käfige bewohnen und sich in ihnen in der Geduld und Demut üben; und das Urteil soll dann über sie fallen nach der Art, wie sie diese demütigende Probe zur wahren Wohlfahrt ihrer Seele benützen werden!

4. Das aber sage ich: Wehe dir, Fungar-Hellan, und dir auch, du König Gurat, so ihr die Agla, meine unnatürliche Tochter, je wieder zur Königin machet; denn da werdet ihr ein mächtiges Gericht zu bestehen haben!"

5. Nach diesen Worten Mahals befahl der Fungar-Hellan sogleich aller seiner Dienerschaft und der großen Dienerschaft aller der wieder auf freien Fuß gesetzten Oberpriester – welche beiden Dienerschaften männlichen und weiblichen Geschlechtes über zehntausend Köpfe stark waren –, vorsichtig die Burg zu räumen drei Stunden lang und dann die Schätze zu tragen in die große Königsburg, nach drei Stunden aber diese Priesterburg anzuzünden an allen tausend Ecken und Winkeln.

6. Besonders große Brände aber sollten in den großen Speisesaal über die Leichen geworfen werden. Alles aber, was sich in der generaloberpriesterlichen Wohnung befindet – ob Gold oder Silber –, dürfe nicht gerettet werden. Darauf gebot er einigen Trägern, die beiden Käfige in die Burg des Königs zu bringen.

7. Alles wurde sogleich pünktlichst vollzogen. In den drei anberaumten Stunden wurden viele tausend Zentner Goldes und Silbers und eine Menge anderer Kostbarkeiten aus der Burg geschafft und in die große königliche Burg überbracht.

8. Nach abgelaufenen drei Stunden aber sah man schon tausend und tausend Brandleger in die priesterliche Burg mit brennenden Fackeln und Pechkränzen eilen, und es dauerte keine halbe Stunde, da stand schon die ganze ungeheure Burg, die einen Umfang von zwei Stunden hatte und mehr als dreißigtausend Gemächer zählte, lichterloh in den wütendsten Flammen und setzte nahezu ganz Hanoch in einen Schrecken, der seinesgleichen nicht hatte seit den Zeiten der zehn Feuerpropheten aus der Höhe.

9. Was weiter, – in der Folge!

293. Kapitel
Die verschiedenen Meinungen des Volkes über den Palastbrand
Die Dämpfung des drohenden Volksaufstandes durch Fungar-Hellans Rede

(Den 3. Juni 1844)

1. Um den brennenden Palast der Priesterschaft aber wurden sogleich Wachen aufgestellt und ließen niemanden hinzu, der da etwa löschen möchte. Man beschied die Löscher bloß dahin, daß sie auf die nächstliegenden Groß- und Kleinbürgerhäuser achtgeben sollten, daß sie nicht Feuer fangen möchten vom großen Brande des Palastes, der zwar wohl von allen Seiten stark abgesondert dastand, aber bei seinem Vollbrande dennoch einen Glutregen über die benachbarten Gebäude verbreitete, daß sie darum einer großen Gefahr ausgesetzt waren.

2. Die Hanocher zerbrachen sich die Köpfe, was denn doch das zu bedeuten haben möchte. Einige meinten, Fungar-Hellan sei von seinen Feinden also zugrunde gerichtet worden. Andere wieder sprachen, Fungar-Hellan hätte seine Feinde in den Palast zu locken gewußt, und als sie darinnen waren, da habe er die Burg anzünden und verschließen lassen, auf daß seine Feinde nun zu Asche würden; denn so etwas sähe dem schlauweisen Generaloberpriester ganz gleich. Und wieder andere meinten, da sie noch einige Kenntnisse von den zehn Feuerpropheten hatten, es sei sicher nun wieder ein solcher Feuerprophet von der Höhe herabgekommen und wirke nun wieder vor der von dem alten Gotte abgewichenen Priesterschaft seine verderblichen Feuerwunder zur Bekehrung derselben.

3. Infolge solcher Meinungen gab es denn auch eine Menge neugierige Forscher nach dem eigentlichen Grunde dieser erschrecklichen Tatsache; aber die befragten Wachen mußten stumm sein, und so erfuhr niemand, der sonst in die Sache uneingeweiht war, eine Kunde.

4. Es entstand aber darum ein förmlicher Aufstand unter der Bürgerschaft in der Stadt, die da mit Gewalt herausbringen wollte, was da hinter diesem Brande stecke.

5. Fungar-Hellan aber zeigte sich da an der Spitze einer starken Macht und sprach zu einem Hauptgroßbürger: „Was wollet ihr denn erzwingen durch euer tumultuarisches Benehmen? Ziehet euch zur Ordnung zurück, sonst lasse ich euch alle über glühende Klingen springen! Bin ich nicht der Herr über mein Haus und kann machen damit, was ich will?! Was kümmert's euch denn nun, wie und warum ich es habe anzünden lassen? – Ziehet euch daher sogleich zurück, wollt ihr nicht auch in ähnlichen Flammen euren Tod finden!"

6. Diese Rede des Generals war von der entschiedensten Wirkung. Der ganze Aufstand war geschlichtet, und es ließen sich im Verlaufe des Brandes gar wenig Zuschauer mehr blicken.

294. Kapitel

Fungar-Hellans neckende Rede an die im Käfig befindliche und um Freilassung bittende Agla

(Den 4. Juni 1844)

1. Da sich aber der Fungar-Hellan während der zehntägigen Zeit des Brandes zumeist in der Burg des Königs aufhielt und von da aus mit dem Könige seine Geschäfte schlichtete, und das im selben Gemache, in dem sich die beiden Käfigbewohner befanden, so geschah es denn auch öfter, daß ihn ganz besonders die Agla bat, daß er sie aus diesem allerschmählichsten Arreste befreien oder doch töten solle; denn darinnen zu schmachten sei zu unerträglich.

2. Und der General erwiderte ihr immer mit der sanftesten Stimme: „Du bist wohl ein gar wundersam schönes Vögelein, – aber dabei doch sehr schlimm und böse; daher will ich dich nicht töten, weil du so wundersam schön bist. Aber weil du so schlimm und böse bist, so will ich dich in diesem kostbaren Käfige halten, wie man sonst die schönen Vöglein zu halten pflegt, die auch nicht selten schlimm und böse sind, wenn sie sich in der Freiheit befinden; sind sie aber in den Käfigen, dann werden sie recht sanft, zahm und gut. Wer weiß, ob dieser schöne Käfig bei dir nicht auch die gleiche Wirkung hervorbringen wird!

3. Siehe, wie du im herrlichsten Leben von der Welt frei warst, da dachtest du an nichts als an die Vertilgung dir nicht zu Gesichte stehender Menschen! Weil ich dir auch nicht zu Gesichte stand, so hast du alles Mögliche versucht, mich aus der Welt zu befördern; aber der wahre Gott muß denn doch nicht gewollt haben, daß dir, du schönes Vögelchen, deine böse List an mir gelingen solle! Und siehe, ich bin noch, was ich war; du aber bist nun nicht mehr, was du warst, sondern unterdessen bloß mein liebes, schönes Vögelein!

4. Siehe, ich könnte dir jetzt sehr leicht dein schönes Köpferl (*Köpfchen*) abschneiden lassen, oder dich mit einer vergifteten Nadel ein wenig an deinem schönen, zartesten Leibe kitzeln! Aber ich bin nicht so schlimm und böse wie du; darum tue ich das auch nicht und werde es wohl nie tun! Aber freilassen kann ich dich wohl nicht eher, als bis ich völlig überzeugt sein werde, daß du ganz sanft und zahm werden wirst!

5. Es soll dir aber darum doch nichts abgehen in diesem schönen Lusthäuschen! Zu essen und zu trinken sollst du genug haben! Für deine Notdurft ist der kleine Seitenkasten, der täglich dreimal gereinigt werden muß und wohl zu verschließen ist, daß kein übler Geruch in deine Nüstern gelangen kann. Ebenso hast du auch ein weiches Lager darinnen und ein recht bequemes Lotterbettchen. Für die Not kannst du in diesem Häuschen auch eine kleine Promenade machen. Was willst du da mehr? Bleibe daher nur schön ruhig darinnen; es wird dir nichts abgehen!

6. Der Drohuit ist freilich nicht so bequem daran wie du; aber im Grunde fehlt auch ihm nichts!"

7. Sooft die Agla den General bat, daß er sie freiließe, so oft auch bekam sie immer die gleiche Antwort und ärgerte sich darob heimlich gewaltig; aber sie verbarg ihren Ärger, um den Fungar-Hellan zu täuschen. Aber Fungar-Hellan war nun sehr vorsichtig und horchte allezeit auf das, was ihm der alte Mahal riet.

295. Kapitel

Die Sammlung der auf der Brandstätte geschmolzenen Schätze
Der Befehl zum Wiederaufbau des Palastes
Der warnende geheimnisvolle Ruf von oben

(Den 5. Juni 1844)

1. Als aber nach zehn Tagen der Brand der priesterlichen Burg zu Ende war, da sprach der Mahal zum Fungar-Hellan:

2. „Nun sende Maurer und Zimmerleute in die schon allenthalben erloschene Brandstätte, und laß nachsuchen, ob noch irgend Kostbarkeiten anzutreffen sein möchten! Diese sollen gesammelt werden auch in deinem gewesenen großen Speisesaale und in allen deinen gewesenen Wohnzimmern!

3. Es wird zwar all dein Gold- und Silber-Geräte im geschmolzenen Zustande anzutreffen sein, – allein das tut nichts zur Sache! Auch als geschmolzenes Erz muß es auf das sorgfältigste gesammelt werden, nicht so sehr seines Wertes, als vielmehr eines ganz andern Grundes wegen, den du nun nicht einsiehst, und den ich dir vorderhand auch nicht kundgeben kann; befolge aber meinen Rat, und es wird alles gut gehen!"

4. Und der Fungar-Hellan befolgte sogleich den Rat Mahals und sandte sogleich am selben Tage noch tausend Maurer und ebensoviele Zimmerleute nach der Brandstätte; und diese sammelten zehn Tage lang und fanden noch über zwanzigtausend Zentner geschmolzenen Goldes und Silbers und daneben auch eine unglaubliche Menge von den alleredelsten Steinen – wie Diamanten, Rubine und Smaragden –, was alles sie natürlicherweise in die große Königsburg schafften.

5. Fungar-Hellan erstaunte gar gewaltig über die große Masse der aus der Brandstätte hervorgeholten Schätze und sprach: „Bei dem Gotte Mahals! Das hätte ich nie geglaubt, daß da noch so viel vom Golde und Silber und Edelsteinen sollte zurückgeblieben sein, indem doch in den ersten drei Stunden vor dem Brande eine ungeheure Menge aus der Burg weggeschafft worden ist!"

6. Und der Mahal sprach: „Ich sage dir, sende die Arbeiter noch einmal aus, und sie werden bei der Wegräumung des Schuttes, den der Brand verursacht hat, noch einmal soviel finden!"

7. Und er, der Fungar-Hellan nämlich, sandte sogleich die Arbeiter wieder aus, daß sie den Schutt aus der Brandstätte räumten; und siehe, diese fanden im abermaligen Verlaufe von zehn Tagen eine beinahe noch größere Menge des edlen Erzes im geschmolzenen Zustande und brachten es in die Königsburg, worüber sich der Fungar-Hellan noch mehr wunderte.

8. Mahal aber sagte dann zu ihm: „Nun kannst du die Burg wieder herstellen lassen; denn das Gemäuer ist gut!"

9. Und der General erteilte sogleich Befehle an die Baumeister, und diese begannen alsbald an der Wiederherstellung der Burg zu arbeiten.

10. Aber gerade am selben Tage erging auch ein Ruf durch die Stadt, und dieser lautete: „Das ist eine vergebliche Arbeit!"

11. Und niemand wußte, woher dieser Ruf kam; und dieser Ruf machte sogar den Mahal stutzen, noch mehr aber den Fungar-Hellan.

296. Kapitel

Mahals Aufschluß über die wunderbare Stimme
Fungar-Hellans Ärger und Anklage gegen Gott
Mahal in Verlegenheit um eine Antwort

(Den 7. Juni 1844)

1. Fungar-Hellan trat hier gar schnell zum Mahal und fragte ihn, was denn doch dieser sonderbare Ruf bedeuten solle.

2. Und der Mahal sprach: „Freund Fungar-Hellan! Dieser Ruf kam nicht etwa aus dem Munde vieler Menschen, sondern – glaube es mir! – das ist eine Rede aus dem unsichtbaren Munde Gottes! Und diese Rede bedeutet so viel als: Gott wird über die Welt in der jüngsten Zeit ein Gericht senden, das da seinesgleichen noch nie gehabt hat, solange diese Erde von den Menschen bewohnt ist! – Aus dem Grunde möchte dann der Wiederaufbau deiner Burg wohl wenig mehr fruchten!"

3. Hier sprach der Fungar-Hellan ganz erbost zum Mahal: „Aber so sage mir doch einmal, was denn der alte, allzeit mürrische Gott will! Sind wir Menschen Ihm nicht recht, wie Er uns erschaffen hat, und wie wir sind, so soll Er uns anders machen, auf daß wir dann also gestellt sein werden, wie es Ihm am wohlgefälligsten ist!

4. Ich muß dir aber im Ernste bekennen, daß Sich dein Gott in dem beständigen Androhen irgendeines Gerichtes im hohen Grade schwach zeigt und von Sich an uns, Seine Geschöpfe, eine Unvollkommenheit offenbart, der sich fürwahr kein ehrlicher Mensch bewußt ist! Hat Er uns Menschen schon als freie Wesen erschaffen, was umgarnt Er uns dann mit gewissen Gesetzen, die unserer von Ihm gegebenen Natur zuwiderer sind als der Tod selbst?

5. Und können wir diese Gesetze zufolge der verschiedenen Verhältnisse denn doch oft unmöglich halten, oder machen wir bildliche Vorstellungen von Ihm und Seinen wirkenden Kräften und lassen sie vom Volke verehren, das von Ihm, der Sich nie sehen läßt, gar keinen Begriff fassen kann, so ist Er gleich bei der Hand und fängt wieder mit Seiner alten Gerichtsandrohung an, die Er schon dem Kahin gemacht hat! Findest du denn das nicht höchst läppisch von einem Gotte?!

6. Ist Ihm meine Verwaltung nicht recht, so komme Er und zeige mir, wie Er die Verwaltung haben will, – und ich werde sie gestalten nach Seinem Begehren! Aber Er redet ein Jahrhundert nichts und verhält Sich, als wäre Er nicht, oder als schliefe Er, oder als wäre Er mit allem und jedem völlig zufrieden! Dadurch geht dann im langen Verlaufe der Zeiten freilich so manches von Seinem irgendwann geoffenbarten Willen und dessen Erfüllung verloren! Wer aber ist da wohl schuld daran als der Schöpfer Selbst, weil Er nicht zu allen Zeiten gleich ist?!

7. Kann Er Sich einem Volke als ein weiser Lehrer zeigen, warum dem andern nicht?! Ist denn das eine Volk weniger von Ihm erschaffen als das andere?! Also komme Er und gestalte uns um, oder Er vernichte uns, – aber das in einem Augenblicke, auf daß dann diese mir höchst lästige Gerichtsdroherei ein Ende nehme; denn wahrlich, nun bin ich schon von allem dem satt!

8. Du wirst wohl sagen: Der Herr hat zu öfteren Malen Boten zu uns

gesandt! Ich aber sage: Solche Boten machen einem Gotte wahrlich keine Ehre, da sie am Ende schwächer sind als wir, an die sie gesandt waren!

9. Nehmen wir zum Beispiel nur deinen Waltar! Frage: Wie kann ein weiser Gott so einen Propheten an ein Volk, wie wir Hanocher es sind, senden, daß er uns bekehre?! Hat er uns nicht an aller Schwäche bei weitem übertroffen, und doch hätte er, uns von Gott aus gesandt, sollen ein Prophet, ein Lehrer in der Kraft Gottes sein!

10. Sage, sage mir, – wie reimt sich das mit deinem alten, allmächtig und höchst weise sein sollenden Gotte?!"

11. Mahal war ganz verwirrt von dieser Rede und wußte nicht, was er dem General erwidern sollte.

12. Der General aber fing nun an, in den Mahal ganz ernstlich um eine Antwort zu dringen.

297. Kapitel
Mahals erfolgreiches Gebet um Hilfe
Mahals energische Rede an den General und die Verkündigung des nahen Gerichts
Fungar-Hellans Angst

(Den 8. Juni 1844)

1. Der Mahal aber, als er sah, daß der Fungar-Hellan gegen ihn stets ungestümer ward, hob endlich seine Hand in die Höhe und sprach: ,,Großer Gott! Siehe, Dein alter Diener und Knecht befindet sich in einer großen Gefahr; daher erbarme Dich seiner, und errette ihn durch Deine große Gnade und Erbarmung! Oh, lege ihm Worte in sein Herz, durch die er einen ohnmächtigen Rebellen gegen Dich, o großer Gott und Herr aller Herrlichkeit, kräftigst bekämpfen kann!"

2. Hier kam ein Strahl der göttlichen Kraft in das Herz des Mahal, und er dankte Gott und richtete dann folgende Worte an den General:

3. ,,O du durchaus ohnmächtiger Wurm von einem Menschen auf dieser Erde! Du willst mit Gott hadern und willst durch deine trügerischen Vernunftgründe den Allerhöchsten und den Allerheiligsten menschlicher Schwächen zeihen, und willst dich an der Weisheit Gottes rächen mittels deines schwachen Weltverstandes?!

4. Ich sage dir: Zage und bebe ob deines Frevels an der unantastbaren Heiligkeit Gottes! Denn die Erde ist nun kein fester Grund mehr für deine Füße, und die Luft Gottes wird sich empören wider dich, dieweil du die Heiligkeit Gottes in meinem Angesichte geschändet hast!

5. Hättest du gesagt, Gott sei unbarmherzig und habe keine Liebe zu Seinen Geschöpfen, so wäre das ein menschlicher Vorwurf gewesen, der zu verzeihen ist; aber du hast die göttliche Weisheit und ewige Ordnung angegriffen und hast Gott im Verlaufe deines Gehaders als einen sinnlosen Narren erklärt, dessen Weisheit schon von einem ganz einfachen Menschen übertroffen wird.

6. Siehe, das war ein Angriff (*Angreifen*) der göttlichen Heiligkeit und somit eine unverzeihliche Sünde, und diese deine Sünde wird um so eher und um so sicherer das Gericht Gottes an euch allen in die unausbleiblichste Vollziehung bringen!

7. Denn wäre ein Menschenherz im ganzen Reiche besser als das deinige, so möchte Gott des einen besseren Her-

zens wegen dieses Reich noch hundert Jahre lang verschont und harren der Besserung desselben!

8. Aber weil gerade du noch bisher der Allerbeste warst, obschon du mit keinem Haare dich mehr in der göttlichen Ordnung befandest und nun gänzlich dich durch dein Gehader von Gott getrennt hast, so ist das Gericht auch vor der Türe! Und ich sage dir: Es werden nicht zweimal zehn Jahre vergehen, und diese deine Welt wird nicht mehr sein!

9. Adam hat sich versündigt vor Gott, und Gott hat durchs Feuer die ganze Schöpfung gerichtet! Das zerrissene Gestein der Erde gibt dir davon den unleugbarsten Beweis.

10. Zu Ohlads Zeiten, da dies Reich auch ganz von Gott abgefallen ist, hat Gott abermals ein Feuergericht über alle Festen der Erde gesandt, und abermals wurden die Berge und die Täler zum größten Teile zerrissen durch des Feuers Gewalt! Die Quersprünge im Gesteine geben dir davon Zeugnis.

11. Bei allem dem aber schonte der Herr den Menschen und wollte ihm nur zeigen die göttliche Macht, und wie gar nichts der Mensch gegen Gott ist; nun aber wird Gott das Menschengeschlecht angreifen und wird es vertilgen so weit, als da reicht die Flut eurer Sünde!

12. Siehe, das ist nun die Antwort, die du haben wolltest, und keine andere kann ich dir geben, weil mir Gott keine andere gegeben hat für dich und all dein Volk!"

13. Diese Worte betrübten den Fungar-Hellan gewaltig, und er geriet in eine große Angst; denn er hielt sehr große Stücke auf den Mahal und sann nun nach, wie er Gott und den Mahal wieder besänftigen könnte.

298. Kapitel

Gottes mächtiger Bußruf im Thronsaale. Der Segen der wahren Reue
Die Greuel in der Tiefe
Der göttliche Auftrag an Fungar-Hellan, sämtliche Götzentempel zu zerstören

(Den 10. Juni 1844)

1. Als der Fungar-Hellan aber lange nachgesonnen hatte, was da zu tun wäre, um den Gott Adams, Seths und Henochs wieder zu besänftigen und somit auch seinen alten Mahal, da ertönte auf einmal eine mächtige Stimme im großen Thronsaale, allwo sich eben Fungar-Hellan mit dem Mahal, dann der König Gurat und eine Menge von den ersten Ministern des Reiches befanden, und die Stimme lautete:

2. „Wer da eine rechte Reue über seine Sünde aus Liebe zu Gott in seinem Herzen faßt, der darf nicht zagen; denn Gott ist nicht wie ein Mensch unversöhnlich, sondern höchst versöhnlich!

3. Wer mit Reu' und Liebe sich dem Vater naht, dem darf's nicht bangen; er wird Vergebung seiner Sünde erlangen!

4. Wäre das ganze Reich, wie noch Hanoch ist in freilich wenigen Menschen nunmehr, da möchte Gott wohl tausend Jahre noch der vollen Besserung harren; aber gehet zu euren Vasallen, und gehet in die zwölf anderen Städte, allda werdet ihr Greuel über Greuel antreffen, von denen ihr nie eine Kunde erhaltet!

5. Ihr habt zwar dem Volke alle bestimmten Steuern erlassen, und habt dafür unbestimmte und gewisserart freiwillige eingeführt; aber eben diese Einführung gab allen euren Vasallen die Gelegenheit, die unbestimmten Steuern also zu gestalten, daß nun kein Untertan mehr eine Stunde sicher ist vor einer mächtigen Bettelei. Und gibt er einem solchen Bettler nicht, was er verlangt, so fängt dieser sogleich an, dem Untertan die schrecklichsten Drohungen zu machen; und kehrt sich der Untertan nicht daran, so entfernt sich der Bettler dann unter Fluchen und unter dem entsetzlichsten Verwünschen.

6. Und siehe, es vergeht dann kein Tag, so werden schon alle die Verwünschungen an dem Untertan vollzogen durch verkappte allerortige Natur- und Höllenzauberer! In diesem Augenblicke werden tausend Untertanen auf die unerhörtesten Arten gemartert, und die nächste Stunde erwartet schon tausend andere!

7. Sollte Gott bei solchen Umständen wohl noch länger des menschlichen Geschlechtes schonen und harren seiner Besserung?

8. Wahrlich, die Hölle sei der ewige Besserungsort für diese Teufel in menschlicher Haut!

9. Heute hat der Herr, Gott Himmels und der Erde, dem Noah auf der Höhe geboten, nach gerechtem Plane einen Wasserkasten zu bauen, und der Noah hat schon die Hand ans anbefohlene Werk gelegt!

10. Wer von euch errettet werden will, der tue gerechte Buße vor Gott und suche auch andere zur wahren Buße zu bekehren, so wird er Gnade finden, und Gott wird ihn zur rechten Zeit führen aus diesem Lande des Verderbens, auf daß er nicht gerichtet werde mit den Teufeln!

11. Und du, Fungar, aber gehe mit deiner Macht hinaus und zerstöre alle Götzentempel, wenn dir an der Vergebung deiner großen Sünde vor Gott etwas gelegen ist; aber enthalte dich von zu großer Grausamkeit! Amen."

12. Diese Rede, wie aus der Luft des Saales hervorgehend, setzte alle Anwesenden samt dem Mahal ins größte ängstliche Erstaunen; und der Fungar-Hellan gebot sogleich allen seinen Kriegsobersten, längstens binnen drei Tagen die ganze große Kriegsmacht zu ordnen.

13. Und Mahal sagte ihm zu, daß er ihn überall hin begleiten werde im Namen des Herrn.

299. Kapitel

Die Mobilmachung der Armee. Gurat bittet den Fungar um Amtleute
Verordnung mit den zwei Käfigbewohnern

(Den 11. Juni 1844)

1. Als die Kriegsobersten, die da selbst Zeugen von dieser sonderbaren Stimme und Rede im großen Thronsaale waren, um so schneller und eifriger davoneilten, um das Kriegsheer zu ordnen, da trat der Gurat hin zum Fungar-Hellan und sprach zu ihm:

2. „Freund und Bruder! Du wirst jetzt versehen das große Heer und wirst vielleicht jahrelang abwesend sein von Hanoch, und ich werde es allein regieren müssen! Oh, das wird eine starke Aufgabe sein für mich! Möchtest denn du mir nicht einige von deinen

bewährtesten Amtleuten zurücklassen, auf daß sie mir das große Volk übersehen und leiten helfen? Denn solches ist einem Menschen wohl nimmer möglich!"

3. Und der Fungar-Hellan sprach zum Könige: „Bruder, siehe, du zählst ja auch in deiner Burg über zehntausend Beamte hohen und niederen Ranges! Kannst du denn mit diesen nicht auslangen? Ich sage dir: Füttere sie nicht umsonst, sondern treibe sie zur Arbeit an, und sie werden ja doch tun, was du ihnen gebieten wirst!"

4. Und der Gurat erwiderte: „Ja, da hast du wohl recht, wenn in ihren Köpfen etwas wäre; aber da hat es einen gar gewaltigen Haken!

5. Du weißt es ja, wie wir beide anfangs genötigt waren, um unsern Thron zu sichern, alle die Großen der Stadt und auch des Reiches an uns zu ziehen und ihnen zu geben bei Hofe irgendeinen glänzenden Rang!

6. Siehe, diese Menschen waren schon früher sehr dumm, und wir haben sie aus gewissen Gründen in ihrer Dummheit noch mehr bestärkt, obschon wir auch die hellen Köpfe andererseits gehörig zu würdigen verstanden haben!

7. Nun sollen diese Dummköpfe an meiner Seite das Staatsruder ergreifen!

O Freund, wahrlich, das würde bald eine Regierung geben, vor der es den Satan selbst ekeln würde!

8. Aus diesem dir wohlbegreiflichen Grunde wirst du wohl sehr sicher und leicht einsehen, daß ich während deiner Abwesenheit einiger tüchtiger Amtleute vonnöten habe!"

9. Hier sagte der Mahal zum Fungar: „Also gib ihm denn hundert gute Köpfe aus deiner Schule; mit denen wird er wohl über Orts kommen unterdessen, als wir aussein (*wegsein*) werden!"

10. Und Fungar-Hellan gab dem Gurat sogleich hundert Oberpriester aus seiner Schule, die da an der Seite Gurats das Ruder führten.

11. Es war aber noch eine Frage, nämlich: was mit der Agla und mit dem Drohuit geschehen solle.

12. Hier sprach wieder der Mahal und sagte: „Die bleiben, wie sie sind, bis wir wiederkommen! Nur im Falle einer Krankheit oder im Falle auffallender Besserung kann eines oder das andere aus dem Käfige befreit werden; aber aus dem Zimmer darf keines eher, als bis wir zurückkommen werden!

13. Vor allem aber müssen die beiden alsbald getrennt werden, sogar als Käfigbewohner, und das vor unseren Augen noch heute! – Also hat es zu geschehen!"

300. Kapitel
Aglas demütiges Sündenbekenntnis und inständige Bitte um Befreiung oder Tod
Die Wahl zwischen Dolch und Käfig. Aglas Begnadigung

(Den 12. Juni 1844)

1. Als der Gurat wie der Fungar-Hellan solches vom Mahal vernommen hatten, da begaben sie sich sogleich in den andern Saal, allwo sich die beiden Käfigbewohner unter einer gehörigen Bewachung befanden.

2. Allda angelangt, wurden sie sogleich von der Agla angegangen, und zwar mit folgenden Worten: „O ihr ersten Machthaber des Reiches, und du auch, mein Vater Mahal! Ich bin ja eine größte Sünderin vor Gott und vor euch allen; denn ich habe mich vergriffen an den Rechten Gottes und an allen euren

Rechten und habe darum nichts als den Tod verdient! Ich erkenne nun, daß diese Käfigstrafe für mich viel zu gering ist; ein glühender Käfig wäre meiner Sünde angemessen!

3. Wo aber lebt ein gefangener Sünder, der sich nicht sehnete nach der Freiheit, ob sie ihm schon frommte oder nicht?! Also ist es auch mit mir der Fall! Ich erkenne nun gewiß die ganze Größe meines Verbrechens vor euch und vor Gott, wie es vielleicht kein zweiter Sünder erkennt; aber dennoch erkenne und fühle ich auch den mächtigen Drang nach der Freiheit, der mir diesen Kerker zu einer unerträglichen Qual macht!

4. O nehmt einen Dolch und stoßet ihn mir ins Herz, und ihr werdet mich glücklich machen! Nur in dieser allerspottvollsten Gefangenschaft lasset mich nicht länger; denn das kann mich zur Verzweiflung und zum Wahnsinn treiben! Tut mit mir, was ihr wollt; aber nur darinnen lasset mich nicht länger, allda ich fortwährend von den Wachen geneckt und geschmäht werde!

5. O Vater Mahal, und du, mein Bruder Kisarell, und ihr, meine lieben Schwestern, erbarmet euch meiner, die ich vielfach unglücklich bin! Betrachtet mich als ein von der Hölle gefangengenommenes, verblendetes, verlocktes und verführtes Wesen, und ihr werdet ja doch so viel Erbarmung mit mir haben, daß ihr mir wenigstens den ersehnten Tod geben werdet!

6. Denket ja nicht daran, als möchte ich euch je wieder gefährlich werden; denn die euch mit aufgehobenen Händen um den Tod bittet, die wird ewig nimmer den Thron von euch erbitten!

7. O großer, allmächtiger Gott, wäre meine Sünde nicht so groß, da möchte ich wohl Dich um meine Erlösung bitten! Allein ich erkenne meine zu große Unwürdigkeit vor Dir; daher getraue ich mich nicht, zu Dir, o Du überheiliger, gerechtester Vater, um Erbarmung zu rufen! Erweiche aber doch die Herzen dieser Deiner Machthaber hier, daß sie mich töten möchten, auf daß ich nicht länger mehr dem allerschmählichsten Gespötte der Wachen ausgesetzt bleibe!"

8. Nach diesen Worten sank die Agla in ihrem Käfige ohnmächtig zusammen und ächzte darinnen.

9. Fungar-Hellan ließ hier sogleich den Käfig öffnen und herausheben die Agla und ließ sie laben mit guten Spezereien, worauf sie sich wieder erholte.

10. Als sie wieder zu ihren Lebenskräften kam, da sprach der Fungar-Hellan zu ihr: „Agla, ist das dein lebendiger Ernst, daß du lieber sterben möchtest, als nun wieder in den Käfig zurückkehren? Siehe, hier ist ein scharfer Dolch, und dort der Käfig! Wähle nun ernstlich zwischen beiden!"

11. Bei diesen Worten enthüllte Agla sogleich ihre Brust und sprach mit etwas bebender Stimme: „Siehe, hier schlägt das Herz, das vielfach betrogene und gefangene; o erlöse es mit dem Stahle in deiner kräftigen Hand!"

12. Hier warf Fungar-Hellan den Stahl von sich und sprach zum Mahal: „Damit habe ich deiner Tochter alles vergeben; Gott und du aber möget weiter mit ihr verfügen!"

13. Und der Mahal sprach: „Wenn du ihr alles vergeben hast, so sei ihr auch von mir aus alles vergeben! Aber hier bleiben kann sie nicht, sondern sie muß mit uns ins Feld ziehen!"

14. Damit war Fungar-Hellan zufrieden; die Agla aber fiel vor ihrem Vater nieder und weinte ob solcher Gnade an ihr, daß sie darob ganz schwach ward.

15. Alle aber waren erfreut ob solcher Besserung der Agla.

301. Kapitel

Fungar-Hellans Verordnungen für Drohuit. Aglas gute Rede an ihren Vater

(Den 13. Juni 1844)

1. Als auf diese Weise die Agla befreit ward, da ging der Gurat zum Fungar-Hellan und fragte ihn, ob auch mit dem Drohuit Ähnliches geschehen solle, falls er sich also bessern würde, wie sich die Agla gebessert hat.

2. Fungar-Hellan aber sagte in einem ganz festen Tone: ,,Nein, Drohuit bleibt auf jeden Fall so lange in seinem Käfige, als bis ich, oder – so ich in dem Feldzuge den Tod fände – mein Nachfolger wieder zurückkommen wird!

3. Doch sollst du ihm nichts abgehen lassen; er soll zu essen bekommen, was er nur immer verlangt, und also auch zu trinken!

4. Will er ein oder das andere seiner Weiber bei sich im Käfige haben, so kann ihm auch solches bewilligt werden, – doch solches nur unter der unerläßlichen Bedingung, daß er fürs erste mit dem bei ihm seienden Weibe nichts anderes rede, als was man gewöhnlich auf dem Beiwohnbette mit den Weibern spricht; oder so er Besseres reden will, da kann er sich mit seinen besseren Weibern über den alten, wahren Gott besprechen, von dem er samt uns allen schon lange gar jämmerlich abgewichen ist!

5. Während der Beiwohnung, und überhaupt während des Beiseins eines oder des andern seiner Weiber, muß er allzeit am strengsten bewacht und belauscht werden! Und da die Agla nun frei ist, so kann der Drohuit in diesem Saale verbleiben.

6. Ich sage dir aber; zeichne mir ja genau alles auf, was er machen wird in seinem Käfige, damit ich mich dann danach richten kann in der künftigen Verfügung entweder um sein Wohl oder Wehe! Sollte er etwa gar Bücher lesen wollen aus unserer großen Büchersammlung, so soll er auch in dieser Hinsicht befriedigt werden!

7. Nun aber hast du auch für den Drohuit die gehörige und gerechteste Instruktion! Wirst du sie genau beachten, so wirst du gut sorgen für ihn, für dich und für uns alle; und das ist sicher auch der Wille des einig wahren Gottes!"

8. Und der Mahal sprach: ,,Amen, das ist recht und vollkommen gerecht; bei dem verbleibe es!"

9. Als der Gurat solches vernommen hatte, da ward er froh; denn der Drohuit war ja eben der Mann, der ihm durch seine List die Krone schon so gut wie vom Haupte gerissen hatte. Er schwor daher auch, das alles auf das pünktlichste zu erfüllen.

10. Es fragte aber auch der Mahal ganz heimlich versuchsweise die Agla, ob sie mit solcher Bescherung für den Drohuit zufrieden sei.

11. Die Agla aber sprach: ,,O Vater, warum versuchst du noch weiter deine über alles versuchte, unglückliche, ärmste Tochter? Bin ich dir noch nicht unglücklich genug, sowohl in der Welt, wie auch in meiner Seele? In der Welt bin ich die Verachtetste und über alle Schlangen Gefürchtetste – und in meiner Seele vor Gott die Verworfenste, weil vor Gott fortwährend das Blut meines Bruders um Rache an meiner Seele schreit!

12. O versuche mich nicht mehr; denn unglücklicher war ja noch nie ein Mensch auf dieser Erde, als ich es bin! Habt ihr mir auch alles vergeben, so wird mir aber doch der Bruder nimmer vergeben, den ich habe töten lassen;

und Gott wird mir solche Tat auch nicht vergeben! Darum bin ich so endlos unglücklich! Daher, o Vater, versuche die Elendste nicht mehr!"

13. Diese Rede der Agla erregte eine große Sensation, und Mahal selbst bereute, daß er eine solche Frage an die Agla gestellt. Darum aber fingen bald alle an, sie zu trösten und wie möglich zu stärken und zu laben.

302. Kapitel
Drohuits Heuchelrede und Fungar-Hellans Antwort. Agla im härenen Gewand

(Den 15. Juni 1844)

1. Es wollte aber der Drohuit, der die Bestimmung über sich gar wohl vernommen hatte, sich auch durch ein – aber freilich nur erkünsteltes Weinen und Klagen über sich selbst und über seine Sünde gegen den Fungar-Hellan und gegen Gott aus seinem Käfige befreien.

2. Der Fungar-Hellan aber sprach: „Dieses Vogels Gesang ist mir überaus wohl bekannt; denn das ist kein Naturgesang, sondern ein eingelernter! Da man aber nur zu gut weiß, welche Vögel sich zu Kunstsängern abrichten lassen, so ist es auch gar nicht schwer zu erraten, wenn man einen solchen Vogelkunstgesang vernimmt, daß (*ob*) er entweder von einem Stare, einer Amsel, oder von einer Goldlerche herkommt!

3. Also erkenne ich auch hier auf den ersten Augenblick den Gesang dieses Vogels, der zwar weder ein Star, noch eine Amsel und noch weniger eine Goldlerche ist, aber desto erkenntlicher als ein echter Toten- und Raubvogel die Stimme der kleinen Vöglein nachahmt, um sie seinen Krallen näher zu locken! Wir aber sind nun keine Narren mehr und werden uns von ihm nicht in irgendein Dickicht verlocken lassen!

4. Daher mag er nun weinen und klagen, wie er will, so wird er aber doch in seinem stäbernen Hause verbleiben, wie es ehedem von mir ausgesprochen ward!

5. Ich sehe wohl, daß diese Strafe für seine Sünde viel zu gelinde ist – denn er hat es verdient, tausendmal getötet zu werden; allein dem großen Mahal, diesem wahren Propheten Gottes, hat er es zu verdanken, daß seine Strafe so endlos gelinde ausgefallen ist!

6. Wahrlich, wenn es da auf mich ankäme, da würde ich ihm auf der Stelle eine andere Strafe diktieren! Allein – hier kommt es auf den Willen Gottes an, den ich von heute an über alles zu respektieren habe angefangen; und so ist diesem Vogel auch von mir aus diese übersanfte Strafe angebilligt, weil sie also mir vom Propheten Gottes ist angezeigt worden! – Und nun nichts mehr weiter darob!"

7. Als der Drohuit aber solche Worte vom General vernommen hatte, da verstummte er und klagte und weinte nicht mehr und bekannte auch keine Sünden mehr vor den Ohren der großen Gesellschaft, die sich im Saale befand, – welcher Umstand aber auch bei vielen eine Lache erregte, da sie ersahen, wie genau der Fungar-Hellan den Käfigarrestanten getroffen hatte.

8. Es hatte aber die Agla noch die königlichen Kleider an, und sie ging darum zum Fungar-Hellan und sprach: „O du von mir so tiefst verkannter, edelster Mann! Siehe, ich als nun eine

allergrößte Sünderin vor Gott, vor dir, vor dem Könige, vor meinem Vater und vor allen Menschen, habe noch königliche Kleider auf meinem unwürdigsten Leibe! Ich bitte dich darum, daß du mir sie abnehmen möchtest und möchtest mir geben ein allergemeinstes härenes Gewand, das da gebührt einer büßenden Sünderin; denn diese glänzenden Kleider brennen meine Seele wie ein mächtigstes Feuer!"

9. Als der Mahal aber solches samt dem Fungar-Hellan vernommen hatte, da sprach er zum General: „Bruder, gib ihr, um was sie dich bittet!"

10. Und der Fungar-Hellan tat sogleich, was ihm sein Mahal geraten.

11. Und die Agla ging mit dem Vater in ein Seitengemach, kleidete sich alsogleich um und kam auch alsbald in einem grauhärenen Gewande mit dem Vater wieder zur Gesellschaft zurück.

12. Und der Fungar-Hellan hatte eine große Freude an solcher Bekehrung der Agla; auch die andere Gesellschaft lobte solche Tat an der Agla.

303. Kapitel

Mahals Frage an Agla nach der schwersten ihrer Sünden
Aglas gute Antwort, Reue und Klage. Mahals Dank an Gott
Agla an der Brust ihres Vaters Mahal

(Den 17. Juni 1844)

1. Es fragte aber nach einer Weile der Mahal seine sich stark gebessert habende Tochter Agla, was es sei, das sie getan habe, das sie nun für ihre schwerste Sünde halte vor Gott und vor allen Menschen, – ob den anbefohlenen Brudermord, oder ob den Mord mit eigener Hand an den einundzwanzig Weibern Waltars, oder endlich die starke Teilnahme an der Verschwörung gegen die generaloberpriesterliche Macht.

2. Und die Agla sprach: „O Vater, du weißt es hier am besten, welche von allen meinen Sünden vor Gott und den Menschen die größte ist; denn solches zu ermessen weiß ich nicht! Aber das weiß ich, daß mich jede meiner begangenen Sünden getötet hat vor Gott in meinem Geiste!

3. Oh, hätte ich keine je begangen! Oh, hätte ich lieber nie die Tiefe gesehen, so wäre ich vor Gott noch so rein und unschuldig, wie ich es auf der Höhe stets war! Aber nun ist es geschehen, und ich kann das Geschehene nimmer ungeschehen machen! Daher meine ich, es wäre nun obendarauf eine große Torheit für mich, zu erforschen, welche von meinen Sünden nach der Erachtung meines Gewissens wohl die größte sein möchte!

4. Ich meine, vor Gott zählt jede Sünde wider Seine heilige Ordnung gleich viel, und ihre Wirkung ist gleich, bringend nämlich den ewigen Tod dem Geiste des Menschen! Ist aber der Mensch in seinem geistigen Teile nun vollkommen tot, wie ich es nun sicher bin, da weiß ich dann ja wirklich nicht, welche Sünde mich am meisten getötet hat; denn ich meine, es kommt da wohl kaum darauf an, ob man etwa mehr oder weniger tot ist, indem der vollkommen Tote doch nach meiner Meinung nicht noch toter werden kann!

5. Siehe, ich habe meinen Bruder zu töten befohlen, und das hat meinen Geist getötet vollkommen! Dann lebte

die Agla nicht mehr; nur ihre Leibeskräfte walteten nun aus dem Tode ihres Geistes, und so mußte dann ja auch eine jede ihrer Handlungen eine Greueltat sein vor Gott, wie vor allen geistig lebendigen Menschen! Wie konnten sie aber auch anders sein? Denn vom Tode kann ja nur wieder der Tod kommen!

6. Also sind meine nachfolgenden Handlungen nun für mein Gewissen weniger drückend, weil sie eine Folge der ersten Handlung sind! Oh, hätte ich die gar erste Handlung wider die göttliche Ordnung nie begangen, da wären alle andern ausgeblieben!

7. Beim ersten Tritte herab in die Tiefe hätte ich sogleich umkehren sollen, – da wäre ich noch, wie ich von meiner Geburt an war, und alle lebten noch, die ich getötet habe! Aber jetzt ist es zu spät, und mir bleibt nichts übrig als die Reue über meinen ersten Schritt in diese Tiefe herab!"

8. Darauf fing die Rednerin an zu weinen und klagte sich bitterlich an.

9. Der Mahal aber sprach: „O großer Gott, ich danke Dir aus allen meinen Kräften, daß Du mich diese Tochter, die verloren war, nun wieder hast finden lassen!

10. Agla, komme nun wieder an die Brust deines Vaters; denn nun habe ich in dir wieder meine Tochter erkannt! Kehre dich aber in deinem Herzen zu Gott, und du wirst wieder Gnade finden vor Ihm, dem guten, heiligen Vater!"

11. Hier eilte die Agla an die Brust des Mahal und erleichterte ihr Herz durch viele Tränen, die sie fallen ließ auf des Vaters treue Brust.

304. Kapitel
Fungar-Hellans Rede über die Torheit des äußeren Glanzes und die Weisheit der Einfachheit. Mahals Lob an den General

(Den 18. Juni 1844)

1. Es trat aber auch der Fungar-Hellan hinzu, da die Agla an der Brust ihres alten Vaters weinte, und sagte zu ihr: „Agla, – wahrlich, also gefällst du mir besser als in den königlichen Kleidern, die aus dir bald eine vollkommene Dienerin der Hölle gemacht hätten! Bleibe du fürder in dieser Verfassung, und du wirst Gott und auch mir sicher besser gefallen, als du mir je in aller deiner königlichen Pracht gefallen hast; denn auch ich bekenne hier öffentlich, daß ich nicht nur bei dir, sondern auch bei mir und bei jedermann ein abgesagter Feind alles Glanzes sein und bleiben werde mein Leben lang!

2. Wer von nun an mein Freund sein will, der werfe alles Glänzende von sich, und gehe in einfachen Kleidern einher; so werde ich ihn ansehen als einen Menschen, dem es ums wahre Wohl der Völker wie mir selbst gelegen ist!

3. Das Gold und Silber soll in nützliche Münzen verwandelt werden mit des Königs und mit meinem Bildnisse! Also wird es nützen allem Volke; aber so wir es auf unsere Röcke annähen und diese dadurch oft so schwer machen, daß sie uns fast zu Boden drücken, welchen Nutzen haben da wir selbst, welchen das Volk davon, und welcher Dienst wohl wird dadurch Gott, dem alten Herrn aller Herrlichkeit, erwiesen?

4. Wahrlich, solange wir unser Gewand nicht mit den echten Sternen der Himmel und unsere Brust mit der ech-

ten Sonne zieren können zur Ehre Dessen, der uns erschaffen hat, so lange soll aller andere falsche Schmuck von uns entfernt bleiben! Denn was da nicht aus sich selbst leuchtet wie die Sonne und wie die Sterne am Himmel, das ist nur ein Lichtdieb und prunkt so lange mit dem gestohlenen Lichte, als die große heilige Leuchte am Himmel strahlt mit ihrem Lichte aus Gott; ist aber diese untergegangen, dann sind die von uns so hochgehaltenen Lichtdiebe gleich dem gemeinsten Dreck und Moder und sind finster diesen gleich!

5. Aber alles, nützlich angewendet, ist Gott sicher wohlgefällig, weil Er es sicher zum Nutzen der Menschen geschaffen hat; gebrauchen wir aber diese Dinge zu ganz törichten, hoffärtigen, widersinnigen Zwecken, wofür sie sicher nicht geschaffen worden sind, so muß ein solcher Gebrauch vor Gott ja doch notwendig ein Greuel sein, indem Gott doch sicher die ewige heilige Ordnung Selbst ist! – Also weg mit all dem schimmernden Dreck von unseren Gewanden, hier und in allen Landen!"

6. Hier warf der Fungar-Hellan allen Schmuck von sich, und ihm folgten der König und alle anderen hohen Häupter; und alles das Gold und Silber ward in die Münze gebracht und dort zu gangbarer Münze geprägt.

7. Mahal lobte darum den Fungar-Hellan über die Maßen und sagte noch obendarauf: „Fungar-Hellan, mir scheint es, als hätte dich der Geist des Herrn schon ergriffen; denn wahrlich, ich glaubte nun aus dir den alten Henoch vernommen zu haben! Denn siehe, solche Weisheit wohnt sonst im Menschen nicht!"

8. Darauf dankte Mahal Gott, daß Er diesem Manne also gnädig geworden sei; und alles erstaunte über die Weisheit des Fungar-Hellan.

9. Und die Oberpriester sprachen: „Nun erst bist du vollwürdig, unser General zu sein!"

10. Und alles sprach ein lautes Amen hinzu.

305. Kapitel

Der Armeebefehl des Generals an das Kriegsheer
zum Angriff auf den Tempel des Gottes der Erze und Schmiede

(Den 19. Juni 1844)

1. In dieser Verfassung der Gemüter vergingen die drei Tage, binnen welcher Zeit die obersten Feldherren das Kriegsvolk ordneten und es für den bevorstehenden Feldzug unterweisen mußten.

2. Am Abende also des dritten Tages kamen die ersten Feldobersten in die Königsburg zum Fungar-Hellan und zeigten ihm an, daß nun ein Heer von zwei Millionen schon draußen auf den großen Übungsplätzen lagere, und das da wohl ausgerüstet sei für jeden kriegerischen Zweck und harre der weiteren höchsten Befehle.

3. Und der Fungar-Hellan sagte zu diesen ersten Feldobersten: „So gehet und erteilet folgenden Befehl: Drei Stunden vor Sonnenaufgang wird aufgebrochen, und die ganze Macht wird sich zuerst bewegen zum Tempel des Gottes der Erze und der Schmiede! Da werden dann die Arbeiter vorrücken und sich sogleich an die Zerstörung alles dessen machen, was nur irgend ein allerleisestes götzenhaftes Ansehen hat,

und natürlich vor allem an den Haupttempel!

4. Sollten sich die Bergleute und die Priester dieses Tempels widersetzen und die Arbeiter hindern wollen an ihrem anbefohlenen Werke, da soll sogleich eine starke Waffenmännerabteilung da sein und die Priester wie die Bergleute mit scharfer Gewalt zum Gehorsam treiben und alle Hartwiderspenstigen alsogleich über die Klinge springen lassen!

5. Werden aber die Priester und die Bergleute alsogleich ohne Widerstand die Tempel und alles Götzentum zerstören lassen, dann sollen sie sogleich in mein Zelt gebracht werden, auf daß sie von mir den Unterricht erhalten, was sie fürder tun und lehren sollen, und worin ihre Versorgung bestehen wird.

6. Die große Macht aber hat allezeit und überall eher (*vorher*) den Tempel einzuschließen mit drei Kreisen und genau darauf achtzuhaben, daß da niemand von irgendeinem Tempel flüchtig wird!

7. Alles Gold und Silber bei den Tempeln aber muß gesammelt und sodann mir überbracht werden, und ich werde eine große Menge Münzpräger mitnehmen und werde alsogleich alles Gold und Silber in gangbare Münzen umgestalten lassen, mit denen fürs erste die Kriegsmacht besoldet wird, durch die dann solches Geld auch unters Volk kommen wird.

8. Also hat es zu geschehen! Das gebiete ich, Fungar-Hellan, und der König Gurat!"

9. Nach diesem gegebenen Befehle zogen die ersten Feldobersten sogleich wieder ab und erteilten dem großen Heere den Befehl des Generaloberpriesters und also auch des Königs.

10. Gurat aber ließ daheim sogleich tausend Kamele ausrüsten und nahm tausend Münzer, die sich zum Mitzuge bereiten mußten mit ihren Werkzeugen, und ließ dann noch siebenhundert Kamele ausrüsten für den Fungar-Hellan und all sein Gefolge.

11. Und am nächsten Tage bei drei Stunden vor Sonnenaufgang war alles schon auf den Beinen; die Kamele wurden bestiegen, und der mächtige Trab bewegte sich zur großen Armee.

12. Was weiter, – in der Folge!

306. Kapitel

Der Vortrab Fungar-Hellans vor dem Tempel
Das zurückgewiesene Ultimatum. Die Feuerkünste der Templer

(Den 21. Juni 1844)

1. Bevor aber noch die große Hofsuite zur großen Armee stoßen konnte, war der größte Teil derselben schon im vollen Marsche zum eben nicht sehr ferne von Hanoch gelegenen Tempel der Schmiede Gottes, der, wie schon bekannt, zu Ehren Thubalkains, des Erfinders der Bearbeitung der Erze, errichtet ward.

2. Als der Vortrab bei der starken Vormauer des Tempels ankam, da machte er halt und verlangte von den Torwächtern alsbaldigen Einlaß.

3. Diese aber erwiderten: „Um diese Zeit wird niemand in den Garten des Heiligtums eingelassen; nur ein abgefeimtester Frevler kann so etwas mit Ungestüm verlangen! Was wollt ihr denn so früh in diesen heiligen Mauern?"

4. Und der große Vortrab gab keckweg zur Antwort: „Wir wollen nichts mehr und nichts weniger, als eben dieses Heiligtum und diese heiligen Mauern nach dem Befehle des Fungar-Hellan vom Grunde aus für alle Zeiten der Zeiten zerstören und dann die Widerspenstigen von euch ein wenig totschlagen oder umbringen, – was euch dann lieber ist! Machet daher nicht viele Umstände; denn hinter uns zieht eine Armee von zwei Millionen Kriegern!"

5. Als die Torwächter solches vernahmen, da erwiderten sie mit viel sanfterer Sprache: „Ja, wenn sich die Sache also verhält, dann müssen wir das ja doch vorher dem Oberpriester dieses Tempels vermelden, auf daß er euch als Abgesandte des großen, allmächtigen Fungar-Hellan würdigst zu empfangen vermag!"

6. Der Vortrab aber sagte: „Der Oberpriester darf es nicht eher erfahren, als bis wir den Tempel schon völlig zerstört haben werden; daher machet das Tor nur alsbald auf, sonst werden wir es mit Gewalt erbrechen!"

7. Als die Torwächter solche Rede vernommen hatten, da schrien sie: „O ihr infamen Spitzbuben, o ihr Auswürflinge der Hölle! Das ist also euer Plan? Ihr wollet nur rauben und stehlen die Heiligtümer des Tempels! Das schöne Gold und Silber wollet ihr! O wartet nur ein wenig; diese Mühe soll euch erspart werden! Nur gleich dem Oberpriester diese Meuterer angezeigt, und es wird ihnen der Weg schon auf eine Art abgekürzt werden, von der bis jetzt noch keinem Teufel etwas geträumt hat!"

8. Darauf liefen sogleich ein paar Torknechte zum Oberpriester und zeigten ihm solches an.

9. Dieser aber ergrimmte über einen (*mehr als ein*) Tiger, trieb sein ganzes Heer zusammen und setzte sogleich alle seine höllischen Feuerkünste in die allertätigste Bewegung.

10. Berge fingen an, auf verschiedenen Stellen Feuer zu sprühen; der ganze Tempel ward bald glühend, und aus der großen Gartenmauer fing auch überall Feuer zu sprühen an, und das alles ward in einer Stunde bewerkstelligt.

11. Als der Vortrab solches Wüten des Feuers ersah, da zog er sich alsbald zurück zur großen Armee, die da auch halt machte, weil auch sie in dieses wahre Feuermeer sich nicht zu dringen wagte.

12. Mittlerweile aber erreichte auch die Hofsuite die Armee, und der Fungar-Hellan erstaunte selbst über dieses Feuerspektakel um den Tempel des Thubalkain.

13. Mahal aber sprach zu ihm: „Laß sie nur einen Tag lang sich mit ihrem Feuer produzieren; morgen aber werden dann wir unsere Produktionen beginnen!"

14. Und der Fungar-Hellan erteilte solches sogleich als einen Befehl der ganzen Armee; und alles sah einen ganzen Tag lang diesem Mordsspektakel zu.

307. Kapitel

Die Abweisung Fungar-Hellans durch die Torwächter
Die Sprengung der Tempelringmauer durch Minen
Die Niedermetzelung der fünftausend Templer

(Den 22. Juni 1844)

1. Den nächsten Morgen aber, als die Feuerrevolutionen gegen den Abend vorigen Tages sich schon völlig verloren hatten, ging der Fungar-Hellan selbst unter der Begleitung seiner Suite vor das große, eherne Tor und verlangte den Einlaß.

2. Da es aber noch eben auch sehr früh war, so ward er als unerkannt zurückgewiesen, und zwar mit den Worten: ,,Bei der Nacht kann ein jeder Narr sagen: ,Ich bin der Generaloberpriester Fungar-Hellan und verlange augenblicklichen Einlaß!'; bist du aber der große Fungar-Hellan, so komme am Tage, und wir werden dir schon die Tore öffnen, wenn wir dich als solchen ganz sicher erkennen werden!"

3. Der Fungar aber sprach: ,,Gut; also schwöre ich euch aber bei meinem Leben – so ich am Tage meinen Einzug halten werde –, daß ihr alle samt den Oberpriestern und Unterpriestern durch das Schwert werdet getötet werden! Denn ihr haltet mich auf in dem, was zu tun mir der alte Gott Adams, Seths und Henochs anbefohlen hat; darum wird das euch allen den sichern Tod bringen!"

4. Die Wächter des Tores aber sprachen und schrien: ,,Solche Schreckthesen kennen wir schon! Daher ziehe du nur ab; denn also wirst du auch am Tage – und so du auch der Fungar-Hellan wärest – nimmer eingelassen werden, und solltest du jahrelang hier auf den Einlaß harren!"

5. Diese Erwiderung machte den Fungar-Hellan ergrimmt in seinem ganzen Wesen. Er zog sich zur Armee zurück und befahl sogleich den Minengräbern, zehn Schritte vor der Ringmauer in die Erde sechs Minen bis unter die Mauer zu schlagen und dann unter der Mauer große Säcke voll von den schärfsten feuerfangenden Sprengkörnern zu legen und sie dann anzuzünden mittels des laufenden Feuers nach einem Brandfaden, der da sicher brennt und nicht eher erlischt, als bis er seinen Dienst geleistet hat.

6. Auf diesen Befehl griffen sogleich sechshundert Minengräber zu, maßen die Entfernung genau und schlugen sogleich in die Erde; und als die Sonne aufging, da war jede Abteilung schon unter der Mauer. Darauf wurden sogleich die Sprengkörnersäcke in die Minen gesteckt und die Feuerfäden gelegt und angezündet an den Außenenden; und in wenigen Minuten lag nach einer furchtbaren Explosion schon ein großer Teil der Mauer in Trümmern umher zerschleudert, und der Armee war ein breites Eingangstor eröffnet.

7. Als die Priester und die sonstige zahlreiche Dienerschaft dieses Tempels aber dies schreckliche Attentat an ihrer heiligen Mauer ersahen, da ergriffen sie die Flucht ins Gebirge, kamen aber leider der schon ausgebreiteten Wache Fungar-Hellans in den Wurf, wurden sogleich mit Sack und Pack gefangengenommen und also vor den General gebracht.

8. Dieser fragte heimlich den Mahal, was er mit diesen Widerspenstlingen tun solle.

9. Und der Mahal sprach: „Diese sind rein höllischer Art; daher bleibe bei deiner Androhung, und laß sie alle in Stücke zerhauen!"

10. Und sogleich kommandierte Fungar-Hellan eine Kriegerabteilung dazu, und diese hieb sogleich in diese Gefangenen, deren Zahl bei fünftausend stark war; und nicht einer ward verschont.

11. Als also diese Operation beendet war, da erst ward die Zerstörung des Tempels und darauf die Münzenprägung vom vorgefundenen Golde und Silber vorgenommen; und das alles dauerte nur drei Tage.

308. Kapitel
Die Belehrung der Gesandtschaft der Erzgewerksherren durch Fungar-Hellan und Mahal
Der abschlägige Beschluß der Erzgewerksherren wegen der Umkehr zu Gott

(Den 25. Juni 1844)

1. Als nach dieser Zerstörungsoperation sich die Kunde davon in die zerstreut liegenden Erzgewerke verbreitete, da entsetzten sich die Werkmeister und sandten sogleich Abgeordnete in das Lager des Fungar-Hellan und ließen ihn unter den gebührenden Ehrenbezeigungen fragen, was diese schauerliche Begebenheit zu bedeuten habe.

2. Und der Fungar-Hellan unterrichtete sie vom wahren Gotte und zeigte ihnen an, daß alles das Götzentum nun darum zerstört werde, weil sonst der alte, wahre Gott Sein von uralten Zeiten her angedrohtes Gericht unausbleiblich würde über alle Kreatur der Erde ergehen lassen, indem alles Götzentum vor Ihm, dem ewig allein wahren Gotte, ein Greuel der Greuel sei.

3. Und als der Fungar-Hellan selbst solches den Abgeordneten erklärt hatte, da ermahnte erst dann auch der Mahal eben diese Abgeordneten zur Umkehr zu Gott, und wie sie solche auch unter der schärfsten Androhung eines unausbleiblichen Gerichtes ihren Erzgewerksherren verkündigen sollen und ihnen aber auch dazu treulich vermelden sollen, wie sie wieder Gnade vor Gott finden werden, so sie sich zu Ihm kehren werden, und wie Er sie mit dem Gerichte verschonen werde.

4. Auf solche Unterweisung kehrten die Abgeordneten wieder zurück und verkündeten solches alles getreu ihren Herren.

5. Diese aber fingen an, darob gewaltig zu fluchen und zu schelten, und sprachen: „Da seht nur einmal die Launen der Großen! Alle fingerlang geben sie andere Gesetze und andere Götter! Was hat eben diesen König die Errichtung aller dieser Tempel gekostet; was war das im ganzen, großen Reiche für ein Getue und was für ein Wunderlärm von allen Seiten her!

6. Nun besteht die ganze Sache in allem kaum zehn Jahre – und gar ist's mit ihr, weil sie sicher zu wenig eingetragen hat, und weil die Großen das Gold und Silber, das sich in diesem Zeitraume in den Tempeln angehäuft hat, nicht länger haben entbehren können!

7. Nun soll wieder der alte, nichtige Gott an die Reihe kommen, weil Er keine Tempel und auch kein Geld fordert, und das aus dem Grunde, weil Er nirgends und nichts, und nichts ist! Ja, Er braucht nicht einmal irgendein am allerwenigsten kostspieliges Bild von

Sich darum, weil Er nichts ist, sondern nur als ein Gott aus der leeren Luft heraus gedacht werden muß!

8. Habet nur acht, heuer werden die Tempel zerstört und der alte Gedankengott wieder eingeführt; aufs nächste Jahr aber werden dann schon auch wieder die Steuerboten erscheinen und werden von uns sicher einen gar tüchtigen Tribut verlangen im Namen des Königs!

9. Das ist ja doch ein wahres Teufelsleben auf der Welt! Können diese großen Müßiggänger auf der Erde denn nicht einmal in einer gleichen Ruhe und Ordnung ihre besten Braten verzehren?! Muß denn immer eine solche Fretterei (*Plackerei*) vor sich gehen?!

10. Kaum ist eine kurze Zeit Ruhe; aber kehret die Hand um, da kommt schon wieder von irgendwoher ein hungriger Betrüger von einem Propheten, versehen mit einigen Zauberkünsten und mit einigen glattgesichtigen Buhldirnen! So ein Kerl fängt dann ganz dreist aufs Geratewohl den großen Dummköpfen vorzupfeifen an, und diese Esel tanzen dann aber auch schon sogleich danach!

11. Aber nun sollen sie uns den Dreck vom Arschloche wegfressen! Wir werden ihnen keine beständigen Narren mehr abgeben! Noch mehr aber scheißen wir dem nichtigen alten Gotte auf Sein angedrohtes Gericht!

12. Wir werden daher bleiben, wie wir sind! Und wer nicht mit uns halten will, der kann dann halten, mit wem er will, und wir werden ihm keine Einstreuungen machen; nur soll er dahin ziehen, wo die sind, mit denen er hält!"

13. Dieser Beschluß war die Frucht der Verkündung des wahren Gottes bei den vielen Gewerksherren.

14. Welche Früchte die weiteren Operationen hatten, das wird sich in der Folge erweisen.

309. Kapitel
Der Angriff auf den Stiertempel und die Zerstörung desselben

(Den 26. Juni 1844)

1. Als aber der Fungar-Hellan die Gesandtschaft der Gewerksherren entließ, die da – wie schon bekanntgegeben – zu Hause schlechte Geschäfte machte, da erteilte er sogleich der ganzen Armee den Befehl, aufzubrechen und zu ziehen in die Gegend im ziemlich fernen Gebirge, allwo sich der Tempel des großen Stieres befindet, und dort geradeso zu verfahren, wie es hier der Fall war mit dem Tempel des Gottes der Erze und Schmiede.

2. Darauf brach die ganze große Armee bald auf und bewegte sich in zweihundert langen Zügen, von denen ein jeder zehntausend Mann zählte, die starke Hofsuite nicht dazu gerechnet. In drei Tagen ward die Gegend dieses Tempels erreicht, und die ganze Armee machte ungefähr fünf Stunden vor dem Tempel in einer freien Gegend halt und wartete dort die näheren Verhaltungsbefehle ab.

3. Als der Fungar mit seiner Suite nachkam, da ließ er sogleich ein großes Gezelt aufrichten und machte hier sein Standlager. Und als die Obersten zu ihm kamen, um die näheren Verhaltungsregeln einzuholen, da sprach der Fungar-Hellan zu ihnen:

4. „Sagte ich nicht vor dem Anbruche des Marsches hierher, hier also zu verfahren, wie es mit dem Tempel des Erz- und Schmiedegottes der Fall

431

war?! Wozu sollen da dann noch nähere Verhaltungsbefehle gegeben werden?! Ihr wisset, wo der Tempel steht, und kennet die ziemlich hochgelegene Gebirgsschlucht, in welcher eben der Tempel steht.

5. Also umzingelt sie ebenfalls in drei großen Kreisen, und ein Teil begebe sich dann zu dem Tempel und zerstöre denselben vom Grunde aus, sammle das Gold und Silber, und nehme alle die Priester und sonstigen Tempeldiener gefangen und bringe dann das alles zu mir her, und es wird sich dann bald zeigen, was da ferner zu tun sein wird! – Darin liegt das Ganze; also gehet und vollführet es!"

6. Und die Obersten gingen und erteilten solchen Befehl der Armee, und diese ordnete sich zur Vollziehung dieses Befehles.

7. In zehn Stunden war der Tempel umzingelt, und die zerstörende große Abteilung begab sich zum Tempel und verlangte Einlaß.

8. Allein, da sie so ziemlich spät in der Nacht ankam, ward sie nicht eingelassen.

9. Der oberste Anführer aber sprach zum Torhüter: „Wofern ihr uns nicht sogleich einlasset, so soll von euch niemand mit dem Leben davonkommen!"

10. Hier kamen die Priester und fragten nach dem Grund des Einlasses in einer so ungewöhnlichen Zeit.

11. Und der Oberste sprach den Grund deutlich aus.

12. Da war es aber auch aus bei der ganzen, bei tausend Mann starken Bevölkerung dieses Tempels. Diese bestieg sogleich die Ringmauer und fing an, die Einlaßfordernden mit Steinen zu bedienen.

13. Diese aber zogen sich zurück und legten sogleich Minen an. In wenigen Stunden waren die Minen gegraben und geladen mit den Sprengkörnern, und ehe noch der Morgen graute, ward die ganze Halbringmauer zerstört.

14. Die Macht drang dann in den Hof, zerstörte den Tempel und nahm alle Priester und alle ihre Schätze in Beschlag.

310. Kapitel
Das Gespräch des Generals mit den Gefangenen und die Freilassung derselben

(Den 27. Juni 1844)

1. Als nach der vollkommenen Zerstörungsoperation dieses Tempels die Priester und die anderen Tempeldiener von der zurückkehrenden Kriegsmacht vor das Gezelt des Fungar-Hellan und dessen Gefolge gebracht wurden, und als die Gold- und Silberträger ihren erbeuteten Schatz von ebendiesen Metallen an die Münzpräger abgegeben hatten, da erst stellte der General ein scharfes Verhör und Examen mit den Gefangenen an und sprach zu ihnen:

2. „Wer war der Erbauer dieses Tempels? War es nicht ich? – So ich aber der Erbauer und der Eigentümer so eines Tempels bin, habe ich da nicht auch allzeit das volle Recht, solches mein Eigentum zerstören zu lassen, wann ich nur immer will?!

3. Da ich aber unwidersprechlich solch ein Recht habe, da frage ich euch: Aus welchem Grunde und aus was für einem erweislichen Rechte habt ihr euch meiner euch kundgegebenen Anordnung widersetzt und habt meine Abgeordneten mit Steinwürfen bedient

und habt dadurch zehn Menschen getötet und mehrere mehr oder weniger schwer verwundet?"

4. Da sprachen die Gefangenen: „Herr, hätten wir dich gesehen, da hätten wir auch geglaubt, daß so ein Befehl aus deinem Munde ergangen; aber da wir dich unter den Kriegern nicht sahen und also auch deine wohlerkenntliche Stimme nicht vernahmen, da meinten wir, die Vorgabe deines Namens sei nur eine schändlichste Kriegslist irgendeiner fremden Macht, die uns meuterisch und räuberisch angegangen hat, um sich deines Goldes und Silbers zu bemächtigen, das wir allezeit für deine Kammern gesammelt haben.

5. Ebenso konnten wir auch zur Nachtzeit die Kleidung und Rüstung nicht unterscheiden, ob sie aus Hanoch oder von irgend anderswoher ist. Darum griffen wir dann zu den Steinen und verteidigten dein Eigentum, so gut es uns nur immer möglich war! Und wir glauben, uns vor dir nicht strafbar gemacht zu haben; denn ein treuer Diener seines Herrn soll doch allzeit eher eines Lohnes als irgendeiner Strafe würdig sein!"

6. Als der Fungar-Hellan solche pfiffige Ausrede von den Gefangenen vernommen hatte, da sagte er zu ihnen: „Gut; da ihr das aus Treue zu mir getan habt, so soll euch auch statt der Strafe der Lohn werden! Ihr seid nun frei; gehet von hier nun, und tuet drei Tage lang zu eurem Besten! Nach dieser Zeit aber kommet dann, auf daß ich euch dann bestätige in eurer Sache und euch gebe ein neues Amt!"

7. Darauf wurden sie alle freigelassen und durften gehen, wohin sie wollten; und sie wandten sich mit dem Freiheitszeichen des Generals sogleich wieder gebirgeinwärts.

8. Fungar-Hellan aber sandte sogleich die feinsten Spione nach, die die Freigelassenen auf allen ihren Wegen und Stegen beobachten mußten.

9. Was weiter, – in der Folge!

311. Kapitel

Das Verschwinden der Freigelassenen in dem geheimnisvollen Loch der Felsenwand
Rückkehr und Verhör der Freigelassenen durch den General

(Den 28. Juni 1844)

1. Wohin zogen denn die Freigelassenen? – Sie zogen schnurgerade auf die Stelle hin, an der ehedem der Tempel stand. Als sie allda anlangten, da begaben sie sich zu einer Felsenwand, in die ein ganz unförmliches Loch gehauen war, das groß genug war, um von einem Menschen, so er sich nur ein wenig bückt, bestiegen zu werden.

2. In dieses Loch verloren sich endlich alle die Freigelassenen, und unsere feinen Spione harrten hier bis zur Nachtzeit, um zu ersehen, was da endlich wieder einmal aus diesem Loche zum Vorschein kommen werde; allein es wollte sich weder ein Mensch noch irgendein Tier sehen lassen.

3. Sie riefen daher am Abende die ihnen folgenden zahlreichen Wachen zusammen und ließen in einer gewissen Entfernung das Loch streng bewachen, und ein jeder Wachtmann mußte genau achthaben auf das Loch, ob da jemand und wer da herauskäme; allein das war eine ganz vergebliche Mühe alle drei Tage hindurch; denn von den Hinein-

gekommenen kam keine Seele mehr zurück.

4. Nach drei Tagen kehrte ein Teil der Spione zurück und zeigte solches dem Fungar-Hellan an. Da machte dieser große Augen und wußte nicht, was er daraus machen solle.

5. Allein es verging keine Stunde, und alle die Freigelassenen kamen ganz wohlbehalten zurück.

6. Da machten die Spione große Augen und wurden voll Ärger darob, daß sie von diesen Ochsenpriestern sicher ganz gewaltigst hinters Licht geführt worden waren.

7. Fungar aber gab den Spionen einen geheimen Wink, demzufolge sie die noch zurückgelassenen Spione und Wachen durch Eilboten mußten holen lassen.

8. Es wurden sogleich die besten Schnelläufer berufen und zu den noch immer sorglichst Wachehaltenden gesandt, daß sie zurückkehren sollten.

9. Ehe noch sieben Stunden zu Ende waren, war auch schon alles vor dem Gezelte des Generals versammelt; und dieser trat hervor und sprach zu den Freigelassenen:

10. „Ihr seid wohl richtig um die bestimmte Zeit wieder hierher gekehrt; aber das genügt mir nicht, um euch darum ein neues Amt zu geben! Ihr müsset mir auch getreu nun kundgeben, wo ihr in diesen drei Tagen waret, und was ihr da gemacht habt; denn erst daraus werde ich klar ersehen, ob ihr vor drei Tagen, als meine Krieger am Abende den Einlaß verlangten, wohl im Ernste aus wahrer, großer Treue zu mir dieselben mit Steinen angegriffen habt! Daher redet nun, und bedenket, daß jede Lüge euch den sichern Tod bringen wird!"

11. Die also Bedrohten aber sagten: „Hast du uns nicht eine dreitägige Freizeit gegeben? Wie magst du nun Rechenschaft von uns verlangen? Durften wir denn nicht tun, was wir wollten?"

12. Der General aber sprach: „Gerade durch diese Freiheit habe ich euch versucht; und das war notwendig, um euch ein wichtigstes neues Amt anzuvertrauen! Darum kommt nach dieser Schule nun die Hauptprüfung, in der ihr entweder bestehen – oder für ewig fallen könnet! Daher gebet mir nur sogleich ohne weitere Widerrede Antwort auf meine früher an euch gestellte Frage, – sonst lasse ich sogleich zehntausend Schwerter über euren Häuptern spielen!"

13. Hier stutzten die Bedrohten gewaltig, und einer sprach: „Herr, so du schon alles wissen mußt, so wisse, daß wir in diesen drei Tagen harte Buße übten, um uns selbst mit uns zu versöhnen, darum du von uns durch unsere Unwissenheit so sehr beleidigt worden bist!"

14. Hier konnte sich der General kaum des Lachens erwehren und sprach darum: „Ah, das läßt sich hören! Wo aber ist der geheiligte Ort eurer Buße, auf daß ich selbst hinziehe und dort ein großes Denkmal solcher eurer Treue zu mir errichte?"

15. Hier bissen sich die falschen Büßer schon in die Lippen, und einer nur sprach: „O Herr, das ist eine gar abscheulich grausliche Höhle im Gebirge, und da würde sich ein Denkmal wohl sehr schlecht ausnehmen; das verlange du daher ja nicht!"

16. Fungar-Hellan aber sprach: „Oh, das macht nichts; wir werden den grauslichen Ort schon schön machen! Daher nur aufgebrochen und zur geheiligten Stelle hin!"

17. Hier wurden die Büßer blaß und mußten sich auf den sehr heißen Weg machen.

18. Nächstens die Folge!

312. Kapitel

Fungar-Hellan vor der Felsengrotte
Mahals und der Freigelassenen Auskunft über die Grotte

(Den 1. Juli 1844)

1. Als der Zug mit den Hartbüßern im Gefolge der ganzen Feinspionenabteilung und deren Wache und im Gefolge nun des Fungar-Hellan selbst mit allen seinen Hofchargen die Stelle erreicht hatte, wo ehedem der Tempel stand, und wo sich in einer kleinen Entfernung davon auch das bekannte Loch in der Felswand befand, da trat der Spionenoberste zum Fungar und sprach:

2. „Herr, Herr, siehe, hier ist das Loch, das ich dir bezeichnete; in dieses stiegen die von dir Freigelassenen und kamen dann nicht wieder zum Vorschein!"

3. Als der Fungar diesen Wink erhielt, da wandte er sich an seinen Mahal und fragte ihn, ob er ihm nicht die Beschaffenheit dieser Höhle und die Bewandtnis mit derselben näher beschreiben möchte.

4. Und der Mahal sprach: „O Freund, nichts leichter als das! Siehe, das ist fürs erste kein von der Natur ausgebildetes Loch, sondern es ist von Menschenhand durch diese eben nicht sehr harte Steinmasse geschlagen, und das durch den Meißel, dessen Spuren sich noch gar deutlich ersehen lassen!

5. Weil es aber ein Menschenwerk ist, so ist es fürs zweite sicher nicht etwa der Eingang zu einer unterirdischen, von der Natur gebildeten Gebirgshalle, sondern es ist entweder ein Durchgang in irgendein umfelstes Gebirgsland, oder es ist der Eingang in ein oder mehrere unterirdische, künstlich durch Menschenhände gemachte Gemächer, in denen diese Hartbüßer wohl noch so manchen schweren Klumpen Goldes verborgen halten dürften!

6. Eines von diesen zwei Bezeichnungen ist es gewiß, wo nicht beides zugleich, – was es aber um so mehr sein muß, da diese in dies Loch eingestiegenen Hartbüßer auf einem andern Wege zu dir haben gelangen können!

7. Nun kommt es auf die Untersuchung von deiner Seite an! Frage aber zuerst die Hartbüßer darob! Werden sie dir vor der Untersuchung die Wahrheit bekennen, dann schenke ihnen nach der gepflogenen Untersuchung das Leben; werden sie dich aber im voraus belügen, dann töte sie, und das durch die Einmauerung in eben dieses ihr Höhlenwerk!"

8. Nach diesen Worten Mahals wandte sich der Fungar-Hellan sogleich an die Hartbüßer und fragte sie, die von der Erklärung Mahals nichts vernommen hatten, was es da mit diesem Loche, in das sie vor drei Tagen eingestiegen, für eine Bewandtnis habe.

9. Und die Hartbüßer sprachen: „O Herr, dieses Loch ist nichts als ein trauriger Eingang in eine gar schmutzige Büßergrotte, die einen noch schmäleren Ausgang in eine gar öde Felsgegend hat, in der nichts als wilde Beeren wachsen, die den Büßern zur kargen Nahrung gedient haben!

10. Von dieser Gegend kann man wohl auch auf einem höchst beschwerlichen Wege hinab in die Ebene gelangen; aber man hat dabei mit tausend Lebensgefahren zu kämpfen! Und diesen Weg sind auch wir heute gewandert, auf daß unsere Buße eine vollkommene sei!

11. Herr, Herr! Du kannst dieses

Loch nun selbst näher untersuchen lassen, und wenn du es anders finden wirst, dann kannst du mit uns machen, was du willst!"

12. Und der General berief sogleich die Mineure und sprach zu ihnen:

„Schaffet sogleich zehntausend Fackeln her, und wir werden uns sogleich an die Untersuchung dieses Loches machen!"

13. Und die Mineure gingen und erfüllten sogleich des Generals Befehl.

313. Kapitel
Die Untersuchung der geheimnisvollen Grotte
und die Entdeckung der geheimen Öffnung in der oberen Grottenwand

(Den 2. Juli 1844)

1. Als die zehntausend Fackeln herbeigeschafft wurden, da berief der Fungar-Hellan tausend der stärksten und biedersten Männer aus den Minengräbern, gab einem jeden zehn Fackeln und sagte dann zu ihnen:

2. „Befestiget hier die Grubenleitschnur, zünde dann ein jeder von euch eine Fackel an, und gehet mit großer Vorsicht und Behutsamkeit in dieses Loch!

3. Untersuchet alles auf das genaueste, lasset ja keinen Seitengang undurchsucht, und wo sich an den inneren Steinwänden etwa Spuren von einer künstlichen Verstopfung irgendeines Seitenkanals zeigen dürften – was ihr beim Scheine von tausend weißflammenden Fackeln wohl werdet bemerken können –, da schlaget durch, und lasset da ja keine Kleinigkeit als unwert eurer Untersuchung!

4. Habt ihr alles genau geprüft, dann kommet, und gebet mir Nachricht, und ich will dann mich selbst von allem überzeugen und sodann euch gar köstlich belohnen und an diesen Scharfbüßern nach dem besten Rate recht handeln! Und also gehet nun, und vollziehet meinen Befehl!"

5. Auf diesen Befehl gingen die tausend Minengräber an ihre anbefohlene Arbeit und taten alles, was ihnen geboten war, auf das sorgfältigste. Sie fanden aber im Anfange dieser Untersuchung im Ernste nichts anderes, als was die Scharfbüßer ausgesagt hatten: zuerst nämlich einen schmalen, niederen und bei hundert Klafter langen Gang, der sich in verschiedenen Krümmungen fortzog; am Ende dieses Ganges aber war ein ziemlich geräumiges Gemach, welches wohl zweitausend Menschen hätte fassen können.

6. Dieses Gemaches Wände waren nach allen Seiten festes und schwarzes Gestein und hatten nur auf der entgegengesetzten Seite eine ebenso schmale Öffnung, als wie da die erste war; und durch diese zweite Öffnung gelangten sie dann auch bald in eine gar öde, felsige Gegend, in der wirklich nichts als einige wilde Beerensträuche vorkamen.

7. Nachdem die Mineure solches alles genau besichtigten und weiter nichts fanden, was hier ihnen hätte verdächtig vorkommen können, da kehrten sie wieder zurück und gaben solches getreu dem General kund.

8. Dieser aber sprach: „Nein, nein! Ich kann es nicht glauben, daß die Hart- und Scharfbüßer so redlich sein sollen! Gebt mir eine Fackel und die Grubenleitschnur in die Hand, und ich

will mich selbst von allem überzeugen!"

9. Hier nahm der General eine Fakkel und ging mit den Mineuren in die Höhle und kam bald in das Gemach, untersuchte die Wände genau und fand nichts anderes Verdächtiges als die überaus schwarze Färbung derselben.

10. Und er sprach daher zu den Mineuren: „Diese Färbung scheint ihren Grund zu haben! Die Wände sind wohl allenthalben fest; aber ich finde dieses Gemach sehr hoch! Daher schaffet mir eine gute Leiter her, und wir werden auch die höheren Teile dieser Steinwand in den Augenschein nehmen!"

11. Darauf wurde sogleich eine Grubenleiter herbeigeschafft, und die oberen Wandteile wurden untersucht, und man fand zum Erstaunen aller in einer Höhe von drei Klaftern eine recht geräumige Öffnung und vernahm aus einer tiefen Ferne auch wie Stimmen von vielen Menschen.

12. Da sprach der Fungar-Hellan: „Jetzt nur zurück; denn ein längerer Aufenthalt könnte uns hier gefährlich werden! Ich aber habe nun schon, was ich so ganz eigentlich habe haben wollen; von hier werden uns die Hartbüßer die Wegweiser machen!"

13. Darauf zog sich schnellst alles aus dieser Kunstgrotte.

14. Und als der Fungar wieder ganz wohlbehalten zurückkam, da berief er sogleich die Hartbüßer zu sich und fragte sie um das Nähere über die Hochöffnung in der Wand des Gemachs innerhalb dieser Felsenwand.

15. Die Hartbüßer aber fingen alsbald an zu zagen, und einer sprach in seiner Angst: „Nun ist alles verloren!"

16. Das Weitere in der Folge!

314. Kapitel

Die entlarvten Hartbüßer. Mahals Rat an den erzürnten Fungar-Hellan
Die Sprengung der Grotte. Das Geständnis der Hartbüßer und ihre Begnadigung

(Den 3. Juli 1844)

1. Als der Fungar-Hellan aber ersah, wie solche seine Frage bei den Hartbüßern eine gar mächtig niederschlagende Wirkung hervorgebracht hatte, und als er auch das gewisserart unwillkürliche: „Wir sind verloren!" vernommen hatte, da sprach er zum Mahal:

2. „Höre, du mein achtbarster Bruder und Freund! Ich meine, man sollte hier mit diesen tausend Hartbüßern einen ganz kurzen Prozeß machen! Ihr Frevel ist so gut als vollkommen erwiesen; was brauchen wir da mehr?

3. Diese Kerle lasse ich gleich zusammenhauen; sodann lasse ich zweihundert Säcke Sprengkörner in diese Kunstgrotte stecken und dann anzünden, auf daß diese ganze Masse zerschleudert werde, und wir werden auf diese Weise am ehesten hinter die Geheimnisse dieser Hauptspitzbuben kommen! Was meinst du, habe ich recht oder nicht recht?"

4. Und der Mahal sprach: „Lieber Freund, du hast allerdings recht; aber solange wir die Sache ohne Blutvergießen abmachen können, da lassen wir das Schwert in der Scheide und handeln ohne dasselbe! Die Grotte aber laß auf jeden Fall also, wie du es bestimmt hast, zerstören; da wirst du auf so manche Geheimnisse stoßen, die von ziemlich großem Belange sein werden!"

5. Als der Fungar-Hellan solches

vom Mahal vernommen hatte, da kommandierte er sogleich selbst die Minengräber; und diese schafften sogleich zweihundert Säcke von den mächtigst wirkenden Sprengkörnern, die sie hatten, in das schwarze Gemach, legten dann die Brandfäden an, die sie, als sich alles in eine rechte Entfernung zurückgezogen hatte, anzündeten, und flüchteten sich dann natürlich auch in eine rechte Entfernung zurück. Warum? Das wird etwa doch klar sein auch ohne Erklärung!

6. In einer kleinen halben Stunde erreichte das Lauffeuer die Säcke; ein alles betäubender Knall geschah, und ein ganzer Berg lag in Trümmern umher zerschleudert.

7. Nach der Explosion erst ging man auf eine neue Untersuchung aus, fand aber eben nichts besonders Erhebliches unter dem Bergschutte. Einige Goldklumpen und mehrere zerrissene Menschen, das war aber auch alles, was man finden konnte.

8. Nach solcher bei drei Tage währenden Untersuchung ließ der General die Hartbüßer wieder vorkommen und sprach zu ihnen: „Wahrlich, ich will euch noch jetzt das Leben schenken und euch geben die Freiheit, so ihr mir den Grund saget, warum ihr an mir fortwährend als Betrüger gehandelt habt, während ich euch doch so viele Vorteile bereitet habe von jeher! Warum habt ihr diese Grotte gemacht und warum das Gold darinnen verborgen?"

9. Hier trat einer vor und sprach: „Herr, Herr, das taten wir aus zu großer Furcht vor dir! Denn wir hatten schon lange eine starke Ahnung gehabt, daß du bald so etwas tun werdest; und da wollten wir uns einen Zehrpfennig zurücklegen für die Tage, da unser Amt aufhören würde und wir keinen Verdienst mehr hätten.

10. Siehe, das ist aber auch das Ganze schon und der Grund zu dieser Kunstgrotte! Die Menschen aber, die du aus der dir verdächtigen Hochöffnung vernommen hast, waren unsere Brüder! Sie liegen nun begraben; ich wollte, wir wären es mit ihnen schon! – Nun weißt du alles; bedenke aber, daß auch wir Menschen sind!"

11. Da der General solches vernommen, da hielt er auch sein Versprechen; er schenkte ihnen das Leben und gab ihnen die nötige Freiheit.

315. Kapitel

Der Aufbruch der Armee gegen den Sonnentempel und dessen unblutige Übergabe und Zerstörung. Die Einnahme und Zerstörung des Feuertempels und des Windgott-Tempels

(Den 4. Juli 1844)

1. Darauf ließ der Fungar-Hellan, nachdem er noch zuvor die tausend Hartbüßer in der Armee eingeteilt hatte, die ganze Armee sich wieder sammeln und bereitmachen zum Weiterzuge.

2. Als sich im Verlaufe eines Tages und einer Nacht die ganze Armee wieder versammelt und marschfertig gemacht hatte, da ließ sie der Fungar-Hellan aufbrechen gegen den Sonnentempel, dessen Eroberung und Zerstörung aber eben nichts Denkwürdiges darbot, da sich seine Priester alsbald ergaben und sogar selbst an der Zerstörung dieses Tempels mitarbeiteten; nur

erbaten sie sich den großen Hohlspiegel für andere wissenschaftliche Zwekke, die sie im Verlaufe der zehn Bestandjahre bei opferlichen Verrichtungen hatten kennengelernt, – was ihnen aber der Fungar-Hellan auch gern bewilligte, indem er selbst ein großer Freund von allerlei Künsten und Wissenschaften war.

3. Nach einem dreitägigen Aufenthalte, den die Armee zur nötigen Erholung und der General zur Münzprägung aus dem erbeuteten Golde und Silber gebrauchte, brach die Armee wieder auf und zog sich nach dem Befehle des Generals zum Tempel des Feuergottes, mit dessen Eroberung und Zerstörung es aber freilich wohl etwas hartnäckiger herging, weil sich dessen Priesterschaft sehr vermehrt und nach gar vielen Seiten hin ausgebreitet hatte; denn in jeder Nähe irgendeines Feuerspeiers (*feuerspeienden Berges*) ward ein Aftertempel dieses Gottes errichtet, allwo dann bei den Festen die Feuerkünste produziert wurden gegen reiche Opfer.

4. Und so brauchte die Zerstörung dieses Tempels mit seinen Auswüchsen eine längere Zeit und war auch auf den verschiedenen Punkten mit mehr verschiedenen Schwierigkeiten verbunden als die der früheren. Im ganzen dauerte sie vierzig Tage und ging zumeist ohne Blutvergießen ab – bis auf einen einzigen Nebentempel, der auf einem steilen Felsen erbaut war, dessen Priester auf ihre feste Lage pochten und der Aufforderung zur Übergabe kein Gehör geben wollten. Hier wurde der große Fels von allen Seiten unterminiert und zersprengt, was natürlich allen den hartnäckigen Priestern den Untergang kostete.

5. Nach der Zerstörung dieser Tempel und nach der beendeten Gold- und Silberausprägung, das hier über zwei Millionen Pfunde betrug, und zu dessen Fortschaffung zweitausend Kamele vonnöten waren, brach die Armee gegen den Tempel des Gottes der Winde auf, welcher Gott aber dem Fungar recht gewaltige Flausen machte, bis er unterjocht werden konnte. Denn fürs erste hatten die Priester den See auf seinen vier Abflüssen durch gewaltige Schleusen stets geschwellt gehalten. Hatte sich nun von einer oder der andern Seite etwas Feindliches genähert, so wurden die Schleusen geöffnet, und eine gewaltige Wassermasse stürzte sich wütend über die Feinde auf jedem möglichen Zugange zu diesem Tempel. Und fürs zweite waren diese Priester auch im Vollbesitze elektrischer Manipulationskenntnisse, mittels denen ihre Gegend geradezu unzugänglich gemacht ward.

6. Und so hatte hier der Fungar-Hellan über ein halbes Jahr zu tun, bis er sich dieses Tempels zu bemächtigen imstande war.

7. Nach der Zerstörung dieses Tempels zog dann die Armee zum Tempel des Wassergottes. – Von der Eroberung dieses Tempels nächstens das Weitere!

316. Kapitel
Der Armeemarsch gegen den Wassertempel
Die Schwierigkeiten bei der Einnahme des Wassertempels

(Den 5. Juli 1844)

1. Als nach einem mehrtägigen Marsche die ganze, große Armee bei dem großen See anlangte, da lagerte sie sich an den weitgedehnten Ufern und Gestaden dieses Sees, in dessen Mitte sich die Insel befand, auf welcher des Wassergottes Tempel errichtet war.

2. Nach einer dreitägigen Rast erst erteilte der Fungar-Hellan die näheren Befehle zum Angriffe dieses von Natur so überaus wohlbefestigten Tempels und Ortes, auf dem der Tempel stand.

3. Fungar wollte anfangs den ganzen, viele Meilen im Umfange habenden See mit einer einfachen Kriegerlinie umfangen lassen; allein er stieß bald auf unbesiegbare Terrainschwierigkeiten, die solchen seinen Plan rein unausführbar machten. Denn der See endete auf manchen Stellen mit weithin gedehnten schroffen Steinwänden; auf manchen Stellen verlor er sich in unabsehbar weitgedehnte Sümpfe und Moräste.

4. Da somit solcher Plan notwendig aufgegeben werden mußte, so ward alsbald ein anderer entworfen, und dieser bestand darin, daß der Fungar-Hellan im Verlaufe von sechs Wochen zwanzigtausend Seeplätten *(flache Boote, Flöße)* errichten ließ, von denen eine jede für hundert Mann bequem Platz hatte. Die Plätten wurden aus den schönsten Zedern gemacht, wovon ein jeder Baum zwölf Klafter lang war, auf daß dann auch die ganze Plätte die gleiche Länge, dabei aber auch eine Breite von sechs Klaftern hatte.

5. Als diese Plätten fertig und versehen waren mit den nötigen Rudern, Geländern, Bänken und ehernen Kochherden und Speisekästen und anderen kleinen Magazinen für allerlei Kriegsgerätschaften, da wurden sie bemannt und also befehligt, daß sie die ganze Insel zu umfangen haben und streng darauf zu achten haben, daß sich ja kein Mensch weder von der Insel entferne, noch jemand sich dieser Insel nahe.

6. Würden die Belagerer gefragt von den belagerten Inselbewohnern, was das zu bedeuten habe, dann sollten sie ganz glattweg den Willen des Generals kundtun und sagen: „Werdet ihr euch dem Willen des Generals unbedingt unterwerfen, so werdet ihr zu seinen Freunden werden; im Gegenteile aber seid ihr seine größten Feinde, die er mit dem Schwerte vertilgen wird!"

7. Mit solcher Weisung versehen, begaben sich die Plättenfahrer hin zur ziemlich ferne gelegenen Insel und belagerten sie mit ihren Plätten ganz und gar, so daß da niemand weder aus- noch eingehen konnte.

8. Die Belagerung aber dauerte keinen Tag, als die Priester schon erfuhren, was es damit für eine Bewandtnis habe. Sie sandten daher sogleich eine Deputation an die Belagerer und ließen bitten, daß sie ja nur sogleich des großen Fungar-Hellan Willen vollziehen möchten; denn sonst könnte der Gott der Wässer leicht gar sehr erzürnet werden.

9. Als die Belagerer solches von der Deputation vernommen hatten, da waren sie sehr erfreut, und sogleich fuhren zehntausend Mann zur Insel und begaben sich da auf dieselbe. Als sie aber bis an die Stelle des Tempels kamen, da fanden sie keine Spur mehr von einem Tempel, wohl aber überall

nur recht artige Landhäuser, in denen ganz gewöhnliche Landleute wohnten.

10. Als die zehntausend solches ersahen bei Durchsuchung der ganzen Insel, da sprachen sie: „Was sollen wir hier nun? Hier gibt es nichts zu zerstören; daher kehren wir nun nur wieder zurück und zeigen das alles dem General an!"

11. Gesagt und getan; und als der Fungar solches erfuhr, da wunderte er sich überhoch und wußte nicht, was er tun sollte.

12. Nächstens das Weitere!

317. Kapitel
Mahals Auskunft über die verschwundenen Tempel und der Priester List
Die Ladung der Priester vor den General

(Den 8. Juli 1844)

1. Da aber der Fungar-Hellan die Sache nicht einsehen und begreifen konnte, wie auf dieser ihm gar wohlbekannten Insel sich keine Spur mehr von irgendeinem Tempel vorfinden solle lassen, da er doch noch selbst vor ein paar Jahren mit dem Könige Gurat hier gewesen war und sich gar wohl vom Dasein des Tempels überzeugt hatte, so wandte er sich an den Mahal wieder und fragte ihn, ob er ihm nicht zu sagen wüßte, was es denn da mit dem Nichtdasein dieses Tempels für eine Bewandtnis haben dürfte.

2. Und der Mahal sprach: „Wie kannst du wohl meinen, als hätten diese sehr pfiffigen Priester von den Zerstörungen der anderen Götzentempel nichts vernommen?!

3. Siehe, ihnen ward schon von der Zerstörung des Tempels des Gottes der Schmiede Kunde gegeben! Diese haben sie sogleich benützt, brachen hier alles dem Götzen Geweihte ab, machten aus der Götzeninsel ein recht schönes bewohnbares Land, erbauten Häuser und verteilten dann Grund, Gold und Silber und die Schönheitsgöttinnen, die sich jüngst einmal hierher geflüchtet hatten bei einer gewissen Gelegenheit, untereinander und leben jetzt schon über ein Jahr in solcher Beschaffenheit hier, weltlich genommen recht glücklich.

4. Aber ganz tot sind sie in geistiger Hinsicht; denn sie wissen von einem wahren, ewigen Gotte nicht eine Silbe mehr! Darum ist hier nicht zu sehen auf ein materiell bestehendes Götzentum, sondern vielmehr auf die Zerstörung der vollsten geistigen Finsternis, die nun auf dieser recht reichen und schönen Insel zu Hause ist!

5. Denn siehe, diese Priester, da sie nun keine Tempel mehr haben dürfen, beten nun das Wasser des Sees an und preisen die Quellen mit den erhabensten, aber auch überaus lügenhaften Ausrufungen und halten Schulen, und predigen des Wassers Macht und Kraft und ewige Ehre, und stellen es als das wahre, lebendig heilige Wesen Gottes dar, in dem alle Fülle des Lebens wohne; kurz, ich sage dir, diese Priester lehren auf eine Art die Göttlichkeit des Wassers, daß du selbst nicht sicher wärest, von solcher Lehre durch und durch ergriffen zu werden!

6. Darum ist es hier notwendig, die-

se Priester eines Bessern zu belehren, sonst steht aller menschliche Geist in der Gefahr, ins Wasser dieser Priester überzugehen!"

7. Als der Fungar-Hellan solches vernommen hatte, da verlangte er, selbst auf die Insel zu gehen und alle die Priester in seine Schule zu nehmen.

8. Der Mahal aber sprach: „Freund, so wirst du wenig ausrichten; wir aber haben eine Rednerin hier, meine Tochter Agla nämlich, und einen Redner, und das ist mein Sohn Kisarel*! Laß darum die Priester hierher kommen, und wir werden sehen, was sich mit ihnen wird machen lassen!"

9. Darauf sandte der General sogleich eine starke Macht, um zu holen die sehr schlauen Priester, und diese kamen auch sogleich mit der größten Bereitwilligkeit und Ergebung in des Generals Willen.

---
* Bisher ‚Kisarell' geschrieben.

318. Kapitel

Belehrung der Wasserpriester durch die schöne Agla auf Wunsch Fungar-Hellans

(Den 9. Juli 1844)

1. Als die Wasserpriester vor das Angesicht des Fungar-Hellan kamen, da verbeugten sie sich ungeheuer tief, und einer von ihnen fing an, also das Wort zu führen:

2. „Unendlicher, allerhöchster, allerallmächtigster Gott der Götter, Fürst der Fürsten, Herr der Herren! O du, vor dem alle Festen der Erde erbeben und alle Wässer auf den Laut seiner Stimme bebend horchen, der du Himmel und Erde gegründet hast und hast erbaut die große Stadt für Millionen Völker nach deinem Wohlgefallen, – o gib uns allerabscheulichsten Würmern vor dir allergnädigst kund, was du von uns begehrst!"

3. Über diese höchst dumme Anrede entstand eine allgemeine Lache im großen Gezelte des Generals, und der General wandte sich sogleich an die Agla und bat sie, daß sie nun nach dem Rate ihres Vaters sich an diese allerbarsten Narren wenden und durch einige rechte Worte sie von ihrer Narrheit überzeugen und ihnen dann eine rechte Lehre geben solle.

4. Und die Agla trat in ihrem grauen Kleide hervor aus ihrem Hintergrunde, teilte ihr Haar und zeigte den Großschmeichelrednern ihr überaus schönstes Angesicht, das die geilen Priester sogleich nahezu sprachlos machte; denn sie standen wie halb versteinert da, und keiner bewegte auch nicht um ein Haar seinen Kopf, um nur eine solche Augenweide auch nicht einen Augenblick aus dem Auge zu verlieren.

5. Die Agla musterte eine Zeitlang die Priester und sagte endlich, sie fragend: „Was stehet ihr so stumm und dumm vor mir? Saget mir lieber, ob euch eure frühere Anrede an den General euer vollkommener Ernst war, und ich werde euch ein anderes Wort geben! Redet; ich gebiete es euch im Namen des großen ewigen Gottes!"

6. Die Priester aber, als sie die süße Stimme Aglas vernommen hatten, wurden darob so entzückt, daß sie nichts als nur bloße stumme oder vielmehr unartikulierte Laute hervorbrachten wie: „Ah – ah – ah, – – oh – oh – oh!"

7. Nur einer besaß ungefähr noch so viel Kraft, daß er folgenden sehr dummen Satz hervorbrachte, der also laute-

te: ,,Oh – oh – oh – du bist, – wie keine deinesgleichen ist! – Oh – oh – oh –, du endloser Inbegriff aller – aller – aller weiblichen Schönheit! Wer kann dich schauen und leben zugleich?! Wer kann reden, wenn seine Ohren deines Mundes himmlische Sphärenlaute und Harmonien vernommen haben?! Oh – oh – oh – du Schönste, Schönste, Schönste, – du Himmlische, Himmlische, Himmlische!"

8. Hier lähmte die Entzückung auch dieses Redners Mund und Zunge, und so waren alle diese Priester nun stumm da.

9. Fungar-Hellan mußte darob unwillkürlich lachen und sagte zum Mahal: ,,Da haben wir nun die Narren! Was läßt sich da mit ihnen machen? Sie sind durch den Anblick der Agla ganz verzaubert! Wir müssen die liebe Agla wieder abtreten lassen, sonst kommen uns die Kerle noch in eine Lieberaserei, und wir werden dann mit ihnen unsere schändlichste Not haben!"

10. Und der Mahal, solches selbst einsehend, berief die Agla zu sich und sagte zu ihr: ,,Meine liebe Tochter, hier wirst du nichts ausrichten; daher verberge dich nur wieder, sonst erleben wir noch ein schmähliches Spektakel!"

11. Und die Agla gab ihrem Vater recht und zog sich unverrichteterdinge zurück.

12. Darauf ward der Kisarel berufen. Als er zum Vorschein kam, da ward er aber von den Priestern für die verkleidete Agla gehalten, da er sonst der Agla sehr ähnlich war. Er bewirkte daher nur noch eine größere Entzükkung bei den Priestern; aber zum Reden brachte er niemanden und mußte sich daher auch zurückziehen.

13. Was weiter, – in der Folge!

319. Kapitel

Mahals Aufschluß an Fungar-Hellan
Die fehlgeschlagene Belehrung der Wasserpriester als Bild des Mißlingens
der göttlichen Liebe an uns Menschen

(Den 10. Juli 1844)

1. Als sich nun der Fungar-Hellan und der Mahal überzeugt hatten, daß hier zum ersten Male eben des Mahals Rat mißlang, da fragte der Fungar-Hellan den Mahal: ,,Bruder in Gott, dem alleinig ewig Wahren, – wie kommt es denn nun, daß hier dein Rat fruchtlos ist und, wie es scheint, auch keinen rechten Grund hat?"

2. Und der Mahal sprach: ,,Bruder, vor ein paar Augenblicken kam es mir selbst sonderbar vor, da ich doch nichts rede, als was mir zukommt aus dem Geiste des Herrn; aber jetzt verstehe ich es wohl, warum mir solcher Rat zukam, und warum er fruchtlos sein mußte!

3. Siehe, diese ganze Begebenheit stellt nun unser gesamtes Verhältnis zu Gott vor!

4. Diese geilen, weltsinnigen Priester stellen uns Menschen dar in dieser Zeit. Wir kamen mit einem großen Kriegsheere zu diesen Wasserdienern; also kam auch Gott im Anfange als ein allmächtiger, unerbittlicher Richter vor das erste Menschenpaar.

5. Aber dieses Paar ergriff die Reue ob seiner begangenen Sünde vor Gott; und Gott kam im freundlichen

Gewande und stellte den Menschen wieder in seinen ersten geistigen Wohlstand. Da vergaß der Mensch bald wieder des Zornes Gottes und sündigte auf die göttliche Freundschaft!

6. Gott aber wollte Seine Freundschaft nicht sobald wieder in den Zorn umgestalten, sondern in eine noch größere Liebe, Gnade und Erbarmung, und wollte allein durch die Liebe das verdorbene Menschengeschlecht wieder vollkommen gewinnen.

7. Allein – als die Menschen das Angesicht der Liebe Gottes erschauten und deren süßeste Stimme vernahmen, da konnten sie sich anfangs wohl aus lauter Gegenliebe kaum helfen, aber in eben dieser Liebe ersahen sie mit der Zeit in Gott eine solch große Nachsicht und Geduld, daß sie Ihn förmlich für unfähig zu halten anfingen, als könnte Er je wieder zu einem Gerichte schreiten!

8. Im Anfange liebten die Menschen Gott so mächtig, daß sie mit ihrer reinen Liebe auch alles umfaßten, was Gott erschaffen hatte; aber mit der Zeit klebten sie sich mit ihrer Liebe stets mehr und mehr an die sichtbaren Geschöpfe und vergaßen nach und nach ganz und gar wieder der göttlichen Liebe und trieben es darin so weit, bis da die göttliche Geduld einen gar starken Riß bekam und das gänzlich nach außen gekehrte Menschengeschlecht wieder mit einem allgemeinen Gerichte heimsuchen mußte – und nun um so mehr wird heimsuchen müssen, da die Menschen von Gott nicht mehr wissen wie eben diese Priester hier, denen du die Macht auf dieser Insel gegeben hast, wie Gott einmal den Menschen auf der Erde.

9. Da sie aber diese Macht mißbrauchten, so kamen wir, sie ihnen zu nehmen; sie durchschauten uns aber und planierten ihre Verhältnisse also, daß wir ihnen nichts anhaben können.

10. Wir aber haben uns darum ihrer erbarmt, beriefen sie zu uns und wollten ihnen durch das angenehmste Angesicht der Liebe in der Person der Agla und des Kisarel eben die wahre Liebe und Erkenntnis Gottes wiedergeben.

11. Aber welchen Effekt brachte das bei diesen Priestern hervor? – Siehe, sie wurden noch geiler und sinnlicher – in unserm Angesicht sogar!

12. Und siehe, geradeso sind wir Menschen gegen Gott! Je mehr Liebe und Geduld Er uns erweist, desto mehr kehren wir uns sinnlich nach außen, werden dann eigenliebig, selbstgefällig und wollen am Ende außer uns niemanden mehr achten, und darum auch Gott nicht!

13. Bekennen wir Gott auch mit dem Munde, so verleugnen wir Ihn aber doch mit jeder unserer Taten! Denn Gott verleugnet Sich ganz und kehrt alle Seine Schätze uns zu; wir aber tun das im besten Falle also, daß wir nur den geringsten Teil den Brüdern geben und den größten aber allezeit für uns behalten!

14. Siehe, darum ließ nun der Herr es auch so geschehen vor unsern Augen, auf daß wir daraus ersehen sollen, wie wir uns nun gerade so gegen Ihn verhalten, wie diese Priester gegen uns!

15. Auf daß aber wir in unserer Selbstsucht nicht völlig rasend werden, so muß Sich Gott nun auch in Seiner Liebe also zurückziehen, wie sich die Agla und ihr Bruder vor diesen Priestern zurückziehen mußten!

16. Verstehst du nun das Mißlingen meines Rates? – Siehe, es ist das Bild des Mißlingens der göttlichen Liebe an uns Menschen!"

17. Das Weitere in der Folge!

320. Kapitel
Fungar-Hellans freimütige Kritik an Mahals Erklärung
Mahals Betrübnis und Prophezeiung des Durchbruchs der Hochländer

(Den 11. Juli 1844)

1. Als der Fungar-Hellan diese ihm etwas unverständliche und ziemlich gedehnte Antwort auf seine kurze Frage vom Mahal bekam, da sprach er zu ihm:

2. „Lieber Freund, du magst wohl sehr recht haben; aber dessenungeachtet scheint deine Erklärung über das Mißlingen deines Rates mehr eine weise ersonnene Ausflucht als eine eigentliche Wahrheit zu sein!

3. Denn siehe, auch ich bin in der Entsprechungskunde sehr wohl bewandert und weiß gar wohl, was da hinter einer naturmäßigen Erscheinlichkeit steckt; aber trotz solcher meiner Kenntnis hätte ich das in dieser Erscheinung nicht gefunden, was du da zum Vorschein gebracht hast!

4. Wahrlich, es wäre mir von dir aus, der du nun all mein Zutrauen besitzest, ums Unschätzbare lieber gewesen, so du mir offen gestanden hättest, daß du dich auch einmal geirrt habest, als daß du mir mit dieser gedehnten Weisheitsfloskel gekommen bist, aus der ich nun machen kann, was ich will; ich kann sie glauben – und kann sie aber auch ebensogut leugnen!

5. Ich will dir aber sagen, was der eigentliche Grund des Mißlingens deines Rates ist!

6. Siehe, es ist dieser ganz natürliche: Du hast es gut gemeint und dachtest dir, diese verwilderte Art von Priestern werde sich am ersten durch die Rede eines überschönen weiblichen Wesens bekehren lassen! Und darum gabst du mir solchen Rat, wobei du aber freilich die große Geilheit dieser Kerle außer deiner Berechnung gelassen hast, worin aber eben der Grund des Mißlingens verborgen lag.

7. Übrigens macht das nichts! Du bleibst deshalb dennoch mein intimster Freund; nur wäre es mir lieber gewesen – wie ich schon gesagt habe –, so du mir sogleich mit der blanken Wahrheit gekommen wärst, statt deiner diesmal sehr bei den Haaren herbeigezogenen weisen Definition!

8. Ich bitte dich aber darum, daß du jetzt dafür einen rechten Rat fassest und mir sagest, was da mit diesen geilen Böcken geschehen soll; sollen sie am Leben bleiben, oder soll ich sie durchs Schwert umbringen lassen? – Sage mir den reinen Willen Gottes, und ich werde ja augenblicklich danach handeln!"

9. Als der Mahal solche Rede von dem Fungar-Hellan vernommen hatte, da sprach er in einem etwas bewegten Tone: „Freund und Bruder, warum hast du nun solches zu mir geredet und hast dadurch nicht mich, sondern Gott Selbst als einen Lügner bezeichnet?!

10. Siehe, das wird dich nun bald einen großen Kampf kosten, indem du von Gott schwer gezüchtigt wirst! Siehe, dieweil du meiner Rede, die gar sanfter Art war, nicht geglaubt hast, so glaube nun, was ich dir jetzt sagen werde!

11. Du hast der Hochlandsbewohner ganz vergessen und denkst nicht mehr, als könnten dir diese je mehr wieder etwas zu schaffen geben; aber die zehn noch lebenden Fürsten beherzigten mit der Zeit dennoch die Rede eines Boten aus der Höhe, nahmen ihr dieser Rede zuwiderlaufendes gegebenes Gesetz bezüglich der Zeugung zu-

rück, stellten aber dafür eine große Prämie dem aus, der da irgendeinen Abweg in die Tiefe zuwege brächte.

12. Und ich sage dir: Gerade jetzt steht ein Mensch vor den zehn Fürsten in ihrem goldenen Palaste und zeigt ihnen einen von ihm durch höhere Eingebung erfundenen Plan, nach dem die Tiefe unaufhaltsam erreicht werden kann und werden wird! Und morgen wird schon die Hand ans Werk gelegt, und du wirst die Arbeit mit Millionen Augen schauen und wirst sie dennoch nicht im geringsten zu hindern imstande sein!

13. Das aber wird dir ein Wahrzeichen sein, daß meine Erklärung nicht eine leere Finte meines Geistes, sondern eine ewige Wahrheit aus Gott war!

14. Was du aber mit diesen Priestern machen sollst? – Da sagt der Herr: ‚Laß sie ziehen, woher sie kamen; denn an ihrem Geiste ist nichts mehr zu ändern, indem er tot geworden ist durch die Unzucht ihres Fleisches! Wann aber das Gewässer kommen wird, da werden sie die ersten sein, die in den Fluten den Tod finden werden!'"

15. Als der Fungar-Hellan solches vernahm, da entließ er alsbald diese Priester und berief die Armee zusammen und zog dann an die Stelle hin, die ihm der Mahal nachher genauer bezeichnete, wo nämlich die Hochländer durchbrechen würden.

321. Kapitel

Das Heerlager Fungar-Hellans längs der Gebirgswand. Die Drohung des zweifelnden Generals gegen Mahal. Mahals prophetische Warnung. Der furchtbare Einsturz der von den Hochländern unterminierten Gebirgswand. Mahals Friedensrat

(Den 12. Juli 1844)

1. Der Ort aber, wo die Hochlandsbewohner sich den Weg in die Tiefe bahnten, lag hundert Meilen nach heutigem Maße* nordöstlich von Hanoch und dreißig Meilen von dem See, der auf seiner Insel die Wasserdiener hatte. Und dieser Ort war eine weit ausgedehnte Wüste, in der außer einigen Wildbeersträuchern nichts wuchs. Dennoch aber wurde zu seiner Zeit das Gebirge auch hier längs einer zwanzigstündigen Ausdehnung auf eine Höhe von dreißig Klaftern skarpiert, und man konnte also nirgends weder von oben herab, noch von unten hinauf gelangen.

2. Bei hundertfünfzig Klafter von der Gebirgswand entfernt, richtete Fungar-Hellan sein gelb- und rotfärbiges Gezelt auf; und als also die ganze, große Armee längs der Gebirgswand eingeteilt und gelagert war, da sprach der Fungar-Hellan zum Mahal, der sich auf seinem Lager gütlich tat:

3. „Freund, wir sind nun hier nach deinem Rate gelagert; aber ich sehe noch nicht im entferntesten Sinne etwas, das da deiner Vorsage entspräche! Solltest du mich hierher gefoppt haben?! – Wahrlich, ob ich schon dein innigster Freund bin, so sage ich dir aber doch, daß dir solch eine Fopperei sehr teuer zu stehen kommen dürfte!"

4. Der Mahal aber sprach: „Habe du nur acht, daß dir die Fopperei von oben her nicht etwa am Ende zu teuer

---

* Geschrieben im Jahre 1844!

zu stehen kommen wird! – Was da mich betrifft, so bin ich schon lange außer aller Rechnung mit dir in dieser, wie in jeder Hinsicht!"

5. Als der Mahal noch kaum diese Worte ausgesprochen hatte, da entstand von der Höhe der Gebirge plötzlich ein schauderhaft dröhnendes Gedonner.

6. Man eilte sogleich aus den Zelten, um nachzusehen, was etwa da doch müsse vorgegangen sein, und man bemerkte die Höhen voll Rauches, der gewöhnlich den Sprengkörnern entstammt, wenn sie angezündet werden, und sah aber unter fortwährendem Gedonner tausend mächtige Erd- und Steinlawinen in die Tiefe herabstürzen, durch die der rechtwinklige Raum zwischen der skarpierten Wand und der wüsten Ebene völlig ausgefüllt ward.

7. Und da mehrere solche Lawinen längs der ganzen Wand der Wüste hier und da erfolgten, so wurde die Wand auch bald verschüttet an verschiedenen Stellen, und der Weg von der Höhe in die Tiefe wurde dadurch unaufhaltsam gebahnt, – welchem verderblichen Akte der Fungar-Hellan ganz ruhig zusehen mußte, da er ihn unmöglich zu hindern imstande war; denn wer hätte es wohl wagen können, die herabgestürzten Lawinen wegzuschaffen, wo immer neue und mächtigere in kurzen Perioden nachstürzten?!

8. Bei dieser schauerlichen Gelegenheit fragte der Mahal den Fungar-Hellan, ob er solche Erscheinung auch für eine Fopperei halte.

9. Und der Fungar-Hellan sprach: „O du schrecklicher Prophet aus der Höhe Gottes! Warum mußt du denn nur schreckliche Dinge verkünden, die so verzweifelt richtig eintreffen, und warum nicht auch gute, die da auch so richtig eintreffen möchten?! Sage mir nun aber auch, wie wir uns als Sieger gegen die rachsüchtigsten Hochlandsbewohner behaupten werden!"

10. Und der Mahal sprach: „Eben dadurch, daß wir hier sind! Denn unser Hiersein wird ihnen sagen, daß wir nur von einer höheren Macht inspiriert wissen konnten, wo sie ihre Abwege in die Tiefe errichten werden! Das wird ihnen eine große Achtung vor uns einflößen, und sie werden da statt des Kampfes sich mit uns in ganz friedliche Verhandlungen einlassen!

11. Nur darfst du sie nicht feindlich angreifen, wenn sie herabkommen werden; aber eine starke Wache magst du immer um dein Gezelt haben, damit du ihnen eine große Ehrfurcht einflößest vor unserer Macht!"

12. Als der Fungar solches vernommen, da tat er sogleich darnach, und man entdeckte aber auch schon Spione, die da nachsahen, ob die Räume schon gehörig ausgefüllt seien.

13. Was weiter, – in der Folge!

322. Kapitel

Des Generals Armeebefehl zur Verteidigungsstellung
Das Anrücken des Hochländerheeres
Die Deputation der Hochländer vor Fungar-Hellan und ihr Tod durch seine Hand
Mahals Übergang zu den Hochländern. Die furchtbare Schlacht
Die nahezu völlige Aufreibung der fünf Millionen Krieger

(Den 15. Juli 1844)

1. Als Fungar-Hellan sich selbst von den Spionen des Hochlandes überzeugt hatte, da erteilte er seiner Armee den Befehl, daß sie sich auf den Übergangspunkten haufenweise konzentrieren solle von einer Abteilung zur andern, und solle sich da allenthalben schlagfertig halten, wo sie nur immer einen allerleisesten Anfall von Seite des Feindes gewahren würde. Im ganzen solle sie sich nicht als eine Angriffsmacht, sondern als eine verteidigende und schützende benehmen.

2. Also sah der Befehl aus und ward durch Eilboten auch schon in einem Tage der ganzen Armee mitgeteilt; und diese Zeit war eine knapp bemessene!

3. Denn kaum hatte sich die ganze Armee so halbwegs nach dem Befehle Fungar-Hellans geordnet, so erschien schon eine ungeheure Menge der bestgeübtesten Krieger des Hochlandes, untersuchte zuerst die Festigkeit des neuen Lawinenschuttweges, und als sie diesen für vollkommen fest fand, da betrat sie diesen alsbald allermutigst und ging also unerschrocken der ihr gegenüberstehenden Macht entgegen, als wäre diese für sie gar nicht da.

4. Dieser tapferste Ernst fiel dem Fungar-Hellan auf, und er befahl darum einem bei hunderttausend Mann starken Haufen, daß er die feindliche Armee, falls sie sich ihm über zehn Schritte nähern sollte, angreife und zurückschlage.

5. Aber der Feind tat das nicht, sondern er stellte sich in einer Schleuderwurfweite ebenfalls in dichte Haufen auf und sandte dann drei Deputierte in das glänzende Gezelt des Generals und ließ ihn fragen, was doch im ganzen genommen die vor zehn Jahren vorgenommene Abskarpierung der Berge gekostet habe.

6. Denn solches möchte ihr oberster General wohl wissen, indem er nun gekommen wäre, solch eine große Schuld zu bezahlen an den Feldherrn Hanochs; denn solch eine ungeheure Summe von Geld und Mühe, lediglich für die Hochlandsbewohner berechnet, könne von ihrer Seite unmöglich umsonst verlangt werden!

7. Wenn dann solche Schuld bezahlt sein werde, dann erst würden sie den vor zehn Jahren im Hochlande selbst mit dem Könige Gurat und mit dem damaligen Unterpriester Fungar-Hellan bedungenen nun zehnjährigen Zehent einbringen!

8. Als der Fungar-Hellan solch eine satirische Frage vernommen hatte, da ward er sehr entrüstet und sprach: „Der Fungar-Hellan bin ich selbst und bin mit einer Macht von zwei Millionen der auserlesensten Krieger hier! Ich bin nun der eigentliche Herr von ganz Hanoch und dessen unermeßlichem Reiche!

9. Wollt ihr freveln mit dem, dem der alte Herr und Gott Himmels und der Erde genau die Stelle bezeichnet hat, wo ihr von euren Rabennestern herab in die Ebenländer brechen werdet, um sie gleich einem Heuschreckenzuge zu verheeren?!"

10. Als die Abgeordneten solche

Antwort vom General bekommen hatten, da sprachen sie: „Du führst wohl eine mächtige Sprache und kommst uns mit der alten, echten Gottheit entgegen; aber da müssen wir dir schon auch sagen, was durch einen Propheten ebenderselbe Gott zu uns geredet hat!

11. Siehe, Seine Worte lauten kurz also: ,So ihr euch auf der angezeigten Stelle den Weg in die Tiefe werdet gebahnt haben auf die Weise, wie Ich sie euch gezeigt habe, da werdet ihr die große Macht Hanochs treffen; denn Ich werde sie durch den Bruder Noahs, der Mir abhold geworden ist seiner Kinder wegen, allda in eure Hände liefern! Den Bruder aber schonet und seine Kinder; denn solchen werde Ich Selbst züchtigen!'

12. Siehe, also lautet unsere Prophezeiung! Willst du aber alles Blutvergießen vermeiden, so ergib dich nun gutwillig; denn sonst soll außer dem Bruder Noahs und dessen Kindern kein Mensch lebendig diese Wüste verlassen!"

13. Als der Fungar-Hellan solches vernommen hatte, da entbrannte sein Grimm; er ergriff die drei und tötete sie mit eigener Hand!

14. Da erhob sich Mahal mit den Seinen und zog, von höherer Macht geleitet, unaufhaltsam zu den Feinden über und gab ihnen kund den Frevel Fungars.

15. Und das war das Signal zu einer Schlacht, die nachher nie ihresgleichen hatte; denn von Hanochs Heere blieben nur tausend Mann übrig – und von den bei drei Millionen starken Hochländern nur dreitausendundsieben Mann.

16. Was weiter, – nächstens!

323. Kapitel
Fungar-Hellans Flucht und Schlachtbericht an König Gurat
Die Aufstellung einer neuen Armee von vier Millionen Kriegern durch Fungar-Hellan

(Den 16. Juli 1844)

1. Unter den Übergebliebenen befand sich auch der Fungar-Hellan mit zwei Obersten und floh mit dem Reste nach Hanoch zurück, und zwar eine weite Strecke verfolgt von dem Reste der Hochlandsbewohner.

2. Als er nach Hanoch kam, da eilte er sogleich zum Gurat, der ihm mit offenen Armen entgegenkam. Allda kündigte er dem Könige den höchst traurigen Ausgang seines Feldzuges an, sagend:

3. „Bruder! Nun ist alles verloren! Die Hochländer haben sich einen verzweifelten Abweg gebahnt an einer wüsten Stelle, bei sechzig Stunden hinter dem großen See an der Stelle, die mir vorher der schändliche alte Spitzbube Mahal bezeichnet hat! Ihre Zahl dürfte um eine Million stärker gewesen sein als die unsrige!

4. Kurz, nachdem sich der alte Spitzbube mit seiner Sippschaft auf eine mir bis zur Stunde unbegreifliche Art von mir entfernt und sicher als ein barster Verräter zu den Feinden gezogen hatte, als ich zuvor drei allerfrechste Deputierte mit eigener Hand erdrosselt hatte, da fiel der Feind wütend in uns auf tausend Punkten!

5. Ein mörderischer Kampf begann, und dauerte drei Tage und drei Nächte; am vierten Tage war ich bis auf höchstens zweitausend Mann, darunter sich nur mehr tausend eigentliche Krieger befanden, geschlagen und mußte die

Flucht ergreifen, um nicht bis auf den letzten Mann aufgerieben zu werden.

6. Es hatte der Feind wohl auch sicher über zwei Millionen verloren; denn ich sage dir, wir stritten am dritten Tage auf Bergen von Leichen! Gewiß haben meine Krieger tapferer gekämpft als die Feinde – denn meine Krieger töteten sicher bei drei Millionen der Feinde, während dieselben noch mit meinen zwei Millionen nicht fertig geworden waren –; aber ihre Übermacht war zu groß, als daß wir ihrer hätten Meister werden können!

7. Nun aber heißt es schnell ein Heer von vier Millionen Kriegern zusammenstellen und damit eine Rache an den hochmütigen Hochlandsfürsten nehmen, von der die Erde ewig kein zweites Beispiel soll aufzuweisen haben! Aber es heißt hier, schnell die Hände ans Werk gelegt, – sonst kommen uns die Hochländer vorher über den Hals!

8. Wehe euch, ihr Mörder meines Volkes! Der Fungar wird nun zum Könige aller Teufel über euch! Mit einer Grausamkeit soll gegen euch verfahren werden, vor der der ärgste und böseste Satan erschaudern soll! Tausendfacher Fluch dir, Erde, und aller Kreatur auf deinem Boden; ich werde dir den Todesstoß geben! – Nun auf, und ein Heer gebildet, ein furchtbarstes Heer!"

9. Auf diese Rede erschrak Gurat und konnte nicht reden.

10. Fungar-Hellan aber eilte davon und veranlaßte sogleich die stärksten Rekrutierungen und Werbungen.

11. Und in einem Monate stand schon ein schlagfertiges Heer von vier Millionen und darüber um und in Hanoch.

12. Was weiter, – in der Folge!

324. Kapitel

Das neue Zwei-Millionenheer der Hochländer
Mahals erfolgreiche Warnung vor einem Zuge gegen die Armee Hanochs

(Den 17. Juli 1844)

1. Also aber sammelten auch die Hochlandsbewohner ein neues kräftiges Heer über zwei Millionen an der Zahl und berieten sich mit ihren zehn Fürsten, wie sie abermals Hanoch züchtigen sollten und möchten.

2. Da sprach der Mahal, den nun die zehn Fürsten auf das allergastfreundlichste aufgenommen hatten samt seiner Familie:

3. „Freunde, eure Zahl ist nun nach genauer Zählung nahezu um drei Millionen verringert worden, und ihr habt nun sehr leicht Platz in diesem großen Gebirgslande, das für euch alle Brot in der hinreichendsten Menge hervorbringt!

4. Lasset daher Hanoch gehen! Ich weiß wohl, daß dieses sich sammeln wird zu einem mächtigsten Kampfe mit euch und wird ein Heer von über vier Millionen zusammenstellen; aber das beirre euch nicht im geringsten! Denn so ihr nicht hinab zu ihnen ziehet, da werden sie es wohl für alle Zeiten der Zeiten gehen lassen, sich zu euch herauf zu begeben; denn so klug sind sie schon, daß sie das einsehen, daß da gegen zehn auf einem Felsen hundert in der Tiefe es nicht aufnehmen können!

5. Daher könnet ihr hier auch vollkommen sicher sein; denn fürs erste werden die Hanocher – und wäre ihre Zahl noch so groß – sich nie getrauen,

hierher zu dringen, und fürs zweite aber können sie das auch nicht mehr; denn außer den Stellen, wo ihr die Abwege gebahnt habt, ist nirgends ein Aufgang möglich, – außer über die heiligen Höhen meines Bruders Noah! Da aber werden die Hanocher wohl überall den Aufweg stehen lassen müssen; denn in der Schlachtwüste wird ihnen die Pest auf vielen Stunden entgegenkommen und wird sie alle gar übel umbringen. Und so wird diese Stelle vor zwanzig Jahren weder für sie noch für euch passierbar sein!

6. Was aber die heilige Höhe betrifft, wo mein Bruder wohnt, da ist sie im allmächtigen Schutze Gottes, und gegen Den zu ziehen, dürfte für die Menschen wohl eine höchst vergebliche Mühe sein! Darum befolget diesen Rat, und ihr werdet gut fahren!"

7. Als die zehn Fürsten solchen Rat vernommen hatten, da bedachten sie sich und sprachen: „Du hast wohl geredet; aber meinst du wohl, daß da der Grimm des Fungar-Hellan uns wird ruhen lassen? Oder wird er, dessen Geist eine entsetzlichste Unternehmungskraft besitzt, nicht vielmehr alles anwenden, um sich auf tausend anderen Punkten Zugänge zu uns zu verschaffen – und hat sich vielleicht hundert bis jetzt schon verschafft?! Und kommt er in unser Land, was ist dann mit uns?!"

8. Da sprach der Mahal: „Lasset das gut sein! Ich habe gleich anfangs zu euch gesagt, was mein Bruder Noah tut. Wahrlich, eher als der Fungar mit seinen hundert Aufgangstürmen fertig wird, eher wird es Noah mit seinem Wasserhause! Wenn aber dieses fertig wird, dann auch werden dem Fungar-Hellan weder seine Türme, noch die Berge etwas nützen; denn dann wird der Herr ziehen wider alle Welt aus zum Kampfe und wird nicht schonen irgendeine Kreatur – der großen Bosheit der Menschen wegen!"

9. Über diese Rede Mahals wurden die zehn Fürsten sehr nachdenkend und redeten drei Tage nichts; aber den Rat befolgten sie dennoch.

325. Kapitel
Die Traurigkeit König Gurats über Mahals Weggang und seine ahnungsvolle Rede an Fungar-Hellan
Des Generals kluge Erwiderung und der Bau des Aufstiegturmes

(Den 18. Juli 1844)

1. Als aber in der Tiefe Fungar-Hellan das neue große Heer geordnet hatte und eine große Menge Bauleute ausgesandt hatte, die da an der skarpierten Gebirgswand hohe Türme, versehen mit breiten Aufgangsstufen, erbauen sollten, da ging er abermals zum König Gurat und fand ihn sehr traurig und fragte ihn nach dem Grund solcher seiner Traurigkeit.

2. Und der König antwortete und sprach: „O lieber Freund, wenn ich bedenke, daß wir den Mann Gottes nicht mehr den Unsrigen nennen können, da überfällt mich eine große Traurigkeit, und dein erster Ausruf ‚Wir sind verloren!' – den du tatest, als du nach deinem unglücklichen Feldzuge zu mir kamst – taucht immer lebendiger auf in meiner Seele!

3. Denn siehe, was hätte alle unsere Vorsicht uns genützt, als sich Hanoch

an der Spitze der Unterpriester gegen uns verschworen hatte, so Mahals Weisheit uns nicht geführt hätte?!

4. Nun aber, da du sicher irgendwann und -wo wider seinen Rat grausam wirst gehandelt haben, hat er dich verlassen und ging zu den Hochlandsfürsten über und wird ihr Leiter sein!

5. Wo du nur immer gegen diese Fürsten etwas unternehmen wirst, da wird seine große Weisheit dich von großer Ferne durchschauen und wird jeden deiner Pläne zu vereiteln wissen und uns zu schlagen und zu verderben, wie du es an seiner Seite mit all den Tempeln gemacht hast, – wozu dir auch alle deine Macht nichts genützt hätte, wenn du die Macht des Mannes Gottes nicht um dich gehabt hättest!

6. Darum bin ich nun auch der sicheren, überzeugenden Meinung, daß uns dein Hundertturmbau wenig nützen wird und ebensowenig die neue ungeheure Armee, die uns täglich fünfundzwanzigtausend Pfunde Goldes kostet, uns aber dennoch nie um einen schwachen Silberling Nutzen bringen wird! – –

7. Oh, wäre es möglich, daß Mahal je wieder der Unsrige würde und unser seine lieben Kinder, dann würden wir sicher wandeln in unseren Mauern; aber ohne ihn wird es sicher bald ungeheuer werden, zu ziehen durch unserer Stadt Gassen und Straßen, indem wir alle blind sind und nicht sehen, wo ein Abgrund unser harrt!"

8. Als der Fungar-Hellan solches vom Gurat vernommen hatte, da ward er sehr nachdenkend und wußte nicht, was er dem Könige erwidern solle.

9. Nach einer Weile erst sprach er: „Mein König und mein Freund, du hast wohl recht, und es läßt sich da nichts einwenden; aber so wir einmal bloßgestellt sind, da ist es ja doch besser, etwas zu tun zu unserer Sicherheit, als gänzlich zu feiern für nichts und nichts! –

10. Ich habe wohl den Fürsten die höchste Rache geschworen, also auch dem Mahal, – aber da sich mein Zorn etwas gelegt hat, so will ich es auch mit dem Schwur nicht gar so genau nehmen; aber armiert müssen wir dennoch allzeit sein, indem wir vor einem mächtigen Überfalle von Seite der Hochlandsvölker keine Stunde sicher sind!

11. Mahals Weisheit hin oder her! Wir müssen uns dennoch soviel als möglich sicherstellen, wollen wir nicht in einem jeden Augenblicke unsern Untergang erwarten!

12. Übrigens, dürfte Mahal jetzt hierher kommen, so würde ich ihn eben wieder so freundlich aufnehmen, als wie er früher in dieser Burg aufgenommen ward; und ich meine, mehr wird – glaube ich – wohl niemand für ihn tun können!

13. Wie aber wird er hierher wieder kommen können? Über das Schlachtfeld wird er nicht ziehen; daher soll eben mein Turmbau so geschwinde als möglich vor sich gehen, auf daß wir an den Mahal einen Boten absenden können, der ihn wieder in unsere Mauern bringen soll, so er noch am Leben ist!"

14. Mit dieser Äußerung war der Gurat zufrieden und empfahl darum dem General die Herstellung wenigstens eines Turmes an der skarpierten Gebirgswand.

15. Und der Fungar-Hellan tat solches mit allem Fleiße; und in dreißig Tagen stand ein Turm vollfertig an der Wand da.

326. Kapitel
Die Friedensdeputation an die zehn Fürsten und an Mahal

(Den 19. Juli 1844)

1. Als der Turm an der Hauptaufgangsstelle ins Hochland erbaut war, und das in einer so mächtigen Art, daß da seine Aufgangstreppen sogar ganz sicher und bequem von den Kamelen und Eseln betreten werden konnten, da stellten auch alsbald der General Fungar-Hellan und der König Gurat eine gar mächtig wohlberedte Deputation zusammen und sandten sie ins Hochland, auf daß sie dort den Mahal aufsuchete und ihn wiederbrächte nach Hanoch.

2. In einigen Tagen ward die Deputation zusammengestellt, mit weißen Friedenskleidern angetan, und dann also ins Hochland gesandt.

3. Nach einer fünftägigen Reise auf den Kamelen (auf einen Tag vierzig Stunden Weges gerechnet, den ein solches Tier leicht zurücklegt), wurde von der Deputation das Hochland erreicht, allwo diese auch alsogleich von den Wachen in Beschlag genommen und als gefangen vor die zehn Fürsten geführt worden ist.

4. Als die Deputation vor den zehn Fürsten gefangen anlangte, da fragte einer der Fürsten sie, was sie bewogen habe, ihren Untergang auf der Höhe zu suchen.

5. Und ein Hauptredner aus der Deputation sprach: ,,Erhabene, weise Führer eures Volkes! Keine nur im allerentferntesten Sinne böse Absicht hat uns mit großen Unkosten hierher geführt, – sondern nur der beste und friedlichste Sinn war unser Lenker!

6. Ihr habt unser Heer geschlagen und habt als Sieger den großen Kampfplatz behauptet; daher habt ihr auch das vollste Kriegsrecht, von uns die Siegessteuer zu verlangen!

7. Wir wissen aber, daß auch ihr eine starke Niederlage erlitten habt und vielleicht darum kaum mehr den Mut haben dürftet, von uns eure Gebühr zu fordern, da ihr wohl auf dem Wege eurer tiefen Weisheit urteilen und sicher annehmen könnet, daß wir noch eine bewaffnete Macht von beinahe fünf Millionen Soldaten in der Reserve haben.

8. Also sind wir von unserm Könige darum hierher gesandt worden, daß wir euch in seinem Namen fragen sollen, was ihr fürs erste als Siegessteuer von ihm fordern möchtet, auf daß er es euch dann sogleich gäbe; und fürs zweite aber läßt er euch bitten um den Frieden und um die Freundschaft, zu welchem Behufe er nun hundert Verbindungstürme baut, um euch ein für alle Male den Wiederverkehr mit Hanoch zu eröffnen!

9. Das ist der Grund unserer Sendung, der in allen seinen Teilen wahr ist, – wozu wir freilich noch einen Auftrag an den Mahal haben, falls er noch am Leben sei, und falls er sich befände in eurer Mitte noch!"

10. Als die Fürsten solches von der Deputation vernommen hatten, da fragten sie die Deputierten, wodurch sie die Wahrheit ihrer Aussage ungezweifelt bezeugen könnten!

11. Und die Deputierten sprachen: ,,Falls sich der Mahal noch unter euch befindet, so rufet ihn vor uns; der wird euch über uns Zeugnis geben!"

12. Als die zehn Fürsten solches vernommen hatten, da sandten sie sogleich nach dem Mahal.

327. Kapitel
Mahals ernst-weise Worte an die Deputierten und an die zehn Fürsten

(Den 22. Juli 1844)

1. Als nun der Mahal in den Ratssaal trat, da erschraken die Deputierten vor seinem ernsten Angesichte, und keiner von ihnen wagte ein Wort über seine Lippen zu lassen.

2. Als die ganze Versammlung eine Zeitlang stumm dastand, da fragte sie der Mahal: „Warum habt ihr mich denn begehrt? Bin ich etwa wie ein fremdes Tier, das da die gewissen Tierbanner an den Ketten herumführen und lassen es angaffen um einige Erzblechlein?! – Redet! Warum bin ich hierher gerufen worden?"

3. Nach dieser fragenden Aufforderung sprach einer von den zehn Fürsten: „Mann Gottes! Siehe, diese sind aus der Tiefe hierher gesandt und haben uns solchen und solchen Grund ihrer Hierherreise angegeben! O sage uns, ob wir ihnen glauben sollen oder nicht!"

4. Und der Mahal sprach: „Ja, – ihr könnet ihnen glauben, was sie aussagten, denn es ist nun also; aber nur war die Anbietung der Kriegssteuer nicht der eigentliche Hauptgrund ihrer Hierherkunft, sondern der Hauptgrund alles dessen bin ich!

5. Der König Gurat und sein General Fungar-Hellan möchten mich wieder an ihrem Hofe haben, und diese Deputierten sollen mich dazu bewegen; aber sie, wie ihre Gebieter, wissen es nicht, daß sich der Mahal nie durch Menschen, sondern allein nur durch Gott bewegen läßt.

6. Saget daher ihr euren Gebietern, daß ich nur dann wieder zu ihnen gehen werde, wenn Gott der Herr mich auffordern wird! Saget ihnen aber auch, daß ich im Namen des Herrn sehr darauf sehen werde, wie sie ihr doppeltes Anerbieten an die zehn Fürsten halten werden!"

7. Als der Mahal solches geredet hatte zu den Deputierten, da wandte er sich wieder zu den zehn Fürsten und sprach zu ihnen: „Lasset nun diese Boten wieder im Frieden abgehen, weil sie euch den Frieden geboten haben; achtet aber wohl darauf, daß ihr Antrag in einer bestimmten Frist erfüllt wird!

8. Denn so jemand jemandem ein Wort gibt, da muß er es ihm auf eine bestimmte Frist geben, sonst ist er ein Heuchler und Feinredner nur, der wohl ein Versprechen macht, aber da er keine Zeit bestimmt, binnen welcher er das Versprechen halten möchte, so ist sein Versprechen so gut wie eine barste Lüge, indem er die Erfüllung seines Versprechens bis ins Unendliche ausdehnen kann und kann etwas erst in tausend oder zehntausend Jahren tun, das er sonst in einer bestimmten Zeit tun müßte.

9. Daher ist es nicht genug, zu sagen: ‚Das werde ich tun!', sondern es muß heißen: ‚Das werde ich heute oder morgen, oder in einem Jahre tun so und so, wenn mich der Herr diese bestimmte Zeit zur Erfüllung meines Versprechens wird erleben lassen!'

10. Das verlanget demnach auch ihr von diesen Boten, und lasset sie dann – wie schon gesagt – im Frieden abziehen!"

11. Die zehn Fürsten sahen die Wichtigkeit dieser Erinnerung ein, gaben den Boten eine Frist von drei Monden und ließen sie dann alsbald ganz ungehindert abziehen und stellten nach ihrem Abzuge sogleich verstärkte Wachen zu dem Hauptaufgange.

328. Kapitel
Die große Verlegenheit Fungar-Hellans und Gurats
Die zweite Deputation an die zehn Fürsten des Hochlandes und ihr Mißerfolg

(Den 23. Juli 1844)

1. Als die Deputierten wieder in Hanoch ankamen und allda dem Gurat und dem Fungar-Hellan alle die Effekte ihrer Sendung kundgaben, da machten anfangs beide Herren von Hanoch gar saure Gesichter dazu.

2. Aber der Gurat sprach dennoch nach einer Weile zum General: „Ja, – was wollen wir machen? Hier heißt es einmal in den sauren Apfel beißen und nichts anderes, weder darunter noch darüber! In einem Monde heißt es hunderttausend Malter Weizen, ebensoviel Korn und gleichsoviel Gerste und dann zwanzigtausend Kamele, vierzigtausend Ochsen und zweimal hunderttausend Schafe stellen, sonst sind wir rein aufgelegt gegen die Hochländer!

3. Nur fragt es sich: Woher werden wir in solcher kurzen Zeit die große Masse alles dessen nehmen? Woher, woher, – so wir nicht mit unserm Volke selbst einen förmlichen Krieg anfangen wollen, – ja – einen barsten Raubkrieg?!"

4. Der Fungar-Hellan kratzte sich hier sehr stark hinter den Ohren und sprach: „Freund und Bruder, wie es mir vorkommt, so sind wir so wie so aufgelegt! Ich bin nun der Meinung, wir sollten auf der Höhe den Mahal sitzen lassen und mit der Kriegssteuer so hübsch fein zu Hause bleiben!

5. Hätten die Hochländer Gold und Silber verlangt, das hätten wir ihnen leicht in einer zehnfach größeren Masse nach Pfunden liefern können, indem wir dessen doch so viel besitzen, daß sich damit ganz Hanoch überdecken ließe; aber Getreide in diesen ohnehin sehr mageren Jahren, und so viele von den Ochsen, Kamelen und Schafen, und das in diesen – wie schon gesagt – mageren Jahren, – das ist nicht möglich, und auf einmal schon gar nie!

6. Wenn die Hochlandsbewohner uns dazu eine Frist von zehn Jahren gäben, da wäre die Sache wohl noch ausführbar; aber, Freund, in einem Monde ist das die reinste Unmöglichkeit von der Welt!

7. Laß uns daher noch eine Deputation hinaufsenden, durch die um eine zehnjährige Steuerfrist unterhandelt werden soll; werden sich die zehn Fürsten dazu verstehen, so wollen wir auch unser Wort halten, – widrigenfalls sie aber machen sollen, was sie wollen!"

8. Gurat war mit diesem Vorschlage zufrieden. Eine neue Deputation ward zusammenberufen und auf die Höhe beordert, – aber leider ohne Wirkung; denn die zehn Fürsten bestanden auf ihrer Forderung und ließen nicht um einen Stater mit sich handeln!

9. Was weiter, – in der Folge!

329. Kapitel

Gurats und Fungar-Hellans Grimm auf die Hochländer wegen des Mißerfolges der zweiten Deputation und ihr Racheplan, die Berge des Hochlandes zu unterminieren und zu sprengen

(Den 24. Juli 1844)

1. Als diese zweite Deputation unverrichteterdinge wieder nach Hanoch zurückkam und den schlechten Erfolg ihrer Reise dem Könige und dem Fungar-Hellan kundgab, da wurden beide einstimmig erbost und faßten den festen Beschluß, den Hochländern auch nicht einen Stater Wertes als Kriegssteuer abzuliefern.

2. Und der Fungar-Hellan sprach: „Also sollen sie sich's selbst abholen! Wenn sie aber kommen werden, da wollen wir sie schon auf die rechte Weise empfangen!

3. Wir wissen aber, daß wir Nachkommen Seths sind, und daß das Sklavenvolk des Hochlandes nur von dem verworfenen Kain abstammt! Sollte unsere Kraft denn gar so eingeschrumpft sein, daß wir dieser hochmütigen Sklaven nicht sollten Meister werden?!

4. Wir werden wohl nun vorderhand keine Narren mehr sein, sie mit unserer Macht im Gebirge aufzusuchen; aber wir werden sie schon herabzulocken wissen. Und wenn sie da sein werden, da wehe ihnen; wahrlich, sie sollen unsern gerechten Grimm verkosten!

5. Weißt du, Freund Gurat, was wir nun tun? – Wir schicken nun noch eine Deputation hinauf, und das in dieser politischen Eigenschaft:

6. Wir übergeben zum Scheine das ganze Reich Hanoch in ihre Hände, und das unter dem Vorwande, weil wir bei solcher zu gewaltigen Forderung nimmer regieren könnten und rein aufgelegt seien!

7. Denn ohne Gewalttätigkeit ließe sich im eigenen Reiche diese enorme Forderung an Getreide und Vieh unmöglich zusammenbringen in solch kurzer Frist. Wird aber darum an eigenen Staatsbürgern solche Gewalttat ausgeübt, dann wird sich das ganze Reich wider uns empören und mit seiner großen Übermacht uns gänzlich zugrunde richten!

8. Da wir solches wohl berechnet hätten, so übergäben wir ihnen gegen eine gute Leibrente also das ganze Reich lieber in Frieden; denn also seien wir des Herrschens satt geworden und zögen die Ruhe so einem bewegten Leben bei weitem vor!

9. Zum Zeichen der Wahrheit sollen die Deputierten sogleich die Schlüssel und einige nachgemachte Kronen von Hanoch mitnehmen und sie den zehn übergeben, sie aber auch zugleich einladen, nach Hanoch zu ziehen und alles zu übernehmen, wie es liegt und steht! – Was meinst du, ist diese meine Idee nicht gut?"

10. Und der Gurat sprach: „Lieber Freund, bedenke nur, daß der Mahal bei den zehn ist, und da ist jede List vergeblich!

11. Ich aber bin der Meinung, wir sollen nun nichts mehr dergleichen tun, sondern gerade abwarten, bis sie mit uns werden zu handeln anfangen; dann ergreifen wir eine fürchterliche Offensive und vernichten alles, was da sich uns nähern wird!

12. Mittlerweile aber machen wir statt der hundert Aufgangstürme hundert (je) tausend Klafter tiefe Minen in die Berge des Hochlandes und laden

dann eine jede solche Mine mit zehntausend Pfunden von Sprengkörnern und zünden sie dann los, – und es dürfte das dich hochmütigen Hochländer in eine ziemlich starke Verwirrung bringen!

13. Was da weiter zu geschehen hat, wird uns die Folge lehren!"

14. Fungar war damit einverstanden und setzte sogleich den Rat Gurats ins Werk.

330. Kapitel
Der ergebnislose Rat der Hochländer und ihr Argwohn gegen Mahal
Mahals Antwort und Prophezeiung. Die ungläubige Antwort der zehn Fürsten

(Den 26. Juli 1844)

1. Die zehn Fürsten im Hochlande aber beriefen auch einen Rat zusammen, um zu beraten, was sie tun möchten, so die Hanocher ihr Wort nicht hielten; der Rat aber dauerte drei Monde, und sie konnten nicht über diese Sache einig werden.

2. Da aber fehlten sie, daß sie da nicht den Mahal mit zu Rate gezogen hatten, und das aus dem Grunde, weil sie meinten, Mahal könnte denn doch ganz heimlich mit den Hanochern einverstanden sein und könnte ihnen darnach auch einen Rat erteilen, durch den sie um so eher in die Hände der Hanocher könnten geliefert werden.

3. Diesen Argwohn gegen Mahal aber schöpften sie daraus, weil sie ihn viel zu gelinde gegen die Hanocher Deputierten das Wort führen hörten, da sie von ihm vielmehr das Todesurteil für diese Boten erwarteten.

4. Mahal aber merkte das gar wohl und ward darob sehr ungehalten.

5. Als die zehn Fürsten nach ihrer dreimonatlichen Beratung, die zu keinem Zielbeschlusse geführt hatte, den Mahal, der da in der kleinen Bergstadt in einem ganz abgesonderten Hause für sich lebte, zu sich beriefen und ihn fragten, was sie gegen die Hanocher unternehmen sollten, indem diese ihr Wort nicht hielten, da von der versprochenen Kriegssteuer bis jetzt noch nicht das Geringste eingetroffen sei, da sprach der Mahal:

6. „Meine lieben Freunde, es tut mir leid in meinem Herzen, daß ihr so spät zu mir gekommen seid, da euch mein Rat nichts mehr nützen kann! Hättet ihr lieber gleich zu Anfang eurer leeren Beratung, die für nichts und nichts drei Monde angedauert hat, mich um einen rechten Rat gefragt, da hätte ich euch schon auch einen rechten Rat geben können; aber jetzt ist es zu spät!

7. Denn während eurer Beratung haben die sehr tätigen Hanocher genau die rechte Zeit gewonnen und konnten ganz unbeirrt auf hundert sehr günstigen Punkten über tausend Klafter tiefe Minen schlagen und auch schon eine jede mit zehntausend Pfunden der stärksten Sprengkörner laden; und heute noch werden alle diese Minen gesprengt werden, wodurch euer Land auf den hundert Punkten ganz gewaltig zerstört wird!

8. Und ihr werdet darum die Flucht ergreifen müssen, werdet ihr der Rache der Hanocher entgehen wollen! Fliehet daher lieber sogleich; denn morgen dürfte es zu spät sein!"

9. Als die zehn Fürsten solches vom Mahal vernommen hatten, da lachten sie und sprachen: „Freund, wenn sonst nichts ist, da können wir wohl ganz ruhig hier verbleiben; denn das wissen

wir genau, was die Sprengkörner für eine Wirkung haben, und wie tief man in drei Monden in die Erde graben kann!

10. Siehe, wenn sie in drei Monden nur vierzig Klafter tief eingedrungen sind im Gesteine, da haben sie Wunder geleistet, geschweige tausend Klafter! Daher also sind wir auch ganz ruhig!"

11. Hier lachten die zehn Fürsten wieder und verließen also den Mahal.

12. Was weiter, – in der Folge!

331. Kapitel

Mahals Ermahnung an seine Kinder, auf Gott zu vertrauen
Die Verdorbenheit der Menschen in der Tiefe
Mahals und der Seinen Aufbruch auf die Höhe

(Den 27. Juli 1844)

1. Es fragten aber des Mahal Kinder ihren Vater, was wohl für sie zu machen sein werde, so die Hanocher einen solchen Gewaltstreich gegen die Hochländer ausführen würden.

2. Und der Vater Mahal sprach zu seinen Kindern: ,,Meine Kinder! Vertrauet auf Gott, und seid vollkommen ruhig; denn wir sind sicher und geborgen allenthalben auf der Erde Gottes, solange Gott der Herr mit uns ist!

3. Haben wir aber Seine Gnade und Erbarmung und Liebe verscherzt, dann wird uns alles verfolgen und uns feindlich begegnen, was nur Wesen und Gegenstand heißt; nicht einmal unserm Schatten werden wir trauen können, daß er uns nicht verriete an allerlei Feinde!

4. Darum aber wollen wir nun um so fester an Gott halten, auf daß wir ja sicher wandeln auf der Erde Gottes!

5. Ich aber sage euch nun, meine lieben Kinder, wie ich es nun sehe in meinem Geiste: Also, wie da die Ordnung der Dinge nun steht auf der Erde, kann sie keine zehn Jahre mehr bestehen!

6. Ein Mensch ist wider den andern; ein Volk zieht wider das andere; ein jeder will herrschen in seiner Sphäre und achtet keines Vorstandes und keines Königs!

7. Also sind nun im ganzen Reiche Hanoch lauter unabhängige Herren, und der König zittert vor den Bürgern seiner Stadt, und alle seine Vasallen und all die Landpfleger in den Außenstädten sind ganz vollkommen eigenmächtige Herren und tun, was sie wollen. Sie legen den Landleuten unmäßige Steuern auf; aber der König wie sein General wissen davon nicht eine Silbe.

8. Die auswärtigen Vasallen sind ganz unabhängige Herren geworden, führen untereinander beständig Kriege, so daß da schon seit langem kein Tag mehr ohne Blutvergießen abläuft.

9. Hie und da gibt es wieder Volksaufstände! Da wird geraubt, geplündert und gemordet, und ein jeder, der bei irgendeinem solchen Aufruhr an der Spitze war, will hernach Diktator bleiben; und ist er als solcher geblieben, so wird er dann um vieles ärger, als die früheren Tyrannen und Despoten waren!

10. Besonders arg verfahren fortwährend im Verborgenen schon seit vielen Jahren die ausgewanderten Kinder der Höhe mit den Kindern der Tiefe. Diese werden gar nicht mehr als Menschen, sondern als pure vernunftfähige Tiere betrachtet und auch also behandelt; und niemand mehr will sich

vom Geiste Gottes leiten, ziehen und strafen lassen!

11. Seit der höllischen Erfindung der Sprengkörner, der Erdbohrer und der Steinerweichungsbeize ist kein Berg mehr sicher vor der Zerstörungswut der Menschen.

12. Saget, – kann Gott solch einem Wüten, Toben, Treiben, Morden, Zerstören, Lügen, Heucheln und Betrügen, und Stehlen und Rauben und einer allerartigen Hurerei länger noch so ganz gelassen zusehen?!"

13. Die Kinder erschraken über diese Beschreibung der Dinge in der Welt.

14. Mahal aber sprach: „Lasset uns bei Nacht und Nebel auch diesen Boden verlassen und ziehen zum Noah auf die Höhe; denn von nun an wird für uns nirgends sonst mehr eines Bleibens sein!"

15. Darauf packte Mahal auch sogleich all das Seine zusammen und begab sich mit allen seinen Kindern auf die Höhe zum Noah.

16. Was weiter, – in der Folge!

332. Kapitel

Mahal bei Noah. Mahals Bericht über den Stand der Völker in der Tiefe Noahs und Mahals Trauer

(Den 29. Juli 1844)

1. In zehn Tagen kam der Mahal auf der noch geheiligten Höhe bei Noah an, der ihm schon eine ziemlich weite Strecke entgegenkam.

2. Als die beiden Altbrüder zusammenkamen, da umarmten sie sich, und es hatten beide eine große Freude, sich wiederzusehen.

3. Noah aber fragte sogleich den Mahal, wie es in den Tieflanden und Reichen aussehe, ob sie sich wohl zum Herrn wenden, oder ob nur stets mehr zur Welt.

4. Und der Mahal sprach: „O Bruder, die gänzliche Gottlosigkeit aller der Völker, die ich nun auf meinen weiten Reisen habe vollkommen kennengelernt, ist ja hauptsächlich der Grund, darum ich jetzt schon hier bin!

5. Ich war noch immer voll der besten Hoffnungen, daß es mir durch des Herrn Gnade gelingen werde, die Völker durch ihre Könige und Fürsten für Gott zu gewinnen; allein vor zehn Tagen ließ es mich der Herr klar erschauen, wie es mit der Menschheit auf der Erde steht, und sonach auch klarst erkennen, daß mit den Menschen weder durch Wunder, noch durch was immer für andere Mittel etwas auszurichten ist.

6. Denn sie sind so ganz und gar zur Welt gekehrt, daß in ihnen aller Geist rein untergegangen ist; wo aber kein Geist mehr im Menschen waltet, wie sollte er Geistiges und Göttliches in sich aufnehmen?!

7. Wenn es sich noch etwa um wenige Menschen handeln würde, da ließe sich's eher denken, es wäre noch möglich, diese zu bekehren; aber was kann ein einzelner Mensch gegen so viele Millionen der allerverstocktest gottlosen Menschen machen?!

8. Sie hören einem wohl eine Zeitlang zu; aber bald kehren sie einem ganz gleichgültig den Rücken. Wenn es gut geht, so wird man entweder belacht und sogar mitleidig als ein Narr bedauert; geht es aber nur ein wenig ärger, so wird man gestäupt, eingesperrt, auch ums Leben gebracht! Denn ich sage

dir: ein Menschenleben gilt in der Tiefe geradesoviel wie hier etwa das Leben einer Mücke!

9. O Bruder, es schaudert mir, wenn ich nun über die Tiefen nachdenke! Wahrlich, in der Hölle, von der wir schon lange wissen, wie sie ist, geht es beinahe besser zu!"

10. Als der Noah solche Schilderung von seinem Bruder Mahal vernommen, da seufzte er tief auf und sprach: ,,Also ist es richtig also, wie es mir der Herr gezeigt hat im Geiste! O du Welt, du Welt, warum willst du dich von dem so sanften Geiste Gottes nicht mehr strafen lassen und willst lieber in das Gericht und in dein ewiges Verderben?!"

11. Von hier an gingen beide Brüder ganz stumm auf die Vollhöhe, da einmal Adam wohnte, und weinten gemeinschaftlich über die so herrlich geschaffene Erde.

12. Und Mahal bemerkte auch bald den schon beinahe vollendeten großen Wasserkasten und wunderte sich sehr, wie dieser in so kurzer Zeit zu solcher Vollendung gediehen war.

333. Kapitel

Mahals Erkundigung nach dem Wasserkasten
Noahs Erzählung von der Geschichte der Arche
Der Verfall der Menschen und des Herrn große Langmut

(Den 30. Juli 1844)

1. Als aber der Mahal nachher den Kasten von in- und auswendig genauer beschaut hatte, da sagte er zu Noah: ,,Bruder, sage mir doch so ganz eigentlich, wie dir der Herr diesen seltenen Bau anbefohlen hat! Ich weiß wohl etwas, – aber ganz umständlich und also auch völlig klar ist mir die Sache nicht bekannt; darum teile mir die Sache vollends mit, auf daß denn auch ich wisse, was ich seinerzeit zu tun habe!"

2. Und der Noah sprach zum Mahal: ,,Bruder, du weißt die Zeit, als sich die Menschen auf der Erde sehr zu mehren anfingen seit den Zeiten Lamechs und zeugten gar schöne Töchter nachher; und du weißt, wie das die Kinder Gottes auf der Höhe merkten, sie dann bald die heilige Höhe zu verlassen anfingen und auf die Erde in die Tiefe hinabwanderten, und wie sie daselbst die Töchter der Menschen nahmen, die sie wollten, und mit ihnen Kinder zeugten!

3. Als darum die Höhe Gottes, die Er für Seine Kinder so hoch und teuer gesegnet hatte, nahezu ganz entmannt ward, da sogar die Ehemänner hier ihre Weiber sitzen ließen und hinabzogen, um sich Weiber aus den Töchtern der Menschen zu suchen in der Tiefe – worauf dann auch bald gar viele hier zurückgelassene Weiber ihnen in die Tiefe nachfolgten und sich unten auch mit Söhnen der Erde vermählten –, siehe, bald darauf sprach der Herr zu mir:

4. ,Noah, siehe, die Menschen wollen sich von Meinem Geiste nicht mehr strafen lassen; denn sie sind pur Fleisch geworden! Ich will ihnen aber dennoch eine Frist geben von einhundertzwanzig Jahren!'

5. Wie solches der Herr zu mir geredet hatte, warst du gegenwärtig; also weißt du auch, was wir dann zur Bekehrung der zu gemeinsten Erdmenschen gewordenen Kinder Gottes nach dem Willen Gottes getan hatten durch

hundert feste Jahre, und das alles ohne den geringsten bleibenden Erfolg!

6. Denn die Kinder Gottes zeugten aus den Töchtern der Menschen mächtige und berühmte Menschen; diese wurden zu allerlei Meistern in bösen Dingen vor Gott und wurden zu harten Tyrannen gegen die Kinder der Welt und bekriegten sich auch stets gegenseitig aus lauter herrschsüchtigen Gründen. Und in solcher Gestaltung verrannen hundert Jahre und darüber!

7. Da aber der Herr sah, daß sich die Menschen nicht nur nicht bekehrten auf Seine täglichen Ermahnungen in aller Art und Gestalt, sondern in ihrer Bosheit nur stets größer und mächtiger wurden, und wie all ihr Dichten und Trachten nur böser und böser ward immerdar, – siehe, da reute es Ihn, daß Er die Menschen gemacht hatte auf der Erde, und Er war sehr bekümmert darob in Seinem Herzen!

8. Und siehe, in dieser Zeit – ungefähr vor zweimal sieben Jahren – sprach dann der Herr wieder zu mir: ‚Noah, höre! Ich will die Menschen, die Ich gemacht habe, vertilgen von der Erde, vom Menschen an bis auf das Vieh, und bis auf das Gewürm, und bis auf die Vögel unter dem Himmel; denn es reuet Mich, daß Ich sie geschaffen habe auf dieser Erde!'

9. Ich, Noah, aber fand dennoch Gnade vor Gott, und Er zählte mich nicht zu den Menschen der Erde, die böse geworden sind! Und siehe, Gott sah um die Zeit wieder zur Erde; diese aber war verderbt vor Seinen Augen und war voll Frevels!

10. Gott aber sandte dennoch Boten zu den verderbten Menschen und wollte Sich ihrer erbarmen. Die Boten aber redeten zu tauben Ohren und wurden als ganz gewöhnliche Menschen betrachtet; man ließ sie gehen und achtete ihrer nicht.

11. Darauf sah der Herr in sehr kurzer Frist wieder zur Erde und sprach zu mir: ‚Noah, höre! Alle Meine Mühe und Liebe ist vergeblich! Alles Fleisches Ende ist vor Mich gekommen; denn die Erde ist voll Frevels von den Menschen! Und nun siehe da, Ich will sie alle verderben mit der Erde!'

12. Und siehe, um diese Zeit mußte ich auch, wie du es weißt, das Holz fällen zum Baue des Kastens, der nun da bis auf eine Kleinigkeit fertig vor uns steht! Willst du aber auch den Bauplan näher wissen, so will ich dir ihn auch nach des Herrn eigenen Worten kundgeben!"

13. Und der Mahal bat den Noah darum, und der Noah sprach zum Mahal: „Also komme zuvor in mein Haus, und laß uns im Namen des Herrn eine Stärkung nehmen; dann will ich dir den Bauplan dieses Kastens enthüllen!"

14. Und der Mahal tat nach dem Wunsche Noahs.

334. Kapitel
Noahs Bericht über den Bauplan Gottes zu der Arche
Mahals Betrübnis ob seiner Ausschließung aus der Arche

(Den 1. Aug. 1844)

1. Als Noah mit seinem Bruder Mahal und dessen Kindern und mit seinem eigenen Weibe und mit den eigenen Kindern die Leibesstärkung zu sich genommen hatte, da sprach er zum Mahal:

2. „Nun, Bruder Mahal, so du mich hören willst, da werde ich dir kundtun den Bauplan Gottes zu diesem großen Kasten!"

3. Und der Mahal bat ihn darum und sprach: „Ja, mein wertester Bruder, tue du das, ich bitte dich zum wiederholten Male darum, auf daß ich daraus ersehe, was dann für mich zu tun sein wird!"

4. Als der Mahal solches geredet hatte, da sprach der Noah zum Mahal: „Gut denn, so höre! Aber darum bitte ich dich, daß du dich nicht ärgerst; denn da müßtest du dir dann selbst die Schuld geben, so dich verzehren möchte dein eigener Zorn!"

5. Und der Mahal beteuerte es dem Noah, daß er sich nimmer ärgern werde, und so ihm der Herr auch einen brennenden Dornstrauch an den nackten Rücken schleudern möchte!

6. Darauf sprach Noah: „Also höre denn; denn also sprach bald darauf der Herr Gott Zebaoth zu mir, als das anbefohlen gefällte Tannenholz behauen war:

7. ‚Noah! Mache dir einen Kasten von dem Tannenholze, und mache Kammern darinnen, und verpiche sie mit Pech von in- und auswendig; mache den Kasten aber also: dreihundert Ellen sei die Länge; fünfzig Ellen die Breite und dreißig Ellen die Höhe. (Eine Elle war gleich einer halben Klafter.)

8. Nur ein Fenster sollst du daran machen, und das oben am Dache, und das soll sein eine Elle groß (gleich in der Länge wie in der Breite, versehen mit einem das Fenster wohl verschließenden Türlein aus Brettern).

9. Das Eingangstor sollst du mitten in seine (des Kastens) Seite setzen! Der Kasten selbst aber soll von unten nach oben in drei Stockwerke durch drei Böden abgeteilt sein, daß der ganze Kasten dann habe zuunterst einen, in der Mitte einen und zuoberst einen als den dritten in der Höhe für den Menschen und seine Bedürfnisse.'

10. Ich, Noah, aber forschte weiter in dem Willen des Herrn, wozu wohl so ein Kasten dienen solle.

11. Und der Herr sprach abermals zu mir: ‚Noah, siehe, denn Ich will eine mächtige Flut über die Sünde mit Wasser kommen lassen auf Erden, zu verderben alles Fleisch, darinnen ein lebendiger Odem ist unter dem Himmel; und alles, was auf Erden ist, soll untergehen!

12. Aber mit dir will Ich einen Bund machen! Du sollst in den Kasten gehen mit deinen Söhnen, mit deinem Weibe und mit deiner Söhne Weibern!

13. Daneben aber sollst du auch allerlei Tiere tun von allem Fleische in den Kasten; von jeglichem ein Paar, je ein Männlein und je ein Fräulein, auf daß sie lebendig bleiben bei dir!

14. Von den Vögeln nach ihrer Art, von dem Viehe auf der Erde nach seiner Art, und von allerlei Gewürm auf Erden nach seiner Art soll je ein Paar zu dir in den Kasten gehen, daß sie am Leben bleiben!

15. Also sollst du auch allerlei Speise zu dir nehmen, die man ißt, und sollst sie bei dir sammeln im gerechten Maße, daß sie dir und den Tieren zur Nahrung diene!'

16. Ich aber fiel vor dem Herrn auf mein Angesicht nieder und weinte und flehte und redete: ‚Herr, wie soll ich, ein schwacher alleiniger Mensch, dies alles verrichten? Wo werde ich alle die Tiere fangen und wo finden das rechte Futter für sie? Woher werde ich nehmen für alle die Fleischfresser das Fleisch, und woher Gras für alle die großen Grasfresser, und woher die mir unbekannte Kost für alles das Gewürm? – Wann, o Herr, werde ich fertig mit dem großen Kasten?'

17. Da sprach der Herr: ‚Noah, sorge dich nicht, sondern lege nur deine Hand ans Werk, und Ich werde dir helfen, auf daß du nicht fühlen sollst die Schwere der Arbeit!'

18. Und siehe, Bruder, da legte ich sogleich die Hand ans Werk, und es fügte sich alles wunderbar von selbst, und ich hatte mit meinen wenigen Helfern eine leichte Arbeit. Der Kasten wuchs von Tag zu Tag mächtig und ist nun bis auf das Fenstertürlein am Dache fertig!

19. So also war der Bauplan, und so ist nun auch vollendet das Werk!"

20. Als der Mahal solches vernahm, da ward er traurig über die Maßen; denn er vernahm nicht, daß auch er in den Kasten gehen dürfe.

21. Was weiter, – in der Folge!

335. Kapitel
Noahs Ermahnung an seinen Bruder
Des selbstgerechten Mahal Verblendung und Hader mit dem Herrn

(Den 2. Aug. 1844)

1. Es merkte aber gar bald der Noah die große innere Trauer an seinem Bruder Mahal, wie an dessen Kindern; denn sie waren alle tief bestürzt darob, da sie vernahmen, wie da nur Noah mit seiner Familie allein Gnade vor Gott gefunden hatte.

2. Es sprach daher Noah zum Mahal: ,,Bruder, warum betrübst du dich denn nun? Hast du mir nicht zuvor das Wort gegeben, daß du dich nicht ärgern würdest, und so dir der Herr auch einen brennenden Dornstrauch an den nackten Rücken schleudern möchte?!

3. O Bruder, wie hältst du da dein mir gegebenes und so hochgestelltes Wort?! Weißt du denn nicht, wie gut der Herr ist, und kennst du nicht Seine endlose Geduld und Seine ewige unbegrenzte Erbarmung?!

4. Sage mir, – wann hat der Herr noch je jemanden nicht erhört, so er reuig wieder in der wahren Liebe seines Herzens sich an Ihn gewendet hatte, wie ein rechtes Kind an seinen allein rechten und wahren Vater?! Tue du desgleichen, und du wirst sicher nicht nötig haben, also zu trauern!"

5. Darauf ermahnte sich der Mahal und sprach zum Noah: ,,O Bruder, zeige mir eine Sünde, die ich je wider Gott den Herrn begangen habe, und ich will darob trauern und weinen mein Leben lang und flehen um Vergebung und Erbarmung!

6. Bin ich nicht so rein wie du?! – Warum will der Herr mich denn richten? Was tat ich denn Widriges vor Seinen Augen, darum Er vor mir diesen Kasten versperrt?

7. Daß ich meine Kinder wiederfinden wollte in der Tiefe, wo der Herr Selbst mir den Waltar hinabgesandt hatte, als er aber unten war, ihn dann freiließ, daß er fiel und zugrunde ging, – Bruder, war das meine Schuld? Wann habe ich zuvor gesündigt und wann nachher, daß mich der Herr also schlug?!

8. Du aber sagtest, es reue den Herrn, die Menschen geschaffen zu haben! Wenn so, was ist dann der Mensch der Erde? Siehe, ich sage es dir: Er ist eine Sünde Gottes! – Ich aber meine, Gott sollte doch keiner Sünde fähig sein?!

9. Aber da der Herr an mir, dem

allzeit Gerechten, also treulos gehandelt hat und hat an mir gesündigt gar schmählichst, da glaube ich es nun, daß auch Gott sündigen kann! Denn ohne Sünde gibt es keine Reue; wer aber spricht: ‚Es reuet mich!', der hat gesündigt!

10. Also sage ich: Gott kann mich keiner Sünde zeihen; ich aber will Ihm zeigen Seine Sünde an mir, dem allezeit Gerechten!"

11. Noah erschrak, als er solche Worte vom Mahal vernommen hatte.

12. Mahal aber stand zornig auf und ging mit seinen Kindern auf die Vollhöhe.

336. Kapitel
Mahal mit seinen Kindern auf der Vollhöhe
Kisarels ernste Frage an seinen Vater Mahal, wie er Gott einer Sünde zeihen könne
Mahals Tadel gegen Gott

(Den 3. Aug. 1844)

1. Als der Mahal allein mit seinen vier Kindern auf der Vollhöhe sich befand in seinem Zorne wider Gott, da trat sein Sohn Kisarel zu ihm und sprach:

2. „Vater, sage uns doch, – uns, deinen Kindern, sage es, – ob das, was du zu Noah geredet hast, wohl ganz vollkommen dein Ernst war!

3. Denn siehe, ich kann es nicht begreifen, wie du Gott einer Sünde gegen dich zeihen kannst! Wie ist das möglich, ein Gott – ein Sünder sein? Gegen wen denn und worin? Gegen uns, gegen Seine anderen Geschöpfe, oder etwa gegen Sich Selbst? Wie aber kann das wohl möglich gedacht werden, indem eben Gott Selbst ja das Grundgesetz in allen Dingen, wie ihr Urgrund in Sich Selbst ist?!

4. O Vater, bedenke doch, daß Gott allmächtig ist von Ewigkeit; wir aber sind nur ohnmächtige Staubeswürmer gegen Ihn! Kann Er uns nicht plötzlich vertilgen, so wir Seiner Ordnung zuwider sind?!"

5. Und der Mahal sprach zum Sohne: „Du redest, wie du es verstehst! Weißt du denn nicht, was Gott vorhat?!

6. Siehe, Er will und wird längstens binnen fünf bis sechs Jahren die ganze Erde unter Wasser setzen durch Fluten aus den Wässern des Firmaments! Und da wird alles den Tod finden in diesen Fluten; nur Noah allein wird übrigbleiben mit den Seinen und mit den zu ihm genommenen Tieren in seinem Kasten!

7. Sage, wäre es denn nicht besser, so Gott weise Lehrer mit irgendeiner Wundermacht ausgerüstet unter den Völkern erwecken möchte, die das Menschengeschlecht stets zu Ihm hinlenkten, als so viele Millionen mit einem Hiebe zu töten?!

8. Wer sonst ist denn schuld daran, wenn die Menschen Gottes vergessen, als Gott Selbst?!

9. Ihm beliebt es, Sich alle tausend Jahre einmal etlichen Menschen zu offenbaren; die andern aber läßt Er sitzen. Sind sie aber dennoch nicht nach Seiner Lust, dann richtet Er alle gleich, die Wissenden wie die Unwissenden, die Belehrten wie die Unbelehrten!

10. Also werden in sechs Jahren die Blinden wie die Sehenden ersäuft werden! Warum denn? Darum, weil sie von Gott wenig oder nichts wissen, da

sie nie das Glück hatten, von Ihm etwas zu vernehmen! Aber auch wir werden ersäuft werden, so wir Gott auch bestens kennen, und das darum, weil es Gott also beliebt!

11. Wären wir Steine, da könnte Er mit uns wohl tun, was Er wollte, rechtlich; aber Er hat uns zu freien Wesen gestaltet! Und da will Er uns verderben in unserer von Ihm Selbst gegebenen Freiheit, und siehe, das ist eine Sünde Gottes an uns, – oder wir selbst sind als ein Fehler, also eine Sünde Seiner Weisheit und Macht! – Verstehst du nun die Sünde Gottes an uns?"

12. Was weiter, – in der Folge!

337. Kapitel

Noah bei seinem Bruder Mahal auf der Vollhöhe, ihm die Augen öffnend über seinen Hauptfehler. Der Gerechtigkeitsdünkel als Grundwurzel des Hochmutes
Mahals Herausforderung an Gott. Der Herr erscheint

(Den 5. Aug. 1844)

1. Es kam aber bald der Noah nach auf die Vollhöhe und fand seinen Bruder und dessen schöne Kinder, ganz verstört einander anschauen; er aber ging hin zum Mahal und sprach zu ihm:

2. „Höre mich an, Bruder! Siehe, du hast Gott einer Sünde gegen dich beschuldigt, weil du dich als den gerechtesten Mann auf der ganzen Erde dachtest, und das darum, weil dir dein Gewissen freilich wohl sagen muß, daß du nie gesündigt hast vor Gott, indem du Sein Gebot allzeit auf das gestrengste in allen seinen Teilen beachtet hast!

3. Aber siehe, eben diese deine große Gewissensreinheit hat in dir einen gewissen Triumphsinn erzeugt und dadurch eine große Zufriedenheit mit dir selbst, derzufolge du dich selbst oft fragtest: ‚Kann Gott Selbst reiner und gerechter in Seiner Ordnung leben von Ewigkeit her, wie ich in dieser meiner Zeit?!'

4. Und dann antwortete dir allzeit dein triumphierendes reinstes Gewissen: ‚Nein, Gott kann in Seinem Verhältnisse als Gott nie reiner gewesen sein, als ich es bin in meinem Verhältnisse als Mensch zu Gott und also auch zum Menschen!'

5. Siehe, Bruder, dieser Gerechtigkeitstriumph aber ist eben Gott dem Herrn noch weniger angenehm als irgendeine gesetzwidrige Handlung als Sünde selbst; denn das ist dann ja eben der Hochmut in seiner Grundwurzel selbst, der aus dem Menschen hinaus muß, wenn dieser vor Gott etwas gelten möchte.

6. Aber nicht nur dieser dein Gerechtigkeitshochmut hat dich in den Augen des Herrn herbe gemacht, sondern noch mehr folgende deine daraus hervorgehende Weisheit, die also lautet:

7. ‚Da ich schon also rein und gerecht bin, wie es Gott Selbst ist, aber dabei dennoch nicht heilig sein darf, weil die Heiligkeit Gottes unantastbar ist, so will ich aber dennoch selbst in meiner Machtbeschränktheit in meinem Menschverhältnisse vollkommener handeln als Gott Selbst!

8. Daß Gott in Seinem Handeln allzeit zuvor unvollkommen auftritt und dann erst nach manchem Mißlingen irgendeine Vollkommenheit zuwege

bringt, das lerne ich von aller Seiner Schöpfung!

9. Denn es gibt auf der ganzen Erde ja nirgends etwas Vollkommenes und Vollendetes! Kein Ding ist ganz ohne Makel; die Sonne selbst ist nicht völlig rein, und der Mond ist unvollkommen in aller seiner Erscheinung und unvollkommen der Sterne Licht!

10. Darum aber will und kann ich auch in meiner Sphäre als Mensch durch jede meiner Handlungen Gott übertreffen; denn ich will jede meiner Handlungen also stellen, daß sie sogleich als vollendet dastehen soll, und da solle keine einer Nachbesserung benötigen!

11. Läßt aber irgend die von Gott unvollkommen geschaffene Materie eine gänzliche Vollendung eines Werkes nicht zu, so soll es aber dennoch in meinem Gedanken und Wollen als vollendet dastehen; was aber zufolge der von Gott unvollkommen geschaffenen Materie an meinen reellen Werken Unvollkommenes sich auffinden lassen wird, das hat der Schöpfer als Schuld auf Sich zu nehmen!'

12. Nun siehe du, mein Bruder! Auf diese Weise galt dir der Herr schon gar lange als ein Sünder gegen dich, und das war der arge Same in dir, der nun zu einer lauten und überherben Frucht geworden ist! Denn nun beschuldigst du Gott laut einer Sünde gegen dich!

13. Meinst du wohl, daß solch eine Beschuldigung keine Sünde sei vor Gott?! Oder meinst du wohl, Gott werde müssen zu dir erst in die Schule gehen, um ein vollkommener Gott zu werden?!

14. O Bruder, betrachte doch diesen deinen großen Irrtum; erkenne ihn als eine gar gröbste Sünde, und bereue sie, so wird der Herr den Kasten vor dir nicht versperren zur Zeit des Gerichtes und der Not!"

15. Mahal aber sprach: „Bruder, mit dir habe ich nichts zu rechten und zu schlichten; denn ich habe mit dir allzeit als ein wahrer Bruder gelebt und habe dir deine Stammherrlichkeit nie mit einer Silbe gefährdet!

16. Meine Sache habe ich mit Gott! Ihn fordere ich bei Seiner Heiligkeit heraus, auf daß ich mit Ihm rechte nach meinem Handeln! Er muß es mir erweisen, wann ich vor Seinem Angesichte gesündigt habe!"

17. Hier entstand ein mächtiger Sturm, und der Herr kam sichtbar auf die Vollhöhe vor Mahal und Noah.

18. Was weiter, – in der Folge!

338. Kapitel

Des Herrn Gespräch mit Mahal
Mahals herausfordernde Fragen an den Herrn und des Herrn Antwort
Vom Wesen der Reue Gottes. Die natürlichen Ursachen der Sündflut

(Den 6. Aug. 1844)

1. Es erschraken aber alle gar gewaltig, als sie den Herrn, Ihn wohl erkennend, nach dem Sturme unter sich stehend ersahen; und Noah selbst hatte eine große Furcht.

2. Der Herr aber sprach zu Noah: „Noah, fürchte dich nicht vor Mir; denn Ich bin nicht gekommen, um dich, noch jemand andern zu richten! Aber da Mich dein Bruder Mahal gefordert hat vor den Richterstuhl seiner Weisheit und Rechenschaft von Mir

verlangt ob Meiner Sünde an seiner Gerechtigkeit, so mußte Ich ja doch wohl kommen, um zu retten Meine Ehre vor dir und deinen Kindern, wie auch vor den Kindern Mahals! Und so laß uns denn mit Mahal reden!"

3. Hier wandte Sich der Herr an den Mahal und sprach zu ihm: „Mahal, Mein Sohn! Da Ich schon an deiner Gerechtigkeit soll gesündigt haben, da zeige Mir solche Sünde an, wie die am ganzen Volke der Erde, – und Ich stehe völlig bereit, hier alle Meine Sünde an euch tausendfach gutzumachen! Also rede du, Mein Sohn Mahal!"

4. Hier erhob sich der Mahal und stellte sich gar großen Ernstes dem Herrn gegenüber und sprach: „Herr, rede! Warum reut es Dich, den Menschen geschaffen zu haben? Sahst Du doch von Ewigkeit her, wie der Mensch wird! Wer nötigte Dich, Dir Selbst mit dem Menschen eine Sünde an den Hals zu binden?!

5. Wäre es nun nicht endlos besser für uns von Dir geschaffene Menschen, so wir nie aus Dir in ein selbständiges Dasein getreten wären, und nicht auch besser für Dich, indem Du da doch sicher nicht nötig zu sagen hättest: ‚Es reuet Mich'?!

6. Was kann Dich wohl reuen sonst als eine durch die unvollkommene Erschaffung des Menschen an Dir Selbst begangene Sünde, die somit auch eine Sünde an uns Menschen ist – und ganz besonders eine Sünde an mir, der ich mich frei Dir gegenüber stellen kann mit jedem Augenblicke meines Lebens und kann Dich fragen:

7. ‚Herr, zeige mir den Augenblick in meinem Lebensgange von der Kindheit an, da ich wider Deine Ordnung gesündigt habe, und ich will von Dir verflucht sein, wie Du dereinst die Schlange verflucht hast! So Du mir aber keine Sünde zeigen kannst, da gib mir den Grund, warum Du mich richten willst, und warum nicht auch meinen Bruder!' "

8. Und der Herr sprach: „O Mahal, wie entsetzlich finster muß es in dir aussehen, daß du also zu Mir redest, wie da noch nie ein Wesen geredet hat!

9. Sage Mir, wie möglich vollkommener könnte der Mensch wohl gedacht werden, als so er also frei gestellt ist aus Meiner Allmacht hinaus, daß er wie ein zweiter Gott mit Mir, seinem ewig allmächtigen Schöpfer, um seine eigen geschaffene Ordnung rechten kann!? Daß er sein eigener Richter ist und sündigen kann wider Meine Ordnung, in der doch sonst die ganze Unendlichkeit ewig gerichtet ist?!"

10. Mahal schwieg hier; denn er ersah die unbegreifliche Vollendung des Menschen in dessen höchst freiem Zustande.

11. Der Herr aber sprach weiter: „Meinst du denn, Meine Reue ist wie die eines Menschen, der da gesündigt hat? O siehe, da auch bist du in großer Irre! Meine Reue ist nur ein Schmerz in Meiner Liebe, die da zusehen muß, wie die von Mir so höchst vollkommen gestellten Menschen sich selbst richten und zugrunde verderben!

12. Meinst du denn, Ich habe den Plan gefaßt, je einen Menschen zu richten und zugrunde zu verderben? – Siehe, Ich tue stets nur das Gegenteil!

13. Aber um eben die Menschheit nicht zu richten in Meiner Allmacht, muß Ich es nun leider zulassen, daß sich die Menschen selbst die Schleusen der Erde gewaltsam eröffnen, aus denen mächtige Fluten hervortreten werden und werden alles ersäufen, was da atmet in diesem größten Wohnbezirke der Erde!

14. Ich sah das lange voraus; darum warnte Ich auch stets die Menschen.

Aber nun haben sie einen Krieg sogar gegen Mich unternommen und wollen die ganze Erde mit ihren Sprengkörnern zerstören, wie sie nun auch schon einen Berg um den andern in die Luft sprengen; und das ist ihr eigenes Gericht!

15. Siehe, unter den Bergen aber sind große Wasserbecken und enthalten über drei Millionen Kubikmeilen Wassers; dieses Wasser aber wird hervorbrechen und wird steigen über die Hochgebirge dieser Wohnbezirke und wird auch in Dünste hüllen den Erdkreis, aus denen es gewaltsam regnen wird!

16. O sage, tat Ich nicht recht, so Ich den einen Mir noch gehorsamen Noah diesen Kasten bauen ließ zur Rettung seines Lebens wenigstens, wenn schon sonst niemand Mich mehr hören will?!

17. Nun sage du Mir jetzt, wann Ich dir von dem Kasten Gebrauch zu machen verboten habe; dann werde Ich wieder reden!"

18. Mahal war wieder stumm; der Herr aber redete weiter, wie da folgt.

339. Kapitel

Des Herrn Aufforderung an Mahal. Mahals törichte Einwurfsfragen und des Herrn weise und sanfte Antworten über Tod und Unsterblichkeit. Mahals Frage nach dem Ursprung des Satans und seiner Grundbosheit und des heiligen Vaters klare Antwort

(Den 7. Aug. 1844)

1. Und also redete der Herr: „Siehe, du Mein Sohn Mahal, der du Mich also streng herausgefordert hast, du bist nun still und magst nicht reden und rechten mit Mir ob Meiner Sünde an dir, wie auch am ganzen Menschengeschlechte! Wenn du aber nun nichts zu reden und zu rechten weißt, wie werde Ich dir denn da einen Schadenersatz bieten können?!

2. Ich aber sage dir: Stelle es mir aus, was dir an Meiner Schöpfung nicht recht ist, und Ich will es ändern im Augenblicke; nur aber mußt du Mir zuvor gründlich erweisen, daß es da in Meiner Schöpfung wirklich etwas Schlechtes und somit Verwerfliches gibt! – Rede, und Ich will sogleich darnach handeln!"

3. Hier bedachte sich der Mahal eine Zeitlang, richtete sich dann auf und sprach zum Herrn: „Herr, hältst du den für klug, der ein überaus kunstvollstes Werk mit der größten und tauglichsten Zweckmäßigkeit zuwege bringt, – wenn es aber in seiner höchsten Vollendung dasteht, da bricht er es zusammen, wirft es in eine Grube, allwo es verfault und zunichte wird?!"

4. Und der Herr sprach: „So das ein Werkmeister zwecklos täte, da wäre er ein offenbarer Tor und wäre der Verdammnis wert; aber wenn der Werkmeister damit einen höheren heiligen Zweck verbindet, der ohne einen solchen dir töricht und unklug dünkenden Vorgang durchaus nicht zu erreichen ist, da tut er sicher sehr klug und weise, wenn er solch ein wennschon kunstvollstes Vorwerk vernichtend in eine Verwesungsgrube wirft, – denn er erreicht dadurch ja einen höheren und heiligen Zweck!

5. Siehe, ein Samenkorn ist gewiß auch ein höchst kunstvolles Werk sowohl in seiner Konstruktion, wie in den substantiellen Teilen, aus denen es zusammengesetzt ist; findest du aber

die Einrichtung unklug, daß es in der Erde zuvor verwesen muß, auf daß es dann aus dieser Verwesung hundertfältig wieder erstehe?!

6. Wenn aber der weise Werkmeister der Dinge schon bei einem gemeinen Samenkorne eine solche Einrichtung getroffen hat, meinst du da wohl, Er wird diese Einrichtung in ihrer höchsten Vollendung beim Menschen auf die Seite gestellt haben und wird dies endlos vollkommenste Werk bloß darum in die Grube der Verwesung stürzen, um Seiner Laune zu genügen?!

7. O Mahal, wie blind mußt du sein, wenn du an Mir einen so törichten Werkmeister wähnst! Sagt es dir nicht dein eigen Gefühl, daß du ewig leben möchtest und möchtest tiefer beschauen Meine endlos vielen Werke?! Meinst du wohl, daß du dieses Gefühl hättest, so du nur für ein zeitliches Dasein geschaffen wärest? Wahrlich, sage Ich, dein Schöpfer, es dir, da würdest du auch nur einen zeitlichen und keinen ewigen Lebenstrieb haben!

8. Da du aber einen ewigen Lebenstrieb in dir hast und kannst schauen hinaus ins Unendliche, da trägst du ja schon den lebendigen Beweis in dir, daß du in deiner Grube nicht darum verwesen wirst, um als ein allervollendetstes Werk Meiner Hand zunichte zu werden, sondern eben erst durch dieses dir unklug scheinende Mittel das in Fülle und höchster Vollendung zu erreichen, was du in diesem Vorwerke fühlst und für ewig lebendig begehrst!

9. Siehe, die Erde ist ein Leib, aus dem vieles geboren wird, und du weißt es nicht, wie das zugeht, daß da also geschieht; also muß ja auch dein irdischer Leib wieder in die Erde gelegt werden, auf daß dein geistiger, unzerstörbarer Leib frei in der Fülle zum ewigen Leben erstehe!

10. Daß sich aber die Sache also verhält, davon hast du in deinem Leben schon die vielfachsten Beweise erlebt, indem du schon mit gar vielen geredet hast, deren Leib auch in die Erde gelegt ist worden.

11. Ich meine, daß demnach dein Mir gemachter Vorwurf unbegründet ist; daher schreite zu einem andern, – denn damit wirst du Mich zu keinem Schadenersatze nötigen!"

12. Als der Mahal solche Rede vom Herrn vernommen hatte, da war er überzeugt, daß der Herr vollkommen handle in diesem Punkte; aber er dachte da an den Satan und sprach zum Herrn:

13. „Herr, ich ersehe, daß da nach Deinem ewig wahren Worte die Einrichtung mit Deinen Werken gut ist, indem Du sicher nur auf diesem Wege mit Deinen Werken die höchsten Zwecke erreichen kannst; wenn aber demnach alles gut und vollkommen von Dir ausgegangen ist und außer Dir in der ganzen Unendlichkeit nichts ist und alles, was da ist, demnach Dir gleich gut und vollkommen sein muß, – o sage, wessen Ursprungs ist demnach der Satan und dessen unbegrenzte Bosheit? Woher nimmt er das, womit er nun alle Menschen gegen Dich aufgewiegelt hat, daß sie Dich verachten und, so es möglich wäre, Dich Selbst mit allen Deinen Werken vernichten möchten? O sage, wer da ist des Satans Schöpfer und Werkmeister?!"

14. Und der Herr sprach: „O du blinder Verfechter blinder Rechte deiner Selbstsucht, was redest du?! Hast du denn vergessen, wie vollkommen Ich den Menschen geschaffen habe, daß er außer Meiner Allmacht tun kann, was er will, wie ein zweiter Gott, nach einer frei von ihm gestellten Ordnung?! Meinst du, der Satan als ein freies Wesen solle unvollkommener sein als du?! Wenn du Mir gegenüber

tun kannst, was du willst, ohne Berücksichtigung Meiner Ordnung, solle das dem freien Geiste unmöglich sein?!

15. Muß Ich euch nicht handeln lassen, wie ihr wollt, so Ich euch nicht gerichtet haben will in Meiner Allmacht?! Wenn aber also, da sage du, wie Ich den ersten Geist hätte gestalten sollen, daß er nach deinem Sinne handeln müßte in Meiner Ordnung, dabei aber dennoch haben solle eine vollkommene Willensfreiheit! Oder besteht die Vollendung der Wesen nicht in dem nur, daß sie ganz frei wollen und tun können, – ob es nun für oder gegen Meine Ordnung ist!"

16. Hier ward der Mahal schon wieder stumm und wußte nicht, was er weiter reden solle.

17. Aber der Herr redete weiter, wie da folgt.

340. Kapitel

Des Herrn weiterer liebevoller Austausch mit Mahal
Mahals Vorwürfe im Hinweis auf seine Sündenlosigkeit
Des heiligen Vaters Trauer und Seine Worte über besondere Lebensführungen
Das Erscheinen der Engel und Waltars. Des Herrn Entschwinden

(Den 8. Aug. 1844)

1. Und also redete der Herr: „Mahal, Mein Sohn, hast du noch etwas wider Mich, so rede, und Ich will dir antworten nach Liebe, Recht und Billigkeit! Denn Ich sehe noch immer einen Ärger wider Mich in deinem Herzen; dieser aber muß zuvor von dir weichen, so du von Mir eine Erlösung zu erwarten haben sollest, – denn ein wider seinen Gott und Schöpfer erboster Geist kann sich nimmer einen mit Ihm! Und also rede du!"

2. Und der Mahal sprach: „Herr, habe ich bis jetzt je eine Sünde begangen wider Deine Ordnung?! Siehe, Du, wie alle Deine Himmel und diese Deine Erde müssen mir das Zeugnis geben, daß ich durch meine ganze vierhundertneunzig Jahre lange Lebenszeit nie gesündigt habe, weder gegen Dich, noch gegen einen Engel, noch gegen Menschen und Tiere und noch gegen einen Stein!

3. Daß ich meiner Kinder wegen in die Tiefe zog, das hielt ich für meine sicher bitterste Pflicht; denn ich ersah es ja in meinem Geiste, wie es mit meinem Sohne Waltar und nachher auch mit dieser meiner Tochter Agla stand, die ihrem Bruder nachgezogen ist.

4. Siehe, Du hast den Waltar verlangt, und er zog hinab; als er aber unten war, da ließest Du ihn sitzen, und die ihm freilich wohl ohne Dein und mein Gebot folgende Schwester ließest Du sinken bis in die unterste Hölle, und Dich kümmerte das alles nicht, das ich wohl wußte aus meinem Geiste heraus. Da war es dann doch sicher eine bitterste Pflicht für mich, einen alten Greis, den weiten Weg nach Hanoch zu machen, um dort wo möglich zu retten meine Kinder!

5. Ich hatte Dich gar oft darum gebeten, daß Du meine Kinder schützen möchtest; allein Du wolltest meine Bitte nicht erhören und zwangst mich gleichsam hinab! Ich ging, und wie verlassen von Dir ich auch meine Kinder antraf – den Waltar tot und die Agla in der Hölle –, so murrte ich doch nicht wider Dich, sondern lobte und pries

allzeit mit Wort und Tat Deinen heiligsten Namen!

6. Nun aber, da während meines großen Jammers in der Tiefe mein Bruder nach Deinem Rate den Kasten gebaut hat zur Erhaltung des Lebens, lässest Du mich sitzen wie einen ärgsten Sünder und lässest mich zugrunde gehen wie einen gemeinsten Erdwurm; da frage ich Dich: Nach welchem Rechte tust Du das und nach welcher Ordnung? – Rede Du nun, was Du willst; die Sache ist einmal also und nicht anders!

7. Denn so Du nun auch sagst: ‚Wann habe Ich gesagt, daß du nicht von dem Kasten zur Zeit der Not Gebrauch machen dürftest, wenn Ich schon Noah berief?', so gilt aber eine solche Entschuldigung vor mir dennoch nichts; denn Du hast mich eben dadurch gerichtet, da Du mich nicht beriefest wie den Noah, und solche Deine Stummheit gegen mich war eben auch ein Wort, das mir den Kasten versperrte und mich also auch richtete und zum Tode verdammte.

8. Und siehe, Herr, das ist die eigentliche Sünde von Deiner Seite gegen mich, darum, weil ich nie gegen Dich gesündigt habe! Nun aber sage ich Dir: Von jetzt an will ich sündigen gegen Dich, auf daß Du einen Grund haben sollst, vor mir den Kasten zu versperren und mich mit meinen vier Kindern zu verderben; denn von nun an werde ich nimmer zu Dir rufen: ‚Herr, rette mich!', sondern: ‚Herr, verderbe mich!'"

9. Hier ward des Herrn Angesicht betrübt, und der Herr sprach zum Mahal: „O Sohn, weil Ich dich so lieb hatte, darum wollte Ich dich auf dieser Erde erziehen zu einem Großfürsten Meiner Himmel! Du aber ersahst in Meiner zu großen Liebe nur eine Vernachlässigung von Meiner Seite an dir; oh, wie blind hat dich deine eigene Gerechtigkeit gemacht!

10. Damit du aber siehst, daß Ich diesen Kasten nicht nur für Noah, sondern für jedermann bereiten ließ, so sollen von der Stunde an Engel aus den Himmeln unter die Menschen gehen als Menschen und sollen sie warnen vor Sünden und sie einladen, in diesen Kasten zu gehen zur Zeit der Not!

11. Also (*desgleichen*) sollst du nun auch deinen Sohn Waltar sehen und sprechen, und er soll dir ein Zeugnis geben von Mir und sagen, ob Ich ihn also verlassen habe, wie du Mich ehedem beschuldigt hast!"

12. Hier blickte der Herr empor, und im Augenblick standen viele tausend Engel auf der Vollhöhe, und also (*ebenso*) war auch Waltar leuchtend darunter und ging hin zum Mahal und tröstete ihn und zeugte von der endlosen Güte, Liebe, Sanftmut, Geduld und Erbarmung Gottes.

13. Mahal aber fragte den Waltar, ob er denn wohl der Waltar sei und lebe als solcher.

14. Und Waltar bezeugte vor dem Mahal die vollste Echtheit seines Seins.

15. Da erst fing Mahal an, ganz andere Saiten aufzuziehen vor dem Herrn. Aber der Herr entschwand nun, auf daß der Mahal nicht gerichtet würde; die Engel und der Waltar aber blieben.

341. Kapitel
Mahals Besprechung mit Waltar über den Grund der Unsichtbarkeit des Herrn
Mahals Selbsterkenntnis und Reue
Des Herrn vergebende Worte aus der lichten Wolke

(Den 9. Aug. 1844)

1. Mahal aber, da er den Herrn nicht mehr ersah, fragte den Waltar, was denn nun mit dem Herrn geschehen sei, da er Ihn nimmer erschauen könne unter den vielen Boten aus den Himmeln.

2. Und der Waltar sprach: „O Mahal, siehe, daß Er vor dir Sich verbarg, das ist wieder Seine endlose Güte und Liebe! Denn wäre Er nun noch sichtbar vor dir, da wärest du schon gerichtet durch die Macht Seiner sichtbaren Gegenwart, die dich nun gefangen und mit unbeschreiblicher Gewalt an den Herrn gezogen hätte! In diesem gewaltsamen Zuge aber hättest du alle deine Freiheit eingebüßt, und dein Geist hätte den Tod erlitten!

3. Siehe, das sah der Herr gar wohl; darum verschwand Er dir aus den Augen! Denn es ist ein unendlicher Unterschied zwischen Schöpfer und Geschöpf und verhält sich wie Tag und Nacht, oder wie Leben und Tod!

4. Die Sonne belebt mit ihrem Lichte ja auch die ganze Erde; denn aus ihr steigen die Lebensgeister in die organische Schöpfung dieser Erde und beleben alle die toten Geister zu einer freieren Tätigkeit in ihren Organen, und du ersiehst dann bald den Erdboden grünen und erblühen in allerlei lieblichen Gestaltungen, die da ein Werk sind der neu belebten Geister in den Organen dieser Erde!

5. Wenn aber die Sonne fortwährend leuchtete am Mittagshimmel, und es käme keine aller Tätigkeit die notwendige Ruhe bringende Nacht dazwischen, was wohl würde da sehr bald mit allen Dingen auf dem Erdboden werden? Siehe, sie würden verdorren und endlich gar verbrennen! Das wäre aber doch sicher der barste Tod der Dinge!

6. Siehe, noch viel ärger aber wäre die beständige sichtbare Gegenwart des Herrn; denn in der könnte kein Wesen das Leben erhalten!

7. O siehe, auch wir, die wir im Reiche des ewigen Lichtes Gottes leben im Geiste, missen meistens des Herrn sichtbare Gegenwart! Wir sehen wohl Sein Licht, in dem Er wohnt, aber Ihn sehen wir nicht; also wie du auch nur das Licht der Sonne siehst, aber nicht die eigentliche Sonne selbst, die in der dir allein sichtbaren Lichtumhüllung zu Hause ist!

8. Das alles aber zeugt von der endlosen Güte und Liebe des Herrn, der fortbeständig mit aller Seiner endlosen Weisheit und Allmacht bemüht ist, Seine Kinder so zu gestalten und frei zu festen, daß sie dereinst auch Seine sichtbare Gegenwart für ewig ertragen sollen ohne die geringste Beeinträchtigung ihrer Freiheit. – O sage mir, bist du mit solcher Einrichtung des Herrn nicht zufrieden?!"

9. Hier fiel dem Mahal wie eine Decke von den Augen, und er ersah so sehr sein großes Unrecht, das er an dem Herrn verübt hatte, daß er darob laut zu weinen anfing und dabei ausrief: „O Du ewig guter Vater, wirst Du mir wohl ewig je meine gröbste Anmaßung gegen Dich vergeben können?"

10. Und eine Stimme sprach aus einer nahen lichten Wolke: „Mein Sohn, Ich habe dir schon lange eher vergeben,

als du gesündigt hast; daher sei ruhig, und liebe Mich, deinen heiligen Vater!"

11. Darauf zog sich die lichte Wolke gen Morgen und ward dort unsichtbar.

Alle Engel und Menschen aber beteten an auf der Höhe die große Herrlichkeit Gottes!

12. Was weiter, – in der Folge!

342. Kapitel

Waltars Rede über den letzten Versuch Gottes, durch Seine Engel die Menschen vor der Sündflut zu warnen und zu retten Mahals Mission und der Engel Weggang in die Tiefe

(Den 10. Aug. 1844)

1. Nach solcher erhabensten Anbetung des Allerhöchsten sagte wieder der Engel Waltar zum Mahal: „Nun, Mahal, du irdischer Zeuger meines einstigen irdischen Leibes, ist die Zeit wieder herangekommen, wo es heißt: ‚Gehet und vollziehet Meinen Willen!' Ich aber habe nun nicht nötig, dir solchen kundzugeben; denn der Herr Selbst hat es dir geoffenbart, weshalb Er uns berufen hat aus den Himmeln.

2. Siehe, es gilt nun den letzten, außerordentlichen Versuch, die Menschen der Erde zu retten! Gelingt dieser nicht, dann wird es der Herr auch zulassen, daß die argen Menschen in ihrer törichten Mühe ihr eigen Gericht und ihren Untergang finden sollen; und das soll dann wenigstens für ihre wieder von der Materie verschlungenen Geister eine witzigende Lehre sein, daß die Geschöpfe, denen Gott die hohe Freiheit des Lebens gegeben hat, nimmer also töricht und leichtsinnig in die große Ordnung Gottes zerstörend eingreifen sollen!

3. Gott Selbst hat die Berge auf der Erde gesetzt und geordnet zum tausendfachen Nutzen und hat unter den Bergen gegraben große und tiefe Wasserbecken, in denen hundertmal so viel Wassers ruht, als da desselben in den Meeren der Erdoberfläche ist. Und dies unterirdische Gewässer ist gleichsam das Blut der Erde, das da seinen Umlauf hat durch die weiten Kanäle der Erde, und bewirkt zumeist nach des Herrn Ordnung die stets gleiche Bewegung der Erde und somit deren inneres organisches Leben; denn auch ein Weltkörper muß ein Leben haben, so er ein Träger und Ernährer fürs Leben sein soll.

4. Aber so nun die Menschen sich gleich Nagewürmern angesetzt haben und bohren allenthalben tausend und tausend Klafter tief unter die Berge und zerstören dieselben und öffnen dadurch das Geäder der Erde, sage, wessen Schuld und Gericht wird das wohl sein, wenn dadurch die blinden Toren ihren Untergang finden werden?!

5. So du aber einen Wasserschlauch voll mit Wasser irgendwo hingestellt hättest und Würmer kämen dazu und möchten ihn durchnagen, würde da nicht, wenn er durchnagt wäre, alsbald das Wasser aus den Öffnungen gewaltig zu dringen anfangen und würde ersäufen alle die schlechten Nagewürmer?!

6. Und siehe, geradeso wird es auch hier mit den Menschen der Fall sein und durch sie mit allen Tieren und Dingen! Und siehe, das ist auch das schon von alters her geweissagte Gefäß, das da übergehen wird zum Gerichte aller Kreatur des Ortes, so dessen Maß

voll wird von den Greueln der Menschen!

7. Bleibe du aber hier, und belehre die, welche allenfalls hierherkommend Rettung suchen werden; aber die Frevler treibet mit Blitz und Hagelschlag von dannen!

8. Da du nun aber alles weißt, wie da die Dinge stehen, so hadere forthin nicht mehr mit dem Herrn, sondern bleibe in deiner alten Ordnung, so wirst du gleich deinem Bruder gerettet werden nach des Herrn weisestem Plane!"

9. Nach dieser Rede sprachen alle Engel „Amen!" und verließen dann die Höhe und begaben sich in die Tiefe.

10. Was sie aber dort im Verlaufe von fünf Jahren ausrichteten, und wie sie dem Noah die Tiere samt Futter in die Arche brachten, soll nächstens gezeigt werden!

343. Kapitel
Die Tätigkeit der zwölftausend Engel in der Tiefe
König Gurats und Drohuits Belehrung durch Waltar

(Den 12. Aug. 1844)

1. Was für Geschäfte machten denn solche nun außerordentlichen Boten in der Tiefe?

2. Die zwölftausend Engel begaben sich zuerst nach Hanoch, allwo sie nur den König Gurat mit dem schon lange freigelassenen Hauptmanne Drohuit antrafen, die da gerade mit dem Lesen der Berichte über die Gott bekriegenden Unternehmungen Fungar-Hellans beschäftigt waren.

3. Diese Himmelsboten aber verteilten sich in Hanoch, und nur hundert begaben sich in die Burg zum Könige; der aber legte sogleich seine Kriegsberichte beiseite, empfing diese vermeintlichen Deputierten wie gewöhnlich mit der größten hofmännisch-politischen Artigkeit und befragte sie um ihr Anliegen.

4. Da trat alsbald der Engel Waltar hervor und sprach zum Gurat: „Gurat, kennst du nicht mehr den ermordeten Vizekönig, den Waltar, den Bruder Aglas?"

5. Hier erschrak der König, und noch mehr der Drohuit; denn beide erkannten nur zu bald den unverkennbaren Waltar und wußten nicht, was sie aus dieser Erscheinung machen sollten.

6. Nach einer Weile erst fragte der König den Waltar: „Wie? O Waltar, bist du denn nicht ermordet worden von den Schergen deiner Schwester?! Wie ist das zugegangen, daß du nun lebst? Denn es haben die Mörder ja dein unverkennbares Haupt der Agla zurückgebracht, die es dann hat einbalsamieren lassen!"

7. Und der Waltar sprach: „Ja, Gurat, ich bin ganz derselbe Waltar! Aber nur lebe ich jetzt für ewig in einem neuen geistigen, unzerstörbaren Körper, der da Mitgeist ist mit mir und ist völlig eins mit mir! Und also bin ich ein Bote Gottes aus den Himmeln nun, wie alle die, welche hier sind, wie noch gar viele, die schon in der Stadt verteilt sind, zu predigen dem Volke das übernahe Gericht Gottes, also wie wir dir hier solches ebenfalls anzeigen, daß ihr nun beinahe schon rettungslos verloren seid!

8. Denn eure Kriege wider die Hochlandsvölker haben euch den unfehlbaren Untergang bereitet; denn da

habt ihr durch eure Wissenschaft und Kenntnis ein Mittel in Anwendung gebracht, durch das ihr nun Berge wie Schermäusehäuflein vom Grunde aus zerstöret, ohne zu wissen, was da unter den Bergen in der Erde sich befindet!

9. Siehe, die Berge sind Deckel von großen unterirdischen Gewässern und sind daher zumeist aus harten Steinen gefügt nach der Ordnung Gottes, daß ihnen das unterirdische Gewässer nichts anhaben kann!

10. Nun, so ihr aber diese mächtigen Schutzwehren gegen die unterirdischen Gewässer zerstört, werden da nicht die Wässer gar gewaltig auf die Oberfläche der Erde zu dringen anfangen und werden da steigen über die höchsten Gebirge und werden euch alle ersäufen?!

11. Zwanzig gar starke neue Ströme haben schon angefangen, hundertzwanzig Meilen von hier das Flachland in einen See zu verwandeln, und heute werden wieder fünf dazukommen, und so alle Wochen etliche! – Sage, was wird da in der Kürze euer Los sein?"

12. Hier machte Gurat große Augen und erschrak gewaltigst und konnte nicht reden; Waltar aber behieß ihn alsbald, auf die Höhe zu fliehen, allda er noch Rettung finden könne, so er solches tun wolle.

13. Was weiter, – nächstens!

344. Kapitel

Des ungläubigen Gurat abschlägige Antwort an Waltar
Waltars letzte Mahnung an Gurat. Die erfolglosen Mahnungen der Engel bei
Fungar-Hellan und dem Landvolke Hanochs

(Den 13. Aug. 1844)

1. Als der Gurat aber eine solche Beheißung vom Engel Waltar empfing, da sprach er: "Freund aus den Himmeln oder irgendwo möglicherweise von der Erde! Dein Rat ist recht freundschaftlich und wohlgemeint; aber das geht auch aus deiner Warnungsrede hervor, daß du und deine Gesellschaft entweder sehr leichtgläubig seid, oder ihr seid verkappte Deputierte der irgend flüchtigen Hochlandsbewohner und möchtet mich nun unter der sehr mystischen Angabe als Boten aus den Himmeln ins Bockshorn treiben, auf daß ich von hier alsbald flöhe, ihr aber dann Hanoch in Besitz nehmen könntet!

2. Weißt du, mein lieber Waltar der Zweite, so dumm sind wir hier in Hanoch nicht, daß wir gar so geschwinde glauben möchten, was uns von so manchen Gebirgsvagabunden angebunden wird! Es war mir auf den ersten Augenblick wirklich überraschend, dich als einen Waltar zu erschauen; aber im Verlaufe deiner Warnrede gab mir eben sicher auch ein weiser Genius ein, daß es unter den Menschen Zwillingsbrüder gibt und noch sonstige frappante Ähnlichkeiten! Und eben das wird auch mit dir und dem mystischen Waltar der Fall sein, und da du irgend sicher dessen Schicksal erfahren haben wirst, so magst du dich nun wohl für des Waltars Geist ausgeben; aber also körperlich wie du sehen die Geister sicher nicht aus!

3. Ich könnte euch zwar jetzt in einen Kerker werfen lassen für eure große Keckheit; allein Grausamkeit war

mir nie eigen! Daher lasse ich euch wieder ziehen, wie ihr gekommen seid, weil eure Warnrede an mich wenigstens einen freundlichen Schein hatte; aber glauben werde ich eurer Aussage eher nicht, als bis die Großebenen um Hanoch werden mit Kähnen befahren werden! Sodann werde ich eurem Rate folgen! Und nun gehet, und ziehet im Frieden ab!"

4. Hier sprach der Waltar: „Gurat, weißt du, was ich dir nun sagen werde?! Siehe, ich sage dir nichts als: Wann man schon um Hanoch und in Hanoch mit Kähnen fahren wird, und wann du zuvor noch sehen wirst, wie wir hier durch Hanoch eine große Menge von Tieren führen werden hinauf zu Noah, auf daß sie in die Arche aufgenommen werden für eine zweite erneute Erde, dann wird es für dich schon zu spät sein!

5. Denn wenn sich die dem Innern der Erde entstiegenen Dünste in der Luft zu verdichten werden anfangen und werden in gar gewaltigen Massen herabzustürzen anfangen als starke Wasserfluten, dann wird Noah schon lange mit den Seinen sich im Wasserkasten befinden; und da wird niemand mehr in denselben aufgenommen werden. Und wer sich diesem nahen wird, der auch wird vom Blitze und Hagel von dannen getrieben und getötet werden!

6. Nun weißt du alles, und unsere außerordentliche Sendung an dich ist beendet! Tue nun, was du willst, und glaube, was du willst; denn also ist es des Herrn Wille, daß da niemandem ein Zwang angetan werden soll!"

7. Nach diesen Worten entfernten sich diese Engel und begaben sich im Augenblicke in die Gegend, allda der Fungar-Hellan operierte, und richteten an diesen Helden gar kräftige Mahnworte.

8. Aber dieser bedrohte sie und sprach: „Noah wohnt mir zu hoch; daher werde ich im nächsten Jahre auch seine Berge etwas niedriger machen und werde mir dann den Rettungskasten ansehen!"

9. Die Engel aber redeten dann nicht mehr mit ihm; denn der war schon rein böse und völlig wider Gott.

10. Von da gingen die Engel zu allem Landvolke und predigten ihm; aber sie fanden trotz mehrerer Wunderwerke kein Gehör und keinen Glauben. Daher standen sie auch von dem Predigen bald ab und machten sich an die Zusammenbringung der Tiere.

11. Was weiter, – in der Folge!

345. Kapitel

Erklärung über die Sammlung und Erhaltung der für die Arche bestimmten Tiere durch die Engel. Von den außerordentlichen Zulassungen vor großen Katastrophen

(Den 14. Aug. 1844)

1. Daß diese außerordentlichen zwölftausend Boten aus den Himmeln die Tiere gar leicht zusammenbrachten, und also auch ihr Futter, das versteht sich von selbst.

2. Es wird aber hier darum eben dieses Aktes näher kritisch erwähnt, auf daß mit der Zeit die Krittler nicht mehr fragen sollen, wie Noah die Tiere zusammengebracht habe und wie gefüttert diese ungeheure Menagerie.

3. Denn so es Mir, dem Herrn, alle-

zeit gar wohl möglich ist, die allergrößte Weltmenagerie Tag für Tag zu erhalten, so wird es Mir etwa wohl auch damals möglich gewesen sein, die Menagerie Noahs in der Arche ungefähr ein halbes Jahr lang zu erhalten!

4. Daß in selber Zeit für den frommen Noah und noch für viele andere Menschen Meine Engel sichtbar den Erhaltungsdienst verrichteten, das macht keinen Unterschied vor der gewöhnlichen Alletagserhaltung Meiner Geschöpfe; denn das ist ja immer ein gleiches Geschäft der Engel aus Mir, und die Sichtbarkeit bildet da gar keinen Unterschied.

5. Wären die Menschen in dieser Zeit eben auch also fromm, wie es Noah war, da würden sie auch zu öfteren Malen sehen, wie da gar viele Engel Tag und Nacht vollauf tätig sind, um Meine große Weltmenagerie zu erhalten; aber mit den grobweltlichen Augen werden die jetzigen Menschen, die zumeist um vieles schlechter sind wie zu den Zeiten Noahs, das wohl nimmer erschauen!

6. Wenn man aber sagen möchte: „Wie haben es denn hernach zu Noahs Zeiten auch sogar die rein bösen Menschen sehen können, wie da die Engel die Tiere führten und ihr Futter nachtrugen in großer Masse?"

7. Da sage Ich: Das tut Meine Barmherzigkeit allezeit vor einem allgemeinen Übel der Welt, welches sich allezeit die dummen Menschen selbst bereiten infolge ihrer großen Unkenntnis in allen Dingen der Welt! Bei und vor jedem Unglücke werden die Menschen allezeit durch außerordentliche Vorerscheinungen gemahnt, den Ort zu verlassen und sich traulich unter Meinen Schutz zu begeben, wo ihnen gewiß nichts von einem Leide zustoßen würde; allein da sind die Menschen als beati possidentes (*glückliche Besitzer*) stets taub und blind und sind oft dümmer als die Tiere und lassen eher alles Ungemach über sich kommen, als daß sie der Zeichen achteten und sich alsbald begäben in Meinen Schutz!

8. Lasse Ich aber schon bei kleinen örtlichen Übeln außergewöhnliche Zeichen vorangehen, um wieviel mehr werde Ich solches tun bei einem so großen und allgemeinen Weltübel, wie das zu Noahs Zeiten es war! Also entschuldigt die Sündflut doch wohl sicher die vorhergehende sichtbare Tätigkeit der Engel aus den Himmeln!

9. Es ist zwar freilich wohl eine solche Erscheinung auch ein Gericht für die Menschen; aber so man nichts als zwei Übel vor sich hat und eines ergreifen muß, da ergreift man doch zuerst das kleinere, um dadurch möglicherweise das große zu verhüten, – allwann sich dann sicher auch eine kleine Wunde eher wird heilen lassen als eine große! Ist aber die Ergreifung des kleinen Übels kein Schutz mehr, dann freilich muß von selbst das große Übel folgen, in dem das Böse dann sein Ende finden muß.

10. Ich meine, der Grund dieser sichtbaren Handlung der Engel wäre nun hinreichend dargetan, und so können wir nun schon wieder zu der Geschichte zurückkehren!

11. Was aber dann die Engel in Hanoch für ein Aufsehen erregten, als sie die gesammelten Tiere durchführten, davon soll nächstens die Rede sein!

346. Kapitel

Der Zug der Engel mit den gesammelten Tieren durch Hanoch
Der erfolglose letzte Mahnruf an die Hanochiten und ihren König
Die Rückkehr der Himmelsboten auf die Höhe

(Den 16. Aug. 1844)

1. Als die außerordentlichen Boten nach einem Verlaufe von vier Jahren mit den gesammelten Tieren in Hanoch ankamen, da machte das ein großes Aufsehen, indem diese Boten die Tiere frei und nicht in Käfigen führten, wie es sonst gewöhnlich auch schon in jener Zeit gebräuchlich war; und ganz besonders zog das die Aufmerksamkeit und die Bewunderung der Hanocher auf sich, wie da beinahe eine unzählbare Tiermenge von aller Art, Gestalt, Größe und Beschaffenheit miteinander in der friedlichsten Ordnung wandelte gleich Lämmern.

2. Die Boten durchzogen also alle Gassen und Straßen und riefen allen Menschen zu: ,,Noch ist euch eine kurze Zeit beschieden; bekehret euch zu Gott dem Herrn, und ziehet vertrauensvoll mit uns hinauf auf die Höhe Noahs, und ihr sollet alle gerettet sein, soviel da auch eurer sein möchten!

3. Denn sehet, wir sind nicht Menschen gleich euch, was euch der gleiche Gehorsam dieser Tiere zeigt, die gar verschiedenartig in ihrer Natur sind, uns aber dennoch allsämtlich also gehorchen, als wären sie lauter Lämmer, während ihr darunter doch sicher vom Elefanten bis zur Haselmaus die allergrimmigsten und reißendsten Tiere ersehet!

4. Uns ist also eine große Macht gegeben! Und so jetzt auch vom Noah nur ein großer Rettungskasten natürlichermaßen bereitet ist zur Rettung für Tausende und ihr im selben nicht Unterkunft finden dürftet, da ihr aus Millionen bestehet, so tut das aber dennoch nichts zur Sache für eure Rettung; denn in dem Falle eurer wahren Umkehr zu Gott sind wir imstande, in einem Augenblicke hunderttausend gleiche Rettungskästen zu erbauen, in denen ihr alle in eine erneute Erde hinüber ganz unversehrt und besterhalten gelangen könnet!

5. Höret! Dies ist der letzte Ruf Gottes, der zu euren Ohren dringt! Verlasset alles, und folget ihm; denn von jetzt an in einem Jahre werden alle diese eure Wohnorte und Ländereien dreitausend Klafter tief unter Wasser und Schlamm stehen!"

6. Dieser Ruf aber war dennoch von keiner Wirkung; man lachte nur über diese vermeinten Zauberer und Tierbändiger und ließ sie übrigens ganz unbeirrt ziehen und schreien.

7. Also kamen sie auch wieder zum Könige und luden ihn ein, ihnen zu folgen.

8. Er aber gab ihnen gar keine Antwort, sondern ließ sie ganz unverrichteterdinge wieder abziehen also, wie sie gekommen waren.

9. Und die Boten zogen ganz betrübt aus der Stadt und begaben sich auf die Höhe mit den gesammelten Tieren.

10. Was weiter, – in der Folge!

347. Kapitel

Die Ankunft der Boten mit ihren Herden bei Noah
Die Anordnungen der Engel zum Unterbringen der Tiere
Der Endtermin für die Aufnahme Schutz suchender Menschen

(Den 17. Aug. 1844)

1. Als diese außerordentlichen Boten auf der Höhe beim Noah anlangten mit den gesammelten Tieren, da kamen ihnen alsbald der Noah und sein Bruder Mahal entgegen, und beide konnten nicht genug erstaunen über die große Menge der Tiere und über ihre sehr verschiedenen Formen und unterschiedlichen Benehmungsweisen.

2. Die Engel aber sprachen zum Noah: „Mache auf die Tür in die Arche, auf daß wir die Tiere hineintun in die für sie bestimmten Zellen; ihr Futter aber wollen wir in ihre Zellen legen, und sie werden davon nach ihrem inneren Triebe täglich so viel verzehren, als zu ihrer Erhaltung vonnöten sein wird!

3. Du hast demnach für nichts als fürs Wasser zu sorgen, was dir aber ein leichtes sein wird. Siehe, da der Kasten bis über seine halbe Höhe im Wasser sein wird, so bohre im mittleren Stockwerke ein Loch, und setze von innen eine Pipe (*Faßhahn*) an! Wenn du die Pipe öffnen wirst, da wirst du sogleich so viel Wasser bekommen, als du dessen vonnöten haben wirst.

4. Solange aber der Herr noch nicht regnen wird lassen, so lange auch laß die Arche offen und die Tiere aus- und eingehen und sich suchen ihren Trank und auch ihre frische Kost; doch mußt du die Zellen also bezeichnen und darfst die Tiere nicht anders einordnen, als wie wir sie jetzt eingeordnet haben!

5. Du sollst dich aber auch nicht um die Einordnung weiter kümmern; denn darum legten wir für ein jedes Tier das bestimmte Futter in seine Zelle, und es wird ein jedes Tier darnach seine Zelle erkennen!

6. Also sorge dich auch nicht um die Reinigung der Zellen; denn diese werden schon gereinigt werden ohne deine Mühe!

7. Also (*desgleichen*) laß auch das Fenster am Dache nun stets offen, auf daß durch dasselbe die Vögel werden einziehen können! Was ihr Futter betrifft, dafür werden schon wir sorgen; nur fürs Wasser wirst du mit den Deinen zu sorgen haben!

8. Der Herr Selbst aber wird es dir anzeigen, wann du die Arche zu schließen und dann die Tür fest zu verpichen haben wirst!

9. Wenn da vor dem Regen die Menschen bei dir Schutz suchen möchten, so sollst du sie aufnehmen; wenn es aber zu regnen anfangen wird, dann soll niemand mehr in die Arche gelassen werden!

10. Nun weißt du alles; der Herr sei mit dir! Amen."

11. Darauf verschwanden die Engel, und Noah ging mit all den Seinen und lobte und pries Gott.

12. Der Mahal aber war, gleich einem Naturforscher, mit seinen Kindern nur mit der Betrachtung der Tiere beschäftigt und hatte eine große Freude an dieser Menagerie.

13. Was weiter, – in der Folge!

348. Kapitel

Mahals Murren und Hadern wider die Engel und Gott ob seiner vermeintlichen Vernachlässigung. Aglas belehrende und tröstende Worte und ihre plötzliche Heimholung durch den Engel Waltar

(Den 19. Aug. 1844)

1. Als Noah Gott gelobt und gepriesen hatte, da begab er sich dann auch in die Arche und besah, wie da die Tiere eingezellt waren, und suchte dann im mittleren Stockwerke eine passende Stelle für die anbefohlene Wasserpipe.

2. Als er diese fand, da bestieg er auch das dritte Stockwerk und fand hier seinen Bruder Mahal, der gerade einen Rat mit seinen Kindern hielt darum, weil die Engel seiner mit keiner Silbe erwähnt hatten, sondern alles nur dem Noah anbefohlen hatten, und war voll Ärgers darob ganz besonders, da die Engel dem Noah wohl zur Unterhaltung der Tiere genaue Weisungen gegeben hatten, zu seiner und seiner Kinder Unterhaltung (*Erhaltung*) aber auch nicht eine Silbe fallen ließen!

3. Und er sprach in der Gegenwart des Noah, den er aber jedoch nicht bemerkte, weil dieser hinter einer Zellenwand stand: ,,Bin ich denn weniger vor dem Herrn als die Tiere?! Diese haben ihre Zellen und ihr hinreichendes Futter, und es war für ihre Erhaltung gesorgt; was haben denn wir?

4. Also sprachen die Engel auch immer von der Erhaltung Noahs und der Seinigen; aber von unserer Erhaltung war nicht die allergeringste Rede! Was ist das wohl anders, als daß uns die Engel zu verstehen gaben: für uns ist die Arche nicht erbaut, sondern allein nur für Noah und für die Seinen und für die Tiere!

5. Ich weiß aber, was ich tun will! Sehet, es ist ja noch eine Menge behauenen Holzes da; ich werde mit den Knechten Noahs reden und mit Noah, daß mir ein eigener Kasten erbaut werde, in dem wir Platz haben werden, und Noah kann dann gleichwohl allein den großen Kasten bewohnen!

6. Will uns der Herr erhalten, so ist's wohl und gut, – und will Er das nicht, wie es sich zeigt, so werde ich Ihn nicht darum bitten; denn mir ist nun schon das ganze Wesen des Lebens unter solchen bedrängten Umständen ohnehin zum Ekel geworden!''

7. Hier sprach die Agla: ,,O Vater, ich meine, du redest zu viel! Denn siehe, ich habe ja auch den Waltar gesehen und er mich, und er hat mich nicht getröstet; und dennoch murre ich nicht wider den Herrn! Warum tust du denn das, der du doch vom Herrn Selbst den allerhöchsten Trost erhieltest?!

8. Ich aber sage bei mir: ,O Herr, mir, der größten Sünderin, geschehe nach Deiner Erbarmung!' Und muß ich schon auch eine Beute des Todes werden, so sei der Herr auch darum gelobt und gepriesen!''

9. Mahal staunte über diese Rede der weinenden Agla, und Noah trat hervor und lobte die Agla ob solch rechter Rede vor Gott.

10. Im Augenblicke aber stand ein lichter Engel vor der Agla und sprach zu ihr: ,,Agla, siehe, du sollst nimmer eine Beute des Todes, sondern nur eine Beute des Lebens werden für ewig! Und so reiche mir deine Hand, und folge mir, deinem Bruder Waltar!''

11. Hier reichte die Agla dem Engel die Hand und verschwand im Augenblicke; und es blieb von ihr nichts zurück als ihre Kleider und in selben ein wenig Asche.

12. Diese Erscheinung setzte alle ins größte Staunen, und sie wußten nicht, wie solches geschah.

13. Noah allein faßte sich und fiel aufs Angesicht und lobte und pries Gott über die Maßen.

349. Kapitel
Noahs mahnende Worte an den murrenden Mahal
Der Bau des kleinen Kastens für Mahal und die Seinen

(Den 20. Aug. 1844)

1. Als der Noah den Herrn darum bei einer Stunde gelobt und gepriesen hatte, daß Er die verlorene Tochter seines Bruders gar so außerordentlich gnädigst aufgenommen hatte in das ewig-lebendige Reich der Geister aus Gott, da stand er wieder auf, wandte sich an seinen Bruder Mahal und sprach zu ihm:

2. „Bruder, möchtest du nun nicht wieder zanken mit Gott dem Herrn darum, daß Er dir eine so endlos große Gnade erwies?! Siehe, es ist in dir nichts als der pure versteckte Hochmut!

3. Siehe, es ärgert dich immer heimlich, daß der Herr mich und nicht dich zum Bau der Arche erwählt hat, und daß du nicht bei jeder Gelegenheit ganz besonders gerufen und erwählt wirst! Und weil du sonst niemanden hast, mit dem du darob hadern könntest, so lässest du deinen Hochmutsingrimm auf den Herrn Selbst aus und willst Ihm trotzen sogar bei jeder Gelegenheit!

4. Frage dich aber selbst, ob ein solches Benehmen gegen Den, der dich so liebevollst vor vier Jahren Seinen Sohn nannte, recht und billig ist! Meinst du wohl, der Herr wird Sich von dir etwas abtrotzen lassen?!

5. Siehe, der Satan(a) trotzt dem Herrn schon seit den undenklichsten Zeiten! Was aber hat er dadurch schon gewonnen?! Denn alles, was er will, tut der Herr nimmer! Und so bleibt der Satan stets der geschlagene Sklave seines eigenen Starrsinns, der eine Frucht seiner Torheit ist; der Herr aber bleibt ewig der Herr und tut, was Er will, ohne Sich dabei an das Geschrei der Weltnarren zu kehren!

6. Bruder, ist's denn gar so schwer, sich vor dem heiligen, allerbesten Vater zu demütigen und sich Seine heilige Ordnung gefallen zu lassen?!

7. Der Herr hat es dir doch handgreiflich gezeigt, wie Er vor dir noch nie den Kasten Seiner Liebe, Gnade und Erbarmung verschlossen hat und also auch sicher diese Arche nicht!

8. So du dich aber aus einem geheimen Ingrimm selbst ausschließen willst, meinst du wohl, daß dich der Herr dann bei den Haaren hereinziehen wird?! Oh, ändere deine Torheit, und stelle des Herrn Geduld nicht stets auf neue Proben, so wirst du bald auch für dich eine Zelle hier in der Arche finden!"

9. Diese höchst wohlgemeinte Rede Noahs machte aber wenig Wirkung beim Mahal, und er bestand darauf, daß ihm ein eigener Kasten gebaut werde.

10. Und Noah tat nach dem Wunsche seines Bruders und ließ für ihn einen kleinen Kasten von vier Klafter Länge und zwei Klafter Höhe erbauen; nur waren darinnen keine Zellen angebracht.

11. Was weiter, – in der Folge!

350. Kapitel

Die Übergabe der kleinen Arche an Mahal durch Noah
Mahals trotzige Forderung an den Herrn
Die Hinwegnahme der drei Kinder Mahals durch das Feuer des Zornes Gottes

(Den 21. Aug. 1844)

1. Als Noah auch mit dem kleinen Kasten für den Mahal fertig war, da sprach er zu ihm: „Nun denn, da ist vollendet der Kasten deines Starrsinnes! Siehe aber zu, daß ihn der Herr segne für dich und deine drei Kinder; sonst wird er dir wenig Sicherheit bieten!

2. Ich habe ihn gesegnet durch den Bau; allein dieser Segen wird fruchtlos sein ohne den Segen des Herrn! Daher gehe vor den Herrn hin, und gib Ihm die Ehre und bitte Ihn, daß Er dir segne den Kasten zu deiner Sicherheit!"

3. Mahal aber sprach: „Du redest nach deiner Art und kennst nicht meine Not! Bin ich nicht ein Mensch wie du, und haben wir nicht einen Vater und eine Mutter?! Dir hat der Herr geboten sogar diese deine Arche nach angegebenem Maße zu deiner Rettung, da du Ihn doch nicht darum gebeten hast; mich aber ließ Er auf der Erde herumlaufen wie ein wildes Tier, meiner Kinder wegen, und sagte mir nicht, daß auch ich mir solle einen Rettungskasten erbauen!

4. Er redete wohl durch das Gefühl zu mir und zeigte mir an in der Tiefe, was ich habe tun sollen, und ich tat allzeit darnach; aber von einer Rettung sprach Er nie etwas Bestimmtes zu mir, während ich doch ebenso rein war, wie du es bist!

5. Und siehe, darin besteht meines Herzens Not; und ich will daher nichts tun und will harren auf des Herrn ausdrückliches Wort! Wenn Er bestimmt mit mir reden wird, dann werde ich auch bestimmt nach Seinem Worte handeln! Aber nötigen will ich den Herrn weder durch Bitte, noch durch ein Opfer zu etwas; eher will ich zugrunde gehen, als den Herrn in Seiner Freitat an mir zu beirren!

6. Will Er diesen Kasten segnen für mich, so wird Er es tun ohne meine Bitte, so wie Er dir die Arche ohne deine Bitte zu bauen hat anbefohlen; will Er aber das nicht, so werde ich von dem Kasten keinen Gebrauch machen, sondern werde beherzt das herbe Los von Millionen mit den Meinen teilen und werde dazu noch ein Zeuge sein, wie die argen Menschen ihren Frevel büßen werden! Amen."

7. Darauf erhob sich der Mahal und zog mit seinen drei Kindern fürbaß in einen Wald und harrte da auf des Herrn Wort.

8. Der Herr aber ließ ihn gehen drei Tage lang; am vierten Tage aber fing der Himmel an, sich zu trüben mit Wolken.

9. Da ward der Mahal ärgerlich über den Herrn und haderte gewaltig mit Gott, und das in einem Tone, der nimmer wieder bekanntgegeben werden soll auf der Erde.

10. Als Mahal sich heiser gelästert hatte, da sank ein Feuer aus den Wolken vor dem Mahal zur Erde, und aus dem Feuer sprach eine Stimme:

11. „Mahal, du Ungeratener! Ich bin satt deines Lästerns geworden! Hältst du Mich, deinen Gott und Herrn, keiner Ehre wert, so halte Ich auch dich nicht wert der Rettung!

12. Und so bleibe denn hier, und sei ein Zeuge Meines Zornes über die Erde und über dich; aber deine Kinder, da sie nicht in dein Lied gestimmt haben,

will Ich von dir nehmen, und so sollst du Mich wenigstens in Meinem Zorne kennen lernen, weil du Mich in Meiner Liebe nicht erkennen wolltest! – Es geschehe!"

13. Hier ergriff das Feuer die drei Kinder und verzehrte sie im Augenblick. Und Mahal blieb nun allein und ward ganz stumm vor Entsetzen.

14. Was weiter, – in der Folge!

351. Kapitel
Mahals Flucht auf einen hohen Felsen und in die Grotte Adams
Mahals Selbstgespräch. Des Herrn gnädiges Wort an Mahal
Der Anbruch der Finsternis und Mahals Umherirren

(Den 22. Aug. 1844)

1. Es ließ aber der Noah den Mahal suchen; aber der Herr wollte es nicht, daß dieser je wieder von Noah sollte gefunden werden auf Erden.

2. Mahal selbst aber bestieg einen hohen Felsen und nahm mit sich genießbare Wurzeln, Brot und Käse für zwanzig Tage; und da der Felsen eine Quelle hatte, so war er für die Kost, also mit Speise und Trank, versorgt.

3. Auf diesem Felsen brachte er sieben Tage zu. Als sich aber der Himmel stets mehr und mehr verdüsterte von Tag zu Tag, da erhob sich der Mahal auch von seinem Felsen, nahm seine Viktualien und ging damit in die berühmte Grotte Adams.

4. Als er mühselig da anlangte, da sprach er zu sich: „Ich bin alt und mühselig geworden, und der Herr hat mir alle Stütze genommen; sollte Er etwa auch dafür wollen gedankt, gerühmt und gepriesen werden?

5. Ja, Herr! Jetzt, da ich durch Deinen Drang ein Sünder vor Dir geworden bin, jetzt erst will ich Dich rühmen, loben und preisen! Denn da Du mich getreten hast, da tat es mir weh, und ich bäumte und krümmte mich wie ein Wurm vor Dir; nun aber hat ein zu großer Schmerz mich gefühllos gemacht! Ich empfinde weder Schmerz noch Trauer und also auch keinen Ärger und Zorn mehr; daher kann ich Dich, o Herr, ja wieder rühmen, loben und preisen!

6. Und so sei denn gerühmt, gelobt und gepriesen, Du mein Gott und Herr und Du mein allmächtiger, heiliger Schöpfer und Vater! Ich habe gerechtet mit Dir, da ich Schmerz hatte; jetzt aber will und werde ich nimmer rechten mit Dir, denn ich habe ja keinen Schmerz mehr!

7. Solange ich bei Dir im Himmel des Noah war, da hatte ich auch keinen Schmerz, und ich konnte gerecht sein vor Dir, o Herr, zu jeder Zeit und konnte Dich allzeit loben, rühmen und preisen; da Du mich aber zur Hölle gehen ließest, da ward ich voll Ingrimms und voll Schmerzes, und ich mußte in einen Streit wider Dich geraten! Nun aber bin ich wieder ohne Schmerz; daher kann ich Dich nun auch wieder rühmen, loben und preisen!

8. Darum laß mich ja nimmer wieder zur Hölle, allwo Dich niemand rühmen, loben und preisen kann; denn da ist nur ein Feuer, ein Zorn, ein Fluch und ein Schmerz!

9. Da ich Dich, o Herr, aber nun schon also rühme, lobe und preise, so bitte ich Dich aber auch, nimm mich nun auch von der Welt, und laß mich nicht Zeuge sein von der gerechten Flut

Deines Zornes über alle Deine Kreatur! Dein Wille allezeit geschehe! Amen."

10. Auf diese Anrede Mahals ertönte aus den inneren Räumen der Grotte wie ein Echo: „Mahal, Ich habe Mich gedämpft in Meinem Zorne gegen dich, weil du dich gedämpft hast, da Ich dir gewaltige Streiche ob deiner Härte gegen Mich gab; aber dennoch mußt du büßen auf der Erde deine mannigfache Torheit ehedem, bis Ich dich annehmen werde, – denn dein Frevel gegen Mich war groß!

11. Sei aber geduldig in allem, was da über dich kommen wird, und harre auf Mich, und Ich will dich nicht von der Flut ersticken lassen; aber deine Fußsohlen sollen dennoch ehedem von der Flut bespült werden, bis Ich dich deines Fleisches entheben werde! Also geschehe es!"

12. Mahal aber erkannte wohl in diesem Echo des Herrn Stimme und ergab sich nun in den Willen des Herrn.

13. Als er aber sieben Tage in der sonst hellen Grotte zugebracht hatte, da wollte es nimmer Tag werden; denn das Firmament war schon so dicht mit kohlschwarzen Wolken angestopft, daß da kein Sonnenstrahl mehr durchdringen konnte.

14. Daher verließ Mahal auch seine Grotte und ging, wo er ein Licht finden möchte; aber er irrte vergeblich hin und her. Er konnte keinen Weg mehr finden vor lauter Finsternis; dennoch aber murrte er nicht, sondern wartete nun geduldig ab, was da kommen werde über die Erde.

15. Das war aber auch schon die Zeit, wo der Herr den Noah mit den Seinen behieß in die Arche zu gehen.

16. Wie aber? Das steht im ersten Buche Mosis, 7. Kapitel, zwar schon ausführlich, – dennoch aber soll es nächstens noch näher beschrieben werden!

352. Kapitel

Des Herrn Trostworte an Noah und Seine tiefe Trauer um die Menschen
Die letzten Versuche des Herrn, die Menschen der Tiefe zu retten

(Den 23. Aug. 1844)

1. Also aber war es, als der Herr den Noah behieß in die Arche zu gehen:

2. Als der Himmel sich gar mächtig zu trüben und das Gewölk die nächsten Bergspitzen in eine dichte Nacht zu hüllen begann und die Tiefe über unabsehbare Fernen hin dampfte gleich einer brennenden Stadt, da kam der Herr zu Noah wie voll Wehmut und Trauer und sagte zu ihm:

3. „Noah, fürchte dich nicht; denn siehe, Ich, der Herr aller Kreatur und aller Dinge, bin bei dir, um dich zu schützen und zu schirmen vor jeglichem Ungemache, das Ich nun über die Welt werde kommen lassen darum, weil es die arg gewordenen Menschen also haben wollten!

4. Siehe, siehe, wie traurig es nun aussieht auf dieser alten Erde! Der Menschen Kunst hat ohne ihr Wissen und Wollen die argen gefangenen Urgeister dieser Erde vor der Zeit frei gemacht, wodurch ohne ein Gericht alle Himmel gefährdet würden. Daher ist nun der Raum von der Erde bis zum Monde mit solchen Geistern angefüllt. Und würde nicht durch ein örtliches Glühen der Wolken, in denen die frei-

gewordenen argen Geister nun wüten und toben, eine Helle auf den Erdboden kommen, so wäre hier eine solche Nacht, in der alles Leben ersticken müßte; denn der Sonne Licht vermag nimmer durch solche Massen von Wolken und Dünsten zu dringen!

5. Aber die Menschen der Tiefe haben keine Furcht! Sie beleuchten ihre Städte mit Fackeln und großen Öllampen und sind lustig dabei; sie freien noch und lassen sich freien und halten Gastmähler, Spiel und Tanz, während Ich, ihr Schöpfer, um sie traure und ihnen nicht helfen kann, um sie nicht zu vernichten in ihrem Geiste auf ewig!

6. O du Mein Noah, das ist ein harter Stand für einen Vater, der Seine Kinder vor dem Abgrunde sieht und ihnen nicht helfen kann und darf – außer durch eine neue schroffste Gefangennehmung, welche da ist das bevorstehende nunmehr unausweichliche Gericht! – Was soll Ich dazu sagen?

7. Siehe, es gibt auf der Erde weit von hier entfernten Gebieten Nachkommen Kains! Diesen war eine schmutzige* Offenbarung genug, und sie leben noch in Meiner Ordnung bis zur Stunde; und die wenigen unter ihnen, die mehr oder weniger manchmal durch eine Tat ihr Gewissen beschwert haben, diese ringen jetzt in dieser allgemeinen Nacht des herangekommenen Gerichtes die Hände zu Mir und flehen Mich an um Erbarmung!

8. Ich aber sage dir: Siehe, Ich will Mich ihrer auch erbarmen in ihrer Not; aber dieser große Erdkreis, den da bewohnen Meine Kinder im Gemische mit den Kindern der Welt, soll nun Mein unerbittlichstes Gericht erfahren!

9. Bevor Ich aber noch die Wasser

---

* Getrübt, nicht unmittelbar aus Gott.

aus den Wolken zur Erde fallen lasse, will Ich noch sieben Tage lang in der Tiefe die Menschen durch allerlei Erscheinungen schrecken und wo möglich sie dadurch nötigen, sich hierher zur Flucht zu begeben!

10. Sieben Tage wollen wir also noch harren hier in dieser Nacht, und Ich will eine schwache Helle ziehen von hier bis Hanoch und weiter noch, auf daß niemand den Weg hierher verfehlen solle, der sich noch retten will; und so jemand hierher kommen sollte, und wäre es Fungar-Hellan selbst, so soll er in die Arche aufgenommen werden!"

11. Nach dieser Rede ward es dämmerlich helle von der Höhe bis gen Hanoch und weiter; und der Herr öffnete dem Noah die geistige Sehe, daß er zugleich mit dem Herrn in alle Tiefen schauen konnte; aber man ersah niemanden zur Stadt hinausziehen.

12. Es geschahen gewaltige Rufe wie Donner; aber niemand kehrte sich daran. Es brachen in Hanoch Feuer aus und setzten viele in große Angst und Schrecken; aber dennoch wollte niemand aus der Stadt ziehen. Es brachen unterirdische Wasser aus und setzten Hanochs Plätze und Gassen mannstief unter Wasser; da flohen die Ärmeren wohl auf die naheliegenden Hügel, – aber die Reichen nahmen Boote und Kähne und fuhren jubelnd über Plätze und Gassen, und niemand begab sich mehr auf die Höhe.

13. Und solche Kalamitäten dauerten sieben Tage in der Tiefe; und dennoch kehrte sich niemand daran.

14. Da brach dem Herrn die Geduld, und Er führte den Noah zur Arche.

15. Wie und was weiter, – in der Folge!

353. Kapitel

Noahs und der Seinen Eintritt in die Arche und des Herrn Anweisungen und Erklärungen
Die Schließung der Arche durch den Herrn. Der Eintritt der Katastrophe

(Den 24. Aug. 1844)

1. Als aber Noah mit dem Herrn bei der Arche anlangte, da sprach der Herr zu ihm: „Noah, gehe nun in den Kasten mit deinem ganzen Hause; denn Ich habe nun in dieser Zeit dich allein gerecht gefunden vor Mir!

2. Nimm aber vom reinen Viehe je sieben Stücke und vom unreinen Getiere nur je ein Paar; aber überall ein Männlein und ein Fräulein, – desgleichen auch von den Vögeln unter dem Himmel je sieben und sieben das Männlein und sein Fräulein, auf daß der Same lebendig bleibe auf dem ganzen Erdboden!

3. Denn nach sieben Tagen, von diesem Augenblicke angefangen, will Ich regnen lassen vierzig Tage und vierzig Nächte und vertilgen alles auf diesem Erdkreise, was da ein lebendiges Wesen hat, das Ich geschaffen habe!"

4. Noah fiel hier vor dem Herrn nieder und betete Ihn an ob der großen Gnade, die ihm der Herr erwiesen hatte.

5. Der Herr aber hob den Noah von der Erde und sprach wieder zu ihm: „Noah, du denkst nach, wie es sei, daß Ich dir schon ehedem einmal befohlen habe, ohne Unterschied von allem Getiere gattungsweise nur ein Paar zu dir in die Arche zu nehmen, nun aber von den reinen Tieren sieben paarweise von jeder Gattung, also auch vom Gevögel der Luft ohne Unterschied; nur bei den unreinen Tieren habe es bei einem Paare zu verbleiben!

6. Siehe, der Grund liegt darinnen: Damals gedachte Ich im Herzen mit Meiner abgewandten Allsehe: ‚Es werden ja doch die Menschen aus der Tiefe kommen und werden hier Schutz suchen!'

7. Und siehe, Ich wollte Mich nicht fragen in Meiner Allsehe, ob die Menschen, die Ich so oft gerufen habe, das tun werden! Da Ich sie aber nun angesehen habe, da ersah Ich keinen Willen mehr, da alle ihre Geister vom Fleische und von der Welt verzehrt waren, und Ich ersah auch, daß da keiner kommen werde!

8. Darum sollst du an die Stelle der unreinsten Menschen, die unter alles Getier hinabgesunken sind, mehr der reinen Tiere zu dir nehmen, und also auch mehr von dem Gevögel unter dem Himmel! Zudem wird dir auch das Getier auf der neuen Erde gut zustatten kommen!

9. Verstehst du nun dieses, so gehe und handle darnach! Nimm dir aber kein künstlich Licht in den Kasten; denn Ich Selbst werde dir den Kasten erleuchten aus Mir! Amen."

10. Hier ging der Noah und tat alles, wie es ihm der Herr befohlen hatte; der Herr aber war mit ihm und half dem Noah alles verrichten.

11. Als Noah alles das mit des Herrn Hilfe in der größten Ordnung verrichtet hatte, da begab er sich in die Arche in seinem sechshundertsten Altersjahre, und zwar am siebzehnten Tage des andern Monats, welcher da war nach der jetzigen Zeitrechnung der 17. Februar.

12. Als der Noah also mit all den Seinen in der Arche sich befand und mit allem dem anbefohlenen Getiere, da nahm der Herr Selbst das große Tor der Arche und schloß dasselbe mit eigener

Hand und segnete dadurch den Kasten; und also ward Noah nun gesichert, und der Herr Selbst bewachte den Kasten.

13. Als aber also der Noah gesichert war, da hob der Herr Seine allmächtige Hand auf und gebot den Wolken, den Regen in den mächtigsten Strömen von sich zu lassen auf die Erde, und also auch den mächtigen Brunnen in der Erde, daß sie ihre Gewässer herauftrieben auf der Erde Oberfläche. Da brachen auf die Brunnen in der großen Tiefe und taten sich auf die Schleusen der Himmel.

14. Da waren zahllose gar mächtige Springquellen auf dem Boden der Erde und trieben ihr Gewässer bis zu den Wolken, und von den Wolken fiel der Regen wie Wasserfälle von hohen Schneegebirgen, wodurch das Wasser über dem Erdboden so schnell wuchs, daß die Menschen nicht schnell genug auf die Berge sich flüchten konnten; und die da noch flohen auf die Berge, wurden von mächtig über Felsen herabstürzenden Fluten wieder zurückgerissen und ersäuft.

15. Nur gar wenigen gelang es mit der Verzweiflung Kraft, die Höhe Noahs zu erreichen. Als sie da ersahen unter beständigem Blitzen diesen mächtigen Rettungskasten, da schrien sie um Hilfe und Rettung; aber des Herrn Macht trieb sie von dannen, und sie eilten den höchsten Bergspitzen zu und klommen mit blutenden Händen hinauf. Aber Blitze rissen sie von den Wänden und stürzten sie hinab in die mächtig wachsenden Fluten.

16. Was weiter, – in der Folge!

354. Kapitel

Mahal in der Grotte als staunender Zeuge der schrecklichsten Ereignisse
Mahals ängstliches Selbstgespräch. Die Ankunft der drei Flüchtlinge in der Grotte
Das Wiedererkennen zwischen Mahal und den drei Flüchtlingen Gurat,
Fungar-Hellan und Drohuit. Des Herrn Erscheinen in der Grotte

(Den 26. Aug. 1844)

1. Der gewaltige Regen aber trieb den Mahal wieder in die Grotte, in der er auf und ab ging und manchmal staunend und halb verzweifelnd hinaussah, wie die gewaltigsten Wasserströme über Felsen dahinstürzten, das Erdreich mit sich rissen, die größten Bäume entwurzelten und sie dann mit der entsetzlichsten Gewalt in die Tiefen hinabschleuderten und auch ganze Felsen lostrennten und sie dann mit Tausenddonnergetöse in die Gräben und Schluchten hinabrollten!

2. Er war zwar ein großer Freund von großen Naturspektakeln, aber diese waren ihm denn doch etwas zu stark; denn da ersah er, der sonst so heldenmütige Mahal, den offenbaren Untergang aller Welt und seiner selbst. Daher bebte er aus großer Furcht und sprach bei sich selbst:

3. „O Herr, – wahrlich, Deine Macht lernt man erst in Deinem gerechten Zorne kennen! Bist Du auch wunderbar groß, heilig und erhaben in Deinem Frieden, so aber achtet der durch die Gewohnheit stumpfe Mensch dennoch wenig darauf und kann Deiner, o Herr, wohl gar vergessen; aber so eine Szene Deiner Macht zeigt dem stumpfen und auf seine Dummheit stolz pochenden Wurm der

Erde, daß Du, o Herr, sehr gewaltig endlos mehr bist als der in Deinem Frieden so hochtrabende Mensch!

4. Wenn ich nur nicht gar so allein hier stünde, da ließe sich diese Szene noch erbaulicher ansehen; aber so ganz verlassen von aller lebendigen Gesellschaft ist es wohl ganz verzweifelt schrecklich, also den sichern Untergang aller Dinge und also auch den eigenen zu erwarten!

5. O Herr, nimm mich von der Welt, und laß mich nicht länger Zeuge sein von diesem Deinem erschrecklichsten Gerichte! Dein heiliger Wille geschehe!"

6. Als der Mahal also sein Selbstgespräch beendet hatte, da kamen drei Flüchtlinge aus der Tiefe und suchten Schutz in dieser Grotte. Das war für den Mahal eine höchst erwünschte Erscheinung, daß er doch jemanden hatte, um sich ihm mitzuteilen in dieser seiner bedrängtesten Lage!

7. Er ging daher sogleich auf die drei Schutzsuchenden zu und bewillkommte sie und fragte sie, wer sie wären.

8. Und die drei sprachen: ,,Wir sind die drei größten Toren aus der Tiefe! Wir glaubten vor wenigen Tagen noch, die Herren von Hanoch und also auch von der ganzen Welt zu sein; aber nun hat uns der alte Gott gezeigt, daß nur Er allein der Herr ist! Wir flohen daher, von der schrecklichsten Wassernot getrieben, hierher und sind auch schon vielleicht die einzigen Lebendigen aus Hanoch; denn da ist alles schon viele Klafter tief unter Wasser und Schlamm! – Unsere Namen sind: Gurat, Fungar-Hellan und Drohuit!"

9. Hier schrie der Mahal auf und sprach: ,,O Herr, welch eine wunderbare Fügung! Deine größten Feinde hast Du hierher geführt und hast sie wie in meine Hand gegeben!

10. Wisset, wer ich bin?! – Sehet, ich bin Mahal, der ich gar oft zu euch von diesem Gerichte geredet habe! Aber eure Ohren waren verstopft! Nun ist es vor euren Augen euer eigenhändig Werk, das schrecklichste Gericht Gottes! Was saget ihr nun dazu? Wo ist nun eure Macht und Herrlichkeit?!"

11. Hier erschraken die drei und wollten wieder fliehen aus der Grotte; aber im Augenblicke trat der Herr in die Grotte und ließ Sich sogleich erkennen von all den vieren.

12. Was weiter, – in der Folge!

355. Kapitel

Mahals demütiges Sündenbekenntnis vor dem Herrn. Des heiligen Vaters Zeugnis von Seiner Liebe und Erbarmung. Das Gericht der Sündflut als eigene Schöpfung der törichten Menschen. Satans Berufung durch den Herrn. Die Höllenfahrt Gurats, Fungar-Hellans und Drohuits. Der Herr führt Mahal zur Arche

(Den 27. Aug. 1844)

1. Mahal aber, als er den Herrn ersah, ging hin vor Ihn, fiel als ein reuiger Büßer nieder auf sein Angesicht und sprach:

2. ,,O Herr Himmels und der Erde, allmächtiger Gott, mein heiliger, liebevollster Vater! Ich habe mich schwer versündigt an Deinem Herzen in diesen meinen letzten Tagen; ja, an Deinem allerheiligsten Herzen, welches von der endlosesten ewigen Vaterliebe erfüllt ist, habe ich mich schwer versündigt! O Du heiliger Vater, Du ewige Liebe, – werde ich, ein elender Wurm des Stau-

bes, des Nichts, wohl je wieder Erbarmung und Gnade finden vor Deinem allerheiligsten Angesichte?"

3. Der Herr aber sprach: „Mahal, Mein Sohn, der du verloren warst und dich nun wieder finden und von Mir ergreifen hast lassen, stehe auf! Denn Ich, dein ewiger, heiliger Vater, sage es dir: Vor Meiner ewigen und unendlichen Liebe ist niemand so weit gefallen von Mir, daß Ich ihn nicht annehmen möchte, so er käme zu Mir in der reuigen Erkenntnis seiner Sünde!

4. Aber wer da nicht kommt, der hat sich sein Urteil selbst an seine Stirne geschrieben; denn Ich hebe (*halte*) niemanden wider seinen freien, von Mir ihm eingehauchten Willen und ziehe niemanden wider solchen Willen!

5. Alles aber, was Ich, der Allmächtige, tue, ist, daß Ich Meine Kinder rufe, zu Mir zu kommen, als ein allein ewiger, wahrer Vater! Wohl denen, die den Ruf nicht überhören und so sie ihn hören, sich darnach kehren!

6. Also habe Ich bis jetzt bei zweitausend Jahre lang Meine Kinder gerufen, gelehrt und gewarnt; aber sie wollten sich solche Meine liebgerechte Warnung nimmer gefallen lassen, sondern legten ihr Ohr und Herz nur an den alten Lügenmund des Satans, und dieser hat ihnen die Wege zum Verderben gezeigt. Und sie wandelten so lange unermüdet auf diesen Wegen, bis sie sich darauf das erbeuteten, was nun über sie und über diesen ganzen Erdkreis gekommen!

7. Nicht Ich rief dieses Gericht über die Erde und bin nicht dessen Schöpfer, – sondern hier diese drei sind es! Diese wollten die Erde zerstören, und da ist nun ihr Werk vor ihren Augen!

8. Diese haben tollkühn aus Zorn gegen Mich, ihren Schöpfer, in die Erde gestochen, und der Satan führte sie geraden Weges auf jene Punkte der Erde, wo ihre Pulse am seichtesten liegen. Da rissen sie mit ihrer Beize und mit ihren Körnern aus der Hölle die feste Haut von den Adern der Erde, und die mächtigsten Dämpfe und Ströme fingen an emporzubrechen, genötigt von der Schwere der Oberhaut der Erde. Und diese alles verheerende und tötende Flut über diesen ihren Erdkreis ist nun die Frucht ihres Eifers für die Hölle!"

9. Bei diesen Worten fingen die drei ganz gewaltig an zu beben; denn sie merkten es wohl, daß ihr Frevel Millionen den Tod gebracht habe, und wie sie die fast alleinigen Schuldträger dieses Gerichtes wären.

10. Der Herr aber berief hier den Satan; und als dieser, vom Grimme entbrannt im Augenblicke dastand, da sprach der Herr zu ihm: „Elender Versucher Meiner Langmut, Liebe und Geduld! Siehe, hier stehen deine drei getreuesten Knechte; sie haben deinen Plan meisterhaft vollbracht! Welchen Lohn wirst du ihnen darum nun geben?"

11. Und der Satan sprach: „Hatten sie nicht auf der Erde alles, wonach ihr Herz dürstete?! Welchen Lohn sollen sie dann fürder noch haben wollen?! – Der Tod sei ihr Los!"

12. Hier sprach der Herr: „Habt ihr es nun vernommen, wie euer Meister seine Knechte lohnt? Seid ihr zufrieden damit?"

13. Hier fingen die drei zu heulen an vor Furcht und Angst und baten den Herrn um Hilfe.

14. Der Herr aber sprach: „Das tut nun die Angst in euch, und ihr habt keine Reue! Daher weichet von Mir, Satans Diener, und büßet mit ihm in seinem Feuer euren Frevel!"

15. Hier fuhr ein mächtiger Blitz durch die Grotte und tötete die drei,

und des Herrn Macht trieb dann die vier Geister zur Hölle.

16. Mahal aber klammerte sich an den Herrn; der aber führte ihn alsbald aus der Grotte hin zur Arche.

17. Was weiter, – in der Folge!

356. Kapitel

Des Herrn heilsame Rede an den frierenden und angstbeklommenen Mahal
Mahals Gesundung in der neuentfachten Liebe zum heiligen Vater
Mahals Erlösung und Verklärung als Engel des Lichts

(Den 28. Aug. 1844)

1. Bei der Arche angelangt, bat der Mahal den Herrn um den Tod des Leibes, da er es nimmer ertragen möge, den so mächtigen Regen über seinen schwachen Leib sich ergießen zu fühlen und durch die große Kälte in allen seinen Fasern gefiebert zu werden.

2. Der Herr aber sprach: „Mahal, wie magst du über den Regen und über die Kälte dich beklagen in solcher Meiner außerordentlichen Nähe?! Bin es nicht Ich, der dem Cherub seine Glut, dem Seraph seinen Glanz, und allen Sonnen Feuer, Licht und Wärme gab aus Mir?!

3. Meinst du, dieser Regen würde dich nässen und gefrieren machen deine Glieder, wenn du völlig bei Mir wärest in deinem Herzen?!

4. Oh, mitnichten! Ich sage dir: Jeder Tropfen, der da auf dein Haupt fällt, würde dir also eine Labung sein, wie er es der müden und nun halb getöteten Erde ist, über die eben diese Flut kommen mußte, auf daß sie ja nicht sterbe und vergehe unter dem Frevel der Menschen!

5. Diese Fluten werden die Wunden der Erde wieder heilen und vernarben, und sie wird sich wieder erholen und wird genesen und wird wieder den Menschen und Tieren zur Wohnstätte dienen!

6. Also aber soll es auch mit dir der Fall sein! Auch über dich muß vorher durch die große Tätigkeit deiner Liebe und daraus hervorgehenden Reue eine Flut kommen; diese wird dich heilen und erwärmen zum ewigen Leben aus Mir in deinem Geiste!

7. Wie deine Liebe, so dein Geist! Ist deine Liebe lebendig in Mir, so wird auch dein Geist lebendig sein aus Mir; und das ist diejenige wahre Wärme, die nimmer erkältet werden kann durch alle Kälte, die der Tod in der ganzen Unendlichkeit ausgestreut hat durch die Macht der Lüge in ihm!"

8. Hier erbrannte Mahal und sprach aus der neu angefachten Glut seines Herzens: „O Du überheiliger, der allerhöchsten Liebe vollster Vater! Wie endlos gut mußt Du doch sein in Deinem Wesen, daß Du mit mir, einem nichtigsten Sünder, also liebevollst Dich abgeben kannst, als hättest Du sonst kein Wesen mehr in der ganzen Unendlichkeit!

9. O wie unbegreiflich reut es mich nun, daß ich Dich je also sehr habe verkennen können und habe allerundankbarst mit Dir, o Du heilige, ewige Liebe, hadern mögen, wie ein loser Bube mit seinesgleichen! – O Vater, Du heilige, ewige Liebe, ist es wohl möglich noch, daß Du mir vergäbest solchen Frevel?"

10. Hier rührte der Herr den Mahal mit einem Finger an, und im Augenblicke sank der sterbliche Leib in Staub

und Asche zusammen; aber der verklärte Geist Mahals stand als ein leuchtender Seraph neben dem Herrn und lobte und pries mit unsterblichen Lippen die ewige Liebe des Vaters, die noch im Gerichte von gleicher endlosester Fülle ist, wie im Frieden der ewigen Ordnung.

357. Kapitel

Der Engel Mahal als Schutzgeist der Arche. Das Ansteigen der Flut Mittelasien als Hauptort der Flut. Der Aralsee und das Kaspische Meer als Überbleibsel der Flut und als Grab der Riesenstadt Hanoch

(Den 29. Aug. 1844)

1. Als aber der Herr den Mahal erlöst hatte von seinem Leibe, da hatte die Sündflut schon sieben Tage gedauert, und das Wasser stieg mit solcher Raschheit, daß es in der Zeit von sieben Tagen nämlich schon die Stelle erreicht hatte, wo Mahal mit dem Herrn bei der Arche stand; und so war auch die Voraussage des Herrn am Mahal erfüllt, nach der er nicht eher seines Leibes ledig werden solle, als bis das Wasser seine Füße werde erreicht haben.

2. Als aber der erlöste Mahal dem Herrn die Ehre gegeben hatte, da sprach der Herr zu ihm: „Da du nun erlöst bist, so bestehe nun dein erster Engelsdienst darin, daß du diese kleine Welt leitest über die Fluten und sie nicht verlässest eher, als bis sich alle Flut wieder legen wird und Ich kommen und über die neue Erde spannen werde den Bogen des Friedens! – Von da an erst wird dir ein anderer Dienst werden! Mein Wille sei ewig deine Kraft!"

3. Darauf verschwand der Herr in Seiner außerordentlichen Persönlichkeit, und Mahal sah gleich den anderen Engelsgeistern dann nur die Sonne der Himmel, in der der Herr im unzugänglichen Lichte wohnt von Ewigkeit zu Ewigkeit.

4. Und also leitete der Mahal die Arche nach dem Willen des Herrn getreu.

5. Das Wasser aber stieg auf der Erde so sehr, daß es am siebenten Tage von der Erlösezeit Mahals an schon den Kasten hob und ihn zu tragen anfing. Da leitete dann Mahal den Kasten, auf daß er nicht wankete nach dem Schwunge der Wogen, sondern also ruhig dahinschwamm, wie da schwimmt ein Schwan auf dem ruhigsten wellenlosen Spiegel eines Sees.

6. Um sieben Tage später überflutete das Wasser schon die höchsten Berge dieses Erdkreises bis zum allerhöchsten Himalajagebirge, das da das Land der Sihiniten von dem ganzen andern Asien trennte.

7. Und dieses Gebirge allein ragte fünfzehn Ellen aus dem höchsten Wasserstande empor; alle anderen höchsten Berge aber waren wenigstens so tief unter dem Wasser. Natürlich waren nach dem verschiedenen Höhenverhältnisse manche niedere Berge wohl auch mehrere Hunderte von Klaftern unter dem Wasser.

8. Wie aber und wohin ergoß sich das Gewässer der Sündflut? – Der Hauptteil war das Mittelasien, allwo noch heute der Aralsee und das Kaspische Meer die Überbleibsel von der denkwürdigsten Art sind; denn wo nun das Kaspische Meer ist, da stand einst das übergroße und stolze Hanoch, und es ließen sich

noch heutzutage Überreste von dieser Stadt finden, – aber freilich in einer Tiefe von mehr als tausend Klaftern.

9. Und an der Stelle des Aralsees stand einst jener See mit seinen Umgebungen und mit seiner Wassergottsinsel, den wir auch sehr wohl kennen; ebenso sind auch der Baikal- oder nun Balkaschsee und Tsanysee ähnliche, die sündigen Reste der Vorsündflutzeit in sich bergende Denkmäler.

10. Von diesen Hauptpunkten ergoß sich das Gewässer reichlichst nach Siberien (*Sibirien*), wie auch nach Europa, das aber damals noch nicht bewohnt war. Ein Teil brach gegen Süden nach dem heutigen Ostindien und am stärksten über Arabien; auch das nördliche Afrika wurde stark mitgenommen bis zum Hochlande, von wo ab dies Land dann nur kleine Überströmungen erlitt. Amerika ward nur von Siberien aus im Norden etwas mitgenommen; der Süden aber blieb ganz frei also, wie die meisten Inseln des großen Meeres.

11. Nächstens mehreres darüber.

358. Kapitel

Näheres über die große Flut. Hinweise zum Verständnis diesbezüglicher Schrifttexte
Die Örtlichkeit der Flut

(Den 30. Aug. 1844)

1. Warum ward denn hier gesagt, die Flut ergoß sich dahin und dorthin? Regnete es denn nicht auf der ganzen Erde? Und war die Flut nicht überall von gleicher Stärke?

2. Da sage Ich: Die Flut ergoß sich dahin und dorthin, weil es nicht über die ganze Erde geregnet hatte und daher die Flut auch nicht von gleicher Stärke sein konnte, – und das darum, weil es nicht überall regnen konnte und die Flut auch nicht überall vonnöten war.

3. Hätte es wohl in den überkalten Polargegenden regnen können, wo sogar die Luft gefriert?! Und wozu wäre der vierzigtägige Regen in jenen Gegenden gut gewesen, wo noch kein Mensch wohnte und auch wenig oder gar kein Getier?! Oder was hätte der Regen über dem Weltmeere bewirken sollen? Etwa die Fische ersäufen? Und endlich, wenn das natürliche Flutgewässer auf der ganzen Erde über jedem Punkte gleich eine Höhe von dreitausend Klaftern erreicht hätte, wohin hätte es dann wohl abfließen und sich verlaufen sollen?!

4. Man könnte wohl sagen: Es hat sich verdunstet zum Teile und ist zum Teile von der Erde eingesogen worden!

5. Wenn das aber zur Verminderung solch eines Gewässers genügte im Verlaufe von einem Jahre, da wäre das Weltmeer schon lange bis auf den letzten Tropfen von der Erde verschwunden, da es doch nicht einmal den zehntausendsten Teil jener Wassermasse ausmacht, so die ganze Erde eine Wassererhöhung von beinahe viertausend Klaftern erhielte!

6. Zudem geht durch das Verdunsten nichts verloren; denn das verdunstete Wasser sammelt sich ja wieder in den Wolken und fällt allzeit wieder in einem gleichen Quantum zur Erde zurück. Der gleiche Fall ist es aber auch mit dem eingesogenen Wasser in die Poren der Erde; es sammelt sich da das eingesogene Wasser in den gewissen Behältern und tritt dann teils durch

Nebel und teils durch periodische Quellen auf die Erdoberfläche.

7. Aus diesem Grunde stünde dann eine solche allenthalben gleich hohe Flut Noahs noch heutzutage in derselben Höhe, als wie da das gesamte Meer noch bis zur Stunde mit wenigen örtlichen Variationen dasselbe ist, wie es zu Adams Zeiten war.

8. Darum war die Flut wohl nur dort in ihrem verderblichen Auftritte, wo die arge Menschheit zu Hause war, und bedeckte da besonders Mittelasien wohl auf eine Höhe von viertausend Klaftern über dem Meeresspiegel, von wo aus sie sich dann wohl sehr weit und breit hin nach allen Seiten ergoß!

9. Wenn es aber in der Schrift auch heißt: ,,Über alle Berge der Erde, und außer, was die Arche trug, blieb nichts Lebendiges auf dem Erdboden!", – so muß das nicht wörtlich auf die Naturerde selbst bezogen werden; denn unter ,Berge' wird nur der Hochmut und die Herrschsucht verstanden von Seite der Menschen. Und daß auf der Erde kein Leben übrigblieb, außer in der Arche, besagt, daß Noah allein ein geistiges Leben in Gott und aus Gott getreuest behielt.

10. Wer das wohl beachtet, der wird es wohl einsehen, daß die Flut Noahs wohl eine großörtliche, aber deswegen dennoch keine völlig allgemeine war, – und das darum, weil nur in Mittelasien die Menschen durch Tollkühnheit dazu selbst die Hauptveranlassung waren, was in den anderen Weltteilen nicht der traurige Fall war.

11. Was weiter, – in der Folge!

359. Kapitel
Weiteres über die Sündflut

(Den 31. Aug. 1844)

1. Es bezeichnet aber schon das Wort ,Flut' ein Sich-Ergießen des Gewässers über die Erde, von Hanoch aus, und durchaus kein allgemeines Standgewässer über die ganze Erde.

2. Hanoch selbst bedeckte mit seinen weitgedehnten Umgebungen einen Bezirk und einen engbewohnten Flächenraum von beinahe achttausend Quadratmeilen, also ein Land für sich, das da sehr geeignet und groß genug gewesen wäre, in der jetzigen Zeit ein bedeutendes Königreich zu sein. Dazu herrschte es mit geringer Ausnahme über ganz Asien und trieb allenthalben sein Unwesen.

3. Nun lassen wir über diesen übergroßen Raum einen über dreitausend Klafter hohen Wasserhaufen kommen, und es wird sich zeigen, wie weit dann die Überflutung reichen kann, – und besonders, wenn man erwiesenermaßen annehmen kann, daß Mittelasien der Erde höchstes Land war und zum größten Teile gegen Südosten es noch gegenwärtig ist.

4. Man könnte hier freilich einwenden und sagen: ,,Gut, wenn die Flut Noahs nur ein großörtliches Hochgewässer war, wie konnte es dann da natürlicherweise eine so schauderhafte Höhe erreichen, ohne vorher nach allen Seiten sich in hundert Meilen breiten Strömen abfließend zu ergießen?"

5. Auf diese fragliche Einwendung diene folgende Berichtigung: Fürs erste war der vierzigtägige Regen wohl über ganz Asien, einen großen Teil von Europa, wie auch Nordafrika verbreitet

und verursachte schon für sich große Tälerüberschwemmungen; aber da in diesen Fremdlanden die unterirdischen Gewässer nicht dazukamen, so konnte die Überschwemmung oder die Flut keine solche Höhe erreichen wie eben in Asien, wo der Austritt der unterirdischen Gewässer den Hauptausschlag gab.

6. Wenn aber jemand ganz sicher annehmen kann, daß fürs zweite in Asien zu dem stärksten Regen mehrere Hunderttausende von den gewaltigsten Springquellen kamen, von denen die kleinste in einer Minute zehn Millionen Kubikfuß Wassers auf die Oberfläche der Erde lieferte, so wird es wohl begreiflich, wie die Flut Noahs über Asien eine solche Höhe hatte erreichen können trotz des allseitigen und gleichzeitigen mächtigsten Abflusses.

7. Von da aus konnte sie sich dann ja wohl in alle Weltgegenden mit der furchtbarsten Gewalt ergießen und jene diluvianischen (*eiszeitlichen*) Gebilde zuwege bringen, die noch die Gegenwart allerorts reichlichst aufweist, die aber jedoch nicht zu verwechseln sind mit jenen, welche von den periodischen Meereswechselungen herrühren.*

8. Die Hauptspuren der Noachischen Flut sind das vielfach vorkommende, auf ziemlichen Höhen rastende Stromgerölle, die hier und da vorkommenden versteinerten Knochen vornoachischer Tiere, wie auch die häufig vorkommenden Braunkohlenlager, dann auch die sichtlichen Abspülungen der Berge, daß sie nun ganz nackt dastehen. Alle anderen Gebilde gehören entweder den Meereswanderungen oder großen örtlichen Feuereruptionen an.

9. Also wäre nun das Wesen der Noachischen Flut auch physisch dargetan, und so wollen wir nun zur Dauer und zum Ende derselben übergehen.

---

* Siehe „Haushaltung Gottes", Bd. 2, Kap. 7; „Johannes, d. gr. Evang.", Bd. 5, Kap. 198, Bd. 7, Kap. 115, Bd. 8, Kap. 72, und „Erde und Mond".

360. Kapitel

Dauer und Verlauf der Flut. Die Arche auf dem Ararat. Die Taube mit dem Ölblatt. Die Öffnung des Daches der Arche am Neujahrstag. Noahs Auszug aus der Arche

(Den 2. Sept. 1844)

1. Wie lange hat denn die ungeminderte gleich hohe Flut auf Erden gedauert?

2. Die gleich hohe, also höchste Flut dauerte einhundertfünfzig volle Tage.

3. Wie war denn das möglich, da es der ersten Angabe nach nur vierzig Tage geregnet hatte?

4. Der Stromregen hatte nach vierzig Tagen wohl aufgehört, aber der stets mächtiger werdende von unten herauf dauerte einhundertfünfzig Tage und erhielt die fortwährende gleiche Wasserhöhe.

5. Erst am hundertfünfzigsten Tage wandte der Herr wieder Sein Gesicht zur Erde, und die Brunnen der Tiefe wurden verstopft und die Wasserschläuche des Äthers vollkommen zugebunden; denn bis zum hundertfünfzigsten Tage hatte es immer ortsweise geregnet, wie nun bei Ungewittern ein Platzregen fällt auf die Erde.

6. Nach dieser Zeit erst fing das Wasser an sich zu verlaufen, und am siebzehnten Tage des siebenten Monats (17. Juli) fand die Arche Grund und saß auf der sehr geräumigen Spitze des Berges Ararat nieder, vom Geiste Mahals durch die Kraft des Herrn dahin geleitet.

7. Das Wasser aber nahm dann sichtlich ab bis auf den zehnten Monat (Oktober), und aller Berge Wesen, selbst der kaum siebzig Klafter hohen, war von der Zeit an außer Wasser, das nunmehr nur noch die Täler und niederen Hügel bedeckte.

8. Um vierzig Tage später, also am 10. November, öffnete Noah zum ersten Male das Fenster am Dache der Arche und ließ einen Raben ausfliegen. Dieser fand aber schon sein Land, flog von einem Orte zum andern und kam nicht wieder in die Arche zurück.

9. Da aber der Rabe nicht wiederkam, da ließ Noah alsbald eine Taube ausfliegen, auf daß er erführe, ob das Wasser auf der Erde gefallen sei.

10. Die Taube aber, da noch alles kahl und feucht war und in den Tälern noch gewaltige Wasserströme abfließend tobten und sie für ihren Fuß keinen Platz fand, kam wieder zurück und setzte sich auf die durchs Fenster ausgestreckte Hand Noahs, und dieser nahm sie wieder in den Kasten.

11. Von da harrte Noah noch sieben Tage und ließ am achten Tage wieder eine Taube ausfliegen; diese kam erst am Abende zurück und brachte in ihrem Munde ein abgepflücktes Blättchen eines Ölbaumes; und das war dem Noah ein Zeichen, daß das Gewässer gefallen war auf der Erde.

12. Denn also nur durfte er es erfahren, da es ihm der Herr also angeraten hatte geheim in seinem Herzen.

13. Nach abermals sieben Tagen ließ Noah wieder eine Taube ausfliegen; diese aber kam nicht wieder, da sie schon Nahrung auf dem trockenen und neu bewachsenen Erdboden fand.

14. Aber Noah harrte von da an noch bis auf den ersten Monat des neuen Jahres, da er sich im 601. Jahre seines Alters befand.

15. Da war das Gewässer bis auf den Normalstand auf der Erde zum größten Teile abgelaufen in die großen Meere, und die Erde ward trocken durch ein fortwährendes Wehen der warmen Mittagswinde.

16. Da griff Noah mit seinen Söhnen am 1. Jänner (*Januar*) zu, und schlug das Dach von dem Kasten, und sah dann zum ersten Male auf die erneute Erde vom hohen Ararat herab, und ersah kein Wasser mehr und die Erde völlig trocken.

17. Er aber harrte dennoch bis zum 27. Februar auf des Herrn Wort.

18. Da kam der Herr zu Noah, und behieß ihn, wie im ersten Buch Mosis, Kapitel 8, beschrieben steht, aus der Arche zu ziehen.

19. Und Noah öffnete alsbald das große Tor, und alles flog, ging und kroch aus dem Kasten und suchte sich Wohnungen auf der erneuten Erde; und der Herr sorgte, daß alles alsbald wieder seine Nahrung fand.

20. Und so hatte Noah ein Jahr und zehn Tage mit den Seinen in der Arche verlebt.

21. Was weiter, – in der Folge!

361. Kapitel

Noahs Dankopfer und des Herrn Segen

(Den 3. Sept. 1844)

1. Als aber Noah und alles, was da Leben hatte, aus dem Kasten gegangen war, da errichtete Noah mit seinen Söhnen einen Altar aus glatten Steinen, ließ hinzutragen das Holz des abgeworfenen Daches der Arche, schlachtete von allen reinen Tieren ein männliches Stück und zündete dem Herrn ein großes Brandopfer an und lobte und pries mit seinem ganzen Hause Gott den Herrn über und über.

2. Der Herr roch den lieblichen Geruch des Opfers, der da war die Liebe Noahs und der Seinen zu Gott, und sprach darum auch aus und in Seinem Herzen zu Noah: „Ich werde hinfort die Erde nicht mehr verfluchen der Menschen wegen; denn das Dichten und Trachten des menschlichen Herzens ist böse von Jugend an! Und so will Ich hinfort nicht mehr schlagen alles, was da lebt, wie Ich es nun getan habe; und so lange die Erde Erde sein wird, soll nicht aufhören Same und Ernte, Frost und Hitze, Sommer und Winter und Tag und Nacht!"

3. Darauf legte der Herr Seine rechte Hand auf das Haupt Noahs und segnete ihn und somit sein ganzes Haus.

4. Und als der Herr den Noah also gesegnet hatte, da sprach Er abermals zu ihm: „Seid fruchtbar und mehret euch, und erfüllet die ganze Erde sowohl mit eurem Geschlechte, wie mit eurem Geiste!

5. Euer Wesen sei zur Furcht und zum Schrecken über alle Tiere der Erde, über alle Vögel unter dem Himmel und über alles, was da kriecht auf dem Erdboden; und also seien auch alle Fische in eure Hände gegeben.

6. Alles, was sich regt und lebt auf der Erde, sei eure Speise; Ich gebe es euch, wie das grüne Kraut. Allein das Fleisch aber, das sich noch regt in seinem Blute, das esset nicht (denn das Blut trägt bei Tieren wie bei Menschen Meinen Zorn und Meine Rache); darum will Ich rächen alles Blut des Menschen, wie das Blut der Tiere! (Denn im Blute ist der Tod.)

7. Also will Ich auch eines jeglichen Menschen Leibesleben rächen des Menschen wegen! Darum bin Ich allein der Herr, und niemand soll des Menschen Blut vergießen! Wer es vergießen wird, des Blut soll auch vergossen werden!

8. Ich habe den Menschen nach Meinem Ebenmaße geschaffen. Aber aus seinem Blute kam die Sünde; darum ist auch der Tod im Blute; und Mein Zorn und Meine Rache (*kam*) in das Blut, und also soll alles Blut fortwährend durch des Leibes Tod gerächt werden!

9. Die Tiere habe Ich in deine Hand gelegt, auf daß des Menschen Seele vollkommen sei; aber der Mensch bleibt in Meiner Hand, auf daß sein Geist nicht verderbe. Seid darum fruchtbar, und mehret euch auf Erden!

10. Ich errichte mit euch einen Bund, und also auch mit allen euren Nachkommen! Und das tue Ich auch euretwegen mit allen Tieren bei euch; an allen Vögeln, an allem Vieh und an allen Tieren der Erde, und an allen den Tieren, die mit euch aus der Arche gegangen sind, soll dieser Bund ersichtlich sein, auf daß eure Seele vollkommen sei, daß Ich hinfort keine solche Flut mehr werde über die Erde kommen lassen! Denn die Erde ist nun gereinigt, das sündige Fleisch vertilgt!

11. Darum mehret euch auf der Erde von neuem; denn also habe Ich alles in eure Hände gelegt, auf daß eure Seele vollkommen bleibe, und euer Geist nimmer verderbe in Meiner Hand!"

12. Die Fortsetzung der Rede des Herrn folgt.

362. Kapitel

Das sichtbare Zeichen des neuen Bundes. Das Land Eriwan. Das neue und doch alte Gebot der Liebe. Der Herr als Melchisedek. Kanaan und Salem

(Den 4. Sept. 1844)

1. Und weiter redete der Herr mit Noah: „Siehe, also habe Ich nun mit euch einen Bund errichtet, nach dem hinfort keine solche Sündflut mehr soll über die Erde kommen und verderben alles Fleisch auf dem Erdboden!

2. Ich aber will dir auch ein sichtbares Zeichen geben zum steten Gedächtnisse dieses Meines mit euch gemachten Bundes! Das aber ist das Zeichen des Bundes, den Ich gemacht habe zwischen Mir und euch und allem lebendigen Getier bei euch, hinfort für ewiglich:

3. Meinen Bogen habe Ich gesetzt in die Wolken; der soll das Zeichen sein dieses Bundes zwischen Mir und der Erde; und wenn es sich fügen wird, daß Ich Wolken über die Erde führen werde, so soll man diesen Meinen Bogen erschauen in den Wolken!

4. Alsdann will Ich gedenken an diesen Meinen Bund zwischen Mir und euch und allem lebendigen Getiere in allerlei Fleische, auf daß hinfort nicht mehr eine Sündflut kommen solle und verderben alles Fleisch!

5. Darum soll Mein Bogen in den Wolken sein, daß Ich ihn ansehe und dann gedenke an diesen Meinen ewigen Bund zwischen Mir und aller Kreatur auf der Erde!

6. Und das sage Ich, dein Gott und Herr, zu dir, Noah: Das sei das wahrhaftige Zeichen des Bundes, den Ich nun aufgerichtet habe zwischen Mir und allem Fleische auf Erden!"

7. Nach dieser Bundesrede führte der Herr den Noah in eine sehr fruchtbare Gegend, und zwar namentlich in dieselbe, die heutzutage Eriwan heißt.

8. Als Noah hier ankam, da verwunderte er sich, da er hier in einem mit allerlei schon vollreifen Früchten vollen Eden im dritten Monate des neuen Jahres sich befand.

9. Der Herr aber segnete dies herrliche Land drei Male und gab es vollends dem Noah und seinen Kindern zu eigen.

10. Und der Noah rühmte und pries Gott darum über und über und sprach zum Herrn: „O Herr, was verlangst Du von mir nun für einen Dienst, der da für ewig verbleiben soll bei allem Samen aus mir?"

11. Und der Herr sprach: „Du weißt, was Ich geredet habe zu Henoch! Siehe, diese Ordnung sei stets die deine; und also bleibe du in ihr für und für! Denn Ich verlange ewig nichts anderes von den Menschen, als daß sie Mich über alles lieben sollen als ihren Gott, Herrn und Vater! Das verlangte Ich vom Henoch, und das verlange Ich auch von dir und von allem deinem Samen.

12. Ich aber will dir nun noch ein Ding offenbaren: Siehe, da es Mir nun wohlgefällt auf dieser Erde, so will Ich Mir als ein wahrer Fürst der Fürsten,

497

Herr der Herren und König der Könige eine Wohnstätte errichten auf dieser Erde! Unweit von hier werde Ich Mir eine Stadt erbauen und werde wohnen in derselben bis zur großen Zeit der Zeiten, alswann Ich Selbst im Fleische wandeln werde unter Meinen rechten Kindern!

13. Also soll die Erde nun der Ort sein, auf dem Meine Füße ruhen und wandeln werden!

14. Wann Ich zu deinen Vätern kam, da ward Ich wieder unsichtbar; aber du sollst Mich nun auf Meinen Füßen über den Boden der Erde wie einen Menschen von dannen ziehen sehen gegen Abend hinauf in ein Land, das da Kanaan (gesegnetes Land) heißen soll!

15. Du wirst es erreichen in siebzehn Tagereisen! Allda werde Ich Mir eine Stadt erbauen; diese sollst du und alle deine Nachkommen ‚Salem' heißen! Mein Name aber als des Fürsten der Fürsten, Herrn der Herren und Königs der Könige wird sein ‚Melchisedek'*, ein Ältester (Priester) von Ewigkeit!

16. Du bist frei; aber deine Nachkommen werden Mir den zehnten Teil von allem geben müssen; die sich weigern werden, die sollen vertrieben sein aus Meiner Nähe! Amen."

17. Hier zog der Herr sichtbar gen Abend hinauf; Noah aber betete dem Herrn nach, solange er Ihn ersah.

18. Was weiter, – in der Folge!

———

* Vgl. ,,Die drei Tage im Tempel" (Dreitagesszene), 8. Aufl., Kap. 19.

363. Kapitel

Die Ansiedlung Noahs. Die Anweisung zum Acker- und Weinbau
Noahs Rausch aus Unkenntnis
Der Fluch über Kanaan und die Verstoßung des Ham und seiner Familie

(Den 5. Sept. 1844)

1. Nach einiger Zeit sah sich Noah um in seiner Gegend, daß er ein gutstämmig Holz fände zum Bau einer Wohnhütte; aber es war wenig oder nichts zu finden, da die Flut alle Wälder entweder versandet hatte mehrere Klafter tief, oder hatte sie – besonders von den Bergen – ganz abgeschwemmt und in den Tälern unter Schlamm und Geröll begraben.

2. Daher bat Noah den Herrn, daß Er ihm ein Holz anzeigen möchte, daraus er sich eine Hütte erbauen könnte.

3. Und es kam alsbald ein Bote aus der Gegend, dahin der Herr gezogen war, und führte den Noah auf einen Ort hin, da sich ein schöner Wald befand, und sprach zu ihm: ,,Siehe, Noah, diesen Wald hat der Herr unter dem Wasser für dich bewahrt! Daher sollst du dich hier in der Nähe dieses Waldes ansiedeln und dir hier eine Hütte erbauen nach deiner Notdurft! Also sollst du auch Äcker anlegen und anbauen allerlei Getreide, das du in dem Kasten hierher gebracht hast!

4. Und siehe, hier zu deinen Füßen ein buschiges Gewächs; es ist der Weinstock! Dessen Zweige verpflanze ordnungsmäßig in die Erde; dünge und begrube sie sorglich, und sie werden dir gar süße Trauben voll des besten Saftes bringen!

5. Diese Trauben presse du dann aus in ein gutes Gefäß, das zu verschließen sein muß! Laß dann den Saft im Gefäße wohl ausgären; und wenn er rein wird, dann trinke davon mäßig, und du wirst

dadurch gestärkt und sehr heiter und fröhlich werden! Also will es der Herr; tue darnach, und du wirst sehr fröhlich und heiter sein dein Leben lang!"

6. Nach diesen Worten verließ der Bote den Noah, und der Noah setzte das alles alsbald ins Werk mit seinen Söhnen, die da hießen Sem, Ham und Japhet; und so hatte Noah in sieben Jahren nach der Flut eine gute und feste Wohnhütte und viele Äcker, Wiesen und einen recht schönen Weingarten, der aber erst in zehn Jahren nach dem Willen des Herrn Früchte zu tragen begann.

7. Da sammelte Noah die Trauben und preßte sie aus in ein tüchtiges Gefäß aus Zedernholz, ließ dann den Saft wohl ausgären, und als der Saft rein ward, da kostete er ihn und fand ihn überaus köstlich, daß er darum eine tüchtige Portion zu sich nahm.

8. Da er aber die Wirkung dieses Saftes nicht kannte, so geschah es, daß er davon auch einen tüchtigen Rausch bekam und in einen tiefen Schlaf verfiel. Da aber ihm der Wein sehr viel Hitze im Leibe erzeugte, so entkleidete er sich und lag ganz nackt auf dem grünen Rasen unter einem schattigen Feigenbaume, um den die ohnedachige Wohnung erbaut war.

9. Als nun Ham, Kanaans Vater (Kanaan ward im zweiten Jahre nach der Flut geboren), in die offene Hütte kam, von Kanaan geführt, und ersah Noahs Scham, da ging er zu den Brüdern und erzählte das ihnen draußen.

10. Sem und Japhet aber nahmen einen Mantel, legten ihn über ihre Schultern, gingen rücklings in die Hütte zum Vater Noah und deckten ihres Vaters Scham zu; ihr Gesicht aber war abgewandt also, daß sie ihres Vaters Scham nicht sahen.

11. Als aber Noah von der Weinbetäubung erwachte und dann erfuhr, was ihm der kleine Sohn Hams angetan hatte, da sprach er zum Ham: „Verflucht sei darum dein Sohn Kanaan; er bleibe durch alle Zeiten der Zeiten ein Knecht der Knechte und sei der Geringste unter den Brüdern, weil er dir zuerst meine Scham verriet!"

12. Darauf wandte er sich zu den zwei anderen Söhnen und sprach: „Gelobt sei Gott, und Er breite aus das Geschlecht* Sems! Kanaan bleibe sein Knecht! Also breite Gott auch Japhet aus und lasse ihn wohnen in den Hütten Sems; Kanaan aber bleibe sein Knecht!"

13. Darauf segnete er Sem und Japhet; aber den Ham stieß er aus der Hütte samt Weib und Kindern.

14. Noch etwas Weiteres in der Folge!

---
* „..., und Er breite aus das Geschlecht" ist eine Ergänzung.

364. Kapitel

Noahs Worte über die falsche Reue Hams. Die Wechselrede zwischen den drei Söhnen Noahs. Hams edle Rache. Der Zehntbote des Herrn aus Salem

(Den 6. Sept. 1844)

1. Da ersah darauf Ham wohl, daß er unrecht und sehr lieblos gehandelt hatte vor seinem Vater und bereute es sehr.

2. Das merkten die beiden gesegneten Brüder und gingen zum Noah und erzählten ihm, wie der Ham bereue seine Sünde an ihm.

3. Noah aber sprach: „Höret, ihr meine geliebten Söhne, ich sehe den

Ham ja wohl weinen; aber er weint nicht meines Vaterherzens wegen, sondern ob seiner Knechtschaft wegen weint er! Also bereut er wohl seinen Frevel an mir, weil er dadurch in die Knechtschaft verfallen ist; aber darum, daß er meinem Vaterherzen wehe hatte getan, bereut er seine Sünde nicht! Und so bleibe er ein Knecht, weil er nicht weiß, daß das lebendige Herz seines Vaters höher steht denn seine Knechtschaft! Gehet und hinterbringet ihm solches!"

4. Und Sem und Japhet hinterbrachten alsbald das dem Ham.

5. Dieser aber sprach: „Wahrlich, Brüder, hätte Noah ein lebendig Herz, nimmer hätte er mich verflucht zur ewigen Knechtschaft; aber da er kein lebendiges Vaterherz in seiner Brust trägt, so tat er dies!"

6. Da sprach Sem: „Wahrlich, da tust du dem Vater hohes Unrecht; denn also spricht die Eigenliebe nur aus dir! Das Herz läßt sich nur wieder mit dem Herzen finden, ob es eines oder keines ist!

7. Hättest du ein Herz zum Vater, da würdest du auch das seine finden; aber da du eben kein Herz zum Vater hast, so kannst du auch keines finden im Vater, und es ist begreiflich nun, warum der Vater in dir nichts findet, das da seines Herzens wäre!"

8. Diese Lehrrede aber verdroß den Ham, daß er darob Weib und Kinder nahm und etliche Kühe, Ochsen und Schafe und zog von dannen hinauf in die Gegend des heutigen Sidon und Tyrus und nannte das Land nach seinem Sohne und sprach da:

9. „Nun, in Namen des Herrn, der auch mich gesegnet hat, will ich doch sehen, wie, wo und wann ich ein Knecht meiner beiden Brüder werde!

10. Wahrlich, es tat mir weh der Fluch Noahs, meines Vaters, obschon ich ihn wohl verdient habe! Darum auch will ich mich rächen am Vater und an meinen Brüdern; aber nicht durch Übles – nein, das sei ferne! – sondern durch Segen will ich meine Rache ausüben!

11. Die mich verflucht haben, die will ich segnen; und dieser Segen soll zu Glühkohlen werden über ihren Häuptern und soll erbrennen machen ihre Herzen! Und so soll das Land meines Sohnes nie ein Land des Fluches und der Knechtschaft, sondern ein Land der Herrlichkeit und des Segens heißen!

12. Also soll mein Stamm nie dahin kommen, daß er Dienste suche in den Hütten meiner Brüder Nachkommen; wohl aber werden sie kommen und werden in diesem gesegneten Lande und da in meinen Städten Wohnung suchen und nehmen! Amen."

13. Da kam ein Bote aus Salem und sprach zum Ham: „Dies Land gehört nach Salem; wer es bewohnen will, muß nach Salem dem Könige der Könige den Zehent geben von allem!"

14. Ham aber sprach: „Herr, hier ist alles, was ich habe; nimm es, denn es ist ja Dein von Ewigkeit!"

15. Und der Bote sprach: „Weil so dein Wille, da sei gesegnet dies Land für die Kinder des Herrn; und du sollst ihr getreuer Knecht sein!"

16. Dies gefiel dem Ham wohl, und er gab von allem sogleich den Zehnt; aber er verstand es nicht, daß der Bote die Nachkommen Japhets als die Kinder des Herrn bezeichnete.

17. Und so lebten die Hamiten und die Kanaaniter bis zu den Zeiten Abrahams ungestört in diesem Lande darum, da Ham gesegnet hatte, die ihm den Fluch gegeben hatten.

18. Noch etwas Weniges in der Folge!

365. Kapitel

Schluß
Kurze Geschichte der Familie Noahs bis zu Abraham
Winke über den Hauptzweck dieses Werkes

(Den 7. Sept. 1844)

1. Hams Kinder aber vermehrten sich noch zu den Lebzeiten Noahs sehr; denn Noah lebte noch nach der Sündflut dreihundertfünfzig Jahre, und es war sein ganzes Alter neunhundertfünfzig Jahre.

2. Ham hatte einen Sohn, der da Chus hieß, und dieser zeugte schon den mächtigen Jäger Nimrod, der die Stadt Babel gründete. Dieser war ein Riese und maß zwölf Schuhe und war der größte unter den Kindern des Chus, die alle von riesenhafter Größe waren.

3. Da aber Nimrod sehr mächtig ward vor den Menschen und war aber dennoch sehr fromm, daß man ihn den Jäger Gottes nannte, da dachte der noch lange gut lebende Ham: „Wer wohl werden die Kinder Gottes anders sein als die Kinder des Chus, und Kanaan wird ihnen dienen?!"

4. Da kam wieder ein Bote aus Salem zum Ham und sprach zu ihm: „Warum wirst du eitel ob Nimrod? Siehe, nicht mit dir, sondern mit Sem und Japhet will der Herr Seine Kinder zeugen, und sie sollen kommen aus dem Stamme Sem und aus den Töchtern Japhets! Darum werden die Kinder Gottes sein vom Sem und werden kommen aus Japhet!"

5. Als Ham das vernahm, da ward er betrübt; denn er ersah nun die Wirkung des Fluches Noahs über ihn.

6. Der Bote aber sprach zum Ham: „Der Herr von Salem ist nicht wie ein Mensch, daß Er jemanden alsbald verfluchete; also kommen nicht etwa des Fluches wegen die Kinder Gottes nicht von dir, sondern allein der göttlichen Ordnung wegen!

7. Denn wärest du auch nicht vom Noah im Kanaan verflucht worden, so würden dennoch die Kinder Gottes durch dich nicht in die Welt treten, weil du nicht der Erstgeborene bist! Sem aber ist der Erstgeborene, und Japhet der Jüngstgeborene vor der Flut; daher bleibt die Herrlichkeit beim Sem, und Japhet als der Jüngste gibt die Töchter.

8. Du aber bist aller Knecht nach der Ordnung des Herrn; und also bist du auch darum dem Herrn näher als deine Brüder! Und darum zeichnet der Herr auch deinen Stamm aus an Kraft, Zahl, Weisheit und männlichster Gediegenheit und läßt dich zuerst wohnen in dem Lande, in das Er erst spät Seine Kinder führen wird!

9. Glaube aber du ja nicht, daß da alle Nachkommen Sems und Japhets Kinder Gottes genannt werden; oh, mitnichten! Siehe, ich habe das Stammregister Sems; das will ich dir enthüllen, und du wirst am Ende ersehen, wann da und durch wen die Kinder Gottes erst wunderbar in die Welt kommen werden! Und so höre!

10. Sem hat gezeugt zwei Jahre nach der Sündflut den Arphachsad, wie du den Kanaan; du hast aber schon gleich im ersten Jahre gezeugt die Zwillinge Chus und Mizraim und im zweiten Jahre den Puth und Kanaan und dich wollen hervortun vor deinen Brüdern.

11. Und siehe, das war nicht vollkommen vor dem Herrn! Daher wandte Sich der Herr zu Sem und Japhet, weil sie die Letzten waren, und gab

dem Sem den Arphachsad erst mit deinem vierten Sohne und segnete ihn schon im Mutterleibe!

12. Dem Arphachsad gab Er den Salah; dem Salah den Eber; dem Eber den Pelek; dem Pelek den Regu, der heute geboren ward; dem Regu aber wird Er geben den Serug; diesem wird Er geben den Nahor; diesem den Tarah; aus dem erst werden der Abraham und seine Brüder Nahor und Haran hervorgehen!

13. Und siehe, Abraham erst wird zum eigentlichen Vater der Kinder Gottes berufen werden!

14. Es wirst aber du noch, wie Noah, selbst sehen den Abraham, und es werden ihn segnen vom Noah an alle lebenden Geschlechter, und du wirst ihm deinen Segen nicht vorenthalten!

15. Bisher sind 131 Jahre nach der Sündflut verflossen, und Abraham wird im 229.* Jahre nach der Flut geboren werden; also wirst du samt Noah, der von nun an noch 219 Jahre und im ganzen nach der Flut 350 Jahre zu leben hat, den Vater der Kinder Gottes noch gar wohl kennenlernen, indem du von jetzt an noch über 300 Jahre wirst zu leben haben!

16. Siehe, also hat es der Herr bestimmt, und das ist alles gut; darum laß dir das gefallen, so wirst du bei Gott den gleichen Anteil haben ewig! Amen."

17. Darauf verließ der Bote wieder den Ham, der zu Zidon lebte. (Sidon, heutzutage Saida.) Ham war mit diesem Bescheide zufrieden und ließ völlig fahren seine Selbstsucht ob der Mächtigkeit seiner Nachkommen. –

18. Und das war bis zum Abraham Meine Haushaltung, von der da im Anfange dieses Werkes Erwähnung und Bestimmung geschah!

19. Es wäre freilich wohl noch vieles von Noah bis Abraham zu zeigen; aber da davon Moses schon Ausführlicheres kundgibt und darnach ein jeder, der in der Entsprechungswissenschaft bewandert ist, jede Kleinigkeit finden kann, so sei damit dieses ohnehin sehr gedehnte Werk abgeschlossen! –

20. Wohl jedem, der das darinnen durchleuchtende Gesetz der Liebe wird zum Grunde seines Lebens machen; denn er wird dann darinnen auch das wahre, ewige Leben finden!

21. Wer es aber nur lesen wird wie ein anderes märchenhaftes Geschichtsbuch, der wird eine sehr magere Ernte bekommen für seinen Geist!

22. Wer aber dieses Werk höhnen und verfolgen wird, der wird dem sicheren zeitlichen und ewigen Tode nicht entgehen; denn Ich werde ihn ergreifen unversehens, wann er es am wenigsten erwarten wird! –

23. Von der Veröffentlichung dieses Werkes aber wird schon zur rechten Zeit Meine Weisung ergehen an den einen oder den andern von denen, die da gleich im Anfange damit beteiligt wurden zur Neubelebung ihres Geistes.

24. Also sei damit euch allen Meinen lieben Freunden und Kindern Mein reichster Segen, Meine Vaterliebe und Meine vollste Gnade geboten! Wandelt treu und unerschrocken auf diesen Wegen des Lebens, und Ich, euer aller Herr und Vater und Gott, werde euch führen an Meiner Hand in Mein Haus; und es soll niemandem ein Haar gekrümmt werden!

Amen, Amen, Amen.

Ende dieses Werkes

Deo gratias!

*

---

* Da sich aus der biblischen Zeitrechnung 292 Jahre ergeben, so könnte hier im Lorber-Text eine Zahlenumkehr (229 statt 292) vorliegen.

Anhang
Die vornoachische Gestalt der Erde
(Empfangen durch Jakob Lorber am 30. März 1864)

Damit ihr Gestalt und Beschaffenheit der Erde leichter begreifen und eurem Verständnisse näherführen könnet, so ist es vor allem notwendig, euch die damaligen Hauptgebirgszüge, sowohl Asiens, als Europas und Afrikas, wie in einem Bilde vor Augen zu stellen; denn von vielen, die in jener Zeit bestanden haben, ist in der Jetztzeit keine Spur mehr anzutreffen. Zum Teile sind sie bei Gelegenheit des Rücktrittes des Meeres abgeschwemmt und zerrissen worden, und ihre alten Verbindungsrücken liegen nun tief unter dem Stromgerölle der Täler begraben, und hie und da müssen sich die gegenwärtig bestehenden Ströme und Flüsse durch die von ihnen abgezwickten Gebirgsengpässe hindurchzwängen. Was aber die Hochgebirge betrifft, so sind sie – bis auf wenige – auch durch die Wirkung der verschiedenen Witterungen so von der früheren Gestalt verändert worden, daß sie ein Mensch, der nur vor tausend Jahren gelebt hat, nun nicht leichtlich wieder als dieselben erkennen würde, so er mit seinem damaligen Bewußtsein in eine Gegend versetzt würde, die er vor tausend Jahren als Mensch bewohnt hat. Man darf ja nur das Steingerölle eines nur ein paar Stunden breiten Stromtales ein wenig in Augenschein nehmen und die Masse betrachten, die im selben, bis zu einer Tiefe von vierhundert Klaftern, durch das Wasser aus der Gegend der Hochgebirge abgelöst in einem solchen Tale, von der Entstehung eines Stromes angefangen bis zu seiner Mündung in irgendein Meer, sich befindet, und man wird dann leicht begreifen können, daß die Berge vor kaum zwei- bis dreitausend Jahren eine ganz andere Gestalt hatten als jetzt.

Dieses voranzuschicken war notwendig, auf daß ihr die vornoachische Situation der Berge desto leichter verstehet. –

Wir fangen beim Norden Europas an und ziehen uns dann teilweise nach Asien hinüber, dann in die südlichen Teile Europas und am Ende Afrikas.

Von den Gebirgen, die sich nahezu mitten durch Schweden und Norwegen ziehen, ging da ein starker Gebirgszug im äußersten Norden bis an das Uralgebirge und verband sich mit demselben in stets steigender Richtung und hatte eine Fußbreite bis hundert, ja bis zweihundert deutsche Meilen. Dieser Gebirgszug verband sich aber auch mit den gegenwärtigen Gebirgen Dänemarks und von da weiter mit jenem Gebirgszuge, der heutigentags noch teilweise mehr oder weniger das westliche Flach-Europa von dem gebirgigen heutigen deutschen Europa bis in die Schweiz hin trennt, und es standen somit die Schweizer Gebirge im Verbande mit dem Ural und dieser durch Mittelasien hin mit dem hohen Tibet. Das war demnach ein ununterbrochener Gebirgskranz, dessen selbst niedere Teile noch immer eine Höhe zwischen fünf- bis sechstausend Fuß über die Fläche des Meeres darboten; nur waren sie nicht überall von einer gleichfesten Konsistenz und daher bei noch zu beschreibendem Fall der Mittelmeere, die mit dem Hauptmeere zu jener Zeit in keinem Verbande standen, durch die Flutung durchgebrochen und nach verschiedenen Richtungen hinweggeschwemmt worden.

Es gab in jener Zeit zwei Haupt-Mittelmeere.

Das nördliche bestand in jenem großen Becken, das, vom heutigen Schwarzen Meere ausgehend, sich zum Teil über das ganze europäische Rußland und alle konfinen (angrenzenden) Ebenländer mit der gegenwärtigen Ostsee verband und teilweise auch die Ebenen von der gegenwärtigen europäischen Türkei bis zum heutigen sogenannten Eisernen Tor hin, wie auch die Engpässe bis Belgrad und Semlin bei großen Stürmen mit seinen berghohen Wogen bespülte. Das war demnach das nördliche Mittelmeer.

Das zweite Mittelmeer, welches mit dem in keiner Verbindung stand und heutzutage noch den Namen ‚Mittelländisches Meer' führt, dieses Meer stand ebensowenig wie vormals das ‚Schwarze' mit irgendeinem Weltmeere im Verbande; aber seine Oberfläche war im ganzen nicht minder groß als die des vorbenannten ‚Schwarzen' oder ‚Nördlichen'. In der Gegend des heutigen Fiume zieht sich ein breites und langes Tal in das Kroatien und von da weiter in verschiedenen Verzweigungen nach dem Flußbette der Save bis nach Krain und daselbst bis an jene Gegenden, wo dessen Hochgebirge anfangen.* Auf der anderen Seite bedeckte es das gegenwärtige venetianische Königreich, sowie die Lombardei und so auch einige östliche Teile von Frankreich, zog sich in Afrika durch das Niltal bis zu den Katarakten hin und bedeckte auch die heutige große Sandwüste.

Denn von Asien herüber ging ein bedeutend hoher Gebirgszug, von dem heutzutage noch ganz bedeutende Spuren vorhanden sind. Dieser Gebirgszug zog sich vom nordöstlichen Teile von Afrika an bis ebenfalls an die hohen Katarakte hin, die weiterhin in Verbindung mit den heutigen Hochgebirgen Afrikas stehen. Die Straße von Gibraltar war ebenfalls im Verbande mit dem heutigen Spanien, und zwar durch einen ziemlich hohen Gebirgszug, und bildete somit das zweite Mittelmeer, welches an Flächenausdehnung dem Nordmittelmeere nichts nachgab; nur lag es im allgemeinen um viele Klafter tiefer als das nördliche Mittelmeer, von dem das Schwarze Meer heutzutage noch ein Überrest ist.

Nun gab es aber noch ein drittes Mittelmeer. Um dieses zu ermitteln, wo es sich befand, dürfet ihr nur einen Blick auf diejenigen Ebenen und Täler werfen, welche heutzutage von der Donau, Drau und Mur nebst ihren Nebenflüssen durchflossen werden. Dieses kleinere Mittelmeer war in jener Zeit freilich wohl niemandem bekannt, weil in solcher Vorzeit das heutige Europa noch von keinem menschlichen Wesen bewohnt worden war; wohl gab es eine Masse von allerlei Tieren, gewöhnlich von riesiger Gestalt, von denen man noch heutigentages in gewissen Gebirgshöhlen und aufgeschwemmten Sand- und Schotterbergen Überreste (im versteinerten Zustande) findet.

Ihr müßt euch aber nicht denken, daß dieses kleine Mittelmeer als für sich allein bestehend sich vorfand; denn es gab nach ihm besonders in Europa noch eine Menge bedeutend großer Seen, die mit diesem dritten Mittelmeere nur durch schon damals bestehende Abflüsse im Verbande standen. Das Krain, oder dessen Ebenen bis ins tiefe Oberkrain, war ein für sich abgeschlossener See, von dem der heutige sogenannte ‚Laibacher Sumpf' ein

---

* Hier fehlt wohl ein Satz! Vielleicht ist zu ergänzen: Dieses breite, lange Tal war bedeckt von diesem zweiten Mittelmeer.

Überbleibsel ist, der sich aber durch einen starken Abfluß bis in die Gegend des heutigen Rann mit dem zweiten Mittelmeere verband, welches die weiten Ebenen von Kroatien her bedeckte.

Ein mit dem dritten Mittelmeer verbundener Hauptteil war über das heutige Drautal bis in die Gegend der Herrschaft Fall sich erstreckend und dort weg – wo die Drau sich durch eine lange Reihe von Bergen bis in die Gegend des heutigen Eis den Weg bahnen mußte –, dort begann ein zweiter ziemlich bedeutender See, von dem der heutige sogenannte Werther-See (*Wörther See*) ein Überbleibsel ist. Ein Teil dieses Sees aber zog sich nach dem Drautale bis weit über Villach hinaus fort, mit welchem noch viele kleinere Seen in Verbindung standen. So war das heutige Ennstal ebenfalls ein für sich bestehender See, der sich den Weg durch das heutzutage sogenannte G'säus bahnte und von da weiter, bis es einen bei weitem größeren See verband, welcher größere See nach dem Donautale aufwärts alle Flächen Bayerns und auch zum Teile des breiten Inntales in Tirol bedeckte. Die heutige Mur stand gleich wie die Donau mit dem dritten Mittelmeer in flacher Verbindung. Die Gegend des heutigen Wildons bis ins heutige Gösting nahm ein kleinerer See in Besitz, und hinter Gösting angefangen lag ein anderer, der Mursee, längs dem ganzen Murboden und dessen verflachten Nebentälern, die in ihrem Hintergrunde ebenfalls wieder kleinere Seen hatten und mit dem Hauptsee in Verbindung standen durch kleine Abflüsse. Die heutige Schweiz hatte dergleichen kleine Seen in großer Menge, von denen Überbleibsel noch heutzutage bestehen.

Mit dem habt ihr ein genügendes Bild über den vorsündflutigen Zustand der Gebirge und der Gewässer dieses kleinen Weltteils. Nun wollen wir noch einen Blick besonders in das Mittelasien werfen und auch das Hauptgebirge, welches Mittelasien von Südasien trennt und die eigentliche Wiege des adamitischen Menschengeschlechtes ist, in Betracht ziehen!

Vom Ural weg zog sich – wie schon gezeigt wurde – ein Gebirgszug bis zum hohen Tibet hin, der aber schon in jener Zeit durch eine Menge der fruchtbarsten Täler durchfurcht war, durch welche Täler die aus den Bergen kommenden Flüsse ihren Lauf hatten und sich zumeist nach Norden hin ergossen.

Diese Gebirge sind nachher unter Hanochs Zeiten und besonders unter den Nachkommen Seths bewohnt worden, während die Hanochiten in den Ebenen auch weit über diesen Gebirgszug sich ausbreiteten. Da sie aber sahen, daß die Bewohner der Berge viel vorteilhafter daran seien als sie in ihren fruchtbaren und überweit gedehnten Ebenen, so fingen sie diese Gebirgsbewohner stets mehr und mehr zu necken und zu verfolgen an und ließen von diesen Verfolgungen trotz der oft an sie ergehenden Mahnungen nicht ab, sondern fingen mit Hilfe ihrer Sprengkörner, von denen das heutige chinesische Pulver noch ein Abkömmling ist, diese Berge, in die sie tiefe Löcher bohrten, buchstäblich zu zersprengen und zu zerstören an. Dadurch verschafften sie in ihrer tiefsten Blindheit nicht nur den großen Gewässern, über deren Bassins diese Berge standen, sondern auch jenen in weiter Ausdehnung, die da Tibet und der Taurus deckte und nördlich in weiten Strecken hin der Ural, den Ausweg. Dadurch entstand besonders in der Gegend des heutigen Kaspischen Sees, wo einst Hanoch stand, die größte Immersion (*Eintauchung, Senkung*), und der Durchbruch der Wässer

505

war so gewaltig, daß er eine Höhe zwischen sieben- bis achttausend Fuß über die andern Meere erreichte, und er ward noch durch einen über ganz Mittelasien bewirkten, lang anhaltenden Regenfall vermehrt und unterstützt.

Dieser außerordentliche Hochstand des Wassers in ganz Mittelasien bahnte sich dann zu einem starken Teile einen mächtigen Abfluß durch das heutige Wolgatal und erhöhte dieses Mittelmeer um viele Klafter; diesem konnte besonders in der Gegend des heutigen Konstantinopel* die ohnehin nicht so überfeste Landenge um so weniger mehr zum Durchbruche ein Hindernis stellen, als sich bei dieser Gelegenheit außerordentliche Feuereruptionen, notwendig weithin alles verheerend, gebildet hatten.

Wie hoch die Wässer Mittelasiens von selbst gestiegen sind, beweist, daß Noah mit seinem Kasten auf einer Hochebene des Ararat einen Boden fand, auf dem der Kasten sitzenblieb. Das meiste Gewässer dieses Mittelasiens fand dann seinen Hauptabfluß freilich nur nach Norden und Osten; aber ein äußerst bedeutender Teil auch nach Süden und Westen. Dadurch war das zweite große Mittelmeer derart überfüllt, daß es zum Teile durch seine Schwere und zum größten Teile durch die unterirdischen Feuereruptionen sich den reißenden Ausweg in den Atlantischen Ozean machte und sich in ein paar hundert Jahren derart verfloß, daß alle die unmittelbar in seiner Verbindung stehenden gegenwärtig zum Teil sehr fruchtbaren Ebenen zum größten Teile trockengelegt wurden, – wonach besonders die Küstenländer von Asien aus nach und nach bevölkert werden konnten.

Zu einem großen Teile aber haben die noch am Leben gebliebenen Völker des hohen Mittelgebirges von Asien und auch jene des Ural, der in jener Zeit bis an das Nordmeer hin ein fruchtbarer und breiter Landstrich war, von welchem aus dann auch der übrige nördliche Teil Europas besonders auf den Bergen hin bevölkert worden ist, dies bewerkstelligt. Von jenen Völkern stammten auch die Taurisker her, welche sich auf den Bergen Steiermarks und vieler anderer Länder seßhaft machten und lange ruhig untereinander fortlebten, bis der Römer und Griechen Hab- und Gewinnsucht sie ausfindig gemacht hatte.

Die Landenge, die in der Zeit der hanochitischen Flut Europa mit Asien verband, hieß nach dem dortigen Erzvater, der auch zu den Gebirgsbewohnern gehörte und eine Art Prophet weit durch das westliche Asien abgab und Deukalion hieß – das heißt „von Gott Gesandter" oder „von Gott komm ich her" –, auch die Landenge von Deukalion, und die Sündflut* wurde daher auch von den Völkern, welche den südasiatischen Teil bewohnten, lange hin die Deukalionische Flut benannt, bis erst nach einigen Jahrhunderten die Nachkommen Noahs die Hauptursache und den Hergang dieser Flut mit all den Nebenumständen kundgaben. Im Verlaufe von vielen Jahren wurde nach den Überbleibseln großer Seen Mittelasien zum trockenen, aber leider bis jetzt noch wüsten und unbewohnbaren Lande; nur gegen China hin und an den nördlichen Füßen des tibetanischen Hochgebirges ist es fruchtbar und bewohnbar.

Aus diesen Länderteilen stammen die euch bekannten Mongolen,

---

* heute Istanbul.

* „Die Sündflut" ist eine Ergänzung.

Hunnen, Tataren und Turkomanen her, die nach Überbevölkerung ihrer Ländereien sich zu einer Auswanderung genötigt sahen und sich zum Teile nach Osten und zum Teile nach Westen wandten, wo sie allenthalben den früheren dort lebenden Einwohnern große Not und Verlegenheit bereiteten.

Im Osten fühlten die alten Sihiniten und in Japan die Meduhediten die Macht und Schwere der Mongolen, und im Westen hatten sich besonders die Hunnen, in Verbindung mit den Tataren, und späterhin die Turkomanen sehr fühlbar gemacht und bewirkten die in jene Zeiten fallenden euch wohl bekannten großen Völkerwanderungen.

In der Jetztzeit hat man in den wüsten Teilen Mittelasiens wohl schon häufig Versuche gemacht, es oasenweise fruchtbar zu machen; aber der Verstand zum Fruchtbarmachen solch wüster Ländereien steht noch zu tief in der Nacht ihres heidnischen Aberglaubens begraben, und daher wird dieser große Landstrich noch sehr lange zu warten haben, bis er zu seiner alten vornoachischen Fruchtbarkeit gelangen wird.

Wie fruchtbar in jener Zeit mit Einschluß eines großen Teils von Siberien (*Sibirien*) die Länder waren, beweisen die heutzutage noch häufig aufgefundenen, unter dem ewigen Schnee und Eise ruhenden Mammuts und noch eine Menge anderer gras- und laubfressender Tiere, die sich nach der Zerstörung dieses überaus fruchtbaren Landes nicht mehr ernähren konnten und somit schon lange völlig ausgestorben sind. Dazu gehören nebst dem großen Mammut die Riesenhirsche, die Riesenschafe, das eingehörnte Riesenpferd und dergleichen mehr, von denen man noch zum Teile im Uralgebirge und zum großen Teile in den Höhlen des nördlichen Tibet und auch unter dem Schnee und Eise Siberiens versteinerte Überreste findet.

Es könnte hier leicht jemand fragen, warum man nicht auch besonders in Siberien Überreste von Menschenkörpern vorfindet. Und die Antwort ist: weil der Menschenkörper viel ätherischer in allen seinen Teilen und somit auch verwesbarer vom Urbeginne an erschaffen ist, – das heißt, was die Nachkommen Adams betrifft!

Was aber die voradamitischen, sogenannten Tiermenschen, Cephonasims (Betrachter des Firmaments) genannt, betrifft, so finden sich von selben wohl noch hie und da versteinerte Überreste vor, wie sich auch hie und da noch Abkömmlinge dieser Art Tiermenschen vorfinden und ihren Standpunkt zwischen den Nachkommen Kains und den gegenwärtig vorkommenden Affen, als Schimpansen und Orang-Utans, einnehmen.

Sie besaßen aber unter allen Tiergattungen die größte instinktmäßige Intelligenz und bauten sich hie und da ihre freilich höchst einförmigen Wohnungen und verlegten auch die eben nicht zu breiten Stellen der Bäche und Flüsse mit Steinen und bauten sich dadurch eine Art Brücke über solche Stellen; und fing das Wasser an, über solche Brücken zu fließen – was gewöhnlich der Fall war –, da legten sie bald hinter der alten Stelle, wo die Strömung herkam, eine zweite und höhere und setzten diese Arbeit nicht selten so lange fort, bis in plump terrassenförmiger Richtung oft zehn und mehrere solcher Brücken entstanden, die ihnen am Ende aber wenig nützten, weil das Wasser hinter ihnen immer zu schwellen anfing und diese Brücken samt und sämtlich wieder überströmte.

Von diesen mit einem kurzen

Schweife, der aber mit einem starken Büschel Haare bewachsen war, versehenen Menschen waren sonach die erbauten Mauern, von denen man heutzutage noch Spuren vorfindet, und denen man ein hohes Alter gibt, was mitunter auch der Fall ist, daß manche solcher vorgefundenen Mauern, besonders in den Gebirgsgegenden, das Alter Adams weit übersteigt; aber sie sind ebensowenig Werke eines freien menschlichen Verstandes als die ganz zweckmäßig gebauten Häuschen der Biber an jenen Gewässern, in denen diese Tiere ihre reichliche Nahrung finden.

Es gibt noch andere Tierarten auf der Erde, die sich ihre Wohnungen also erbauen und einrichten, daß die Menschen selbst, so sie eine solche finden, darüber höchlich erstaunen; aber man erkennt diese Wohnungen dennoch daran gar leicht als Tierwerke, weil sie gleichfort in der gleichen Art und Form vorkommen. Auch kann der Stoff, aus dem sie gebaut sind, wohl von einem erfahrenen Chemiker analysiert werden, woraus er besteht, aber das Baumaterial ist ebensowenig aus der Natur heraus zu bewerkstelligen als der Stoff, aus dem die Spinne ihren Faden spinnt, die Biene ihre Zellen baut und die Schnecke ihr Haus. Und wie es mit derlei Tieren sich verhält, so verhält es sich auch um nicht viel besser mit den eigentlichen Präadamiten*, die in den Wäldern Afrikas und hie und da Amerikas vorkommen. –

Ich meine, daß Ich euch in möglichster Kürze die adamitische Gestalt der Erde mehr als hinreichend klar gezeigt habe, und ihr werdet darüber weiter nicht viel mehr zu fragen haben.

---

* Siehe auch ‚Johannes' d. gr. Evang., Band 8, Kap. 72.

Nur zwei schlüßliche (*schlüssige*) Bemerkungen mache Ich noch:

Die erste ist, daß sich die gegenwärtige Donau erst etliche hundert Jahre später durch das Eiserne Tor den gegenwärtigen Weg gebahnt hat, wobei aber dennoch auch Menschenhände in Anspruch genommen werden mußten, um durch das Eiserne Tor dem Strome das lange hin noch sehr gültige Bett derart zu regulieren, daß diese Stelle nun auch für größere Fahrzeuge fahrbar war. Wohin sich die vorbeschriebenen Mur-Seen ihre sie einrahmenden Hindernisse geschafft haben, da dürfet ihr nur die den Murboden umliegenden Hügel und den Murboden selbst in Augenschein nehmen, und deren Gerölle wird es euch gleich sagen, wie diese Hügel entstanden sind und daneben auch das gegenwärtige dritte von der Mur gebildete Ufer; da werdet ihr die Überreste von den nach und nach zerstörten Uferdämmen leichtlich finden.

Auf dem Boden um Graz werdet ihr leicht noch in einer nicht sehr bedeutenden Tiefe zentnerschwere Rollsteine finden, und zum größten Teil von sehr harter Konsistenz. Unter Wildon hinab gibt's die Mur schon wohlfeiler; nur hie und da, aber schon in einer ziemlichen Tiefe, finden sich noch schwerere abgerollte Kalksteine vor, weiter unter Radkersburg bis zum Ausfluß derselben in die Drau werdet ihr nur mehr Sand als abgerollte Steine finden, und das darum, weil die Mur dort schon ein sehr breites Bett hatte und keinen großen Druck mehr ausüben konnte, weil ihr Fall ein zu geringer war.

Gehet hin nach Ägypten, und ihr findet bis in die ziemliche Nähe der Katarakte nur sehr wenig Steingerölle, dafür aber eine desto größere Menge rotbraunen und mitunter auch weißlichen Sandes! Die Ursache davon ist, weil dieser Strom bis in die Gegend der

Katarakte hin mit dem gegenwärtig mittelländischen Meere noch immer in der wenig abweichenden Fallinie sich befindet – was nämlich die Höhe betrifft –, während andere Ströme gegen das Meer zu einen stärkeren Fall haben, mit Ausnahme der Donau ins Schwarze Meer, der Wolga ins Kaspische und des Amazonenstroms in Amerika ins Atlantische Meer.

Was aber nun zweitens* die Annahme einer Überflutung Amerikas betrifft, von der unter den Ureinwohnern dieses Weltteiles einige dunkle Sagen bestehen, so ist damit zum Beweise einer dortigen allgemeinen Überflutung soviel als gar nichts gesagt! Denn in jener Zeit standen die Niederungen dieses Weltteiles ohnehin noch unter Wasser. Mit der Zeit wurde dieser von Norden nach Süden weitausgedehnte Weltteil zuallermeist durch die inneren Feuereruptionen über den Meeresspiegel stets mehr und mehr emporgehoben, und das Meer war genötigt, immer mehr und mehr abzufließen.

Dazu trat noch ein anderes für diese Erde großartiges Naturereignis:

In jener Urzeit der Erde, in welcher nach dem Gesetze der Meereswanderung sich der größere Teil des Meeres noch mehr gegen Norden hin befand, ging von der äußersten Westküste Afrikas eine ununterbrochene Inselreihe bis an die östliche Ecke des heutigen Brasilien hin und teilte somit das Nordmeer des Atlantischen Ozeans von dem südlichen; und diese beiden Meere standen nur durch eine Menge Meerengen im Verbande, von denen die größte kaum die Breite des Roten Meeres hatte.

Allein in jener Zeit, in der von der unterirdischen Feuergewalt alle damaligen Weltteile, besonders aber der Meeresgrund, viele Veränderungen zu erleiden bekamen, versank auch der größte Teil der vorbenannten Inselreihe, wie auch viele tausend größere und kleinere Inseln des großen Weltmeeres, in den tiefen Grund, und das Nordmeer konnte sich dann durch dieses breite Tor ungehinderter ins Südmeer ergießen, und es traten dann im nördlicheren Teile der Erde viele Inseln und andere Flachländer in nutzbaren Vorschein, und somit auch die Ländereien Amerikas.

Dafür aber ist die vormals noch weit gegen den Südpol hinabreichende Spitze Afrikas bis jetzt noch unter Wasser; darum denn auch das Meer weit hin unter dem Vorgebirge der Guten Hoffnung eine Art Berg bildet, über den die Schiffe besonders bei schlechten Winden schwer darüberkommen und oft einen großen Umweg machen mußten, um auf den flachen Teil des Ostmeeres zu gelangen. Die Dampfschiffe nun haben's freilich leichter. –

Da habt ihr denn nun auch die Sündflut Amerikas und von einer Menge größerer und kleinerer Inseln, und forschet über diese Mitteilung nicht weiter, ansonst Ich euch in die Urschöpfungsperioden und vielen Meereswanderungen zurückführen müßte; und ihr würdet da nicht viel Nützlicheres in Erfahrung bringen als jenes alte Weib, das da nicht begreifen konnte, wie es zu so vielen Falten und Runzeln gekommen ist, trotzdem es immer gut und keusch gelebt habe und man, als es als Mädchen noch zwanzig Jahre alt war, am ganzen Leibe sogar um einen Weltpreis nicht eine Falte hat entdecken können.

Ja, da kann man dann nichts anderes sagen als: „Das hat alles Gott der Herr so eingerichtet, daß sich die Zeiten ändern und wir Menschen mit allem, was uns umgibt, mit den Zeiten!"

---

* ‚nun zweitens' ist eine Ergänzung.

Lassen wir daher nun die Erde ruhen; in tausend Jahren wird sie ohnehin schon wieder ganz anders aussehen! Und somit gut und zu Ende mit dieser Erklärung, die Ich euch darum gab, damit ihr so manches andere aus den Evangelien und den Schriften Mosis leichter begreifet! Amen.

Inhalt

KAPITEL		SEITE

1 Purista als Ratgeberin des Herrn. Des Menschen Bitte als andächtiger Rat vom Herrn gewünscht. Des Vaters Gnade und Liebe zu Seinen Kindern. 27. 3. 1843   5

2 Der Herr mit Purista, Ghemela, Pura und Naëme in der Hütte der Purista. Die Fragen und Vermutungen der außenstehenden Neugierigen. Henochs tiefgeistige aufklärende Rede an die Zweifler und Krittler 28. 3. 1843   7

3 Die verblüfften Männer. Das Geschwätz der neugierigen Weiber. Die gute Ansicht der Schwester der Aora 29. 3. 1843   10

4 Der bekümmerten Mira Gespräch mit Henoch 30. 3. 1843   12

5 Miras Eintritt in die Hütte und ihre Prüfung, Läuterung und Aufnahme durch den Herrn 31. 3. 1843   14

6 Miras Liebessterben und Wiederbelebung durch den Herrn. Der Liebesfeuersturm und des Herrn plötzliches Verschwinden. Die Wiederkehr des Herrn und die Anrichtung des Mahles 1. 4. 1843   16

7 Miras erfolglose barsche Einladung der Väter zum Mahle in der Hütte. Des Herrn Mahnung zur Demut. Die nochmalige Einladung der Väter durch Mira und ihr Erfolg 3. 4. 1843   18

8 Das Mahl in der Hütte der Purista. Des Herrn Rede über Seinen Liebesbund mit den Kindern der Erde und die sichtbare Gemeinschaft zwischen Himmel und Erde 4. 4. 1843   20

9 Das Sichtbarwerden der Geister Ahbel, Sehel und Zuriel. Seth und Sehel, Adam und Ahbel im Gespräch 5. 4. 1843   21

10 Ghemelas Fragen über das Diesseits- und das Jenseitsleben. Die Antwort des Geistes Zuriel 6. 4. 1843   23

11 Ghemelas überschwenglicher Dank und des Herrn Rede über den hohen Wert der Liebe. Eine Verheißung an die Ghemela und an die Pura als zukünftige Maria. Puras Entrückung 7. 4. 1843   25

12 Adams Entschuldigung und einfältige Bitte an den Herrn um Zurücknahme des Verweises und der Gerichtsdrohung. Des Herrn denkwürdige Antwort 8. 4. 1843   26

13 Adams Bitte um Vergebung. Des Herrn bedeutsame Rede über den Menschen als blinden Schöpfer seines Gerichts und Schlußstein der Schöpfung 10. 4. 1843   28

14 Uranions Frage an den Herrn, ob Er von den Menschen beleidigt werden könne. Des Herrn bejahende Antwort 11. 4. 1843   30

15 Die Berufung der Satana in Drachengestalt durch den Herrn im Beisein Kisehels, Henochs und Lamechs. Die freche Rede des Drachen und seine Vorhersage der Kreuzigung des Herrn 12. 4. 1843   31

16 Kisehels Racheeifer und Beruhigung durch den Herrn. Des Herrn Frage an Satana und die Verweigerung der Antwort durch Satana. Die Züchtigung und Demütigung des grimmwütigen Drachen durch Kisehel 13. 4. 1843   33

17 Satans Geständnis seiner Lügen und Bekenntnis der Bosheit seines Starrsinnes 14. 4. 1843   35

18 Die Lüge von der ewigen Züchtigung der Satana. Die weibliche

KAPITEL		SEITE

	Schönheit der Urgestalt Satans. Des Herrn Kreuzestod und Satans Freiheitsfrist	15. 4. 1843	36
19	Kisehels Besorgnis wegen Satanas Macht und des Herrn beruhigende Worte. Die gebrochene Macht Satanas	18. 4. 1843	38
20	Satanas an den Herrn gerichtete Bitte um Wiederverleihung eines Herzens, um Gott lieben zu können	19. 4. 1843	40
21	Des Herrn Antwort und Hinweis auf seine Bemühungen um die Bekehrung und Gewinnung Satanas	20. 4. 1843	42
22	Satanas eigenliebige und freche Anklage gegen den Herrn. Des Herrn Traurigkeit ob des Starrsinns und Ungehorsams Satanas . .	22. 4. 1843	44
23	Satanas Wunsch, in einen Mann umgewandelt zu werden, und seine Erfüllung. Die Unverbesserlichkeit Satanas. Das reine Sonnenweib. Satan verschwindet.	24. 4. 1843	46
24	Das innere verwandte Wesen Satanas, Adams, Evas und Kahins und Satanas Teilung und Schwächung	25. 4. 1843	47
25	Lamechs Frage: Wie ist es möglich, daß Satana als ein aus Gott geschaffenes Wesen so böse ist? Des Herrn Antwort im Gleichnis	26. 4. 1843	49
26	Kisehels törichte Gedanken über die Begattung der Satana durch Gott. Des Herrn lichtvolle Aufklärung über das Wesen und den Zweck der Satana	27. 4. 1843	51
27	Die gottgewollte Beschränktheit der menschlichen Erkenntnis. Des Herrn Eröffnung über das Männliche und das Weibliche in Gott und Mensch. Die Erschaffung Luzifers	28. 4. 1843	53
28	Die reine Liebe und die Liebestat als vornehmstes Gebot. Die Gefahr der Städte und der Weiber der Tiefe	29. 4. 1843	55
29	Muthaels Frage wegen der Widersprüche im Wesen des Weibes. Des Herrn Eröffnung über des Mannes und des Weibes Wesen . .	2. 5. 1843	56
30	Die durch des Herrn Antwort befremdeten Väter. Des Herrn weitere Enthüllungen über das polarische Wesen von Mann und Weib	3. 5. 1843	58
31	Kenans Verlangen nach mehr Licht über sein Gesicht von den zehn Säulen. Des Herrn weiser Rat. Des Herrn plötzliches Verschwinden	4. 5. 1843	60
32	Satans listiger Plan, die Menschen durch Weibesschönheit zu verführen. Die Stimme von oben. Die Gesandtschaft des Horadal bei Adam und Henoch.	5. 5. 1843	61
33	Henochs Eröffnung an Hored, Lamech, Naëme, Ada und Zilla, Jubal und Jabal. Der Aufbruch nach Hanoch unter der Führung Henochs.	8. 5. 1843	63
34	Die Ankunft Henochs und seiner Begleiter vor Hanoch. Lamechs Bewunderung der Menschenwerke in Hanoch und Henochs weiser Rat	9. 5. 1843	64
35	Henochs Zusammentreffen mit König Lamech. Die Gefahr der Menschenehrung.	10. 5. 1843	66
36	Lamech läuft den Seinen entgegen, Henoch folgt ihm. Der dreifach prophetische Sinn dieser Handlung Henochs. Echte Prophetie und die Freiheit des Menschen.	11. 5. 1843	67

KAPITEL		SEITE

37 König Lamechs Freudesturm und überschwengliches Dankgebet. Henochs Warnung vor übereilten Gelöbnissen 12. 5. 1843 69

38 König Lamechs und der Seinen Wiedersehensfreude und große Dankbarkeit dem Herrn gegenüber. Henochs Gespräch mit Lamech von der Höhe über das vorbildliche Herzensopfer König Lamechs und seiner Familie 15. 5. 1843 70

39 Der Einzug in Hanoch. Die vorübergehende Zulassung der Verehrung der heiligen Gedenkstätten in Hanoch. Der Empfang im Palaste Lamechs 16. 5. 1843 72

40 Der Empfang der Gäste durch den Hofstaat im Thronsaale. Vorbereitungen zum Festmahl. König Lamechs Verordnung zum Umschmieden aller Waffen in nützliche Gerätschaften. Die Liebe als heilige Urwaffe des Herrn. Verheißung an König Lamech . . . 17. 5. 1843 73

41 Henochs Gespräch mit Lamech von der Höhe über die gute Ordnung und über die böse menschliche Rangordnung 18. 5. 1843 75

42 Die Aufstellung des zweiten Tisches im Thronsaale. Das Festmahl. Die Tischrede des Unbekannten am zweiten Tische. 19. 5. 1843 76

43 König Lamechs Staunen ob der Worte des unbekannten Gastes. Die Rede des Unbekannten über die zweifache Nahrung des zweifachen Menschen 20. 5. 1843 78

44 Die natürliche, seelische und geistige Sättigung. Die Langeweile als der Hunger der Seele, und die Wißbegierde als der Hunger des Geistes 22. 5. 1843 80

45 Die Frage der hartverständigen Kritiker über die Kraft des Wortes und des weisen Redners Worte über das innere lebendige Herzenswort 23. 5. 1843 81

46 Des weisen Hauptredners Rede über die innere Geistsprache und die äußere Mundsprache 24. 5. 1843 83

47 Der genötigte, unfreie Glaube und der freie, durch die Liebe zu Gott lebendig gewordene Glaube 27. 5. 1843 85

48 Die Demütigung des unaufrichtigen, gafflustigen Kritikers. Die Tauglichkeit des Mundwortes zur Lüge 29. 5. 1843 86

49 König Lamech und Henoch im Zwiegespräch über den weisen Redner und die Bergtempelweihe. Die innere Entsprechung des Tempels. König Lamech lädt den weisen Mann ein zur Tempelweihe 30. 5. 1843 88

50 Die Rede des Weisen über den Zweck der Tempelweihe. Die Einladung des ganzen Volkes 31. 5. 1843 89

51 Henochs Zwiegespräch mit König Lamech über die Wahrheit. Vom Gehorsam und der Ordnung des Herzens. Der Volkszug nach dem Bergtempel 1. 6. 1843 91

52 Das Volksgedränge auf dem Berge. Lamechs Verlegenheit ob des nahe bevorstehenden Sonnenunterganges. Des weisen Mannes Rat und Rede über die wahre Tempelweihe 2. 6. 1843 92

53 Die lebendige Weihe des Tempels durch König Lamechs brennende Liebe zu seinen Brüdern und Schwestern. Das strahlende Herz über dem Tempel 9. 6. 1843 94

54 König Lamechs demütiges Selbstbekenntnis und seine Scheu, den Tempel zu betreten. Des Weisen Rede über das Wort des Herrn

KAPITEL		SEITE

	und über den göttlichen Geist des Menschen. Der Eintritt in den geweihten Tempel	10. 6. 1843	95
55	Die symbolische Bedeutung der Erscheinungen bei der Tempelweihe. Die Gottwohlgefälligkeit der Armut. Lamechs große Ahnung	12. 6. 1843	97
56	Lamechs irrtümliche Auffassung vom Herzen über dem Tempel und seine Belehrung durch den Herrn. Wie und wo man Gott suchen soll	13. 6. 1843	99
57	Lamech erkennt seine Torheit, und den Herrn im weisen Redner. Des Herrn Rede über das Wesen des Geistes Gottes im Menschen	14. 6. 1843	100
58	Warum der Herr Sich als Mensch nur wenigen offenbart. Lamechs vergebliche Bemühungen um die Aufrichtung des am Boden liegenden Volkes. Des vereinsamten Lamech Traurigkeit ...	16. 6. 1843	102
59	Des einsamen Lamech Betrachtungen im Morgengrauen, seine Traurigkeit und sein Irrewerden an Gott	17. 6. 1843	104
60	König Lamechs schreckliches Gesicht und Erwachen aus seinem Traumzustand. Die Aufklärung durch Lamech von der Höhe. ..	19. 6. 1843	106
61	König Lamech mit Lamech von der Höhe im Tempel vom Herrn liebevoll empfangen. Die Erklärung des von König Lamech im Schlafe Erlebten. Die Haus- und Rangordnung des himmlischen Vaters	20. 6. 1843	107
62	Die polarische innere Bauordnung der Erde und aller organischer Körper als Gleichnis für die vom Herrn gewählte Sitzordnung ..	21. 6. 1843	109
63	Von der Vielweiberei. Die göttliche Ehe- und Zeugungsordnung .	22. 6. 1843	111
64	Von dem Verlangen des Mannes nach dem Besitze vieler schöner Weiber. Die Ausreifung der Gefühlskräfte des Menschen in der Liebe zum Herrn	23. 6. 1843	112
65	Das Gleichnis vom Tautröpfchen. Vom Entwicklungsverlauf der Seele	26. 6. 1843	114
66	Lamechs Staunen über die Weisheit des Herrn. Die Gnade der Demütigung der menschlichen Weisheit	27. 6. 1843	115
67	Der Ursprung und das Wesen des Bösen	30. 6. 1843	117
68	Lamechs Verstummen vor der Heiligkeit Gottes. Die Grenzen der Allmacht Gottes. Die Überbrückung der Kluft zwischen Gott und Mensch durch das Gnadenverhältnis von Vater und Kind. ...	1. 7. 1843	118
69	Das Leben des Geschöpfes als Teil des Lebens Gottes. Der Mensch als fixierter Gedanke Gottes. Die geheimnisvolle Frage der menschlichen Freiheit	3. 7. 1843	120
70	Lamechs Verlegenheit ob der für ihn unlösbaren Frage und das Bekenntnis seiner Torheit. Die Demut als die wahre Weisheit ...	4. 7. 1843	121
71	Lamechs geistiges Schauen der Gedankenschöpfungen in seinem Innern und deren Entsprechung mit dem Ursprung der Menschen in Gott	5. 7. 1843	122
72	Die Schmerzfähigkeit des Leibes. Der Schmerz als Wohltäter und Schutzwächter des Lebens. Wie man ohne Schmerz leben kann ..	6. 7. 1843	124
73	Zuriels Beweis für die Schmerzempfindlichkeit des Geistes	7. 7. 1843	125
74	Vom Wesen des Lebens. Der Grund der Schmerzfähigkeit und der Beseligung	10. 7. 1843	126

KAPITEL		SEITE

75 Henochs Rede über das Leben des Geistes als notwendiger Kampf der polaren Kräfte 11. 7. 1843 128
76 Die Dreiseitigkeit jedes Verhältnisses im Leben, beruhend im Natürlich-Menschlichen, Geistig-Menschlichen und Göttlich-Menschlichen. Die Unerforschlichkeit der letzten Geheimnisse. . 13. 7. 1843 129
77 König Lamechs Weihe zum Oberpriester des Bergtempels. Des Herrn trostvolle Verheißung Seiner steten Gegenwart im Tempel. 14. 7. 1843 130
78 Lamechs Rede an das um den Tempel versammelte Volk. Über die sichtbaren Besuche Gottes 15. 7. 1843 131
79 Die Einsetzung des Henoch und der beiden Lameche zu Grundleitern alles Volkes 17. 7. 1843 133
80 Die Verklärung des Herrn vor dem Volke und dessen Ehrfurchtsschrecken. Die väterlichen Worte des Herrn an das Ihn erkannt habende Volk. Der Herr verschwand vor ihren Augen 18. 7. 1843 134
81 Das Denkmal der sieben weißen Steine im Tempel. Vom Ursprung des Steins der Weisen. Der Zug zurück in die Stadt. 20. 7. 1843 135
82 Die Aussendung der Boten. Die göttliche Musterordnung des Staates und der Stadt Hanoch. Henochs und König Lamechs Aufbruch auf die Höhe. 21. 7. 1843 136
83 Das Flammenmeer in der Höhle auf dem Bergwege zur Höhe . . 22. 7. 1843 138
84 Henoch vernichtet die Drachenhöhle und beruhigt seine Gefährten. 24. 7. 1843 139
85 Satans Auftreten in schrecklicher Gestalt. Henochs Aufforderung an Satan, seine arge Grundabsicht kundzugeben 28. 7. 1843 140
86 Die listige Verkehrung der Verheißungen des Herrn durch den großmäuligen Satan 29. 7. 1843 141
87 Henochs kraftvolle Antwort an Satan und Satans Verbannung in den Mittelpunkt der Erde 31. 7. 1843 143
88 Lamechs Frage: „Wie kann ein Geist durch die Materie gefangengehalten werden?" Henochs Antwort 1. 8. 1843 144
89 Die Ankunft der Wanderer auf der Vollhöhe und ihre Begrüßung durch Adam 2. 8. 1843 145
90 Das Mahl bei Adam. König Lamechs an Adam gerichtete demuts- und ehrfurchtsvolle Rede. Adams gute Antwort 3. 8. 1843 146
91 Adams Erzählung von der Werbung Muthaels um Purista. Henochs gute Antwort 4. 8. 1843 148
92 Der Gang auf die Vollhöhe. Die herrliche Aussicht. König Lamech preist den Herrn ob der geschauten Herrlichkeiten der Erde . . . 5. 8. 1843 149
93 Die Heimkehr vom Berge. Das gesegnete Mahl in Adams Hütte. Die Besprechung Adams mit Henoch wegen der Feier des Sabbats. 7. 8. 1843 150
94 Der Besuch der Adamsgrotte. Lamechs Verwunderung und Preis der Liebe des Herrn 10. 8. 1843 152
95 Henochs weise Lebenserfahrungen betreffs der Fleisches- und Weltliebe der Menschen 12. 8. 1843 153
96 Der Zug zur Hütte der Purista. Der Empfang der Gäste durch Purista. Die Bewunderung der Schönheit der Purista durch Lamech. 17. 8. 1843 155

KAPITEL		SEITE

97 In der Hütte des Herrn. Puristas Klage über Muthaels verliebte Nachstellungen. Henochs, des Herzenskenners, weise Antwort . 18. 8. 1843 156
98 Die Heilung des gemütskranken, verliebten Muthael durch Henoch 19. 8. 1843 157
99 Adams Verwunderung über die innere Wandlung des Muthael. Purista in Verlegenheit. Muthaels Rede von der Eitelkeit aller Neigungen. Puristas Reue und Bitte um Vergebung. 21. 8. 1843 159
100 Die weise und männlich-edle Rede Muthaels an Purista. 22. 8. 1843 160
101 Muthaels Geringschätzung der Gäste aus der Tiefe und seine spitze, an König Lamech gerichtete Frage. Lamechs Erwiderung . . . 23. 8. 1843 162
102 Der beschämte Muthael, von Henoch am Fortgehen gehindert. Henochs Rede über das Wesen der Weiber 24. 8. 1843 163
103 Muthael im Gespräch mit Lamech. Lamechs weise Rede über das wahre Wesen der Beleidigung. Muthael, mit Lamech versöhnt, bittet diesen um Rat 25. 8. 1843 164
104 Lamechs abschlägiger Bescheid und guter Rat, sich an den Herrn zu wenden. Vom Unterschied zwischen Gotteswort und Menschenwort 26. 8. 1843 166
105 Muthaels Harren auf des Herrn Wort, Selbstgespräch. Adams Kummer um Muthael, Henochs beruhigende Worte. Der Aufbruch ins Freie 28. 8. 1843 167
106 Uranion als Herbergswirt. Purista auf die Anhöhe zum Muthael berufen. Adams Neugier und heilsamer Schrecken 29. 8. 1843 168
107 Henochs Rede über die zweierlei Wirklichkeiten: die materielle und die geistige. Die Entsprechung der Vision Adams 30. 8. 1843 170
108 Kenans Gesang vom Wesen des Lebens. Adams derbe Kritik dieses Gesanges. Henochs beruhigende Worte 31. 8. 1843 171
109 Des gekränkten Adam Klage und törichtes Vorhaben, sich von allen zurückzuziehen 1. 9. 1843 173
110 Lamechs besänftigende Rede an Adam. Von der Macht der Gewohnheit und vom Segen der geistigen Rüttler. Der Zweck unserer Schwächen 2. 9. 1843 174
111 Henochs traurig-wahre Prophezeiung und sanft-ernste Rüge an Adam. Adams mißglückter Rechtfertigungsversuch 4. 9. 1843 175
112 Adams und Evas gestörte Nachtruhe in Uranions Hütte. Adams brennende Neugierde, von Eva bezähmt 5. 9. 1843 177
113 Eva und Adam erheben sich vom Lager und werden von Henoch über die angekommenen Gäste aufgeklärt. Muthael mit seinem Weibe Purista und die zwei himmlischen Gäste. Des Herrn tiefe Worte an Adam 6. 9. 1843 178
114 Die Abschiedsrede des Herrn. König Lamechs und der Seinen Rückkehr nach Hanoch. Das wahre goldene Zeitalter. 7. 9. 1843 179
115 Die erste Kirche und der spätere Verfall der Menschen. Adams Abschiedsrede, Testament und Tod. 11. 9. 1843 181
116 Die Trauer um Adams Heimgang. Evas steigendes Ansehen. Der Tod Evas 12. 9. 1843 182
117 Das Asketentum unter den Kindern der Höhe. Seths Tod und Nohas Geburt. Henochs und Lamechs Gespräch über den Lei-

KAPITEL		SEITE

	bestod der Menschen. Henochs Trauer und Hinwegnahme durch den Herrn	13. 9. 1843	184
118	Lamech von der Höhe auf der Suche nach Henoch. Des Herrn aufklärendes Wort an Lamech. Lamechs törichte, bittere Rede an die versammelten Seinen	14. 9. 1843	186
119	Die Einstellung der Zeugung auf der Höhe und des Herrn Warnung an Lamech. Lamechs vorwurfsvolle Antwort an den Herrn	16. 9. 1843	187
120	Des Herrn ernste, zurechtweisende Worte an Lamech. Das Zeugnis der Geister Henoch und Adam vom ewigen Leben des Menschen.	18. 9. 1843	188
121	Fortsetzung des Verkehrs mit den Hinübergegangenen. Lamechs Umkehr und Reuerede. Des Herrn liebevolle Rede über den Vaterschmerz beim Züchtigen der Kinder. Lamech als Stellvertreter Henochs.	19. 9. 1843	190
122	Lamechs Gelöbnis, die alte göttliche Ordnung wiederherzustellen. Des Herrn Warnung vor der Schlange im Weiberfleische. Der Herr und die Seligen verschwinden vor ihren Augen. Die Versammlung der Ältesten.	20. 9. 1843	191
123	Der geteilte Erfolg der Botschaft Lamechs an die Völker. Lamechs Ärger darob und des Herrn Trostworte	21. 9. 1843	192
124	Des Herrn Rede über das Wesen der Getreuen und der Ungetreuen. Die Unverbesserlichkeit der Zerstreuungssüchtigen.	22. 9. 1843	193
125	Lamechs und Mathusalahs Zwiegespräch. Wer da etwas in der Welt mehr liebt denn Gott, der ist Seiner nicht wert!	23. 9. 1843	195
126	Der moralische und geistige Niedergang unter den Kindern der Höhe. König Lamechs letzte Verordnungen und Tod. Thubalkain als Nachfolger Lamechs	25. 9. 1843	196
127	Der Anfang des Militärs. Das Aussterben des Stammes Lamechs mit Thubalkains Tod. Muthaels und der Purista Sohn Uraniel als König in Hanoch.	26. 9. 1843	198
128	Die Vergötterung der zwei schönen Töchter des verstorbenen Thubalkain durch die Hanochiten. Uraniel in Unschlüssigkeit. Die Absage des Herrn. Uraniels Vermählung mit den zwei Töchtern Thubalkains	27. 9. 1843	199
129	Der Anfang der Bigamie in Hanoch. Die Errichtung einer Weiberverschönerungsanstalt. Menschenhandel und Standesunterschied	28. 9. 1843	201
130	Näheres über die Weiberverschönerungsanstalt. Anfang des Weiberhandels.	29. 9. 1843	202
131	Die Reinigung der Höhe. Lamechs Rede an die in die Tiefe ziehenden zehntausend Weiber. Lamechs und Muthaels Trauer und Nohas Trostworte	2. 10. 1843	203
132	Die Ankunft der zehntausend Weiber in der Tiefe und die erfolgreiche Menschenhandelspolitik des Königs Uraniel	3. 10. 1843	205
133	Die Züchtungsfrucht der Weiber der Höhe und der Hanochiten: Mechaniker, Künstler und Chemiker. Die Erfindung des Glases und des geprägten Geldes. Der Bau einer Festungsmauer um Hanoch, die glänzende Riesenstadt	5. 10. 1843	206

KAPITEL		SEITE

134 Der Kriegsrat und die Kriegslist der mächtigen, um Hanoch herum wohnenden Völker gegen Hanoch. Die Eroberung der zehn Vorstädte von Hanoch. Die Gegenrüstung der Hanochiter 6. 10. 1843   207

135 Die Niederlage der Hanochiterarmee. Die Rede des listigen Führers der Sieger. König Uraniels Friedensunterhandlungen. Einführung des Fruchtmarktes außerhalb Hanochs. Der Rat der Tausend ... 7. 10. 1843   209

136 Die vom Rat der Tausend dem König aufgedrungene Staatsverfassung. 10. 10. 1843   210

137 Die Herrschaft der neuen Aristokratie über Asien. Die Entstehung von Lehensreichen und Fürstentümern. Die Fürsten als Regenten und Priester des Volkes. Hinweise auf König Uraniels Tod 11. 10. 1843   212

138 Die Erziehung der sieben Kinder Uraniels auf der Höhe. Des Herrn Rede an Uraniel. Bedrückung Hanochs und seiner Völker durch die tausend Räte. Die zwei Königssöhne als Missionare in Hanoch und ihr Mißerfolg. König Uraniels Tod 12. 10. 1843   213

139 Der Väter Beratung über die Rettung der gesunkenen Tiefe 14. 10. 1843   215

140 Die zwei Missionare als Maurer in Hanoch und ihr Aufstieg zu Ratgebern der tausend Räte 16. 10. 1843   216

141 Rede der zwei Boten an die versammelten Räte 17. 10. 1843   217

142 Der Rettungsplan der zwei Boten und seine Verwirklichung ... 18. 10. 1843   218

143 Weitere Reformvorschläge der zwei Boten; ihr Antrag auf Öffnung der Tempel und Einführung der Gottesverehrung. Der Streit unter den tausend Räten 19. 10. 1843   220

144 Die abermalige Berufung der zwei weisen Räte. Die verweltlichenden Reformideen des Rates der Tausend. Der Widerstand der zwei Weisen und ihre Rückkehr auf die Höhe. 21. 10. 1843   221

145 Rückkehr und Bericht der zwei Boten auf der Höhe. Lamechs Bitte an den Herrn. Des Herrn Antwort und die Aussendung der zehn feuermächtigen Boten zur Mission in der Tiefe 23. 10. 1843   223

146 Ein Wink zur Bewertung der Zeitangaben in der geistigen Erzählungsweise. Der Empfang der zehn Boten in Hanoch 24. 10. 1843   224

147 Das Meisterwerk der Polizeiorganisation in Hanoch. Die Flucht der scharf bewaffneten Armee vor den zehn Feuerboten 25. 10. 1843   225

148 Die Verhandlung der zehn Boten mit ihrem Gastwirte. Der Zug zur Burg der Tausend. Das dritte Feuerwunder: der Brand der Bollwerke 26. 10. 1843   226

149 Des Herrn Anweisung an die zehn Feuerboten vor ihrem Eintritt in die Burg. Die Ansprache der zehn Boten an die tausend Räte im Ratssaale. 27. 10. 1843   228

150 Die Rede des einen der tausend Räte an die zehn Boten. Die Ansprache des einen der zehn Boten an die tausend Räte 28. 10. 1843   229

151 Die heimliche Besprechung der Tausend. Die Einrede der zehn Boten als echte Gedankenleser. Das Ultimatum der zehn Boten und ihr Abzug aus der Burg. Die Verlegenheit der tausend Räte. . 30. 10. 1843   230

152 Die Beratung der Tausend. Die kluge Rede des einen und sein Vorschlag zur Auswanderung. Die Uneinigkeit der Tausend ... 31. 10. 1843   232

153 Die Auswanderung der sechshundertfünfzig Räte nach Oberägypten 2. 11. 1843   233

KAPITEL		SEITE

154 Die Beratung der zurückgebliebenen Räte. Die Auswanderung von weiteren zweihundertfünfzig Räten 4. 11. 1843 235
155 Des Herrn Worte an die zehn Boten und deren Ultimatum an die einhundert zurückgebliebenen Räte. Die Räte in der Enge 6. 11. 1843 236
156 Die gute Rede und der Opfermut des einen unter den hundert Räten. Die Öffnung der Tempel 7. 11. 1843 237
157 Die erfolgreiche Tätigkeit des wackeren Ratsherrn als Bußprediger unter dem Volke 8. 11. 1843 238
158 Die Öffnung der Tempelpforte durch Ohlad, den guten Ratsherrn 9. 11. 1843 239
159 Die feurige Wolke auf der Tempelkuppel. Ohlads würdige Rede. Die Besprechung der zehn mit Ohlad 10. 11. 1843 241
160 Ohlad in der Feuerprobe 11. 11. 1843 242
161 Ohlads Belehrung durch einen der zehn Boten 14. 11. 1843 243
162 Ohlads gerechte Demut. Ein Evangelium von der rechten Demut 15. 11. 1843 244
163 Die Worte Ohlads und die mächtigen Begleiterscheinungen beim Erschließen des wahren Tempels. Der Eintritt Ohlads und der zehn Boten in den Tempel 16. 11. 1843 246
164 Ohlads Berufung zum König durch den Herrn. Die Erscheinung des Herrn als Ebenbild Ohlads 18. 11. 1843 247
165 Ohlads gerechte Fragen an den Herrn und des heiligen Vaters Antwort 20. 11. 1843 248
166 Die Salbung Ohlads zum König und der zehn Boten zu seinen Ministern 21. 11. 1843 249
167 Der Feuersturm und das Erdbeben während der Salbung. Die Ängstigung des Volkes. Der Herr enthüllt Sich dem Volke 22. 11. 1843 250
168 Des heiligen Vaters Rede an Seine versammelten Kinder. Des Herrn Liebe und Geduld mit den Menschen. Vom Verhältnis des Volkes zum König 23. 11. 1843 252
169 Des Herrn Rede an Ohlad auf dem Tempelberg. Der Zweck des äußeren Tempels. Der Herr verschwand vor ihren Augen 24. 11. 1843 253
170 König Ohlads Begegnung mit den neunundneunzig Räten Hanochs. Die vorwitzige Rede des einen Rates und Ohlads kräftige Antwort 25. 11. 1843 254
171 Die Entgegnung des Sprechers der neunundneunzig Räte über Gesetze und deren Zweck. Der Protest der neunundneunzig gegen die Gesetze Ohlads. Ohlads königlich-weise Antwort. Die Demut als Höhepunkt der menschlichen Freiheit 27. 11. 1843 255
172 Die kluge Gegenrede des Sprechers der neunundneunzig Räte über den Zweck der Vernunft, des Verstandes und des freien Willens 28. 11. 1843 257
173 Die Beratung Ohlads mit seinen Ministern. Die erfolgreiche Rede des Ministerpräsidenten an die neunundneunzig Räte 29. 11. 1843 258
174 Der Unterschied zwischen toten und göttlichen Gesetzen. Ohlads Rede an die neunundneunzig Räte über den göttlichen Willen . . . 1. 12. 1843 259
175 Die Entgegnung des Sprechers der neunundneunzig Räte und seine Verstandeseinwürfe 2. 12. 1843 260
176 Ohlads Verlegenheit und der Rat seiner Minister, wie solche Ver-

KAPITEL		SEITE

	standeshelden zu behandeln sind. Der Abbruch der Verhandlungen.	5. 12. 1843	262
177	Selbsterkenntnis bei den neunundneunzig Räten. Die Einfachheit des Wortes Gottes als Ärgernis bei den Verstandeshelden. Der bekehrte Danel und Ohlad als Brüder	6. 12. 1843	263
178	Die erfolgreiche Bearbeitung der siebenundneunzig Räte durch Danel. Der Widerstand des Scheinkönigs Midehal, seine Demütigung und Bekehrung.	7. 12. 1843	264
179	König Ohlads brüderliche Rede an Danel. Die Einmütigkeit unter den einhundertzehn Versammelten	9. 12. 1843	266
180	Der Gang der einhundertzehn Versammelten in den Tempel zum Empfange des Segens. Das Feuermeer und Ohlads weise Beruhigungsrede. Der Eintritt in den Tempel	11. 12. 1843	267
181	Ohlad am Altar vor dem Herrn.	12. 12. 1843	268
182	Ohlads törichte Bitte an den Herrn. Wichtige Gesellschaftswinke des Herrn. „Wo zwei oder drei beisammen sind in Meinem Namen, da bin Ich mitten unter ihnen!"	13. 12. 1843	269
183	Ohlad berichtet dem Danel und den Räten den Willen des Herrn. Danels Verwunderung ob der scheinbaren Kleinlichkeit Gottes	14. 12. 1843	271
184	Der Weiber Aufklärungsfragen an Danel. Danels lichtvolle Antwort über die Gesellschaftsklatschbesuche und ihren verderblichen Einfluß auf Seele und Geist im Menschen	16. 12. 1843	272
185	Ohlad belobt den Danel ob seiner guten Rede und veranlaßt ihn, dem Herrn dafür zu danken	18. 12. 1843	274
186	Des Herrn Worte an Ohlad und Danel über die wahre Gottesverehrung. Ohlad und Danel als Nachsöhne Kisehels. Des Herrn Aufforderung zur Bußpredigt an alle Völker	19. 12. 1843	275
187	Die Segnung der achtundneunzig Missionsboten. Das Wehklagen der Weiber und die beruhigenden Worte eines der zehn Boten	20. 12. 1843	276
188	Die dreijährige Missionsarbeit der neunundneunzig Boten. Der große Triumphbogen des Dankes. Des Herrn Tadel.	21. 12. 1843	277
189	Der neue Tempel über dem Triumphbogen. Die Herbergsvorstadt. Das beginnende Heidentum. Die Spaltung der Ansichten aus eigensüchtigem Interesse	22. 12. 1843	278
190	Die Aufrechterhaltung der Ordnung in Hanoch bis zum Tode Ohlads und der zehn Minister. Dronel, Ohlads Sohn, als König. Dronels Murren gegen den Herrn	23. 12. 1843	280
191	Die Übernahme der Regierung durch Dronels Sohn Kinkar. Dronels Abdankungsrede an den Herrn. Die Antwort des Herrn. Der falsche Schwur Kinkars. Die Gefahren des Naturalismus	27. 12. 1843	281
192	König Kinkar als Sammler der Gesetze Gottes und Verfasser der beiden Bücher: „Die heilige Schrift und euer Heil" und „Die heilige Geschichte Gottes". Dronels Lob über Kinkars Arbeit	28. 12. 1843	282
193	Das Gesetzbuch Kinkars auf dem Tempelaltar. Die Einsetzung schriftgelehrter Priester. Kinkar als „Statthalter Gottes auf Erden". Hanochs geistiger Verfall.	30. 12. 1843	284
194	Kinkars eingelernte Weisheit. Blütezeit der Erfindungen und Künste in Hanoch. Die gotteslästerliche Verblendung und Bildung der Hanochiten.	2. 1. 1844	285

KAPITEL		SEITE

195 Hanochs ungeheurer Reichtum und seine natürlichen Folgen. Kinkars Tod. Japell, Kinkars Sohn, als Nachfolger. Japells Politik und Gesetze 3. 1. 1844   286

196 Die öffentlichen Schulen und Theater in Hanoch. Japells Spionagesystem. Tanz, Musik und ästhetische Vorstellungen. Armenfürsorge aus Politik. Liebe und Politik als einander entgegengesetzte Pole 4. 1. 1844   287

197 Die Eroberungspolitik Japells, seiner Minister und Priester. Ein glänzender Sieg durch Priesterlist. Noha und die Seinen bleiben dem Herrn getreu. Japells Lohn für die Priester. Einführung des Kastenwesens 5. 1. 1844   289

198 Die Machtpolitik der Priester. Die Bedrückung der Sklavenkaste. Einführung einer Art Beichte und Inquisition. Hanoch als Hölle der Menschheit. 8. 1. 1844   290

199 Der Widerstand der Priesterkaste gegen die Einführung von Japells zweitem Sohn als König. König Japells Tod. Das Wesen der Politik. Der neue Scheinkönig. Der zweite Sohn Japells auf der Höhe bei Noha 9. 1. 1844   292

200 Die ‚Arbeit' des neuen Königs. Die unmenschliche Behandlung der armen Fremdlinge in Hanoch. 10. 1. 1844   293

201 Die Geschlechtererforschung in Hanoch. Noha und die erpresserische Karawane. Des Herrn Hilfe und die Verkündigung des Gerichtes 11. 1. 1844   295

202 Die Rückkehr der zehn geretteten Kundschafter nach Hanoch, ihr Verhör durch die Priester und ihr schlauer Reisebericht 13. 1. 1844   296

203 Die Verhandlung zwischen den Priestern und den zehn Kundschaftern und deren Erhebung in die Priesterkaste 15. 1. 1844   298

204 Die Geheimberatung der zehn Gesandten und ihr Beschluß, gute Zwecke durch schlaue Mittel zu erreichen 16. 1. 1844   299

205 Die zehn Kundschafter vor dem Rate der fünftausend Priester und in der Feuerprobe 17. 1. 1844   300

206 Die Beratung mit den goldgierigen Priestern. Schlauheit gegen List 18. 1. 1844   301

207 Der Widerstand der Kundschafter gegen den Plan der Priester, die Goldberge zu erobern 19. 1. 1844   303

208 Die Verdächtigung der zehn Kundschafter durch die Hohenpriester. Die schlaue erfolgreiche Antwort der zehn Kundschafter . . 20. 1. 1844   304

209 Die Einwilligung der Oberpriester in den Rat der zehn Kundschafter 22. 1. 1844   305

210 Die Schwierigkeiten der Priester, die Sklaven loszukaufen. Das Gelingen des Planes der zehn schlauen Botschafter 23. 1. 1844   307

211 Die Ratlosigkeit der Oberpriester wegen des Loskaufes der Sklaven. Der Rat der zehn Kundschafter 25. 1. 1844   308

212 Die Versammlung der Sklavenbesitzer und deren hohe Forderungen für den Loskauf der Sklaven 26. 1. 1844   309

213 Fragen der Oberpriester an die zehn Kundschafter. Der Vertrag mit den Sklavenhaltern 27. 1. 1844   311

214 Die Einlieferung und Unterhaltungskosten der Sklaven. 29. 1. 1844   312

215 Die Bewaffnung, Ausbildung und Unterweisung der Sklaven. . . 30. 1. 1844   313

KAPITEL		SEITE

216 Die erfolgreiche List der zehn Heerführer, um sich von den Spionen der Oberpriester zu befreien 1. 2. 1844   315
217 Die Abdankung der viertausend oberpriesterlichen Exerziermeister. Der Zwist der zehn Heerführer mit den Oberpriestern. Der Auszug des Riesenheeres mit zweihunderttausend Kamelen und achthunderttausend Eseln 3. 2. 1844   316
218 Das große Heerlager nördlich von Hanoch. Das neu besetzte schöne Gebirgstal. Die Enthüllung des eigentlichen Planes der Zehn. Die Anordnung zur Bebauung und Befestigung des Gebirgstales. 5. 2. 1844   317
219 Der Goldfund und Wohlstand der Ansiedlung. Der listige Plan der zehn Heerführer gegen Hanoch 7. 2. 1844   319
220 Noahs Bußboten bei den Hochlandsbewohnern und den Hanochiten; ihr Erfolg und Geschick 8. 2. 1844   320
221 Die ergebnislose Beratung der rachegierigen Oberpriester über einen Angriff auf die Hochländer. 9. 2. 1844   322
222 Die neue Versammlung des Hohen Rates der Ober- und Unterpriester. Der Racheplan des verschmitzten Unterpriesters gegen die Hochländer. 10. 2. 1844   323
223 Die erste politisch-diplomatische Unternehmung gegen die Hochländer 12. 2. 1844   325
224 Die Begegnung der Gesandtschaft aus Hanoch mit den zehn Führern des Hochlandvolkes. Der Mißerfolg und die Rückkehr der Gesandtschaft nach Hanoch ohne ihren Führer 13. 2. 1844   326
225 Der Bericht der dreißig Gesandten vor der Priesterschaft Hanochs und seine Wirkung 14. 2. 1844   327
226 Der Abfall der Provinzen von Hanoch. Die Aufstellung des Fünf-Millionenheeres gegen die Hochländer. Die vergeblichen Angriffe auf das Hochland 15. 2. 1844   328
227 Der Kriegsbericht der zurückgeschlagenen Oberpriester. Die Spaltung unter den Oberpriestern. Der Verrat der Provinzarmee 16. 2. 1844   330
228 Der Kriegsrat der zehn Führer im Hochlande gegen Hanoch. Die gute Rede des Boten des Herrn. Die tausend Spione Hanochs bei den Hochländern. 20. 2. 1844   331
229 Die Beratung und Pläne der Machtpartei Hanochs. Die neue Gesandtschaft ins Hochland. Die freiwillige Unterwerfung Hanochs unter die Hochländer. 21. 2. 1844   333
230 Die Beratung der Hochländer. Gurats Einsetzung zum König von Hanoch. Die Bestimmungen für die Abhängigkeit Hanochs vom Hochlande 22. 2. 1844   334
231 Die Unterzeichnung der ‚Heiligen Akte'. Gurats Einwand und seine Widerlegung. Moralisch-politische Verhältnisse des Hochlandes zu Hanoch. König Gurats Abzug nach Hanoch 23. 2. 1844   336
232 Gurats Aufnahme in Hanoch. Die guten Gesetze Gurats für Hanoch. Die rebellische Oberpriesterpartei und ihre Beschwichtigung. 26. 2. 1844   337
233 Die erfolgreiche Verhandlung des Unterpriesters mit König Gurat 27. 2. 1844   339

KAPITEL		SEITE

234 Die Übertölpelung der rebellischen Oberpriester durch den vom König beauftragten Unterpriester 28. 2. 1844   340

235 Des neuen Hofrats Bericht beim König Gurat und dessen Zufriedenheit. Die Ernennung des Unterpriesters zum Generaloberpriester. 1. 3. 1844   341

236 Der Generaloberpriester bei den Oberpriestern. Der mißglückte Überfall der Rebellen und ihre Degradierung zu Unterpriestern. Die Ernennung der Unterpriester zu Oberpriestern 2. 3. 1844   343

237 Der Generaloberpriester in der Burg des Scheinkönigs. Die blutige Unterwerfung der Hohenpriester und die Entthronung des Scheinkönigs. 4. 3. 1844   344

238 Das Verhör der dreißig Hohenpriester durch den General und ihre Begnadigung 5. 3. 1844   345

239 Des Generals weitere Verhandlung mit dem entthronten Scheinkönig und dessen dumme einstudierte Königsrede. Die gewaltsame Entfernung des Scheinkönigs und die Übergabe der Burg an den König Gurat. 6. 3. 1844   347

240 Die Untersuchung der neuen priesterlichen Einrichtungen durch Gurat. König Gurats Begegnung mit den Priestern. Die trotzige, aber gute und warnende Rede der ehemaligen Oberpriester. Die Verbannung der Oberpriester 8. 3. 1844   348

241 Die geistliche Politik des Generaloberpriesters und seine Rede vor dem Priesterrat. 9. 3. 1844   349

242 Die Isolierung der Hochländer durch Abskarpierung der Bergabhänge. Die Energie der Urvölker. Die Erbauung der neuen Heidentempel. 11. 3. 1844   351

243 Die Beschreibung einiger der neuen Götzentempel. Der Ochsentempel. 12. 3. 1844   352

244 Der Sonnentempel. 13. 3. 1844   353

245 Der Windtempel. 15. 3. 1844   354

246 Der Wassertempel. 16. 3. 1844   355

247 Der Feuertempel. 18. 3. 1844   357

248 Der Liebestempel mit seinem Garten in Hanoch 20. 3. 1844   358

249 Der Metall- oder Erztempel 21. 3. 1844   359

250 Von weiteren Tempeln in Hanoch und Umgebung. Die Steuerfreiheit in Hanoch. Die abgeschnittenen Hochländer auf der Suche nach einem Ausweg in die Ebene. Die Spuren der Arbeit Gurats in Tibet. Der neue Bote Noahs an die zehn Fürsten 22. 3. 1844   361

251 Die Botschaft des Gesandten Noahs an die Hochlandsvölker. Die Ankündigung des Gerichtes. Des Herrn Auftrag an Noah, die Arche zu bauen. Die Frist von zwanzig Jahren 23. 3. 1844   362

252 Das Entsetzen der zehn Hochlandsfürsten. Des Boten Entweder-Oder. Der gottlose Rat der Obersten. 26. 3. 1844   363

253 Der Bote Noahs vor dem Generaloberpriester in Hanoch. Die verstandeskultivierte Antwort des Generaloberpriesters. Der feine Vernunftstaat 27. 3. 1844   364

254 Der Bote Noahs vor dem König Gurat. Die Verführung des Boten und sein Entschluß, in Hanoch zu bleiben. Des Boten Wunsch und Sehnsucht nach seiner Schwester 28. 3. 1844   366

KAPITEL		SEITE

255 Der listige Plan des gedungenen Verbrechers, die Schwester Waltars zu fangen. Agla auf der Suche nach ihrem Bruder Waltar . . .   29. 3. 1844   367

256 Gurats Werbung um Agla. Des enttäuschten Waltar Erklärung an seine Schwester und an den König. Der weibliche Liebe-Erforschungskniff der Agla. Der betrogene Waltar 30. 3. 1844   368

257 König Gurat und sein Schwager Waltar im Garten des Liebestempels. Die sieben Schönheitsgöttinnen als Weiber Waltars 15. 4. 1844   370

258 Aglas Herrschsucht als Königin von Hanoch und ihre Rache an Waltar. Waltars Flucht und Tod 16. 4. 1844   371

259 Die Belohnung der Häscher. Die Erdolchung der Weiber Waltars durch Agla. Des Königs Furcht 18. 4. 1844   372

260 Die Ausstellung der erdolchten einundzwanzig Weiber Waltars im Liebestempel. Das Entsetzen der generaloberpriesterlichen Militärtruppe über die Grausamkeit der Königin Agla 20. 4. 1844   373

261 Die Einbalsamierung der Leichen und ihre Ausstellung in Glassärgen. Königin Aglas Plan, sämtliche ‚Göttinnen' des Liebestempels zu ermorden, und seine Durchkreuzung durch die Flucht der ‚Göttinnen' 22. 4. 1844   375

262 Die Wut der Königin. Die Besänftigung der Königin durch den listenreichen Hauptmann Drohuit 23. 4. 1844   376

263 Der Hauptmann Drohuit beim König Gurat. Der listige Rat Drohuits – und Gurats und Aglas Einwilligung 24. 4. 1844   377

264 Die Fortsetzung des höllischen Intrigenspiels. Drohuit bei Fungar-Hellan. Der General im Garn 25. 4. 1844   378

265 Der herzliche Empfang beim König. Gurat, Fungar-Hellan und Drohuit bei der Königin Agla. Aglas erfolgreiche Liebeserklärung an Fungar-Hellan 26. 4. 1844   379

266 Gurats und Drohuits gute Miene zum bösen Spiel. Aglas Heuchelrede vor Fungar-Hellan 27. 4. 1844   381

267 Aglas meisterhafte Lügenrede zur Rechtfertigung ihrer grausamen Handlungen 29. 4. 1844   382

268 Fungar-Hellans verwunderte Fragen an Drohuit. Drohuits kluge Antwort 30. 4. 1844   384

269 Fungar-Hellan im Tempelgarten der Schönheitsgöttinnen. Die Prüfung der Aussagen Aglas und Drohuits. Fungar-Hellans Verdacht gegen Agla. Die Schönheit Aglas als Siegerin über Fungar-Hellan. Agla als Weib Fungar-Hellans 2. 5. 1844   385

270 Drohuits und Gurats Bericht an ihre Kebsweiber. Die vereitelte Flucht. Drohuits und Gurats erfolgreiche Zuflucht zu List und Heuchelei. Die Versöhnung 3. 5. 1844   386

271 Drohuits Heuchelrede vor Agla. Die satanische Agla im Garne Drohuits. Aglas zwei Schwestern als Lohn für Fungar und Drohuit 4. 5. 1844   388

272 Das Zusammentreffen der Karawane Aglas mit den Hirten Mahals, des Vaters der Agla 6. 5. 1844   389

273 Der Hirten Loblied am andern Morgen. Das Wort von oben an die Hirten. Die Begegnung der Karawane mit Mahal und den Seinen .   7. 5. 1844   390

274 Mahals und der Karawane Ankunft am Liebestempel. Der große Empfang im Königspalast 8. 5. 1844   391

KAPITEL		SEITE

275 Mahals unzerstörbare fünfhundertjährige Gebirgskleidung. Die Starrköpfigkeit Mahals wegen des Kleiderwechsels. Aglas List . . 9. 5. 1844 392

276 Mahal und die Seinen an der königlichen Tafel. Mahals Frage nach Waltar. Aglas Ausflüchte. Die Einmauerung des Hauptes Waltars. Mahal in königlichen Kleidern. 10. 5. 1844 393

277 Fungar-Hellans Verlangen nach beiden Schwestern der Agla. Der Tauschhandel Fungar-Hellans mit Drohuit. Drohuit als König; Agla als Weib des Drohuit 11. 5. 1844 394

278 Mahals Bitte um Aufschluß und Aglas Antwort. Mahals Erkenntnis über Hanochs höllische Zustände. 13. 5. 1844 396

279 Kisarells Ernennung zum Residenzplatzwachtmeister. Mahals prophetische Erklärung. Mahals Trauer um den Tod seines Sohnes Waltar 14. 5. 1844 397

280 Mahals gewichtige Rede an Fungar-Hellan und dessen beschönigende Weltverstandeseinwürfe 15. 5. 1844 398

281 Mahals weise Antwort an Fungar-Hellan und seine Kritik der Politik in Hanoch 17. 5. 1844 399

282 Der Zug in den Garten des Liebestempels unter der Führung Mahals. Fungar-Hellan an der Urne mit dem Haupte Waltars. . . 18. 5. 1844 400

283 Fungar-Hellan im Liebestempel unter der Führung Mahals. Die Entdeckung des Lotterbettes über dem verdeckten Abgrund . . . 20. 5. 1844 401

284 Mahal und Fungar-Hellan im Lusthäuschen des Tempelgartens. Das Polsterwerk des Thrones mit den vergifteten Nadelspitzen . . 21. 5. 1844 402

285 Eine neue Entdeckung: die geheime Armee Drohuits 22. 5. 1844 403

286 Die geheime Verschwörung der siebzigtausend Großbürger in einer der früheren Weiberverschönerungsanstalten 24. 5. 1844 404

287 Der Zug in die Burg und in die Generalswohnung. Die vergifteten Glassplitter auf dem Fußboden 25. 5. 1844 406

288 Das Geständnis der Feger und Putzer. Der vergiftete Brunnen, die vergifteten Speisen und das vergiftete Hausgerät 28. 5. 1844 407

289 Die Enthüllungen der Köche. Mahals Rat an die Köche. Die gewaltsame Herbeischaffung der geladenen Gäste zum Gastmahl . . 29. 5. 1844 408

290 Aglas freche Frage an Fungar-Hellan und dessen klare Antwort. Aglas vergebliche Ausflüchte. Agla und Drohuit im Käfig 30. 5. 1844 409

291 Die Begnadigung der Oberpriester und das entsetzliche Gericht an den tausend Unterpriestern im Speisesaal 31. 5. 1844 411

292 Die Räumung und Einäscherung der Burg auf Mahals Geheiß . . 1. 6. 1844 412

293 Die verschiedenen Meinungen des Volkes über den Palastbrand. Die Dämpfung des drohenden Volksaufstandes durch Fungar-Hellans Rede. 3. 6. 1844 413

294 Fungar-Hellans neckende Rede an die im Käfig befindliche und um Freilassung bittende Agla. 4. 6. 1844 414

295 Die Sammlung der auf der Brandstätte geschmolzenen Schätze. Der Befehl zum Wiederaufbau des Palastes. Der warnende geheimnisvolle Ruf von oben 5. 6. 1844 415

296 Mahals Aufschluß über die wunderbare Stimme. Fungar-Hellans Ärger und Anklage gegen Gott. Mahal in Verlegenheit um eine Antwort 7. 6. 1844 416

297 Mahals erfolgreiches Gebet um Hilfe. Mahals energische Rede an

525

KAPITEL		SEITE

	den General und die Verkündigung des nahen Gerichts. Fungar-Hellans Angst	8. 6. 1844	417
298	Gottes mächtiger Bußruf im Thronsaale. Der Segen der wahren Reue. Die Greuel in der Tiefe. Der göttliche Auftrag an Fungar-Hellan, sämtliche Götzentempel zu zerstören	10. 6. 1844	418
299	Die Mobilmachung der Armee. Gurat bittet den Fungar um Amtleute. Verordnung mit den zwei Käfigbewohnern.	11. 6. 1844	419
300	Aglas demütiges Sündenbekenntnis und inständige Bitte um Befreiung oder Tod. Die Wahl zwischen Dolch und Käfig. Aglas Begnadigung.	12. 6. 1844	420
301	Fungar-Hellans Verordnungen für Drohuit. Aglas gute Rede an ihren Vater.	13. 6. 1844	422
302	Drohuits Heuchelrede und Fungar-Hellans Antwort. Agla im härenen Gewand.	15. 6. 1844	423
303	Mahals Frage an Agla nach der schwersten ihrer Sünden. Aglas gute Antwort, Reue und Klage. Mahals Dank an Gott. Agla an der Brust ihres Vaters Mahal.	17. 6. 1844	424
304	Fungar-Hellans Rede über die Torheit des äußeren Glanzes und die Weisheit der Einfachheit. Mahals Lob an den General.	18. 6. 1844	425
305	Der Armeebefehl des Generals an das Kriegsheer zum Angriff auf den Tempel des Gottes der Erze und Schmiede.	19. 6. 1844	426
306	Der Vortrab Fungar-Hellans vor dem Tempel. Das zurückgewiesene Ultimatum. Die Feuerkünste der Templer.	21. 6. 1844	427
307	Die Abweisung Fungar-Hellans durch die Torwächter. Die Sprengung der Tempelringmauer durch Minen. Die Niedermetzelung der fünftausend Templer.	22. 6. 1844	429
308	Die Belehrung der Gesandtschaft der Erzgewerksherren durch Fungar-Hellan und Mahal. Der abschlägige Beschluß der Erzgewerksherren wegen der Umkehr zu Gott.	25. 6. 1844	430
309	Der Angriff auf den Stiertempel und die Zerstörung desselben.	26. 6. 1844	431
310	Das Gespräch des Generals mit den Gefangenen und die Freilassung derselben.	27. 6. 1844	432
311	Das Verschwinden der Freigelassenen in dem geheimnisvollen Loch der Felsenwand. Rückkehr und Verhör der Freigelassenen durch den General.	28. 6. 1844	433
312	Fungar-Hellan vor der Felsengrotte. Mahals und der Freigelassenen Auskunft über die Grotte.	1. 7. 1844	435
313	Die Untersuchung der geheimnisvollen Grotte und die Entdeckung der geheimen Öffnung in der oberen Grottenwand.	2. 7. 1844	436
314	Die entlarvten Hartbüßer. Mahals Rat an den erzürnten Fungar-Hellan. Die Sprengung der Grotte. Das Geständnis der Hartbüßer und ihre Begnadigung.	3. 7. 1844	437
315	Der Aufbruch der Armee gegen den Sonnentempel und dessen unblutige Übergabe und Zerstörung. Die Einnahme und Zerstörung des Feuertempels und des Windgott-Tempels.	4. 7. 1844	438
316	Der Armeemarsch gegen den Wassertempel. Die Schwierigkeiten bei der Einnahme des Wassertempels.	5. 7. 1844	440
317	Mahals Auskunft über die verschwundenen Tempel und der Priester List. Die Ladung der Priester vor den General.	8. 7. 1844	441

KAPITEL		SEITE
318 Belehrung der Wasserpriester durch die schöne Agla auf Wunsch Fungar-Hellans	9. 7. 1844	442
319 Mahals Aufschluß an Fungar-Hellan. Die fehlgeschlagene Belehrung der Wasserpriester als Bild des Mißlingens der göttlichen Liebe an uns Menschen.	10. 7. 1844	443
320 Fungar-Hellans freimütige Kritik an Mahals Erklärung. Mahals Betrübnis und Prophezeiung des Durchbruchs der Hochländer. .	11. 7. 1844	445
321 Das Heerlager Fungar-Hellans längs der Gebirgswand. Die Drohung des zweifelnden Generals gegen Mahal. Mahals prophetische Warnung. Der furchtbare Einsturz der von den Hochländern unterminierten Gebirgswand. Mahals Friedensrat	12. 7. 1844	446
322 Des Generals Armeebefehl zur Verteidigungsstellung. Das Anrücken des Hochländerheeres. Die Deputation der Hochländer vor Fungar-Hellan und ihr Tod durch seine Hand. Mahals Übergang zu den Hochländern. Die furchtbare Schlacht. Die nahezu völlige Aufreibung der fünf Millionen Krieger	15. 7. 1844	448
323 Fungar-Hellans Flucht und Schlachtbericht an König Gurat. Die Aufstellung einer neuen Armee von vier Millionen Kriegern durch Fungar-Hellan.	16. 7. 1844	449
324 Das neue Zwei-Millionenheer der Hochländer. Mahals erfolgreiche Warnung vor einem Zuge gegen die Armee Hanochs	17. 7. 1844	450
325 Die Traurigkeit König Gurats über Mahals Weggang und seine ahnungsvolle Rede an Fungar-Hellan. Des Generals kluge Erwiderung und der Bau des Aufstiegturmes	18. 7. 1844	451
326 Die Friedensdeputation an die zehn Fürsten und an Mahal	19. 7. 1844	453
327 Mahals ernst-weise Worte an die Deputierten und an die zehn Fürsten	22. 7. 1844	454
328 Die große Verlegenheit Fungar-Hellans und Gurats. Die zweite Deputation an die zehn Fürsten des Hochlandes und ihr Mißerfolg	23. 7. 1844	455
329 Gurats und Fungar-Hellans Grimm auf die Hochländer wegen des Mißerfolges der zweiten Deputation und ihr Racheplan, die Berge des Hochlandes zu unterminieren und zu sprengen.	24. 7. 1844	456
330 Der ergebnislose Rat der Hochländer und ihr Argwohn gegen Mahal. Mahals Antwort und Prophezeiung. Die ungläubige Antwort der zehn Fürsten	26. 7. 1844	457
331 Mahals Ermahnung an seine Kinder, auf Gott zu vertrauen. Die Verdorbenheit der Menschen in der Tiefe. Mahals und der Seinen Aufbruch auf die Höhe.	27. 7. 1844	458
332 Mahal bei Noah. Mahals Bericht über den Stand der Völker in der Tiefe. Noahs und Mahals Trauer	29. 7. 1844	459
333 Mahals Erkundigung nach dem Wasserkasten. Noahs Erzählung von der Geschichte der Arche. Der Verfall der Menschen und des Herrn große Langmut	30. 7. 1844	460
334 Noahs Bericht über den Bauplan Gottes zu der Arche. Mahals Betrübnis ob seiner Ausschließung aus der Arche.	1. 8. 1844	461
335 Noahs Ermahnung an seinen Bruder. Des selbstgerechten Mahal Verblendung und Hader mit dem Herrn	2. 8. 1844	463
336 Mahal mit seinen Kindern auf der Vollhöhe. Kisarels ernste Frage		

KAPITEL		SEITE

	an seinen Vater Mahal, wie er Gott einer Sünde zeihen könne. Mahals Tadel gegen Gott	3. 8. 1844	464
337	Noah bei seinem Bruder Mahal auf der Vollhöhe, ihm die Augen öffnend über seinen Hauptfehler. Der Gerechtigkeitsdünkel als Grundwurzel des Hochmutes. Mahals Herausforderung an Gott. Der Herr erscheint	5. 8. 1844	465
338	Des Herrn Gespräch mit Mahal. Mahals herausfordernde Fragen an den Herrn und des Herrn Antwort. Vom Wesen der Reue Gottes. Die natürlichen Ursachen der Sündflut	6. 8. 1844	466
339	Des Herrn Aufforderung an Mahal. Mahals törichte Einwurfsfragen und des Herrn weise und sanfte Antworten über Tod und Unsterblichkeit. Mahals Frage nach dem Ursprung des Satans und seiner Grundbosheit und des heiligen Vaters klare Antwort	7. 8. 1844	468
340	Des Herrn weiterer liebevoller Austausch mit Mahal. Mahals Vorwürfe im Hinweis auf seine Sündenlosigkeit. Des heiligen Vaters Trauer und Seine Worte über besondere Lebensführungen. Das Erscheinen der Engel und Waltars. Des Herrn Entschwinden	8. 8. 1844	470
341	Mahals Besprechung mit Waltar über den Grund der Unsichtbarkeit des Herrn. Mahals Selbsterkenntnis und Reue. Des Herrn vergebende Worte aus der lichten Wolke	9. 8. 1844	472
342	Waltars Rede über den letzten Versuch Gottes, durch Seine Engel die Menschen vor der Sündflut zu warnen und zu retten. Mahals Mission und der Engel Weggang in die Tiefe	10. 8. 1844	473
343	Die Tätigkeit der zwölftausend Engel in der Tiefe. König Gurats und Drohuits Belehrung durch Waltar	12. 8. 1844	474
344	Des ungläubigen Gurat abschlägige Antwort an Waltar. Waltars letzte Mahnung an Gurat. Die erfolglosen Mahnungen der Engel bei Fungar-Hellan und dem Landvolke Hanochs	13. 8. 1844	475
345	Erklärung über die Sammlung und Erhaltung der für die Arche bestimmten Tiere durch die Engel. Von den außerordentlichen Zulassungen vor großen Katastrophen	14. 8. 1844	476
346	Der Zug der Engel mit den gesammelten Tieren durch Hanoch. Der erfolglose letzte Mahnruf an die Hanochiten und ihren König. Die Rückkehr der Himmelsboten auf die Höhe	16. 8. 1844	478
347	Die Ankunft der Boten mit ihren Herden bei Noah. Die Anordnungen der Engel zum Unterbringen der Tiere. Der Endtermin für die Aufnahme Schutz suchender Menschen	17. 8. 1844	479
348	Mahals Murren und Hadern wider die Engel und Gott ob seiner vermeintlichen Vernachlässigung. Aglas belehrende und tröstende Worte und ihre plötzliche Heimholung durch den Engel Waltar . .	19. 8. 1844	480
349	Noahs mahnende Worte an den murrenden Mahal. Der Bau des kleinen Kastens für Mahal und die Seinen.	20. 8. 1844	481
350	Die Übergabe der kleinen Arche an Mahal durch Noah. Mahals trotzige Forderung an den Herrn. Die Hinwegnahme der drei Kinder Mahals durch das Feuer des Zornes Gottes	21. 8. 1844	482
351	Mahals Flucht auf einen hohen Felsen und in die Grotte Adams. Mahals Selbstgespräch. Des Herrn gnädiges Wort an Mahal. Der Anbruch der Finsternis und Mahals Umherirren	22. 8. 1844	483

KAPITEL		SEITE

352 Des Herrn Trostworte an Noah und Seine tiefe Trauer um die Menschen. Die letzten Versuche des Herrn, die Menschen der Tiefe zu retten 23. 8. 1844 484

353 Noahs und der Seinen Eintritt in die Arche und des Herrn Anweisungen und Erklärungen. Die Schließung der Arche durch den Herrn. Der Eintritt der Katastrophe 24. 8. 1844 486

354 Mahal in der Grotte als staunender Zeuge der schrecklichsten Ereignisse. Mahals ängstliches Selbstgespräch. Die Ankunft der drei Flüchtlinge in der Grotte. Das Wiedererkennen zwischen Mahal und den drei Flüchtlingen Gurat, Fungar-Hellan und Drohuit. Des Herrn Erscheinen in der Grotte 26. 8. 1844 487

355 Mahals demütiges Sündenbekenntnis vor dem Herrn. Des heiligen Vaters Zeugnis von Seiner Liebe und Erbarmung. Das Gericht der Sündflut als eigene Schöpfung der törichten Menschen. Satans Berufung durch den Herrn. Die Höllenfahrt Gurats, Fungar-Hellans und Drohuits. Der Herr führt Mahal zur Arche . . . 27. 8. 1844 488

356 Des Herrn heilsame Rede an den frierenden und angstbeklommenen Mahal. Mahals Gesundung in der neuentfachten Liebe zum heiligen Vater. Mahals Erlösung und Verklärung als Engel des Lichts 28. 8. 1844 490

357 Der Engel Mahal als Schutzgeist der Arche. Das Ansteigen der Flut. Mittelasien als Hauptort der Flut. Der Aralsee und das Kaspische Meer als Überbleibsel der Flut und als Grab der Riesenstadt Hanoch. 29. 8. 1844 491

358 Näheres über die große Flut. Hinweise zum Verständnis diesbezüglicher Schrifttexte. Die Örtlichkeit der Flut. 30. 8. 1844 492

359 Weiteres über die Sündflut 31. 8. 1844 493

360 Dauer und Verlauf der Flut. Die Arche auf dem Ararat. Die Taube mit dem Ölblatt. Die Öffnung des Daches der Arche am Neujahrstag. Noahs Auszug aus der Arche 2. 9. 1844 494

361 Noahs Dankopfer und des Herrn Segen 3. 9. 1844 496

362 Das sichtbare Zeichen des neuen Bundes. Das Land Eriwan. Das neue und doch alte Gebot der Liebe. Der Herr als Melchisedek. Kanaan und Salem 4. 9. 1844 497

363 Die Ansiedlung Noahs. Die Anweisung zum Acker- und Weinbau. Noahs Rausch aus Unkenntnis. Der Fluch über Kanaan und die Verstoßung des Ham und seiner Familie 5. 9. 1844 498

364 Noahs Worte über die falsche Reue Hams. Die Wechselrede zwischen den drei Söhnen Noahs. Hams edle Rache. Der Zehntbote des Herrn aus Salem 6. 9. 1844 499

365 Schluß. Kurze Geschichte der Familie Noahs bis zu Abraham. Winke über den Hauptzweck dieses Werkes 7. 9. 1844 501

Anhang. Die vornoachische Gestalt der Erde 30. 3. 1864 503

Personenverzeichnis

(Die Ziffern bedeuten die Kapitel)

Abedam: 116, 161.
Abraham: 364, 365.
Ada: 33, 40.
Adam: 2, 3, 7, 9, 12, 21, 24, 30, 32, 63, 65, 82, 87, 89–94, 96, 98, 99, 101, 105–117, 120, 123, 150, 182, 279, 297, 298, 307, 332, 351, 358.
Agla: 255, 256, 258, 259, 260, 263–272, 274–280, 282–287, 289–292, 294, 299–304, 317–319, 340, 343, 348.
Ahbel: 9, 117.
Aora: 3.
Arbial: 192.
Arphachsad: 365.
Brudal: 40.
Chus: 365.
Cural: 81, 82, 127.
Danel: 177–181, 183–187.
Drohuit: 263–271, 274, 276–278, 281, 284, 291, 294, 299, 301, 302, 343, 354.
Dronel: 190–192, 196, 226.
Eber: 365.
Eva: 2, 3, 9, 21, 23, 24, 30, 82, 89, 109, 112, 113, 115–117, 121, 182.
Farak: 65, 182.
Fungar-Hellan: 263–271, 274, 277–302, 304–329, 343, 344, 352, 354.
Gabriel: 11.
Gella: 272, 274, 276–278, 280, 282.
Ghemela: 1, 8–12, 18, 29, 41, 72, 89, 113, 117.
Gurat: 225, 228, 230–232, 233–235, 238–241, 247, 248, 250, 251, 254, 256–258, 262–267, 269–275, 277, 281, 285, 286, 289, 292, 298–301, 305, 317, 322, 323, 325–329, 343, 344, 354.
Ham: 363–365.
Haran: 365.
Henoch: 1–7, 11, 12, 15, 19, 25, 27, 28, 30, 32, 33–47, 49–55, 58–62, 68, 70, 74–78, 80–89, 91–111, 113, 115–118, 120, 121, 139, 192, 279, 298, 304, 307, 362.
Horadal: 32.
Hored: 2, 3, 33, 40, 46, 82, 127.
Jabal: 33, 40.
Jared: 33, 89, 115, 116, 120.
Japell: 192–199.
Japhet: 363–365.
Jehova: 3, 28, 33, 79, 90, 103, 157, 158, 163, 188, 190, 275.
Jehova-Zebaoth: 40, 80.
Jubal: 33, 40.
Kahin: 24, 28, 33, 79, 90, 103, 116, 201, 218, 240, 276, 328, 329, 352.
Kanaan: 363, 365.
Kenan: 31, 91, 108–110.
Kinkar: 191–196, 202, 226, 238, 239, 248, 250, 252, 260.
Kisarell (auch Kisarel): 274, 278–280, 282, 300, 317–319, 336.
Kisehel: 14–19, 24–26, 30, 49, 85, 139, 186.
Lamech (v. d. Höhe): 2, 3, 18, 19, 25, 26, 30, 33, 34, 38, 39, 41, 42, 46, 47, 60–62, 68, 80, 84, 89, 118–125, 127, 131, 138, 139, 145, 150, 197, 206, 214, 217, 218, 224, 225, 229.
Lamech (König): 32–47, 49–85, 88–92, 94–96, 98–101, 103–106, 109–118, 126, 127, 139, 143, 145, 150, 154, 169, 170, 186, 189, 192, 194, 232, 249, 250, 275, 280, 333.
Mahal: 138, 145, 254, 272–276, 278–289, 291–304, 306–308, 312, 314, 317–342, 347–351, 354–357.
Mathusalah: 33, 89, 115, 116, 120, 125, 128.
Meduhed: 79, 116.
Melchisedek: 362.
Midehal: 178, 179, 187.
Mira: 4–7, 11, 29.
Mizraim: 365.
Moses: 365.

Muthael: 29–31, 91, 95–107, 112, 113, 127, 131, 138, 197.
Mura: 81, 82, 127.
Naëme: 1, 11, 18, 33, 34, 40, 51, 60, 127, 248, 260, 261, 272.
Nahor: 365.
Nimrod: 365.
Noah (auch Noha): 117, 131, 138, 139, 145, 197, 199, 201, 220, 228, 229, 231, 250–254, 273, 275, 279, 298, 318, 324, 330–338, 342, 344–353, 358–365.
Ohlad: 158–167, 169–183, 185–190, 192, 196, 197, 226, 275, 280, 297.
Pelek: 365.
Pira: 272, 274, 276, 277, 282.
Pura: 1–3, 11, 18, 114, 115.
Purista: 1–3, 6, 8, 11, 18, 22, 29, 41, 91, 96–103, 105–107, 109, 112, 113, 127, 138, 197.
Puth: 365.
Regu: 365.
Salah: 365.
Satan: 23, 32, 67, 84–87, 122, 130, 131, 178, 182, 190, 198, 199, 210, 236, 244, 255, 268, 299, 323, 339, 349, 355.
Satana: 2, 15–25, 260.
Saul: 81.
Sehel: 1–3, 5, 8, 9, 114–117.
Sem: 363–365.
Serug: 365.
Seth: 2, 9, 89, 93, 109, 111, 115–117, 121, 201, 279, 298, 307, 328, 329.
Sihin: 79, 116, 137.
Tarah: 365.
Terhad: 40, 127.
Thubalkain: 33, 40, 60, 126–128, 139, 249, 275, 280, 305.
Uraniel: 128, 135, 137–139, 141, 146, 148, 150, 275.
Uranion: 3, 14, 15, 106, 112.
Waltar: 255–261, 267, 270, 276, 279, 280, 282, 283, 296, 303, 335, 340–344, 348.
Zebaoth: 12, 46, 59, 92, 228, 334.
Zilla: 33, 334.
Zuriel: 8–11, 73–75, 113–115, 117.

Ortsverzeichnis

(Die Ziffern bedeuten die Kapitel)

Adamsgrotte: 93, 94, 96, 104, 351.
Aralsee: 357.
Ararat: 360.
Babel, Stadt: 365.
Baikal- oder Balkaschsee: 357.
Elephantine, Stadt: 153.
Eriwan, Land: 362.
Firab, Stadt: 134, 179.
Hanoch, Stadt: 34, 60, 82, 101, 127, 129–148, 157, 163, 167, 171, 188–191, 193–203, 205, 214, 218–221, 224–231, 233, 234, 237, 239–241, 244–246, 248–251, 253, 255, 258, 266, 270, 274, 292, 298, 299, 305, 310, 311–325, 328, 329, 340, 343–346, 352, 354, 357, 359.
Kanaan: 363.
Kaspisches Meer: 357.
Kasul, Stadt: 134, 179.
Kira, Stadt: 134.
Lim, Stadt: 134, 179.
Marat, Stadt: 134, 179.
Munin, Stadt: 134, 179.
Nias, Stadt: 134, 179.
Pejel, Stadt: 134, 179.
Pira, Stadt: 179.
Pur, Stadt: 134, 179.
Sab, Stadt: 134, 179.
Salem, Stadt: 362, 364, 365.
Sidon, Stadt: 364.
Sincur, Stadt: 134, 179.
Tiral, Stadt: 134, 179.
Tsanysee: 357.
Uvrak, Stadt: 140.
Zidon (Sidon): 365.

Zur weiteren Orientierung liegt ein „Lexikaler Anhang zur Haushaltung Gottes" vor (247 Seiten) mit folgendem Inhalt:

Personenverzeichnis *Wer ist wer?* (alphabetisch)
Tabelle der 135 Namen
Die Namen mit biographischen Texten

Ortsverzeichnis (alphabetisch)
91 Namen (auch von Gegenden u. ähnl.) mit Text

Die Schauplätze des Geschehens (chronologisch)
mit knappen historischen Erläuterungen

Stellenverzeichnis *Was steht wo?* (alphabetisch)
1519 Stichwort-Texte